天津建设年鉴

YEARBOOK OF TIANJIN CONSTRUCTION

2018

南开大学出版社

天 津

图书在版编目(CIP)数据

天津建设年鉴.2018／天津市住房和城乡建设委员会编.—天津：南开大学出版社，2019.5
 ISBN 978-7-310-05796-2

Ⅰ.①天… Ⅱ.①天… Ⅲ.①城市建设–天津–2018–年鉴 Ⅳ.①F299.272.1-54

中国版本图书馆 CIP 数据核字（2019）第 085690 号

版权所有　侵权必究

南开大学出版社出版发行
出版人：刘运峰
地址：天津市南开区卫津路94号　邮政编码：300071
营销部电话：(022)23508339　23500755
营销部传真：(022)23508542　邮购部电话：(022)23502200

*

北京建宏印刷有限公司印刷
全国各地新华书店经销

*

2019年5月第1版　2019年5月第1次印刷
285×210毫米　16开本　31印张　28插页　744千字
定价：315.00元

如遇图书印装质量问题，请与本社营销部联系调换，电话：(022)23507125

编辑说明

多年来,天津城市建设事业取得了辉煌的成就,建成了大量公共建筑、基础设施、住宅,国际化大都市形象树立,城市品位不断提升,市民居住、生活环境得到极大改善,攻克了许多技术难题。

城市建设成效斐然,城建人和城建精神成为天津经济社会发展的重要支撑力量,而对这些建设成果的记述却是零散乃至缺失的。鉴于此,天津市住房和城乡建设委员会决定,开展年鉴编纂工作,自2018年创办《天津建设年鉴》。《天津建设年鉴》力求记录历史、面向未来,总结经验、吸取教训,弘扬天津城建精神,服务天津城市建设发展。

《天津建设年鉴》编纂坚持以中国特色社会主义理论体系为指导,以习近平新时代中国特色社会主义思想武装头脑,主动适应新时代,迈向新征程,取得新突破。

《天津建设年鉴》由年鉴编委会领导,天津市建设工程技术研究所负责年鉴编纂、出版的全部日常工作的组织、协调和推动等工作。

《天津建设年鉴》采用稿件由城市建设领域各部门、各单位提供。采用分类编辑法,以篇目为纲,篇目下设栏目,栏目下设条目,条目是主要信息载体。

《天津建设年鉴2018》设19个篇目,载录2017年天津市城市建设领域的主要工作,突出反映天津城建的现状和取得的发展成就。

《天津建设年鉴2018》编辑委员会

主 任 委 员：宋力威　蔡云鹏

副主任委员：张　巍

委　　　员：（按姓名笔画为序）

于　涌	马墨林	王　渝	王士敏	王长坤	王世来
王连成	王俊河	王振卫	王朝辉	王祥雨	左克鑫
石　林	冯立平	邢广民	刘俊杰	刘墨林	齐文杰
闫洪山	关　新	安承明	孙　强	孙晓光	孙福祥
芮淑霞	李　菁	李继峰	杨　阳	杨　林	杨长春
杨治刚	杨瑞凡	吴冬粤	张　斌	张　微	张芝红
张庚新	张学浓	陈进红	陈恒斌	邵丽红	范东明
周大智	郑同才	宛　冰	赵　诚	赵　斌	赵子健
赵文书	郝恩海	侯学钢	宫克明	袁革忠	袁德隆
夏敬雄	徐　禄	高　迎	高　薇	曹　林	韩炳谦
褚建平	蔡建华	翟国利	穆怀建		

魅力津门　　张鹏 摄

天津城市建设风貌

张鹏 等摄

天塔

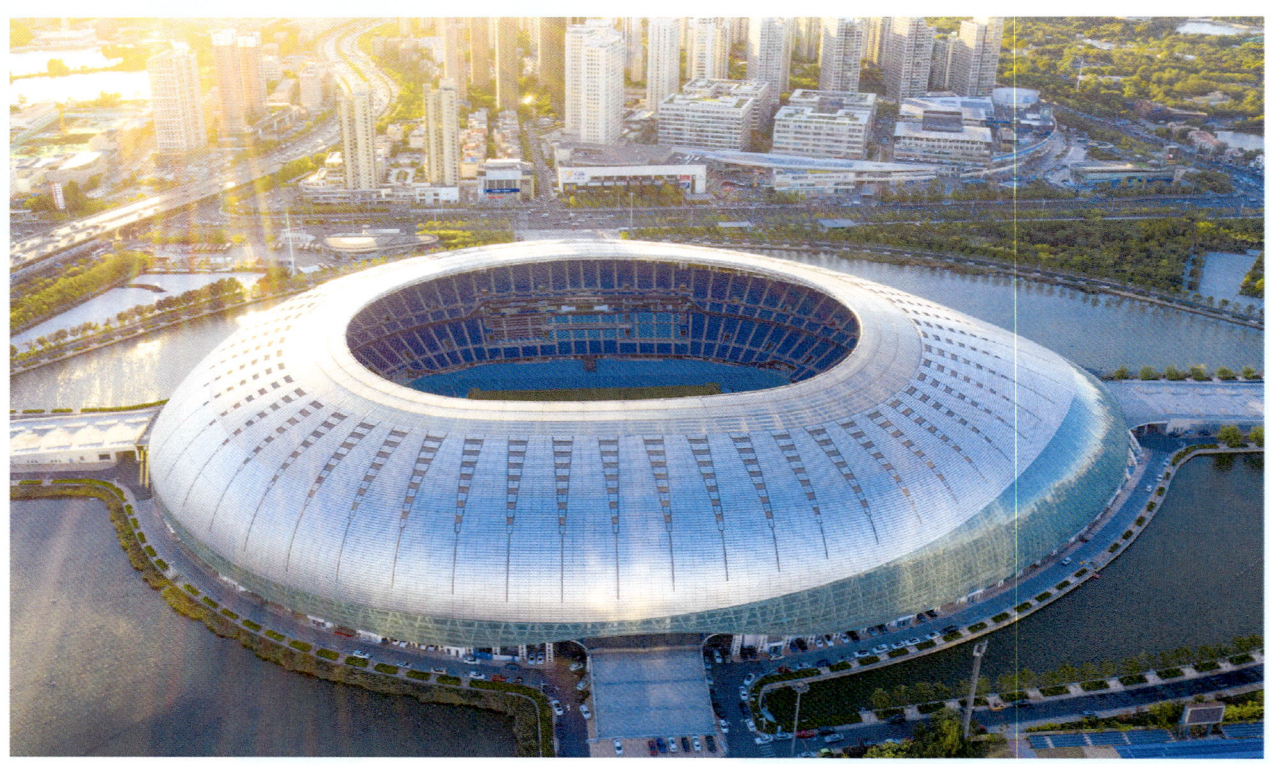

奥林匹克中心体育场

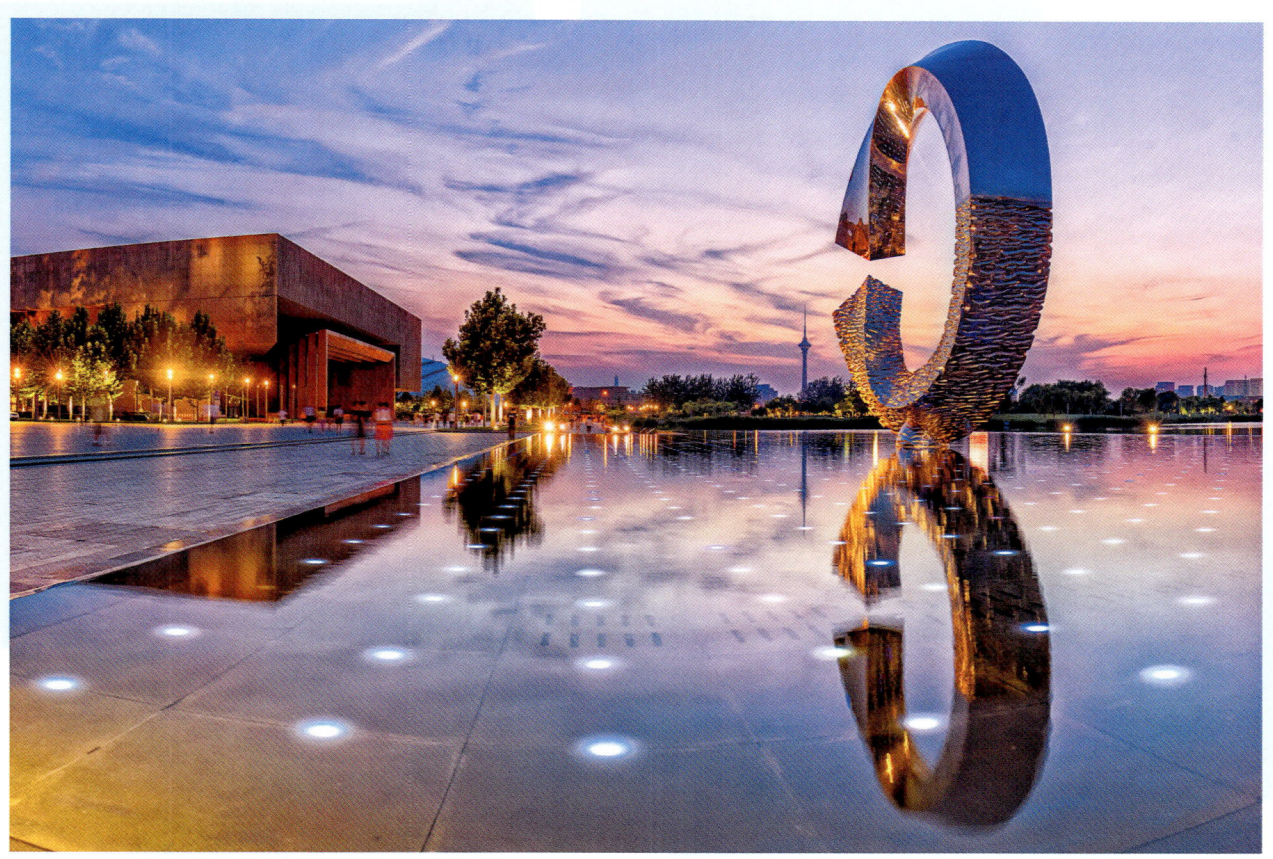

文化中心

天津大剧院

津湾广场

南京路

天津城市建设风貌

小白楼

进步桥

保定桥

天津城市建设风貌

光华桥

直沽桥

海河夜景

天津城市建设风貌

八里台

永乐桥摩天轮

璀璨和平

保定桥

北安桥桥头雕塑

大光明桥桥头雕塑

李公楼桥

大光明桥

天津城市建设风貌

八里台桥

八里台桥夜景

龙潭浮翠 天塔旋云

意式风情区

天津城市建设风貌

西岸艺术馆

桂林路

泰安道

棉三创意产业综合体

文化中心美术馆

天津医科大学总医院

天石舫

天津城市建设风貌

古文化街

马场道

小白楼中心商务区

万达广场

天津城市建设风貌

钻石山小区

梅江居住区

津城鸟瞰

水上公园

中石油桥

天津城市建设风貌

天津国贸购物中心

中国(天津)自由贸易试验区

周大福金融中心

天津城市建设风貌

于桥水库

天津火车站

天津西火车站

于家堡高铁站

于家堡站厅

天津城市建设风貌

于家堡夜景

轻轨

轻轨高架桥

天津城市建设风貌

营口道地铁站

三岔河口

楼宇经济

目　　录

第一篇　城乡建设综述
城乡建设综述…………………………………… 3

第二篇　市政公用基础设施建设和投资
铁路工程………………………………………… 11
轨道交通工程…………………………………… 13
民心工程………………………………………… 21
城市道路与桥梁………………………………… 24
城市排水泵站和污水处理设施………………… 29
供热工程………………………………………… 33
地下综合管廊…………………………………… 35
海绵城市………………………………………… 36
基础设施项目投资评审及世行工作…………… 38

第三篇　村镇建设
概况……………………………………………… 43
农村危房改造…………………………………… 44
改善农村人居环境……………………………… 45
传统村落保护…………………………………… 46
结对帮扶困难村工作…………………………… 47
小城镇建设……………………………………… 48

第四篇　市重点工程建设
概况……………………………………………… 51
完成项目情况介绍……………………………… 52

第五篇　公用事业服务
燃气管理服务…………………………………… 71
供热管理服务…………………………………… 75
风景名胜管理…………………………………… 77
12319城建服务热线建设与服务………………… 83

第六篇　建筑业管理
概况……………………………………………… 89
工程咨询服务…………………………………… 91
工程招投标……………………………………… 92
造价管理………………………………………… 96
建筑市场管理…………………………………… 98
建筑劳务用工管理……………………………… 99

第七篇　工程勘察设计
概况……………………………………………… 103
市场环境………………………………………… 104
市场和质量监管………………………………… 105
标准建设………………………………………… 106

第八篇　房地产开发管理
概况……………………………………………… 109
保障性住房建设………………………………… 110
房地产开发企业管理…………………………… 112
房地产统计……………………………………… 113

第九篇　建设工程质量安全
概况……………………………………………… 117
建设工程质量…………………………………… 118
施工安全管理…………………………………… 121
文明施工………………………………………… 124
工程创优………………………………………… 125
从业人员与队伍………………………………… 154
执法监察………………………………………… 155
设备材料………………………………………… 156

第十篇 城建科技

绿色建筑 …………………………………… 161
装配式建筑 ………………………………… 170
工程建设工法 ……………………………… 172
科技工作与课题管理 ……………………… 177

第十一篇 城建信息化建设与管理

城乡建设行业"互联网+政务服务"建设 ·· 183
网络安全 …………………………………… 185
网站管理 …………………………………… 187
制度建设 …………………………………… 188
诚信体系信息化建设 ……………………… 189

第十二篇 城乡建设政策与法规

概况 ………………………………………… 195
法治政府建设 ……………………………… 196
权责清单管理 ……………………………… 199
规范性文件管理 …………………………… 200
普法工作 …………………………………… 201
行政执法监督 ……………………………… 202

第十三篇 行政审批及服务

行政审批情况 ……………………………… 207
深化"放管服"改革情况 ………………… 209
"双万双服"工作 ………………………… 211
改善营商环境 ……………………………… 213
政务和信息公开 …………………………… 220
提案建议办理 ……………………………… 222
信访维稳 …………………………………… 224
建设审计与监督 …………………………… 226

档案管理 …………………………………… 227
应急管理 …………………………………… 230

第十四篇 人才建设工作

机构及职责情况 …………………………… 233
教育培训 …………………………………… 241
职称评聘 …………………………………… 243
高级人才建设 ……………………………… 245
城建系统先进模范 ………………………… 247

第十五篇 党建工作

从严治党 …………………………………… 251
巡察工作 …………………………………… 253
宣传工作 …………………………………… 254
统战工作 …………………………………… 255

第十六篇 区级建设工作

行政区 ……………………………………… 259
功能区 ……………………………………… 411

第十七篇 社团协会

房地产协会 ………………………………… 475
建筑业协会 ………………………………… 477

第十八篇 大事记

2017年天津市建委大事记 ………………… 485

第十九篇 媒体聚焦

媒体聚焦 …………………………………… 491

第一篇
城乡建设综述

城乡建设综述

2017年城乡建设工作全面贯彻落实党的十八大和十八届三中、四中、五中、六中全会精神,以习近平同志系列重要讲话和治国理政新理念新思想新战略为指引,以习近平同志对天津工作"三个着力"重要要求,作为城建事业发展的根本遵循和行动纲领。深入落实天津市第十一次党代会和城市工作会议部署,紧紧围绕京津冀协同发展和"一基地三区"的城市定位,以"美丽天津"建设为着力点,以建设生态宜居的现代化天津为目标,自觉运用"创新、协调、绿色、开放、共享"五大发展理念指导城建工作,在从严治党上显砥柱,在改革创新上求突破,在经济增长上保稳健,在为民惠民上务实效,在生态环保上守红线,保持了城乡建设质量、效益、速度的协调发展。

【深入落实城市工作会议精神,推动城市规划建设管理全面上水平】 落实天津市城市工作会议精神和天津市委、市政府《关于进一步加强城市规划建设管理工作的意见》,将工作任务分解成154项具体任务,落实到全市21个委局和16个区,建立联席会议制度。强化规划引领作用,推进多规合一。深入对接京津冀协同发展对天津的定位,严格落实关于城市绿线、蓝线、黄线、紫线的控制要求。国务院批复天津市土地利用总体规划修改,严格耕地保护,推进土地集约利用,建立耕地保护机制。积极推动土地出让方式改革,限价后转为竞配建棚户区改造定向安置房、竞自持等方式。以全运会环境整治为契机,全面提升城市市容环境水平。突出问题导向,全力实施大气污染、水污染、土壤污染防治,多措并举保护引滦水源,保护独特多样的水生态环境,取得阶段性成果。

【坚持稳中求进,保持投资规模适度增长】 按照"稳增长、调结构、惠民生、防风险"的工作思路,强化城建经济形势分析,坚决落实房地产宏观调控政策,妥善应对政府债务风险,积极实施项目带动战略,服务重大项目建设,保持城建投资平稳健康发展。

2017年建设系统承担的城建固定资产投资目标为2425亿元,其中市政公用和交通基础设施265亿元,房地产开发2160亿元。全年实际完成城建固定资产投资2428亿元,其中市政交通基础设施投资265亿元,房地产投资2163亿元,形成对全市经济发展的有力支撑。积极吸引社会资本进入基础设施领域,津沧高速、解放南路、地铁建设采取政府和社会资本投资（PPP）模式，利用世行资金启动劝业场、鼓楼地区慢行交通体系建设，基础设施投资结构正在向着多元化迈进。

【聚力重点项目建设，进一步完善城市载体功能】 紧紧围绕京津冀协同发展、区域经济及产业布局和群众生活条件改善，全面加快重点基础设施建设。实施项目带动战略，完善协调机制，发挥部门、各区及参建单位作用，在项目审批、房屋征收、设施切改等难点问题上强服务，有效推动项目实施。

1. 建设高效便捷的现代综合交通体系。以京津冀为核心，积极融入世界级城市群综合交通体系建设。上半年大北环铁路开通运营，西南环线已完成铺轨和四电安装工作，具备开通运营条件，南港铁路年内基本完工，新增铁路里程126千米。组织铁路、民航等交通专家，完善京滨铁路滨海国际机场枢纽方案。京滨铁路宝坻段至北辰段、京唐铁路正线已经完成招标，年内实现开工建设。南北货运通道骨架基本形成，客运入市、货运外移目标初步实现。

2. 城市轨道交通网络不断完善。全年在施地铁9条线213千米。地铁1号线东延、5号线、6号线实现试运行，新增通车里程67千米。滨海新区B1、Z4线已全面开工，Z2线方案已确定，已完成可研报告编制。推动新线项目前期，年内地铁6号线二期开工建设，8号线、4号线二期已完成可研报告编制，正在落实国家发展改革委审批。天津市地铁建设叠续发展的态势已经形成。

3. 完善城市梯级路网体系。以完善中心城区快速路路网体系为重点，加速推进外环线东北部调整线建设，津汉、罗浮路、浯水道等6座立交桥竣工通车，快速路拥堵节点得到根本改善。支持保障房和区域综合开发，海沽道、高峰路等主干路完工，实施67条配套道路及管网建设，20条道路通车。全运村、解放南路、双青、大寺新家园、五金城公租房等重点项目配套，保障了周边居民按期入住。

4. 全面加快市重点工程建设。2017年工业、科技、文化、教育、卫生、体育、商业和基础设施重点项目102项，全运村、天河城购物中心等12项工程完工，70项正在主体和基础施工，20项处于前期阶段。为全运会配套的57座新建和改造体育场馆，全部按期完工，保证了赛会需要。重大项目建设发挥了促投资、稳增长的关键作用，也为全市经济发展和增强城市载体功能积攒了后劲。

【推进绿色节能循环发展，助力城建事业转型升级】 将绿色生态发展理念贯穿城市建设全过程，以绿色建筑、装配式建筑、海绵城市、地下管廊为载体，构建发展规划、技术标准和产业政策的发展体系，推动城市建设走绿色发展之路。

1. 推广新技术新理念，绿色建筑规模不断扩大。加速绿色建筑最新理念和科技成果转化，倡导精细化设计、精细化施工、精细化运营维护。制定天津市绿色建筑管理规定、施工方案、验收规程等多项规定、方案、标准，为绿色建筑发展提供依据。实施示范项目引领，滨海南部生态新城、于家堡金融区等5个项目开工绿色建筑632万平方米，高星级绿色建筑比例达50%。全年新建绿色建筑2900万平方米，43个项目获得绿色建筑评价标识，其中高星级25项，4个项目荣获住房城乡建设部"绿色建筑创新奖"。

2. 引领产业转型升级，装配式建筑稳步推进。2017年天津市被国家认定为装配式建筑示范城市，5个企业认定为国家级装配式建筑产业基地。出台了《关于大力发展装配式建筑实施方案》，2021年—2025年全市范围内国有建设用地新建项目具备条件的全部采用装配式建筑。配套出台了《预制装配式混凝土构件质量检验标准》等3项地方标准和2项企业标准，初步建立了从项目设计、构件生产、施工安装到竣工验收全过程的标准规范体系。支持装配式建筑产业发展，中国建筑工程总公司、杭萧钢构等知名企业在天津市建立或布局生产基地，目前已形成年产800万平方米钢筋混凝土结构和600万平方米钢结构建筑的生产线。示范项目成效显著，双青、和苑等试点项目已形成较为成熟建造技术，中加合作木结构示范项目竣工1.7万平方米，全市装配式建筑在施100万平方米，确定采用装配式方式施工的建筑面积超过800万平方米，形成了良好的发展态势。

3. 基础设施提质增效，海绵城市综合管廊取得新进展。协调机制基本建立。开展了全市动员，各区成立了海绵城市领导小组和综合管廊领导小组，积极开展区域专项规划和实施方案编制，分解全市建设目标。配套政策制度逐步完善。出台了海绵城市相关规划建设工作指导意见，深入开展雨水排放管理、海绵城市运营维护，综合管廊运行维护标准、建设资金及入廊维护费标准等问题研究。项目取得初步进展。海绵城市建设取得阶段性成果，开工各类项目83项，竣工34项。各区综合管廊储备项目18项，总长度约56千米。已开工建设17.7千米，其中滨港电镀产业园2.5千米已竣工，中新生态城、宝坻区、市区管廊在建15.2千米。

【深入推进"放管服"改革，促进建筑行业发展实现新突破】以建设人民满意的服务型政府为目标，深入推进城建领域"放管服"改革。出台《市建委深化放管服改革的实施意见》，促进政府职能转变，破除体制机制障碍，着力降低制度性交易成本，在为基层服务上下功夫，激发市场活力。

1. 积极推进行政审批改革工作。简化行政审批，压缩审批事项1项，取消了6个许可事项的40个申请材料。下放审批权限，商品房准用许可、供热许可等下放各区管理。全面推进"一口受理、接办分离"，实行单一窗口、综合受理、内部协同机制，提升集中受理、接办分离运转水平。积极推进行政许可事项网上申报、网上审批。

2. 建筑业改革进一步深化。推动建筑业管理重心下沉，开展建筑业企业属地化管理试点工作，完善下放内容和监管方式，逐步打破分级管理。推进京津冀工程计价体系一体化，构建京津冀三地造价信息智能化平台，造价信息、计价依据、造价管理实现三统一。编制《天津市建筑安装工程装配式（绿建）项目预算基价》，计价服务体系不断完善。制定建设工程计价规则，做到计价遵规、报价有矩、调整守制、结算依法。建筑业信用体系实现广覆盖，对施工、监理及执业人员开展信用等级评价，将7家施工总承包企业和7家工程监理企业列入黑名单，信用体系奖优罚劣的导向作用进一步增强。农民工公寓执行四室、两中心、一管理标准，全市达到20%，全面加强工地食品安全管理。推行建设工程电子化招标，强化对评标专家的监督考核。推进勘察设计行业发展，建立勘察设计行业信用评价系统，开展数字化审图，提高勘察设计质量。

3. 清理收费减轻企业负担。严格落实国家和天津市涉企收费清理要求，强化清单管理，取消收费和调整收费标准共

12项，每年可为企业减负1.6亿元，取得良好效果。对按照规定保留的收费项目，将依据、项目、标准、政策法规全部公示公开，自觉接受社会监督。

4. 深入开展双万双服活动。制定"双万双服"活动方案，建立帮扶台账、受理问题台账、三级包联企业帮扶台账。深入南开区企业、社区，帮助解决市政道路、地铁、社区配套公建、定向安置房建设等问题。受理平台和转办问题31件，全部协调解决，问题受理率、办结率、满意率100%。

【坚持以人民为中心发展理念，在城建领域落实以人为本】 以解决实际问题、提升群众满意度为导向，把百姓所想所期所盼作为工作的着力点与出发点。精心组织惠心工程，努力使基础设施更加完善，城市交通更加畅通，生活环境更加宜居，让美丽天津建设转化为市民的幸福感和获得感。

1. 圆满完成民心工程。累计完成水、气、热老旧管网改造100千米，其中自来水10千米，燃气40千米，供热50千米，电力老旧设施改造19项。完成大明道、日朗路、罗浮路3座雨水泵站建设，解决了和苑、侯台等地区道路积水问题。南开二马路北段等6处道路卡口改造基本完成，方便群众出行。全市保障性住房开工3.1万套，竣工3.1万套。农村危房改造完成5000户，滨海新区、蓟州区超额完成任务，农村困难家庭住房安全得到有效解决。

2. 清洁供热让大气更清新。推动完成了禁燃区35蒸吨以上5座20台燃煤供热锅炉改燃并网，72座126台燃煤供热锅炉改燃并网，2284台燃煤供热锅炉"清零"任务，武清无煤区、静海区、滨海新区配套管线建设和东丽区2台燃煤供热锅炉超低排放改造。14.28万户城市居民采用集中供热、用电用气替代了散煤采暖。经过几年来的不断治理，天津市供热能源结构发生了根本性转变，热电联产、燃气和清洁能源供热比重达到77.5%，全市集中供热面积达到4.38亿平方米，集中供热普及率达到93.7%，中心城区住宅集中供热普及率达到99.9%，逐步形成了以节能清洁能源为主的集中供热体系。2016—2017年度采暖季，提前供热10天，延长供热16天，得到社会普遍好评。

3. 施工扬尘和渣土洒漏治理取得实效。严格落实建筑工地"六个百分之百"标准，全市1734个建筑工地全部安装视频扬尘检测设备，大大提高了监管效能。环城四区渣土处置场全部具备使用条件，严格落实现场渣土运输"六定"要求，累计开展渣土装运检查2464项次；下达责令整改通知书50份；约谈相关项目负责人86次。采取疏堵结合办法，推广智能建筑垃圾车，中心城区和滨海核心区全面禁止非智能车辆使用，制定了智能车辆技术标准和购置补贴方案，全年新增智能车辆1033部，从根本上改变建筑垃圾转运方式。

【加大依法行政力度，营造规范有序公平竞争的市场环境】 全面落实依法治国战略部署，健全制度与机制，强化监督与约束，提速信息化建设，把行政权力放在制度的笼子里，让行政权更好地为市场服务。

1. 全面加强城建立法工作。针对建设发展的新特点、新形势，2017年出台了《天津市建设工程勘察设计管理规定》，城市燃气、房地产开发、绿色建筑、渣土管理等规定均已列入立法程序。调整权责清单，对天津市城乡建设委员会236项行政职权进行规范。建立了法律顾问制度，规范行政行为。狠抓普法工作，组织开展系统领导干部法律知识考试，完成了《建设行业法规规定汇编》和《工程建设常用法律法规汇编》，为学法用法提供便捷。

2. 加强行政执法监督。出台稽查转办案件工作规程以及重大执法决定法制审核制度、行政执法公示制度、执法全过程记录制度等一系列文件，实施行政执法监督专项检查，健全常态化监督机制，促进严格规范文明执法。充分发挥执法监督平台监督作用，行政处罚职权履职率100%，人均执法量处于全市前列。

3. 强化工程质量安全监管。巩固工程质量治理两年行动成果，组织开展质量安全提升行动，深入组织安全生产隐患大排查大整治和综合督查等各项活动，全年安排专项检查19次，检查工程2087项，下达责令暂停施工通知118份，全市共查处各类违法违规案件652起，处罚金1.51亿元，50家企业和111名责任人被问责处理。积极推进建材信息公示制度，建立了"来源可查、去向可追、责任可究"的信息化监管机制，报废施工机械设备5770台套。全市较大以上安全生产事故为零，全市建设工程质量竣工验收合格率为100%。

4. 加强建筑市场执法监察。打击建筑工程施工转包违法分包等违法行为，市、区两级市场监察部门检查2000余项次，对存在建筑市场违法行为的300余个项目进行了处罚，对20家存在转包、违法分包等违法违规行为的责任单位进行了公开曝光，有力震慑了市场违法行为，促进了市场秩序的进一步规范。

【全面从严治党，为城建事业发展提供强有力的政治组织纪律保障】 认真贯彻中央和市委关于全面从严治党的决策部署，深入落实习近平同志系列重要讲话精神和对天津工作"三个着力"重要要求，全面加强党的建设。

1. 严格落实党委全面从严治党主体责任。制订了《党委工作要点》《党风廉政建设工作要点》《落实全面从严治党主体责任实施方案》，修订完善《市建委工作规则》《党委议事规则》，加强民主决策，规范了议事范围、决策程序和工作纪律。

2. 强化思想建设。以深入贯彻落实党的十八大精神、十八届六中全会精神、市第十一次党代会精神为重点，始终在思想上、行动上与以习近平同志为核心的党中央保持高度一致，切实增强四个意识，坚决落实中央、市委各项决策部署。

3. 夯实组织建设。规范支部组织建设，完成机关支部调整改建。建立巡察工作机构，积极组织开展巡察工作，将从严治党延伸到基层。落实巡视整改要求，增强党内政治生活的政治性、原则性、时代性、战斗性，以违纪违法案件为镜为鉴，有针对性地查找突出问题，制定整改方案，逐项抓好落实。

4. 深化作风建设。严格落实中央八项规定精神，组织明察暗访，形成有力震慑。深入开展不作为不担当专项治理，建立工作台账、线索移交、机动督查等7项工作制度。列入天津市城乡建设委员会专项治理整改任务书的42项问题全部完成整改。

5. 加强反腐倡廉建设。加强系统反腐工作的组织领导，推进从严监督干部常态化，成立机关纪委，严格落实提醒、函询和诫勉制度。开展警示教育，观看警示教育片、阅看违纪违法人员忏悔录，组织参观"利剑高悬、警钟长鸣"主题展。在机关和系统中建立良好的政治生态，凝聚干事创业的良好环境。

第二篇
市政公用基础设施建设和投资

铁路工程

【天津大北环铁路枢纽工程开通运营】 2017年6月30日，天津大北环线铁路枢纽工程开通运营。天津大北环铁路枢纽工程是天津市政府和中国铁路总公司确定的重点项目，起自既有京沪线的汉沟镇站，途经天津市北辰区和东丽区，终点为北环线既有胡张庄线路所，全线设汉沟镇站、西堤头站和山岭子站3座车站，其中汉沟镇站、山岭子站为接轨站，西堤头站为新建中间站，线路全长47.5千米，设计年运量8700万吨，于2013年4月1日开工建设，由津保铁路有限责任公司负责建设管理。

【天津铁路枢纽西南环线扩能改造工程开通运营】 2017年11月30日，天津铁路枢纽西南环线扩能改造工程开通运营。天津铁路枢纽西南环线扩能改造工程位于天津市西南部，西起京沪铁路的周李庄站，沿既有周芦线通道，途经天津市西青区、静海区、滨海新区和津南区，最后沿既有津南支线向西与蓟港铁路并行至咸水沽站，初步设计的批复正线全长约112.33千米，设计时速120千米，于2013年3月开工建设，由天津南环铁路有限公司建设管理。

【新建北京至唐山铁路、北京至天津滨海新区铁路动员大会召开】 2017年12月6日，新建北京至唐山铁路（京唐铁路）、北京至天津滨海新区铁路（京滨铁路）宝坻段开工动员大会在天津市宝坻区召开。

京唐铁路是《京津冀地区城际铁路网规划》中的重要线路，是京津冀协同发展交通一体化率先突破的标志性项目，由京唐城际铁路有限公司建设管理，起自北京市，终至河北省唐山市，沿线经过北京市通州区、河北省廊坊市、天津市宝坻区、河北省唐山市，线路全长153.1千米，其中天津市宝坻区43.4千米，设计时速为350千米，全线共设置车站7座，预留车站1座，其中在宝坻区设宝坻南站。2017年5月18日，京津冀城际铁路投资有限公司批复京唐铁路宝坻至唐山段站前工程初步设计。2017年9月4日，京津冀城际铁路投资有限公司向施工单位、监理单位发授京唐铁路项目宝坻至唐山段站前工程施工总价承包、监理招标中标通知书。

京滨铁路是《京津冀地区城际铁路网规划》中的骨干线路，是连接北京、天津宝坻、天津机场和天津滨海新区等区域的重要通道，建成后将与京津城际高速铁路一并为京、津两市提供公交化快速客运服务，由京滨城际铁路有限公司建设管理。京滨铁路项目正线长约97.8千米，全线设宝坻南、宝坻周良、北辰、滨海机场和滨海5座车站，设计时速为250千米（宝坻南至北辰段基础设施预留进一步提速条件），项目总投资238.1亿元。京滨铁路项目于2016年6月30日由国家发展改革委核准；2017年5月22日，宝坻至滨海新区段规划方案（不含天津机场段）获天津市规划局批复；2017年6月20日，宝坻至北辰段站前工程初步设计方案获京津冀城际铁路投资有限公司批复；2017年9月30日，宝坻至北辰段站前工程JBSG-1标段、JBSG-2标段和三电迁改标完成招标；但受天津机场T3航站楼与机场站一体化规划设计方案未稳定影响，北辰至滨海新区段初步设计未获批。

【新建北京至天津滨海新区铁路首根钻孔桩施工】 2017年12月26日，新建北京至天津滨海新区铁路首根钻孔桩——宝坻特大桥240-1号桩钻孔施工。

轨道交通工程

【概况】 天津市中心城区城市轨道交通工程建设由天津市地下铁道集团有限公司承担。

2017年，天津中心城区轨道交通在建项目7个，共156.16千米，车站129座。其中，续建项目5个，分别为5号线、6号线一期南段、1号线东延线、4号线一期和10号线一期；新开工项目2个，分别为7号线一期和11号线一期。完成车站开工34座，分别为4号线一期14座和10号线一期20座。车站封顶10座，分别为1号线东延线1座、5号线3座、6号线一期南段3座和4号线一期3座，盾构推进30.39千米，轨道铺设86.83千米。完成投资125亿元。5号线、6号线一期南段和1号线东延线3个项目共66.66千米，主体结构贯通。

截至2017年底，天津轨道交通建成线路5条，分别为1号线、2号线、3号线、6号线和9号线，总长度168千米，车站总数113座。

2017年天津市中心城区轨道交通在建项目汇总表

序号	线路名称	起讫站	线路长度（千米）	车站（座）	开工时间	预计通车时间	工程建设情况
1	1号线东延线	双林—双桥河	15.86	11	2013.10	2018	续建
2	5号线	北辰科技园北—李七庄	34.8	28	2012.7	2018	续建
3	6号线一期南段	水上公园东路—梅林路	16	13	2012.7	2017	续建
4	4号线一期	东南角—新兴村	19.4	14	2016.3	2020	续建
5	10号线一期	屿东城—于台	21	21	2016.5	2021	续建
6	7号线一期	喜峰道—赛达路	26.5	21	2017	2021	新建
7	11号线一期	水上公园西路—东丽六经路	22.6	21	2017	2021	新建
合计			156.16	129			

天津地铁1号线东延线走向示意图

【天津地铁1号线东延线工程】 天津地铁1号线东延线由双林至双桥河。线路走向为从地铁1号线财经大学站后与既有线接轨,在双林站前入地沿景盛路地下敷设,下穿外环线和天津大道后,经过李楼站后线路转向东,沿规划海沽道敷设,下穿机场大道、津岐路等。线路全长15.86千米,设站11座,全部为地下线。全线设双桥河车辆段1座,设辛柴路主变电所1座。全线控制中心接入地铁3号线华苑车辆段综合控制中心。2017年,完成投资24.35亿元,车站结构封顶1座,轨道铺设5.13千米。截至2017年底,开工车站累计11座,结构封顶车站累计11座,盾构累计推进31.72千米,轨道累计铺设33.087千米。截至2017年底,11座车站全部封顶。盾构区间、轨道敷设贯通。完成设备安装工程和装修工程,具备试运行条件。

【天津地铁5号线工程】 天津地铁5号线由北辰科技园北至李七庄。线路走向为途经规划淮东路、均富路、群芳路、靖江路、东风立交桥、大直沽西路、琼州道、广东路、乐园道、宾水道、宾水西道、凌宾路、昌凌路、外环线和梨园头。线路全长34.8千米,设站28座。全线设梨园头车辆段1座,设双街停车场1座。设主变电所2座。全线控制中心接入地铁3号线华苑车辆段综合控制中心。2017年,完成投资37.04亿元,车站结构封顶3座,盾构推进21.21千米,轨道铺设50.2千米。截至2017年底,开工车站累计28座,结构封顶车站累计28座,盾构推进里程累计53千米,轨道铺设累计69千米。截

第二篇 市政公用基础设施建设和投资

天津地铁5号线走向示意图

至2017年底,28座车站全部封顶。盾构区间、轨道敷设贯通。设备安装和装修工程基本完成,具备试运行条件。

【**天津地铁6号线工程**】 天津地铁6号线由南孙庄至梅林路。线路走向为途经津大路、民权门、北站、天泰路、北运河、西站、南运河、红旗路、红旗南路、宾水道、文化中心、尖山路、友谊南路、会展中心和解放南路等。线路全长45千米,设站39座。设大毕庄车辆段1座。设主变电所2座。全线控制中心接入地铁3号线华苑车辆段综合控制中心。2012年

天津地铁6号线走向示意图

7月开工,计划总投资335.59亿元。6号线南孙庄站至水上公园东路站,共计29千米,于2016年12月31日开通试运营。2017年,完成投资32.69亿元,车站结构封顶3座,盾构推进9.18千米,轨道铺设29.7千米。截至2017年底,开工车站累计39座,结构封顶车站累计39座,盾构推进里程累计52.7千米,轨道铺设累计89千米。截至2017年底,39座车站全部封顶。盾构区间、轨道敷设贯通。设备安装和装修工程完成,具备试运行条件。

新工艺工法应用:目前国内规模最大的麻花状地铁隧道群由地铁5号线、6号线同台换乘的肿瘤医院站及相邻的4个区间、8条盾构隧道组成,是地铁5号线、6号线交汇并行段。隧道群盾构区间隧道全长8018米,8条隧道上下重叠、并排前行、交叉缠绕,最小隧道间距仅2.3米;地面距离隧道最近处仅0.6米。8条盾构隧道需要经过16次始发、接收,同一端头要历经4次始发与接收,同一建筑、同一地层要经过4次穿越扰动。针对重叠段隧道,创新工艺工法,设计出移动支撑台车,能够分区调节、控制支撑力,确保先行隧道安全。在负三层采用钢护筒始发、接收,成功杜绝了透水风险,确保了工程自身及地面建筑物的安全。

【天津地铁4号线一期工程】 天津地铁4号线一期由东南角至新兴村。线路走向为沿东马路、和平路、兴安路、大沽北路、浦口道过海河,沿十四经路穿越津秦高铁、京津城际延伸线等铁路,沿成林道、泰兴南路、津滨大道至民航大学。线路全长19.4千米,设站14座。设民航学院车辆段1座。设主变电所1座。全线控制中心接入地铁3号线华苑车辆段综合控制中心。2017年,完成投资11.16亿元。截至2017年底,开工车站累计14座,结构封顶车站累计3座。

天津地铁4号线走向示意图

天津地铁10号线走向示意图

【天津地铁10号线一期工程】 天津地铁10号线一期由屿东城至于台。线路走向为从卫国道途经沙柳路、天钢柳林、珠江道、解放南路、梅江、丽江道到梨园头。线路全长21千米，设站21座。设梨园头车辆段1座。设主变电所2座（新建解放南路主变电站一座，并改造沙柳路主变电站）。全线控制中心接入地铁3号线华苑车辆段综合控制中心。2017年，完成投资8.33亿元。开工车站累计21座。

【天津地铁7号线一期工程新建项目】 天津地铁7号线一期由喜峰道至赛达路。线路走向为途经友谊路延长线、卫津南路、卫津路、南门外大街、城厢中路、中山路、南口路，覆盖中山路、老城厢、八里台和奥体中心等。线路全长26.5千米，设站21座。设大寺车辆段1座。设主变电所2座：解放南路主变电所，与10号线共享；新建六里台主变电所，与11号线共享。全线控制中心接入地铁3号线华苑车辆段综合控制中心。2017年，完成投资0.91亿元。完成土建施工图设计和强审工作，进行管线综合设计、园林迁移和交通导行方案编制工作。

第二篇　市政公用基础设施建设和投资

天津地铁7号线走向示意图

【天津地铁11号线一期工程】 天津地铁11号线一期由水上公园西路至东丽六经路。线路走向为途经复康路、吴家窑大街、友谊路、规划谊黄道、澧水道、内江路、东江道、学苑北路、环宇道和津塘二线。线路全长22.6千米，设站21座。设七经路车辆段1座。设主变电所2座：新建驯海路主变电所；六里台主变电所，与7号线共享。全线控制中心接入地铁3号线华苑车辆段综合控制中心。2017年，完成投资1.17亿元。

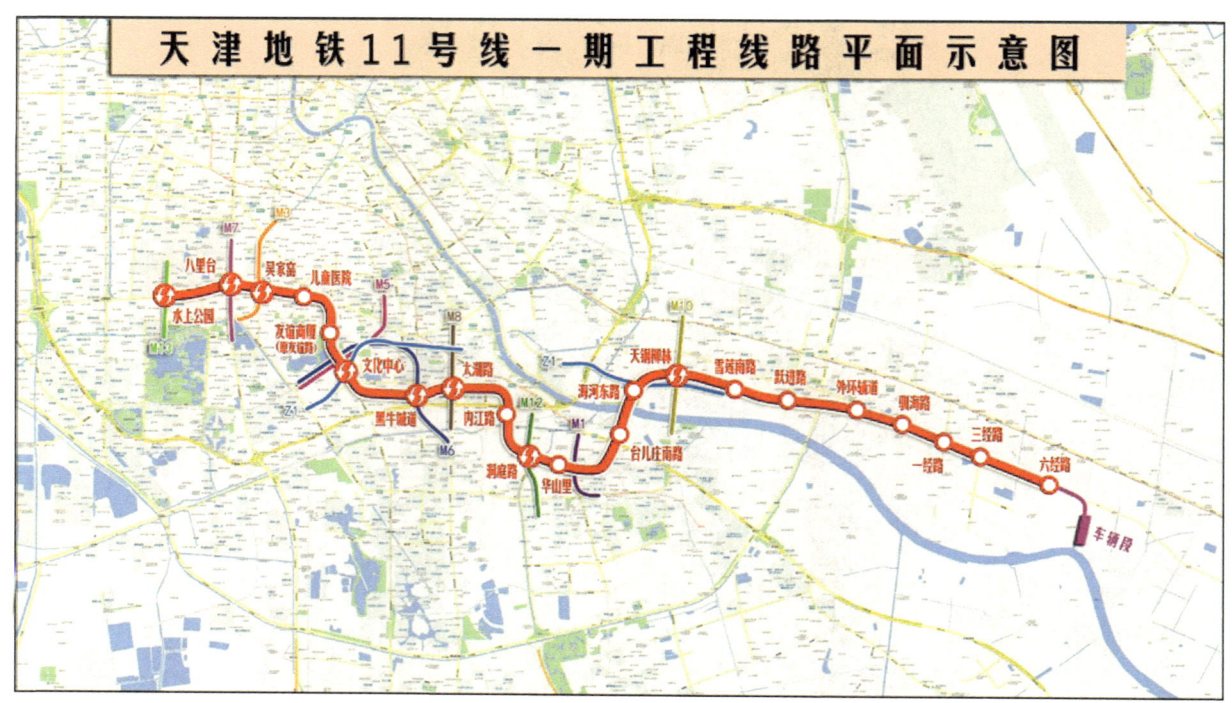

天津地铁 11 号线走向示意图

民心工程

2017年天津市20项民心工程中，涉及天津市建委4大类、6个子项，市建委工程建设处负责3座雨水泵站建设及6个卡口道路改造。

【建成大明道、日朗路、罗浮路3座雨水泵站】 1. 大明道雨水泵站，位于西青区大明道与营玉路交口的东北角，占地面积2500平方米，建筑面积约277.5平方米，设计流量为9立方米/秒。收水范围为东至快速路，南至规划南领道，西至东场引河，北至大明道，服务面积约175万平方米，排水出路为东场引河。工程总投资4898.02万元。建设单位为天津城市道路管网配套建设投资有限公司，勘察单位为天津海滨工程勘察设计有限公司，设计单位为天津市市政工程设计研究院，施工单位为天津市水利工程有限公司，监理单位为津政汇土（天津）建设工程监理有限公司。

2. 日朗路雨污水合建泵站工程，位于西青区侯台地区规划香泽道与日朗路交口东北角，新建雨水泵站一座，雨水泵站规模为12立方米/秒，新建污水泵站一座，污水泵站规模为0.84立方米/秒。建设内容主要包括泵站工程和管道工程，占地面积约3499.5平方米，工程总投资10716.88万元。建设单位为天津市环境建设投资有限公司，代建单位为天津市排水公司，施工单位为中铁四局集团有限公司，监理单位为天津国际工程建设监理公司。

3. 罗浮路雨污水合建泵站工程，位于西青区规划罗浮路与规划赵苑道交口西南角处，占地面积为4281平方米，建筑面积为536平方米，污水泵站设计流量为1.28立方米/秒，雨水泵站设计流量为12立方米/秒，基坑最大深度约为11米，新建直径1200毫米～2400毫米进出水管道，总投资5765.18万元。建设单位为天津城市道路管网配套建设投资有限公司，代建单位为天津市政建设发展有限公司，勘察单位、设计单位为天津市市政工程设计研究院，施工单位为中铁一局集团天津建设工程有限公司，监理单位为津政汇土（天津）建设工程监理有限公司。

【打通瓶颈路段，实施并完成6个卡口道路改造】 打通瓶颈路段，实施并完成外环线京沪铁路立交桥、南开二马路北段、福建路桥、外环线津汉立交桥、洞庭路立交桥和芥园西道立交桥6个卡口道路改造。

1. 外环线洞庭路立交桥工程是快速

路枢纽型互通立交桥,是天津市域"两环十四射"快速路骨架路网的重要组成部分。采用半定向+地面平交的立交桥形式,外环线方向全长 1.46 千米,洞庭路方向全长约为 1.41 千米,道路面积约 10.99 万平方米,桥梁面积约 3.16 万平方米,总占地面积 24.16 万平方米。建设单位为天津高速公路集团有限公司,勘察单位、设计单位为天津市市政工程设计研究院,施工单位为天津市水利工程有限公司,监理单位为天津市华盾工程监理咨询有限公司。

外环线洞庭路立交桥工程

津汉立交桥工程

2. 津汉立交桥工程为外环线改造工程东北部调线的重要节点,共包括津汉公路、外环线两方向主桥以及 14 条匝道,是天津市目前最大的立交桥桥梁工程,工程范围为外环线东北部调线方向 1.93 千米,津汉快速路 2.34 千米。2017 年 5 月底,津汉公路南半幅完工,并实现津汉立交桥津汉公路方向主桥双向 8 车道通车。

3. 外环线芥园西道立交桥工程为快速路与主干路相交的分离式立交桥,芥园西道位于地面层,外环线位于第二层,工程全长 1365 米,其中桥梁长度 530 米、两侧引道长 835 米,道路面积约 54470 平方米,桥梁面积约 18375 平方米,总占地面积 7.59 万平方米。2017 年 7 月中旬实现双向车道全部通车。建设单位为天津高速公路集团有限公司,勘察单位、设计单位为天津市市政工程设计研究院,施工单位为中铁十二局集团有限公司,监理单位为天津市路驰建设工程监理有限公司。

外环线芥园西道立交桥工程

4. 外环线京沪铁路立交桥改造工程上跨京沪铁路、西青道及铁路动车左线。全长950米，其中桥梁长度450米，道路长度500米，道路面积约20117平方米，桥梁面积约18840平方米，总占地面积4.59万平方米，2017年7月完工。建设单位为天津高速公路集团有限公司，勘察单位、设计单位为天津市市政工程设计研究院，施工单位为中铁六局集团有限公司，监理单位为天津市华盾工程监理咨询有限公司。

外环线京沪铁路立交桥改造工程

5. 南开二马路北段，位于南开区，工程起点为南马路，终点为服装街，全长323米，道路规划宽度20米，其中车行道14米，两侧人行道各3米，道路路面面积6454.54平方米。规划等级为城市次干路。新建直径400毫米污水管道长约500米。工程总投资约1730万元。建设单位为南开区建设管理委员会，施工单位为天津宇达建筑工程有限公司。

6. 福建路跨津河桥工程。位于河西区，工程南起爱国道与津河相交处，北接福建路，总长度151.37米，总投资1116万元。主要内容为跨津河桥、福建路道路调整及照明、交通工程等。建设单位为天津市道路桥梁管理处，代建单位为天津市道桥建设发展有限公司，施工单位为天津市市政道桥建筑工程公司。

城市道路与桥梁

【外环线提升改造工程】 外环线提升改造工程范围为现状外环线全线，路线全长71.3千米，横断面范围为现状外环线50米路基范围。按照城市主干路断面标准实施，主要建设内容包括破损路面挖补罩面、沿线桥梁维修、积水点位增设收水井、现状中央分隔带改造、沿线路灯改造及绿化工程、沿线设施等相关附属工程。

新梅江地区起步区枫林路（渌水道—南兴道）道路工程

新梅江地区起步区梅林路（渌水道—南兴道）工程

【富堤路道路及配套管线工程完工】
富堤路位于天津市河北区，南起津浦北路，北至富运道，全长约 1176 米，道路规划等级为城市次干路。该道路于 2017 年 12 月完工，保证大河宸章小区居民入住及使用。

【富运道道路及配套管线工程完工】
富运道位于天津市河北区，西起富堤路，东至天泰路，全长约 207 米，道路规划等级为城市次干路。该道路于 2017 年 12 月完工，保证大河宸章小区居民入住及使用。

【枫林路道路及配套管线工程完工】
枫林路位于天津市河西区全运村内，北起渌水道，南至南兴道，全长约 728 米，道路规划等级为城市次干路。该道路于 2017 年 8 月完工，为全运会顺利召开提供了保障。

【梅林路道路及配套管线工程完工】
梅林路位于天津市河西区全运村内，北起渌水道，南至南兴道，全长约 767 米，道路规划等级为城市次干路。该道路于 2017 年 8 月完工，为全运会顺利召开提供了保障。

【林海路道路及配套管线工程完工】
林海路位于天津市河西区全运村内，北起渌水道，南至南兴道，全长约 629 米，道路规划等级为城市支路。该道路于 2017 年 8 月完工，为全运会顺利召开提供了保障。

【榆林路道路及配套管线工程完工】
榆林路位于天津市河西区全运村内，北起渌水道，南至南兴道，全长约 1236 米，道路规划等级为城市次干路。该道路于 2017 年 8 月完工，为全运会顺利召开提供了保障。

新梅江地区起步区林海路（南兴道—浯水道）工程

新梅江地区起步区榆林路（浯水道—南兴道）工程

【淇水道道路及配套管线工程完工】
淇水道位于天津市河西区全运村内,西起洞庭路,东至微山路,全长约 1837 米,道路规划等级为城市次干路。该道路于 2017 年 8 月完工,为全运会顺利召开提供了保障。

新梅江地区起步区淇水道(洞庭路—微山道)道路工程

【桔林路道路及配套管线工程完工】
桔林路位于天津市河西区全运村内,北起渌水道,南至南兴道,全长约 675 米,道路规划等级为城市支路。该道路于 2017 年 8 月完工,为全运会顺利召开提供了保障。

新梅江地区起步区桔林路(渌水道—南兴道)道路、排水、中水和路灯工程

【双林道道路及配套管线工程完工】双林道位于天津市河西区全运村内,西起梅林路,东至林海路,全长约744米,道路规划等级为城市支路。该道路于2017年8月完工,为全运会顺利召开提供了保障。

新梅江地区起步区双林道(梅林路—林海路)工程

城市排水泵站和污水处理设施

【概况】 5座污水处理厂及外管网提标改造项目，包括张贵庄污水处理厂、津沽污水处理厂及外管网、北仓污水处理厂、咸阳路污水处理厂及外管网、东郊污水处理厂及外管网。截至2017年12月，津沽、北仓和张贵庄3座污水处理厂进行桩基施工；东郊污水处理厂正在同步进行施工招标；咸阳路污水处理厂已具备办理施工登记条件，受环境影响评价制约，现场临时工程暂停施工。

● 张贵庄污水处理厂，现处理规模20万吨/日，原规模提标改造。

张贵庄污水处理厂

【张贵庄污水处理厂一期提标改造工程】 张贵庄污水处理厂一期提标改造工程位于东丽区幺六桥乡，现状张贵庄污水处理厂一期工程院内，现处理规模为20万立方米/日，出水水质一级A。工程主要包括新建10万立方米/日高效沉淀+深床反硝化滤池，降低原系列负荷；新建臭氧接触池、臭氧发生间及射流泵房，满足20万立方米/日污水处理要求；新建变配电间及供电设施；厂内部分现状设施改造；厂内现状管线的切改及进出水管线敷设等。提标改造后，污水处理厂出水水质达到天津市《城镇污水处理厂污染物排放标准》（DB12/599-2015）的"A类"标准，规模为20万立方米/日。工程概算总投资2.43亿元。建设单位为天津城市基础设施建设投资集团有限公司，勘察单位为天津市勘察院，设计单位为天津市市政工程设计研究院，施工单位为天津第二市政公路工程有限公司，监理单位为天津国际工程建设监理公司。

【津沽污水处理厂扩建及提标改造工程】 津沽污水处理厂扩建及提标改造工程项目总占地面积约为38.92万平方米，建设地点位于津南区大孙庄村西侧，西青高端金属制品工业区东侧，津沽污水处理厂内。工程建设规模为对现有污水处理厂55万立方米/日污水处理能力进行提标改造，新增污水处理能力10万立方米/日。按照天津市地方标准《城镇污水处理厂污染物排放标准》（DB12/599-2015），出水水质由一级A提升至A类标准（即类四类标准）。采用"改进型的多级AO+高效沉淀池+深床滤池+臭氧氧化"处理工艺。

津沽污水处理厂

工程概算总投资 8.45 亿元。建设单位为天津创业环保集团股份有限公司,勘察单位为天津市市政工程设计研究院,设计单位为中国市政工程华北设计研究总院有限公司,施工单位为中铁四局集团有限公司,监理单位为天津国际工程建设监理公司。

【北仓污水处理厂扩建及提标工程】北仓污水处理厂总占地面积约为23.60万平方米,建设地点位于北辰区外环线内侧,京山铁路线以西,北仓污水处理厂内。工程建设目标为对现有污水处理厂10万立方米/日污水处理能力进行提标改造,新增污水处理能力 5 万立方米/日。按照天津市地方标准《城镇污水处理厂污染物排放标准》(DB12/599-2015),出水水质由一级 B 提升至 A 类标准(即类四类标准)。采用"改良AAO+高效沉淀池+深床滤池+臭氧氧化"处理工艺。工程概算总投资 4.42 亿元。建设单位为天津创业环保集团股份有限公司,勘察单位为天津市勘察院,设计单位为中国市政工程华北设计研究总院有限公司,施工单位为天津第二市政公路工程有限公司、天津第四市政建筑工程有限公司,监理单位为天津市成套设备工程监理有限公司。

【咸阳路污水处理厂】 咸阳路污水处理厂迁建提标工程与咸阳路再生水厂迁建工程同步实施,两厂总占地面积约36.09万平方米,其中污水处理厂占地面积约33.31万平方米。工程地处西青区,东侧为陈台子排水河、南侧为独流减河、

● 北仓污水处理厂:提标改造的同时,利用现有厂区预留地扩建至15万吨/日。

北仓污水处理厂

西侧为原陈台子村、北侧为现状高压电网。工程建设规模污水处理能力达到45万立方米/日，其中预处理部分土建规模为60万立方米/日；按照天津市地方标准《城镇污水处理厂污染物排放标准》（DB12/599-2015），出水水质由一级B提升至A类标准（即类四类标准）。采用"多级AO+V型滤池+臭氧氧化"处理工艺。工程概算总投资21.93亿元。建设单位为天津城市基础设施建设投资集团有限公司，勘察单位、设计单位为天津市市政工程设计研究院，监理单位为天津市路驰建设工程监理有限公司，施工单位为天津市源泉市政工程有限公司。

【东郊污水处理厂及再生水厂迁建工程】东郊污水处理厂及再生水厂迁建工程总占地面积约为26.73万平方米，建设地点在天津市东丽区南淀郊野公园内，位于京津塘高速公路和外环线调整线西北侧夹角范围内。工程建设规模污水处理能力达到60万立方米/日；工程包括再生水厂建设规模为10万立方米/日，近期设备安装规模为5万立方米/日。按照新的天津市地方标准《城镇污水处理厂污染物排放标准》（DB12/599-2015），出水水质由一级B提升至A类标准（即类四类标准）。污水处理主体工艺采用AAO+深床滤池+臭氧氧化形式。工程概算总投资33.32亿元。由天津城市基础设施建设投资集团有限公司投资建设，勘察单位为天津市勘察院，设计单位为中国市政工程华北设计研究总院有限公司，监理单位为天津华北工程监理有限公司，施工单位为中国建筑第八工程局有限公司。

咸阳路污水处理厂

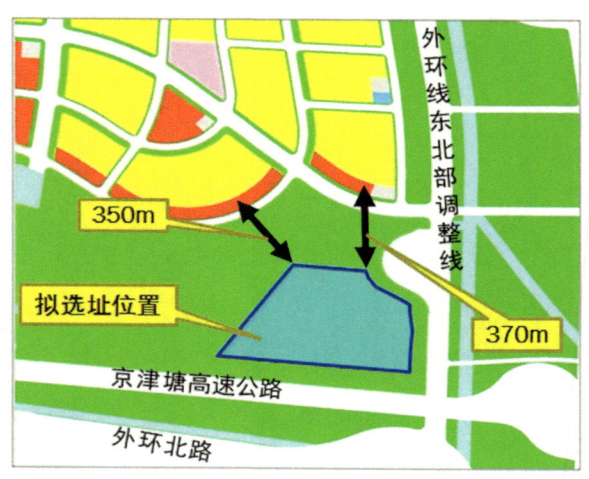

东郊污水处理厂

供热工程

【概况】 为严格落实《京津冀及周边地区 2017 年大气污染防治工作方案》（环大气〔2017〕29 号）以及天津市《关于"四清一绿"行动 2017 年重点工作的实施意见》（津党厅〔2017〕20 号）的任务要求，根据《天津市 2017 年大气污染防治工作方案》（津政发〔2017〕14 号），2017 年天津市建委推动实施了燃煤供热锅炉改燃并网工程和城市居民散煤清洁化治理工作，并为提高供热保障能力，继续组织实施了供热旧管网改造工程。

【禁燃区 35 蒸吨以上燃煤供热锅炉改燃工程竣工】 禁燃区 35 蒸吨以上燃煤供热锅炉改燃工程涉及 5 座锅炉房、20 台供热锅炉，其中武清 4 座、18 台、940 蒸吨；静海区 1 座、2 台、330 蒸吨，改造方式均为煤改气。全部工程于 2017 年 10 月 31 日竣工。

【72 座 126 台燃煤供热锅炉改燃并网工程竣工】 72 座 126 台燃煤供热锅炉改燃并网工程涉及滨海新区 17 座、40 台，津南区 4 座、8 台，静海区 1 座、2 台，宁河区 20 座、20 台，武清区 24 座、49 台，西青区 5 座、5 台，河西区 1 座、2 台，其中并网 22 座、52 台，煤改气 38 座、56 台，煤改电 5 座、5 台，地热井替代 4 座、7 台，煤改生物质能 1 座、3 台，关停 2 座、3 台。全部工程于 2017 年 10 月 31 日竣工。

【燃煤供热锅炉实现"清零"】 燃煤供热锅炉实现"清零"工作涉及中心城区全部燃煤供热锅炉、滨海新区和环城四区全部 35 蒸吨及以下燃煤供热锅炉、其他区全部 10 蒸吨及以下燃煤供热锅炉，共计 2284 台，包含 72 座 126 台燃煤供热锅炉改燃并网工程中的 61 台燃煤供热锅炉。其中，滨海新区 31 台、东丽区 11 台、西青区 22 台、津南区 31 台、北辰区 139 台、武清区 713 台、宝坻区 424 台、静海区 476 台、宁河区 248 台和蓟州区 189 台。全部任务于 10 月 20 日前完成。

【城市居民散煤清洁化治理实现"清零"】 根据《中共天津市委办公厅 天津市人民政府办公厅印发〈天津市 2017—2018 年秋冬季大气污染综合治理攻坚行动方案〉的通知》（津党厅〔2017〕

82号），天津市2017年城市居民散煤清洁化治理计划任务为13.14万户，涉及除和平区以外的其他15个区，治理方式包括煤改电、煤改气、集中供热补热以及拆迁、腾迁和发放补贴自行管控等。截至2017年11月30日，天津市实际完成城市居民散煤治理任务14.28万户，其中煤改电3.38万户，煤改气2.29万户，集中供热补热4.42万户，拆迁、腾迁和发放补贴自行管控等其他方式4.19万户，实现了城市居民散煤"清零"的目标。

【供热旧管网改造工程任务完成】根据《天津市人民政府办公厅关于印发改善城乡居民居住条件相关工作安排和方案》（津政办发〔2017〕37号），2017年—2020年天津市计划完成天津市区水气热旧管网改造1380千米，其中供热旧管网850千米。2017年，天津市共计对50.27千米供热旧管网实施了改造，其中供热一次管网9.41千米、供热二次管网40.86千米。涉及和平区、河西区、河东区、南开区、东丽区、西青区和武清区的12个供热站和34个片区，完成了天津市2017年二十项民心工程确定的相关任务目标。工程总投资2695万元，其中市财政专项补贴资金996.64万元，相关区财政配比资金501.87万元，供热企业自筹资金527.34万元，供热工程建设费资金669.15万元。

地下综合管廊

【专题会议推动综合管廊建设】 2017年6月21日召开的综合管廊推动会对综合管廊工作进行了全面部署。要求各区进一步完善区级综合管廊领导小组，目前各区均成立了领导小组。要求各区要按时高质量完成综合管廊专项规划的编制工作，制定综合管廊工作方案，拟订到2020年的年度建设计划，提出环外各区2018年至少开工2千米综合管廊建设项目。同时，要求各相关部门出台完善综合管廊建设相关配套制度规定，为综合管廊建设提供保障。充分发挥市管廊办的作用，加强与各区、各部门的联系，加大监督考核力度，推动天津市综合管廊建设。

【项目建设情况】 按照住房城乡建设部对地下综合管廊建设任务的要求，天津市2017年开工建设任务为4.5千米，分别为静海区滨港电镀产业园综合管廊二期，长度1.0千米；中新生态城地下综合管廊一期（嘉顺道南段、渔泽路），长度3.5千米，目前均已开工建设。截至2017年底，天津市地下综合管廊在建21.2千米，其中静海滨港电镀产业园综合管廊竣工4.7千米，包含14种电镀废水收水管，同时布设电力、电信、自来水和消防等配套管线，实现了所有电镀废水分类收集、分类处置、达标排放和废物循环利用。通过综合管廊建设，解决了高污染企业达标排放问题，助力产业可持续健康发展。

海绵城市

【调整天津市海绵城市建设工作领导小组】 2017年4月14日，市政府办公厅下发《天津市人民政府办公厅关于成立天津市完善建设用地使用权转让、出租、抵押二级市场试点工作领导小组和调整天津市海绵城市建设工作领导小组的通知》（津政办发〔2017〕59号），调整天津市海绵城市建设工作领导小组。组长调整为副市长担任，副组长调整为市人民政府分管副秘书长和市财政局、市规划局、市国土房管局、市建委、市市容园林委和市水务局主要负责同志担任。成员单位包括市发展改革委、市财政局、市规划局、市国土房管局、市建委、市环保局、市市容园林委、市水务局、市交通运输委、中新天津生态城管理委员会以及天津城市基础设施建设投资集团有限公司。领导小组办公室由市水务局调整为市建委。

6月21日，天津市政府组织召开全市海绵城市工作推动会，对天津市海绵工作情况进行总体推动和部署。

6月22日，天津市海绵办印发《关于印发天津市海绵城市建设工作领导小组办公室组织构架和工作机制的通知》（津海绵办〔2017〕1号）。

7月，天津市建委成立城市建设处作为海绵城市建设推动工作的专职部门。

【市建委出台海绵城市相关政策和技术要求】 6月，天津市建委出台《天津市海绵城市建设项目施工图设计审查要点》（津17WJ-2-2）。

6月，天津市建委出台《天津市海绵城市建设项目施工图设计专篇》（津17WJ-2-1）。

8月11日，天津市建委出台《市建委关于加强海绵城市建设管理的通知》（津建规〔2017〕301号），明确天津市行政区域内房屋建筑、市政基础设施建设项目应加强海绵城市建设和节水设施建设管理，包括项目立项、图纸审查、施工监管、竣工验收和设施移交等环节。海绵城市设施应与主体工程同步设计、同步施工、同步竣工验收和同步交付使用。2017年8月以来，天津市已有180多个项目纳入规划建设管控流程，确保新建项目落实海绵城市要求。

8月17日，天津市建委出台《市建委关于加强海绵城市建设规划管控工作的通知》（津建规〔2017〕308号），对住宅小区、公建项目和市政基础设施等项目提出海绵城市规划管控主要指标。

【开展人才培养培训工作】 2017年

8月和11月，多次组织召开海绵城市建设专题培训会，组织各部门、各区、规划设计单位、建设施工单位开展海绵城市培训工作，先后1200人次参加培训。并组织了现场观摩活动，现场查看了第二新华中学、体育公园和林海路等海绵城市建设项目。

组建了海绵城市建设技术指导专家委员会，专家涵盖城市规划与建筑设计、风景园林、环境工程和市政公用等10大类，共计95名专家，为天津市海绵城市建设提供技术支撑。

9月，组织相关区赴池州第一批试点城市参加海绵城市培训，并进行现场学习调研，学习先进经验。

【推进试点区建设】 天津市共有两个国家海绵城市建设试点区，总面积39.5平方千米，其中解放南路片区16.7平方千米，中新天津生态城片区22.8平方千米。两个试点区内共有海绵城市重点建设项目143个，总投资76亿元。试点区内制定了海绵城市建设实施方案。试点项目已完工29项，在建62项。完成了第二新华中学、生态城华夏未来小学和幼儿园、第一社区邻里中心等样板工程。其中，第二新华中学位于解放南路试点区南部，是天津市首个采用海绵城市理念整体设计的学校。校园占地面积5.4万平方米，建筑面积3.8万平方米，包括教学楼、食堂、宿舍楼和体育馆等。校园中采用了透水铺装、绿色屋顶、下凹绿地、雨水花园、低冲击开发（LID）模式树池、旱溪、环保雨水口和雨水调蓄池等多种海绵设施及相应监测系统，增强对雨水的滞蓄、净化和利用，实现了源头减排、过程控制、末端调蓄的雨水径流管理，年径流总量控制率达到78%，为海绵城市建设在天津市的推广进行了探索和实践。第二新华中学项目于2017年5月竣工，成为天津市各区海绵项目建设的示范和培训点。2017年8月，第二新华中学作为第十三届全运会村委会投入使用，全运会期间海绵设施运行良好，起到了较好的宣传作用和教育作用。

创新投融资和管理模式。解放南路试点区政府和社会资本合作（PPP）项目包共21个新建项目，总投资25.21亿元，海绵城市PPP项目实施方案经市政府审批，启动招标工作，完成招投标资格预审。

【做好相关部委迎检工作】 2017年4月和12月，住房城乡建设部、水利部和财政部等部委先后2次组织专家对天津市海绵城市建设试点工作进行了督导检查，查看了试点项目建设情况、制度建设情况和PPP项目进展等情况，根据专家反馈意见，制定了整改措施，并推动整改措施的落实。

【各区海绵城市建设工作情况】 各区均成立了区海绵城市领导小组，负责推动本区海绵城市建设工作，各区均制定了海绵城市工作方案。

中心城区以外的10个区编制了区级海绵城市专项规划。天津市16个行政区均开展了海绵城市建设实施方案编制工作，并划定到2020年海绵城市重点建设区域，制定年度建设计划。

8月8日—11日，天津市海绵办对各区海绵城市建设进行了调研辅导，进一步摸清各区海绵城市建设的底数，指导各区加强组织领导，加快专项规划和实施方案编制工作。

2017年12月，组织专家对天津市16个行政区的海绵城市专项规划及实施方案进行督导点评，要求各区通过互评、互比、互看的方式，互相学习经验、总结不足，推动海绵城市建设工作科学、有序地开展。

基础设施项目投资评审及世行工作

【概况】 2017年，天津市共完成基础设施项目投资评审235项，累计审核投资388.19亿元，审减投资7.97亿元。投资评审项目包括初步设计概算、工程变更、概算调整、全过程造价管控及地铁设施迁改等内容。基础设施项目投资评审工作由天津市市政公用和综合交通建设项目投资评审中心组织实施，委托有资质的咨询机构对投资情况进行审核，会同天津市建委有关处室组织专家对投资情况进行评审，严格把控工程造价，为项目审批提供依据。

【项目前期阶段初步设计评审】 2017年，天津市共完成初步设计及投资计划评审71项，上报总投资371.52亿元，审核后投资366.79亿元，审减4.73亿元，其中包括天津地铁11号线一期工程初步设计概算、2017年供热旧管网改造投资计划和志成道泰兴路立交工程初步设计概算等。

【项目实施阶段工程变更评审】 2017年，天津市共完成工程变更投资评审95项，上报总投资11.67亿元，审核后投资9.61亿元，审减2.06亿元。其中，包括海河堤岸（海津大桥至春意桥）景观工程设计变更，地铁6号线新开河站、北运河站、天泰路站与北运河站区间设计方案变更，天津燃气大港LNG调峰应急站二期工程变更，朝阳路道路及配套工程增加铁路平交道口改造投资变更等。

【项目概算调整】 2017年，天津市共完成项目概算调整投资评审2项，上报总投资2.17亿元，审核后投资1.89亿元，审减0.28亿元。

【全过程造价管控】 2017年，继续对外环东北部调线工程、京津塘高速北部新区高架工程实施全过程造价管控工作，完成了施工过程中建安费及工程建设其他费等费用的审核工作，并建立了项目台账，严格管控工程全过程的造价。

1. 外环线东北部调线工程。完成限额外一般变更投资评审14项，上报总投资2003.15万元，审核后投资1749.57万元，审减253.58万元。

2. 京津塘高速北部新区段高架工程。完成工程建设其他费用审核1项，上报投资126.04万元,审核后投资76.37万元,审减49.67万元。

【全面推进地铁4号线和10号线迁改工程造价审核工作】 地铁4号线和10号线迁改工程造价审核工作贯穿2017年始终,各相关部门积极配合协调迁改过程中出现的各种费用问题,建立了迁改费用台账,形成了各相关单位的联动机制。共审核了包括路灯、电力、给水、排水、中水、热力、燃气和园林绿化等各类迁改工程费用共计67项,累计上报投资2.83亿元,审核后投资1.93亿元,审减0.90亿元,为项目的顺利进行提供了有力保障。

第三篇
村镇建设

第三篇 村镇建设

概 况

【概况】2017年，认真研究天津市村镇建设形势，组织开展农村危房改造、农村人居环境改善、传统村落保护、小城镇建设和结对帮扶困难村等工作，完成了2017年既定工作目标。

天津城市建设风貌

农村危房改造

【农村危房改造】 2017年天津市危改任务5000户,列入天津市政府20项民心工程。2017年涉及危改工作的滨海新区、蓟州区、宝坻区、静海区、宁河区及武清区共开工5197户,开工率104%,竣工5011户,竣工率100.2%,完成2017年危改任务。

【规范危改资格认定】 修订《天津市农村危改其他贫困户认定办法(试行)》,转发住房城乡建设部、财政部、国务院扶贫办《关于加强和完善建档立卡贫困户等重点对象农村危房改造若干问题的通知》,进一步明确了因老、因病、因学等致贫而纳入危改的困难家庭范围,同时延续与审计部门合作的危改户前置联网筛查机制,在认证环节有效防范非困难户享受危改政策问题。

【健全危改台账管理】 会同民政部门对天津市农村五保户、低保户、贫困残疾人和低收入等困难家庭开展全面摸排,摸清农村存量危房底数。在初步完成四类重点对象危改台账的基础上,重点摸排因病致贫返贫人口和贫困老人,健全农村危改台账,确保危改工作精准到户。

【提升危房鉴定精度】 编制简单易懂的危房鉴定适用方法,组织乡镇干部培训危改鉴定专业知识180余人次。天津市各区确定危房鉴定样板示范区,邀请专家现场指导危房鉴定,组织乡镇干部进行观摩,解决危房鉴定水平参差不齐问题。

【强化危改质量管理】 制定发布天津市建委《关于加强农村危房改造质量安全管理工作的通知》,进一步明确乡镇政府危改质量管理的属地责任,要求充实乡镇建设管理机构,建立危改现场质量安全检查制度,落实住房城乡建设部提出的"五个基本"质量管理要求。开展天津市村镇建筑工匠培训,提高工匠技术水平,在宝坻区、武清区、静海区、宁河区、蓟州区组织培训农村建筑工匠1579名。

【推行加固改造技术】 推广适合天津市农村实际、造价低、工期短、安全可靠的农房加固技术,编制印发《天津市农村危房加固改造技术指南》,天津市各区选择1个~2个加固改造试点镇。通过推行优先加固改造,进一步降低危房改造成本,减轻农户负担,避免因建房返贫。

【开展农村危改领域专项治理】 结合天津市纪委开展扶贫助困领域不正之风和腐败问题专项治理行动,印发《关于做好农村危改领域不正之风和腐败问题专项治理工作的通知》,部署专项治理工作。天津市各区建委配合纪检监察部门强化执纪监督,将查处扶贫助困领域问题线索和解决群众身边的不正之风紧密联系,从严查处发现问题。

改善农村人居环境

开展农村人居环境调查,对天津市行政村村容村貌、基础设施及公共配套设施等基本数据进行全面调查、系统分析;天津市5个村庄入选2017年全国改善农村人居环境示范村;开展天津市非正规垃圾堆放点排查,组织编制特色民居设计图集;完成住房城乡建设部村镇建设统计年报。

【开展农村人居环境调查】 按照住房城乡建设部统一部署,组织开展天津市3636个行政村的人居环境调查工作。对10个涉农区分别培训宣贯,对每个行政村的村容村貌、基础设施及公共配套设施等44项基本数据进行全面调查,动态更新、系统分析,建立了天津市农村人居环境台账。

【创建人居环境示范村】 组织推荐一批具有本地特色、符合农村实际、代表性强、经验可复制可推广的示范村参加2017年我国改善农村人居环境示范村评选,最终津南区前进村、静海区惠丰西村、武清区小雷庄村、宁河区杨泗村及宝坻区欢喜庄村5个村庄成功入选。

【开展天津市非正规垃圾堆放点排查】 按照住房城乡建设部统一部署和天津市政府要求,会同天津市市容委、市环保局、市农委、市水务局印发《关于非正规垃圾堆放点排查工作的通知》,召开天津市非正规垃圾排查工作动员部署会,开展非正规垃圾摸底排查工作。天津市共排查出非正规垃圾堆放点402处,其中生活垃圾堆放点326处,建筑垃圾堆放点76处。

【组织编制特色民居设计图集】 开展农村传统特色民居改造和特色图集设计工作,总结提炼有天津特色的房屋布局、建筑元素、风貌特征等,编制能够指导天津市农村民居改造的特色民居设计方案。通过在建筑风格上保持田园传统、突出天津特色,在综合功能上体现天津创造,引领打造具有地域特色和文化底蕴的津派农村特色民居,留住乡愁、留住记忆。

传统村落保护

【开展传统村落调查】 组织开展中国传统村落调查,推荐蓟州区孙各庄满族乡隆福寺村、出头岭镇官场村,宝坻区八门城镇陈塘庄村参加第五批中国传统村落评选。

【指导传统村落保护项目实施】 黄崖关村投资2700余万元,实施以八卦关城等院落设施为主的保护修缮工程;申请中央财政资金300万元,完成村落核心区域内黄崖关关城兑院、震院等设施的保护与修缮,传统建筑得到了有效保护。

【完成中国传统建筑名匠推荐等工作】 在天津市开展传统建筑名匠摸底并向住房城乡建设部推荐中国传统建筑名匠候选人;整理并向住房城乡建设部提供《中国传统建筑》专题片素材;筹备传统村落保护发展国际大会参会材料;指导传统村落建立数字博物馆有关工作。

结对帮扶困难村工作

【结对帮扶困难村工作】 严格按照天津市委、市政府结对帮扶困难村的六项任务,在落实村民增收、提高村集体收入、开展美丽乡村"六化六有"建设情况等方面,按照与蓟州区签订的帮扶框架协议和任务清单,完成硬化、亮化、绿化美化、垃圾无害化以及坑塘治理、饮水、平安村庄等十类50个帮扶项目,高质量完成帮扶任务,并在对口帮扶工作考核验收中名列前茅。

天津市建委新一轮帮扶工作启动,负责上仓镇东桥头村和陈家桥村的帮扶工作。工作组进驻帮扶村后迅速展开工作,进村调研,与村两委班子成员、全体党员、村民代表座谈,组织全体党员学习,参加党群先锋队活动,深入田间地头落实"五同"。入户走访,初步掌握村情民意,建立村民信息卡600余户;现场查勘老旧危陋房屋50余栋,确定上报加固修缮房屋14栋;测量村庄道路2.8万米,上报硬化和修复道路1.32万米;研究制定上报体育健身广场建设方案及设备器材等。通过工作组成员共同努力,初步拟定三年帮扶规划方案。两村根据实际,提出提升村容村貌、改善村庄环境等帮扶需求,帮扶工作有序进行。

小城镇建设

【创建和培育国家级特色小镇】 组织第二批国家级特色小镇推荐工作,经住房城乡建设部专家评审,武清区大王古庄镇、津南区葛沽镇及蓟州区下营镇3个镇被评为全国第二批特色小镇。转发住房城乡建设部《关于保持和彰显特色小镇特色若干问题的通知》,对天津市特色小镇培育及规划建设提出规划编制要科学、基础设施配套服务要完善、传统建筑元素和建筑风格要彰显、注重传承和发展文化等要求。

【金融政策支持小城镇建设】 先后会同中国农业发展银行天津市分行、国家开发银行天津市分行、中国建设银行天津市分行联合印发推进政策性金融、开发性金融、商业金融支持小城镇建设有关通知,在市级层面与各大金融机构建立了合作机制,为小城镇建设融资难的问题提供了有效的资金渠道,为金融支持农村危房改造、人居环境示范工程等建设探索了有效途径。

第四篇
市重点工程建设

概　况

【概况】　按照《天津市人民政府办公厅关于转发市建委市发展改革委拟定的2017年重点建设项目安排的通知》（津政办函〔2017〕36号）要求，2017年确定市重点建设项目102项，涉及科技创新、高端产业、基础设施、生态环境、民生和公共服务5大类项目。其中，科技创新项目8项、高端产业项目17项、基础设施项目33项、生态环境项目9项、民生和公共服务项目35项。

截至2017年底，102项市重点建设项目基本实现年度计划目标。内蒙古扎鲁特—山东青州±800千伏特高压直流线路工程、天河城购物中心工程等18项完工投入使用，中国电科（天津）新材料科技园、国家海洋博物馆等28项进行装修或设备安装，易华录年产10万台套智能交通配套设备及未来科技园、天津市第三殡仪馆改扩建工程等16项进行主体施工，中国移动天津公司曹庄数据中心、顺丰天津电商产业园等25项进行基础施工，天津中储陆通期货交割分拣加工中心、第二殡仪馆迁建项目等15项开展前期工作。

完成项目情况介绍

【完成项目情况介绍】 13个重点开发项目按照计划实施。截至2017年12月底,4个项目竣工,其中棉三创意产业综合体完成竣工备案,中信城市广场、手表厂地块已交付使用,红旗北路(大成食品)地块完成竣工验收。绿荫里、中海八里台、八马路(律东)3个项目基本完工。5个项目工程进度不断加快,解放南路43号地块一期完成竣工备案,并交付使用,二期完成外檐装饰、水电安装,配套公建主体施工;天拖一期地块L、M地块入住,F地块住宅竣工,D地块住宅主体封顶,办公楼施工至地上1层,E地块1号楼—7号楼完成竣工备案,8号楼主体封顶,G地块住宅主体封顶,N、O地块主体施工,A、B地块正在审批规划方案。老厂房部分C、F地块准备竣工验收,D、G、I、J地块完成竣工备案;育红路(北宁起步区)地块2、3号楼主体封顶,4号楼主体结构施工至三层,5号楼—9号楼基础施工;现代城A区基础施工至正负零;一热电完成部分基础施工,准备地上结构施工。1个项目正在积极解决企业内部问题力争尽快开工,小王庄(港铁一期)地块因公司股东正在进行股份拍卖,导致项目停工,待新股东确定后,尽早开工建设。

1. 棉三创意产业综合体。位于河东区国泰桥南侧,总占地面积约11万平方米,规划为2个综合体。一是临河新建城市综合体项目,二是通过对老厂区的提升改造,打造天津市首个集创意设计、商务咨询、艺术展示、文化休闲、人才培养于一体的新型创意产业综合体。

建设单位为天津新岸创意产业投资有限公司,勘察单位为天津市勘察院,监理单位为天津市北方建设监理事务所、天津市华泰建设监理有限公司,设计单位为天津建工集团建筑设计有限公司、天津市房屋鉴定勘测设计院,施工单位为天津住宅集团建设工程总承包有限公司。

2. 中信城市广场。位于河东区十一经路与六纬路交口,总建筑面积41万平方米,其中地上建筑面积25万平方米,地下建筑面积16万平方米。分两期建设,其中首开区建筑面积18万平方米,含居住型公寓3栋及办公楼1栋。二期项目建筑面积23万平方米,包含居住型公寓4栋及商业区。建设单位为中信保利达地产(天津)有限公司,勘察单位为天津市勘察院,设计单位为中信建筑设计研究总院有限公司、天津市建筑设计院,施工单位为中国建筑第八工程局有限公司,监理单位为北京赛瑞斯国际工程咨询有限公司。

棉三创意产业综合体

中信城市广场

3. 手表厂地块（时光水苑）。位于南开区复康路与水上公园西路交口，占地面积6万平方米，地上建筑面积6.06万平方米，其中住宅5.85万平方米，配套公建2110平方米。计划总投资33.47亿元，建设单位为天津天房融创置业有限公司，勘察单位为天津市勘察院，设计单位为中外建工程设计与顾问有限公司，监理单位为天津市联合工程建设监理有限公司，施工单位为天津市房信建筑工程总承包有限公司。

4. 红旗北路（大成食品）地块。位于红桥区红旗北路与子牙河南路交口东南侧，占地面积1.62万平方米，建设商业建筑一座（含商场1.8万平方米、办公楼15万平方米、酒店15万平方米和住宅配套非经营性公建1670平方米），住宅由6栋单体住宅组成，建筑面积5万平方米。计划总投资2.12亿美元，由天津达成兴业房地产开发有限公司开发，勘察单位为天津市地质工程勘察院，设计单位为天津市建筑设计院，监理单位为天津泰丰工程建设监理有限公司，施工单位为中国建筑第八工程局有限公司。

5. 绿荫里。位于南开区天塔道北侧，占地面积10.43万平方米，总建筑面积55.1万平方米，其中商业9.02万平方米，写字楼6.53万平方米，酒店5.35万平方米，住宅9.9万平方米。计划总投资105亿元，由天津鲁能置业有限公司开发，勘察单位为天津市勘察院，设计单位为天津华汇工程建筑设计有限公司，监理单位为上海市建设工程监理有限公司，施工单位为中国建筑第八工程局有限公司。

6. 中海八里台（君禧华庭）。位于河西区卫津南路与吴家窑大街交口东南侧，占地面积8万平方米，地上建筑面积22.8万平方米，其中住宅11.26万平方米，商业11.4万平方米，配套公建1420平方米。计划总投资53亿元，由天津中海地产有限公司开发，勘察单位为天津市勘察院，设计单位为天津方标世纪规划建筑设计有限公司，监理单位为天津建华工程咨询管理公司，施工单位为中建六局第三建筑工程有限公司、江苏省苏中建设集团股份有限公司。

7. 八马路（律东）地块（诺德中心、诺德雅居）。位于河北区八马路与律纬路交口，住宅4.9万平方米，办公6.38万平方米，商业3.67万平方米，经济型酒店1.38万平方米，影院4000平方米，配套公建7675平方米；地下商业6000平方米，地铁出入口3726平方米，地下工程8.10万平方米。由天津华瑞置业有限公司开发，勘察单位为天津市勘察院，设计单位为天津市建筑设计院，监理单位为北京中建协工程咨询有限公司，施工单位为中铁建工集团有限公司。

8. 解放南路43号地块（新梅江一号、清湖花园）。位于河西区太湖路与内江路交口西南侧，项目地上总建筑面积13.27万平方米，其中住宅12.57万平方米，商业3000平方米，配套公建3955平方米。地下建筑面积62万平方米。计划总投资32.0159亿元。由天津豪廷房地产开发有限公司开发，勘察单位为天津市勘察院，设计单位为天津市天元建筑设计有限公司，监理单位为天津建工工程管理有限公司，施工单位为湖南金侨建设集团有限公司。

9. 天拖一期地块。位于南开区红旗路西侧，占地面积370698.2平方米，建筑面积101.89万平方米，其中商业金融类建筑56.5万平方米（含老厂房改造10万平方米），住宅37.6万平方米，配套公建2.79万平方米，经营性公建5万平方米。由天津天房融创置业有限公司开发，勘察单位为天津市勘察院，设计单位为天津市房屋鉴定建筑设计院、天津市筑土建筑设计有限公司等，监理单位为天津泰丰工程建设监理有限公司、天津市华泰建设监理有限公司等，施工单位为天津市房信建筑工程总承包有限公司、中国建筑技术集团有限公司等。

10. 育红路（北宁起步区）地块。位于河北区中山北路北侧，分为A地块（宁欣花园）项目建设住宅108170平方米，配套公建8930平方米，商业14838平方米，总投资33.88亿元；B地块（宁彩花园、宁彩广场）项目建设住宅及配套公建9.17万平方米，商业及金融业建筑18.83万平方米，总投资62.68亿元。由天津市信欣房地产开发有限公司开发，勘察单位为天津津新岩土工程有限公司，设计单位为天津市建筑设计院，监理单位为天津市建设工程监理公司，施工单位为天津市博川岩土工程有限公司。

11. 现代城A区。位于和平区滨江道与南京路交口，由天津现代城开发有限公司开发，勘察单位为天津市勘察院，设计单位为天津市建筑设计院、华东建筑设计研究院有限公司，监理单位为天津国际工程建设监理公司，施工单位为中天建设集团有限公司、中建三局集团有限公司等。

12. 金茂天津河东一热电项目。位于河东区六纬路西侧，一期用地面积39010.2平方米，总建筑面积117145平方米，地上建筑面积80145平方米，地下建筑面积37000平方米。计划总投资30亿元，由天津津辉置业有限公司开发，勘察单位为上海广联环境岩土工程股份有限公司，设计单位为上海天华建筑设计有限公司，监理单位为北京中城建建设监理有限公司，施工单位为中建二局第三建筑工程有限公司。

13. 小王庄（港铁一期）。位于河北区小王庄津浦北路北侧，总用地面积10.91万平方米，建筑面积43.595万平方米。计划总投资45.46亿元，由天津城铁港铁建设有限公司开发，勘察单位为天津市勘察院，设计单位为天津市建筑设计院、港创纪建筑设计咨询（北京）有限公司，监理单位为天津市建设工程监理公司，施工单位为天津市建筑构件工程有限公司。

【海河沿线开发项目】 截至2017年12月底，海河沿线24个开发项目总体进展良好。中信城市广场、仁恒海河广场、旺海国际广场（原嘉海一期）、汇雅广场、棉三创意产业综合体、铂津湾南苑北苑（海河大观）等12个项目竣工。东南角B地块、津湾广场9号楼、轧五地块、恒大帝景、水产地块、第一钢丝厂、泰达城河与海项目7个项目基本完工。天津湾C2、C3公寓及D地块、奥式风情南区（原希尔顿酒店）2个项目基础施工。3个项目进展缓慢，合生国际大厦项目主体封顶，企业调整外立面方案报批；泰达城三号地项目根据规划部门对项目许可证附图的审查意见，进行调整后的规划方案报批；天津远洋大厦二期因企业内部调整，项目未启动。

【全运村及全运会新建场馆建设】 2017年8月第十三届全运会在天津市召开。按照赛事需求，比赛共涉及场馆49

个，其中新建21个，改造15个，利用现有场馆11个，易地使用2个。同时建设全运村1座。

1.新建场馆情况。新建21座体育场馆中，教育系统新建10座场馆（涉及9所院校）；武清区、宝坻区各1座场馆；体育系统新建4座场馆，包括小轮车、橄榄球、射箭和足球比赛场；通过社会力量解决5座场馆，包括皮划艇赛艇（静水）、沙滩排球、飞碟、马术和山地车比赛场。新建场馆自2014年开始建设，在相关部门的大力支持和参建单位的共同努力下，2017年4月陆续完工，新建总建筑面积达到26万平方米，新增加观众席位7万个，可满足各类比赛项目的需要，为全运会顺利召开提供了保障。新建体育场馆具体情况如下：

天津财经大学体育馆。承担第十三届全运会篮球比赛，位于河西区珠江道天津财经大学校内，占地2.75万平方米，建筑面积1.5万平方米，距全运村约8千米。比赛场地长44米，宽38米，高24米；观众固定座席3000个；活动座席1000个；主席台座席64个；附属设施包括运动员休息室、裁判员休息室、兴奋剂检查站、贵宾室、新闻发布厅等。赛前热身馆场地长58米，宽33米。勘察单位为天津市勘察院，设计单位为天津市建筑设计院，施工单位为天津二十冶建设有限公司，监理单位为天津市森宇建筑技术法律咨询有限公司。

天津城建大学体育馆。承担第十三届全运会排球比赛，位于西青区津静路26号天津城建大学校内，占地1.7万平方米，建筑面积1.48万平方米，距全运村约19千米。比赛场地长44米，宽38米，高19米；观众固定座席3900个，活动座席600个；附属设施包括运动员休息室、裁判员休息室、兴奋剂检查站、贵宾室、新闻发布厅等。赛前热身馆场地长71.2米，宽22.4米，高10米。勘察单位为天津市勘察院，设计单位为天津市建筑设计院，施工单位为天津二建建筑工程有限公司，监理单位为天津建工工程管理有限公司。

天津财经大学体育馆

天津城建大学体育馆

天津商业大学体育馆。承担第十三届全运会跆拳道比赛,位于北辰区津霸公路东口天津商业大学校内,占地 2.72 万平方米,建筑面积 1.28 万平方米,距全运村约 25 千米。比赛场地长 47.4 米,宽 38.4 米,高 27 米;观众固定座席 3012 个,活动座席 1078 个,主席台座席 70 个,记者席座席 32 个;附属设施包括运动员休息室、裁判员休息室、兴奋剂检查站、贵宾室、新闻发布厅等。赛前热身馆为商业大学风雨操场。勘察单位为天津市地质工程勘察院,设计单位为天津大学建筑设计研究院,施工单位为天津三建建筑工程有限公司,监理单位为天津市华泰建设监理有限公司。

天津商业大学体育馆

天津农学院体育馆

天津农学院体育馆。承担第十三届全运会武术（散打）比赛，位于西青区津静路22号天津农学院东校区，占地2.86万平方米，建筑面积1.6万平方米，距全运村约18千米。比赛场地长57.6米，宽39米，高24.5米；观众固定座席3399个，活动座席922个，主席台座席80个，记者席座席34个，附属设施包括运动员休息室、裁判员休息室、兴奋剂检查站、贵宾室、新闻发布厅等。赛前热身馆场地长67.9米，宽20.4米。勘察单位为天津市勘察院，设计单位为清华大学建筑设计研究院有限公司，施工单位为天津二建建筑工程有限公司，监理单位为河北鸿泰工程项目咨询有限公司。

天津职业技术师范大学体育馆。承担第十三届全运会国际式摔跤比赛。位于河西区大沽南路1310号天津职业技术师范大学校园东区，占地3.68万平方米，建筑面积1.64万平方米，距全运村约13千米。比赛场地长63米，宽34米，高24米；观众固定座席3437个；活动座席1550个；主席台座席48个；附属设施包括运动员休息室、裁判员休息室、兴奋剂检查站、贵宾室、新闻发布厅等。赛前热身馆场地长42米，宽36米。勘察单位为天津市勘察院，设计单位为天津大学建筑设计研究院，施工单位为中冶天工集团有限公司，监理单位为北京华捷工程建设管理有限公司。

天津职业技术师范大学体育馆

天津科技大学体育馆

天津科技大学体育馆。承担第十三届全运会蹦床、艺术体操比赛，位于天津经济技术开发区十三大街与洞庭路交口天津科技大学泰达校区内，占地1.14万平方米，建筑面积1.65万平方米，距市区约42千米，距全运村约58千米。比赛场地长52米，宽37米，高27.5米；观众固定座席3140个；活动座席1840个；附属设施包括运动员休息室、裁判员休息室、兴奋剂检查站、贵宾室、新闻发布厅等。赛前热身馆场地长36米，宽24米。勘察单位为天津市勘察院，设计单位为华南理工大学建筑设计研究院，施工单位为天津天一建设集团有限公司，监理单位为天津开发区泰达国际咨询监理有限公司。

天津理工大学体育馆。承担第十三届全运会武术（套路）比赛，位于西青区宾水西道391号天津理工大学校内，占地4.3万平方米，建筑面积1.71万平方米，距全运村约14千米。比赛场地长50米，宽33米，高27.5米；观众固定座席4030个；活动座席1140个；主席台座席61个；附属设施包括运动员休息室、裁判员休息室、兴奋剂检查站、贵宾室、新闻发布厅等。赛前热身馆场地长35米，宽26米。

天津理工大学体育馆

体育馆的顶部平面为椭圆形,屋盖结合建筑造型采用索穹顶结构形式,整体线条流畅,长轴跨度102米,短轴跨度82米。这是国内第一个跨度超过100米的长短轴马鞍形索穹顶结构,也是目前我国最大的索穹顶结构。2017年4月体育馆钢结构工程获得"中国钢结构金奖"。勘察单位为天津市地质工程勘察院,设计单位为天津大学建筑设计研究院,施工单位为天津天一建设集团有限公司,监理单位为天津市建设工程监理公司。

天津体育学院体育馆。承担第十三届全运会击剑比赛,位于静海区团泊新城西区天津体育学院校内,占地1.24万平方米,建筑面积1.41万平方米,距全运村约25千米。比赛场地长50米,宽38米,高24米;观众固定座席2985个;活动座席800个;主席台座席57个;附属设施包括运动员休息室、裁判员休息室、兴奋剂检查站、贵宾室、新闻发布厅等。赛前热身馆场地长80米,宽29米。2017年4月体育馆钢结构工程获得"中国钢结构金奖"。勘察单位为天津市地质工程勘察院,设计单位为杭州江南建筑设计院有限公司,施工单位为中国建筑第六工程局有限公司,监理单位为天津华北工程监理有限公司。

天津体育学院体育场。承担第十三届全运会足球比赛,位于静海区团泊新城西区天津体育学院校内,由杭州江南建筑设计院设计,占地3万平方米,建筑面积1.14万平方米,距全运村约26千米。比赛场地长150米,宽90米;观众座席9282个;附属设施包括运动员休息室、裁判员休息室、兴奋剂检查站、贵宾室、新闻发布厅等。

天津体育学院体育馆

天津体育学院体育场

天津中医药大学体育馆。承担第十三届全运会篮球比赛，位于静海区团泊新城西区天津中医药大学校内，占地6万平方米，建筑面积1.7万平方米，距全运村约25千米。比赛场地长56.2米，宽36.2米，高28米；观众固定座席3959个；活动座席1076个；主席台座席68个；附属设施包括运动员休息室、裁判员休息室、兴奋剂检查站、贵宾室、新闻发布厅等。赛前热身馆场地长40米，宽33米。勘察单位为天津市地质工程勘察院，设计单位为天津大学建筑设计研究院，施工单位为天津三建建筑工程有限公司，监理单位为天津国际工程建设监理公司。

天津中医药大学体育馆

宝坻体育馆

宝坻体育馆。承担第十三届全运会拳击比赛，位于宝坻区潮阳大道西段路北，占地3.4万平方米，建筑面积1.17万平方米，距市区约72千米。比赛场地长65.4米，宽45.6米，高30.6米；观众座席5500个；附属设施包括运动员休息室、裁判员休息室、兴奋剂检查站、贵宾室、新闻发布厅等。赛前热身馆场地长33米，宽24.8米。勘察单位为核工业天津工程勘察院，设计单位为天津市天勘建筑设计院，施工单位为天津天一建设集团有限公司，监理单位为天津市博华工程建设监理有限公司。

武清体育中心体育馆。承担第十三届全运会乒乓球比赛，位于武清新区翠通路以西、雍阳西道以北，由北京市建筑设计院设计，建筑面积2.37万平方米，距市区约24千米，距全运村约54千米。比赛场地长70米，宽50米，高22米；观众固定座席6000个；活动座席2000个；附属设施包括运动员休息室、裁判员休息室、兴奋剂检查站、贵宾室、新闻发布厅等。赛前热身馆场地长50米，宽33米。

武清体育中心体育馆

第四篇　市重点工程建设

天津体育中心小轮车场

天津体育中心小轮车场。承担第十三届全运会小轮车比赛，位于静海区健康产业园天津体育中心内，由天津建筑设计院设计，占地13万平方米，距全运村约24千米。比赛场地长90米，宽60米；观众活动座席2000个；主席台座席50个；附属设施包括运动员休息室、裁判员休息室、兴奋剂检查站、贵宾室、新闻发布厅等。

天津体育中心橄榄球场。承担第十三届全运会橄榄球比赛。位于静海区健康产业园天津体育中心内，占地21万平方米，距全运村约24千米。比赛场地长136米，宽70米；观众固定座席1900个；主席台座席50个；记者席座席20个；附属设施包括运动员休息室、裁判员休息室、兴奋剂检查站、贵宾室、新闻发布厅等。勘察单位为天津市勘察院，设计单位为天津建筑设计院，施工单位为天津天一建设集团有限公司，监理单位为天津市建设工程监理公司。

天津体育中心橄榄球场

天津体育中心射箭场。承担第十三届全运会射箭比赛。位于天津市静海区健康产业园天津体育中心内，占地48万平方米，距全运村约24千米。比赛场地长170米，宽125米；观众活动座席1100个；主席台座席50个；记者席座席50个；附属设施包括运动员休息室、裁判员休息室、兴奋剂检查站、贵宾室、新闻发布厅等。附属热身场地长161米，宽39米。勘察单位为天津市勘察院，设计单位为天津建筑设计院，施工单位为天津天一建设集团有限公司，监理单位为天津市建设工程监理公司。

天津体育中心足球场。承担第十三届全运会足球比赛。位于天津市静海区健康产业园天津体育中心内，由天津建筑设计院设计，占地21万平方米，距全运村约24千米。比赛场地长105米，宽68米；

天津体育中心射箭场

观众固定座席2000个；主席台座席50个；附属设施包括运动员休息室、裁判员休息室、兴奋剂检查站、贵宾室、新闻发布厅等。附属热身场地长105米，宽68米。

东疆港景区。承担第十三届全运会沙滩排球比赛。位于中国（天津）自由贸易试验区天津港东疆片区东南部休闲旅游度假区内，距离全运村约70千米。景区由绿化公园、沙滩和半封闭海域组成，面积2.46平方千米，主要分为沙滩亲水区、游泳休闲区、水上运动休闲中心和水上休闲娱乐区，建有配套的安全、休闲、餐饮、娱乐设施。其中，沙滩宽170米、长近2000米，海域2平方千米。自2010年7月正式对外开放以来，景区全力打造休闲旅游全新品牌，先后举办过旅游文化节、龙舟锦标赛、大众帆船帆板对抗赛、摩托艇邀请赛等丰富多彩的体育赛事活动。根据竞赛标准，景区将在赛前搭建临时功能房间及相关设施，以满足全运会赛时需求。

沙滩排球比赛共设2块主比赛场地、5块热身场地、2块功能房区域。其中，比赛主场地为四面看台，看台座席1200个，副场地为一面看台，看台座席210个。主场地和副场地均长38米，宽30米，面积1140平方米。5块热身场地每块长30米，宽22米，总面积3300平方米。2块功能篷房区域，设置74间功能房，满足竞赛、媒体运行等需要。

海河春意桥至海河桥河段。安排第十三届全运会赛艇、皮划艇比赛。该河段处于海河干流上游，东侧为天津外环线，西侧为天津快速路环线，南侧与天津市主干道大沽南路并行，距全运村约10千米。河段全长3500米，直道2400余米，河宽162米，平均水深3.8米，两岸岸线基本平行，两侧有双向行驶汽车的公路，气候、水质等条件均可满足全运会赛艇、皮划艇项目竞赛场地设置要求。结合竞赛标准，赛前临时搭建部分附属功能房间、船坞、码头等相关设施，同天津市海河提升改造同步建设，以满足全运会赛时需求。

海河春意桥至海河桥河段

东疆港景区帆船帆板比赛场地

东疆港景区帆船帆板比赛场地。承担第十三届全运会帆船帆板比赛。位于中国（天津）自由贸易试验区天津港东疆片区东南部，距离市区约55千米，是我国最大的人造沙滩景区。景区东边界由总长3千米的防波堤环抱而成，沙滩南北长约2千米，总面积约2.46平方千米，海域总面积约2平方千米。景区设施主要包括防波堤及人工海滩、游艇会所、五星级酒店、景区广场及陆上海水浴场等。根据竞赛标准，临时搭建功能房间及相关设施。

环亚马球公园。承担第十三届全运会马术、现代五项（马术、跑射联项）比赛。位于西青区华苑产业园区海泰华科九路，由高银地产投资兴建，占地约56万平方米，距全运村约21千米。赛事期间对赛道线路进行重新设计，利用原有马球设施，并结合赛事需求搭设部分临时看台及其他临时设施、功能房间等。

环亚马球公园

蓟州国际度假村。承担第十三届全运会山地自行车比赛。该场地位于蓟州区北部，距离市区约115千米，距全运村约130千米。该处附属功能用房及相关设施齐全，赛道根据国家体育总局自行车击剑管理中心要求，利用原有山道实施规划、建设。

2.全运村情况。全运村建设按照市场开发模式组织实施。位于天津市河西区洞庭路与渌水道交口，东至林海路、南至南兴路、西至梅林路、北至渌水道，由天津绿城全运村建设开发有限公司开发，勘察单位为天津市勘察院、天津市地质工程勘察院，设计单位为天津市建筑设计院、天津方标世纪规划建筑设计有限公司等，监理单位为天津市华泰建设监理有限公司、北京赛瑞斯国际工程咨询有限公司等，施工单位为中建三局集团有限公司、中建一局集团建设发展有限公司等。2014年11月摘牌，自2015年4月正式开工建设，2017年8月竣工并交付使用。规划用地面积32万平方米，共建设88栋楼94万平方米的住宅，其中地上面积71万平方米，81栋住宅为运动员、技术官员、媒体等提供住宿服务，配套建设餐饮、购物、健身、休闲和就医等其他生活服务设施9.8万平方米。赛事期间，能接待约1.7万名运动员、技术官员和新闻工作者。

为体现"全运惠民，健康中国"的主题，在全运村旁，还修建了占地面积1.9万平方米的绿轴公园，公园内有多种体育设施，方便后期入住居民的锻炼、休闲。

全运村

第五篇

公用事业服务

燃气管理服务

【天然气气源】 2017底天然气气源供应包括中石油的大港油田、港清线/港清复线、永唐秦线、华北油田、中海油渤海油田和天津港液化天然气6个气源，其中又以中石油天然气为主导气源，其余为辅助气源。

天津市天然气供应主要通过2个路径：一是港清线/港清复线、港清三线，从天津市南部进气，主要供气点位于静海、常流、南港；二是永唐秦线及规划的陕京四线宝坻支线，从天津市北部进气，主要供气点位于武清和大口屯。永唐秦线是一条重要的天然气干线管道，是连接华北管网和东北管网的通道。

"十三五"规划提出，依托天津港、南港液化天然气接收站的大型液化天然气储罐和气化装置，结合天津市天然气高压管网，建设2座区域LNG应急调峰应急储配站。调峰应急能力要超过2300万立方米/天。

现大港液化天然气调峰应急储配站（设计储气能力600万立方米）已建成，设计储气能力600万立方米。

【设施与供气规模】 天津市共有燃气经营企业158家，供气方式分为管道气、区域管道供气、汽车加气和液化石油气4种。专营管道气企业31家，专营压缩天然气母站、标准站、子站加气企业31家，专营区域管道供气企业8家，专营液化石油气企业79家，液化天然气储配企业1家，兼营管道气和液化石油气企业1家，兼营管道气和区域管道供气企业1家，兼营管道气和压缩天然气母站、标准站、子站加气企业6家。

2017年供气量为42.23亿立方米，销售气量为40.77亿立方米，其中工业28.38亿立方米，商业5.12亿立方米，民用4.7亿立方米，燃气汽车加气1.54亿立方米，其余销售到外省市。

天然气企业共有居民用户420.51万户，工商用户5.33万户。截至2017年底，天津市燃气管线达2.07万千米，其中高压、次高压管线2489.7千米，中压管线4972.3千米，低压管线1.32万千米。储配站5座，调压站1077座，其中高压调压站190座。

【供应服务及用户】 现阶段各燃气经营企业均已开通客户服务热线，为用户提供燃气报修、服务咨询、业务申请、液化气送瓶、投诉受理等服务。同时，管道气经营企业建立24小时值守服务站点59个，普通站点28个，为用户提供面对面服务。

各管道气经营企业认真落实各项服务事项：一是办理燃气使用的过户、销户、停用及恢复用气；二是办理补漏安装、改装、拆除户内燃气设施；三是及时受理用户燃气设施报修和提供入户维修。

【安全、培训及应急】 企业开展安检、抢修情况：2017年入户安检率74.4%，管网抢修及时率100%，入户维修及时率100%。

1. 加强燃气应急管理工作。为强化燃气经营企业安全意识，提升应急处置能力，按照天津市承办全运会的工作要求，保证全运会期间安全稳定供气，编制了《第十三届全运会期间燃气突发事件应急工作方案》《全运会开闭幕式期间出现燃气泄漏突发情形应急处置流程》和《全运会开闭幕式期间出现燃气供应不足或中断突发情形应急处置流程》，制定并下发了《关于开展迎全运燃气行业综合整治工作的通知》，同时组织燃气经营企业按计划开展应急演练。7月27日，天津市建委公用处、燃气处组织能源集团及各相关单位在全运村开展燃气行业保全运应急演练；8月25日下午，组织津燃华润高压维抢中心开展保全运燃气泄漏专项应急演练；全运会前期多次组织津燃华润公司开展全运会保火炬应急演练。通过各种专项演练，检验了行业应急处置能力，提高了全运会突发事件应急方案的有效性。在十九大召开期间，组织全行业燃气企业开展专项演练，锻炼应急队伍，提升应急保障能力，通过2017年的多次多项演练，行业应急保障能力显著增强。

2017年6月，根据天津市应急办及天津市建委要求，对天津市燃气行业1000余项应急物资进行信息平台录入工作，将物资名称、类型、数量、存放地等信息上传天津市应急物资储备物流信息平台，实现各部门信息共享，进一步提升了天津市应急物资储备管理信息化水平。

为切实加强应急管理工作，按照天津市建委2017年应急管理年度工作计划，8月，会同天津市委党校联合举办了"2017年天津市建委应急管理综合业务培训班"，组织燃气行业应急管理人员30余人参加了业务培训，促进了基层燃气企业应急管理工作的统一化、标准化、规范化建设，丰富了应急管理人员的应急管理知识，提升了各企业的应急管理工作水平。

2. 组织实施民心工程燃气旧管网及老旧小区燃气项目改造。2017年天津市政府将40千米旧管网改造列入民心工程，按照天津市政府关于民心工程的总体部署，对投资计划进行审核，组织能源集团所属津燃华润、津燃公用顺利完成设计、监理、施工单位招投标工作。组织能源集团在2017年10月后办理特许施工证明，在能源集团的全力配合下，顺利完成了2017年40千米民心工程改造任务。

同时，将老旧小区燃气管网改造和户内燃气立管改造作为重点工作内容，积极制定工作方案和技术导则，主动与属地对接，扎实推进工程实施。

3. 推动天津市燃气行业在线监测平台建设。根据《天津市人民政府办公厅转发市安全监管局拟定的天津市危险化学品企业在线监测平台建设实施方案的通知》要求，2017年继续组织推动燃气行业在线监测工作。积极向天津市工业与信息化委员会提出在线监测平台项目立项申请，并按照天津市工信委"减少传输量、降低存储和网络资源占用"的修改意见，对原方案进行优化。因信息化审核职能调整，改向中共天津市委网络安全和信息化领导小组办公室提出立项申请，8月，项目立项申请通过了专家评审并经天津市委网信办审核通过。随后向天津市财政局申请建设资金，资金落实后开展招投标工作，确定了平台软件、集成、监理等项目的中标单位。组织中标单位开展项目建设。燃气行业在线监测平台监控中心建设已基本完成，向天津市委网信办申请验收。

12月5日，组织天津市各区燃气管理部门及100余家燃气经营企业参加会议，部署了天津市燃气经营企业内部燃气监测系统的建设工作，明确了建设的时间节点及与天津市燃气监测平台的对接时间，确保天津市燃气监测平台运行。同时，按照天津市安监局和天津市建委《关于天然气重大危险源安全监管有关问题的纪要》的要求，针对16家管道气和汽车加气企业可能涉及天然气重大危险源，已向企业进行了重点强调。待天津市安监局评估确定天然气重大危险源企业后，将优先部署并推动天然气重大危险企业视频信号数据上传天津市安防网。

4. 在燃气行业开展燃气供气设施运行管理评价工作。为进一步推动落实《天津市城镇燃气供气设施运行管理标准》，开展城镇燃气供气设施运行管理评价工作。为保证评价工作更加专业、合规，研究改进评价组织方式，经过反复考察调研，本着长远发展、坚持创新的理念，引进了第三方评价机构，借助安全生产中介服务机构的专业优势，建立政府购买安全生产服务制度，全面摸清天津市燃气行业安全风险和隐患问题。11月17日，召开了2017年城镇燃气供气设施运行管理评价工作部署动员会，对评价工作进行了全面部署安排，截至12月底，完成了34家重点企业的检查工作。评价工作得到企业认可，并已初见成效，新的评价工作模式和工作制度初步形成。

5. 开展安全宣传。在要求燃气企业保证日常安全宣传的前提下，2017年燃气安全宣传工作活动更丰富，形式更多样。

一是按照第十三届全运会的工作要求，于4月26日组织天津津燃燃气热力有限公司在天津理工大学开展以"迎全运保燃气安全"为主题的现场宣传活动。

二是按照天津市政府应急办和天津市建委统一部署，在"五·一二全国防灾减灾日"活动当日，组织津燃华润燃气有限公司在和平区朝阳社区开展了以"减轻社区燃气风险，提升户内燃气安全"为主题的宣传活动，现场参与、指导宣传工作。

三是联合天津市公安局策划制作了"打击非法加气和安全用气"动画宣传片。

四是按照天津市应急办的总体部署和天津市建委的工作安排，在南开区、宁河区、红桥区和天津市建委系统内开展了四期"津门行"燃气安全知识专题宣讲活动；参加天津应急广播"应急之声"栏目，向广大听众普及燃气安全常识。

五是组织各燃气经营企业在"燃气安全宣传周"（11月6日—11月12日）期间开展燃气安全集中宣传活动，营造良好氛围，发挥宣传实效，助推隐患治理工作。

6. 组织开展燃气行业从业人员专业培训。按照住房城乡建设部《燃气经营企业从业人员专业培训考核管理办法》（建城〔2014〕167号）、《城镇燃气管理条例》《天津市燃气管理条例》的相关规定，结合天津市燃气行业实际，2017年，天津市建委组织开展了对天津市燃气经营企业主要负责人、安全生产管理人员及运行、维护和抢修人员3类人员（以下简称"领导层、管理层、操作层"）的专业培训和考核。

2017年9月26日,组织召开了2017年燃气行业从业人员培训动员会,讲解了报名范围,明确了报名时限,并对下半年的培训工作提出了要求。截至2017年底,完成操作层市区培训班及新增领导层、管理层的培训任务,其中操作层2313人次、领导层20人次、管理层79人次,共计2412人次。

7. 取消征收新建住宅气源发展费。依据天津市财政局和天津市发展改革委《关于取消或停征部分涉企行政事业性收费项目的通知》(津财综〔2017〕99号)文件规定,自2018年1月1日起,取消住宅气源发展费,停止征收新建住宅气源发展费工作,并与供气企业做好进件未缴费项目的对接,同时将应缴款项全部上缴天津市财政局。

8. 完成部分公建项目燃气增容费退库。根据《天津市关于住宅气源发展费和燃气增容费有关问题的通知》(津发改价管〔2016〕910号)文件规定,住宅气源发展费、燃气增容费统一合并为住宅气源发展费(实为取消征收燃气增容费)。针对预留气量已收费公建项目的退款、预留气量项目手续不齐等问题,及时与天津市财政局、各建设单位、专业部门协调沟通,逐项进行确认、研究解决方案。按照有关收费依据和政策规定,办理需天津市财政局退库的公建燃气增容费项目60项,涉及金额2438.35万元,已全部完成。

供热管理服务

【概况】 2017年底,天津市集中供热面积达到4.76亿平方米,比2016年增加5701万平方米;天津市集中供热普及率为99.5%,中心城区住宅集中供热普及率99.9%;共有用热户385万户,其中居民用热户330万户,非居民用热户55万户;有供热单位288家,其中国有或国有控股企业103家,非国有企业185家。主要有4种热源形式,其中热电厂13座,供热能力11176兆瓦;燃气锅炉房293座,供热能力14916兆瓦;燃煤锅炉房48座,供热能力7046兆瓦;地热井286眼。集中供热管网总长2.49万千米,热力换热站5843座。

【供热能源结构持续优化】 热电联产供热面积16879万平方米,占比35.5%;燃气锅炉供热面积18705万平方米,占比39.3%;燃煤锅炉供热面积8894万平方米,占比18.7%;地热井及其他热源供热面积3089万平方米,占比6.5%。与2016年同期相比,热电联产供热比重提高了1.7个百分点,燃气锅炉供热比重提高了5.03个百分点,地热及其他清洁能源供热比重提高了1.24个百分点,燃煤锅炉供热比重降低了7.97个百分点。

【天津市2017年供热工作暨燃气安全动员大会召开】 为做好2017—2018年度采暖期的供热保障和服务工作,10月20日天津市政府在天津礼堂召开了天津市2017年供热工作暨燃气安全动员大会,天津市政府副秘书长主持会议,天津市建委主任对冬季供热和燃气安全工作做了部署,河北区政府、能源集团有关负责人做了表态发言,副市长出席会议并讲话,要求以党的十九大精神为指引,以改善和提高民生质量为己任,严格落实属地责任、主体责任和监管责任,进一步提高天津市供热服务和燃气安全工作水平。天津市有关部门、各区政府以及各区建委(房管局)、各区供热办公室和燃气管理所、相关企业的负责同志,共计200余人参加了会议。

【根据气候情况延长冬季供热时间】 按照天津市委、市政府部署要求,在提前10天供热基础上,2016—2017年度采暖期延长至3月31日24时停热,比法定停热时间延长16天。10月20日和25日,天津市建委会同市发展改革委、市工信委、市财政局、市气象局、市环保局以及能源集团、天津市电力公司等部门,分别组织了两次供热气候会商并建议11月1

日正式供热、达标运行。经天津市政府审定同意，2017—2018年度采暖期从11月1日起正式供热，比法定供热时间提前了14天。

【应对春节期间电网低谷调峰保障供热安全稳定】 根据《国网华北分部关于2017年春节期间京津唐电网调峰情况的报告》（华北综合〔2016〕139号），为保障电网调峰和运行的安全，2017年春节期间计划安排43台供热机组停机（容量1397万千瓦），其中涉及天津市12台（容量395万千瓦）。为积极应对电厂供热机组停机对供热保障带来的不利影响，按照《天津市集中供热突发事件应急预案》，1月中旬，天津市建委会同市发展改革委、市工业和信息化委以及能源集团、天津市电力公司等部门研究制定了应急处置方案和供热机组停机序位。2017年春节期间，天津市先后对北疆电厂1号机组、大港电厂1号机组、城南燃气电厂1号机组、军粮城电厂5号机组以及杨柳青电厂5号机组实施停备，1月26日恢复正常运行，在此期间由于及时采取了压公保民、启动调峰锅炉等措施，天津市供热保持了安全稳定局面。

【"访民问暖"活动取得成效】 按照《住房城乡建设部关于开展城镇供热行业"访民问暖"活动加快解决当前供暖突出问题的紧急通知》（建城〔2017〕240号）的部署要求，12月16日—12月24日天津市供热行业集中开展了"访民问暖"活动，各供热单位深入1700余个小区，走访了11000余户居民，并通过发放服务卡、征求意见、宣传咨询等方式，认真听取群众对供热工作的意见和建议，主动了解群众诉求和关切，及时增派维修人员解决了部分群众反映的室温不达标等问题，各区供热办公室对200余个供热站点的供热服务工作进行了检查。12月25日后，天津市建委会同市供热办组成三个工作组，对南开区龙德里、红桥区程光里、蓟州区府君里、宝坻区周良水苑等8个小区供热服务质量进行了检查，重点督办解决了北京科技大学天津学院、东丽区新立村小学存在的供热问题。12月31日，天津市建委组织市供热办、12319城建服务热线基本完成了与区级服务平台、专业公司服务平台的直接对接，进一步缩短了工单办结时间、提高了办结质量。

【冬季清洁取暖试点城市相关工作取得进展】 按照财政部、住房城乡建设部、环境保护部、国家能源局《关于开展中央财政支持北方地区冬季清洁取暖试点工作的通知》（财建〔2017〕238号）要求，5月26日天津市提交了《天津市冬季清洁取暖试点城市实施方案》等申报材料。根据《关于召开北方地区冬季清洁取暖试点工作视频会议的通知》（财办建〔2017〕87号），经财政部、住房城乡建设部、环保部、国家能源局组织评审，8月天津市获得国家冬季清洁取暖试点城市资格，2017年—2018年，天津市每年可获得10亿元、3年共计30亿元的中央奖补资金，主要支持煤改电、煤改气、集中供热补热以及建筑节能改造等项目。2017年12月，按照《天津市冬季清洁取暖试点城市中央奖补资金分配方案》（津政办函〔2017〕135号），天津市财政局把中央财政下达的8亿元奖补资金分配到各区，由各区落实到具体项目中。

风景名胜管理

【概况】 天津市拥有国家级风景名胜区一个和省级风景名胜区一个，其中盘山风景名胜区为国家级风景名胜区，黄崖关长城风景名胜区为省级风景名胜区。

【盘山风景名胜区】 盘山始记于汉，兴于唐，盛于清，是自然山水与名胜古迹并著、多重文化相融的旅游胜地，以"东五台山""京东第一山"等著称，与黄山、泰山、西湖等齐名，被列为中国十五大名胜之一。盘山风景名胜区2017年共接待中外游客172万人次，景区资金收入8664万元。

盘山风景名胜区景观

盘山景区景观

按照中央环保督察组督察反馈意见和天津市建委《关于严格执行〈风景名胜区条例〉有关问题的通知》精神，扎实开展盘山风景名胜区保护管理和自查整治工作。加大执法巡查力度，有效制止违章建筑和破坏资源等行为15起；拆除畜禽养殖点违规建筑设施3处，并实施了绿化修复工作。

天津市建委组织编制《盘山风景名胜区重点区域详细规划》。蓟州区政府组织编制核心景区内自然保护区总体规划和功能区划方案，明确保护区核心区、缓冲区、实验区范围和管控措施。

累计投资1800万元，重点实施4项工程。一是新建护林防火工作站2座，完成正门区广场铺装、重点游览路线和旅游厕所升级改造等工程。二是完成景区夜景灯光建设项目，形成规模化夜间灯光景观。三是实施重点区域绿化美化，对全山垃圾箱和标识牌进行完善。四是安装完成观光车GPS智能定位系统，完善售票系统和监控设备，增设微信支付功能，实现景区智能管理全覆盖。

深入开展景区安全隐患大排查大整治，重点对护林防火、特种设备、旅游设施、文物安全等方面进行全面排查，强化闭合管理、痕迹管理，确保了隐患排查到位、问题整改到位、问责追究到位。举办消防安全、反恐处突、应急救援等安全知识和业务技能培训班4期，参训干部职工将近600人次。组织开展索道救援、观光车应急处置、森林防火等应急演练5次，有效提升了景区应对突发事件的处置能力。

在京津冀各传统媒体和新兴媒体做形象宣传，打造新闻亮点。在高速公路和区内重要交通路口设立广告牌300余块。成功举办盘山庙会、盘山嬉水狂欢节、盘山国际越野挑战赛、盘山红叶节等活动。与北京颐和园、天坛等景区合作，举办盘山图片展，利用互联网、宣传展位等互换广告资源。中央电视台《新闻联播》《朝闻天下》《新闻直播间》《第一时间》等栏目多次对景区进行正面宣传报道，景区品牌影响力和知名度显著增强。

【黄崖关长城风景名胜区】　黄崖关长城风景名胜区位于天津市蓟州区最北部，始建于公元555年，距今已有上千年的历史。明代北齐长城重新设计、包砖大修，创建长城沿线独一无二的八卦关城，形成了一套完备的古代军事防御体系。黄崖关长城水陆关隘、边城掩体、战台烟墩、古寨营盘一应俱全，整体规模、立面造型、建筑风格、楼台设置独具特色，有万里长城之缩影的美誉。黄崖关长城风景名胜区2017年共接待中外游客37万人次，实现景区资金收入2928万元。

坚持文旅结合，不断提升景区文化韵味和观赏品质。着力建设文化长城、绿色长城、红色长城、美丽长城，整合资源，延伸旅游产业链，加快重点项目建设，完善软硬件服务设施，提升景区品质，促进景区科学发展。

扎实开展文物保护工作。蓟州区政府组织编制《黄崖关长城风景名胜区总体规划》，配合长城专家、文物保护专家编制完成《长城总体保护规划》，启动龙凤岭长城抢救性修缮的前期规划工作，完成黄崖关传统村落项目编制发展规划。通过科学规划，确保景区持续健康发展。

完成黄崖关民俗博物馆设计和布展。到当地农户家中征集民俗展品共137件，充分展现特定时期黄崖关村村民生活场景及特色生产生活用品，记录黄崖关非物质文化遗产和特色民俗活动。

完成万里长城博物馆提升改造。利用天津市文物局拨付专项发展资金10万元制作长城沙盘，将天津市域内40.28千米长城分7个段落展示，气势宏伟、细节完备，完美展现天津段长城的现存状况、风貌历史、军事布局等，使公众更加直观、形象地领略天津段长城风采。

黄崖关民俗博物馆

天津市域内 40.28 千米长城沙盘

完成黄崖关断崖地貌博物馆设计和布展。黄崖关是国家地质公园的重要组成部分,地质遗迹种类丰富,具有极高的保护和观赏价值。建设黄崖关断崖地貌博物馆能够使公众融入大自然,了解地球亿万年的演化过程,实现科普教育功效。

实施前干涧1号敌楼保护修缮工程。经天津市文物局批准,拨付250万元维修资金,于2017年6月22日开工,12月31日竣工。前干涧1号敌楼是天津域内保存最为完好的明代古敌楼,修缮工作本着"遗址保护、最小干预"的原则,最大程度保留遗址古朴风貌。

实施黄崖关长城附属设施维修工程。2016年8月11日开工,包括对八卦关城

前干涧1号敌楼修缮前

前干涧1号敌楼修缮完工

各院（黄崖关传统村落）房屋、太平寨管理用房等13个院落房屋设施进行全面保护修缮。2017年，以高质量的标准完成了黄崖关长城附属设施保护修缮的碑林院、迷宫院、艮院、长寿园、兑院、巽院的保护修缮工作，完成修缮面积4000余平方米。

附属设施保护修缮工程碑林地面翻新

附属设施保护修缮工程碑林屋顶揭瓦

附属设施保护修缮工程碑林完工

实施景区基础设施改造工程，打造安全舒适的旅游环境。完成了景区内水电设施维修工程，正关新建3A级厕所路面护栏工程，水关铁桥维修工程，长城沿线排水沟和戚继光像排水沟维修，黄崖关长城第二生态停车场铺砖、植草，黄崖山庄宾馆卫生间提升改造工程，太平寨及长城沿线防护网安装工程，太平寨中上元古界地层保护地质灾害治理工程，景区冬季取暖煤改电设施安装工程，玉龙雪场设施设备更新、快餐厅升级改造和煤改电取暖设备安装等工程。

充分利用景区资源，举办贯穿2017年的特色活动。举办八仙洞"三月三"传统庙会、第十八届中国天津黄崖关长城国际马拉松、第四届国际电子音乐节、第四届中法自行车骑行和黄崖关长城红叶节暨长城金秋摄影大赛等特色旅游活动，不断提升景区影响力。

2017年第十八届中国天津黄崖关长城国际马拉松比赛

坚持文旅结合，全力挖掘长城历史，弘扬长城文化，营造文化氛围。出版文史类书籍《黄崖关长城志》。探究景区特色产品，重拍景区宣传片，研发并推广黄崖关风光宣传扑克、长城四季风光扇子和黄崖关长城纪念银币等旅游商品，不断挖掘长城文化底蕴。

投资30万元，完成景区主要景点和线路绿植工程，第二生态停车场9450平方米改造提升工程，凸显一景一品、一路一貌的绿化特色，打造花园式景区，基本实现景区"三季赏花、四季看绿"的绿美目标。

建立长效机制，开展环境整治工作。持续开展区综合执法局驻景区执法大队、景区派出所和景区管理公司联合执法，加大对停车场和周边环境的治理力度，重点整治扰乱景区秩序、影响景区形象的行为。加强景区内市场管理，杜绝欺客宰客的不文明行为，全力维护游客合法权益，积极打造温馨、和谐的旅游环境。

12319 城建服务热线建设与服务

【业务受理情况】 2017年共受理各类信息74万件,其中电话受理70余万件、8890便民专线转办3万余件、网络受理7388件、"政民零距离"739件。2017年办结率95.92%,满意率95.75%。从受理问题类别来看,咨询类52.6万件,情况反映及投诉9.3万件,报修抢险11.2万件,建议及表扬7430件,举报830件。从受理行业来看,供热21万件,燃气4.9万件,供水6.4万件,交通出行30.9万件,道桥排水1.07万件,工程施工类0.36万件,建筑人员资质0.24万件,其他问题9万件。

【城建热线大事记】 1. 天津市建委领导春节前夕看望并慰问城建热线一线员工。1月26日上午,天津市建委主任到12319城建热线服务中心看望并慰问12319城建热线话务大厅一线员工,详细了解了城建热线的日常工作情况、春节期间服务保障措施,并对做好春节期间城建热线工作提出了要求。

2. 天津市督导组到12319城建热线检查指导工作。4月7日,天津市政府督导组一行在天津市建委办公室、公用处的陪同下到12319城建热线检查指导工作,现场了解了城建热线话务大厅接话情况、运行机制以及群众关注的热点问题。

3. 12319城建热线党支部成立。5月12日,经天津市建委机关党委批准,12319城建热线党支部正式成立。

4. 爱心志愿者团队正式注册成立。为了更好地推进12319城建热线精神文明建设,弘扬雷锋精神,传播志愿者服务理念,2017年5月,12319城建热线爱心志愿者团队正式在天津志愿服务网上注册成立。爱心志愿者团队旨在通过开展多种活动,大力弘扬奉献、友爱、互助、进步的志愿者精神,进一步发挥12319城建热线服务市民的"绿色桥梁"作用。

5. 爱心志愿者团队走进社区开展志愿活动。5月18日上午,12319城建热线志愿者团队走进新兴街金泉里社区开展主题为"服务津门百姓,传递热线文明"的志愿服务。服务人员现场向群众介绍了城建热线受理范围、工作职责、受理方式和有关生活常识,现场解答、受理市民提出的问题共计30余件,发放宣传单200余份、调查问卷近100份。

爱心志愿者团队走进社区开展志愿活动

6. 天津市建委党委书记、主任到12319城建热线调研指导工作。6月10日，天津市建委党委书记、主任一行到12319城建热线调研指导工作，详细了解了12319城建热线服务范围、工作职能、运行机制等方面情况，并就做好城建热线服务工作提出了指导性意见。

7. 天津市市级机关工会暑期慰问12319城建热线一线员工。8月14日下午，12319城建热线主任受天津市市级机关工会和天津市建委机关工会的委托，对辛勤工作在一线的城建热线中心话务员进行诚挚慰问，并将防暑降温慰问品发放到话务员手中，鼓励他们秉持爱岗敬业的工作态度，受理解决好百姓反映的问题。

8. 志愿团队参加和平区迎十九大公仆志愿服务活动。8月18日上午，12319城建热线志愿团队参加了由天津市和平区"十佳公仆"协会组织的迎十九大公仆志愿服务活动。城建热线志愿团队通过畅通群众诉求渠道、刷码热线微信公众号等特色服务，将活动中市民反映的问题——记录，并及时转达专业部门处理，提升了城建热线工作者基于公众需求、强化服务意识的能力。

9. 开展"学习先辈精神、弘扬家国情怀"主题参观活动。8月22—8月23日12319城建热线开展"学习先辈精神、弘扬家国情怀"主题参观活动，组织全体员工参观"信仰的力量——中国共产党人的家国情怀"主题展和周邓纪念馆。通过参观活动贯彻理想信念教育，学习老一辈无产阶级革命家为了国家命运、人民幸福率先垂范、牺牲奉献的家国情怀。

第五篇 公用事业服务

开展"学习先辈精神，弘扬家国情怀"主题参观活动

开展重阳节志愿服务

10. 开展重阳节志愿服务。10月12日，12319城建热线志愿团队参加了由新兴街金泉里、德才里、犀地居委会联合组织的志愿服务活动，在重阳节到来前，走上街头为社区居民，特别是老年人提供服务。

11. 召开2017年度供热期服务动员会。10月27日，12319城建热线召开了主题为"贯彻十九大精神，做好供热服务"的供热服务动员会，传达了天津市供热部署及冬季燃气安全大会精神。12319城建热线中心主任就做好2017年供热服务工作做了动员讲话，并提出了具体要求。

12. 供热首日，天津市建委党委书记、主任到12319城建热线慰问指导。11月1日，天津市建委党委书记、主任到12319城建热线检查指导供热城建热线服务工作，详细了解了城建热线受理情况、市民集中反映的问题，指出供热是当前一项非常重要的工作，12319城建热线作为城建窗口，要站在政治高度，认真受理好市民反映的每一个问题，将天津市委、市政府为百姓办好事办实事的精神落到实处；并对一线话务人员表示慰问。

13. 12319城建热线中心主任荣获

12319城建热线中心主任荣获"天津市优秀志愿者"荣誉称号

"天津市优秀志愿者"荣誉称号。12月4日，2017年天津市优秀志愿服务典型表彰大会在天津大礼堂举行，12319城建热线中心主任被评为2017年度天津市优秀志愿者，受到表彰。

14.《天津日报》报道12319城建热线为民服务的先进事迹。11月23日《天津日报》在《建设者风采》栏目报道了12319城建热线为民服务的先进事迹，题目为《一条城建热线架起便民服务"连心桥"》。

15.《天津日报》报道12319城建热线学习贯彻党的十九大精神情况。12月3日，《天津日报》第二版图片新闻报道指出：12319城建热线党员干部通过学习领会党的十九大精神，以"把人民群众的小事当作自己的大事，从人民群众关心的事情做起，从让人民群众满意的事情做起"为工作标准，受理好群众反映的每一个问题。

第六篇

建筑业管理

概　况

【资质资格】　截至 2017 年底，天津市建筑业企业 4533 家。其中，特级施工总承包企业 13 家，一级施工总承包企业 93 家，二级施工总承包企业 263 家，三级施工总承包企业 516 家；一级专业承包企业 974 家，二级及以下专业承包企业 1500 家；劳务分包企业 1174 家。天津市建筑行业从业管理人员 35 万余人。其中，一级注册建造师 14973 人，二级注册建造师 31082 人，注册监理工程师 3657 人，注册造价工程师 3116 人；施工项目部管理人员 200185 人；持证上岗技术工人 105065 人。

【产值规模】　2017 年，天津市建筑业企业生产经营受到大气污染治理、建筑材料价格上涨等因素影响，建筑业总产值增速逐季走低。全年完成建筑业企业总产值 4262.35 亿元，同比下降 12.9%，较前三季度、上半年和一季度分别回落 15.6%、22.3% 和 23.2%。实现增加值 747 亿元。

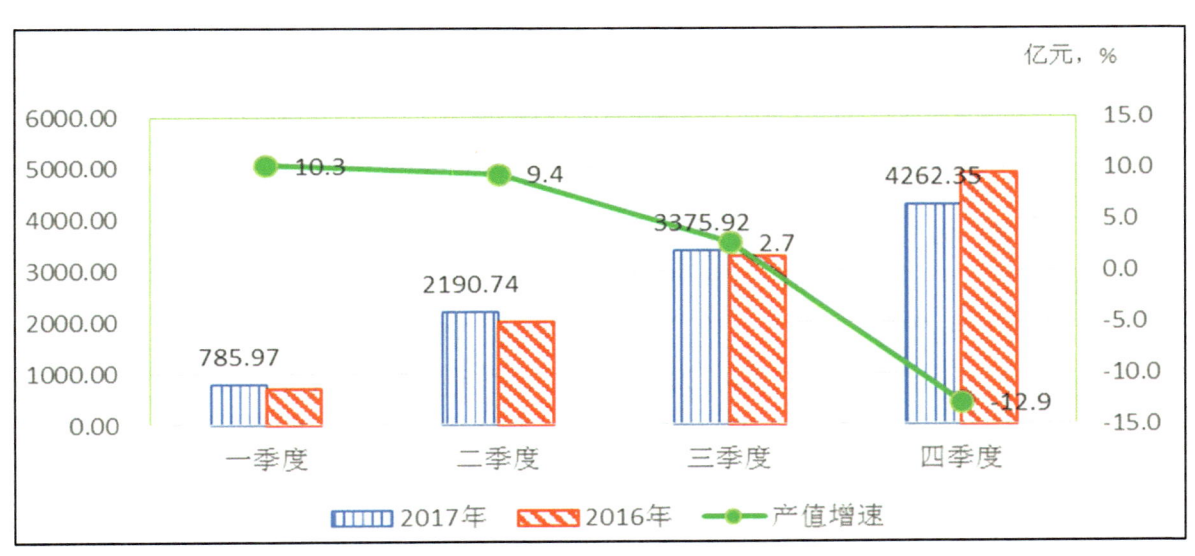

2017 年天津市建筑业产值情况

从产值构成看，建筑工程产值3726.46亿元，同比下降13.9%，占全部总产值的87.4%；安装工程产值414.86亿元，同比下降2.7%，占全部总产值的9.7%；其他产值121.02亿元，同比下降12.5%，占全部总产值的2.9%。

从分行业来看，房屋建筑业完成产值1412.26亿元，占全部产值的33.1%；土木工程建筑业完成2237.85亿元，占52.5%；建筑安装业完成352.60亿元，占8.3%；建筑装饰、装修和其他建筑业完成259.63亿元，占6.1%。

从重点企业看，天津市产值排前20位的重点企业完成产值2094.94亿元，同比增长1.7%，占全市建筑业总产值比重达49.2%，同比上升7.1个百分点，其中有7家企业产值实现两位数增长，对天津市建筑业发展发挥着重要支撑作用。

2017年，天津市建筑业企业签订合同额共计1.21万亿元，同比增长10.7%，保持两位数增长。其中，当年新签合同额6378.07亿元，同比增长10.1%。从合同额来看，市场需求没有太大波动，快速增长的新签合同额也体现出市场需求依然旺盛，是促进建筑业生产回稳的重要积极因素。

2017年，天津市建筑业企业在外省完成产值2303.06亿元，同比增长14.3%，占全市总产值的54.0%，超过在津完成产值343.78亿元，近十年在外省完成产值首次超过在津完成产值。

【深化建筑业"放管服"改革】 2017年2月，国务院第164次常务会通过并印发《关于促进建筑业持续健康发展的意见》，这是国务院继1984年印发《关于改革建筑业和基本建设管理体制若干问题的暂行规定》后，时隔33年，再次专门为建筑业改革发展出台"顶层设计"文件，将对我国建筑业健康发展产生积极而深远的影响。

分析天津市建筑业的发展形势，近年来天津市建筑业克服国家经济整体持续下行的压力，保持了较快的发展势头，建筑业增加值占地区生产总值约5%，成为天津市国民经济的支柱产业之一，为天津市经济发展做出了突出贡献。另外，与建筑业发达的省、市相比，天津市建筑业整体规模还比较小，跨行业、跨地区、跨所有制的"航母级"大企业少，工程建设组织模式仍较传统，管理体制机制还需进一步完善。

为落实国务院办公厅《关于促进建筑业持续健康发展的意见》，2017年10月印发《天津市人民政府办公厅转发市建委关于促进天津市建筑业持续健康发展实施意见的通知》（津政办函〔2017〕114号），提出要深化建筑业"放管服"改革，放宽眼界，高点站位，敢于创新，勇于争先，着力转变建筑业发展方式，着力增强企业核心竞争力，着力规范建筑市场秩序，着力保障工程质量安全，从加大简政放权力度、改革创新项目组织管理模式、加强工程质量安全管理、优化建筑市场环境、提高从业人员素质、推进建筑产业现代化、积极拓展境外市场和外埠市场以及加强干部队伍建设8个方面提出了22条政策措施，促进天津市建筑业持续健康发展。

工程咨询服务

【工程咨询服务】 2017年，新增建筑业中介机构17家，累计达到263家。其中，监理企业新增12家，累计达到135家；工程造价咨询机构新增5家，累计达到128家，全年有2家企业晋升乙级资质，有2家企业晋升甲级资质。

天塔

工程招投标

【**进一步放开建设工程施工招标市场**】 为深入推进"放管服"改革,在依法公开招标项目发布招标公告时,不再执行《市建委关于印发天津市建筑工程施工现场视频监控管理办法的通知》(津建质安〔2015〕355号)和《关于规范超深基坑工程项目经理管理工作的通知》(建质安〔2009〕366号),不再要求企业提供《天津市轨道交通地下工程质量安全风险控制指导书》和超深基坑工程项目经理名单,进一步放开市场,扩大竞争,营造良好营商环境。2017年施工招标3250项,中标价格1569.10亿元。

【**开展民间投资项目招投标改革**】 为落实国家"放管服"的工作要求,进一步简政放权,降低交易成本,营造良好的营商环境,2017年天津市开展了民间投资房屋建筑项目招投标改革工作,主要内容是对全部使用民间资金或民间投资占控股(含绝对控股和相对控股)或主导地位的房屋建筑工程,由建设单位自主选择发包方式。选择招标发包的,建设单位仍按天津市现行有关规定执行;选择直接发包的,建设单位可以通过网上进行发包申请,将房屋建筑工程发包给具有相应资质等级的承包单位,合同金额不得低于成本价,不再需要进场交易和缴纳建设工程交易服务费,办理时限也由20天缩减为3个工作日,大幅提高了发包效率,降低了交易成本。

【**放开工程担保限制**】 2017年12月7日出台《天津市建设工程担保管理办法》(津建招标〔2017〕481号),自2018年1月1日起施行,《天津市建设工程担保管理办法》(建筑〔2008〕127号文件)同时废止。新出台办法的主要内容是,全面放开市场,取消专业担保公司必须在本地注册的规定,引入保险公司作为担保人。将建设工程是否担保的选择权交由市场主体自由选择,建设单位可不要求工程担保,如要求中标单位提交履约担保的,按照权利义务对等原则,同时应向中标单位提交支付担保。

【**深入调研装配式建筑、工程总承包**】 按照《国务院办公厅关于促进建筑业持续健康发展的意见》(国办发〔2017〕19号)、《天津市人民政府办公厅印发关于大力发展装配式建筑实施方案的通知》(津政办函〔2017〕66号)、《市建委关于加强装配式建筑建设管理的通知》(津建科〔2017〕391号)要求,对装配式建筑、工程总承包等新发展新模式大兴调查研究之风，为2018年大力推进应用装配式建筑的建设工程招标奠定了基础，提升了招标效率和质量。

【取消城市园林绿化企业资质】 按照《国务院关于修改和废止部分行政法规的决定》（国令第676号），以及《住房城乡建设部办公厅关于做好取消城市园林绿化企业资质核准行政许可事项相关工作的通知》（建办城〔2017〕27号）要求，取消城市园林绿化企业资质，在天津市建筑市场监管与信用信息平台上增设专业工程"园林绿化"选项，用于备案监管园林绿化项目，进一步降低了行业准入门槛。

【调整公开招标项目监管方式】 结合业务实际，抓住日常监管范围的主要法律、法规的依据，健全完善"三重一大"的工作制度，积极推进政务公开工作开展，建立权力清单、责任清单、负面清单动态调整公开机制。将公共服务事项、办事流程及时在相关媒介公开公布。依法必须公开招标的项目，在招标和合同监管方面，凡是法律法规已经明确规定的事项和未明确行政主管部门进行事前审核的事项，取消事前审核，将审核性备案改为告知性备案。突出建设单位的主体责任，强化行政主管部门的事中事后监管责任，重点做好财政投资重大项目的监管。加大违法违规行为查处力度，维护建筑市场良好秩序。

【优化改进、全面推进电子评标系统】 进一步推行电子评标系统的使用。不断总结电子评标系统运行存在的问题，不断完善系统功能升级，已达到优良的系统运行状态，基本满足了各类施工招标的评标使用需求，实现评标数据计算精准，提升了评标工作效率，降低了成本，有效抑制了评标过程中的人为因素，预防了围标、串标等违法行为的发生。

继续加大力度推进区县电子评标系统的使用。已完成东丽区、西青区、津南区、北辰区、武清区、静海区、宝坻区、宁河区、蓟州区、滨海新区（塘沽区、大港区、汉沽区）、临港经济区、海河教育园、天津港保税区（空港）、高新技术产业开发区（华苑、滨海）、中新天津生态城等电子评标系统的部署。

【推行天津市建设工程合同新版本】 天津市建委、市市场监管委联合下发并推行使用《天津市建设工程勘察合同（示范文本）》（JF-2017-075）、《天津市建设工程施工合同（示范文本）》（JF-2017-068）。

【完成《天津市建筑市场招投标监管方式创新研究》课题】 《天津市建筑市场招投标监管方式创新研究》课题科学分析了在招投标领域中存在的复杂性问题并提出了客观科学的解决办法，对招投标监管工作具有较高的理论指导意义，为后续招投标程序监管的创新奠定了较好的理论基础。

【重点项目服务完成情况】 完成天津市重点项目服务80余项，中心城区供水旧管网及煤改燃等改造项目13项，包括天津市中心城区老旧小区及远年住房二次供水改造（市北区）项目1.2.3标段、天津市中心城区老旧小区及远年住房二次供水改造（市南区）工程1.2.3.4标段、东北郊热电厂供热（中心城区）主管网工程、天津市中心城区和滨海新区核心区淘汰燃煤锅炉房热源改造及燃气配套工程、2016年天津市中心城区居民住宅二次供水设施提升改造工程1.2.3.4.5.6标段、东北郊热电厂供热（中心城区）主管网工程等工程施工及前期勘察、设计、监理的开评标活动的监督以及后期相关续备案工作。

天津市供热管网及热源改造共计27项，包括2016年西青区第三批供热旧管网改造工程（天津市房信供热有限公司）、2017年能源集团第一批供热旧管网改造工程、军粮城发电厂五期扩建2×300兆瓦供热机组厂外供热管网工程、东北郊热电厂供热（中心城区）主管网工程、2017年能源集团第一批供热旧管网改造工程（天津市热力有限公司）1.2.3.4.5标段、2016年能源集团第二批供热旧管网改造（热电公司）、杨柳青电厂供热管网玉门路支线建设工程1.2.3.4.5.6标段、2016年西青区第三批供热旧管网（杨柳青热电厂）改造计划、陈塘庄热电厂煤改气搬迁改造配套供热管网工程（新增700万平方米供热负荷配套工程）等工程施工及前期勘察、设计、监理的开评标活动的监督以及后期相关续备案工作。

地铁项目16项，包括天津地铁1号线东延至国家会展中心项目、天津地铁1号信号系统改造工程、天津地铁10号线工程、地铁6号线北运河站地铁（C街坊）荣都中心、荣都公寓、天津地铁4号线张贵庄站热力管线切改工程、天津地铁4号线沂蒙路站热力管线切改工程、天津地铁1号线东延至国家会展中心项目1.2.3.4标段、地铁10号线解放南路站供热管线切改工程、地铁10号线珠江支道站供热管线切改工程、天津地铁5号线工程1.2.3.4.5.6.7.8.9标段、天津地铁6号线工程1.2.3.4.5标段等工程施工及前期勘察、设计、监理的开评标活动的监督以及后期相关续备案工作。

南京路

医院项目9项，包括天津医科大学总医院能源系统改造提升工程、安康医院住院病区提升改造二期工程、天津市儿童医院改扩建一期工程、天津市第一中心医院新址扩建项目、天津中医药大学第二附属医院迁址新建一期工程扩建停车库项目、天津市海河医院综合楼外檐维修及连廊改造工程等工程施工及前期勘察、设计、监理的开评标活动的监督以及后期相关续备案工作。

经济适用房及住宅项目3项，包括武警天津总队经济适用住房项目、河北制药厂二期地块定向安置经济适用住房项目、天津师范大学第三高教区安全保障用房项目等工程施工及前期勘察、设计、监理的开评标活动的监督以及后期相关续备案工作。

全运会项目13项，包括天津财经大学迎全运校园内部环境综合整治工程、天津工业大学西苑学生公寓屋面防水维修及迎全运校园道路维修工程项目、天津农学院迎全运校园内部环境综合整治工程项目、天津财经大学迎全运校园内部环境综合整治工程、天津师范大学迎全运校园内部环境综合整治工程、天津职业技术师范大学迎全运校园内部环境综合整治工程项目、天津师范大学迎全运体育馆及田径场看台提升改造工程、天津城建大学迎全运校园内部环境综合整治工程、天津理工大学迎全运校园内部环境综合整治工程、第十三届全运会主会场周边配套设施及环境提升工程项目、天津商业大学迎全运校园内部环境综合整治工程等工程施工及前期勘察、设计、监理的开评标活动的监督以及后期相关续备案工作。

造价管理

【京津冀计价体系工作会议在津召开】 为贯彻国务院《京津冀协同发展规划纲要》精神，落实住房城乡建设部关于进一步推进工程造价管理改革的思路，加快推进京、津、冀三地建筑市场的深度融合，经京、津、冀三地建设行政部门协商，京津冀计价体系一体化第一次全体工作会议于2017年1月12日在天津召开。

会议就京津冀计价一体化三方合作框架协议及实施方案相关事宜进行了商议，天津市城乡建设委员会、北京市住房和城乡建设委员会、河北省住房和城乡建设厅主要领导出席会议并讲话，三省市造价管理部门讨论并拟定了统一规划、分工协作、资源共享和同步实施4项主体工作。

【京、津、冀三地签署计价体系一体化合作备忘录】 在住房城乡建设部批复《京津冀工程计价体系一体化试点请示》的基础上，2017年5月北京市住房和城乡建设委员会、天津市城乡建设委员会、河北省住房和城乡建设厅共同签署了《推进京津冀工程计价体系一体化合作备忘录》，标志着京津冀计价体系一体化工作正式启动。

此次合作备忘录的签署，为构筑京、津、冀三地协调统一的工程造价管理模式，建立并不断完善京津冀计价体系一体化长效机制及三地建筑市场一体化发展奠定了基础，为住房城乡建设部推动全国共享和统一计价依据先行先试提供了先例。

【京、津、冀三地签发工程计价体系一体化实施方案】 继《推进京津冀工程计价体系一体化合作备忘录》签署后，为保证京津冀工程计价体系一体化推进工作顺利实施，京、津、冀三地建设行政部门联合签发了《推进京津冀工程计价体系一体化实施方案》（京建发〔2017〕303号），对主体工作进行了职责分工。其中，工程造价信息测算、发布工作由天津市建设工程造价总站负责牵头，主要承担制订工作方案，开展市场调研；采集、分析、发布信息数据；有计划有步骤地推进京津冀造价信息统一形成和发布。

【京津冀城市地下综合管廊定额初审】 京津冀地区首部共享定额——《京津冀城市地下综合管廊工程消耗量定额》11月24日在天津市工程造价管理总站召开专家评审会。天津市工程造价管理总站作为主编单位之一进行编制工作汇报，京、津、冀三地造价管理机构专业人员参加会审。《京津冀城市地下综合管廊工程消耗量定额》的编制为京津冀地区，特别是河北雄安新区的工程建设提供了共享依据，也为城市管廊项目提供了计价依据。

【京津冀工程造价信息共享网站开通】 为全面提升工程造价信息化服务水平，更好地服务建筑市场并实现京津冀工程造价信息资源共享，完成"京津冀工程造价信息共享·天津"网络平台建设工作，于2017年12月开通。"京津冀工程造价信息共享·天津"网络平台栏目包括造价动态、京津冀共享、综合信息、价格指数、工程计价、案例分析和专业研讨等。

"京津冀工程造价信息共享·天津"网络服务平台的开通，突破了工程造价信息传统发布模式，信息数据传递由传统的纸质媒介转向网络发布，信息发布更加开放、便捷，在贴近市场、方便企业的同时，更有利于公共服务能力进一步提升，实现京津冀工程造价信息资源共享，促进京津冀建筑市场协同发展。

【编写2016计价依据实施纲要】 新编《天津市建设工程计价依据》自2017年1月1日执行。为做好新版计价依据的实施工作，组织编写了建筑工程、安装工程和装饰装修工程专业交底大纲，对实施过程中的工程计量、项目调整和计算方法等方面进行纲要性提示和说明，作为新版计价依据执行的专业指导材料，满足了天津市建设工程有关各方的计价需要。

【召开天津市建设工程计价新规交底会】 2017年4月16日召开新编《天津市建设工程计价办法》和各专业预算基价宣贯交底大会，对《天津市建设工程计价办法》进行解读；对建筑、安装、装饰装修专业预算基价进行技术层面交底和专业计量指导，以满足建设系统造价人员对新规的掌握，保证新颁计价依据的有效实施。

【《天津市建设工程计价规则研究》课题立项】 2017年6月，《天津市建设工程计价规则研究》课题启动。工程造价计价依据是建设项目从投资估算到竣工决算全过程中的重要依据。由于建筑市场涉及因素多、工程计价多次性、专业划分具体的特点，需要有一套完善的工程造价计价规则作为建设项目有关各方的共同遵循。《天津市建设工程计价规则研究》课题的研究主旨是要解决好施工企业与建设单位的工程价款纠纷、主管部门与有关各方监管和维护、价格调整与合同条款的规范、自主报价与约束计价行为的随意等主要问题，以达到计价遵规，报价有矩，调整守制，结算依法，进而完善和规范建筑市场的目的。

建筑市场管理

【建筑市场管理（执法监察）】 巩固"全国统一建筑市场"和"清理规范工程建设领域保证金"的工作成果，建立了工程建设领域保证金缴纳情况季报制度，掌握天津市建筑企业缴纳保证金情况，接受关于违规收取保证金的举报投诉，全面推行用银行保函代替保证金的缴费方式，切实让企业得到实惠，为企业营造减负增效的市场环境。加强建筑市场执法监察，建立了打击建筑工程施工转包违法分包等违法行为情况季报制度。市、区两级共对1217个在施项目开展了建筑市场检查，对存在违法发包、无施工许可证擅自开工建设等建筑市场违法行为的226个项目进行了处罚，对责任单位罚款5028.7万元。开展专项执法检查。对全部行政区实现督查全覆盖，随机抽检77个项目，对江都建设集团等20家责任单位进行通报，并在主要媒体上公开曝光，有力震慑了市场违法行为。

建筑劳务用工管理

【建立"天津市解决企业拖欠工资问题联席会议"机制】 为进一步维护农民工合法权益，提升各相关部门的清欠合力，加强天津市劳务用工管理工作，2017年市建委等14个部门联合建立"天津市解决企业拖欠工资问题联席会议"机制，相互协作，共同解决天津市农民工工资拖欠清欠工作。

【开展天津市建筑劳务用工管理专项督查】 结合重要活动和关键节点开展天津市建筑劳务用工管理专项督查。在全运会举办和十九大召开前早计划、早准备，开展多次拖欠农民工工资问题专项检查，对各区建委落实属地管理情况，以及在施项目和总包合同签订、劳务用工管理制度落实，农民工工资支付和农民工投诉调解机制建立运行情况进行督查，进一步完善了区建设管理部门、施工企业、在施项目的三级农民工劳务费投诉机制，达到机构设置齐全、调解人员到位、工作制度规范。针对部分施工企业存在劳务用工管理落实不到位的问题，印发《关于给予天津大港油田隆达建筑工程有限公司等40家不落实建筑业劳务用工管理规定企业批评的通知》（津建筑〔2017〕350号），对存在不落实农民工管理八项制度的施工企业进行全市通报，对天津市建筑企业进一步加强用工管理起到警示作用。

【加强建筑业农民工培训】 为进一步提升天津市建筑业农民工综合素质和技能水平，促进农民工素质就业和稳定就业，按照《国务院关于进一步做好为农民工服务工作的意见》（国发〔2014〕40号）和《住房城乡建设部关于加强建筑工人职业培训工作的指导意见》（建人〔2015〕43号）要求，印发了《关于下达2017年度天津市建筑业农民工培训工作任务目标的通知》，开展了全年农民工技能培训工作，全年培训1.18万人，取证7339人。全年组织民管员培训3916人；组织劳务队长培训1652人，进一步提高了建筑业企业劳务管理水平。

第七篇

工程勘察设计

概　况

【概况】 2017年，天津市勘察设计行业持续健康发展，总体规模和技术实力稳步提升，为天津市城市基础设施建设做出了巨大贡献。截至2017年底，天津市共有勘察设计单位334家，其中甲级177家，占总数的52.99%，工程设计综合类甲级单位5家，工程勘察综合类甲级、海洋工程勘察综合类甲级单位10家。天津市共有勘察设计从业人员7.79万人，专业技术人员5.18万人，其中全国工程勘察设计大师34人，天津市工程勘察设计大师51人，注册建筑师和勘察设计注册工程师7624人，高级职称1.39万人。

2017年，天津市各施工图审查机构共计审查房屋建筑工程勘察文件941项、施工图设计文件1115项、总建筑面积4016.99万平方米；共计审查市政基础设施工程勘察项目413项、施工图设计文件434项、总投资额336.28亿元。

【规模效益持续增长，综合实力大幅提升】 2017年，天津市勘察设计行业不断壮大，产值规模稳步提升，全年全行业实现营业收入1837万元（含工程总承包和工程咨询收入）。目前，除航空航天和核工业等特殊领域外，天津市勘察设计企业业务领域涉及工程设计全部21个行业中的16项，在水利、建材、化工和海洋勘察等领域，天津市勘察设计企业具有世界一流的技术水平，项目业绩遍布全球各大洲；在铁道、公路、水运、建筑和市政等领域，技术水平居国内领先地位。在全球工程建设领域最权威的《工程新闻记录》（ENR）评选的国际工程设计公司225强中，天津市的中国天辰工程有限公司和中国铁路设计集团有限公司光荣上榜。

【质量水平稳步提高，科技创新水平突出】 2017年，全行业共获得各类奖项2981项，其中国家级奖项278项。全行业主编、参编国家、行业和地方技术标准683部；全行业主编、参编国家、行业和地方标准设计51项。全行业累计拥有专利7334项，专有技术2046项，新技术、新材料、新工艺和新设备在工程勘察设计中得到广泛应用，实现科技成果转让收入19.33亿元，有力推动了节能减排和绿色建筑行动。各勘察设计企业逐年加大科技研发投入，科技创新水平和成果突出，科技创新成为企业实现自身发展的重要手段。

市场环境

【数字化审图系统基本建成】 2017年6月,天津市开展了市政基础设施工程数字化审图软件上线实测,7月市政基础设施工程数字化审图系统试运行,10月中旬市政基础设施工程项目数字化审图正式上线运行。天津市先后5次组织建设单位、勘察设计单位及施工图审查机构对数字化审图系统进行使用培训。

【推动《天津市建设工程勘察设计管理规定》出台】 天津市政府第111次常务会议通过《天津市建设工程勘察设计管理规定》,2017年11月1日起施行。《天津市建设工程勘察设计管理规定》从规范市场秩序、加强质量管理、提升设计水平等方面对建设工程勘察设计活动提出具体要求,为实现全方位的勘察设计依法行政奠定基础,为保护人民生命和财产安全提供了制度保障。

【制定《天津市勘察设计企业信用评价办法》】 2017年11月底,《天津市勘察设计企业信用评价办法(试行)》正式印发,结合天津市勘察设计管理实际,在对兄弟省市勘察设计信用评价体系借鉴的基础上,建立了以数字化审图为依托、以解决行业管理现存问题为导向的勘察设计信用评价机制。

市场和质量监管

【**严格实施初步设计和超限高层建筑抗震设防审查**】 在保障房项目初步设计审查中,重点加强对设计质量、基础设施和公益设施资源的合理配置及关乎群众切身利益具体事项的审查把关,尤其是对装配式建筑、海绵城市和充电桩等内容的设计予以重点审查,确保过审的保障房项目全部严格执行相关规定和标准。在超限高层抗震设防审查中,严格落实《天津市超限高层建筑工程设计要点》,针对2017年9月住房城乡建设部对天津市进行的工程质量治理两年行动督查中提出的问题,制定管理细则,将超限审查与施工图审查进一步对接,避免漏审项目的出现。同时加强超限审查专家委员会技术力量储备,对应用减隔震技术、新型结构体系的项目进行技术指导,保障建设项目抗震设防安全。

【**严格开展勘察设计市场执法检查**】 制定勘察设计领域《行政检查执法记录文书样本》和《行政处罚记录文书样本》,完善执法过程记录管理,做到检查、处罚过程留痕。2017年针对勘察设计企业资质、人员资格合规情况,对85家企业开展了执法检查,检查中发现天津华汇建筑景观室内设计有限公司经营异常、技术人员不达标问题,按照执法流程,已将相关情况报送住房城乡建设部,建议撤回甲级设计资质。

【**勘察设计质量检查更加突出全面性和针对性**】 2017年,天津市对勘察工程质量、房屋建筑工程勘察设计质量及施工图审查质量、全运会场馆无障碍设计施工图审查质量、房屋建筑工程抗震设计质量、超限高层建筑工程抗震设防质量、光纤到户国家标准贯彻实施情况、建设工程电气专业施工图设计质量、装配式建筑施工图设计质量、市政基础设施工程勘察设计施工图审查质量、保障房工程勘察设计施工图审查质量、公共建筑工程勘察设计施工图审查质量、建筑节能勘察设计及施工图审查质量、绿色建筑设计及施工图审查质量等内容开展专项检查,共计检查各类工程80余项。对检查中发现的存在违法违规行为的天津易天诚建筑工程设计有限公司、中旭建筑设计有限责任公司、黑龙江省第一水文地质工程地质勘察院等单位实施了行政处罚,持续保持对勘察设计质量的高压严管态势。

标准建设

【**高水平开展工程建设标准编制**】2017年,天津市工程建设领域标准的发布实施坚持以服务城建为中心任务,为城建事业高质量发展提供技术支撑为导向,共发布实施15项标准规范和11项标准设计图集,内容涵盖了装配式建筑、绿色建筑、海绵城市、建筑节能和市政基础设施等城建工作重点领域。其中,在标准规范方面,《装配式建筑预制混凝土构件质量与检验标准》《天津市公共建筑能耗标准》《天津市清洁能源替代家用散煤供暖技术导则》等7项为首次编制,内容涵盖了装配式混凝土构件和防腐混凝土等产品材料类标准,公共建筑运行能耗管理等节能标准,推动清洁能源替代家用散煤取暖等节能减排标准,确保既有建筑幕墙使用可靠性的质量安全标准等若干内容。标准设计图集方面,《预制楼梯、空调板、阳台板》《装配整体式剪力墙结构施工图设计深度图样(预制叠合楼板、叠合梁)》《轨道交通出入口、风亭、冷却塔》等9项为首次编制,内容涵盖了推动装配式建筑构件标准化的预制楼梯、预制空调板、预制阳台板、预制叠合梁叠合楼板图集,结合天津市轨道交通建设经验,用以规范轨道交通出入口、风亭和冷却塔建设的图集等若干内容。2017年,鼓励企业结合自身需求,自主制定更加细化、更加先进的企业标准,推动技术进步、产业升级。受理开展并完成《FX外模板现浇混凝土复合保温系统应用技术规程》《钢管混凝土束组合结构工程施工质量验收规范》等8册创新性技术标准编制与备案工作。

截至2017年底,天津市现行地方标准(含导则)共计191项、标准设计图集40册(套),累计受理并备案企业标准130册,对提升天津市工程建设标准技术水平,完善标准体系架构,保证工程安全质量,提高城市宜居水平起到重要支撑作用。

在工程建设标准编制方面,2017年天津市坚持以问题为导向,着力提高标准规范技术水平、补强民生领域标准和完善标准体系架构,启动开展了既有住宅加装电梯导则、黑臭水体治理导则、充电桩建设标准、海绵城市设计图集、绿色建筑设计图集以及轨道交通等方面10余项工程建设领域技术推广应用和民生改善方面标准编制。组织完成2018年度地方标准申报和立项评审工作,将标准编制向不平衡不充分的民生领域、促进提升发展的质量和效益方面倾斜,《装配式框架和木结构技术规程》《民用建筑信息模型(BIM)设计应用标准》《城市轨道交通管线综合BIM设计标准》《城市双修老旧社区更新技术导则》等21项标准列入2018年工程建设地方标准编制和修订计划。

第八篇
房地产开发管理

概况

【**房地产开发投资保持稳定**】 2017年，天津市房地产投资实际完成2233亿元。新开工面积2334万平方米，竣工面积2036万平方米，累计施工面积8209万平方米。新建商品房销售面积1482万平方米，销售额2272.3亿元。存量房交易面积1010.4万平方米。交易金额1276.1亿元。天津市房地产开发资金到位4366.66亿元。天津市房地产开发用地成交938万平方米。其中，商品房建设用地出让面积864万平方米，保障性住房建设用地供应面积74.37万平方米。

【**重点区域、重点项目及民心工程加快建设**】 城市外围居住组团建设稳步推进，解放南路起步区以及海河后5千米、南站片区和静海团泊等大型居住片区开发效果进一步显现，有效缓解了中心城区居住压力。新八大里项目加快建设，四里、五里、七里部分项目竣工入住。

【**落实"双万双服"工作部署，进一步优化营商环境**】 深入推进城建领域"放管服"改革，激发市场活力和行业发展力，对不适应当前发展需要、不符合上位法规定要求的文件进行集中清理，废止规范性文件23个。深入绿城全运村等70个企业进行实地帮扶，解决了影响企业发展和项目进展的难题100余个，拉动房地产开发投资平稳上涨。运用"互联网+政务服务"思维，开发了网上政务服务平台，实现商品房建设计划网上办理，企业在线申报，办理过程和结果及时推送，做到了让信息多跑腿、企业不跑腿。

【**建立常态化房地产项目执法检查机制**】 按照"双随机"原则，加大事中事后监管力度。2017年，共对天津市16个区及海河教育园65个房地产项目进行了专项执法检查，向相关企业下发责令限期改正通知16份，实现了执法检查全市各区全覆盖、执法职权全覆盖。完善市、区两级执法检查联动机制，加强对区建委执法工作的业务指导和市区联合惩戒。

【**进一步完善房地产开发建设法规体系建设**】 修订《天津市房地产开发建设管理条例》有关条款，重点研究开发建设条件联合论证、企业退出机制、房屋质量维修责任落实等内容。印发了《关于新建住宅配套非经营性公建建设管理工作的指导意见》，对各区非经营性公建建设管理工作进行业务指导，确保满足群众生活需要。出台《天津市房地产开发企业信用管理办法（试行）》，规范企业开发经营，营造公平、诚信的市场环境。

保障性住房建设

2017年,天津市委、市政府继续将保障房建设列为20项民心工程之一,保障性住房建设稳步推进。2017年开工建设保障房3万套,基本建成3万套。在保障房建设中,注重做好促开工、重品质、抓质量。

【推动项目早安排,早开工】 实行项目例会制度,定期协调推动建设手续,针对2017年计划开工的棚改安置房项目,提前安排,主动对接建设单位,让项目审批手续跑在前面,为项目早开工奠定基础。创新项目审批方式,加快建设手续办理。采取书面承诺、以函代证、超前服务、加强监管的方式,帮助建设单位落实开工手续。落实"放管服"改革要求,按照有利于项目开工建设的原则下放审批权限,出台了《关于下放建设项目管理事项的通知》(津建办〔2018〕50号),将建设项目报建、招投标、质量安全监督、施工许可等管理权限全部下放,避免建设单位上下跑、来回跑,促进项目加快建设。

【统筹项目市政基础和社区配套建设,满足生活需求】 科学制定项目基础设施建设计划。针对天津市棚改"三年清零"要求,对照2017年棚改安置房新开工和基本建成任务目标,结合项目具体需求,积极组织配套工程规划和建设方案的编制和审核工作,并督促配套工程建设单位按照规划和建设方案及时启动项目前期工作。开展棚改安置房项目开工前配套论证,在项目可研阶段审查时,对项目周围道路等管网进行审核把关,对存在地上物拆迁等问题不具备实施条件的项目要求相关部门提前介入落实拆迁工作。持续推动社区配套公建建设。严格执行《天津市居住区公共服务设施配置标准》,按居住人口规模配建小区商业、教育和医疗卫生等公共服务设施,形成"居住区、小区、组团"三级衔接的配套公共服务设施网络体系,实现公共服务设施与住宅项目同步规划、同步建设、同步投入使用。

【推广绿色建造方式,提升项目品质】 天津市出台了《关于大力发展装配式建筑的实施方案》,从2017年起天津市装配式建筑发展进入试点推广期,所有保障房全部采用装配式建筑建造模式,创建舒适便捷的居住环境,不断满足群众对美好居住品质的需要。在项目立项和施工图审查时,明确绿色建筑星级和建设标准。目前,天津市保障性住房全部实施绿色建筑一星标准。

【强化工程质量管理,确保质量安全,让群众住上放心房】 天津市建委先后制定出台了住宅工程分户验收、分阶段及竣工验收、两书一牌、监理工程师报告等制度,确保履责到位、管理闭合。

强化在建安置房项目质量安全监管,重点对勘察、设计、施工、监理等参建单位执行工程建设强制性标准情况进行监督检查,对违法违规行为坚决予以查处,全面推行安置住房质量责任终身制。加强市区两级质量监管部门联动执法,深入开展工程质量治理两年行动,以问题为导向,建立倒逼机制,促进企业质量安全自维自控,切实把棚户区改造工程建成群众满意工程、放心工程。

房地产开发企业管理

【房地产开发企业管理】 2017年末,天津市具有房地产开发资质企业1364家,比2016年减少173家。按资质等级分:一级企业11家,占0.8%;二级企业48家,占3.5%;三级企业72家,占5.3%;四级企业1053家,占77.2%;暂定资质企业180家,占13.2%。出台《房地产开发企业资质管理规定》以及资质申请、核定、注销等4个地方标准,降低行业准入门槛,加强股东公司监管,调整资质等级开发规模,弹性提高暂定资质开发规模,为行业发展创造良好环境。

海河夜景

房地产统计

【2017年各项指标完成情况】 2017年，天津市城市基础设施配套办公室共受理新建住宅及公建自来水工程配套建设、新建住宅燃气工程配套建设、新建住宅及公建排水工程配套建设行政服务事项368项。其中，新建住宅及公建自来水配套建设项目217项，建筑面积1115万平方米；新建住宅燃气工程配套建设项目101项，建筑面积727万平方米；新建住宅及公建排水工程配套建设项目50项，建筑面积315万平方米。

2017年，配套办征收新建住宅及公建项目自来水工程建设费和新建住宅气源发展费共计3.21亿元，上缴市财政1.59亿元，向供水供气企业拨款用于配套工程建设1.62亿元。其中，征收新建住宅及公建项目自来水工程建设费2.32亿元，上缴市财政0.7亿元，向供水企业拨款1.62亿元；征收新建住宅气源发展费0.89亿元，全额上缴市财政。

【完成部分公建项目燃气增容费退库】 根据《天津市关于住宅气源发展费和燃气增容费有关问题的通知》（津发改价管〔2016〕910号）文件规定，住宅气源发展费、燃气增容费统一合并为住宅气源发展费（实为取消征收燃气增容费）。为此，市配套办及时开展梳理工作，针对预留气量已收费公建项目的退款、预留气量项目手续不齐等问题，及时与市财政局、各建设单位、专业部门协调沟通，逐项进行确认、研究解决方案。按照有关收费依据和政策规定，办理需市财政局退库的公建燃气增容费项目共计60项，涉及金额2438.35万元，已全部完成。

第九篇 建设工程质量安全

第九篇 建设工程质量安全

概　况

【概况】 2017年,天津市认真贯彻落实关于建设工程质量安全工作的一系列指示批示精神,认真落实天津市委、市政府对工程质量安全工作的具体部署,按照全面落实质量终身责任制和安全生产"党政同责、一岗双责、齐抓共管"的工作要求,牢固树立底线思维和红线意识,按照"隐患就是事故、事故就要处理"和"铁面、铁规、铁腕、铁心"的要求,狠抓企业主体责任、属地监管责任和部门监管责任的落实,深入推进安全生产隐患大排查大整治,扎实开展房屋建筑和市政基础设施等专项检查行动,大力开展质量安全宣传教育等工作,有序推进整体工作,促进了天津市建设工程质量水平的整体提升和安全生产形势稳定受控。

建设工程质量

【质量管理】 为贯彻落实《中共中央国务院关于进一步加强城市规划建设管理工作的若干意见》和《国务院办公厅关于促进建筑业持续健康发展的意见》（国办发〔2017〕19号）精神，2017年4月初住房城乡建设部召开工作会议，会议决定从2017年—2019年在全国范围内开展建设工程质量安全三年提升行动，按照会议精神，天津市建委相关工作部门共同研究制定了天津市落实行动工作方案，从多个层面入手，进一步完善工程质量安全管理制度，落实工程质量安全主体责任。

严格执行天津市建委《关于严格落实建设工程质量安全承诺制的通知》《天津市竣工工程设置永久性标志牌规定》等规定，深入落实"两书一牌"和"信息档案"三项制度，构建了较为完善的责任体系，违法违规行为能够及时、准确地追溯责任人，天津市新开工工程签署法定代表人授权书、工程质量终身责任承诺书以及竣工项目设立永久性标志牌三项制度的执行率和覆盖率达到了100%。

开展质量常见问题专项治理，针对屋面、外墙渗漏和混凝土构件几何尺寸偏差等热点问题，以及楼板隐形裂缝、不同混凝土强度梁柱节点施工、梯段板施工缝留置、剪力墙及框架柱根部浇筑控制等影响建筑寿命的问题，从设计、材料、施工和管理等环节提出防控技术措施和质量要求，落实"四个严格治理"，加强施工过程管控，严格治理预制桩接桩接头不进行探伤检验，严格治理钢筋焊接不进行工艺试验、机械连接不进行接头检验、位置偏差不符合规定，严格治理混凝土浇筑不按规定养护、随意处理结构缺陷以及后浇带、楼梯段施工缝留置位置不当，将质量问题消灭在施工过程中。住宅工程竣工交付使用后，实行回访回修制度，建设单位在现场成立回访维修接待处，施工单位派驻维修小组，公布维修电话，对反映的问题，维修人员必须当日查勘，立即维修。对普遍性质量问题，要制定维修方案和计划，逐户普查维修，努力减少质量投诉，让群众住上放心满意房。

强化工程阶段和竣工验收，在竣工验收前，对建设工程实行分阶段验收是天津市建设工程质量管理的一项探索，按照组织合规、程序严谨、内容齐全、结论明确的原则，对建设工程验收重点、验收程序和责任主体分别做出具体规定，压实建设单位验收责任，加强建设工程质量的过程控制，建立科学公正、真实有效和责任清晰的工程质量验收机制。特别对事关群众切身利益的住宅工程，专门强化了验收和维修程序，要求严格执行住房质量分户验收，实行外窗、屋面淋水试验，竣工验收前必须对外窗和屋面进行2小时淋水实验，没有渗漏才能验收，确保房屋使用功能。

注重质量安全信用评价，工程竣工验收合格后，质量监督机构出具建设工程质量监督报告和安全监督报告，这是对责任主体质量安全履责行为和工程实体等监督情况出具的综合性文本，通过评分和等级评价，将企业和个人的质量安全行为，与招投标、资质资格管理和评优挂钩，不断完善质量安全信用评价机制，形成提高工程质量安全长效机制。

对钢筋、水泥、砌块、保温材料和防水材料等十余种原材进行监督封样抽测，封样抽测6000余组，每季度印发通报，对发现的问题坚决不放过。

【持续巩固工程质量治理两年行动成果】 落实工程建设参建各方质量主体责任，固化法定代表人授权书、工程质量终身责任承诺书和竣工永久性标志牌三项制度。2017年，天津市新办理的质量监督手续的工程，100%签订了法定代表人授权书和工程质量终身责任承诺书，新办理竣工验收备案的工程100%设立了永久性标志牌。

【工程质量管理法规体系建设】 印发《2017年建设工程质量安全管理工作要点》，明确责任领导和责任人，将具体目标逐级落实。印发《市建委关于修改天津市竣工工程设置永久性标志牌规定的通知》，持续巩固"两书一牌"制度，推动各方责任主体单位积极履责，不断完善质量安全自控体系，继续加大对质量安全监督机构的管理和规范，不断提升监管水平。贯彻国务院有关要求，转发住房城乡建设部《建设工程质量保证金管理办法》，进一步降低了企业负担。落实住房城乡建设部规定，制定并印发《天津市工程质量安全提升行动方案》，在天津市全市范围内开展质量提升行动。

【开展工程质量治理提升行动】 落实住房城乡建设部《工程质量安全提升行动方案的通知》要求，结合天津市实际，2017年5月份制定印发了《天津市工程质量安全提升行动方案》，对工作重点、目标任务、实施步骤和保障措施等方面进行精心安排，周密部署，将工作任务分解到各职能部门。6月份，召开天津市全市质量安全工作会议，分析2016年工程质量安全形势和存在问题，重点对工程质量安全提升行动进行了动员部署，要求各区建委、各集团公司成立专项领导小组，认真组织实施，统筹推进各项工作任务，确保提升行动取得实效。

【开展"质量月"宣传教育活动】 2017年9月份，制定了《2017年天津市建设系统"质量月"活动方案》，以"落实主体责任，提升工程质量"为主题，在天津市建设系统开展了"质量月"活动，进一步加强天津市工程建设质量管理工作，营造追求质量、关注质量的良好氛围。组织宣贯专题培训，对质量管理法规及标准规范开展宣传教育和技术培训,提高管理人员及作业人员质量管理水平和工作技能。积极推进质量行为管理标准化和工程实体质量控制标准化,开展工程质量管理观摩示范和全面质量管理活动,落实样板引路制度和工程质量管控措施。

【推动创建精品工程】 进一步加强天津市工程建设质量安全管理,引导企业追求质量、关注质量,全面提高建设工程质量安全标准化水平,以示范引领、创建世纪精品工程为目标,编制了《2017年市级质量安全文明施工观摩活动评定标准》,自2017年5月份开始,组织了4次观摩活动。共观摩工程23个,其中市管项目2个,区管项目21个;总建筑面积231.9万平方米,其中住宅项目18个191.2万平方米,公建项目4个38.4万平方米,地铁项目1个2.3万平方米;共涉及19家施工企业,其中11家国有企业,8家民营企业。观摩活动呈现出不同亮点,展示了先进工艺、工法和管理经验,提升了标准化施工水平。2017年天津市7项工程荣获中国建设工程鲁班奖(国家优质工程),10项工程荣获国家优质工程奖。

施工安全管理

【安全管理】 落实住房城乡建设部《关于开展危险性较大的分部分项工程落实施工方案专项行动的通知》要求，认真贯彻安全天津建设纲要，制定了建筑施工安全建设实施方案，健全完善安全管理工作制度，创新安全管理手段机制。将危险性较大的分部分项工程作为安全管控重点，实行辨识论证、方案评审、条件验收、领导带班、挂牌督办和责任追究制度。围绕土方开挖、基坑支护和模板支撑等内容，一点一策，挂牌督办，实时监控，确保责任落实、监管到位，实现重大风险源施工稳定受控。

推行每日作业前隐患排查。消除安全隐患是控制和压降事故发生的最重要基础工作，要遏制事故，重在防范，要保证安全，必须强化事前预防，为此市建委在天津市推行每日作业前隐患排查制度，要求施工单位在每日施工作业前，按照安全技术专业或者工种，明确专人对施工现场隐患进行排查，做好排查记录，及时消除安全隐患，提高企业自律意识，规范企业自律行为，树立无隐患作业观念。

完善建设工程突发事件应急响应机制，强化组织保障，对事件接报、先期响应、资源调配、消除救援阻碍、组织专家会商、监督实施和信息收集等应急处置环节进行了明确，从加强领导、严格值班制度、保障通信畅通和严格责任追究等方面提出了要求。2017年6月27日，天津市质安监管总队组织中铁一局等5支市级应急救援队伍在地铁10号线金贸产业园站施工现场开展了地铁工程深基坑渗漏应急抢险演练。模拟事故发生后，中铁一局启动现场处置方案，采取先期处置，同时，在未提前通知的情况下，中建六局、天津三建、天津住总、市政六公司4支市级应急队伍携带救援设备紧急集结。不仅检验了建筑施工企业遇突发事件应对快速有序的处置能力，还体现了各支市级应急队伍"自救、专业、协同"的特点，达到了预期目的和要求。

推动建筑施工安全生产标准化考评工作，出台了《天津市建筑施工安全生产标准化考评实施细则》，考评情况记入企业安全生产信用档案，评定优良的企业和项目负责人作为政府投资项目招投标优选对象，评定不合格的企业和项目负责人不予办理安全生产延期，并责令重新考核，仍不合格的，不予核发安全生产考核合格证，促进企业和项目安全管理自维自控，形成过程控制、持续改进的管理机制。

将企业安全生产情况纳入天津市建筑业企业信用评价体系，与市场联动，对优秀企业加分，对落后企业减分。

【安全生产责任体系】 修订了《天津市城乡建设委员会关于实行领导干部安全生产"党政同责、一岗双责"的实施意见》，明确主要负责人全面负责，分管责任人分工把关，岗位人员对本岗安全生产负责的责任制，进一步健全"党政同责、一岗双责、齐抓共管"安全生产责任体系。明确职责和分工，天津市建委党委书记、主任为全委安全生产第一责任人，对安全总负责，分管领导对分管工作的安全生产工作负直接领导责任，坚持将安全生产工作与分管业务工作同部署、同实施、同检查、同考核。确定安全生产会议制度，主要领导每年召开研究解决安全生产工作重大问题的会议不少于两次，每季度主持或委托分管领导主持召开一次安全生产工作例会，把安全生产工作牢牢抓在手上。完善安全工作制度和日常工作机制，坚持下基层检查制度，不断加大对安全隐患排查治理力度，建立安全管理制度，推进安全管理标准化建设，组织开展好"打非治违"活动，形成安全管理常态化。

【安全生产法规体系建设】 出台《天津市建筑施工企业主要负责人、项目负责人和专职安全生产管理人员安全生产考核管理实施细则》，明确考核条件、考核内容和考核方式，规范安管人员安全生产考核管理。印发《市建委关于开展全市建筑施工、燃气、供热安全生产大检查综合督查工作的通知》《市建委关于深入开展安全生产大检查的通知》《市建委关于印发天津市建设工程电气火灾综合治理工作实施方案的通知》等管理性文件，加大执法检查力度，保持执法监督高压态势，确保安全生产形势稳定受控。

【强化安全生产事故查处】 2017年天津市建设工程共发生生产安全事故13起，造成15人死亡，事故起数比2016年下降7.1%，死亡人数上升7.1%（2016年发生生产安全事故14起，造成14人死亡）。按照事故类型统计，高处坠落事故6起，占事故总数的46.1%，死亡6人，占死亡总数的40%；机械伤害事故3起，占事故总数的23.1%，死亡4人，占死亡总数的26.5%；物体打击事故1起，占事故总数的7.7%，死亡1人，占死亡总数的6.7%；触电事故1起，占事故总数的7.7%，死亡1人，占死亡总数的6.7%；坍塌事故1起，占事故总数的7.7%，死亡2人，占死亡总数的13.4%；车辆伤害事故1起，占事故总数的7.7%，死亡1人，占死亡总数的6.7%。市、区两级监督机构积极配合事发属地安监部门，按照"四不放过"原则，认真做好事故调查处理工作，严肃查处事故有关责任单位和相关责任人，使其切实认识到错误，受到教育，总结经验教训，杜绝同类事故的再次发生。2017年未发生较大以上施工安全事故。

【开展房屋安全大检查】 深刻吸取"11·18"和"12·1"重大火灾事故教训，印发《市建委关于加强公共建筑装饰装修工程安全管理的紧急通知》。同时，天津市建委联合市国土房管局、市规划局共同发布《关于房屋建筑安全有关事项的公告》，重申21条禁令。制定了《市建委 市国土房管局 市规划局关于开展全市房屋建筑安全大检查工作的通知》，12月18日—23日天津市建委联合市国土房管局、市规划局、市城市管理综合执法局和市人防办组成9个督查组，由局级领导带队，对天津市房屋建筑安全大检查情况开展驻区督查。督查内容涉及房屋建筑规划、新建房屋建筑安全、已交付使用房屋建筑安全、人防工程和违法建设查处等方面。建筑施工领域特别针对安全生产管理责任落实、重大风险点位管控、隐患排查治理、承发包行为和应急管理等情况进行重点督查。对于督查中发现的安全隐患问题，立即要求整改，拒不整改或整改不到位的，责令属地相关部门按照"铁面、铁规、铁腕、铁心"原则严肃处理，绝不姑息，保证了天津市建筑施工安全生产处于受控状态。

【开展安全生产宣传教育】 结合"安全生产月"系列活动，组织建设系统企业、监管部门的从业人员参加咨询日活动，邀请电视台、电台和报纸等媒体，从多个角度、多种形式开展宣传宣教，让安全生产意识深入人心。组织天津市施工企业进行市级质量安全标准化工地观摩，总结交流先进经验。以专业、自救、协同为重点，开展地铁工程深基坑渗漏应急抢险演练。

文明施工

【文明施工】 2017年,天津市以迎全运会建筑工地综合整治提升为契机,持续开展施工扬尘专项治理检查工作,共检查1009项工程,下达责令整改通知书220份,下达责令暂停施工通知书26份,提出整改意见761条,对问题严重的30个项目予以天津市全市通报批评,并将相关违法违规信息记入年度信誉体系。同时,按照天津市政府《关于推进重点污染源专项治理行动方案的通知》要求,发布紧急通知,要求施工工地裸土苫盖全部使用1500目以上密目网。为统筹抓好质量安全和扬尘治理,用力平衡,市质安监管总队多方挖潜,成立了扬尘督查队,配备执法记录仪,使用手机软件,专职对市管项目进行不间断的巡查,建设工地视频监控和扬尘在线监控达到全覆盖管理。对违反特许施工扬尘管理单位的项目,出重拳治理,坚决停工,上限处罚,决不姑息。2017年10月起,坚决落实市美丽天津1号指挥部的部署,除部分地铁项目外,冬季对绝大部分在建工程做出停工要求。

第九篇 建设工程质量安全

工程创优

【观摩创优工作】 经过前期观摩工地相关标准的宣传贯彻，2017年观摩活动开展过程中，各企业均比较重视，观摩规模和效果较2016年同期有较大提高，建设单位、施工单位、监理单位和相关主管部门等均踊跃参加。各观摩工地基本能够自觉按照工程项目管理"四个标准化"要求开展项目管理工作，结合"安全月""质量月"的相关活动要求，深入发掘项目特色和亮点，发挥新工艺、新技术的示范引领作用，结合各企业自身以往创优工程管理经验，进一步提高观摩工地质量，尤其在一些质量薄弱环节如梁柱节点、后浇带和悬挑部位等控制到位。2017年观摩工地评审，增加了砼强度回弹检测，观摩项目砼强度推定值均达到了设计要求，并以此作为强制性标准，达不到要求的项目，均不予观摩。

2017年共开展四次观摩活动，23个建设工程项目在清水混凝土、预制装配式构件、EPS保温材料应用、全钢集成爬架、安全设施标准化、BIM技术应用和扬尘治理等方面呈现不同亮点，展示了科技创新在项目管理过程中的积极作用。通过积极学习观摩项目工程亮点、先进的施工工艺、质量通病防治措施、管理模式和新技术新材料应用等，加强了各建设项目之间的引领带动作用，进一步提高了天津市建设工程质量安全文明施工水平。

【市建委对2017年度荣获国家及天津市建设工程奖项的单位进行表彰】 经中国建筑业协会组织评选，天津住宅集团建设工程总承包有限公司承建的中共天津市委党校改扩建项目（新建工程）等7项工程，荣获2016—2017年度第二批中国建设工程鲁班奖（国家优质工程）。

经中国施工企业管理协会组织评选，天津市建工工程总承包有限公司承建的天津中医药大学第一附属医院迁址新建工程（一期）——门急诊住院综合楼等10项工程，荣获2016—2017年度第二批国家优质工程奖。

经天津市建筑施工行业协会组织评审，天津二建建筑工程有限公司承建的颐航大厦等41项工程，荣获2017年度天津市建设工程"金奖海河杯"；天津三建建筑工程有限公司承建的天津现代职业技术学院扩建教学综合楼工程等132项工程，荣获2017年度天津市建设工程"海河杯"奖；天津城建集团有限公司承建的天津地铁1号线东延至会展中心土建施工第2合同段等59个竣工工地，荣获

2017年度天津市市级文明施工示范工地;天津天一建设集团有限公司承建的天津健康产业园体育基地新建训练馆区项目等174个竣工工地,荣获2017年度天津市市级文明工地。

为鼓励获奖单位,进一步激励更多的企业重质量、讲诚信、树品牌,多创精品工程,天津市建委决定对获奖工程的承建单位和参建单位进行表彰,并希望获奖单位充分发挥引领示范作用。

1. 2016—2017年度第二批中国建设工程鲁班奖(国家优质工程)入选名单(天津获奖名单)。

2016—2017年度第二批中国建设工程鲁班奖（国家优质工程）入选名单
（天津地区获奖名单，排名不分先后）

序号	工程名称	承建单位	参建单位
1	中共天津市委党校改扩建项目（新建工程）	天津住宅集团建设工程总承包有限公司	天津华惠安信装饰工程有限公司
			天津住总机电设备安装有限公司
2	临港经济区商务大厦	天津三建建筑工程有限公司	天津市南洋装饰工程有限公司
			浙江亚厦装饰股份有限公司
			美华建设有限公司
			四川益生园艺工程有限责任公司
			天津安装工程有限公司
3	中新天津生态城天津医科大学生态城代谢病医院工程	中铁建工集团有限公司	天津世达建筑工程有限公司
			西安飞机工业装饰装修工程股份有限公司
			北京筑邦建筑装饰工程有限公司
4	天津市环湖医院迁址新建工程门急诊住院综合楼	天津天一建设集团有限公司	建峰建设集团股份有限公司
			浙江中南建设集团有限公司
			天津中发机电工程有限公司
5	蓟汕高速公路（津滨高速—津晋高速）三、四标海河特大桥工程	天津路桥建设工程有限公司 中国建筑第六工程局有限公司	
6	一汽丰田技术开发有限公司（FTRD）研发基地建设项目	天津市建工工程总承包有限公司 吉林省新生建筑工程公司	湖南省长沙湘华建筑工程有限公司
7	天津数字电视大厦二期施工总承包工程	中国建筑第六工程局有限公司	中建六局建设发展有限公司
			浙江亚厦装饰股份有限公司
			天津中发机电工程有限公司

2. 2016—2017年度第二批国家优质工程奖工程名单（天津获奖名单）。

天津中医药大学第一附属医院迁址新建工程(一期)——门急诊住院综合楼。主申报单位:天津市建工工程总承包有限公司;建设单位:天津中医药大学第一附属医院；勘察及设计单位：天津市勘察院、天津市建筑设计院；工程监理单位：天津国际工程建设监理公司；施工总承包单位：天津市建工工程总承包有限公司；参建单位：天津安装工程有限公司、江苏瑞峰建设集团有限公司、江苏环亚医用科技集团股份有限公司、天津京雄科技工程发展有限公司。

天津市东丽区体育中心（体育馆）项目。主申报单位：天津市建工工程总承包有限公司；建设单位：天津市东丽区体育局；勘察及设计单位：天津市建筑设计院；工程监理单位：达华工程管理（集团）有限公司；施工总承包单位：天津市建工工程总承包有限公司；参建单位：天津市恒时机电设备安装工程有限公司、安徽省豪伟建设集团有限公司。

天津市第一中学滨海学校（综合教学楼、宿舍、图书馆、报告厅、食堂、体育馆）工程。主申报单位：天津滨海新区公共产业建设投资有限公司；建设单位：天津滨海新区公共产业建设投资有限公司；勘察及设计单位：天津市勘察院、天津市房屋鉴定建筑设计院；工程监理单位：天津开发区建设工程监理公司；施工总承包单位：大元建业集团股份有限公司、天津鑫裕建设发展股份有限公司；参建单位：大元建业集团元正装饰工程有限公司、天津卓荣建设工程集团有限公司。

中海油天津研发产业基地建设项目（二标段）。主申报单位：中铁建工集团有限公司；建设单位：中海油基建管理有限责任公司；勘察及设计单位：华东建筑设计研究院有限公司；工程监理单位：中咨工程建设监理公司；施工总承包单位：中铁建工集团有限公司；参建单位：深圳市卓艺装饰设计工程有限公司、沈阳远大铝业工程有限公司、天津三建建筑工程有限公司、中国电子系统技术有限公司。

天津市建筑设计院新建业务用房及附属综合楼工程。主申报单位：天津天一建设集团有限公司；建设单位：天津市建筑设计院；勘察及设计单位：天津市天泰建筑设计院；工程监理单位：天津建华工程咨询管理公司；施工总承包单位：天津天一建设集团有限公司；参建单位：天津泓柏科技有限公司、北京羿射旭科技有限公司、深圳市宝鹰建设集团股份有限公司。

梅江15#地（川水园）工程。主申报单位：天津住宅集团建设工程总承包有限公司；建设单位：天津梅江建设发展股份有限公司；勘察及设计单位：天津市房屋鉴定建筑设计院；工程监理单位：天津市方兴工程建设监理有限公司、天津市华泰建设监理有限公司；施工总承包单位：天津住宅集团建设工程总承包有限公司；参建单位：天津住总机电设备安装有限公司、天津华惠安信装饰工程有限公司。

天津中医药大学第二附属医院迁址新建一期工程。主申报单位：中国建筑第八工程局有限公司；建设单位：天津市中医药大学第二附属医院；勘察及设计单位：天津市地质工程勘察院、中国中元国际工程有限公司；工程监理单位：天津市国际工程建设监理公司；施工总承包单位：中国建筑第八工程局有限公司。

中海油天津研发产业基地建设项目（一标段）。主申报单位：中国建筑第八工程局有限公司；建设单位：中海油基建管理有限责任公司；勘察及设计单位：华东建筑设计研究院有限公司；工程监理单位：中咨工程建设监理公司；施工总承包单位：中国建筑第八工程局有限公司；参建单位：深圳市洪涛装饰股份有限公司、江河创建集团股份有限公司、中国电子系统技术有限公司、天津三建建筑工程有限公司。

天津港25万吨级航道工程。主申报单位：中交天津航道局有限公司；建设单位：天津港（集团）有限公司；勘察单位：天津市北洋水运水利勘察设计研究所有限公司；设计单位：中交第一航务工程勘察设计院有限公司；工程监理单位：天津港工程监理咨询有限公司；施工总承包单位：中交天津航道局有限公司。

津源信德西青辛口镇一期18兆瓦渔光互补光伏发电项目。主申报单位：江苏南通二建集团有限公司；建设单位：津源信德（天津）新能源科技有限公司；勘察及设计单位：天津市泰达工程设计有限公司、天津市津典工程勘测有限公司、中国电建集团北京勘测设计研究院有限公司；工程监理单位：中外天利（北京）工程管理咨询有限公司；施工总承包单位：江苏南通二建集团有限公司；参建单位：江苏启安建设集团有限公司、青海省地质基础工程施工总公司。

3．2017年度天津市建设工程"金奖海河杯"和"海河杯"获奖名单。

4．2017年度天津市市级文明施工示范工地和市级文明工地名单。

2017年度天津市建设工程"金奖海河杯"获奖工程名单
（排名不分先后）

序号	承建单位	工程名称	项目经理	建设单位	监理单位	参建单位
1	天津二建建筑工程有限公司	颐航大厦	刘长星	中交第一航务工程勘察设计院有限公司	天津泰丰工程建设监理有限公司	天津二建水电安装工程有限公司 天津美图装饰设计工程有限公司 北京南隆建筑装饰工程有限公司
2	天津二建建筑工程有限公司	天津城建大学新建综合体育馆	王锁	天津城建大学	天津建工工程管理有限公司	天津二建水电安装工程有限公司
3	天津三建建筑工程有限公司	天津市人民医院扩建三期工程急救综合楼项目	郭宝臣	天津市人民医院	天津市建设工程监理公司	天津中发机电工程有限公司
4	天津三建建筑工程有限公司	天津中医药大学新建体育馆项目	高继军	天津中医药大学	天津国际工程建设监理公司	天津市圣方幕墙装饰工程有限公司
5	天津三建建筑工程有限公司	临港经济区商务大厦	李学顺	天津临港经济区置地投资发展有限公司	天津滨海国际工程监理咨询有限公司	
6	天津三建建筑工程有限公司	天津市南开中学（滨海生态城学校）项目教学楼、综合楼工程	胡井远	天津市南开中学	天津市建设工程监理公司	

续表

序号	承建单位	工程名称	项目经理	建设单位	监理单位	参建单位
7	天津住宅集团建设工程总承包有限公司	天津空港国际生物医学康复治疗中心医疗综合楼	刘剑	天津太山肿瘤医院有限公司	天津国际工程建设监理公司	天津住总机电设备安装有限公司
8	天津住宅集团建设工程总承包有限公司	中共天津市委党校改扩建项目	何欣	中共天津市委党校	北京国金管理咨询有限公司	天津住总机电设备安装有限公司 天津华惠安信装饰工程有限公司
9	天津住宅集团建设工程总承包有限公司	天津市公安局业务技术用房(两级指挥中心)项目1#楼	宋连兴	天津市公安局	天津市建设工程监理公司	天津住总机电设备安装有限公司
10	天津住宅集团建设工程总承包有限公司	天津市公安局业务技术用房(两级指挥中心)项目2#楼	宋连兴	天津市公安局	天津市建设工程监理公司	天津住总机电设备安装有限公司
11	天津住宅集团建设工程总承包有限公司	天津市公安局业务技术用房(两级指挥中心)项目3#楼	宋连兴	天津市公安局	天津市建设工程监理公司	天津住总机电设备安装有限公司
12	天津住宅集团建设工程总承包有限公司	天津市公安局业务技术用房(两级指挥中心)项目4#楼	宋连兴	天津市公安局	天津市建设工程监理公司	天津住总机电设备安装有限公司
13	天津住宅集团建设工程总承包有限公司	天津市公安局业务技术用房(两级指挥中心)项目5#楼	宋连兴	天津市公安局	天津市建设工程监理公司	天津住总机电设备安装有限公司
14	天津天一建设集团有限公司	天津理工大学体育馆	郭军民	天津理工大学	天津市建设工程监理公司	天津安装工程有限公司 天津飞宇幕墙装饰工程有限公司 深圳城市建筑装饰工程有限公司

续表

序号	承建单位	工程名称	项目经理	建设单位	监理单位	参建单位
15	天津天一建设集团有限公司	天津科技大学体育馆	范素华	天津科技大学	天津开发区泰达国际咨询监理有限公司	
16	天津天一建设集团有限公司	新建宝坻区体育馆	李红明	天津市宝坻区体育局	天津市博华工程建设监理有限公司	苏州苏明装饰股份有限公司
17	天津市房信建筑工程总承包有限公司	时光水苑(手表厂项目)	张伟	天津天房融创置业有限公司	天津市联合工程建设监理有限公司	
18	天津市武清区建筑工程总公司	武清区体育场馆项目室内训练馆	张祖臣	天津市武清区国有资产经营投资公司	天津开发区泰达国际咨询监理有限公司	
19	天津市武清区建筑工程总公司	武清区体育场馆项目集训楼及全民健身馆及换热站工程	张祖臣	天津市武清区国有资产经营投资公司	天津开发区泰达国际咨询监理有限公司	
20	天津市武清区建筑工程总公司	武清区体育场馆项目体育馆工程	张祖臣	天津市武清区国有资产经营投资公司	天津开发区泰达国际咨询监理有限公司	
21	天津市武清区建筑工程总公司	武清区体育场馆项目体育场及附属用房工程	张祖臣	天津市武清区国有资产经营投资公司	天津开发区泰达国际咨询监理有限公司	
22	天津第二市政公路工程有限公司	蓟汕高速公路（津滨高速—津晋高速)工程第七合同段—津晋高速互通式立交	吕福发	天津高速公路集团有限公司	天津市华盾工程监理咨询有限公司	天津城建集团有限公司
23	天津五市政公路工程有限公司	蓟汕高速公路（京津高速—港城大道)工程第2合同段	刘兴国	天津高速公路集团有限公司	天津市国腾公路咨询监理有限公司	天津城建滨海路桥有限公司
24	天津市公路工程总公司	蓟汕高速公路（津滨高速—津晋高速)工程第二合同段—津塘二线分离式立交	王兆军	天津高速公路集团有限公司	天津市华盾工程监理咨询有限公司	天津城建集团有限公司

续表

序号	承建单位	工程名称	项目经理	建设单位	监理单位	参建单位
25	天津市管道工程集团有限公司	中新天津生态城6号雨水、污水合建泵站工程一标段	曹永胜	天津滨海旅游区基础设施建设有限公司	天津开发区建设工程监理公司	
26	天津市水利工程有限公司	海河口泵站工程施工（第1标段）	张波	天津市水务工程建设管理中心	天津市泽禹工程建设监理有限公司	
27	天津轨道交通集团工程建设有限公司	津滨轻轨滨海大学站工程	郝旭	天津滨海快速交通发展有限公司	天津市路安电气化监理有限公司	中铁十八局集团有限公司
28	中建三局集团有限公司	中新天津生态城中部片区29#地块小学、幼儿园项目总承包施工及总包管理工程	喻四纯	中新天津生态城不动产登记中心	河北鸿泰工程项目咨询有限公司	
29	中国建筑第六工程局有限公司	天津数字电视大厦二期施工总承包工程	刘学伟	天津广播电视台	天津市建设工程监理公司	浙江亚夏装饰股份有限公司
30	中国建筑第六工程局有限公司	天津体育学院新建体育馆及排球馆项目总承包工程	刘继峰	天津体育学院	天津华北工程监理有限公司	
31	中国建筑股份有限公司	天津体育学院新校区一期项目施二总承包工程一标段——行政楼、乒乓球羽毛球训练馆、网球训练馆、游泳馆	曹静	天津体育学院	天津国际工程建设监理公司天津华北工程监理有限公司	
32	中国建筑股份有限公司	天津体育学院新校区二期项目总承包工程——田径馆、训练馆	彭明祥	天津体育学院	天津华北工程监理有限公司	

续表

序号	承建单位	工程名称	项目经理	建设单位	监理单位	参建单位
33	中国建筑第六工程局有限公司 天津路桥建设工程有限公司	蓟汕高速公路（津滨高速—津晋高速）三、四标海河特大桥	李宝江 张伟	天津高速公路集团有限公司	天津市华盾工程监理咨询有限公司	天津城建集团有限公司
34	中国建筑第八工程局有限公司	天津中医药大学第二附属医院迁址新建一期工程	任庆斌	天津中医药大学第二附属医院	天津国际工程建设监理公司	
35	中国建筑第八工程局有限公司	中海油天津研发产业基地建设项目施工总承包工程（一标段）	杨明	中海油基建管理有限责任公司	中咨工程建设监理公司	深圳市洪涛装饰股份有限公司
36	中国建筑第八工程局有限公司	天津市滨海新区文化中心（一期）项目文化场馆部分	沈禹光	天津市滨海新区文化中心投资管理有限公司	天津开发区建设工程监理公司	
37	中铁建工集团有限公司	中海油天津研发产业基地建设项目施工总承包工程（二标段）	严峰	中海油基建管理有限责任公司	中咨工程建设监理公司	
38	上海建工七建集团有限公司	陆家嘴广场及商务大酒店工程——虹桥大都会	陈永康	天津陆津房地产开发有限公司	上海建浩工程顾问有限公司	上海市安装工程集团有限公司 苏州金螳螂建筑装饰股份有限公司 上海新丽装饰工程有限公司
39	上海建工七建集团有限公司	陆家嘴广场及商务大酒店工程——商务大酒店	陈永康	天津陆津房地产开发有限公司	上海建浩工程顾问有限公司	上海市安装工程集团有限公司 上海建筑装饰（集团）有限公司 上海东尼建筑装饰有限公司

续表

序号	承建单位	工程名称	项目经理	建设单位	监理单位	参建单位
40	上海建工七建集团有限公司	陆家嘴广场及商务大酒店工程——金融大厦南楼	陈永康	天津陆津房地产开发有限公司	上海建浩工程顾问有限公司	上海市安装工程集团有限公司 上海强荣建设工程有限公司
41	南通四建集团有限公司	天津环普工业产业发展有限公司天津环普国际产业园二期项目一标段	张永新	天津环普工业产业发展有限公司	天津市建设工程监理公司	南通扬子设备安装有限公司 上海通用金属结构工程有限公司

2017年度天津市建设工程"海河杯"获奖工程名单
（排名不分先后）

序号	承建单位	工程名称	项目经理	建设单位	监理单位	参建单位
1	天津三建建筑工程有限公司	天津现代职业技术学院扩建教学综合楼工程	胡金胜	天津现代职业技术学院	天津市博华工程建设监理有限公司	
2	天津三建建筑工程有限公司	天域万隆顺丰物流分拨中心扩建项目（分拨中心办公楼及仓库）	于汝桥	天域万隆物流（天津）有限公司	泛华建设集团有限公司	
3	天津三建建筑工程有限公司	天津市南开中学（滨海生态城学校）项目科技艺术中心、图书馆工程	胡井远	天津市南开中学	天津市建设工程监理公司	
4	天津三建建筑工程有限公司	天津市南开中学（滨海生态城学校）项目实验楼、行政楼工程	胡井远	天津市南开中学	天津市建设工程监理公司	
5	天津三建建筑工程有限公司	天津市南开中学（滨海生态城学校）项目体育馆、网球馆工程	胡井远	天津市南开中学	天津市建设工程监理公司	
6	天津三建建筑工程有限公司	天津市南开中学（滨海生态城学校）项目学生宿舍、教师公寓工程	胡井远	天津市南开中学	天津市建设工程监理公司	
7	天津三建建筑工程有限公司	中新天津生态城 11A 地块小学教学楼	曹勇	中新天津生态城不动产登记中心	天津港保税区中天建设咨询管理有限公司	杭萧钢构股份有限公司

续表

序号	承建单位	工程名称	项目经理	建设单位	监理单位	参建单位
8	天津三建建筑工程有限公司	天津市第五中学迁建工程行政办公楼及报告厅	郭素杰	天津市红桥区教育局	北京华捷工程建设管理有限公司	
9	天津三建建筑工程有限公司	天津商业大学新建体育馆项目	杨乐	天津商业大学	天津市华泰建设监理有限公司	
10	天津市建工工程总承包有限公司	泰易家居(天津)有限公司新建厂房工程2号多层丙类厂房	储粟	泰易家居（天津）有限公司	天津市联合工程建设监理有限公司	
11	天津市建工工程总承包有限公司	泰易家居(天津)有限公司新建厂房工程3号多层丙类厂房	储粟	泰易家居（天津）有限公司	天津市联合工程建设监理有限公司	
12	天津市建工工程总承包有限公司	泰易家居(天津)有限公司新建厂房工程4号多层丙类厂房	储粟	泰易家居（天津）有限公司	天津市联合工程建设监理有限公司	
13	天津市建工工程总承包有限公司	东丽詹庄等七村村民还迁安置经济适用房项目海康园1号楼	李忠雨	天津市惠民安居建设有限公司	天津泰丰工程建设监理有限公司	
14	天津市建工工程总承包有限公司	东丽詹庄等七村村民还迁安置经济适用房项目海康园2号楼	李忠雨	天津市惠民安居建设有限公司	天津泰丰工程建设监理有限公司	
15	天津市建工工程总承包有限公司	东丽詹庄等七村村民还迁安置经济适用房项目海康园3号楼	李忠雨	天津市惠民安居建设有限公司	天津泰丰工程建设监理有限公司	
16	天津市建工工程总承包有限公司	天保金海岸D06地块住宅项目3#	候纯洁	天津滨海开元房地产开发有限公司	北京建工京精大房工程建设监理公司	
17	天津市建工工程总承包有限公司	天津生态城第一社区中心	王子毅	天津生态城投资开发有限公司	天津市塘沽海洋高新技术开发区工程监理有限公司	
18	天津二建建筑工程有限公司	天津二商迎宾肉类食品有限公司肉制品深加工及物流基地工程综合楼项目	沈华勇	天津二商迎宾肉类食品有限公司	天津市建设工程监理公司	天津安装工程有限公司、天津二建水电安装工程有限公司
19	天津二建建筑工程有限公司	天津农学院新建体育馆	郭铁安	天津农学院	河北鸿泰工程项目咨询有限公司	天津二建水电安装工程有限公司、天津市石崇建筑工程有限公司

续表

序号	承建单位	工程名称	项目经理	建设单位	监理单位	参建单位
20	天津二建建筑工程有限公司	渤龙湖科技园中小学校项目—完全小学	张俊立	天津滨海高新技术产业开发区工程建设交易服务中心	天津市联合工程建设监理有限公司	天津二建水电安装工程有限公司
21	天津住宅集团建设工程总承包有限公司	天津市北辰区双青新家园盛安园公共租赁住房项目1号楼	褚顺清	天津市保障住房建设投资有限公司	天津市北方建设监理事务所	
22	天津住宅集团建设工程总承包有限公司	天津市北辰区双青新家园盛安园公共租赁住房项目2号楼	褚顺清	天津市保障住房建设投资有限公司	天津市北方建设监理事务所	
23	天津住宅集团建设工程总承包有限公司	天津市北辰区双青新家园盛安园公共租赁住房项目3号楼	褚顺清	天津市保障住房建设投资有限公司	天津市北方建设监理事务所	
24	天津住宅集团建设工程总承包有限公司	天津市北辰区双青新家园盛安园公共租赁住房项目4号楼	褚顺清	天津市保障住房建设投资有限公司	天津市北方建设监理事务所	
25	天津天一建设集团有限公司	中北镇示范小城镇安置区永旺西农民长远生计公建项目一标段A1塔楼	叶黎明	天津御河沿置业有限公司	天津市建设工程监理公司	天津金磊建筑工程有限公司
26	天津天一建设集团有限公司	中北镇示范小城镇安置区永旺西农民长远生计公建项目一标段A2塔楼	叶黎明	天津御河沿置业有限公司	天津市建设工程监理公司	天津金磊建筑工程有限公司
27	天津天一建设集团有限公司	中北镇示范小城镇安置区永旺西农民长远生计公建项目二标段B1塔楼	李振学	天津御河沿置业有限公司	天津市建设工程监理公司	天津市宏大伟业建筑装饰工程有限公司
28	天津天一建设集团有限公司	中北镇示范小城镇安置区永旺西农民长远生计公建项目二标段B2塔楼	李振学	天津御河沿置业有限公司	天津市建设工程监理公司	天津市宏大伟业建筑装饰工程有限公司
29	天津天房建设工程有限公司	汉沽东岸虹苑住宅小区项目—配套公建	陈英杰	天津汉拓置业有限公司	天津泰丰工程建设监理有限公司	天津市天房科技发展股份公司
30	天津天房建设工程有限公司	天津市康宁监狱新建项目总包工程（门诊楼）	白燕	天津市康宁监狱	天津市建设工程监理公司	

续表

序号	承建单位	工程名称	项目经理	建设单位	监理单位	参建单位
31	天津市房信建筑工程总承包有限公司	天拖项目L地块工程秋泽园4#楼	曹政	天津天房融创置业有限公司	天津市华泰建设监理有限公司	
32	天津市房信建筑工程总承包有限公司	天拖项目L地块工程秋泽园5#楼	曹政	天津天房融创置业有限公司	天津市华泰建设监理有限公司	
33	天津市房信建筑工程总承包有限公司	天拖项目L地块工程秋泽园6#楼	曹政	天津天房融创置业有限公司	天津市华泰建设监理有限公司	
34	天津市房信建筑工程总承包有限公司	天拖项目L地块工程秋泽园10#楼	曹政	天津天房融创置业有限公司	天津市华泰建设监理有限公司	
35	天津五建建筑工程有限公司	渤海度假村二期（一标段）87#楼	张德辉	天津市滨海城投建业投资开发有限公司	天津市塘沽海洋高新技术开发区工程监理有限公司	
36	天津五建建筑工程有限公司	渤海度假村二期（一标段）88#楼	张德辉	天津市滨海城投建业投资开发有限公司	天津市塘沽海洋高新技术开发区工程监理有限公司	
37	天津五建建筑工程有限公司	渤海度假村二期（一标段）89#楼	张德辉	天津市滨海城投建业投资开发有限公司	天津市塘沽海洋高新技术开发区工程监理有限公司	
38	天津五建建筑工程有限公司	渤海度假村二期（一标段）90#楼	张德辉	天津市滨海城投建业投资开发有限公司	天津市塘沽海洋高新技术开发区工程监理有限公司	
39	天津五建建筑工程有限公司	塘沽新塘组团三号还迁区南田路以西安置地块农民安置用房07-05地块（佳和苑）工程12#楼	张秀金	天津滨海新塘建设发展有限公司	天津港保税区中天建设咨询管理有限公司	
40	天津市三房建建筑工程有限公司	津南区渌水道（双林农场）E地块公共租赁住房项目7号楼	任长阁	天津市保障住房建设投资有限公司	天津建工工程管理有限公司	
41	天津市三房建建筑工程有限公司	津南区渌水道（双林农场）E地块公共租赁住房项目1号楼	李津	天津市保障住房建设投资有限公司	天津建工工程管理有限公司	

续表

序号	承建单位	工程名称	项目经理	建设单位	监理单位	参建单位
42	天津市三房建建筑工程有限公司	津南区渌水道（双林农场）D地块公共租赁住房项目9号楼	袁友云	天津市保障住房建设投资有限公司	天津建工工程管理有限公司	
43	天津市兴业龙祥建设工程有限公司	美域新城住宅二期工程16号楼	邬建华	天津市天蓟房地产开发有限责任公司	天津建工工程管理有限公司	
44	天津市兴业龙祥建设工程有限公司	美域新城住宅二期工程17号楼	邬建华	天津市天蓟房地产开发有限责任公司	天津建工工程管理有限公司	
45	天津市兴业龙祥建设工程有限公司	美域新城住宅二期工程18号楼	邬建华	天津市天蓟房地产开发有限责任公司	天津建工工程管理有限公司	
46	天津渔阳建工集团有限公司	天津市滨海新区第一老年养护院（二标段）	方化	天津滨海新区公共产业建设投资有限公司	天津国际工程建设监理公司	
47	天津第四市政建筑工程有限公司	天津市市政工程设计研究院科研楼工程—研发中心、试验中心、地下车库及附属建筑部分	孙钟靖	天津市市政工程设计研究院	天津开发区泰达国际监理咨询有限公司	天津帝雅建筑工程有限公司
48	天津市南开区房屋建筑工程公司	黄河医院三期工程	吴斌	天津市黄河医院	天津市金屋工程建设监理公司	
49	天津富凯建设集团有限公司	年产15000只DN地下石油钻头、等壁马达生产线项目车间（一）项目	焦向全	天津立林钻头有限公司	天津市南华工程建设监理有限公司	
50	天津富凯建设集团有限公司	年产15000只DN地下石油钻头、等壁马达生产线项目车间（二）项目	焦向全	天津立林钻头有限公司	天津市南华工程建设监理有限公司	
51	天津市津协建筑安装工程有限公司	海达房地产开发实业总公司海达大厦工程	黄剑嵘	天津市海达房地产开发实业总公司	天津现代建设工程监理公司	
52	天津贻成化工建设工程有限公司	渤海度假村二期（二标段）81#楼	代卫斗	天津市滨海城投建业投资开发有限公司	天津市塘沽海洋高新技术开发区工程监理有限公司	
53	天津贻成化工建设工程有限公司	渤海度假村二期（二标段）85#楼	代卫斗	天津市滨海城投建业投资开发有限公司	天津市塘沽海洋高新技术开发区工程监理有限公司	

续表

序号	承建单位	工程名称	项目经理	建设单位	监理单位	参建单位
54	天津贻成化工建设工程有限公司	渤海度假村二期（二标段）86#楼	代卫斗	天津市滨海城投建业投资开发有限公司	天津市塘沽海洋高新技术开发区工程监理有限公司	
55	天津第二市政公路工程有限公司	蓟汕高速公路（津滨高速—津晋高速）工程第七合同段—津港公路分离式立交	吕福发	天津高速公路集团有限公司	天津市华盾工程监理咨询有限公司	天津城建集团有限公司
56	天津路桥建设工程有限公司	蓟汕高速公路（津滨高速—津晋高速）工程第四合同段—津沽路分离式立交	张伟	天津高速公路集团有限公司	天津华盾工程咨询监理有限公司	天津城建集团有限公司
57	中铁四局集团有限公司、天津路桥建设工程有限公司	滨海新区西外环高速公路（津汉高速—海景大道）工程6、7标段京津塘分离式立交	杨贤贵 余志刚	天津滨海新区高速公路投资发展有限公司	山东恒建工程监理咨询有限公司	
58	天津市雍阳公路工程集团有限公司	蓟汕高速公路第五合同段纬六路分离式立交	朱俊慧	天津高速公路集团有限公司	天津市华盾工程监理咨询有限公司	
59	天津市雍阳公路工程集团有限公司	蓟汕高速公路第五合同段经十路分离式立交	朱俊慧	天津高速公路集团有限公司	天津市华盾工程监理咨询有限公司	
60	天津振津工程集团有限公司	金钟河泵站工程	刘宝超	天津水务投资集团有限公司	天津润泰工程监理有限公司	
61	天津市水利工程有限公司	宝坻区2015年农村饮水提质增效工程施工第1标段	徐建波	天津市宝坻区水利工程建设管理中心	天津润泰工程监理有限公司	
62	天津市水利工程有限公司	天津滨港高新铸造工业区污水处理厂工程	纪英林	天津中旺滨港实业有限公司	津政汇土（天津）建设工程监理有限公司	
63	中建一局集团建设发展有限公司	天碱商业区14-1、14-2项目1002#楼	盛秀富	天津宁翰房地产开发有限公司	天津国际工程建设监理公司	
64	中建一局集团建设发展有限公司	天碱商业区14-1、14-2项目1007#楼	盛秀富	天津宁翰房地产开发有限公司	天津国际工程建设监理公司	
65	中建一局集团建设发展有限公司	天碱商业区14-1、14-2项目1008#楼	盛秀富	天津宁翰房地产开发有限公司	天津国际工程建设监理公司	

续表

序号	承建单位	工程名称	项目经理	建设单位	监理单位	参建单位
66	中建一局集团建设发展有限公司	通用电气医疗及生命科学仪器设备生产基地	林佐江	通用电气医疗系统（天津）有限公司	天津市博华工程建设监理有限公司	
67	中建三局集团有限公司	天津生态城南部片区3A地块项目2号楼	余细兰	天津生态城建设投资有限公司	天津港保税区中天建设咨询管理有限公司	
68	中建三局集团有限公司	天津生态城南部片区3A地块项目3号楼	余细兰	天津生态城建设投资有限公司	天津港保税区中天建设咨询管理有限公司	
69	中建三局集团有限公司	远洋城E地块项目（一标段）2#楼	贺佳智	天津普利达房地产建设开发有限公司	天津市华泰建设监理有限公司	
70	中建三局集团有限公司	远洋城E地块项目（一标段）3#楼	贺佳智	天津普利达房地产建设开发有限公司	天津市华泰建设监理有限公司	
71	中建五局第三建设有限公司	红星国际广场A2地块项目红郡雅苑4号楼	蔡贤彬	天津红星美凯龙房地产开发有限公司	天津正方建设工程监理有限公司	
72	中国建筑第八工程局有限公司	中信城市广场（首开区）项目—A栋	裴鸿斌	中信保利达地产（天津）有限公司	北京赛瑞斯国际工程咨询有限公司	
73	中国建筑第八工程局有限公司	中信城市广场（首开区）项目—B栋	裴鸿斌	中信保利达地产（天津）有限公司	北京赛瑞斯国际工程咨询有限公司	
74	中国建筑第八工程局有限公司	中信城市广场（首开区）项目—C栋	裴鸿斌	中信保利达地产（天津）有限公司	北京赛瑞斯国际工程咨询有限公司	
75	中冶天工集团有限公司	碧海明珠二期住宅及配套公建工程8#楼	阮忠斌	天津融政投资有限公司	天津市华泰建设监理有限公司	
76	中交一航局第四工程有限公司	天津港环球滚装码头多层汽车库工程	单勤	天津港环球滚装码头有限公司	天津港工程监理咨询有限公司	
77	中国核工业华兴建设有限公司	南瑞集团天津非晶变压器项目—非晶合金变压器车间	周海军	南京南瑞集团公司（天津）非晶合金电力设备分公司	天津市方兴工程建设监理有限公司	
78	中国核工业华兴建设有限公司	南瑞集团天津非晶变压器项目—非晶合金铁芯车间	周海军	南京南瑞集团公司（天津）非晶合金电力设备分公司	天津市方兴工程建设监理有限公司	

续表

序号	承建单位	工程名称	项目经理	建设单位	监理单位	参建单位
79	中铁六局集团有限公司	蓟汕高速公路（京津高速—港城大道）工程第4合同段中心西道分离式立交桥	徐彦胜	天津高速公路集团有限公司	天津市国腾公路咨询监理有限公司	
80	中铁十八局集团有限公司	津滨轻轨张贵庄站续建工程	李金锁	天津滨海快速交通发展有限公司	天津开发区建设工程监理公司	中铁十八局集团第四工程有限公司、深圳市宝鹰建设集团股份有限公司、天津市南洋装饰工程公司
81	中铁十八局集团第五工程有限公司、中铁十六局集团第二工程有限公司、中铁十四局集团第五工程有限公司	津汉高速公路（西外环高速—汉蔡路）工程8、9、10标段	孙艳龙 范忠泉 吴均平	天津滨海新区投资控股有限公司	天津市华盾工程监理咨询有限公司	
82	中铁十八局集团第四工程有限公司、中铁十八局集团第三工程有限公司	天津南港工业区南堤路（海港路—南港四街）排水道路工程	陈希连 刘悫	天津市南港工业区开发有限公司	泛华建设集团有限公司	
83	北京矿建建设集团有限公司	丽德花园配建3及地下车库A施工总承包工程	吴胜通	金泰丽城（天津）置业投资有限公司	华商国际工程管理（北京）有限公司	
84	北京矿建建设集团有限公司	丽德花园 17—26#住宅楼施工总承包工程21#住宅楼	张宗法	金泰丽城（天津）置业投资有限公司	华商国际工程管理（北京）有限公司	
85	北京矿建建设集团有限公司	丽德花园 17—26#住宅楼施工总承包工程22#住宅楼	张宗法	金泰丽城（天津）置业投资有限公司	华商国际工程管理（北京）有限公司	
86	北京矿建建设集团有限公司	丽德花园 17—26#住宅楼施工总承包工程25#住宅楼	张宗法	金泰丽城（天津）置业投资有限公司	华商国际工程管理（北京）有限公司	
87	北京城建六建设集团有限公司	明景苑二期36号楼	向天星	天津兴泰吉丰置业有限公司	天津市联合工程建设监理有限公司	

续表

序号	承建单位	工程名称	项目经理	建设单位	监理单位	参建单位
88	北京城建六建设集团有限公司	明景苑二期41号楼	向天星	天津兴泰吉丰置业有限公司	天津市联合工程建设监理有限公司	
89	长业建设集团有限公司	云锦观锦园10#楼	蔡江	天津中一天诚房地产开发有限公司	天津津齐工程建设监理有限责任公司	
90	长业建设集团有限公司	云锦观锦园11#楼	蔡江	天津中一天诚房地产开发有限公司	天津津齐工程建设监理有限责任公司	
91	长业建设集团有限公司	云锦观锦园12#楼	蔡江	天津中一天诚房地产开发有限公司	天津津齐工程建设监理有限责任公司	
92	长业建设集团有限公司	云锦观锦园13#楼	蔡江	天津中一天诚房地产开发有限公司	天津津齐工程建设监理有限责任公司	
93	长业建设集团有限公司	云锦观锦园14#楼	蔡江	天津中一天诚房地产开发有限公司	天津津齐工程建设监理有限责任公司	
94	长业建设集团有限公司	云锦观锦园15#楼	蔡江	天津中一天诚房地产开发有限公司	天津津齐工程建设监理有限责任公司	
95	长业建设集团有限公司	云锦观锦园16#楼	蔡江	天津中一天诚房地产开发有限公司	天津津齐工程建设监理有限责任公司	
96	长业建设集团有限公司	云锦观锦园17#楼	蔡江	天津中一天诚房地产开发有限公司	天津津齐工程建设监理有限责任公司	
97	浙江中成建工集团有限公司	雅湖里1号	陈国刚	天津瑞鼎置业有限公司	天津市华泰建设监理有限公司	
98	浙江中成建工集团有限公司	雅湖里2号	陈国刚	天津瑞鼎置业有限公司	天津市华泰建设监理有限公司	
99	浙江中成建工集团有限公司	雅湖里7号	陈国刚	天津瑞鼎置业有限公司	天津市华泰建设监理有限公司	
100	浙江中成建工集团有限公司	雅湖里8号	陈国刚	天津瑞鼎置业有限公司	天津市华泰建设监理有限公司	
101	浙江中成建工集团有限公司	雅湖里9号	陈国刚	天津瑞鼎置业有限公司	天津市华泰建设监理有限公司	

续表

序号	承建单位	工程名称	项目经理	建设单位	监理单位	参建单位
102	中天建设集团有限公司	天拖一期江坪园（E地块）2#楼	杜江	天津天房融创置业有限公司	天津市联合工程建设监理有限公司	
103	中天建设集团有限公司	天拖一期江坪园（E地块）3#楼	杜江	天津天房融创置业有限公司	天津市联合工程建设监理有限公司	
104	中天建设集团有限公司	天拖一期江坪园（E地块）5#楼	杜江	天津天房融创置业有限公司	天津市联合工程建设监理有限公司	
105	中天建设集团有限公司	天拖一期江坪园（E地块）6#楼	杜江	天津天房融创置业有限公司	天津市联合工程建设监理有限公司	
106	中天建设集团有限公司	天拖一期江坪园（E地块）7#楼	杜江	天津天房融创置业有限公司	天津市联合工程建设监理有限公司	
107	中天建设集团有限公司	启春里项目总承包工程一标段5号楼	叶雷杰	天津振业佳元房地产开发有限公司	天津滨海国际工程监理咨询有限公司	
108	中天建设集团有限公司	启春里项目总承包工程一标段8号楼	叶雷杰	天津振业佳元房地产开发有限公司	天津滨海国际工程监理咨询有限公司	
109	中天建设集团有限公司	鸿苑花园63#楼	吕剑	天津鸿坤房地产开发有限公司	天津市联合工程建设监理有限公司	
110	中天建设集团有限公司	鸿苑花园68#楼	吕剑	天津鸿坤房地产开发有限公司	天津市联合工程建设监理有限公司	
111	歌山建设集团有限公司	塘沽新塘组团三号还迁区南田路以西安置地块农民安置用房07-19地块（星海苑）6#楼	叶世洪	天津滨海新塘建设发展有限公司	天津港保税区中天建设咨询管理有限公司	
112	歌山建设集团有限公司	塘沽新塘组团三号还迁区南田路以西安置地块农民安置用房07-19地块（星海苑）10#楼	叶世洪	天津滨海新塘建设发展有限公司	天津港保税区中天建设咨询管理有限公司	
113	南通建工集团股份有限公司	海宁湾（杨寨里）住宅小区项目施工总承包工程2#楼	孙浩然	天津宝利恒基建设开发有限公司	天津市华泰建设监理有限公司	

续表

序号	承建单位	工程名称	项目经理	建设单位	监理单位	参建单位
114	南通建工集团股份有限公司	海宁湾（杨寨里）住宅小区项目施工总承包工程4#楼	孙浩然	天津宝利恒基建设开发有限公司	天津市华泰建设监理有限公司	
115	南通建工集团股份有限公司	海宁湾（杨寨里）住宅小区项目施工总承包工程5#楼	孙浩然	天津宝利恒基建设开发有限公司	天津市华泰建设监理有限公司	
116	南通建工集团股份有限公司	海宁湾（杨寨里）住宅小区项目施工总承包工程6#楼	孙浩然	天津宝利恒基建设开发有限公司	天津市华泰建设监理有限公司	
117	南通建工集团股份有限公司	海宁湾（杨寨里）住宅小区项目施工总承包工程8#楼	孙浩然	天津宝利恒基建设开发有限公司	天津市华泰建设监理有限公司	
118	江苏南通二建集团有限公司	北马集居住区（象博豪庭）7#楼、8#楼、9#楼及一号公建工程7#楼	葛锐	天津市龙人房地产开发有限公司	北京方圆工程监理有限公司	
119	江苏南通二建集团有限公司	北马集居住区（象博豪庭）7#楼、8#楼、9#楼及一号公建工程8#楼	葛锐	天津市龙人房地产开发有限公司	北京方圆工程监理有限公司	
120	江苏南通二建集团有限公司	北马集居住区（象博豪庭）7#楼、8#楼、9#楼及一号公建工程9#楼	葛锐	天津市龙人房地产开发有限公司	北京方圆工程监理有限公司	
121	江苏南通三建集团股份有限公司	盛世睿园 7—11#、20—21#、地下车库B区工程10#楼	张继泉	天津盛众房地产投资有限公司	天津市塘沽海洋高新技术开发区工程监理有限公司	
122	江苏南通三建集团股份有限公司	盛世睿园 7—11#、20—21#、地下车库B区工程20#楼	张继泉	天津盛众房地产投资有限公司	天津市塘沽海洋高新技术开发区工程监理有限公司	
123	江苏南通三建集团股份有限公司	盛世睿园 7—11#、20—21#、地下车库B区工程21#楼	张继泉	天津盛众房地产投资有限公司	天津市塘沽海洋高新技术开发区工程监理有限公司	
124	南通四建集团有限公司	军事交通学院第二期经济适用住房项目—17#楼	严明华	中国人民解放军军事交通学院	天津建工建筑工程监理有限公司	
125	南通四建集团有限公司	军事交通学院第二期经济适用住房项目—18#楼	严明华	中国人民解放军军事交通学院	天津建工建筑工程监理有限公司	

续表

序号	承建单位	工程名称	项目经理	建设单位	监理单位	参建单位
126	江苏天宇建设集团有限公司	天房澜岸雅苑（美域澜岸）住宅小区二标段2#楼	王宏斌	天津市天房海滨建设发展有限公司	天津建工建筑工程监理有限公司	
127	江苏天宇建设集团有限公司	天房澜岸雅苑（美域澜岸）住宅小区二标段3#楼	王宏斌	天津市天房海滨建设发展有限公司	天津建工建筑工程监理有限公司	
128	江苏省苏中建设集团股份有限公司	津南尚智园项目（二标段）4#楼	韩波	天津天地源置业投资有限公司	天津国际工程建设监理公司	
129	江苏省苏中建设集团股份有限公司	津南尚智园项目（二标段）5#楼	韩波	天津天地源置业投资有限公司	天津国际工程建设监理公司	
130	泰兴一建建设集团有限公司	枫丹天城五期 11#—20#楼	田国生	北京裕昌置业集团天津投资有限公司	北京首建工程咨询监理有限公司	
131	上海建工七建集团有限公司	陆家嘴广场及商务大酒店工程——金融大厦北楼	陈永康	天津陆津房地产开发有限公司	上海建浩工程顾问有限公司	上海市安装工程集团有限公司、上海秋元华林建设集团有限公司
132	上海建工集团股份有限公司	于家堡金融区起步区03-16地块工程	徐忠民	天津金正房地产开发有限责任公司	中咨工程建设监理公司	中建三局第一建设工程有限责任公司、中建一局集团建设发展有限公司、天津市博洋消防工程有限公司

2017年度表彰市级文明施工示范工地名单
（排名不分先后）

序号	工程名称	企业名称	项目经理
1	天津地铁1号线东延至会展中心土建施工第2合同段	天津城建集团有限公司	白桂呈
2	新天地商业广场工程	天津市建工工程总承包有限公司	孙维
3	福保产业园（二期）15—18#厂房工程	天津市建工工程总承包有限公司	叶昆仑
4	港西新城普通商品房L2（09-05）地块二标段	天津市建工工程总承包有限公司	仇长怀

续表

序号	工程名称	企业名称	项目经理
5	天津港泰成置业锦容苑定单式限价商品住房项目	天津市建工工程总承包有限公司	邓德民
6	颐航大厦	天津二建建筑工程有限公司	刘长星
7	汇雅商业中心（原棉二北地块商业项目）施工总承包	天津二建建筑工程有限公司	马勇
8	港西新城普通商品房L2（09-05）地块一标段	天津二建建筑工程有限公司	陈金达
9	天津城建大学新建综合体育馆项目	天津二建建筑工程有限公司	王锁
10	昆明路小学滨海学校（北塘小学）施工总承包	天津二建建筑工程有限公司	刘毅
11	大港油田港西新城三期F1地块一标段经济适用房（1—7号）	天津三建建筑工程有限公司	谭维强
12	天津市第五中学迁建工程	天津三建建筑工程有限公司	郭素杰
13	新立镇安置房建设项目A区一标段	天津住宅集团建设工程总承包有限公司	刘锦玲
14	津辰双青（挂）2011-150号地块（荣翠园）限价房项目	天津住宅集团建设工程总承包有限公司	袁志军
15	天津市全民健身中心项目施工总承包工程	天津天一建设集团有限公司	杨涛
16	天津健康产业园体育基地田径馆、射箭场及附属用房	天津天一建设集团有限公司	李金虎
17	港西新城三期H2地块（二标段）经适房项目（5—12号楼）	天津天房建设工程有限公司	刘朝祥
18	西部新城起步区还迁住宅建设工程G地块	天津五建建筑工程有限公司	张巨良
19	天特元标准厂房501#、502#、601#、602#、701#、702#工程	天津新宇建筑工程有限公司	李元春
20	蓟县美域新城二期16—19、25—27号住宅楼及配建2、3、6	天津市兴业龙祥建设工程有限公司	邹建华
21	武清区体育场馆项目	天津市武清区建筑工程总公司	张祖臣
22	津武（挂）2013-143地块二、三期（17—33#楼及地下车库）	天津市武清区建筑工程总公司	王潇
23	古韵阳光家园一期项目	天津市源泉市政工程有限公司	马红兵
24	古韵阳光家园二期项目	天津市源泉市政工程有限公司	刘卫东
25	辽河园C地块1—3、7号楼、地下车库	天津泉州建设工程集团有限公司	平国权
26	凯通花园7—13号楼住宅小区开发建设项目	天津市金盛威建设工程集团有限公司	刘艳文
27	提香轩住宅小区二期项目施工总承包工程	上海建工七建集团有限公司	徐创和
28	太阳能热发电站跟踪系统制造项目	浙江环宇建设集团有限公司	俞建浩
29	太阳能热发电站配套设备制造项目	浙江环宇建设集团有限公司	裘煦华
30	蓟县新城A2区地块六1—22号楼及配套公建工程	江苏南通二建集团有限公司	包永平

续表

序号	工程名称	企业名称	项目经理
31	太阳城10号地项目（皓林园）3—6号楼、配建二及地下车库	江苏南通二建集团有限公司	郭建飞
32	生态城中部03-05-01A（57A）亿利住宅（颐湖居）一期工程	江苏南通二建集团有限公司	张丽琴
33	建设津武（挂）2015-026号地块房地产开发项目	江苏南通二建集团有限公司	黄辉
34	盛世睿园1—6#楼、配建1、配建2	江苏南通三建集团股份有限公司	汤卫东
35	名士华庭五号地工程（一标段）	江苏省苏中建设集团股份有限公司	吴跃文
36	太阳城10号地（皓林园）1—2#、7—9#楼、配建及地下车库	通州建总集团有限公司	缪辉亮
37	海洋生活城天澜居项目二期工程	天元建设集团有限公司	侯庆廷
38	青光示范小城镇韩家墅还迁区一期3号地A地块二标段	山东德建集团有限公司	董文泉
39	天津市第一中学滨海学校二标段	大元建业集团股份有限公司	李雪琴
40	泰达MSD高尚生活组团2号地项目总承包工程	中建三局集团有限公司	祝敏
41	天津市全运村项目四号地（锦葵园）	中建三局集团有限公司	李凤伟
42	中新天津生态城中部片区29#地块小学、幼儿园工程	中建三局集团有限公司	喻四纯
43	中新天津生态城十二年制学校工程	中建三局集团有限公司	杨明英
44	现代城B区	中建三局集团有限公司	王德强
45	天津八里洲碧桂园一期倚涛庭院十三标段	中建五局第三建设有限公司	王涛
46	天津数字电视大厦二期工程	中国建筑第六工程局有限公司	刘学伟
47	港西新城三期H2（一标段）地块（1—4、13—17号楼）	中国建筑第六工程局有限公司	董立辉
48	天津中医药大学第二附属医院迁址新建一期项目工程	中国建筑第八工程局有限公司	张英田
49	中信城市广场二期项目	中国建筑第八工程局有限公司	王亮
50	天津市滨海新区文化中心（一期）项目文化场馆部分	中国建筑第八工程局有限公司	杨群柱
51	天津地铁6号线工程土建施工第17合同段	中铁一局集团天津建设工程有限公司	迟敬来
52	新塘组团三号还迁区07—10地块（佳顺苑）	中铁建工集团有限公司	杨煜
53	橡树湾6号地一期仰润轩一标段	中铁建设集团有限公司	李兵兵
54	华润橡树湾仰润轩二期项目	中铁建设集团有限公司	廖昕
55	天津财经大学新建综合体育馆项目施工总承包	天津二十冶建设有限公司	朱桁
56	天津职业技术师范大学新建综合体育馆项目	中冶天工集团有限公司	张天文

续表

序号	工程名称	企业名称	项目经理
57	荣都嘉园项目6、7、8号楼及配建3、5、6、7工程	中冶天工集团有限公司	任旭亮
	荣都嘉园项目1#、2#、配建1、配建2工程		秦国平
	荣都嘉园3、4、5、9、10号楼及地下车库、配建4、8工程		孙海华
58	天津新八大里地区七贤里项目四期（7—14地块）工程	中冶天工集团有限公司	何凤阳
59	瑞奇外科微创外科器械产业化基地项目	信息产业电子第十一设计研究院科技工程股份有限公司	张鹏

2017年度表彰市级文明工地名单
（排名不分先后）

序号	工程名称	企业名称	项目经理
1	天津健康产业园体育基地新建训练馆区项目	天津天一建设集团有限公司	沈涛
2	新建宝坻区体育馆工程	天津天一建设集团有限公司	李红明
3	天津健康产业园天津体育职业学院项目施工总承包工程	天津天一建设集团有限公司	李阳军
4	津宁高速公路工程1'标	天津第三市政公路工程有限公司	周景来
5	华林家园工程	天津二建建筑工程有限公司	冯英勃
6	天津地铁6号线工程土建施工第11合同段	天津二建建筑工程有限公司	胡士广
7	武清区新城规划广厦道南侧还迁小区建设项目二期	天津二建建筑工程有限公司	王影
8	港西新城普通商品房K2（08-47）地块一标段	天津二建建筑工程有限公司	孙兴文
9	粉雾吸入剂工程	天津二建建筑工程有限公司	许卓林
10	渤龙湖科技园中小学校项目	天津二建建筑工程有限公司	张俊立
11	天津地铁6号线工程土建施工R5合同段	天津二建建筑工程有限公司	郭金星
12	天津农学院新建体育馆项目	天津二建建筑工程有限公司	郭铁安
13	汽车零部件生产基地项目厂房A、厂房C	天津二建建筑工程有限公司	马金奎
14	锂离子电池制造一期1#电池厂房及成品存储区	天津二建建筑工程有限公司	刘泽
15	完检车间、1#—4#液体仓库	天津二建建筑工程有限公司	张克发
16	天津南开中学（滨海生态城学校）一期施工总承包工程	天津三建建筑有限公司	胡井远
17	天津商业大学新建体育馆项目	天津三建建筑有限公司	杨乐
18	天津中医药大学新建体育馆及35KV变电站工程	天津三建建筑有限公司	高继军

续表

序号	工程名称	企业名称	项目经理
19	天津中新药业集团股份有限公司医药物流中心一期工程	天津三建建筑工程有限公司	邓应平
20	河北西路小学工程	天津三建建筑工程有限公司	梁书新
21	天津市第六十六中学改扩建工程项目	天津三建建筑工程有限公司	储晓明
22	北辰核心区19、20地块北泽雅居1—4、19—22#楼、地下车库	天津三建建筑工程有限公司	韩曦
23	新建诉讼服务综合楼工程	天津市建工工程总承包有限公司	兰鸿波
24	春海园住宅小区一期开发建设项目	天津市建工工程总承包有限公司	郭家杰
25	春海园住宅小区二期开发建设项目	天津市建工工程总承包有限公司	张建明
26	春海园住宅小区三期开发建设项目	天津市建工工程总承包有限公司	张作鑫
27	双青新家园38#地公租房（盛泰园）	天津住宅集团建设工程总承包有限公司	刘建军
28	天津广播电视大学海河教育园新校区建设工程	天津住宅集团建设工程总承包有限公司	万继锁
29	天津华兴置业发展有限公司李明庄C地块住宅项目	天津住宅集团建设工程总承包有限公司	陈强
30	大港第十二小学施工工程	天津住宅集团建设工程总承包有限公司	刘立军
31	天津公安局特警总队营地三期专业训练基地项目	天津住宅集团建设工程总承包有限公司	张鹏
32	天津国家会展中心海河通道工程第2标段	天津路桥建设工程有限公司	何柏杰
33	津汉高速公路（西外环高速—汉蔡路）工程2标	天津路桥建设工程有限公司	高俊山
34	天拖项目F地块工程	天津市房信建筑工程总承包有限公司	李杰
35	天津市滨海新区第一老年养护院（一标段）	天津五建建筑工程有限公司	李龙芬
36	塘沽新塘组团三号还迁区07-05地块（佳和苑）工程	天津五建建筑工程有限公司	张秀金
37	塘沽红楼幼儿园综合楼工程	天津五建建筑工程有限公司	佟大兴
38	渤海度假村二期（一标段）	天津五建建筑工程有限公司	张德辉
39	天津市第一中学滨海学校工程一标段	天津鑫裕建设发展股份有限公司	刘怀生
40	东丽建材B地块项目1—12号楼及地下车库工程	天津市兴业龙祥建设工程有限公司	傅玉明
41	中新天津生态城彩环路（彩嘉路—汉北路）道路排水工程二标段	天津市管道工程集团有限公司	孟繁强
42	中新天津生态城6号雨水、污水合建泵站工程一标段	天津市管道工程集团有限公司	曹永胜
43	海河口泵站工程施工第1标段	天津市水利工程有限公司	张波
44	独流减河橡胶坝工程	天津市水利工程有限公司	杜辉

续表

序号	工程名称	企业名称	项目经理
45	海河堤岸（春意桥—外环桥段）景观工程第5合同段	天津市水利工程有限公司 扬州市江都区园林工程有限公司	郄卫东
46	津滨轻轨滨海大学站工程	天津轨道交通集团工程建设有限公司 中铁十八局集团第五工程有限公司	郝旭
47	津滨轻轨东海路站重建工程	天津轨道交通集团工程建设有限公司 中铁十八局集团第四工程有限公司	张德治
48	港西新城定单式限价商品房K1（08-45）地块二标段	天津大港油田隆达建筑工程有限公司	双修娟
49	港西新城普通商品房K2（08-47）地块二标段	天津大港油田隆达建筑工程有限公司	曾茂华
50	东丽詹庄七村村民还迁房及配套公建七标段	天津市东丽区建筑工程有限公司	于帅
51	武清区职业教育中心项目	天津市武清区建筑工程总公司	刘士河
52	武清区保利二期小学建设工程	天津市武清区建筑工程总公司	张爱国
53	武清区城关中学扩建工程	天津市武清区建筑工程总公司	张爱强
54	蕴海家园1#—7#楼、蕴海商业街1#	天津千里马建筑工程有限公司	李宝亮
55	裕园二期住宅小区项目	天津市宝地建筑工程有限公司	李福河
56	泽润家园住宅小区一期项目	天津市宝地建筑工程有限公司	刘建民
57	博睿园住宅小区一期项目一标段	天津通和建设工程集团有限公司	王文海
58	博睿园住宅小区二期	天津通和建设工程集团有限公司	李劲舟
59	宝境檀香苑住宅小区一期项目二标段	天津市东天建筑工程有限公司	郑磊
60	北岸花园住宅小区二期项目工程	天津市东天建筑工程有限公司	刘宝辉
61	宝境檀香苑住宅小区二期项目	天津市东天建筑工程有限公司	陈万鹏
62	双街示范小城镇农民安置用房张湾地块F地块二期项目	天津市津协建筑安装工程有限公司	张洪友
63	天津亿联投资控股集团有限公司中国北方酒店用品城	天津市森源建筑有限公司	陈辉
64	辛口示范小城镇二期（新瑞园）1—4#、9—11#、17—19#及地下车库	天津砼天建筑工程有限公司	杨宏义
65	渤海度假村二期（二标段）	天津贻成化工建设工程有限公司	王卫江
66	大邱庄示范小城镇04-04地块3、4、5、7、8#楼	天津宇昊建设工程集团有限公司	吕龙
67	引江向尔王庄水库供水联通工程施工（第1标段）	天津振津工程集团有限公司	张金鑫
68	明景苑二期35、36、38、41号楼及裙房、车库	北京城建六建设集团有限公司	向天星
69	明景苑二期37、39、40、42—44号楼、车库	北京城建六建设集团有限公司	付国庆

续表

序号	工程名称	企业名称	项目经理
70	小淀示范小城镇农民安置用房温家房子安置区组团A	北京住总第一开发建设有限公司	张春生
71	小淀示范小城镇农民安置用房温家房子安置区组团B	北京住总第三开发建设有限公司	张顺益
72	鼎峰中心6#、7#研发厂房地下车库一期一段工程	北京市第三建筑工程有限公司	郑鹏
73	物联网技术产品及现代化综合供应链管理项目施工总承包	上海建工七建集团有限公司	王强
74	地铁5号线工程土建施工第16合同段（一站一区间）	上海市基础工程集团有限公司	顾谦
75	青光示范小城镇韩家墅还迁区一期A地块经适房一标段	江苏龙海建工集团有限公司	张雪虎
76	大港港西新城三期F1地块（二标段）8—14号楼项目	江苏南通二建集团有限公司	戴红昌
77	中环六零九电缆有限公司逸仙园新厂区（1#联合厂房）	江苏南通三建集团股份有限公司	陆品球
78	天津市物联网感知交通核心技术研发及产业化基地	江苏南通三建集团股份有限公司	陈和平
79	中交地产东疆保税港区A地块住宅项目1.1期（三标段）	江苏省江建集团有限公司	谢传华
80	津西卫（挂）2012-066地块（君禧华庭3号楼）	江苏省苏中建设集团股份有限公司	叶锋
81	恒大山水城46#、71#—76#、82#—84#楼及地下库A、地库B-1	江苏省苏中建设集团股份有限公司	肖连生
82	万汇文化广场二区项目二标段工程	江苏中南建筑产业集团有限责任公司	梁华
83	威海路以东住宅项目一标段(津湖湾一期A、B、C区)	南通建工集团股份有限公司	谭国亮
84	新八大里地区第四里四信大厦施工总承包工程	南通建工集团股份有限公司	孙宏彧
85	军事交通学院第二期经济适用住房	南通四建集团有限公司	严明华
86	天津环普国际产业园二期项目一标段	南通四建集团有限公司	张永新
87	天津宝龙欧洲公园4-2地块住宅项目一期施工工程	南通五建建设工程有限公司	冒亚军
88	华侨城地产项目A3地块寄湖苑（27—30、36号楼）、公建三、1号车库	正太集团有限公司	孙宏军
89	天津滨海高新区渤龙湖公安武警指挥中心项目	浙江宝业建设集团有限公司	高林
90	瀚棠园（二期）工程一标段	浙江宝业建设集团有限公司	俞丽君
91	梧桐北里住宅小区开发建设项目施工总承包一期工程	浙江省建工集团有限责任公司	刘亮

续表

序号	工程名称	企业名称	项目经理
92	云桥项目（嘉谷华庭）工程	浙江中联建设集团有限公司	梁宇
93	瑞华园住宅小区项目一期	浙江中联建设集团有限公司	王宝林
94	瑞华园住宅小区项目二期	浙江中联建设集团有限公司	吴仕杰
95	蓝庭国际5号地C地块项目（一期）	中天建设集团有限公司	李杭群
96	天安创新科技产业园三区（1—31号楼）及地下车库工程	中天建设集团有限公司	孔令兵
97	港西新城普通商品房N1（09-07）地块一标段	中天建设集团有限公司	蒋朝云
98	香逸园项目	中天建设集团有限公司	齐毅
99	南港七号创意园项目	中天建设集团有限公司	吴家平
100	天津旭科房地产开发有限公司华文苑A1-2地块工程施工项目	中天建设集团有限公司	马国锦
101	天津旭科房地产开发有限公司华文苑A1-1地块工程施工项目	中天建设集团有限公司	蒋航大
102	上东大厦2号楼项目	中天建设集团有限公司	李高山
103	佳澜苑	中天建设集团有限公司	单从谓
104	津南尚智园项目三标段	龙元建设集团股份有限公司	张志明
105	港西新城定单式限价商品房L1（09-02）地块一标段	歌山建设集团有限公司	徐里
106	港西新城普通商品房M2（08-51）地块	歌山建设集团有限公司	何晓红
107	蓟县新城示范小城镇A2地块3项目1—8号楼总承包工程	歌山建设集团有限公司	蒋伟平
108	星湖苑3、69—86、89—94号楼工程	歌山建设集团有限公司	蒋福新
109	天津市西青区应急指挥中心及公安西青分局110指挥调度中心	河北建设集团有限公司	江海峰
110	康希诺疫苗生产基地项目（一期）（003#、006#、007#）	河北振兴建筑有限公司	王少华
111	知香园（32—41号楼及地下车库）项目	湖北新南洋建设工程有限公司	丁超英
112	天津八里洲碧桂园一期十二标段	湖北新南洋建设工程有限公司	刘志华
113	清水港湾一期住宅项目	湖北远大建设集团有限公司	李超计
114	中新天津生态城世茂新城05-10-05-01（20a）地块三期	天元建设集团有限公司	王俊山
115	海鼎宏冷链物流项目二期工程施工总承包	威海建设集团股份有限公司	杨建波
116	成功游艇湾项目施工总承包工程	威海建设集团股份有限公司	曲永
117	天津体育学院新校区一期项目施工总承包工程一标段	中国建筑股份有限公司	曹静
118	天津体育学院新校区二期项目总承包工程	中国建筑股份有限公司	彭明祥
119	天津市全运村项目八号地（木樨园）施工总承包项目	中国建筑一局（集团）有限公司	姜金富
120	天津市全运村项目七号地（月橘园）施工总承包项目	中国建筑一局（集团）有限公司	刘锋

续表

序号	工程名称	企业名称	项目经理
121	中新生态城北部区域综合管廊一期工程第一合同段施工	中国建筑一局（集团）有限公司	李永利
122	天碱商业区14-1、14-2项目工程	中建一局集团建设发展有限公司	盛秀富
123	祥云名轩、商业及车库	中建一局集团建设发展有限公司	赵安
124	天津天河城购物中心工程	中建一局集团建设发展有限公司	左强
125	观湖花园一期工程	中建一局集团建设发展有限公司	杨雷剑
126	天津海河教育园区南开学校建设工程	中建一局集团建设发展有限公司	褚海伟
127	融汇（一期）项目、融汇（二期）项目	中建二局第三建筑工程有限公司	陈星
128	生态城南部片区6—1地块住宅项目1B区（澜水苑）工程	中建三局第三建设工程有限责任公司	李琦
129	联发集团服务外包产业园住宅项目三期工程	中建三局第三建设工程有限责任公司	李国良
130	万汇文化广场一区项目一标段工程	中建三局集团有限公司	周兴华
131	星河时代项目（时代雅筑花园）	中建三局集团有限公司	余国胜
132	津武（挂）2013-188号地块住宅二期项目二期工程	中建三局集团有限公司	陈胜
133	天津市第二实验中学项目	中建三局集团有限公司	邓新
134	天津宝龙欧洲公园4-2地块住宅项目	中建三局集团有限公司	冯欢欢
135	复地湖滨广场住宅一期（悦诚花园一期）	中建五局第三建设有限公司	吴迎春
136	天津空港经济区湖滨广场商业部分一期	中建五局第三建设有限公司	任自力
137	湖滨广场商业部分BC总包工程	中建五局第三建设有限公司	王利强
138	阳光海岸一期高层1—5号楼住宅、商业1、3及幼儿园	中国建筑第六工程局有限公司	刘英伟
139	天津阳光海岸二期项目一标段工程	中国建筑第六工程局有限公司	马立峰
140	天津体育学院新建体育馆及排球馆项目总承包工程	中国建筑第六工程局有限公司	刘继峰
141	天津开发区国资公司大陆汽车厂房（三期）项目	中国建筑第六工程局有限公司	于海江
142	天津松江置地美湖里商业综合体项目	中国建筑第六工程局有限公司	王保华
143	港西新城定单式限价商品房L1（09-02）地块二标段	中建六局建设发展有限公司	丁斐
144	双街示范小城镇农民安置用房张湾L地块项目（二标段）	中建六局土木工程有限公司	袁晓丹
145	长春一汽富维天津汽车零部件基地2号厂房及办公楼	中建六局土木工程有限公司	常加永
146	华锐全日冷链运营中心	中国建筑第七工程局有限公司	谢竹发
147	深特广场一期（永旺商场）项目	中国建筑第八工程局有限公司	张庆昱
148	天津中医药大学新校区一期东区学生宿舍工程	中国建筑第八工程局有限公司	亓立刚

续表

序号	工程名称	企业名称	项目经理
149	远洋城G地块项目（一标段）	中国建筑第八工程局有限公司	王秀顺
150	天津市全运村项目六号地（雀榕园）施工总承包工程	中国建筑第八工程局有限公司	赵亚军
151	津武（挂）2011-162地块住宅项目一期一标段	中建八局第三建设有限公司	胡玉宽
152	天鹅苑二期工程	中建八局天津建设工程有限公司	李建国
153	天津市滨海监狱迁建项目总包工程	中铁一局集团有限公司	宋卫峰
154	天津地铁1号线东延至国家会展中心项目土建第4合同段	中铁一局集团天津建设工程有限公司	王延鹏
155	天津地铁6号线工程土建施工第9合同段	中铁三局集团有限公司	徐晔
156	中新天津生态城彩环路（彩嘉路—汉北路）道路排水施工一标段	中铁十局集团有限公司	刘克杰
157	天津地铁6号线工程土建施工第12合同段	中铁十六局集团有限公司	董力
158	津滨轻轨张贵庄站续建工程	中铁十八局集团有限公司	李金锁
159	津汉高速公路（西外环高速—汉蔡路）工程11标段	中铁十八局集团第三工程有限公司	邹元红
160	天津生态城6#地块建设住宅项目一期及配套公建工程	中铁十八局集团第四工程有限公司	宁全龙
161	热源二厂煤改燃工程（建安施工）	中铁十八局集团建筑安装工程有限公司	马可
162	中国铁建国际城1A地块工程	中国铁建大桥工程局集团有限公司	赵一林
163	天津生态城南部片区11b地块住宅项目	中铁建工集团有限公司	张蒙
164	一大街拆迁地块住宅项目（施工）一标段	中国一冶集团有限公司	肖辉
165	天津东丽新立示范小城镇农民安置用房B区公建一、二	中国一冶集团有限公司	马新国
166	金鹏瑞翔新建办公用楼项目	中国华冶科工集团有限公司	陈建永
167	天津市东丽区军粮城二期农民安置用房北四标段	中冶建工集团（天津）建设工程有限公司	陈光
168	滨丽万家置业有限公司中街商业广场一标段	中冶建工集团（天津）建设工程有限公司	刘书政
169	雅香园10#—12#楼、17#—18#楼及地下车库工程	二十二冶集团天津建设有限公司	杨宽喜
170	雅香园13#—16#楼、配建1工程	二十二冶集团天津建设有限公司	房雷
171	塘沽新塘组团三号还迁区07—08地块（佳成苑）	天津二十冶建设有限公司	牛永忠
172	天津港新跃进路与八号路立交工程	中交一公局第六工程有限公司	蒋永能
173	天津国际贸易与航运服务区（二期）小学工程	中交一航局第四工程有限公司	于超敏
174	远洋城Ⅰ1地块商业项目	远洋国际建设有限公司	周民

从业人员与队伍

【从业人员与队伍】 对天津市建设工程监督执法人员,开展《天津市安全生产条例》和《安全文明施工标准化手册》专题培训。组织开展"安管人员"考核培训工作,2017年分四批组织"安管人员"考核报名工作,共计17276人通过了笔试。有力地促进了企业安全生产管理人员能力的提升,有力保障了天津市建筑施工安全生产形势平稳受控。

棉三创意产业综合体

执法监察

【执法监察】 加大对安全生产违法违规行为的处罚力度,共对7家存在违法违规行为的施工企业做出暂扣安全生产许可证的处罚,依法对3名安全管理人员的安全生产考核合格证书进行了暂扣,对于事故企业注册地在外省的,及时向当地建设行政主管部门发函告知,坚决遏制建筑施工非法违法行为,切实维护人民群众生命财产安全。

【行政执法】 2017年,市质安监管总队安排开展19次质量安全专项检查和治理,按照天津市安委会要求,将预防硫化氢中毒纳入检查范围,按照市食安办要求,将工地食堂食品卫生纳入检查范围,按照市市容园林委要求,将工地垃圾清理纳入检查范围,积极配合,主动担当。以防高空坠落、防坍塌、防机械伤害、防触电、防物体打击、防火灾"六防"为重点,查隐患、堵漏洞、抓整改,落实班前安全隐患排查、开工前周边环境现状调查等制度,加强风险施工全过程管控,确保责任落实、安全防范、施工管理、监理履责、隐患消除、应急处置、监督检查"七到位"。

在市党代会、端午节、国庆节期间,各级领导班子坚守岗位,带班值班,时刻保持待命状态,确保重要时段建设生产安全稳定。摸清冬施项目底数,加强特许施工项目监管,严格执行冬期施工"双十"禁令,凡达不到冬期施工条件的建设项目,一律给予停工。"12·1"火灾后,市质安监管总队联合市消防局、市规划局、市房管局开展了天津市房屋建筑施工大检查,全面排查整治工地火灾隐患,对各类安全隐患下狠手、狠下手,坚决杜绝重特大安全事故,防范一般事故发生。

2017年,天津市共查处各类违法违规案件886起,处罚金1.82亿元,共处罚建设单位619起,处罚施工单位229起,处罚监理单位27起,处罚设备租赁单位4起,处罚个人7起。其中,工程质量方面查处130起,处罚金2619.5万元;施工安全方面查处65起,处罚金370.6万元;文明施工方面查处142起,处罚金694.5万元;建筑市场方面查处549起,处罚金1.45亿元。

设备材料

【推进设备材料行业诚信体系建设】 为规范天津市建筑起重机械租赁企业和建筑工程材料供应企业的市场行为，营造守法经营、诚信服务的市场环境，指导天津市工程机械行业协会和天津市建材业协会分别制定了《天津市建筑起重机械租赁企业信用评价实施办法（试行）》和《天津市建筑工程材料行业诚信评价实施办法（试行）》。经过专家论证和征求意见，两个办法于2017年第三季度由协会下发执行。

【加强建材信息公示监督管理】 出台《市建委关于进一步加强建设工程材料使用信息公示监督管理的通知》（津建设材〔2017〕270号），通报了天津市"两工地"建设项目建材产品使用信息公示执行情况，通过市区两级建设工程质量安全监督管理机构加强对所管辖建设项目建材产品使用信息公示情况的监督检查、各监理单位将建材产品使用信息公示凭证作为分部分项验收依据之一、各施工单位要按照《天津市建设工程材料使用监督管理规定》及时公示建材产品使用信息，通过接受全社会监督等有力措施，确保建材产品信息公示制度全覆盖。

结合天津市保障房整改涉及的钢材质量证明文件造假、2017年建筑节能、绿色建筑、装配式建筑考核以及市建委安全生产大检查综合督查工作，对市、区两级质量安全监督管理机构进行建材使用信息公示的进一步宣贯和落实情况的督导。

做好建材监管信息系统日常管理工作。认真、及时地对系统中注册的建材企业、施工企业信息和产品信息录入情况进行审核、确认。截至2017年底，信息公示系统注册建材企业2200余家、施工企业513家、录入9800余条产品信息。目前执行建材使用信息公示制度的在施项目达到830个，共公示了38850批次建材产品使用信息，信息公示制度取得初步成效。

【加强高处作业吊篮行业确认管理工作】 指导天津市工程机械行业协会制定了《天津市高处作业吊篮安装（拆卸）企业行业确认办法》，规范天津市高处作业吊篮安装（拆卸）企业行业管理。

【加强非道路移动机械管理】 认真研究建设行政主管部门对"两工地"内非道路移动机械监督管理的职责，配合完成《市环保局等6部门关于印发天津市2017年非道路移动机械清单管理工作方案的通知》，为贯彻落实通知要求，出台《关于加强建筑施工现场非道路移动机械管理的通知》，对未取得市环保部门核发的环保检测凭证的非道路移动机械，禁止进场作业。

【开展电线电缆专项治理工作】 根据市市场和质量监督管理委员会、市建委、市公安局印发的《天津市电线电缆专项整治工作方案》，制定了《天津市在施房屋建筑和市政基础设施工程项目电线电缆质量排查整治工作方案》，并印发《关于及时报送天津市在施房屋建筑和市政基础设施工程电线电缆专项整治工作情况的通知》，将该项工作纳入安全生产大检查和综合督查工作中。

第十篇
城建科技

绿色建筑

【**机构调整**】 2017年11月28日，天津市编制委员会办公室印发《关于调整市建委所属事业单位有关机构编制问题的批复》（津编办发〔2017〕504号），撤销天津市墙体材料革新和建筑节能管理中心、天津市发展散装水泥管理中心（天津市预拌混凝土管理中心）和天津市建设科技发展推广中心，组建天津市绿色建筑促进发展中心。2017年12月7日天津市绿色建筑促进发展中心成立。市编办批复的主要职责是：负责建设领域新技术、新材料、新设备、新工艺和工程建设施工工法的组织论证和推广应用；负责新型墙体材料、散装水泥和预拌混凝土、预拌砂浆推广应用；参与开展绿色建筑、装配式建筑、建筑节能和建设科技等方面政策法规、发展规划和技术标准的研究；组织编制天津市工程建设地方技术标准、规范以及标准设计图集；负责建设工程项目施工图设计审查服务工作。

【**《天津市绿色建筑管理规定》编制**】 按照《天津市绿色建筑行动方案》的有关要求，2014年天津市政府将《天津市绿色建筑管理规定》纳入立法计划安排。天津市建委依据立法计划安排，组织编制工作，并广泛征求了市相关部门，各区、企业及专家的意见，形成报审稿于2014年底报市政府法制办，因市政府法制办对于绿色建筑执行范围存有异议，《天津市绿色建筑管理规定》一直未予发布。2017年市政府重新将《天津市绿色建筑管理规定》列入立法计划，市建委结合近两年绿色建筑发展新情况和各省市绿色建筑法律法规制定情况对《天津市绿色建筑管理规定》部分内容重新做了调整，并再次广泛征集意见，形成了最新的《天津市绿色建筑管理规定（送审稿）》。

【**《天津市绿色建筑管理规定》**】 《天津市绿色建筑管理规定》的主要内容包括：

1. 绿色建筑执行范围。2015年市建委发布了《天津市绿色建筑设计标准》（DB29-205-2015），目前天津市新建民用建筑100%执行绿色建筑设计标准。在此基础上，为进一步推动天津市高星级绿色建筑发展，《天津市绿色建筑管理规定》第七条提出：天津市新建民用建筑应当执行国家和天津市绿色建筑标准，鼓励既有建筑改造和工业建筑执行绿色建筑标准。国家机关办公建筑、国有投资公共建筑以及2万平方米（含）以上公共建筑，应当执行二星级及以上绿色建筑标准。

2. 绿色建筑建设管理。按照国家及天津市绿色建筑行动方案和《天津市绿色建筑建设管理办法》的要求，参考其他省市绿色建筑发展条例，为加强绿色项目监管，确保工程质量，建立了从立项、土地、规划、设计和施工图审查，到施工、验收、运营管理和评价等环节的闭合管理制度。

3. 绿色建筑评价。按照《天津市建筑节约能源条例》和《天津市绿色建筑建设管理办法》等文件要求，依据国家和天津市绿色建筑评价标准，对绿色建筑实行评价制度。

4. 绿色建筑技术。《天津市绿色建筑管理规定》第六章针对当前主要绿色建筑技术提出分项要求。第二十八条—第三十八条提出：天津市鼓励绿色建筑规模化发展，创建绿色生态城区。3平方千米及以上城镇集中开发建设的区域，应当按照绿色生态城区标准制定绿色生态指标体系并落实到具体项目；鼓励超低能耗绿色建筑项目建设。

5. 绿色建筑工作考核。为保证天津市绿色建筑工作的有序进行，按照国家和天津市绿色建筑行动方案以及《天津市建筑节约能源条例》要求，设立考核制度，《天津市绿色建筑管理规定》第五条中提出：天津市实行绿色建筑目标考核制度。市政府每年开展全市绿色建筑行动专项检查，将绿色建筑行动目标完成情况纳入各区、县人民政府建筑节能目标考核。

6. 绿色建筑激励措施。按照国家和天津市绿色建筑行动方案以及《天津市建筑节约能源条例》，参考其他省市激励政策，为鼓励天津市绿色建筑发展，《天津市绿色建筑管理规定》第七章提出了各项激励措施。第三十九条提出：依规使用建筑节能专项资金，每年安排专项资金用于绿色建筑、绿色生态城区、既有建筑的绿色化改造、可再生能源建筑应用、装配式建筑等技术研发、推广应用和奖励。

7. 法律责任。为确保《天津市绿色建筑管理规定》的顺利实施，规定明确了建设单位、设计单位、施工图审查机构、施工单位、监理单位以及评价机构的法律责任，并明确了各方责任主体失信惩戒制度。

【政策发布】 发布《市建委关于推进高星级绿色建筑发展有关工作的通知》《天津市绿色建筑施工方案编制技术要求》。

【执行绿色建筑设计标准项目统计】 截至2017年底，累计完成施工图审查共584项，建筑面积3184.41万平方米。其中，按规定执行绿色建筑标准的项目539项，建筑面积3163.37万平方米，全部通过施工图审查，上述项目100%执行《天津市绿色建筑设计标准》。

【绿色建材和设备评价标识】 2017年底，天津市有绿色建材和设备评价标识机构6家，分别为天津市建筑工程质量检测中心、天津市建筑材料产品质量监督检测中心、天津市建筑设计院、天津建科建筑节能环境检测有限公司、天津大学建筑设计研究院、天津中新生态城国发绿色建筑节能监测有限公司。评价产品种类涉及预拌砂浆、预拌混凝土、锅炉、集热器、溴化锂吸收式冷水机组。有4家企业获得绿色建材评价标识三星级证书；10家企业获得绿色建材评价标识二星级证书。

【2017年获得天津市绿色建材评价标识企业】

2017年获得天津市绿色建材评价标识企业

序号	单位名称	评价机构	申报产品名称	分数	星级
1	远大空调有限公司	天津市建筑设计院	溴化锂吸收式冷（温）水机组（BZ20-1000）	94	三星
2	北京市太阳能研究所集团有限公司	天津市建筑设计院	太阳能集热器（P-G/0.6-LM-1.86-1）	86.67	三星
3	浙江力聚热水机有限公司	天津市建筑设计院	锅炉（YHZRQ-L）	101	三星
4	艾欧史密斯（中国）热水器有限公司	天津市建筑设计院	锅炉（EB系列）	89	三星
5	天津市大镇混凝土有限公司	天津市建筑工程质量检测中心	预拌混凝土	75	二星
6	天津市滨涛混凝土有限公司武清分公司	天津市建筑材料产品质量监督检测中心	预拌混凝土	72.25	二星
7	天津市滨涛混凝土有限公司	天津市建筑材料产品质量监督检测中心	预拌混凝土	72.25	二星
8	天津晟隆华干粉砂浆有限公司	天津市建筑工程质量检测中心	预拌砂浆	77.5	二星
9	天津津城久筑混凝土有限公司	天津市建筑工程质量检测中心	预拌混凝土	76	二星
10	天津市禹杰宏业混凝土有限公司	天津市建筑工程质量检测中心	预拌混凝土	76	二星
11	天津市宏碁永固建筑材料有限公司	天津市建筑工程质量检测中心	预拌砂浆	79.5	二星
12	天津恒均建材有限责任公司	天津市建筑工程质量检测中心	预拌混凝土	82	二星
13	天津盛大基业建设投资发展股份有限公司	天津市建筑工程质量检测中心	预拌砂浆	80.9	二星
14	松下制冷（大连）有限公司	天津市建筑设计院	溴化锂吸收式冷（温）水机组（直燃G型）	84	二星

【绿色建筑评价标识】 绿色建筑评价机构2家，分别为天津建科建筑节能环境检测有限公司和天津市建筑设计院。

2017年，天津市共有43个建筑项目获得绿色建筑设计评价标识，建筑面积477.97万平方米。其中，获得一星级设计标识的建筑项目18个，建筑面积263.32万平方米；获得二星级设计标识的建筑项目20个，建筑面积189.99万平方米；获得三星级设计标识的建筑项目5个，建筑面积24.66平方米。

2017年，共有4个建筑项目获得绿色建筑运行评价标识，建筑面积20.55万平方米。其中，获得二星级运行标识的建筑项目2个，建筑面积5.14万平方米，分别为天津市武清区杨村镇旧城改造九十街还迁居住小区43#配套公建项目和天津大学新校区5、6组团学生公寓项目。获得三星级运行标识的建筑项目2个，建筑面积15.41万平方米，分别为天津大学新校区第一教学楼和国家电网公司客户服务中心北方基地（一期）。

天津建设年鉴 2018

【2017年获得天津市绿色建筑评价标识项目】

天津市武清区杨村镇旧城改造九十街还迁居住小区43#配套公建项目

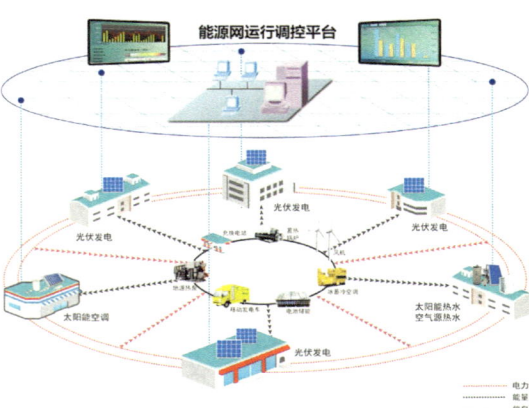

国家电网公司客户服务中心北方基地（一期）

天津大学新校区第一教学楼

2017 年获得天津市绿色建筑评价标识项目

序号	项目名称	评价机构	项目地点	项目类型	标识类别	评定星级	申报建筑面积（万平方米）
1	天津大学新校区第一教学楼	住房和城乡建设部科技与产业化发展中心	天津市津南区辛庄镇建明村海河教育园区天津大学新校区内	公建	运行标识	三星	1.08
2	国家电网公司客户服务中心北方基地（一期）	住房和城乡建设部科技与产业化发展中心	东丽湖温泉度假旅游区	公共建筑	运行标识	三星	14.33
3	天津市武清区杨村镇旧城改造九十街还迁居住小区43#配套公建项目	天津建科建筑节能环境检测有限公司	天津市武清区杨村镇	公共建筑	运行标识	二星	1.1
4	天津大学新校区5、6组团学生公寓工程	天津建科建筑节能环境检测有限公司	天津市津南区海河教育园天津大学新校区	居住建筑	运行标识	二星	4.04
5	天津朗诗翡翠澜湾（08—05—24地块）	中国城市科学研究会	滨海旅游区填海地块	居建	设计标识	三星	7.24
6	中建钢构天津有限公司2号倒班楼	中国城市科学研究会	王稳庄镇盛达五支路18号	住宅建筑	设计标识	三星	0.36
7	天津生态城南部片区11b地块住宅项目	中国城市科学研究会	东临滨海新区中央大道，西临中天大道，南接中生大道，北至和顺路	住宅建筑	设计标识	三星	11.04
8	天津市北辰区盛庭名景花园16—21#楼	住房和城乡建设部科技与产业化发展中心	东至辰景路，南至新园路，西至外环西路，北至辰景路	居住建筑	设计标识	三星	5.37

续表

序号	项目名称	评价机构	项目地点	项目类型	标识类别	评定星级	申报建筑面积（万平方米）
9	天津柏丽花园二期17#楼住宅项目	住房和城乡建设部科技与产业化发展中心	常州道街道红星路与卫国道交口	居住建筑	设计标识	三星	0.65
10	深特广场一期——永旺梦乐城天津津南项目	天津建科建筑节能环境检测有限公司	天津市津南区辛庄镇津沽路南	公建	设计标识	二星	18.58
11	天津市滨海新区城市建设档案馆新建档案库房楼	天津建科建筑节能环境检测有限公司	滨海新区塘沽山东路与上东路西街交口，东至山东路，南至塘沽财政局，西至塘沽档案局，北至山东路西街	公建	设计标识	二星	0.95
12	中新天津生态城南部片区和顺路幼儿园	中国城市科学研究会	南部片区5号地块	公建	设计标识	二星	0.33
13	中新天津生态城起步区13b地块幼儿园	中国城市科学研究会	北侧为中生大道，东临中天大道，南临和旭路，西临和畅路	公建	设计标识	二星	0.47
14	天津津湾广场9号楼	天津市建筑设计院	北至哈尔滨路，西至解放北路，南至赤峰道，东至合江路	公建	设计标识	二星	20.95
15	天硕雅苑商业部分配建一项目	天津建科建筑节能环境检测有限公司	天津市河北区思源路和育红路交口南侧	住宅建筑	设计标识	二星	0.3
16	盛雅佳苑住宅项目	天津建科建筑节能环境检测有限公司	本项目位于天泰路东北侧，项目东侧为规划天翔路，隔天翔路为泰康花园居住区，南侧为天泰路，西侧为天泰路，北侧为天津市长途汽车公司	住宅—公共建筑	设计标识	二星	14.08
17	中新天津生态城南部片区23号地块幼儿园	中国城市科学研究会	北至和畅路，东至和惠路，西至和睦路，南至世茂04项目住宅用地	公共建筑	设计标识	二星	0.46
18	中新天津生态城南部片区14a地块幼儿园	中国城市科学研究会	生态城起步区营城湖南岛内	公共建筑	设计标识	二星	0.47

续表

序号	项目名称	评价机构	项目地点	项目类型	标识类别	评定星级	申报建筑面积（万平方米）
19	新城吾悦房地产吾悦华府住宅项目（1—23#楼）	天津建科建筑节能环境检测有限公司	天津市津南区辛庄镇津沽路南	居建	设计标识	二星	24.03
20	盛雅佳苑住宅项目	天津建科建筑节能环境检测有限公司	河北区天泰路	住宅—公共建筑	设计标识	二星	14.08
21	天津市滨海新区档案馆	天津市建筑设计院	欣园南道以北，欣展道以南，嘉丰路以东	公建	设计标识	二星	2.85
22	七贤北里 5—10#楼	天津建科建筑节能环境检测有限公司	河西区，南至紫江道，北至大沽南路，东至内江北路，西至洪泽路	公共建筑	设计标识	二星	2.58
23	七贤南里C、D地块	天津建科建筑节能环境检测有限公司	河西区，南至紫江道，北至大沽南路，东至内江北路，西至洪泽路	住宅—公共建筑	设计标识	二星	26.02
24	新八大里地区第六里六合大厦及配建楼	天津建科建筑节能环境检测有限公司	河西区，东至洞庭路，南至黑牛城道，西至棠海路，北至规划城市型公寓	公共建筑	设计标识	二星	10.83
25	天津市津南区咸水沽医院迁址扩建项目	天津建科建筑节能环境检测有限公司	天津市津南区规划南华路与海鑫路交口	公共建筑	设计标识	二星	5.8
26	群芳苑（3—8#楼及配建4—5）	天津建科建筑节能环境检测有限公司	河北区建昌道与群芳路交口，东至杨梅路，南至珍珠道、春和景明小区，西至群芳路、红波路，北至建昌道	住宅—公共建筑	设计标识	二星	5.17
27	鲁能泰山 7 号文嘉花园项目（1#—32#楼）	天津建科建筑节能环境检测有限公司	天津海河教育园区和慧南路与同声路交口东南侧	住宅	设计标识	二星	22.76
28	天津市梁锦东苑1—12号楼及其配建项目	天津建科建筑节能环境检测有限公司	天津市滨海新区塘沽湾，东至西中环，南至津益道，西至国丰路，北至津同道	住宅+公建	设计标识	二星	10.11
29	天津市梁锦西苑1—10号楼及其配建项目	天津建科建筑节能环境检测有限公司	天津市滨海新区塘沽湾，东至国丰路，南至津泰道，西至国兴路，北至津益道	住宅+公建	设计标识	二星	9.17

续表

序号	项目名称	评价机构	项目地点	项目类型	标识类别	评定星级	申报建筑面积（万平方米）
30	天津双青新家园限价房4地块津辰双青（挂）2011-133号地块（荣业园）工程（1—16号楼）	天津建科建筑节能环境检测有限公司	本工程坐落于北辰区，西临幸福八路，东临幸福大道，南临和谐四街，北临八纬路	居建	设计标识	一星	13.71
31	天津市滨海新区南部新城黄圈小学项目	天津建科建筑节能环境检测有限公司	天津市滨海新区新城镇海波路、津沽路交口西北侧	办公建筑	设计标识	一星	0.81
32	天津恒大御景湾项目（恒逸华庭）1—26号楼	天津建科建筑节能环境检测有限公司	天津市北辰区天穆镇，南至洛河西道，西至潞江东路，北至洛河道	公共建筑	设计标识	一星	22.71
33	天津鲁能绿荫名邸1—5#楼及配套商业	天津市建筑设计院	东至卫津南路，南至天塔道，西至水上公园东路，北至水上公园北道	居建+公建	设计标识	一星	10.88
34	天津鲁能绿荫里希尔顿酒店（东侧部分、西侧部分）及配套商业	天津市建筑设计院	东至卫津南路，南至天塔道，西至水上公园东路，北至水上公园北道	公建	设计标识	一星	31.77
35	天津鲁能泰山7号文德花园1—37#楼住宅项目	天津市建筑设计院	天津市津南区，北至同心路，南至同德路，西至雅馨路，东至雅润路	居建	设计标识	一星	25.38
36	沽上江南住宅小区四期工程43—52#楼	天津建科建筑节能环境检测有限公司	天津市津南区咸水沽镇建国大街与红旗路交口	居建	设计标识	一星	10.51
37	金梧桐花园住宅项目（1—24#）楼	天津建科建筑节能环境检测有限公司	位于天津市宝坻区，用地南邻窝头河。具体四至范围：东至朝霞路，南至窝头河，西至望月路，北至景苑街	居建	设计标识	一星	19.41
38	华科大街消防站	天津建科建筑节能环境检测有限公司	项目位于华苑科技园（环外）海泰大道与海泰华科大街交口	公建	设计标识	一星	0.39
39	天保金海岸D07地块住宅项目1—17#楼	天津市建筑设计院	南邻第二大街，西邻太湖西路，北邻发达街，东侧紧邻C04商业地块	居住建筑	设计标识	一星	7.33

续表

序号	项目名称	评价机构	项目地点	项目类型	标识类别	评定星级	申报建筑面积（万平方米）
40	七贤北里1—4#楼、配建1—2、七贤南里B地块	天津建科建筑节能环境检测有限公司	河西区，南至紫江道，北至大沽南路，东至内江北路，西至洪泽路	住宅—公共建筑	设计标识	一星	21.05
41	华星商业广场7—8号楼项目	天津建科建筑节能环境检测有限公司	天津市津南区八里台镇津港公路与白万公路交口处	公共建筑	设计标识	一星	2.38
42	花溪园1—40#楼及配建	天津市建筑设计院	北至规划路三，南至新胡路，东至规划路，西至规划路	居建+公建	设计标识	一星	56.66
43	中新天津生态城起步区季景新城（1地块）	天津建科建筑节能环境检测有限公司	北至生态谷，南至和畅路，东至和旭路，西侧为规划混合用地	公共建筑	设计标识	一星	15.54
44	中新天津生态城起步区季景新城（2地块）	天津建科建筑节能环境检测有限公司	北至生态谷，南至和畅路，东至和旭路，西侧为规划混合用地	公共建筑	设计标识	一星	4.43
45	中新天津生态城起步区季景新城（3地块）	天津建科建筑节能环境检测有限公司	北至生态谷，南至和畅路，东至和旭路，西侧为规划混合用地	公共建筑	设计标识	一星	5.45
46	紫烟阁二期住宅项目1—5#住宅楼	天津市建筑设计院	小站镇天山大道与后营路交口	居建	设计标识	一星	3.57
47	天保金海岸E03地块住宅项目（1—18#楼）	天津市建筑设计院	西邻太湖西路，北邻广达街，东临太湖路，南邻第一大街	居建	设计标识	一星	11.34

装配式建筑

【出台政策】 2017年印发《市建委关于将"建筑产业现代化"变更为"装配式建筑"的通知》（津建科〔2017〕42号），加快实现了建筑产业现代化工作与装配式建筑发展的有效衔接。

天津市人民政府办公厅印发《关于大力发展装配式建筑实施方案的通知》（津政办函〔2017〕66号），提出深入贯彻落实中央和天津市城市工作会议精神，大力发展装配式建筑，坚持标准化设计、工厂化生产、装配化施工、一体化装修、信息化管理和智能化应用的发展方向，积极培育装配式建筑产业基地，发展建筑领域绿色供应链，推进建筑技术创新，深化建设管理体制改革，推动建造方式的根本转变，促进建筑业转型升级和可持续发展。

印发《市建委关于加强装配式建筑建设管理的通知》（津建科〔2017〕391号），进一步加强装配式建筑建设管理。

根据住房城乡建设部办公厅《关于认定第一批装配式建筑示范城市和产业基地的函》（建办科函〔2017〕771号），天津市被住房城乡建设部认定为第一批装配式建筑示范城市，同时天津住宅集团、建工集团、建筑设计院、天大设计院、达因建材等5家企业被认定为第一批装配式建筑示范基地，积极发挥示范引领和产业支撑作用。

印发《市建委关于天津市建设项目推行工程总承包试点工作有关事项的通知》（津建筑〔2017〕477号），明确鼓励装配式建筑项目优先开展工程总承包试点。印发《关于发布天津市第一批装配式建筑部品部件生产信息的通知》，完成天津市装配式建筑部品部件企业生产信息收集，发布天津市第一批《天津市装配式建筑部品部件目录》，目录包括天津市17家企业生产的混凝土结构、钢结构、木结构和其他类型四大类装配式建筑部品部件信息，畅通产业供应的信息渠道，促进装配式建筑相关产业链的交易。

【组织推动】 天津市绿色建筑促进发展中心积极组织和指导天津住宅集团、天津建工集团、天房集团、天津大学建筑设计院、天津市建筑设计院、中建一局、中建三局、中建六局以及中建钢构等42家单位成立了天津市装配式建筑产业技术创新联盟并已通过市科委认定，为加强装配式建筑全产业链各成员单位的相互合作，推动天津市装配式建筑发展奠定坚实基础。

【配套文件】 2017年，颁布《装配

式建筑预制混凝土构件质量与检验标准》（津建科〔2017〕24号），加强装配式建筑预支混凝土构件制作和质量检验的过程管理，促进预制装配式建筑的建设工程上的应用。

印发《关于组织申报2017年装配式建筑产业基地的通知》（津建科便函字〔2017〕8号），组织开展2017年装配式建筑产业基地申报工作。

印发《市建委关于批准发布〈天津市装配式混凝土 建筑施工图设计审查指南〉的通知》（津建设〔2017〕252号），结合天津市装配式建筑施工图设计和审查具体情况，推动进一步提高天津市装配式建筑施工图审查质量。

印发《市建委关于发布〈天津市装配式混凝土建筑工程设计文件编制深度规定〉的通知》（津建设〔2017〕284号），为装配式混凝土建筑工程设计文件编制及天津市装配式混凝土建筑工程的发展提供了可靠依据。

发布《市建委关于印发〈天津市装配式混凝土框架结构、混凝土框架——剪力墙（核心筒）结构建筑预制装配率计算细则（试行）〉的通知》（津建科〔2017〕304号），规范装配式混凝土框架结构体系单体建筑预制装配率计算。

印发《市建委关于批准发布〈装配整体式剪力墙结构住宅施工图设计深度图样〉（预制叠合梁、叠合楼板）的通知》（津建设〔2017〕335号）；《市建委关于批准发布〈预制楼梯、空调板、阳台板〉标准设计图集的通知〉》（津建设〔2017〕336号）；《市建委关于批准发布〈预制装配式轻质内隔墙〉标准设计图集的通知》（津建设〔2017〕337号）。

印发《市建委关于批准发布〈天津市装配式钢结构建筑施工图设计审查指南〉的通知》（津建设〔2017〕385号）。

【项目建设】 2017年，天津市装配式建筑项目建设开工20项、122万平方米；示范项目竣工4项、20万平方米。

工程建设工法

工程建设施工工法是指以工程为对象，以工艺为核心，运用系统工程原理，把先进技术和科学管理结合起来，经过一定工程实践形成的综合配套的施工方法。工程建设施工工法编写、管理按照住房城乡建设部《关于印发〈工程建设工法管理办法〉的通知》（建质〔2014〕103号）执行。

【管理体制】 天津市绿色建筑促进发展中心负责工程建设施工工法的日常管理工作，主要职责是：负责工程建设施工工法的组织论证和推广应用。工程建设施工工法包括房屋建筑、市政公用和工业安装3个专业类别。

工程建设施工工法申报，应具备下列条件：一是遵循国家和天津市工程建设的方针、政策和工程建设强制性标准，符合国家建筑技术发展方向和节约资源、保护环境等要求。二是已评为企业级工法，且申报单位是独立法人单位。三是遵循企业自愿原则，每项工法应由一家单位申报，申报单位应是开发应用工法的主要完成单位，主要完成人员不超过5人。四是内容不得与已公布的，且在有效期范围内的国家级和天津市市级工法雷同，且不得存在知识产权纠纷和争议；超出有效期的工法，通过技术跟踪，改进创新后，仍具有先进性的，完成单位可在原工法基础上重新申报升级版工法。已向其他省（直辖市、自治区）建设行政主管部门申报的工法，不得申报天津市市级工法。五是经过两项及以上工程实践应用，安全可靠，具有较高推广应用价值，经济效益和社会效益显著。关键性技术达到国内先进及以上水平。六是编写内容齐全完整，包括前言、特点、适用范围、工艺原理、工艺流程及操作要点、材料与设备、质量控制、安全措施、环保措施、效益分析和应用实例。

工程建设施工工法的评审：评审一般采用会议方式进行，评审会议由市建委确定召开的具体时间并主持召开。评审采取抽签方式分为4组进行，其中房屋建筑类2组，市政公用类及工业安装类合并分为2组。评审会议实行评审专家负责制，评审专家应具有代表性和权威性，且遵循回避原则，每组不少于5人，评审专家名单由市建委确定。工程建设工法评审应遵照协商一致、共同确定的原则。对有争议的问题，评审专家应充分讨论和协商，并出具结论性意见。如需表决时，必须有超过半数以上的评审专家同意方为通过。

【2017年获评的工程建设工法】

2017年获评的工程建设工法

序号	名称	分类	完成单位	完成人
1	室外大型管道空气爆破吹扫施工工法	房屋建筑	天津安装工程有限公司	韩君、边志强、张耀明、程津超、穆盛楠
2	混凝土楼板预留孔洞的构造柱施工工法	房屋建筑	天津市建工工程总承包有限公司	李忠雨、李宝国、周松、穆春龙、张伟
3	动水位状态下的降水井封井施工工法	房屋建筑	天津市建工工程总承包有限公司	石子键、朱磊、裴建新、张作鑫、朱世鹏
4	多腔体钢管混凝土巨型柱施工工法	房屋建筑	中建三局集团有限公司	赖国梁、童伟猛、袁旭、王余强、孔令宇
5	清水混凝土墙、柱构件阴阳角支模加固施工工法	房屋建筑	天津二建建筑工程有限公司	冉隆林、陈娜、宋凯、赵震、林长华
6	室内埋地管道防沉降系统施工工法	房屋建筑	天津二建水电安装工程有限公司	田来、李彦彰、胡金檩、苏胜国、张洪岩
7	超高层框架混凝土结构竖向钢筋两层一连接施工工法	房屋建筑	中建一局集团建设发展有限公司	黄勇、史媛、陈青、党毅章、田博
8	临近地铁超大深基坑水泥土搅拌桩"跳仓法"地基加固施工工法	房屋建筑	中建一局集团建设发展有限公司	张秀川、耿东各、朱明华、沈振川、闫磊
9	复杂周边环境软土地区深基坑分仓施工工法	房屋建筑	中建一局集团建设发展有限公司	张秀川、朱明华、耿东各、赵宝、李卓文
10	隔震工程下埋板混凝土密实度测量施工工法	房屋建筑	中建三局第三建设工程有限责任公司	李志民、宋俊杰、陈业林、喻四纯、程小康
11	大空间开敞办公室顶部毛化吸声结构施工工法	房屋建筑	中国建筑第二工程局有限公司	边可、杨建文、李峰、张静涛、刘俊涛
12	体育场馆钢结构网架顶升施工工法	房屋建筑	天津市武清区建筑工程总公司	刘士河、薄振东、房基、侯大海、朱乾
13	装配式可周转贝雷片钢栈桥施工工法	房屋建筑	中建三局第一建设工程有限责任公司	付坦、刘诗瑶、程鹏飞、邹世龙、王宗浩
14	超大长细比H型钢柱整体吊装施工工法	房屋建筑	中建三局第二建设工程有限责任公司	欧阳恒、张忠伟、杨阳、芮帅、魏建斌
15	地下空间顶板后浇带横缝止水施工工法	房屋建筑	歌山建设集团有限公司	刘金亮、于宁、刘勇、暴文达、黄健康
16	高大模板支撑架体实时监控的施工工法	房屋建筑	天津三建建筑工程有限公司	刘杰、赵迎斌、刘乐园、吴淑志、张俊铎
17	历史风貌建筑原旧砖复砌施工工法	房屋建筑	天津三建建筑工程有限公司	赵迎斌、张俊铎、刘月军、郭素杰、徐双艳
18	马鞍型超大跨度椭圆索穹顶结构正交施工工法	房屋建筑	天津天一建设集团有限公司	沈勤、赵岳晴、郭蔚飞、许丽华、张再亮

续表

序号	名称	分类	完成单位	完成人
19	高层外挂板安装施工工法	房屋建筑	中天建设集团有限公司	刘玉涛、李克江、岳著成、杜海洋、吴硕军
20	全回转套钻地下清障施工工法	房屋建筑	中天建设集团有限公司	刘玉涛、李克江、王左同、李豫、吴硕军
21	装配式外挂动臂塔辅助提升系统安装施工工法	房屋建筑	中建城市建设发展有限公司	梁羽、武战国、谢菁彪、闫克、李春阳
22	大跨度同心椭圆印花铝板吊顶施工工法	房屋建筑	中建六局装饰工程有限公司	赵宇阔、王亮、邱实、居瑞端、裴旭
23	多跨连续钢筋混凝土帆船屋面施工工法	房屋建筑	中建六局建设发展有限公司	呙晓欧、杨方涛、黄锦源、汪洋、张晓
24	147.6米超长悬挂式双向拱形玻璃雨棚施工工法	房屋建筑	中建六局建设发展有限公司	刘晓敏、熊伟、杨方涛、李明月、龚伟
25	超高层建筑粘滞阻尼墙与外框钢结构同步安装施工工法	房屋建筑	中建六局建设发展有限公司	刘晓敏、高俊亚、马伟伟、张益千、武争艳
26	圆弧走道陶瓷薄板施工工法	房屋建筑	中国建筑第八工程局有限公司	许翔、于朝鹏、于泽涛、齐晓娟、冯秀刚
27	圆弧走道无机聚合物固化地面施工工法	房屋建筑	中国建筑第八工程局有限公司	许翔、于泽涛、于朝鹏、徐睿鸿、张冬梅
28	高适应性整体顶升平台及模架体系施工工法	房屋建筑	中国建筑第八工程局有限公司	苏亚武、裴鸿斌、孙加齐、柯子平、李可柏
29	超高层核心筒内爬式塔吊底部防护施工工法	房屋建筑	中国建筑第八工程局有限公司	裴鸿斌、李可柏、柯子平、康晋宇、王宜彬
30	双曲面开启式屋盖施工工法	房屋建筑	中国建筑第八工程局有限公司	王建勋、宋衢、郭亮亮、鲁文博、崔爱珍
31	大跨度椭球形采光顶索网立柱组合式操作平台施工工法	房屋建筑	中国建筑第八工程局有限公司	王凯峰、靳鑫、钟福新、郭亮亮、陈学光
32	螺旋挤土灌注桩在粉质黏土中的施工工法	房屋建筑	中建五局第三建设有限公司	曾波、李想、姜先杰、胡子征、张雨飞
33	型钢组合支撑体系单侧模板施工工法	房屋建筑	天津天房建设工程有限公司	蔡广、张宏立、刘学军、张欣、尹江涛
34	大直径劲性混凝土柱施工工法	房屋建筑	天津住宅集团建设工程总承包有限公司	李呈蔚、刁晓翔、孟令军、方喆、刁宁
35	复合墙体花式页岩砖清水墙施工工法	房屋建筑	天津住宅集团建设工程总承包有限公司	冯云、王凯、于英健、宋军、徐明
36	大体积防辐射混凝土施工工法	房屋建筑	天津住宅集团建设工程总承包有限公司	王楠、陆勇、李岳、李跃力、扈超
37	风系统调试施工工法	房屋建筑	天津住总机电设备安装有限公司	王鑫、张丙强、程皓、刘健、陈金鹏

续表

序号	名称	分类	完成单位	完成人
38	预制装配式混凝土水平构件制作工法	房屋建筑	天津工业化建筑有限公司	王忠河、陈思、周良义、陈建羽、任丁浩
39	水泥搅拌桩内插预应力矩形桩复合支护墙与止水支护墙工法	房屋建筑	天津建城基业集团有限公司	刘永超、宋昭煌、苏永刚、刘洁、杨继位
40	新型螺杆桩软基处理施工工法	市政公用	中交一公局第六工程有限公司	朱士良、梁显伟、王增群、吴楠、王大会
41	水泥稳定碎石串联式双缸两级拌合施工工法	市政公用	中交一公局第六工程有限公司	管辉、张国强、王建勇、董朋飞、刘冰
42	新泽西护栏滑模施工工法	市政公用	中交一公局第六工程有限公司	刘伟、焦宏峰、韩耀伟、王圣棋
43	高压气冲法湿桩桩头快速清理施工工法	市政公用	中国铁建大桥工程局集团有限公司	陈宁贤、李志辉、张亚锋、唐小军、何巍
44	台风区深海裸岩钻孔平台施工工法	市政公用	中国铁建大桥工程局集团有限公司	纪尊众、龚国锋、崔淑斌、张亚锋、李志辉
45	台风区公铁两用跨海桥变跨双孔连做造桥机施工工法	市政公用	中国铁建大桥工程局集团有限公司	纪尊众、王保良、樊立龙、唐小军、孟令国
46	极限角度下穿铁路框架桥顶进纠偏施工工法	市政公用	中铁六局集团天津铁路建设有限公司	梁波、李少鹏、刘伟、刘鑫、邢继伟
47	铁路接触网带电更换涵洞盖板施工工法	市政公用	中铁六局集团天津铁路建设有限公司	王金海、刘志臣、刘会波、于淼、刘亮
48	空间曲面扭拱合拢段配切施工工法	市政公用	天津城建集团有限公司	刘贵锋、苏涛、段江、李义、吴立波
49	双向倾斜拱脚钢套箱安装定位施工工法	市政公用	天津城建集团有限公司	苏涛、董森燚、李义、刘贵锋、张喜波
50	空间异形弯曲变截面钢塔联合定位安装施工工法	市政公用	天津第六市政公路工程有限公司	佟宝祥、刘斌、张福春、杨喜红、张晨月
51	上承式拱桥钢筋混凝土箱型拱施工工法	市政公用	天津第三市政公路工程有限公司	吴冬、张伟、沈鑫、于航、王昆
52	多方位立体水泥搅拌桩施工工法	市政公用	中铁一局集团天津建设工程有限公司	康超、董超、张景华、马朋、刘景军
53	地铁深基坑智能气动降水施工工法	市政公用	天津三建建筑工程有限公司	胡金胜、刘迎鑫、蒙进、张俊峰、冯旭东
54	人工挖孔桩砼护臂悬吊梁模板施工工法	市政公用	中铁城建集团第三工程有限公司	冯雷、孔锤钢、徐勇、滕非

续表

序号	名称	分类	完成单位	完成人
55	上承式钢管拱桥钢混结合梁顶推施工工法	市政公用	中铁十八局集团有限公司	韦有波、王新泽、陈国胜、孙兆会、郭占元
56	大吨位转体拱桥拱座上盘砂箱组合全砂底模施工工法	市政公用	中铁十八局集团有限公司	王新泽、韦有波、付彦生、薛喜平、叶中兵
57	变断面隧道衬砌台车改装施工工法	市政公用	中铁十八局集团有限公司	王志刚、张进军、曹运周、林可即、陈斌
58	运营线上大跨度异型钢结构整体牵引滑移施工工法	市政公用	中铁十八局集团第四工程有限公司	刘大亭、钱生泽、陈饶、温淑荔、王春
59	吹填地区大管径深埋排水管道施工工法	市政公用	中铁十八局集团第四工程有限公司	李景、韩志宾、张霄、李为为、王小鹏
60	隧道掘进聚能水压光面爆破新技术施工工法	市政公用	中铁十八局集团第五工程有限公司	何广沂、张进增、赵帮轩、刘海波、冯建军
61	工厂化流水线盾构管片生产施工工法	市政公用	中建科技天津有限公司	王成发、王海涛、季建军、王卫良、任林专
62	高陡坡压力钢管安装施工工法	市政公用	中国电建市政建设集团有限公司	李志明、冯俊滔、李青、辛玉宽、马元
63	复杂边界条件下地铁车站基坑爆破施工工法	市政公用	中国建筑第六工程局有限公司	刘智勇、王晓敏、柴艳飞、殷占新、智鹏
64	超快速TWIN双子电梯施工工法	市政公用	中建城市建设发展有限公司	梁羽、武战国、杨艳超、李春阳、孟彬
65	海洋模块化钻井平台基于数字仿真技术的模块主结构建造工法	市政公用	中冶天工集团天津有限公司	王鑫、谢德辉、姜坤、程翠翠、安景旗
66	受限空间高炉本体大修施工工法	市政公用	中冶天工集团天津有限公司	王军、尹学语、常喜、王世通、靳生斌
67	小区室外塑料检查井施工工法	市政公用	中建五局第三建设有限公司	陈龙、欧阳锟、崔秀峰、黄君琮、王涛

科技工作与课题管理

【软课题管理】

1. 课题指南的编制与发布。按照《市建委关于将建设系统软科学课题有关事项委托管理的通知》（津建科〔2017〕269号）文件，天津市建设工程技术研究所接受市建委科技处委托，负责建设系统软科学课题的组织申报、立项论证、合同签订、经费申请与拨付、课题实施和验收等工作。

围绕天津市委、市政府城乡建设工作重点，从宏观和中观层面研究天津城乡建设发展方向、思路和重点难点问题编写的《2017年建设系统软科学课题申报指南》，连同《市建委关于申报2017年度建设系统软科学课题研究计划》于2017年9月在天津建设网发布。

《2017年建设系统软科学课题申报指南》内容主要涉及规划设计、生态宜居城市建设、城乡建设管理能力与管理体系现代化、建设项目投融资与运营管理、房地产业、城乡统筹与村镇建设、建筑业发展、市政公用基础设施建设管理和城市交通建设9大方面35个分项。申报单位为具有法人资格的大专院校、科研院所、企事业单位以及具有本行业学术带头人的相应科研团队。

2. 课题立项申报。2017年共收到《天津市城乡建设软课题研究项目申请书》47份，主要来自大专院校、科研院所以及和城乡建设发展相关的企事业单位。申报内容主要涵盖行业管理、城乡统筹、综合交通、房地产、绿色建筑和建设项目投融资运营等建设相关领域。

3. 课题立项评审。按照课题的申报方向，将课题分为三个领域，组织相关领域专家对课题题目、研究背景、国内外研究概况、研究内容及大纲、研究方法与路线、研究进度计划、提交成果形式、课题预期达到的效果、预算明细以及研究人员等内容进行立项评审。

4. 计划下达和合同签订。经专家评审，最终确定立项12项课题，由市建委下达《天津市城乡建设软课题研究计划》。研究所与课题承担单位签订《天津市城乡建设软课题研究项目合同书》，明确课题题目、主要内容、完成时限、课题经费数额和成果权益等内容，并按期拨款。

5. 课题验收。2017年组织课题结题验收25项，其中2010年立项的6项、2012年立项的4项、2013年立项的2项、2014年立项的4项、2015年立项的9项。25项课题中有9项课题在各项期刊、年会论文集、学报等发表论文18篇,其中中文14篇、英文4篇。

由天津城建大学研究的《基于模拟技术的建筑能耗快速评估方法研究》形成的"建筑能耗快速评估软件"获得专利1项。

由天津低碳发展与绿色供应链管理服务中心有限公司和天津市建设科技发展推广中心联合研究的《建设领域服务机构绿色信用评级管理机制研究》,对房地产开发企业、建筑工程设计企业、建筑施工总承包企业、建材和设备生产企业深入开展绿色信用评价调研,其研究成果对天津建设领域服务机构绿色信用评级管理具有实际意义。

【科研工作与课题管理】 2017年研究所共开展54项课题研究,包括市科委科技重大专项1项,市建委立项课题36项,研究所财政资金课题17项。其中,软课题28项、应用课题24项,标准2项;已结题的19项,处于研究阶段的20项,新立项的15项。已结题的重点内容包括:

1.《关于构筑生态宜居高地的对策研究》。研究所独自承担的市建委软科学项目。2017年3月,《关于构筑生态宜居高地的对策研究》完成结题验收。课题以建设生态宜居高地为研究对象,将定量与定性分析相结合,通过分析生态宜居城市的演变,剖析生态宜居的内涵,明确构筑生态宜居高地的重要意义;通过对比国家及天津市生态城市的指标体系,提出存在的主要问题;通过分析天津市生态宜居城市建设现状及存在问题,提出生态宜居城市建设中应避免"贪大求洋"的发展方式等六方面误区。结合天津实际,从规划、水环境、小城镇、节能建筑、交通和绿化等八个方面提出生态宜居高地建设的思路,为天津生态宜居城市建设提供参考。

2.《关于加快推进绿色建筑发展的研究》。研究所独自承担的市建委软科学项目。2017年3月,《关于加快推进绿色建筑发展的研究》完成结题验收。课题基于政府管理角度,深入挖掘绿色建筑的内涵,归纳总结国内外绿色建筑发展的有益经验,论证在天津市推进绿色建筑的必要性与可行性,结合天津的实际情况,运用相关的理论和方法,提出加快推进绿色建筑发展的对策建议,为实现天津市建设生态城市的目标奠定基础,为构建资源节约型和环境友好型社会创造条件,为天津市推广绿色建筑提供理论依据和参考。

3.《京津冀区域协同战略对天津房地产业发展的宏观影响和应对策略研究》。研究所与天津财经大学等单位共同承担的市建委软科学项目。2017年10月,《京津冀区域协同战略对天津房地产业发展的宏观影响和应对策略研究》完成结题验收。课题通过分析京津冀协同发展对天津房地产市场的主要影响,提出要促进天津房地产市场价格平稳健康发展,必须合理引导市场预期,保持房地产市场平稳健康发展,科学编制发展规划,建立房地产市场发展长效机制,加强政府宏观战略引导,提高宏观调控的有效性,建立环境治理长效机制,加强居民住区改造和环境提升等对策建议。

4.《天津城建系统推进新型城镇化建设研究》。研究所与天津财经大学共同承担的市建委软科学项目。2017年10月,《天津城建系统推进新型城镇化建设研究》完成结题验收。课题在对我国城镇化发展概况以及新型城镇化的基本内涵进行深入分析的基础上,总结我国城镇化过程中的主要特征和问题。根据对天津市城镇化建设的发展现状及未来形势的分析,探索适合天津的新型城镇化道路。从示范小城镇和一般建制镇提升等两个角度研究天津市城镇化的主要内容和路径模式，提出城建系统推进新型城镇化的主要工作思路、建设内容及保障措施。

5.《星载 InSAR 技术在城市地下轨道施工沉降效应监测中的应用研究》。研究所与市测绘院、轨道交通集团等单位共同承担的市建委科技项目。针对城市地下轨道交通的特点，创新性地提出了基于地理数据库、影像特征库的 InSAR 监测点精细化分类模型；基于 InSAR 监测点的空间位置信息和影响特征信息，研究了 InSAR 监测点的精细化分类，实现了轨道交通沿线的沉降监测。利用 InSAR 数据对地铁车站和区间施工进行沉降监测，确定了施工对周围地物的影响范围和程度，结合水准测量成果验证了 InSAR 可有效用于轨道交通施工中的沉降效应监测，并给出了 InSAR 在地下轨道交通监测应用中的可行性方案。发表学术论文 3 篇，其中 SCI 收录 1 篇，中文核心收录 1 篇。经专家评审鉴定，研究成果达到国际先进水平。

6.《高韧性混凝土增强钢筋框架节点受力性能研究与示范工程》。研究所与河北工业大学等单位共同承担的市建委科技项目。通过对框架节点浇筑高韧性混凝土后的反复加载试验，验证了在节点核心区并向梁内延伸一倍梁高范围浇筑高韧性混凝土对改善节点的抗震性能效果较为显著，创新性地提出了增强框架节点受剪承载力计算公式，对 600 兆帕钢筋混凝土工程设计应用有重要的指导意义，并已在实际工程中示范应用。发表学术论文 8 篇，获得专利 1 项。经专家评审鉴定，研究成果达到国内领先水平。

7.《拉索预应力损失对在役张弦结构性能影响研究》。研究所与天津大学等单位共同承担的市建委科技项目。对服役期内张弦结构拉索锈蚀与松弛进行了系统的试验研究，创新性地建立了服役期内预应力损失模型和张弦结构拉索各个时间节点的评价及补偿方法；提出了机遇标定思想的频率法索力测试方法，提高了索力测试精度，解决了服役期内张弦结构力学性能评估和关键技术问题，并已在实际工程中示范应用。发表学术论文 12 篇，获得专利 1 项。经专家评审鉴定，研究成果达到国际先进水平，其中在索力测试技术和断索后张弦结构动力效应分析理论方面到达了国际领先水平。

8.《天津自行车馆新型弦支穹顶设计与施工技术研究及应用》。研究所与天津大学、市建筑设计院等单位共同完成项目。基于天津自行车馆流线型头盔状的建筑仿形设计所带来的结构设计和施工技术方面的难题，开展了一系列从新型仿形结构体系、结构设计分析方法、关键节点技术和仿形结构施工和监测体系等关键技术的研究，成功实现了自行车馆灵动的自行车头盔造型，并保证了场馆结构体系经济高效，以及场馆安全施工和正常使用。授权发明专利 3 项，实用新型专利 5 项，发表论文 30 余篇，成果有力推动了行业协会和省部级工程中心的建设。相关研究成果也为其他大型复杂张弦结构以及仿形结构的设计、施工及监测提供了理论依据和参考。该项目获得 2017 年度天津市科学技术奖科学技术进步类二等奖。

第十一篇 城建信息化建设与管理

城乡建设行业"互联网+政务服务"建设

推进"互联网+政务服务"是贯彻落实党中央、国务院决策部署，天津市建委把简政放权、放管结合、优化服务改革推向纵深的关键环节，对加快转变政府职能，提高政府服务效率和透明度，便利群众办事创业，进一步激发市场活力和社会创造力具有重要意义。

【坚持统筹规划】 天津市建委充分利用已有资源设施，加强集约化建设，推动政务服务平台整合，促进条块联通，实现政务信息资源互认共享、多方利用。

【坚持问题导向】 天津市建委从解决人民群众反映强烈的办事难、办事慢、办事繁等问题出发，简化优化办事流程，推进线上线下融合，及时回应社会关切，提供渠道多样、简便易用的政务服务。

【坚持协同发展】 天津市建委加强协作配合和工作联动，明确责任分工，实现跨地区、跨层级、跨部门整体推进，做好制度衔接，为"互联网+政务服务"提供制度和机制保障。

【坚持开放创新】 天津市建委鼓励先行先试，运用互联网思维，创新服务模式，拓展服务渠道，开放服务资源，分级分类推进新型智慧城市建设，构建政府、公众、企业共同参与、优势互补的政务服务新格局。

【对政务信息系统建设应用情况进行全面自查】 按照《关于落实政务信息系统整合共享第二阶段工作的通知》要求，天津市建委组织力量对政务信息系统建设应用情况进行了全面自查。市建委在使用的信息系统共31个，其中门户网站4个，分别为天津建设网、天津建设工程信息网、天津市施工队伍交流服务中心网站和天津市12319城建热线服务中心网站；OA办公系统3个，分别为天津市城乡建设委员会行政办公及督查管理信息系统、天津市供热系统OA办公系统和天津市公用设施配套办公室办公自动化系统；业务平台18个，分别为建筑市场监管系统（EPR）、天津市评标专家系统、天津市建设工程投标报名系统、天津市建筑市场信用信息平台、市政公用和交通项目管理系统一期、市政公用和交通项目管理系统二期、天津市重点建设项目信息系统、天津市建筑节能和科技信息平台、天津市供热计量与能耗监测管理平台、建设工程质量安全管理系统、建设工程竣工备案系统、施工机械设备管理系统、混凝土管理系统、天津市渣土车车辆监控管理系统、天津市施工图数字化审查系统、人大政协提案办理系统、天津市城乡建设委员会行政执法监督平台和天津市12319城建热线服务中心业务受理系统；其他系统6个，分别为中科江南财务核算系统、市建委用友财务核算系统（一）、市建委用友财务核算系统（二）、信息化顶层设计及展示系统、信息资源中心一期和信息资源中心三期。同时，对31个系统的主要功能、系统用户范围、用户数量、使用频度、项目审批部门、审批时间和经费来源等逐个进行分析，为下一步系统整合打下了坚实的基础。

【开展政务信息资源目录编制工作】按照《关于开展政务信息资源目录编制工作的实施方案》要求，天津市建委组织相关业务处室、站办，开展政务信息资源目录编制工作。为提高编目工作质量，市建委邀请市委网信办专业技术人员进行现场讲解和技术答疑，组织19个处室站办、系统开发单位专业技术人员近百人开展编目工作并按时完成结构化数据和非结构化数据报送。市建委共报送结构化政务信息编目4426行，非结构化政务信息编目637行。报送编目数据格式和内容全部符合要求。

为做好数据推送工作，天津市建委组织技术力量通过机房走线的方式建立了政务外网与市建委相关系统网络的物理链路。在保证物理链路通畅的情况下，利用专业设备制定路由策略将两边网络路由打通，通过配置网络安全策略，保证数据推送相关端口安全、稳定。同时，远程测试前置机服务器的连接性和市委网信办提供的MySQL数据库的可用性，完成与共享交换平台的对接，并向市委网信办报送了天津市城乡建设委员会前置机接入确认表，为下一步推送共享数据做好准备。

组织市建委相关处室和站办填报部门政务信息系统与信息资源调研梳理表，同时组织系统开发单位技术人员在前置机中建立了节能科技共享数据。通过开发天津市建筑节能和科技信息平台至网信办的接口程序，将节能科技平台数据无条件共享推送至前置系统，并通过手动方式将天津市城乡建设委员会行政执法监督平台、市政公用和交通项目管理系统数据无条件共享推送至前置系统。推送数据共计2万多条。

网络安全

【加强技术防护】 天津市建委在门户网站及重要信息系统网络，部署Web防火墙、网络入侵防御新一代IPS设备、网闸、可信运维管理以及上网行为管理等安全防护设备。根据各信息系统的应用需求，合理配置安全策略，在不同网络之间全部实现物理隔离，杜绝网络互联造成信息泄露隐患。在市建委300余台计算机和60余台服务器全部安装杀毒软件，定期对计算机进行病毒扫描、升级杀毒，有效提升了网络安全防护能力。

【注重安全培训】 天津市建委认真贯彻落实《网络安全法》等互联网法律法规，组织开展网络安全宣传教育，不断增强全体机关干部网络安全防护意识。组织网络安全技术人员积极参加市网信办、市工信委、市公安局等部门组织开展的网络安全培训。同时，专门邀请市公安局网监总队人员就《网络安全法》进行宣贯，有效提升专业技术人员维护能力和水平。

【开展邮件系统专项治理】 天津市建委落实《关于印发天津市党政机关事业单位和国有企业互联网电子邮件系统安全专项整治行动方案》要求，组织技术力量对市建委邮件系统进行安全检查，对邮箱用户进行摸排，排查隐患。清理非在编人员帐户，根据处室变动、人员变动情况重新配置邮箱帐户，共对180多个帐户梳理调整，切实提高了邮件系统的安全防护能力。

【开展防攻击专项治理】 天津市建委按照国家网络安全等级保护制度要求，切实加强网站安全管理，加强网站防入侵、防攻击、防篡改等技术防护措施建设。2017年5月，全国范围"蠕虫"式勒索病毒大爆发之际，市建委迅速做出突发事件应急响应，对网站系统立即进行安全加固，使市建委300余台计算机及60余台服务器免受病毒攻击。

【做好重要时期监管】 第十三届全运会和党的十九大重大活动期间，中秋、国庆、春节等重大节日期间，天津市建委严格按照天津市委、市政府关于重大活动和重大节日期间网络安全的要求，组织市质安监管总队、建信中心、建交中心、施管站和12319服务热线5个责任单位进行自查，制定完善《网络安全应急预案》，进行了2次应急演练。同时，在全运会和党的十九大期间实行24小时值班值守制度，确保第一时间应对突发状况。专门组成检查组到各单位进行突击抽查，检查安全防护工作、值班值守情况，较好地完成了重大活动、节日期间网络安全保障工作。

【软件正版化】 天津市建委开展自查自纠，对计算机现有软件配置情况、使用操作系统软件、办公软件、杀毒软件以及其他常用软件的正版数量进行摸底调查，对软件使用情况进行清查、核对，逐一登记备案。加强宣传教育培训，通过参加天津市软件正版化工作会议和举办软件正版化专题教育培训，切实增强系统广大干部职工使用正版软件意识，自觉使用正版软件。加强源头管理，所有通过政府采购新购置的办公计算机，全部要求供应商预装正版软件，避免自行安装软件导致误装非正版软件。严格落实相关制度要求，按照《天津市城乡建设委员会软件正版化工作管理办法》，采用定期检查和不定期抽查的方式，对各部门使用软件正版化工作进行检查，对随意下载、安装、更换和使用未经授权软件的工作人员进行批评教育，限期改正，坚决杜绝非正版软件的使用。

网站管理

【开展网站信息发布专项治理】 天津市建委按照天津市政府网站管理要求，为规范网上信息发布流程，保障网络信息安全，实时对天津建设网栏目更新情况、信息准确性、链接可用性、用户指南和表格下载实用性等情况进行检查，发现问题立即整改。同时，为确保不发生信息泄密事件，严格执行保密审查规定、工作规程，有效保障网站信息安全，2017年未发生安全事故，在市政府日常监测网站排名不断改善。

【开展"问题地图"专项治理】 天津市建委对天津建设网、天津市12319城建热线服务中心、天津市建设工程信息网和天津市施工队伍管理站4个对外服务网站，先后两次开展"问题地图"专项治理，坚持举一反三，重点检查网站是否存在登载错绘国界线、漏绘我国重要岛屿等损害国家主权等"问题地图"，是否存在登载涉密或敏感内容等不符合公开地图管理规定的"问题地图"，坚决杜绝"问题地图"的登载。

制度建设

【完善规章制度】 天津市建委按照市政府网站管理和日常监测相关要求,制定了《市建委关于加强天津建设网信息发布上报工作的通知》(津建信息〔2017〕403号),进一步明确网站栏目维护职责,栏目内容更新时限,上网内容审核和相关安全保障措施。按照《天津市网络安全事件应急预案》,制定了《市建委网络安全事件应急预案》,形成网络安全应急工作机制,完善网络安全突发事件应急处理流程,为有效防范网络安全事故发生提供了强有力的制度保障。

小白楼

诚信体系信息化建设

【加快完善建筑业企业信用评价和成果考评体系】 2017年，天津市建委修订印发《天津市建筑市场主体信用奖惩办法》和《天津市建筑施工企业信用评价指标体系和评分标准》(2017年修订版)，进一步细化守信激励和失信惩戒措施，对获得国家及天津市工程质量优质奖项的企业，提高良好记录加分的分值，让优秀企业在市场竞争中占得先机，激发企业创优动力。

天津市建委开展2017年度施工总承包企业、建设工程监理企业和造价咨询企业信用评价。目前，施工总承包企业信用评价工作已基本完成，并已经向社会公示。对信用等级评定为A级的建筑市场主体，免予当年资质动态核查，减免农民工工资保证金，向其他行政管理部门进行诚信推介。同时，依据失信情形实行分类监管，建立了"重点监管名单""黑名单"制度，明确了相应的监管措施。

【加快推进房地产开发企业信用管理体系建设】 2017年12月29日，市建委印发《天津市房地产开发企业信用管理办法(试行)》，对天津市开发企业开展信用管理，建立开发企业信用档案，建设多部门联合惩戒的工作格局，营造"守信激励，失信惩戒"的行业发展环境，督促开发企业自觉诚信守法，依法依规开发经营。

【加强勘察设计行业企业信用管理】 2017年11月，市建委印发了《天津市勘察设计企业信用评价办法(试行)》，将勘察设计企业在评奖评优、设计、图审和施工指导等环节正、反两方面成果予以综合考评，按照四个登记予以评定，并根据评定结果在资质审批、市场动态核查、质量抽查和评优推荐等各项工作中对勘察、设计企业实施分级差异化管理。

【全力推进建筑市场信用体系建设】 天津市建委以创新完善信用管理为依托，全力推进建筑市场信用体系建设。

1. 及时准确归集各类信用信息。动态记录建筑市场各方主体信用信息，加大力度归集建筑市场各方主体的奖励、处罚和各类现场行为考核记录，信用平台共归集各类信用信息34118条，为开展2017年度信用评价打下良好的基础。其中，施工企业工程业绩信息3475条、企业良好信息1666条、人员良好信息154条、工法技术信息1908条。在施项目2533项，现场检查记录信息10968条。监理企业工程业绩信息69条,企业良好信息383条,现场检查记录信息3264条，社会评价信息997条。招标代理机构企业良好信息30条，履约评价信息4145条，日常考核信息5269条，市场检查记录1790条。

2. 按时完成信用等级评定。完成2016年度施工总承包企业、监理企业和招标代理机构信用等级评定工作。参与信用等级评定的施工总承包企业共1805家，比2016年增加600家，同比增长49.79%。其中，信用等级A级企业共281家，B级企业473家，C级企业1044家，D级企业7家。评定结果应用于天津市建设工程招标活动。2017年，施工总承包企业信用信息被招投标资信提取33227次，信用等级为A类和B类的企业在投标过程中加分29731次。参与信用等级评定的监理企业401家，招标代理机构246家，向社会发布评级结果，为市场选择提供依据。

3. 创新管理手段，搭建信用奖惩平台。依据《天津市建筑市场主体信用奖惩办法》，创新管理手段，完成信用奖惩平台的搭建，对存在严重失信行为的建筑市场主体，下调其信用等级，允许有失信行为的建筑市场主体通过社会公益服务等方式修复信用，实现信用等级动态调整。同时，在天津市建筑市场监管与信用信息平台建立曝光台，实时发布"重点监管名单"和"黑名单"，对失信主体的威慑力进一步增强。

4. 主动适应新常态，扩大信用管理范围。为扩大信用归集和管理范围，逐步实现建筑市场信用管理全覆盖，出台了《天津市工程造价咨询企业信用评价办法》。《天津市工程造价咨询企业信用评价办法》是对工程造价咨询企业自身能力的信用评价及对其从事的工程造价咨询业务的信用评价，共19条，对工程造价咨询企业信用评价范围、信用评价方式、评价内容和依据进行了明确。

【逐步建立全面、专业的评标专家库】天津市建委以强化评标专家管理为手段，逐步建立全面、专业的评标专家库。为积极落实不担当不作为专项整治问题整改工作，努力提升对评标专家的管理和服务。为提高评标专家咨询服务效率，提升专家计算机评标技能，通过在评标专家管理网站首页公布联系电话，方便专家咨询服务，加强业务沟通，提高服务效率。创新培训考核方式，通过完善评标专家计算机评标技能训练考核系统，使专家在业余时间可以在评标专家网上进行计算机评标模拟练习，方便专家的同时提升了其计算机评标技能。同时，强化日常行为考评，严格执行"一标一评"，督促22个有形建筑市场加强对评标专家日常行为的考核，将专家的出勤率、评标行为、业务能力和职业道德水平纳入考核范围，登记入档，每季度综合分析一次，实施科学管理，对违规专家进行约谈和处理。新入围评标专家435人，其中421人具备评标专家资格。通过培训，考核合格3121人，统计、分析违规评标专家情况提出处理意见50人，其中警告23人，暂停评标活动三个月8人，暂停评标活动一年16人，暂停评标专家资格3人，处理专家投诉2起，评标专家行为更加规范。

【努力建设一流的公共服务平台】天津市建委以规范提升交易服务水平为举措，努力建设一流的公共服务平台。通过深刻领会学习天津市第十一次党代会精神，将党代会精神深入到提升有形建筑市场服务上，着力改进作风，规范服务流程，不断提升交易服务水平。从方便服务对象出发，以服务对象所思所想为第一信号，以交易参与方所需所盼为第一考量，以办事人员满意为第一标准。进一步梳理了开评标服务流程，从优化收费模式、简化交易程序、提升服务水平入手，从减少人为干预、明确廉政风险发力，提升了交易服务效能。投标报名平台新增投标报名企业996家，其中窗口共接待企业8742家次；网上处理企业投标工作10.56万家次；建设工程信息网发布招标公告5098项；发布中标公示5017项。完成各类招标项目的开、评标服务工作980次，其中行政许可开标项目542次，建交中心开标项目438次。为积极落实不担当不作为专项整治问题整改工作，出台交易服务工作规程和服务流程，将有形建筑市场交易服务工作制度化、规范化，提升每个工作人员的管理能力和服务水平。同时，规范区县有形建筑市场评标流程，落实"三分离"管理模式，加大对各区交易中心工作人员的业务培训力度，将评标服务作为制度化来规范。

【进一步完善各电子交易平台建设】天津市建委以加强交易全过程电子监管为目的，进一步完善各电子交易平台建设。加快完善信用信息平台、网络监控平台、交易统计分析平台、交易服务费管理系统和建设工程信息网的建设，努力提高招投标过程的透明度和社会的公信力，提升服务效能。积极配合公共资源交易平台的数据对接工作，每月按时向市发展改革委上报公共资源交易数据统计表，积极研究基于《公共资源交易平台系统数据规范》。制定信息管理规程和工作流程，落实强化信息安全管理，制定了《建交中心机房管理规定》，采取严格的出入登记制度，保障服务器和数据库的信息安全。积极应对处置"勒索病毒"事件，第一时间封闭各系统主机和网络防护设备病毒网络传播端口，并对办公及开评标区主机和服务器进行补丁升级，确保无一台设备中毒。

第十二篇
城乡建设政策与法规

第十二篇　城乡建设政策与法规

概　况

【概况】 2017年，按照国家《法治政府建设实施纲要（2015—2020年）》、住房城乡建设部和天津市的实施方案要求，紧紧围绕法治城建建设中心工作，以完善建设领域制度体系为基础，以推进依法行政为重点，以深入开展普法教育活动为载体，积极履行依法行政职能，在推动依法行政和法治政府建设工作中不断用力，深化依法行政工作，为完成各项目标任务提供法治保障。

南京路

法治政府建设

【加强领导，履行好第一责任】 天津市建委把旗帜鲜明讲政治，坚决维护以习近平同志为核心的党中央权威作为加强法治政府建设的关键，并贯穿法治建设全过程，坚决落实中央关于全面依法治国的各项部署要求，知行合一，坚持科学立法、民主立法、依法立法、公正执法、自觉守法、尊法。坚持党对法治工作的绝对领导，根据工作需要，及时调整了法制建设领导机构，成立了法治建设领导小组，进一步加大对系统法治建设工作的领导。系统各归口管理单位也都建立由主要负责同志为组长，分管领导为副组长，党政工团齐抓共管的普法工作大格局，为加强法治建设提供了组织保证。天津市建委党委将法治建设纳入重要议事日程，专题研究部署，对立法、法制监督、执法和普法等重要法治建设工作以及有关文件党委会进行专题研究。同时，将普法学习纳入理论中心组学习重要内容，十九大闭幕后举办了"学习十九大，推进依法行政"专题辅导讲座，履行了党委法治建设的责任，为市建委法治建设提供了重要组织保证。

【抓好立法，为法治建设固本强基】 天津市建委健全完善城建领域和行业法规。严格落实《立法法》规定，坚持立、改、废、释并举，通过代表、委员提案和部门座谈论证等方式，研究确定立法课题，并健全立法立项、起草、论证和协调机制。完善立法项目向社会公开征集制度。通过开展立法前评估等方式，健全立法项目论证制度。对部门间争议较大的重要立法事项，引入第三方评估，充分听取各方意见，协调决定。围绕重点立法项目，科学编制立法计划，广集民意，深入研究，积极组织各相关专业处室研究立法实施方案和条文，进行日常推动，并多次与市人大法工委和市法制办就相关立法工作进行研究。2017年，完成《天津市燃气管理条例（修订）》和《天津市房地产开发建设条例》两个预备审议项目的起草工作，出台《天津市建设工程勘察设计管理办法》和《天津市绿色建筑管理规定》两部政府规章。

加强法制监督推进各项法规的落实。对市建委贯彻国务院和地方性法规涉及的建设工程质量、安全、建筑节能和招投标等方面的法规贯彻落实情况定期听取汇报、实地察看，查找落实中存在的薄弱环节及实际实施中存在的问题，既督促了市建委上下严格执法，又有效地推进了市建委完善各项管理法规。

加强规范性文件审核。严格按照规范性文件制定、审核、公布和备案的程序，做好规范性文件管理。对《天津市房地产开发企业资质管理规定》《市建委关于加强海绵城市建设管理的通知》等行政规范性文件草案进行了审查，确保了法治天津建设的实践效果和运用。严格规范性文件审核备案，从必要性、合法性和具体条款等方面入手，对13个规范性文件进行了法制审核并向市政府法制办备案。

【坚持依法决策，进一步提高依法行政能力和水平】 天津市建委实施好重点工作、重点问题依法决策。坚持科学决策、民主决策和依法决策，强化对委重点工作、社会普遍关注的重点问题和重要决策的研究，对市建委重点工作和重要决策，积极从法规视角进行分析论证，听取法治意见和建议，确保了科学决策和依法决策，为依法行政提供了保证。

加强管理工作的法治把关和审核。对重点规范性文件制订超前介入，法制部门积极会同各业务部门共同研究，提前从法规方面进行规范和把关。同时，对一些管理制度和措施提出意见和建议。例如，在燃气安全管理、轨道建设管理和海绵城市管理等工作中均采纳了法规方面的意见。

发挥好市建委法律顾问作用。认真落实法律顾问制度，健全完善相关工作机制和配套制度，选聘4位专家学者和3位执业律师作为法律顾问，提高了市建委依法行政和依法管理的能力和水平，也有效地防范了法律风险，保障了各项工作依法依规展开。例如，在特许经营协议签订和合作方案等活动中提出法律意见，保证市建委权益。

【解决群众诉求，为维护管理成果提供保障】 天津市建委进一步加强行政复议和应诉工作。突出重点案件的联审会审，对难度突出的案件，多个部门和法律顾问进行研讨，并积极向住房城乡建设部和市人大与市法制办沟通，认真接待来访群众。2017年，市建委被复议案件28件，已审结24件。收到复议申请11件，依法受理8件。一审行政诉讼案件22件，已审结18件。这些基本都得到了较好解决，没有发生败诉。

严格政府信息公开和行政处罚的法制审核把关。2017年共审核政府信息公开350件，对存在问题和需要完善反复沟通，完善答复意见，切实做到按要求公开，答复准确，提高了满意率，降低了提出法律诉讼的风险。2017年审核行政处罚案件近50件，对其中条款适用不当、证据不完善的案卷及时提出修改完善意见，保证了行政处罚的依法合规。2017年未发生因行政处罚而引起的诉讼。

【加大力度，全面依法履行政法职能】 天津市建委全面履行法定职责。全面落实行政执法责任制，市建委236项行政职权全部在天津建设网"权力清单"窗口向社会公示，接受各方监督。建立完善职权清单动态管理机制，对政策变更和执法主体变化等职权，依法依程序提出取消、修改意见。建立了公平竞争审查机制，对规范性文件和重要管理制度等进行公平性审查。

深化审批制度改革。推进简政放权、放管结合、优化服务改革，进一步优化天津市投资环境。出台了《市建委关于深化简政放权放管结合优化服务改革工作的实施意见》，从多个方面落实工作任务，研究制定保障措施。编制市建委12项行政许可事项、19个子项、64个类型项的操作规程，以规范行政许可办理程序为重点，细化、量化行政审批各个环节内容和标准，最大限度减少行政机关自由裁量权，打造形成全事项、全过程、全环节的标准化审批。

强化市场监管职能。加大事中事后监管力度，防控市场和行业风险，建立健全"双随机、一公开"工作机制，各执法部门建立了监督检查对象数据库和监督检查人员数据库，制定了双随机抽查事项清单和市建委"双随机、一公开"实施细则，研究确定随机抽查的比例和频次，对投诉举报多、有严重违法违规记录等不良信息的实施差异化监管，加大随机抽查力度。落实失信主体全市跨部门联合惩戒机制，认真参加市场委组织的联合检查活动。

【深化改革，加强简政放权放管结合优化服务】 天津市建委精准协同放权。梳理、规范下放权限，国务院明确取消事项一律取消，特别是对限制市场准入、互为前后置的行政许可事项依法坚决取消。对住房城乡建设部下放的工作承接到位，严格按标准规范执行。加大下放市级权限力度，在企业资质、项目管理、公共服务上向各区下放审批管理职责，强化属地管理责任，加强市、区两级建设管理协同配套，强化审批质量的监督管理。清理资格技术类许可，减少和规范建设领域涉及企业、项目和个人的资质资格、行政许可审批事项。

优化审批规程。积极推进委内审批事项的相对集中，建立与区建设、审批部门的沟通机制。进一步减少申请要件，加强互联网信息共享和部门协作。对于报国家部委审批的初审事项推行网上办理。对于其他政府部门审批准予许可的结果性材料，不再作为要件重复提交。公开办事指南，对12项行政许可事项中的19个子项和64个类型项进行逐一审核，制定审批和服务事项办事指南，明确要件、程序和时限，全部向社会公布，并最大限度地整合并减少重复提交的申请。

推进标准化审批。制定《市建委行政许可事项操作规程》，按照"一事项一标准，一流程一规范"的要求，对12项行政许可事项，以规范行政许可办理程序为重点，明确行政审批各个环节的内容和标准，依法规范设定行政许可中的现场踏勘和专家评审等环节，最大限度减少行政机关自由裁量权。推进审批过程标准化，加强对审批工作人员的业务培训，编制行政审批事项业务手册，建立审批监管制度。

全面推行"互联网+政务服务"。完善行政审批服务电子化，实现与各平台业务系统融合。及时公开国家和天津市行业管理最新政策和发展动态；及时公布基础设施项目公开招标信息，向社会公开推介；及时发布工程建设标准和新技术推广项目，搭建企业与项目、资源与需求一体的信息交流平台。加快推进行政审批电子化，逐步实现审批事项全程网上接件、受理、审核和审批，使办件过程公开透明，实现让数据多跑路，企业少跑腿。

权责清单管理

【权责清单管理】 权责清单制度规范政府权力,对转变政府职能、理清政府与社会的关系有重要意义,是推进政治体制改革的重要举措,是推进政府治理体系和治理能力现代化的必然选择。

2017年,天津市建委坚持职权法定、权责一致、简政放权、便民高效和公开透明的原则,及时梳理调整职能,进一步深化完善权责清单制度。按照《天津市人民政府办公厅关于印发天津市政府工作部门权责清单动态管理办法的通知》要求,在多次组织市建委各处室分析研究,调整完善具体事项,明确责任边界的基础上,完成了对2015年版权责清单中236项行政职权的梳理工作,形成了市建委最新权力清单调整文本。其中,新增1项行政许可权,取消1项行政许可权和2项子项;取消89项行政处罚权;取消2项行政检查权;取消5项行政征收权;取消3项行政奖励权;取消5项其他类职权,合计取消104项。调整后的行政职权共132项:行政许可13项、行政处罚88项、行政检查11项、行政强制1项、行政征收2项、行政奖励3项、其他类别14项。此外,结合执法工作实践,建议对部分行政职权的名称、法定依据和实施机构进行调整。目前,已将调整结果上报市权责清单动态调整领导小组。

规范性文件管理

【规范性文件管理】 天津市建委健全完善行政规范性文件清理制度，做好规范性文件清理工作，是深入推进依法行政、加快建设法治政府的一项重要任务。

2017年，市建委贯彻落实《国务院办公厅关于进一步做好"放管服"改革涉及的规章、规范性文件清理工作的通知》（国办发〔2017〕40号）工作要求和《天津市人民政府办公厅关于开展规章规范性文件清理工作的通知》工作部署，加快法治城建建设，深入推进"放管服"改革，梳理涉及市建委工作的市政府规章、市政府和市政府办公厅规范性文件、委规范性文件。通过清理，全面了解掌握规范性文件的实施现状、存在的主要问题，提出了继续有效（保留）、决定废止和失效、决定修改的建议，彻底解决了长期以来规范性文件制发底数不清、失效文件底数不清、现行有效文件底数不清的"三不清"问题，有力维护了法制统一和政令畅通，为各部门依法行政提供了坚强的理论依据和法治保障。

普法工作

【普法工作】 2017年是"七五"普法工作的关键之年,天津市建委全面贯彻落实党的十九大精神和法治政府建设要求,紧紧围绕法治城建建设中心工作,认真落实"七五"普法要求,结合工作实际,以提高党员干部的法律素质、提高依法行政、依法管理、依法决策的意识和能力为目标,深入开展法制宣传工作,弘扬法治精神,不断增强依法执政、依法行政的水平,有力地推进了市建委普法工作。

强化法治天津教育,狠抓普法和法治培训。制定了"七五"普法规划并做了专题部署,组织系统各单位深入落实国家、天津市和系统"七五"普法规划,明确年度重点任务,实施好年度普法计划。参加法治天津建设领导小组组织的"法律进学校"考核,组织系统有关单位参加普法沙龙交流,推荐中建六局和中铁大桥局参加天津市十大普法品牌评选。组织系统2000余名局、处两级领导干部参加了网上学法用法考试。举办了班子成员、处室负责人参加的"学习十九大精神,推进依法治国"专题讲座。组织开展"12·4"法制宣传日活动,系统各单位利用报刊、单位网站、官方微博和宣传橱窗等载体进行广泛宣传教育。积极推动法律"六进",市建委领导亲自带队进入工地一线开展建筑法、劳动法和安全生产等法律知识和生产生活技能宣传培训。同时,收集汇编了《建设行业法规规定汇编》作为普法教材,推动系统上下学法用法的深入开展。

行政执法监督

【健全完善"四个一"制度】 严格落实《市建委行政处罚工作规程》，规范适用范围和处罚种类、案件来源与处置、调查与取证、审查与决定、送达与执行、结案与监督以及12类文书样本。严格落实《天津市城乡建设委员会行政处罚裁量基准实施办法和裁量基准（试行）》，共涉及9大类、171项、836个子项和1625项参考标准。制订《天津市城乡建设委员会"双随机、一公开"实施细则（试行）》，编制随机抽查事项清单、检查对象和执法人员名录库，明确随机抽取、检查方式、检查内容、抽取频率和结果公开等环节。制定《天津市城乡建设委员会行政处罚案卷检查评分表》，从7大类、110个关键点对案卷标准、要求等细化明确，督促和引导执法人员进一步规范行政处罚案卷制作。

【开展推行行政执法公示制度、执法全过程记录制度、重大执法决定法制审核制度试点】 出台《市建委关于印发〈天津市城乡建设委员会行政执法公示工作规程（试行）〉〈天津市城乡建设委员会行政执法全过程记录制度工作规程（试行）〉〈天津市城乡建设委员会重大执法决定法制审核工作规程（试行）〉的通知》。全面落实执法全过程记录制度，明确行政处罚、行政许可、行政强制、行政检查和行政收费五类行政执法行为，从执法程序启动（申请）、立案（受理）、执法检查、调查取证、告知、听证、审查决定、送达、执行和归档等各环节记录内容、形式与要求。出台《市建委关于印发〈行政强制措施文书格式样本〉〈行政强制措施案卷检查评分表〉的通知》《市建委行政收费事项案卷评查标准》和格式模本，规范行政强制和征收记录行为。全面推行行政执法公示制度，依法将执法依据、执法程序和执法结果等执法信息向社会公开。全面推行重大执法决定法制审核制度，制定重大执法决定清单，明确审核主体、审核范围、审核内容、审核程序和责任追究机制等，保障依法行政。

【健全两个移送渠道】 天津市建委严格落实行政执法与刑事司法衔接工作，明确涉及刑法、最高人民检察院和公安部关于公安机关管辖的刑事案件立案追诉标准的规定等四类案件移送范畴，规范移送程序、内容、时限和文书样本，杜绝有案不移、有案难移、以罚代刑等问题。建立对在行政处罚和执法监督中发现的违法违纪线索与纪检部门的移送办理机制，进一步增大行政执法和监督的威慑力。

【强化监督平台建设】 保障市级行政执法监督平台信息及时上传，认真落实执法信息归集7个方面的工作制度，建立上传核对机制，强化内部数据核实，确保与市行政执法监督平台连接稳定畅通。2017年累计上传各类检查和处罚信息7413条，行政处罚职权履职率100%，人均执法量25件。围绕强化执法监督信息化和动态管理，进一步发挥市建委执法监督平台作用，重点推进"五库、四监督、三受理、两对接、一分析"，充分利用自动预警监督、统计分析等功能，严格执法信息月度统计通报制度，每月统计职权履职情况、履职率和人均执法量等信息，开展月度履职排名，推动各部门依法履职、规范履职、及时履职。

【严格行政执法监督】 强化日常监督。充分利用行政执法监督平台，对市建委和两家法规授权单位行政处罚实现监督全覆盖，每日对上传执法信息进行预警监督和人工复核，行政处罚案件监督率100%，执法检查主动抽样比例超过30%，2017年累计抽测检查信息2420项，行政处罚案卷70项。对发现的问题和瑕疵，通过执法监督建议书及平台监督意见等形式，提出整改建议，最大限度减少执法瑕疵。

开展案卷抽查。针对行政许可等案卷特点，定期组织抽查评议，对发现的瑕疵问题及时反馈、规范整改。严格落实规程、基准和评查标准，规范案卷制作，推动执法案卷规范化、标准化。开展行政执法监督专项检查，围绕行政检查、行政处罚、行政强制、行政许可、行政征收和行政奖励等职权，对行政执法职权履职、行政执法案卷及程序、履行法定义务、文明执法、执法信息化、执法评议考核、执法人员持证上岗和培训教育等情况进行全面监督检查，进一步落实执法责任，规范执法行为，强化执法监督。

加强个案监督。认真处理群众反映的行政违法行为，依据市行政执法监督规定、住房城乡建设部稽查转办规定等，严格开展行政执法违法调查，处理了一批投诉举报案件。2017年累计办理转办案件20件，全部按时办结，有效维护了各方合法权益。

【加强执法队伍建设】 实施日常业绩考核，明确考核对象、方法和程序等八个方面内容，并与奖惩投诉、过错认定、案卷质量和社会评议等结合，健全行政执法人员执法业绩考核档案，进一步强化对执法人员的约束。积极开展社会评议。从建设、施工、监理、勘察、设计、开发、检测、燃气和供热等行业，随机选取580家单位开展行政执法人员社会评议，对4大类25项内容征求意见和建议。在天津建设网开通专栏，同步接受社会各界对城乡建设行政执法的评议监督。加强执法人员培训。建立网校在线学习、部门专业交流、个人业务自学相结合的培训方式，2017年11月10日—12月9日通过网校集中对市建委300余名持证执法人员和申领执法证人员进行法律法规知识培训，共计14门课、92学时，进一步提升了队伍法治素养。严格执法人员持证上岗和资格管理制度，健全执法人员信息档案，实施动态管理，没有取得行政执法证件的人员一律不得从事行政执法工作。

【推进执法信息化建设】 创新执法方式，强化科技、装备在行政执法中应用。实施建筑工程施工现场视频监控管理，安装扬尘监测等设备工地点位1734处，中心城区做到应装尽装；完善监控平台报警甄别、现场处置和整改回复等程序，做到统一标准、统一数据、集中管理、联动报警和实时推送，切实提高执法效率。推进建材信息公示，建立"来源可查、去向可追、责任可究"的信息化监管机制。强化招投标全过程电子化监管，全面推行计算机辅助评标，减少人为因素干扰。

【自来水工程建设费实行市场调节】依据《市发展改革委关于放开自来水建设工程建设费收费标准的通知》（津发改价管〔2016〕547号）文件规定，自2017年8月1日起，自来水工程建设费收费标准实行市场调节。天津市城市基础设施配套办公室停止征收自来水工程建设费工作。同时，积极与自来水集团、津滨威立雅公司等相关单位协调沟通，分别对进件已交费、进件未交费、过渡期间项目进行分类、有针对性地完善移交方案，并通过协商确定自来水工程建设费拨付的批次和金额。截至2017年底，已将应缴款项全部上缴市财政，将应拨款项全部足额拨付供水企业，专项账户"零余额"。

【取消征收新建住宅气源发展费】依据《市财政局市发展改革委关于取消或停征部分涉企行政事业性收费项目的通知》（津财综〔2017〕99号）文件规定，自2018年1月1日起，取消住宅气源发展费。天津市城市基础设施配套办公室停止征收新建住宅气源发展费工作，并与供气企业做好进件未缴费项目的对接，同时将应缴款项全部上缴市财政。

第十三篇
行政审批及服务

行政审批情况

【健全制度标准，进一步规范行政审批行为】 一是确定行政许可事项目录。按照天津市人民政府行政审批管理办公室关于确定2018年版行政许可目录的要求，组织各业务处、室、站、办对照《天津市行政许可事项目录（2017年版）》，对事项名称、子项名称、类型项名称、设定依据、分类等内容进行了全面梳理，提出了初步意见，包括取消1个许可事项的子项、增加3个许可事项中7个子项的类型项及调整市区两级目录等内容，并经天津市建委法规处法制审核后，报天津市政府审批办确定天津市建委2018年行政许可事项目录。

二是规范行政审批规程。按照"一事项一标准，一流程一规范"的要求，组织各业务处室编制天津市建委12项行政许可事项的操作规程，其中涉及19个子项64个类型项。已全部编制完成并向社会公布。通过编制操作规程，对天津市建委现行12项行政许可事项的申请材料进行全面梳理，共取消了6个许可事项中的40个申请材料。

三是最大限度下放审批权限。在原下放"建筑工程施工许可证""新建住宅商品房准许交付使用许可"及"燃气经营者改动市政燃气设施（中、低压部门）审批"3项的基础上，按照《天津市人民政府办公厅关于向滨海新区下放市级行政许可事项的通知》（津政办发〔2016〕84号）的有关要求，将"新建住宅商品房准许交付使用许可"的管理权限全部下放区县实施；将"招标投标许可"中"房屋建筑和市政基础设施邀请和免于招标的批准"的管理权限下放至滨海新区和自由贸易试验区实施；将"供热许可"事项的管理权限以委托下放的方式下放至滨海新区和自由贸易试验区。

【推进网络审批进程，进一步拓宽便民服务】 在建筑工程施工许可、施工企业安管人员资格证书核发、安全生产许可证、新建住宅商品房准许交付使用审批、燃气经营许可、新建扩建燃气工程及燃气设施改动审批等6项行政许可事项开通网上申报、网上审批的基础上，2017年开通房地产企业资质许可、供热许可2个事项的网上审批。

【加强窗口建设，进一步提升服务水平】 一是制定考核办法。为加强天津市建委驻行政服务中心窗口的规范管理，进一步落实工作责任，提高工作效率，提供优质服务，依据《天津市行政许可服务中心行政审批实施与效能综合考评办法》，进一步修订完善《市建委驻行政许可服务中心窗口管理考评办法》，对天津市建委16个服务窗口的工作效率、服务质量和日常管理等方面进行考核。二是开展承诺服务活动。组织窗口工作人员签订《个人服务承诺书》，严格遵守首问负责制、一次性告知制、限时办结制，实行行政审批标准化服务。三是加强人员培训。为加强天津市建委驻行政服务中心窗口的规范管理，进一步落实工作责任，提高工作效率，提供优质服务，上下半年各组织一次窗口人员培训。

【实行"综合受理、接办分离"，进一步创新审批服务模式】 按照"严密筹划、精心准备、稳步推进、不断完善"的思路，狠抓落实，对天津市建委驻市行政许可服务中心窗口现有大厅窗口布局、服务容量和工作流程进行整合，分类设置一窗通办的综合服务窗口，减少等待时间、提高服务效率。设置5个功能服务区，分别为综合服务窗口、综合受理窗口、公共服务窗口、统一发证窗口、洽谈窗口。改变各部门各自受理，业务分散的现状，落实"一窗综合受理、分类审核办理、统一窗口出件"的服务模式，实现了天津市建委事项横向贯通、跨越部门的"一窗式"审批服务。

自2017年11月15日正式实施了"综合受理，接办分离"改革，成为天津市各委、办、局第一家正式实施综合受理的单位，得到了企业和群众的一致认可。

【多措并举，筑牢廉政建设"防火墙"】 根据天津市建委党委年度党风廉政建设工作安排，按照抓教育、建制度、强管理的思路，建好三个"防火墙"：一是强化思想教育，筑牢党风廉政建设的思想"防火墙"。再次组织党员干部系统学习《天津市建委党委建立健全惩治和预防腐败体系实施办法》等规章制度，组织观看《一个在贪欲中沉沦的"学者市长"》等警示教育片，运用典型案例的警示作用提高教育效果。二是加强制度建设，用规范的程序筑牢制度"防火墙"。在认真梳理行政审批权责清单的基础上，组织14个部门和单位编制《天津市行政许可事项操作规程》和《天津市行政服务事项办理指南》，减少审批人员的自由裁量权，降低廉政风险。三是强化人员的管理监督，筑牢监督"防火墙"。坚持结合管理常提醒，针对党风廉政建设要求及工程过程中发现的问题，充分利用窗口全体人员会、支部党员大会、支部组织生活会等时机，及时提醒，做到警钟长鸣。把廉政作为考核的重要指标，从多个方面强化对窗口人员的管理和考核，推动党风廉政建设向更高层次迈进。

深化"放管服"改革情况

为进一步贯彻落实天津市委、市政府关于"放管服"有关工作的要求，天津市建委高度重视，立即组织相关部门进行研究部署，制定了《深化简政放权放管结合优化服务改革工作方案》，严格抓好落实。重点抓了7个方面工作：

【严格依法取消许可事项】 按照国务院机构改革的有关意见以及天津市委、市政府的工作部署，进一步梳理现有审批事项，从2013年的17项行政许可事项减少到2017年的12个许可事项，减少率为30%。

【减少许可事项的申请材料】 依照现行法律法规和市级及以上行政机关出具的规范性文件，对现行12项行政许可事项的申请材料提出了取消和保留意见，即对没有法律法规规章和国家部委、市政府规章的申请材料，一律取消；对一个申请材料就能证明的要件，不再要求申请提交其他材料；对申请材料能够整合为申请表的，一律合并。此次梳理，一共取消了6个许可事项中的40个申请材料。

【最大限度下放审批权限】 在原下放"建筑工程施工许可证""新建住宅商品房准许交付使用许可"及"燃气经营者改动市政燃气设施（中、低压部门）审批"等3项审批权限的基础上，按照《关于向滨海新区下放市级行政许可事项的通知》（津政办发〔2016〕84号）的有关要求，将"新建住宅商品房准许交付使用许可"的管理权限全部下放区县实施；将"招标投标许可"中"房屋建筑和市政基础设施邀请和免于招标的批准"的管理权限下放至滨海新区和自由贸易试验区实施；将"供热许可"事项的管理权限以委托下放的方式下放至滨海新区和自由贸易试验区。

【推行网上审批】 按照减少环节、便捷高效、方便群众的要求，拓宽申请方式，畅通申请渠道，逐步推行行政许可效能监察系统和天津市建筑市场监管与信用信息平台互联互通、信息交换、数据共享，实现一口申报、一口咨询、一口审批的功能，提高审批工作效率。目前除涉及保密及国家部委网络平台的事项外，已全部开通网上申报功能，其中7项行政许可事项开通网上审批功能，网上审批率达到58%。

【加强互联网服务】 完成政务信息系统建设应用情况自查报告、31个信息系统的整合清单、梳理权责清单、编制信息资源目录编制。同时，开发建设天津市城乡建设委员会公共信息服务平台,已基本完成面向公众的信息服务平台和面向企业的网上办事平台软件开发,建成包括办事大厅、审批系统、企业空间等10余个子系统。

【清理规范收费事项】 按照天津市委、市政府关于降低实体经济企业成本工作要求,坚持将涉企收费管理工作作为促进经济发展、减轻企业负担、增强企业竞争力的重要措施。已停止和取消收费11项,取消代管资金1项,并将保留的收费项目进行公示。

【加强安全检查】 按照天津市建委《关于深入开展安全生产大检查的通知》要求,对全市在建工作进行检查。市、区两级建设工程质量安全监督管理机构共排查建设工程1038项次,发现安全隐患2267项,整改完毕2223项;行政处罚35万元,责令停止使用设备、设施数量158项,保持了安全生产监督管理的高压态势。

"双万双服"工作

【加强组织协调，统筹推动工作】 制定工作方案，建立组织机构。研究制定了《市建委2017年"双万双服"活动实施方案》，成立天津市建委"双万双服"活动工作组、服务组，建立健全工作机制，从问题受理、承办落实、情况反馈、督促考核、信息报送5个方面逐一明确工作内容、具体操作流程及相关处室的职责任务。建立工作例会制度，天津市建委"双万双服"服务组办公室定期召开工作例会，及时掌握工作进展情况。

关注信息平台，及时跟踪服务。指派专人实时关注政企互通服务信息化平台，及时了解企业诉求，掌握企业信息，受理平台问题，实现信息快速搜集以及部门间信息快速交流互通。利用微信平台，建立了天津市建委"双万双服"服务组工作群，确保及时与相关职能部门沟通，做到全部门参与、全天候服务。

建立工作台账，加强业务管理。天津市建委"双万双服"服务组建立了问题受理承办单、问题受理台账、下基层服务台账、包联企业帮扶台账、工作例会记录，及时收集和完善帮扶工作的走访调研、问题反馈、承办落实、沟通协调等资料，确保天津市建委"双万双服"活动有序、有效、顺利开展。

【总体工作情况及主要成效】 2017年，天津市建委"双万双服"服务组共召开服务组工作会议17次，发布工作简报39期，走访、帮扶企业180余户次，协调解决问题100多件，受理平台和转办问题31件，其中政企互通平台22件，其他部门转来9件，全部协调解决，问题按时接办率、问题解决率、满意率均达到100%。

1. 领导班子带头深入企业。天津市建委领导班子带头深入企业，宣讲天津市"双万双服"活动，认真调研企业实情，深入一线查找问题，聚焦具体问题当场回复，不推不拖，解决问题立竿见影，注重实效。对企业反映的问题，能解决的立即解决，不能立即解决的安排专人对接，限期解决，并做好跟踪回访，确保第一时间为企业提供帮助，得到企业满意评价。

2. 服务组主动深入企业帮扶。天津市建委"双万双服"服务组将业务工作与"双万双服"活动有机结合，深入企业走访调研，挖掘企业需求，了解企业难题。针对企业提出的工程建设、房地产开发资质、建设手续、市政公用项目建设、行政许可审批、招投标事项、安全生产等方面百余项问题进行细致梳理,以现场协商、政策宣讲、开展培训、专题研究等方式加强服务,解决难题。

3. 及时受理解决企业问题。天津市建委服务组安排专人实时关注政企互通平台,及时受理平台问题和其他单位转来的问题,建立承办单,明确办结时限和责任部门。问题解决后,将办理情况及时反馈企业,听取意见和建议,确保事事有着落,件件要落实。建立受理问题台账,从问题发起到协调解决的各个环节实现实时更新,做好业务资料收集管理。

4. 扎实做好包联帮扶。定期走访包联企业,细致了解企业需求,现场服务,切实帮助企业解决问题,重点关注问题落实情况,积极帮助企业做大做强。建立三级包联企业帮扶情况台账,详细记录企业面临问题,协调办理情况,实行全过程管理,并将服务情况定期反馈天津市"双万双服"活动办公室。2017年,走访包联企业9户次,协调解决问题10个。

改善营商环境

【**支持民营经济发展，出台8条意见**】为贯彻党中央、国务院关于加快民营经济发展的决策部署，认真落实《中共天津市委、天津市人民政府关于大力推进民营经济发展的意见》，加快推进建设行业民营企业发展，改革创新、转型升级、提质增效、做强做精，不断提升建设行业整体实力，服务全市民营经济发展，制定了《市建委关于大力支持民营经济发展的实施意见》，2017年6月起实施。

1. 推动基础设施投融资模式改革，拓宽民营资本投资渠道。打造国有民营共同参与城市开发建设新模式，认真落实天津市《市政公用交通领域推广政府和社会资本合作（PPP）模式实施方案》，吸引社会资本参与天津市轨道交通、地下综合管廊、海绵城市、集中供热供冷、城市供水供气、污水污泥处理、再生水利用、建筑垃圾资源化处理、道路桥梁、给排水管网、公共建筑节能等市政公用交通基础设施项目的投资、建设、运营。加快建立健全市场化的价格发现机制、合理的财政补贴机制、科学的资源配置机制和有约束的利益分配机制。完善PPP运作规程，每年提出一批融资项目，实现投资多元化，做大基础设施底盘。

2. 优化建设管理机制，高效服务民营企业投资项目。放宽市场准入，按照建设项目负面清单非禁即入的原则，全面放开竞争性行业。减少行政审批和简化审批环节，提高效率、主动服务。优化民营企业投资程序，探索压缩民营项目招投标范围，由建设单位自主决定发包方式及交易场所。对纳入市重点工程的民营投资项目在立项审批、施工许可、协调推动、工程配套等方面提供方便，加强对项目跟踪服务。积极引导民营企业实行工程总承包发包，落实绿色建筑、装配式建筑、海绵城市建设等要求，创出示范工程、精品工程。

3. 推动建设行业转型升级，增强民营企业核心竞争力。鼓励民营企业加大研发投入，加大技术创新和技术改造力度，采用新技术、新设备、新工艺和新材料实施技术改造和智能化升级，提质量、扩品种、降消耗、增效益。大力推动民营企业参与绿色建筑、装配式建筑、预制化构件等建筑产业现代化发展，帮扶企业推广创新产品。鼓励设计及施工企业向具有工程设计、采购、施工能力的工程总承包企业发展。支持民营企业创新专利技术、加强标准化能力建设，打造天津建筑业品牌。

4. 提升政策支持服务力度，帮扶重

点民营企业做优做强。开展建筑施工企业属地化管理试点，简化资质审批程序，提高审批效率，加强对天津市各区的指导核查，及时纠正标准不一致、程序不规范等问题。加快修订《天津市房地产开发企业管理规定》，满足企业加快项目建设需求。针对建筑施工、勘察设计、房地产开发、供热、燃气等行业，梳理重点扶植企业目录，定点帮扶民营企业，定期到企业进行走访、调研，相关部门设专人对以上重点民营企业进行业务帮扶，搞好政策解读和业务指导，解决实际问题。

5. 开展培训和交流，提高民营企业技术能力。结合天津市百万人才培训活动，积极组织天津市建筑、供热、燃气等行业民营企业人员参加，重点加强绿色建筑、燃气供热、用气安全等方面的专业培训。组织和引导民营企业参加"百名高级项目经理培训"等活动，培养高素质专业人才队伍。推动天津市设计单位龙头企业交流工作，加大对民营企业进行宣传和帮助的力度。推动建筑、勘察设计、检验检测、建材等重点民营企业加大对高端人才的培养，形成一批建筑大师、设计大师等高端专家队伍，支持民营勘察设计企业取得高等级资质。

6. 多种方式减轻企业负担，切实支持实体经济发展。严格涉企收费管理，对现有涉企收费项目进行分类梳理，强化清单管理制度。取消部分收费项目、降低交易服务费收费标准、清理规范建筑业保证金，减轻企业负担。推行以银行保函方式缴纳投标保证金、履约保证金、工程质量保证金，根据企业信用实行差别化管理，切实减轻企业负担。严格按合同约定执行，规范工程款支付，维护企业利益。

7. 创造公平公正的市场环境，引导民营企业诚信经营。健全建筑市场、勘察设计企业和房地产企业信用体系建设。开展信用等级评定工作。完成监理企业和招标代理机构信用等级评定，调整完善施工总承包、劳务企业信用评价指标体系。建立建筑业执业人员信用体系，开展建造师、注册监理工程师等执业人员信用管理研究，尽快出台勘察设计企业、房地产开发企业和相关执业人员信用评价管理办法。试行不良记录记分制，与执业活动直接挂钩。制定建筑市场信用激励和限制措施目录，建立失信惩戒和诚信激励机制；建立建筑市场"黑名单"制度，并设立曝光台，对黑名单进行公开曝光。大力推进京津冀建筑市场管理深度融合，在工程承发包机制、信用信息共享等方面进行政策对接，为三地企业拓展区域市场提供良好环境。

8. 完善公共服务信息平台，为民营企业提供高效便捷的建设信息服务。完善建设系统公共服务平台，实现资源共享和互联互通，及时公布基础设施项目公开招标信息与工程建设标准和新技术推广项目。大力推进审批事项电子化，所有具备条件的审批事项和公共服务事项，全部推进网上审批，实现数据多跑路，企业少跑腿。开辟民营企业服务专栏，加强沟通，了解诉求，积极为企业发展服务。支持相关企业上市工作，为企业上市及时提供资质或质量等各类证明文件。

【推进"放管服"改革，制定实施方案】 为全面贯彻国务院深化"简政放权、放管结合、优化服务"改革的总体要求，努力破除制约企业和群众办事创业的体制机制障碍，着力降低制度性交易成本，优化营商环境，激发市场活力和社会创造力，进一步促进经济社会持续健康发展，依据《天津市人民政府关于简政放权放管结合优化服务改革工作的实施意见》（津政发〔2017〕24号），结合工作实际，制定了《市建委深化简政放权放管结合优化服务改革工作实施方案》。

1. 从体制机制入手，推进建设领域"放"的改革。

一是精准协同放权。梳理、规范下放权限，国务院明确取消的事项一律取消。加大下放市级权限力度，在企业资质、项目管理、公共服务上向天津市各区下放审批管理职责，强化属地管理责任。清理资格技术类许可，减少和规范建设领域涉及企业、项目和个人的资质资格、行政许可审批事项。

二是建立权责清单。重新梳理建设领域法律法规和规范性文件，全面清理现有行政审批事项和服务事项，编制权力清单和责任清单，并向社会公布，接受社会监督。要开展审批事项的管理评估，主动听取市场主体和群众的呼声和意见。

三是优化审批规程。进一步减少申请要件，加强互联网信息共享和部门协作。对于报国家部委审批的初审事项，要推行网上办理。对于其他政府部门审批准予许可的结果性材料，不再作为要件重复提交。逐步转变技术审查类许可管理方式，对于规范标准内的审查工作，通过标准化评估等方式和事中事后监管来实现。公开办事指南，对12项行政许可事项中的19个子项和64项类型项进行逐一审核，制定审批和服务事项办事指南，明确要件、程序和时限，全部向社会公布。

四是推进标准化审批。制定《市建委行政许可事项操作规程》，按照"一事项一标准，一流程一规范"的要求，对12项行政许可事项，以规范行政许可办理程序为核心，明确行政审批各个环节的内容和标准，依法规范设定行政许可中的现场踏勘、专家评审等环节，最大限度减少行政机关自由裁量权。

五是推动京津冀建筑市场深度融合。打破地域壁垒，建立开放、互认、共享的建筑市场，实现统一市场准入条件、统一工程承发包机制、统一信用信息共享、统一建设工程标准，支持三地建筑业生产要素重组，实现技术、人才、资金的合理流动。

2. 完善监管机制，实现事中事后"管"的到位。

一是加强对企业和执业人员的事中事后监管。加强对企业和执业人员的事中事后监管，健全完善制度政策，全面清理阻碍公平竞争的各种规定和做法，逐步建立完善"双随机、一公开"监管机制。强化信用体系建设，加强施工、勘察设计、中介机构和房地产业企业信用体系建设，建立建筑业执业人员信用体系，出台勘察设计企业、房地产开发企业和相关执业人员信用评价管理办法，建立统一的建筑行业诚信管理平台。制定建筑市场信用激励和限制措施目录，建立失信联合惩戒和诚信激励机制，建立建筑市场"黑名单"制度，设立曝光台，对进入到黑名单的企业进行公开曝光，引导企业诚信经营。

二是加强建设项目全过程监管。加强建设项目的过程监管，抓住建设管理中的工程报建、施工图审查、工程招投标、合同备案、施工许可、质量安全监督、市场监察、工程结算、竣工验收管理等关键环节，逐项研究后期管理内容、方式和制度，完善建设项目跟踪检查机制，为工程建设项目顺利实施保驾护航。强化建设项目制度管理，认真研究分析现行建设管理法律法规，敢于先行先试，最大限度为项目建设松绑，加速工程项目建设。建立建设项目管理联审机制，对于项目建设管理中的要件、程序、时限等要素调整，以及建设项目审批过程中的问题,必须通过联审会议制度研究,探索项目竣工验收备案制度改革,强化建设单位主体责任,以承诺保证、容缺报备等措施,推进项目尽快投产。优化建设工程招投标制度,调整民间投资房屋建筑项目的发包方式,允许建设单位自主决定是否招标发包,是否进入有形市场进行工程交易。工程建设项目招标全部纳入统一的公共资源交易平台,实行电子化招投标。建立电子评标数据的存储和共享机制,招投标全过程信息向社会公开。营造良好建设市场环境,坚决取缔并严禁新设对建筑业企业行政、技术、资金等壁垒。加强工程履约管理,引导建设单位和施工单位分别以银行保函形式提供工程款支付担保和履约担保。进一步完善工程量清单计价体系和工程定额体系。加强工程结算管理,对建设单位不依法履行合同,不按期进行结算的,会同天津市相关部门加大惩处力度。加强供热供气公用行业监管,强化法规建设,要做好燃气管理条例、供热用热条例相关内容的修改和完善,强化执法检查,进一步强化市、区两级供热、供气管理部门力量,加强对公用服务建设项目、公用服务企业、公用服务市场和公用服务使用对象的监督管理,制定工作标准,规范监管行为,加大查处力度,强化公共服务,要打造供热、供气行业服务信息化监管平台,对行政许可、设备运行、安全管理、日常监管、信息服务等事项全部纳入,推动监管方式的转变,提高管理效能。

三是加强对下放事项的监督指导,健全市、区两级部门审管机制,明确市、区审管职责,严格落实六个统一,充分利用大数据、物联网等手段,推进企业资质、建设项目、公共服务信息化监管平台,实现市、区审批系统的对接和实时监控,坚持放管结合,要加强对区级审批事项监督检查,建立检查管理制度。提升区级审批管理水平,天津市建设行政主管部门加强对各区审批管理人员的培训,强化法律法规、技术标准和执法案例等方面的业务培训,切实提高行政监管和技术支撑能力,建立健全任务清单、联席会议、考核评议等制度,督促各区相关部门加强事中事后监管,确保各项目标落实。

四是严格规范公正文明执法。加大行政执法力度,利用好天津市建筑市场监管与信用信息平台,实现执法过程全记录,实行标准化执法。要加大对违法违规行为的查处力度,全面推行"双随机,一公开"监管制度,随机抽查事项2017年实现全覆盖。与市相关部门配合,建立健全跨部门、跨区域执法联动响应机制和失信联合惩戒机制。强化对部门公权力运行的监督,推进行政执法公示制度,建立执法标准化,严格执行执法全过程记录制度,实现全程留痕和可回溯管理,严格落实执法程序、时限要求和管理权限,规范执法文书。加强执法队伍建设,严格落实行政执法人员持证上岗和资格管理制度,积极推行行政执法人员日常业绩考核和社会评议制度,加强专项执法检查,紧紧抓住城乡建设重点领域和质量安全管理关键环节,加大执法检查处罚力度,特别是加大对高、大、难、深等危险性较大分部分项工程和燃气供热设施及制度的检查力度。对检查中发现的问题,做到问题件件有处理,事事有落实,打造平安稳定的市场环境。

3.强化政府职能转变,在为基层"服务"上下功夫。

一是拓展建设服务新思维,把为企业全过程服务和项目建设全周期服务作为目标,从企业项目需求出发,坚持问题导向，通过媒体、网络、建议、提案等广开渠道，听取意见，改进服务，切实解决实际问题。进一步开放市场，促进基础设施公共服务普惠性、保基本、均等化和可持续发展。大力推广基础设施建设PPP融资模式，吸引社会资金参与市政公用基础设施建设，提高建设管理水平。

二是全面推行"互联网+政务服务"。完善行政审批服务电子化，实现与各平台业务系统融合。及时公开国家和天津市行业管理最新政策和发展动态；及时公布基础设施项目公开招标信息，向社会公开推介；及时发布工程建设标准和新技术推广项目，搭建企业与项目、资源与需求一体的信息交流平台。要加快推进行政审批电子化，逐步实现审批事项全程网上接件、受理、审核、审批，使办件过程公开透明，实现让数据多跑路，企业少跑腿。

三是开展减证便民专项行动。全面清理取消各类无谓证明、奇葩证明，凡没有法律法规规章依据的办事条件和证明材料一律取消。对依法保留的证明，要逐项列清证明文件材料的名称、设定依据文件和具体条款和内容，并统一进行公示。要主动加强与证明出具部门或提供部门进行沟通，制定证明材料标准格式，避免因政策要求不一致，增加企业和群众负担。

四是实现一口受理接审分离。按照受理项目和内在关系将建设行政审批窗口整合为综合服务、资质资格、联合审批、公共服务、安全管理服务五大窗口服务区。完善行政审批和服务事项内部协调机制，明确职责、减少环节、提高效率。全面推进行政许可效能监察系统与建设管理信息平台互联互通、信息交换、数据共享，结合天津市"网上市民中心"实现一口申报、一口咨询、一口审批，减轻企业负担，提高审批工作效率。

五是建立重点建设项目"绿色通道"。建立重点项目协调推动机制，探索项目建设管理中"企业承诺""容缺后补""以函代证""函证结合"等新机制。建立市重点项目台账和信息管理平台，实行清单式任务管理，开辟审批绿色通道，压实责任，建立协调机制，加大督办力度，提升协调推动效率，加大基础设施配套对项目的支持力度，实现重点建设项目管理的制度化和规范化。

六是促进建设行业民营经济发展。坚决破除制约民营经济发展的体制机制障碍，推动基础设施投融资模式改革，拓宽民营资本投资渠道；优化建设管理机制，高效服务民营企业投资项目；推动建设行业转型升级，增强民营企业核心竞争力；提升政策支持服务力度，帮扶重点民营企业做优做强；开展培训和交流，提高民营企业技术能力；多种方式减轻企业负担，切实支持实体经济发展；创造公平公正的市场环境，引导民营企业诚信经营；完善公共服务信息平台，为民营企业提供高效便捷的建设信息服务。充分释放民营经济的活力和创造力，提升建设行业民营企业支持力度，建立民营投资项目服务机制，促进天津市民营经济持续健康发展。

七是为企业营造减负增效市场环境。全面停止行政事业性收费，取消或停征停车场易地建设费、非经营性公建配套费。逐步取消住宅气源发展费、供热工程建设费，将市政公用基础设施大配套工程费纳入基金管理。通过经营城市和运用市场机制，解决好基础设施和非经营性公建配套问题。巩固规范工程建设领域保证金清理成果，向企业清退保证金，对保留的农民工工资、招投标、工程质量等保证金，按照国家要求降低费率，全面推行银行保函作为缴纳保证金，减轻企业负担。全面降低经营服务类项目收费标准,努力提高服务质量。

八是完善便民服务热线。继续发挥好12319城建服务热线作用,加强向各区的服务延伸,提高受理承办落实效率。做好大数据分析,形成城乡建设辅助决策依据,更好地推进民生保障工作。

【推进"放管服"改革,制定具体措施】 为营造企业家创业发展良好建设市场环境,激发企业家干事创业激情,树立"产业第一、企业家老大"的理念,更好地引导企业家为建设现代化天津做出贡献。根据《中共中央、国务院关于营造企业家健康成长环境弘扬优秀企业家精神更好发挥企业家作用的意见》和《中共天津市委、天津市人民政府关于营造企业家创业发展良好环境的规定》文件精神,结合天津市建委工作实际,制定12条具体措施。

1. 建立公开透明的涉企权责清单。定期公布天津市建委涉企权责清单,明晰涉企权责内容、法律依据、实施机构、运行程序、监督方式,通过天津建设网等媒体向社会公开。根据国家规定,及时调整和完善行政许可等权力清单、责任清单。落实公平竞争审查制度,坚决清理、坚决摒除限制竞争的政策措施,为企业家经营发展提供广阔空间。

2. 全面放开基础设施投融资领域。建立建设领域市场准入负面清单,按照"非禁即入、非禁即准"的原则,全面放开市政交通、公用基础设施等投融资领域,吸引社会资本,通过PPP、特许经营、股权合作、委托经营等多种方式,积极参与轨道交通、供水、供热、燃气、综合管廊、海绵城市的投资建设和运行管理,形成权利平等、机会平等、规则平等的投资环境。

3. 清理规范建设领域涉企收费。实现市级建设领域涉企行政事业性"零收费"。全面实施涉企收费目录清单管理,对于符合规定的涉企政府性基金、经营服务性收费,按有关标准下限执行,并在天津建设网上公开收费项目、收费依据和收费标准。不得以任何形式向企业收费或变相收费,设立举报电话,完善投诉受理机制,自觉接受企业和社会监督。

4. 推进投资项目建设管理改革。建立高效便捷的企业投资项目建设管理机制,最大限度精简审批要件、简化审批程序,推进网上审批,实行"一口受理,接审分离",落实首问责任、首办负责和单一窗口、综合受理服务机制。取消民间投资房屋建筑工程必须招标的限制,建设单位可自主选择发包方式,给予比国有投资项目更优条件、更简程序。推进建设工程担保改革,放宽专业担保公司市场准入条件,允许保险公司进入工程担保领域,为企业提供更多选择,通过市场手段,加强建设工程担保的管理。

5. 营造规范标准文明的执法环境。全面实施建设领域"双随机、一公开"监管,制定随机抽查细则,公布随机抽查事项清单,健全执法人员名单库和检查对象名单库,随机抽取检查对象,随机确定执法人员,避免选择性执法,减轻企业负担,减少自由裁量权。建立执法全过程记录、行政执法公示及重大执法决定法制审核制度,提升执法公平性、规范性。

6. 建立建设领域诚信体系。建立建筑市场、房地产开发、勘察设计信用平台,完善行业信用信息系统和征信系统,建立企业家个人信用记录和诚信档案,归集整合行业信用信息,建立数据库,实时动态管理,与市级信用平台实现共享。积极与相关部门开展联合惩戒和奖励激励工作,对列入失信被执行人名单的依法依规实施惩戒，营造良好营商环境。

7. 强化建设项目服务保障。对各类投资性质的建设项目加强服务，一视同仁。对纳入市重点建设项目的要开辟审批绿色通道，采取超前指导、容缺预审等方式，优先办理工程报建、施工许可等建设手续。对企业家投资的保障房、成片开发等民生项目做好全程服务，促进早开工、早投产。减少房地产开发企业许可要件，放宽准入条件。房地产开发企业四级及暂定级开发规模提高到 20 万平方米，进一步增强企业发展活力。

8. 推进建筑业资质告知承诺审批试点。鼓励投资兴办建筑业企业，降低准入门槛，创造更加宽松的软环境。在部分区域试行建筑业企业资质告知承诺制，向行政相对人一次性告知全部内容，企业承诺符合审批条件并提交承诺书，即可当场办理相关行政许可事项，实现"书面承诺、函证结合、超前服务、加强监管"。

9. 支持企业家参与城建科技创新。鼓励企业家推进产品创新、技术创新和管理创新。培育专家型企业家，纳入城建领域专家库。鼓励企业家参与城建科技创新研发，支持企业家创造拥有自主知识产权的新技术、新产品，建立企业标准，积极推进科技成果的转化、应用和推广。向企业开放建设领域科学技术项目库，加大城建科研资金投入，促进企业科技研发和技术交流。鼓励企业家参与工程建设地方标准创新，保护专利权人及相关权利人合法权益。

10. 鼓励企业创优质、树品牌。鼓励企业家对建设项目的创优投入，落实国家对绿建、装配式的建设要求，争创国家和市级优质工程奖。对获国家及天津市工程质量优质奖项的企业进行表彰，与诚信体系联动，与建筑市场联动，在企业招投标、诚信企业评选中给予政策倾斜，让本市企业、外地企业享受同等待遇，让优秀企业在市场竞争中占得先机，调动企业创优积极性，激励企业创建精品工程。

11. 加大对企业家、技术人员的培养力度。大力弘扬企业家艰苦奋斗、追求卓越、服务社会的精神。构建建筑业企业家培训网络，设立城建大讲堂，深入研讨城建发展前沿、热点和难点问题，促进相互学习交流。加快建设行业高层次人才队伍建设，形成一批特贴专家、突贡专家。支持民营企业家和企业技术人员申报职称，并享受同等政策。加大优秀企业家宣传力度，利用天津建设网、天津城乡建设政务微博等，选树优秀企业家典型，宣传企业家优秀事迹。

12. 建立与建设领域企业家沟通协调机制。加快构建"亲""清"新型政商关系，对企业家既要亲切、热情、真诚，又要清白、纯洁、坦荡。健全部门与企业家沟通交流机制，建立企业家信箱和服务热线，充分利用行业协会，搭建与企业家的交流平台，做到帮扶企业制度化、常态化。建立面向企业家的决策咨询机制，对于涉企政策、制度，出台前要征求企业家意见，要利用实体政务大厅、网上政务平台等线上线下载体，推进政务信息公开，确保政策接地气、见实效。

政务和信息公开

【强化组织领导】 根据天津市建委领导调整和内设机构变化情况，为确保各项工作有效落实，经天津市建委第8次主任办公会研究同意，发布津建办〔2017〕329号文，对政务公开工作领导小组和信息公开工作领导小组进行调整。

【健全公开制度】 按照《关于印发2017年天津市政务公开重点工作安排的通知》（津政办发〔2017〕69号）文件的部署要求，先后制发《市建委关于全面推进政务公开工作的实施办法》《市建委2017年政务公开工作要点》，保障各项具体公开工作落到实处。

【创新工作方法】 厘清职责。因地制宜，与时俱进，结合工作职能出台《市建委2017年政务公开工作任务分解表》，将政务公开各项工作分解到处室，完善工作台账，使监督检查有了量化依据，有力推动了政务公开各项工作的开展。

强化自查。在2014年—2016年30项具体指标的基础上，结合市政府推动的第三方评估工作，制发《关于开展政务公开第三方评估自查工作的通知》，就政策公开、履职情况、解读回应、依申请公开、保障监督机制和天津市建委个性化指标等进行任务分解，相关处室、直属单位认真填写《2017年市建委政务公开第三方评估指标自查反馈表》，经分管委领导签字后，反馈办公室。

重点突破。根据《国务院办公厅关于印发2017年政务公开工作要点的通知》（国办发〔2017〕24号），围绕落实"全面推进'五公开'，加强解读回应，扩大公众参与，增强公开实效"总任务，按照天津市政府政务公开处首先把"五公开"纳入办文办公程序的要求，制发了《关于将"五公开"要求纳入办文办会程序的通知》，明确工作目标，分解目标责任，提出工作要求，取得了很好的效果。

【推动主动公开】 确保在政府信息主动公开或变更后20个工作日内，准时向政府信息公开查阅服务中心提供纸质文件，2017年向天津市图书馆、档案馆和行政许可服务中心寄送纸质文件累计495份；向天津市政府信息公开网上传主动公开文件165份；在天津市建委门户网站天津建设网公开信息42619条。

【对标个性指标】 深化棚户区改造及配套基础设施建设。对棚户区改造项目建立行政审批快速通道，简化审批程序，提高工作效率，改善服务方式，审批结果（施工许可证）在天津建设网上公开。按照棚改项目及基础设施建设职责分工，天津市建委编制了"2015—2017年全市棚户区改造基础设施建设计划"（具体为道路、泵站、配套管线等建设计划），做到政策任务公开、认定程序规范，宣传监督到位。

保障性安居工程。做好行政许可事项公开，编制行政许可目录。按照法律法规规定，逐项制定办事指南、审批流程、示范文本、办件材料等，并通过天津市行政审批服务网对外公示，方便企业查询和办理。2017年，天津市保障性安居工程新开工3万套，基本建成3万套。

【瞄准重点领域】 在财政资金使用方面，完整、规范地在天津市政府信息公开网和天津建设网上公开机关财政预决算和"三公"经费信息，接受社会监督。在工程建设项目方面，围绕项目审批和管理全过程，梳理8个信息公开环节，做到职权依据、前置要件、业务流程、监督管理"四个公开"，实现了网上受理、网上公示、网上公开结果，向公众提供了"一站式"服务。2017年累计发布项目报建、许可、招投标、监管信息3万多条。

【提高服务质量】 认真执行市政府办公厅印发的《天津市政府信息公开依申请受理答复文书》，规范运用13种答复文书，健全了部门承办、联合会商、法制审核工作流程；强化了搞清事实真相、搞清申请人真正诉求、搞清行政行为过程的"三个搞清"制度；努力健全依申请公开受理、审查、处理、答复工作机制。通过来人当面、信函（普通信、挂号信、EMS快递）、传真、天津政务网站等多渠道、多形式，2017年受理依申请公开申请318件，已全部按规定时间答复。

【完善公开流程】 2016年7月，天津市建委政府信息公开的依申请公开工作流程通过市建委OA系统上线试运行，经过近半年的实际运转和修正完善，规范了流程，提高了各节点的处理时效。2017年已全部实现网上受理、网上流转、网上回复，存档留痕工作取得突破。

【搞好教育培训】 认真执行国务院办公厅和市政府有关规章制度，健全完善天津市建委政府两公开工作规范，采取集中培训、专题培训、以会代训等多种形式组织机关各处室和直属单位内勤人员进行政务公开工作专题培训3次，参加培训人员230人次，政务公开、信息公开工作已经深入人心，也成为机关干部依法行政的重要途径。

【严控复议诉讼】 2017年涉及政府信息公开的行政复议和行政诉讼案件19件，其中行政诉讼2件，未出现败诉案件。

提案建议办理

【提案建议办理概况】 2017年，天津市建委承办"两会"期间建议提案280件，包括人大189件；政协91件。其中主办144件（建议105件、提案39件），会办136件。A类建议提案137件（建议100件、提案37件）。面商率81%，满意率达100%，采纳率91%，比上年提高了9%。A类建议提案落实率达100%。

【建立健全建议提案工作责任制】 为做好建议提案办理工作，天津市建委建立健全了建议提案工作责任制。主要领导为第一责任人，由一名局级领导分管，综合业务处全面负责，安排具体工作人员专门负责联络，各有关处室、直属单位和集团指定专人办理，共同组成建议提案工作办理机构。

【制度执行严格】 办前分析及时准确。天津市建委针对建议提案涉及面广、难度大等特点，组织26个承办处室及单位抓好办前分析，使建议提案的内容，市建委的职责、任务、分工等更加准确，提高了办理工作的针对性。

重点办理突出实效。在办前分析的同时，梳理出部分建议提案内容好、办理难度大及天津市人大、市政府和市政协确定的督办促办件作为重点件，集中力量办好重点，带动整体办理工作顺利有效推进。例如：代表提出的"关于在天津市实现冬季取暖弹性时间的建议"，天津市建委立即组织有关部门进行研究论证，并牵头天津市发展改革委、市工业和信息化委、市财政局、市气象局、市环保局研究制定根据气候变化确定提前和延后供热时间的会商机制，2017年实现11月1日达标供热。中国致公党天津市委员会提出的"关于推进天津市海绵城市建设的建议"、中国民主同盟天津市委员会提出的"关于开展地下综合管廊规划建设的建议"、中国国民党革命委员会天津市委员会提出的"关于推进天津市装配式建筑发展的建议"对于创新思路、深化改革、不断提高天津市建设管理水平发挥了重要作用。

座谈面商积极有效。天津市建委始终把座谈面商作为办理提案建议工作的重要环节，采取电话联络、上门拜访、座谈协商、邀请调研等方式，主动加强与代表委员的密切联系。天津市建委多次专门组织有关部门及多个承办单位一同走访座谈一大批代表委员，现场反馈办理进展及落实情况，并与代表沟通互动。还组织召开办理工作调研座谈会，代表委员听取天津市整体建设形势和市建委建议提案办理工作情况汇报。参会的天津市人大代表、政协委员、民主党派，市人大、市政府及市政协机关对市建委的提案办理工作给予了充分肯定和好评。

再次办理严肃认真。2017年天津市建委两会期间建议提案办结后接到了部分代表的反馈意见，市建委高度重视，多次组织研究、召开专题工作会议协调，进行再次办理。一是"水上公园西路拓宽改造的建议"。通过向代表汇报办理工作过程及有关情况，解释该路段已按规划实现，并向代表承诺未来如具备条件将全力组织实施，代表对市建委办理工作给予充分肯定，表示满意。二是"关于尽快对梨双路部分地段进行加宽改造的建议"。市建委通过现场调研并与属地西青区政府结合研究制定解决方案，多次沟通邀请代表面商、现场踏勘得到代表认可和肯定，并对市建委办理过程和落实情况表示满意。三是"关于市规划局加快纯皓家园保障房项目规划配套建设的建议""关于在南珠桥增加隔音板设施减少噪音和灯光扰民的建议""关于市热电公司协调解决河西区台北路2号院8户平房居民安装暖气的建议""关于尽快增设梅江左江道中间卫津河桥梁解决通行的建议"。通过多次与代表现场调研和沟通落实情况，代表对市建委办理工作给予充分肯定，表示满意。四是"关于尽快解决解放南路288号住户近十年冻结产权证过户的建议"。经向代表报告有关情况及解决思路，提出在未来工作中着力考虑，代表对办理工作表示认可，对办理结果表示基本满意。

宣传报道积极主动。天津市建委在提案建议办理工作过程中积极主动将计划方案、工作措施、主要做法、座谈面商、推动督办以及取得的实效进行认真总结，并主动进行宣传报道，不仅在市政府建议提案动态投稿，还通过广播电台以及城建简报、城建信息等多种途径来宣传报道建议提案办理工作。

【办理程序规范】 接收积极。天津市建委在市政府提案办集中组织交办工作中，分件认真、态度端正、接收积极，2017年共承办建议提案280件。

责任明确。对天津市建委承办的建议提案在最快的时间明确办理责任，并要求第一时间与代表委员进行沟通联系，提高承办单位及办理工作人员责任。

协商密切。针对综合性强、涉及面广、处理难度大或者问题反映比较集中的建议提案，天津市建委积极通过联席会、座谈会、督办会等形式进行研究，协调推动多部门联合承办，提高办理的实效性。

办复规范。天津市建委为提高办复办文质量，年初组织召开办理工作交办培训，规范格式、统一标准，严格把关复文质量。做到回复件格式醒目、规范，表述诚恳、准确，内容真实、全面。2017年，市建委承办的建议提案均已按期办复，复文质量均达标准要求，并及时完成邮寄和系统录入报知。

信访维稳

【完成信访基础业务办理工作】 共接待到机关来访群众257批次、1615人次。受理、办理群众来信、来访事项114件；办理天津市信访办通过信访信息系统转办网上投诉等渠道转来的群众信访事项75件，受理人民网留言86件，受理北方网留言153件，受理政民零距离留言78件，办理天津市建委官网信访信箱、主任信箱及网上投诉等信访事项751件。以上各种渠道的信访事项全部按程序回复，办结率为100%。

在开展日常工作过程中，根据国家信访局信访事项的有关规定，研究完善信访程序，规范信访业务流程，及时、完整、准确录入信访信息，严格按照时限和要求办理信访事项，进一步细化操作流程，提高信访工作公信力，提高办件效率和效果。

【组织信访隐患问题排查，推动重点问题矛盾化解】 为切实做好十九大、全运会期间维护社会稳定工作，制定了《市建委关于做好党的十九大及"两节"期间维稳信访工作的通知》，组织天津市建委相关部门单位开展加大矛盾排查化解力度及重点行业领域安全稳定监督管理工作，做到问题隐患早排查、早发现、早解决，抓紧抓早抓预防，重点隐患问题配合相关部门推动化解，推动解决了仕林苑排水配套群众上访问题。2017年接待水岸名门材料商问题集访十余次、300余人，热心接待、耐心解释、积极劝导，事项群体稳定受控。妥善处理了有关富力中心、乐易购超市拆迁等一批市建委门前的集访和缠访闹访行为。

【推动落实信访责任制】 按照天津市政府关于落实信访工作责任制的要求，2017年3月在全面分类梳理权力清单、责任清单和常见信访投诉请求的基础上，制定了《天津市城乡建设委员会通过法定途径分类处理信访投诉请求清单》，进一步规范了信访工作程序，切实维护了群众合法权益。建立完善了领导干部接访下访制度，从2017年9月起，每日安排一名市建委领导面对面接待来访群众，当场能处理的信访事项及时解决，当场不能解释和处理的，转交相关职能处室和单位妥善处理并及时回复信访人。

【组织完成公仆热线活动】 在天津市建委的带领下，积极组织市政处、交通处、供热办等12个处室、站办每月开展一次公仆热线活动，耐心倾听群众的心声，现场受理、解答与人民群众切实相关的各类问题,对于不属于市建委职能范围的问题,做好解释工作并提出指导意见;对属于市建委职能范围但需要核实的事项,督促所属部门尽快落实,及时将解决结果反馈市民。2017年共组织公仆热线活动10次,接听群众来电165个,受理71件,均及时答复群众。

【组织推动完成综治目标】 推动反恐防范标准在行业中推广落实,不断提高系统和行业打黑除恶、消防、安保等意识,推动各项措施、制度落实到位,行业安全隐患始终处于受控状态,圆满完成了综治目标任务书各项要求。

建设审计与监督

【组织完成6个区的财政预算补贴资金专项审计】 2017年初，完成了2013年—2015年使用财政预算补贴资金建设项目专项审计，涉及北辰、蓟州、宝坻、武清、宁河和静海6区，共16个项目。审计发现16个项目在前期手续办理、招投标程序、资金拨付及使用三方面不同程度存在问题，分别出具审计报告6份，责成天津市各区建委组织建设单位抓紧整改。

【开展天津城市基础设施建设投资集团有限公司2016年下半年以来新开工项目基本建设程序执行情况专项审计】 启动对天津城市基础设施建设投资集团有限公司2016年下半年—2017年上半年新开工项目基本建设程序执行情况专项审计，主要对项目开工前需要取得的审批文件办理情况进行审计，包括立项、可研、初设、规划、土地、环评、能评、稳评、安评、施工许可各环节批复文件的获取情况以及现阶段工程进展情况。此次审计共涉及该集团48个建设项目、5家建设单位。2017年计划完成投资10.35亿元。对审计中发现的问题，责令其加以整改，并请市建委计划处和配套办加以关注。

【开展对盘山风景区、黄崖关长城风景区财政补助资金使用情况的专项审计】 完成了天津盘山风景名胜区、黄崖关长城风景名胜区2014年—2016年天津市建委拨付的财政预算补助资金使用情况的专项审计，出具审计报告共2份，要求2个管理局针对发现的问题落实整改措施，并向相关部门发函，督促加强监管。

【处置2016年保障性安居工程审计移送问题】 2017年7月，天津市审计局将在2016年保障性安居工程跟踪审计中发现的工程建设管理方面的问题移送天津市建委，涉及招投标、违法转分包等5个方面，市建委责成相关单位进行了核实、处理。相关执法部门对6个违法招投标单位进行了行政处罚；对4个项目转包违法分包单位进行了行政处罚，并将违法行为记入信用系统；对3个违法行为已超过两年的单位进行了约谈，对相关责任单位的负责人进行了严肃批评教育。

【处置"妈祖文化园红线外工程"审计移送问题】 2017年10月，天津市建委对市审计局移送处理的"中交一航局第四工程有限公司涉嫌转包妈祖文化园红线外工程"问题，责成中新生态城建设局进行核实和查处。中新生态城建设局依据《建设工程质量管理条例》，对中交一航局第四工程有限公司处以工程合同价款1%的罚款；市建委对违法单位进行全市通报批评，相关情况记入天津市建筑市场监管与信用信息平台。

档案管理

【加强组织领导,健全档案管理队伍】
天津市建委建立了由主任挂帅、总经济师分管,办公室主任统一管理、机关各处处长分头负责、档案管理人员与各处室专兼职人员协调配合具体承办的四级档案管理网络,明确了各级责任人和责任目标,每年把档案工作列入年度计划,市建委各部门也将文件、案卷的收集、整理、归档等工作纳入本部门岗位职责之中,做到责任清、任务明,实现了年初有计划、有目标,年末有考核、有总结。努力做到认识到位,组织到位,措施到位。

【健全管理制度,依法依规开展工作】
坚持用制度推动工作,不断完善机关档案管理制度体系。先后制定、修订了《市建委档案管理制度》《市建委工程建设指挥部档案管理办法》《关于印发市建委档案管理应急预案的通知》等多层面涉及档案管理的规章制度,为天津市建委机关、下属事业单位和牵头的各工程建设指挥部的档案管理职责、归档范围、保管期限、整理归档、保管利用和移交等方面提供了规范性依据。

【狠抓基础建设,确保档案工作质量】
高度重视各类档案收集、整理,凡是对城乡建设工作发展有参考价值、利用价值的,包括纸质档案、实物、照片等介质档案都纳入天津市建委档案资源建设体系,配备了各类档案管理设施设备,努力做到全面收集、科学管理。

一是加强和规范档案接收工作。严格执行归档制度,为确保档案收集的完整性,采取统一指导、集中归档、严格落实《档案归档范围和保管期限表》、文件核对等措施。特别是根据职能调整,围绕逐步确定的部门职能,对《保管范围和保管期限表》进行了修订,加强对重大活动、重要事件产生的档案资料的收集工作,已报送天津市档案局进行审修。

二是坚持档案整理规范化、标准化。严格按照天津市档案局的有关工作要求,制定了科学适用的保管期限表和档案索引目录,努力做到组卷、组件合理,保管期限划分准确;各部门配齐标准档案盒、归档章、装订线、打眼机等归档用具,要求案卷装订整齐,项目填写整齐规范,归档率、完整率、准确率均达到100%。室藏档案表目登记规范,对室藏各门类档案均按照市档案局的有关规定制作了完整的纸质和电子两套目录,并将纸质目录集中存放,电子文件目录进行备份。

三是健全完善档案收集整理、鉴定保

管、统计利用等管理工作，建立档案收进移出登记簿、档案总登记台账、档案分类登记台账，档案开发利用统计、机构、人员、库房设备台账，档案工作基本情况统计编表、档案安全检查情况等制度，提高了档案管理科学化水平。

四是坚持做好档案的保管、保护工作，绘制了档案、资料存放示意图，坚持温湿度测量，保持库内整洁，定期对库房进行检查并做好记录。定期消毒，档案未出现霉变、污损、虫蛀、鼠咬等现象。认真落实库房管理制度和借阅制度，保证入库档案质量，档案出库一律严格登记，定期进行清点检查，无丢失、泄密现象。

五是做好档案归档和移交工作。2017年6月，天津市建委办公室召开全委档案工作会议，部署年度档案工作并进行归档立卷培训，制定了归档方案，坚持档案室、相关处室两级把关、集中档案整理，档案室在订卷前以处室发文本和"归档范围"为依据逐件检查依据性文件、附件、领导批示等文件，确保资料收集齐全、规范存档。在全委的共同努力下，2017年度市建委机关各类档案归档立卷工作已于2017年底全部完成，共产生文书档案366盒、5088件，实物档案14件，资料42卷，电子文件4637件、24.06GB。同时，市建委办公室将高速快速路指挥部文书档案进行了系统的整理归档，共产生档案15盒、918件。

【推进信息化建设，提高档案管理效率】 积极适应新形势要求，充分利用信息化手段，努力提高档案管理和利用的现代化水平。一是将档案工作信息化建设纳入天津市建委信息化工作发展规划，重新修订了《电子文件归档管理暂行办法》等制度规定，投入大量人力、物力，超前谋划、有序推进档案电子化管理，配备计算机、服务器、多功能扫描仪等设备开展数字化工作。二是加强图片档案归集。着力加强对实物、照片档案的收集工作。照片档案专门配备了电子照片档案用硬盘，使之更加规整、系统、易保存且不易丢失，实物档案内容更加丰富。三是大力推进档案数字化建设，开展以文书档案为主要内容的纸质档案扫描。强化数字化资料归档。现已完成2017年市建委机关文书档案的数字化扫描。

【有序利用档案，提升档案服务水平】 坚持以为领导决策服务和为城乡建设工作服务的宗旨，积极开发利用档案资源。一是先后编制了各种载体的全引目录、归档文件目录、声像档案、实物档案、电子档案、编研材料、全宗卷等索引工具，清晰规范，能够从多个角度进行快速、准确的检索，实行档案利用效果反馈制度和利用效果登记制度，促进档案利用价值得到充分有效的运用和发挥。二是不断加强编研工作，坚持把加强编研工作、提高利用效果作为档案管理的着力点，集中时间，集中精力，围绕天津市建委中心工作，进行编研活动。三是坚持主动利用与被动利用相结合的方式，积极宣传档案利用的价值和意义，广泛挖掘档案信息资源，主动为天津市建委政务公开、信访等各项工作服务，2017年档案室提供档案利用62次，涉及档案100余件，有效服务了城乡建设管理工作。

【加强服务培训，提升系统整体水平】 在抓好机关档案管理的同时，强化对直属事业单位的指导，及时传达天津市档案局的有关工作要求和部署，定期组织学习培训交流，推动城建系统档案工作水平提升。以多种形式开展业务学习培训，定期组织天津市建委各处室、站办档案员进行档案法制、档案业务、计算机知识、档案现代化管理、档案数字化等内容的专题培训,邀请市档案局有关专家到市建委举办讲座或组织全体档案工作人员到其他单位实地考察学习。及时向市建委下属各单位转发了市档案局《关于开展 2017—2018 年度市、区县机关所属单位档案工作考核的通知》,对各单位档案管理现状进行了摸底,并邀请了市档案局有关同志到天津市工程建设交易服务中心、天津市12319 城建热线服务中心、天津市建设工程造价管理总站三家单位深入指导,对不完善的工作提出意见、建议。天津市工程建设交易服务中心于 2017 年底完成市级事业单位档案室考评工作,并获天津市一级档案室称号。

应急管理

2017年8月，天津市建委机关内设机构和处室职责调整，应急管理工作牵头部门由公用处调整到办公室。办公室主动开展工作，保证了各项工作无缝衔接、有序过渡，顺利完成全运会和十九大等重大敏感时期的应急保障任务。

【健全组织机构】 为建立响应快速、指挥得力、处置高效的应急指挥体系，按照天津市政府要求，天津市建委及时成立了应急管理工作领导小组，主要领导任组长，分管委领导任副组长，相关处室、直属单位负责同志为成员。领导小组下设办公室，牵头负责应急管理日常工作，成立3个专项组，明确了各自职责任务，形成了领导小组统一领导、各专项组分工负责的工作体制。

【制定实施意见】 为有效预防和减少突发事件发生，不断提高依法应急、依法处置突发事件的能力和水平，9月初，应急管理工作领导小组分别到天津市政府应急办、市人防办等进行调研，会同市建委公用处、质量安全处制定了《关于加强应急管理工作的实施意见》，旨在明确领导和工作机构，健全工作机制，确定工作职责，规范处置程序。形成初稿并广泛征求意见、修改完善后，2017年10月20日市建委正式文件印发实施，作为今后指导市建委应急管理工作的重要遵循。

【认真查找风险点】 为有针对性地做好应急防范工作，按照三定方案和天津市建委职能职责，市建委主要承担全市建筑工程、燃气、供热3个专项和防汛应急管理工作，任务重、范围广、压力大，各类不安全不稳定因素广泛存在。对初步统计得出的76个风险点，逐个进行分析和研判，并形成工作台账。

【加强指挥中心建设】 应急指挥平台是科学高效应对突发事件的重要技术支撑，长期以来，天津市建委应急指挥中心设在12319城建热线，建筑工程监控平台设在天津市质安监管总队，供热、燃气实时监测平台正在建设，值班值守设在市建委办公楼，各技术平台比较分散，应急支撑能力相对较弱，远远达不到天津市应急办提出的应急指挥"一张网"要求。为适应新形势新要求，在市建委办公楼A座107室建立应急指挥中心，值班值守系统和应急指挥系统完成数据接入，基本功能已经实现。

【规范文书资料】 按照应急管理工作绩效考评细则，搜集、完善、制定相关文件资料，确保资料齐全、可查可考。

第十四篇
人才建设工作

机构及职责情况

【机构和职责】 依据天津市委、市政府批复文件（津党办发〔2014〕14号），天津市建委主要职责共11项。

1. 贯彻执行国家有关城乡建设的法律、法规、规章和方针、政策，研究起草有关地方性法规、规章草案；拟订有关政策，并组织实施。

2. 编制城乡建设发展规划，会同有关部门负责编制供热、燃气设施建设专项规划，会同有关部门拟订市政公用和交通（不含普通公路）基础设施年度建设计划，并组织实施。参与编制城市总体规划、分区规划、建设用地规划和土地利用计划。会同有关部门管理城市建设资金。负责城乡建设综合统计工作。

3. 负责交通、市政公用基础设施、房屋建筑及配套设施项目的建设管理（不含普通公路）和建设市场管理。负责重大项目建设综合协调。负责新建区域内地下管网建设施工综合协调管理。

4. 协调指导全市村镇建设，拟订小城镇建设政策并指导实施，协调指导村镇基础设施建设、农村住房建设，协调推动全市重点镇建设。

5. 承担建设工程质量安全监管责任，负责建设工程中施工质量、安全生产和文明施工管理。拟订工程建设标准和技术规范，负责建设工程中建筑材料和建筑设备使用的监督管理。组织或参与工程重大质量、安全事故的调查处理。

6. 组织编制建设行业技术进步、专业技能培训规划，并组织实施。负责绿色建筑和建筑节能监督管理，编制绿色建筑和建筑节能专项发展规划。组织建设行业新技术、新工艺、新材料、新设备的推广和应用。推进住宅产业化、建筑工业化发展。协调推进建设行业信息化工作。

7. 负责房地产开发行业管理和综合协调。负责编制房地产业发展专项规划，参与土地和房屋征收、住房保障等有关政策制定，负责编制房地产（含保障性住房）建设计划，对商品房项目资本金的使用进行监督管理，负责房地产开发企业信用监督管理，负责房地产项目基础设施配套建设管理，指导推动住宅项目非经营性公建的配套，负责新建住宅商品房准许交付使用管理。

8. 承担建筑业行业管理和建筑市场管理责任。拟订建筑业发展规划。负责工程造价、招投标、合同的管理和监督，负责建筑行业信用体系建设。负责境外和外埠工程勘察设计、建筑施工和工程中介企业进津备案管理。

9. 负责建设工程勘察设计行业管理，拟订行业发展规划，负责施工图审查和施工图审查机构的监督管理。负责建筑工程抗震设防管理，指导农民自建住房结构安全和抗震设防。

10. 会同行业主管部门负责新建市政公用设施特许经营管理。负责燃气、供热行业管理和市场监管，参与集中供热和燃气价格政策的制定，负责燃气、供热行业应急管理。编制风景名胜区规划并指导实施，负责风景名胜区的设立审查、报批和监督管理。指导相关行业协会工作。

11. 承办天津市委、市政府交办的其他事项。同时，根据天津市编办批复的《关于调整高速公路建设管理职责的通知》（津编办发〔2016〕126号）要求，2016年12月，将市建委高速公路建设管理（含高速公路建设市场管理）职责划给市交通运输委。市建委不再承担会同市交通运输委拟定高速公路年度建设计划并组织实施的职责。相关职责由市交通运输委承担。

【内设机构】 天津市建委设置内设机构28个，具体是：办公室、研究室、信息处、城市建设处、综合计划处（建设金融处）、交通工程建设处、工程建设处、村镇建设处、节能科技处、标准设计处（抗震办公室）、建筑业处、招投标处、房地产处、公用事业处、质量安全处、行政审批处、政策法规处、执法监督处、人事教育处、财务处、建设审计处、信访处、党委办公室、组织干部处、宣传处（统战处）、党委巡察工作办公室、老干部处、机关党委办公室。

依据市建委文件，委机关内设机构职责如下：

1. 办公室。负责政务工作的组织、协调、服务工作；负责公文处理、会务接待、重大活动会议的组织和对外联络工作；负责委主任办公会等业务工作会议的组织；负责政务督查、综合性业务督查工作；负责办理人大代表建议、政协委员提案；负责政府信息公开和政务公开工作；负责政务工作信息简报审核编发，并上报市政府；负责组织协调委应急管理工作；负责档案管理工作；负责机关行政事务管理。承办委领导交办的其他事项。

2. 研究室。结合党中央、国务院、国家相关部委及市委、市政府重要会议精神及文件部署，开展相关研究工作，提出综合性工作意见；围绕城乡建设、改革发展、重点领域、重大问题相关业务工作开展调查研究，并提出针对性对策建议；牵头推动相关行业发展规划研究工作；制定城乡建设重大调研课题计划并推动实施；负责委综合性业务文稿的起草工作。承办委领导交办的其他事项。

3. 信息处。负责全委信息化建设管理工作；负责组织城市建设地理信息系统建设；牵头委社会信用体系信息化建设工作；牵头委行政审批和公共服务事项电子化工作；负责委系统网络和信息安全管理工作；负责对外网络信息衔接工作。承办委领导交办的其他事项。

4. 城市建设处。负责全市城市工作的组织协调推动，承担市城市工作联席会议日常工作，牵头委城市建设工作的组织协调；牵头推动市政公用和交通基础设施相关规划研究工作；承担市有关规划的评审工作；负责组织研究制定地下综合管廊规划、建设和运营管理相关政策，指导协调推动地下管廊建设工作；负责组织研究制定海绵城市规划、建设和管理相关政策，组织试点工程建设，指导协调推动全市海绵城市建设工作。承办委领导交办的其他事项。

5. 综合计划处（建设金融处）。组织编制市政公用和交通基础设施近期建设规划；负责涉及市政公用和交通基础设施建设的政策研究和制定；负责编制市政公用和交通基础设施项目年度建设计划；负责市政基础设施项目储备库管理工作；牵头组织城建投资及经济运行分析；负责市政公用和交通基础设施项目建议书、可行性研究报告和初步设计审批，负责项目的核准和备案；负责组织市政公用和交通基础设施项目造价评审、概算调整等工作；负责市政公用和交通基础设施投融资及PPP融资工作；负责新建市政公用基础设施项目特许经营管理；负责市政公用和交通基础设施项目招商引资工作；会同有关部门管理城市建设资金；负责城乡建设综合统计工作。承办委领导交办的其他事项。

6. 交通工程建设处。负责组织协调交通工程项目建设；负责交通工程建设过程中相关问题的研究和政策制定；参与拟定综合交通专项规划、年度建设计划，参与前期工作；协调交通工程设施交接工作；负责交通工程建设统计工作。承办委领导交办的其他事项。

7. 工程建设处。负责市重点工程项目建设过程的综合协调（不含交通工程项目）；负责分管工程项目实施中相关问题的研究和政策制定；负责新建、改建、扩建工程项目报建备案和施工许可管理；负责建设系统防汛工作方案的制定并组织实施；协调推动市政基础设施项目的前期（扩初设计之后）、实施和移交工作；负责建设工程综合统计工作。承办委领导交办的其他事项。

8. 村镇建设处。指导协调全市改善农村人居环境和新型城镇化建设；拟订村庄和小城镇建设政策并指导实施；协调组织编制村镇市政公用基础设施专项建设规划并指导实施；指导农村住房建设、农村住房安全和危房改造；组织推动村镇建设标准、规范、民居通用设计图集的编制和推广；负责村镇建设综合统计工作。承办委领导交办的其他事项。

9. 节能科技处。组织编制建设行业技术进步、绿色建筑、建筑节能和装配式建筑发展规划并组织实施；负责制定建筑节能、绿色建筑和装配式建筑相关政策法规并推动实施；组织建设行业新技术、新工艺、新材料、新设备的推广和应用；负责城乡建设科研管理工作；指导新型墙体材料、散装水泥管理工作。承办委领导交办的其他事项。

10. 标准设计处（抗震办公室）。负责城乡建设地方技术标准、规范、规程的管理；负责勘察设计行业和市场管理；负责编制勘察设计行业发展规划；负责勘察设计行业法规、规章、政策的研究和制定；负责勘察设计类企业资质和执业人员资格管理及信用体系建设；负责保障性住房项目初步设计审查；负责境外和外埠进津勘察设计企业管理；负责施工图审查和施工图审查机构的监督管理；负责制定绿色建筑、装配式建筑等标准在工程设计阶段实际应用的管理制度，并监督实施；负责建设工程抗震设防监督管理。承办委领导交办的其他事项。

11. 建筑业处。负责全市建筑业和建筑市场管理；负责编制建筑业发展规划；负责建筑业和建筑市场法规、规章、政策的研究和制定；负责建筑业企业、中介服务机构资质及相关执业人员资格管理；负责境外和外埠进津建筑业企业管理；负责建筑市场执法监察工作；负责建筑行业信用体系建设；负责全市建筑业劳务用工管理；负责建设工程造价管理；指导各区建筑业和建筑市场管理工作。承办委领导交办的其他事项。

12. 招投标处。负责市政公用基础设施和房屋建筑及其配套设施新建、改建、扩建项目，勘察设计、监理、施工、设备、材料招标的监督管理工作；负责建设工程招标投标管理法规、规章、政策的研究和制定；负责建设工程合同备案管理。承办委领导交办的其他事项。

13. 房地产处。负责房地产开发行业管理和综合协调；负责编制房地产建设发展专项规划；负责房地产建设法规、规章、政策的研究和制定；负责房地产开发企业资质管理和信用体系建设；指导各区新建住宅商品房准许交付使用管理；参与土地和房屋征收、住房保障等有关政策制定；负责编制房地产建设计划，实施新建住宅项目开发建设方案备案管理；负责保障性住房项目立项、可研、投资计划批复；指导各区实施房地产项目基础设施和非经营性公建配套建设；负责房地产综合统计工作。承办委领导交办的其他事项。

14. 公用事业处。指导供热、燃气行业管理和市场监督管理；负责组织供热、燃气等基础设施发展专项规划的编制；指导协调供热、燃气设施建设工作；负责组织供热、燃气行业法规、规章、政策的研究和制定；参与制定集中供热和燃气价格政策；负责组织编制风景名胜区规划并指导实施，负责风景名胜区内重大建设项目核准工作，负责市级风景名胜区的设立审查、报批和监督管理；负责公用行业应急管理工作；指导12319城建服务平台工作。承办委领导交办的其他事项。

15. 质量安全处。负责建设工程施工质量、安全生产和文明施工管理；负责建设工程建筑材料和建筑机械设备使用的监督管理；负责建设工程质量安全及材料、设备管理法规、规章、政策的研究和制定；负责工程质量检测机构、安全生产许可管理，负责指导和管理三类人员；牵头委安全生产工作；组织重大工程项目技术方案审查，协调解决工程建设中重大技术问题；组织或参与工程重大质量、安全事故的调查处理；负责建设施工应急管理工作。承办委领导交办的其他事项。

16. 行政审批处。负责推动委行政审批制度改革；负责委行政审批和公共服务事项的监督管理，推进行政审批电子化；负责委进驻行政许可服务中心窗口人员的管理工作；牵头组织行政审批事项标准、政策的制定；牵头委对企业服务工作。承办委领导交办的其他事项。

17. 政策法规处。组织拟订城乡建设地方性法规、政府规章草案和有关政策措施；负责委相关政策合法性审核；负责委发文件的法制审核和公平竞争审查工作；牵头委权责清单和负面清单梳理制定工作；负责委法制监督和普法工作；负责行政处罚案件的法制审核；负责有关行政复议和行政应诉工作；推动委法律顾问制度的落实。承办委领导交办的其他事项。

18. 执法监督处。负责推动依法行政工作；负责执法监督工作，承担执法监督平台的建设和管理；综合协调委执法检查工作；负责行政执法投诉的受理和调查；负责组织住房城乡建设部转办稽查案件和重大违法案件的调查；负责委行政执法主体资格、行政执法人员资格、行政执法监督人员资格等相关管理工作。承办委领导交办的其他事项。

19. 人事教育处。负责委机关和直属事业单位机构编制管理；负责核定机关和直属事业单位职责；负责绩效考核工作；负责机关及直属单位工资管理、福利政策；承担出国人员计划制定及管理工作；

负责组织工程技术土建专业技术职称评审工作;负责组织推动直属事业单位改革工作;负责行业教育培训管理,指导直属院校和教育培训机构工作。承办委领导交办的其他事项。

20. 财务处。负责编报并落实年度财务预决算;负责拟定并组织实施有关财务会计制度;负责委机关财务管理工作,指导直属单位财务工作并对直属单位的财务和国有资产进行监督管理;负责委行政事业性收费、经营性收费的监督和管理;负责经济协作工作和对外援助、援建工作。承办委领导交办的其他事项。

21. 建设审计处。负责制定市政公用及交通基础设施项目年度审计计划;负责组织对建设项目建设程序、资金使用、工程超概的审计工作;负责委机关和直属单位的财务审计以及干部经济责任审计工作。承办委领导交办的其他事项。

22. 信访处。负责系统维护稳定和社会治安综合治理工作;牵头委反恐工作;负责受理群众来信来电,接待来访;负责有关电子邮件、电话热线、媒体网络等渠道群众来信来访的承办工作;承办上级单位及相关部门转来的信件和事项;协调处理突发信访事件。承办委领导交办的其他事项。

23. 党委办公室。负责中央和市委重要会议文件的传达贯彻、推动落实工作,提出加强党建工作的针对性政策和建议;负责落实全面从严治党主体责任工作;负责落实党风廉政建设主体责任工作;负责"三重一大"制度落实;负责市委督查、督办、巡视整改落实工作;负责党委日常工作的组织、协调、推动和督查工作;负责起草党委综合性文稿;负责党委会议的组织工作和确定事项的协调推动;负责党委信息简报的审核编发工作;承接市委保密领导小组日常工作;负责联系归口管理的市管单位和中央驻津单位党的工作。承办委领导交办的其他事项。

24. 组织干部处。负责系统基层党组织建设和党员队伍建设工作;负责委机关和直属单位干部队伍的思想、作风建设,做好教育培训和监督管理工作;负责全委处级干部和机关科级干部的选拔任用工作,对直属单位科级干部选拔任用工作进行指导和监督;负责干部人事档案管理工作;负责系统高层次人才队伍建设;协助做好归口市管单位领导班子、领导干部和后备干部队伍建设工作;协助做好中央在津相关企事业单位领导班子建设工作。承办委领导交办的其他事项。

25. 宣传处(统战处)。承担精神文明建设、宣传工作、思想政治工作和新闻舆论宣传;承担市委网信办有关工作;负责委门户网站内容管理,对委相关网站内容进行监管;负责官方微博发布工作;组织推动理论教育工作;组织推动行业精神文明创建工作;负责系统政工职称系列评审工作;负责系统统一战线工作;承担政治理论学习及党委理论学习组织服务工作;承担职工思想政治工作研究会工作。承办委领导交办的其他事项。

26. 党委巡察工作办公室。负责向党委巡察工作领导小组报告工作情况,传达贯彻党委巡察工作领导小组的决策部署;起草巡察工作计划;审定向党委巡察工作领导小组汇报的各类资料;综合、统筹、协调、指导开展巡察工作;承担与巡察工作相关的政策研究、制度建设等工作;对党委和党委巡察工作领导小组决定的事项进行督办;配合有关部门对巡察人员进行考核、培训、监督和管理;负责向市委巡视工作办公室报送工作规划、工作总结和工作信息等。承办委领导交办的其他事项。

27. 老干部处。负责委机关老干部管理工作；牵头组织委机关退休干部管理工作；指导系统和直属单位的老干部工作。承办委领导交办的其他事项。

28. 机关党委办公室。负责检查党组织、党员贯彻执行党的路线方针政策和决议的情况，对机关党员干部行使权力情况进行监督；承担机关党建工作；负责委机关和直属单位党员教育、管理和服务；负责做好机关工作人员的思想政治工作；负责入党积极分子的教育、培养和考察，做好发展党员工作；协助委党委管理机关基层党组织和群众组织的干部；领导工会、妇联和共青团工作；领导直属单位党的工作。承办委领导交办的其他事项。

【直属事业单位】 市建委直属管理事业单位21个。按照行政级别分类：相当副局级单位1个，相当正处级单位15个，相当副处级单位3个，相当正科级单位2个。按照经费来源分类：全额拨款单位6个，差额拨款单位2个，经费自理单位13个。

根据市编委批复文件，各单位职责如下：

1. 天津市建设工程质量安全监督管理总队。主要职责：贯彻执行本市城乡建设和交通建设有关质量、安全、文明施工的规章、制度和标准；根据有关规定，承担工程质量、施工安全、文明施工监督管理和建设市场监察；组织或参与对重大工程质量、安全事故的调查处理。

2. 天津市供热办公室。主要职责：参与编制并负责组织落实本市集中供热的远期、近期规划和年度实施计划；参与对全市集中供热建设项目可行性研究的编制工作；负责对集中供热企业实行行业管理。

3. 天津市燃气管理处（天津市建设工程质量监督管理总站燃气建设工程质量监督分站）。主要职责：贯彻落实国家和本市有关政策、法规，研究拟订本市燃气管理的有关规划、计划；负责对燃气和燃气器具经营单位的开业资质审核及发放许可证工作；对燃气工程设计、施工单位的资质进行审查和组织燃气竣工的验收工作；依据《天津市城市燃气管理条例》对违章行为进行纠正和处罚；组织推广节约用气、安全用气的先进技术；负责局属企业正常供气的管理工作；负责接待来信、来访，受理用户投诉。

4. 天津市建委党校。主要职责：负责规划建设交通系统干部、党员的培训管理工作；承办中央党校市委党校函授教育。

5. 天津市12319城建热线服务中心。主要职责：为有关行业提供事件受理、话务转拨、咨询服务、任务下达、服务监督、决策依据的热线电话服务。

6. 天津市建设工程技术研究所。主要职责：根据有关规定，参与拟订工程建设、交通建设和村镇建设的工程科技发展规划和相关政策；承担本市工程技术研究工作；组织编制本市工程建设地方技术标准、规范以及标准设计图集；指导系统内工程技术科研工作，推进科技成果转化。

7. 天津市建设信息技术服务中心。主要职责：负责市建委机关计算机机房和网站的日常运行、维护与管理以及计算机应用系统的再开发工作；组织建设系统信息管理人员的业务培训工作；对建设系统单位的信息系统的开发利用工作给予技术指导和支持；开展技术和业务的咨询服务工作。

8. 天津市绿色建筑促进发展中心。主要职责：负责建设领域新技术、新材料、新设备、新工艺和工程建设施工工法的组织论证和推广应用；负责新型墙体材料、散装水泥和预拌混凝土、预拌砂浆推广应用；参与开展绿色建筑、装配式建筑、建筑节能和建设科技等方面政策法规、发展规划和技术标准的研究；组织编制本市工程建设地方技术标准、规范以及标准设计图集；负责建设工程项目施工图设计审查服务工作。

9. 天津市城市基础设施配套办公室。主要职责：在市建委领导下，对城市基础设施的经营利用进行统一管理；管理城市基础设施大配套费；配合有关部门做好城市基础设施配套工程的统筹建设。

10. 天津市公用设施配套办公室。主要职责：根据有关规定，负责本市新建住宅小区红线至大干管的自来水、煤气以及公交大配套工程项目的规划方案、设计、施工、预决算资金管理全过程的组织实施；负责公用设施配套工程竣工验收及时交付使用。

11. 天津市建委世行贷款项目办公室（天津市市政公用和综合交通建设项目投资评审中心）。主要职责：对外负责与世界银行的联络、文件传递与交换，对内负责世行项目的管理、协调和管理人员的培训；受市建交委委托，承担对市政公用和综合交通建设项目的投资估算、概算、工程预（结）算及实施过程中的重大变更等进行评审，并组织开展工程决算工作。

12. 天津市建设工程造价管理总站（天津市建设工程造价信息中心）。主要职责：根据有关规定，负责组织编制、修订和补充本市建设工程造价计价依据，制定有关工程造价计价及调整办法；发布本市建筑市场材料设备价格信息及工程造价综合浮动指数，为建设单位提供工程计价服务；为施工企业编制报价定额提供咨询。

13. 天津市工程建设交易服务中心（天津市建设工程招标投标服务中心）。主要职责：负责工程建设交易管理的组织实施；组织有关部门实行一站式服务；为建设工程交易各方提供相关信息服务；为建设工程招标投标活动提供场所，并围绕建设工程招标投标工作开展经济技术咨询、服务和培训；组织开展国内国际间技术合作与交流。

14. 天津市建设工程招标监督管理站（天津市建设工程合同管理站）。主要职责：监督管理本市建设工程招标投标活动；负责招标方式、招标预审情况、招标文件、中标合同实施备案；监督评审委员会的组成；推行使用国家建设合同示范文本；对建设工程施工合同的履行进行跟踪管理，对建设合同中违法违规行为进行检查。

15. 天津市安居工程办公室。主要职责：拟定市安居工程实施方案并组织、协调安居工程的实施；以房地产开发为重点，经授权进行土地整理和固定资产投资；根据市建委制定的固定资产投资计划、通过房地产综合开发以及城市建设相关的经营活动，积累和管理各项资金。

16. 天津市施工队伍管理站（天津市施工队伍交流服务中心）。主要职责：根据有关规定，承担对外地建筑施工企业进津从事施工经营的资质审验工作；对核准进津施工企业的施工质量、安全生产、文明施工等实施监督管理；组织推动施工队伍的输出、输入和交流合作工作；承担施工队伍技术、业务培训工作。

17. 天津市建委老干部盘山疗养院（天津市建委老干部活动中心）。主要职责：承担市建委系统老干部疗养工作；提供餐饮、住宿及承接会议、培训等相关社会服务。

18. 天津市供热工程建设公司。主要职责：承担市区计划内供热大型锅炉房和集中供热工程的建设管理；办理大型集中供热工程的建设业务手续；承担工程监理和技术咨询；经营供热工程所需设备材料及组织劳务。

19. 天津市安居工程办公室华苑供热站。主要职责：负责华苑新建区的集中供热服务及设施维护管理。

20. 天津市建设系统考核管理中心。主要职责：依据有关规定，承担建设系统专业技术人员和施工现场专业人员继续教育、岗位培训及和关键岗位生产操作人员职业技能培训和鉴定的考核管理工作；承担施工现场专业人员及关键岗位生产操作人员岗位资格证书核发及其审核年检工作；指导建设系统各类培训机构相关工作。

21. 天津市建委招待所。主要职责：提供旅店住宿服务。

教育培训

【推动机关公务员培训组织工作】一是按照天津市公务员局的统一安排，参加了其组织的任职培训和名家大讲堂专题培训。其中，组织委机关和直属参公事业单位2016年新录用的11名公务员参加了初任培训；组织科级及以下公务员9人参加了政府职能转变、政务诚信、现代化办公事务、国家安全形势、网络安全法、公共安全能力建设等名家大讲堂专题培训班学习；科员级公务员5人参加了"十九大报告解读"专题培训。

二是结合深入开展学习宣传贯彻党的十九大精神统一部署，专门组织委机关和直属参公事业单位科级及科级以下公务员建立了"十九大学习在线QQ群"，编发十九大专题学习课件，要求每位同志结合本岗工作撰写学习体会，共66名科级及科级以下公务员加入在线QQ群，积极参加了十九大精神学习活动。

三是按照住房城乡建设部的通知要求，组织市建委2名厅局级领导干部和6名处级领导干部，脱产全程参加了8期全国建设系统领导干部"城市规划建设管理"系列业务培训班。

【贯彻国家及天津市政策方针，抓实专业技术人员继续教育工作】一是加强对全委专业技术人员继续教育政策的宣传。认真梳理国家和天津市继续教育政策，制定了《市建委关于开展专业技术人员继续教育政策宣传工作的实施方案》，编写政策宣传材料，在天津建设网和在线QQ群上开设继续教育政策专题，刊发继续教育政策法规、政策问答和工作流程等内容。

二是进一步规范市建委直属单位专业技术人员专业科目学习。制定了《关于做好委直属单位专业技术人员继续教育专业科目培训方案制定工作的通知》和《2017年度市建委专业技术人员继续教育专业科目学习指南》，推进各直属单位专业技术人员继续教育学习内容制度化、规范化。依托天津市专业技术人员继续教育网等多媒体手段进行远程教育，组织专业技术人员进行公需科目学习。围绕城市建设领域重点发展的新知识、新技术、新工艺，紧贴岗位需求优选教材，安排直属单位近60名技术干部集中观看了《绿色建筑解读与展望》《海绵城市与水生态安全》《装配式建筑讲座》等多媒体教学课件,同时结合各单位业务实际,指导监督各直属单位积极组织开展自主培训。截至2017年底,各单位共组织2284人次参加了自主科目学习,总计1588学时。

三是重点提升天津市建筑业城市规划设计工作领导者专业技术水平。落实住房城乡建设部的工作部署,组织选派天津市甲级资质规划设计单位12名总工程师、总建筑师、总规划师参加了住房城乡建设部举办的"全国住房城乡建设领域'十三五'万名总师第一期培训班"。

职称评聘

天津市建委坚持以激发专业技术人才创新创造创业活力为核心,以加快构建重业绩、重能力、重贡献的职称评价机制为重点,以发现人才、举荐人才、激励人才为工作方向,严格执行职称评审政策,顺利完成了工程技术土建专业高级资格评审委员会和工程技术供水供热供燃气专业中级资格评审委员会的评审组织以及市建委直属单位职称申报工作。

【职称评审组织工作】 1. 工程技术土建专业高级资格评委会。认真落实市职称办工作部署。工程技术土建专业高级资格评审委员会秘书组认真贯彻落实全市职称工作部署,严格按照《天津市人力社保局关于开展2017年专业技术职称评审工作有关问题的通知》(津人社办发〔2017〕179号)和《关于2017年天津市各专业技术职称评委会评审工作安排的通知》(津人专职〔2017〕19号)要求,及时召开了2017年工程技术土建专业职称工作部署会和中期推动会,根据工程技术土建专业报评人员的情况,研究政策落实的要点和难点,制定了《2017年工程技术土建专业高级资格评审委员会工作安排》,按照全市职称评审工作的政策和进度安排,扎实推进工程技术土建专业高级资格评审各项工作。

严格评审把关。一是严格执行职称评审政策,按照国家和天津市现行的评审政策认真审查,严格把关。二是严格审核评审范围,对超出本专业评审范围的报评材料,不予通过。三是严格把握职称评审标准,在同一专业组内,按照统一的专业评审标准审核业绩;在不同专业组之间,不搞一刀切,评出质量,评出水平,评出方向。四是严格审查业绩水平,重点审查岗位业绩和本专业是否相符,对一些生拉硬拽现岗业绩或现岗业绩较弱的,进行严格把关。

严格评委会工作纪律。一是为确保职称申报评审工作规范有序,实行报送单位、职称管理部门及专业评审组逐级审核、报送,坚持谁审核、谁签字、谁负责的原则,严把材料审核关,严格执行责任追究制度。二是高评会秘书组认真抓好不具备规定学历考试工作,组织了考务培训和考前考务会议,明确考风考纪、监考流程等具体要求,并对考场进行了全程巡视和监督,切实保证考试的严肃性和公正性。三是进一步加大对弄虚作假行为的查处力度,高评会秘书组在材料初审和复审过程中,进一步加大对使用假证书、编造虚假业绩等行为的审查力度。四是严肃评审工作纪律,要求评委进一步增强责任感和敏感性,按照同一标准严格把关,让评审结果经得起推敲和质询。五是加强对工作人员的行为规范管理,要求工作人员严格遵守评审程序,不得干预评审,同时要认真做好记录,注意工作留痕。

2. 供水、供热、供燃气专业中级资格评审委员会。严格把握职称评审政策、标准和条件,做到激励政策用足、评审标准严格把关、基本条件不放宽,认真、细致、公平、公正、高质量做好评审工作。在时间紧、报评人员多的情况下,评委会秘书组克服困难,按照网上审核要素要求,扎实规范做好审核。在此基础上,认真做好纸质材料审核把关。对照报评人员网上申报信息,对各种证件原件和报评材料进行审核,重点对岗位、业绩情况进行了严格把关,对不符合现岗要求和超出评审范围的一律不予收件并建议转相关专业组。同时,认真做好对奖项等评审要件的审核把关,规定了集体奖项的使用标准,非重要贡献者一律不得使用集体奖项,使奖项使用更加科学严谨。

【职称改革政策落实情况及成效】为适应天津市经济社会和建筑行业的发展需求,工程技术土建专业高级资格评审委员会认真贯彻落实人社部和天津市职称办职称改革的有关政策,进一步解放思想,努力探索不唯学历、不唯资历、不唯论文的新评价机制,结合土建专业的特点,完善细化了4个倾斜:一是向业绩突出、能力较强、水平较高的人员倾斜;二是向长期在施工一线从事专业技术工作,因工作岗位性质不容易获奖的人员倾斜;三是向在重点工程和重大项目中发挥重要作用的人员倾斜;四是向一些年龄偏大、长期从事专业技术工作、岗位业绩突出的人员倾斜。

2017年,土建专业高级资格评审报评人员总数达2513人,比上年增加146人,增幅为6%。各类专业技术人才通过参与重大项目、重点工程,在基层一线加强实践锻炼,逐步成长起来,从参与项目体量、参与程度、贡献率和解决问题能力等方面看,专业技术水平有了很大提升,对城建事业的快速发展起到了积极的推动作用。

人才队伍结构呈现年轻化、学历水平高的特点。2017年推荐到评委会进行最终资格评审的有2027人,从年龄结构看,平均年龄为37岁(上年平均年龄38岁),其中80后1442人,占终审人员总数的71.1%,同比上年增长了7个百分点,年轻专业技术人才在不断成长成熟,并已在各自领域中发挥了中流砥柱的作用,同时也说明人才晋升渠道畅通有效,职称评审充分发挥了导向作用,为各类人才的脱颖而出搭建了平台。从学历结构看,具有大学学历的1534人,具有硕士、博士学位的414人,占终审人员总数的96.1%,参评人员的学历水平不断提高,土建专业高素质的人才队伍不断壮大。

【职称申报组织工作】在2017年职称推荐工作中,天津市建委严格执行天津市职称办相关政策规定:一是召开市建委直属事业单位2017年专业技术职称报评工作部署会,认真传达市职称办和市建委关于职称评审的相关要求。二是严格按照岗位设置要求,组织各单位在空岗范围内进行推荐。组织各单位成立了以班子成员和技术专家或骨干为主的职称推荐小组,以无记名投票表决方式提出推荐意见,确定各等级职称推荐人选,并对推荐人选情况进行公示,在公示期间均无异议。三是各直属单位分别对推荐人选的岗位、业绩情况和评审材料进行了严格审查。市建委人事教育处对评审材料进行了严格复审,报请市建委分管领导批准后,将最终通过人员的报评材料呈报相关专业组。

高级人才建设

【概况】 天津市建委认真贯彻落实党的十九大精神和习近平新时代中国特色社会主义思想，紧紧围绕城建事业发展的中心任务，充分发挥人才在"四个全面"中的战略价值和关键作用，深化实施市建委和系统"十三五"人才队伍建设规划，认真推动落实《天津市2017年人才工作要点》中各项重点任务。按照"扭住中心、链条培养、选优用活、机制保障"的市建委自身人才培养思路和"立足培养、定向引进、高端引领、重点推进"的系统人才队伍建设思路，以培养领军人才为重点，不断完善人才工作制度机制，积极搭建高层次人才成长平台，构建科学合理的人才队伍建设框架，健全完善了全方位、有特色、多渠道的人才培养、引进和激励机制，努力为天津城建事业发展提供人才保证和智力支持。

【高层次人才工作主要职责】 制定实施建委系统人才队伍建设规划；在天津市人才工作领导小组领导下，组织做好市工程勘察设计大师的评选工作；协助天津市人才办，组织做好城建系统各类领军人才的评选申报工作，包括院士、国务院特贴专家、突出贡献专家、"131"创新型人才培养工程第一层次以上人选以及其他市人才工程各类人选的初评申报；组织做好系统高层次人才的培养服务工作，包括市"131"创新型人才培养工程，博士团服务成员的选派和服务管理，联系服务专家工作等。

【高层次人才队伍现状】 建立并不断完善城建系统专家人才库。截至2017年系统共有专业技术人才59207名，其中：高级专业技术职务26662名，中级专业技术职务10868名，博士197名，硕士4798名。共有各类高层次人才149名，其中，有院士2名、享受政府特殊津贴在岗专家49名、国家百千万人才工程人选2名、国家工程勘察设计大师4名、市工程勘察设计大师9名、突出贡献专家6名、市"131"创新型人才培养工程第一层次人选53名、市青年科技奖获得者1名、高级职称评委会专家评委2人、累计进站博士后21名。人才队伍主要集中在水文地质与工程地质、测绘、土木工程、隧道与地下工程、环境工程、水泥机械等专业领域。充分发挥了高层次人才的引领带动作用，坚持台阶式、递进式培养，储备了一批优秀的年轻人才队伍，为天津城建事业的快速发展提供了技术支持和重要保障。

【建委系统人才评选工作】 1. 组织修订《天津市工程勘察设计大师评选与管理办法》。天津市工程勘察设计大师是天津市城建行业的特色品牌。2011年,在天津市委组织部的指导下,组织制定出台了《天津市工程勘察设计大师评选与管理办法》,自2012年首次开展天津市工程勘察设计大师评选以来,天津市已评选出2批58名市级大师,形成了天津市勘察设计行业高端人才团队。为进一步规范市级大师评选程序和评选标准,参照住房城乡建设部修订的《全国工程勘察设计大师评选与管理办法》,经征求天津市主要勘察设计单位意见,对市级大师的评选办法进行了修改和完善。

2. "131"创新型人才培养工程第一层次人选评选及培养。组织开展2017年度天津市"131"创新型人才培养工程第一层次人选推荐选拔和系统评审。城建系统各单位共推荐24名人选,经过系统初评共推荐19人参加全市评选,最终7人当选。同时,系统共推荐"131"创新型人才培养工程第二、三层次人选332人。全年共组织选派三批次16人"131"人选,参加了清华大学、北京大学高研班、大火箭基地、创新大讲堂、城建名家讲坛等各类培训研讨活动,不断提升人才的自主创新能力。

3. 组织城建系统单位积极参加全市各类人才评选。组织系统单位开展了2017年百千万人才工程国家级人选候选人推荐申报、2017年国家"千人计划"申报、天津市青年人才托举工程人选申报等工作,搭建起优秀人才脱颖而出的平台。

【城建系统专家人才服务管理工作】 1. 严格落实党委联系专家制度。注重发挥党委牵头抓总作用,调动各方面积极性,及时帮助城建系统高层次人才解决工作和生活中的困难,主动做好服务保障工作。春节前夕,市人才工作领导小组成员及市建委党委书记、主任入户慰问了城建系统2名在津院士,询问了院士们的生活、工作、身体状况和需求等方面的情况,转达了市领导同志对院士们的亲切关怀和诚挚的问候。

2. 开展博士服务团成员选派工作。按照天津市委组织部的部署要求,2017年选派天津华北地质勘查局华北有色工程勘察院有限公司副总工程师邬立同志,作为第18批博士服务团成员前往贵州省进行为期1年的挂职服务,职务为贵州省毕节市威宁县副县长(副处级)。

城建系统先进模范

【天津市建委全国及市级先进模范】

1. 朱芃莉，女，1981年1月17日生，汉族，天津市人，2001年5月30日入党，2003年7月参加工作，大学文化，天津市建委人事教育处四级调研员，负责职称管理、专业技术人员继续教育培训、人事档案管理和公务员考核等工作。她始终坚持"热心诚心用心"工作，业绩扎实，被天津市妇女联合会、天津市精神文明建设委员会办公室、中共天津市委市级机关工作委员会评为天津市2017年"点赞最美女性"主题活动"最美机关女性"。

2. 付兴华，女，1985年3月出生，汉族，天津宝坻人，2012年2月入党，2008年6月参加工作，大学文化，学士学位，市建委老干部处四级主任科员。2012年9月—2018年1月从事老干部服务管理工作，作为一名青年工作者始终满腔热情、勤奋工作，被中共天津市委组织部、中共天津市委老干部局、天津市人力资源和社会保障局评为天津市先进老干部工作者。

3. 王锡超，男，1985年3月出生，汉族，天津市人，2005年6月入党，2007年7月参加工作，大学文化，学士学位，市建委办公室副主任。担任市建委团委书记期间，在团结、教育和引导青年建功成才，组织青年开展丰富的文体活动，维护青年具体利益方面发挥了重要作用，做出了优异工作成绩，被中国共产主义青年团天津市委员会评为2017年度天津"创新创业创优"先进个人。

第十五篇
党建工作

第十五篇 党建工作

从严治党

按照中共中央、天津市委关于全面从严治党的部署要求,抓住学习贯彻习近平新时代中国特色社会主义思想这条主线;突出"两学一做"、不作为不担当专项治理两个重点;统筹党的政治、思想、组织、作风、纪律和制度六大建设,推动全面从严治党不断向纵深发展。

【狠抓政治建设,形成旗帜鲜明讲政治的浓厚氛围】 及时传达学习习近平总书记的重要讲话,传达贯彻党中央、国务院做出的重大决策,传达部署市委、市政府提出的重点工作,多次召开党委会、中心组学习会,始终在思想上、政治上、行动上与以习近平同志为核心的党中央保持高度一致。围绕学习贯彻党的十九大精神、十八届六中全会精神和市第十一次党代会精神等,市建委领导班子成员和各级党组织书记深入基层单位或所在支部进行宣讲,市建委1500个党支部组织近10次学习讨论,举办14期专题培训班,全体党员干部培训两轮。各基层党组织普遍建立起了集体学习制度,每月至少组织1次党员集中学习、1期干部移动端学习。结合工作实际,举办4期"市建委党校大讲堂",组织处级以上干部集体观看生态文明建设和环境保护专题培训视频课程,人均累计超过10学时。

【狠抓干部队伍建设,树立正确的选人用人导向】 坚持党管干部原则,严格执行干部选拔任用条例,按照好干部标准,突出强调严把政治首关,强调五湖四海,强调个人服从组织,严肃组织纪律,将政治上不过硬、廉洁上有硬伤和搞小圈子、好人主义的人一律挡在门外。按照理顺职能和部门调整同步实施、干部提拔和交流轮岗同步操作、动议酝酿与落实"四必"同步进行的思路,交流提拔处、科级干部13名,试用期满考核任职10名。结合处室更名调整,对8名处长、9名副处长进行了重新任职,完成8名军转干部接收、11名公务员招录。认真拟定职级晋升试点实施方案,发挥党委领导把关作用,在天津市首批开展晋升调研员,用足职数,通过非定向推荐晋升15名一级调研员和18名三级调研员,完成113名处科级干部职级晋升,充分体现实绩突出、群众公认原则,未出现信访反映及违规操作问题。

【狠抓基层基础,推进"两学一做"学习教育常态化制度化】 以"维护核心、铸就忠诚、担当作为、抓实支部"主题教育实践活动为载体,精心组织专题学习讨论交流,各级领导班子和基层党组织共组织集中学习5000余次,各级书记讲党课2600场次,培训党员5.3万人次。大力开展"五好党支部"创建活动,整顿提升130个相对后进党支部,社会组织党组织覆盖率达到100%,74%党支部"三会一课"等组织生活实现信息化管理,271个任期届满的基层党组织全部完成换届。组织开展党员组织关系排查,避免产生新的失联党员,对排查出的12名违纪违法党员予以相应处理,为86%的党员建成电子档案,全年发展党员448名,完成了发展计划。先后选派两批18名驻村干部,结对帮扶蓟州区4个困难村,累计投入帮扶资金2220万元,实施38项帮扶工程,改善农村环境,促进农民增收。认真贯彻落实天津市委关于全面加强城市基层党建工作的意见,推动市建委各单位主动与社区党组织对接、共建,目前,市建委所属的12319服务热线党支部已与所在区党组织签订了共建协议,委机关107名党员主动到社区报到。着力解决机关党建"灯下黑"和"两张皮"问题,修订完善机关党建工作12项基本制度,加强机关党委工作力量,配备了书记和专职副书记,成立机关纪委,在职数有限的情况下,顶格配备了党务干部,符合条件的内设机构全部对应成立党支部,推行党政机关内设机构党员主要负责人担任党支部书记,并设纪律检查委员和党务干事,机关党建工作得到全面加强。

【狠抓正风肃纪,推进监督执纪问责常态化】 按照市委要求,领导班子带头,每个支部重新召开了增强"四个意识"、反对圈子文化和好人主义生活会,实现人人剖析的目的。深入开展警示教育,召开警示教育大会,组织全体党员参观天津市"利剑高悬,警钟长鸣"主题展,印发《城乡建设领域全面从严治党警示录》,召开专题组织生活会,使广大党员干部真正做到明底线、守法纪。加快推进巡察工作,成立巡察工作办公室,紧盯基层党组织建设薄弱环节,对所属42个党组织开展巡察,59个问题已整改到位,巡察工作对基层党组织建设的促进作用初步显现。严格执纪问责,运用好监督执纪"四种形态",制订专门的台账手册,领导班子成员与党员干部开展主体责任谈话,针对违反八项规定精神、不作为不担当、全面从严治党不力等问题。

【狠抓责任落实,确保全面从严治党的各项任务落地见效】 2017年召开15次天津市建委党委会,专题研究意识形态、机关党建、基层党建等全面从严治党有关工作,分领域、部门汇报全面从严治党情况,分析存在的问题,提出了一系列具体举措。制定了《落实全面从严治党主体责任实施方案》,层层制定责任清单、任务清单,建立工作台账,签订任务书,明确责任内容、标准要求和完成时限。加大督查检查考核力度,召开党委扩大会议,听取所属单位专题汇报,成立检查考核工作组开展3次集中检查推动。2017年底,市建委班子成员带队对所属党组织落实全面从严治党主体责任情况进行全面检查考核,完成了班子成员、机关和直属单位党组织书记向驻委纪检组述责述廉,以及各级党组织书记抓基层党建工作述职评议考核。

第十五篇 党建工作

巡察工作

2017年5月19日，经天津市建委党委会审议通过，印发了《关于成立市建委党委巡察工作领导小组及巡察工作机构的通知》以及《市建委党委开展巡察工作意见》。成立了党委巡察工作领导小组，党委书记任领导小组组长，驻委纪检组组长和分管组织干部工作的同志任副组长，巡察工作领导小组下设办公室（简称巡察办），巡察办、驻委纪检组、组织干部处、人事教育处同志组成领导小组成员。建立了党委领导下，领导小组组织实施的领导体制，以及巡察办具体组织协调，多部门配合联动的工作机制。

2017年7月11日召开党委巡察工作领导小组第一次会议，集中传达学习了中央巡视领导小组第87次—第94次会议纪要摘要，审议了《2017年度市建委党委巡察工作计划》和《市建委党委巡察组2017年首轮巡察工作实施方案》，确定了首轮巡察两个巡察组组长和副组长名单。

2017年7月14日召开首轮巡察工作动员会部署巡察工作，市建委机关支部书记和直属单位党组织书记参会。会上宣布了2017年首轮巡察工作实施方案。7月下旬组建两个巡察组对25个机关党支部和19个委直属单位党支部实施首轮巡察工作。8月14日召开中期推动会汇报巡察工作进展情况，总结普遍性问题，边巡边改、认真落实。

2017年9月28日召开第二次巡察工作推动会，听取对市建委燃气处、建交中心、建信中心等党支部重点巡察中发现问题的情况汇报，肯定巡察工作取得的成效，从"报告、反馈、移交、整改、公开、督查"6个环节继续抓紧抓深抓细抓实。

2017年12月8日召开巡察工作第三次推动会，听取了2017年度首轮巡察整体情况及首轮巡察结果运用有关建议等方面的汇报。

2017年12月13日召开党委巡察工作领导小组第二次会议，审议2017年党委巡察整体情况报告及反馈意见、党委重点巡察7个直属单位党组织情况报告及反馈意见。

2017年12月21日召开2017年度首轮巡察情况反馈会，机关党支部书记及直属单位党组织书记参会。会上通报巡察反馈意见，要求各党组织在反馈后10日内，将包括整改任务、整改措施、责任分工、完成时限等内容的巡察整改方案及整改清单台账通过巡察办报送党委巡察工作领导小组。反馈后两个月内将整改情况报送党委巡察工作领导小组，适时监督检查。截至12月底，完成对7个直属单位党组织巡察情况反馈意见的单独反馈工作。

宣传工作

【抓实党委中心组学习】 围绕学习贯彻党的十九大精神、"两学一做"学习教育常态化制度化、全面从严治党等专题,天津市建委党委中心组集中学习42次、专题研讨7次、城建讲堂4期,组织中心组成员进行党建知识测试,并对学习笔记进行调阅检查。建立健全党委中心组学习考勤、学习档案、学习交流和学习通报制度,做到组织有规范、落实有要求、学习有记录,推进各项学习任务落地见效。

【精心组织宣传宣讲】 2017年组织宣讲1219场,万余人次参加学习,结合党的建设和改革发展实际,做到既全面系统,又彰显特色,在学懂、弄通、做实上下功夫,稳步提升学习贯彻的实际成效。

【落实主体责任】 认真贯彻中共中央和天津市委关于意识形态工作的部署,落实意识形态工作责任制,制定并印发《市建委落实意识形态工作责任制实施方案》,天津市建委班子成员签订《意识形态"一岗双责"目标责任书》,将意识形态工作纳入市建委党委中心组学习。

【加大对外宣传力度】 紧密围绕城建重点工作、重要会议、重点工程、民心工程等中心工作,10余次组织天津市主流媒体深入重点工程、惠民工程现场,实地走访座谈。先后在"两报两台一网"的重要版面和时段刊发稿件101篇,更新天津建设网信息89条,2017年共发布微博信息6642条,发布量同比增长151%,转评赞9965次,原创率和相关率保持100%,妥善处理网络咨询等来函25件。与《天津日报》联合主办"建设者风采"系列宣传报道,宣传一线建设者中的先进典型和突出事迹,展现天津市城乡建设事业各领域的进展和成效。

【大力培育和践行社会主义核心价值观】 坚持创新载体,综合运用企业报、网站、微博、微信等平台,借助电子屏幕、宣传栏、建筑围挡等媒介,持续不断开展核心价值观宣传教育活动。组织开展以弘扬社会主义核心价值观为主题的专题展览、演讲征文、摄影比赛、文艺演出等群众喜闻乐见的活动,在干部职工中营造学先进、比贡献、创一流的环境和氛围。在城建系统829个市管在建项目工地围挡及全运会场馆周围围挡无遗漏、全覆盖进行宣传。

【深化精神文明创建】 开展"真情天津""我们的节日""文明行业点赞"等群众性主题活动。共推荐市级文明单位28个,天津好人26名,道德模范2名(市级道德模范1名、提名奖1名),努力培育和选树一批具有时代特征、行业特色、叫得响、立得住的新典型,大力营造学先进、比贡献、创一流的浓厚氛围。

第十五篇 党建工作

统战工作

【统战工作】 在天津市建委党外知识分子中开展了践行社会主义核心价值观主题活动,组织专题学习,凝聚思想共识,深入调查研究,积极建言献策,服务天津和本单位经济社会发展。

市建委各单位都成立了党外知识分子活动组,进一步拓展了统战工作广度,扩大了联系面。协助推荐党外全国人大代表人选1名,党外全国政协委员人选1名,负责推荐市第十四届党外政协委员人选6名。

文化中心

第十六篇
区级建设工作

行政区

滨海新区

【概况】 天津市滨海新区建设和交通局，是天津市滨海新区人民政府的组成部门，是负责滨海新区的城乡建设、交通运输、公用事业、市政公路、水务水利、人民防空、防震减灾的行政主管部门，加挂天津市滨海新区水务局、天津市滨海新区人民防空办公室、天津市滨海新区地震办公室3块牌子，对应天津市城乡建设委员会、天津市交通运输委员会、天津市水务局、天津市人民政府人民防空办公室、天津市地震局5个市级主管部门。同时，牵头负责滨海新区治理车辆超限超载领导小组办公室、滨海新区河长制管理办公室、滨海新区清理拖欠农民工工资领导小组办公室、滨海新区道路停车管理领导小组办公室、滨海新区防汛抗旱领导小组办公室、滨海新区供热办公室、滨海新区交通战备办公室、滨海新区节约用水办公室等综合协调机构。

【内设机构】 根据上述职责，天津市滨海新区建设和交通局内设19个处室，包括办公室、组织人事处、财务处、政策法规处、综合计划处、工程建设处、房地产开发与建筑节能处、公用事业处（基础设施配套办公室）、建筑管理处（抗震办公室）、货运管理处、水运管理处、防汛抗旱和防潮管理处、水政水资源处（区水政监察大队）、水务工程处、排水管理处、市政公路处、人防处（地震处）、安全生产监督管理处等。

【下属单位】 天津市滨海新区建设和交通局下属50家事业单位，其中正处级单位3家，副处级单位4家，科级单位43家。包括滨海新区建设工程质量安全监督管理支队、滨海新区交通运输管理中心、滨海新区第一公路管理处、滨海新区第二公路管理处、滨海新区第三公路管理处、滨海新区塘沽建设工程交易管理中心、滨海新区塘沽城市建设管理为民服务中心、滨海新区塘沽燃气管理所、滨海新区塘沽供土管理所、滨海新区塘沽联合运输服务中心、滨海新区塘沽渡口管理所、滨海新区塘沽排灌管理处、滨海新区塘沽农村水利技术推广中心、滨海新区塘沽河道所、滨海新区塘沽水资源管理中心、滨海新区塘沽水务物资站、滨海新区塘沽人防（民防）指挥信息保障中心、滨海新区塘沽市政工程设计室、滨海新区塘沽排水管理所、滨海新区塘沽排水收费管理所、滨海新区塘沽道路管理一所、滨海新区塘沽道路管理二所、滨海新区塘沽桥梁管理所、滨海新区塘沽泵站管理所、滨海新区塘沽市政设施中心、滨海新区汉沽建设工程招标管理站、滨海新区汉沽工业污水排放管理所、滨海新区汉沽燃气管理所、滨海新区汉沽河道所、滨海新区汉沽自来水管理所、滨海新区汉沽节约用水管理服务中心、滨海新区汉沽水利工程经营管理所、滨海新区汉沽排灌管理站、滨海新区汉沽营城水库管理所、滨海新区汉沽人防（民防）指挥信息保障中心、滨海新区汉沽排水所、滨海新区汉沽市政工程服务中心、滨海新区汉沽市政工程管理所、滨海新区大港工程建设交易服务中心、滨海新区大港建设工程招标管理办公室、滨海新区大港污水处理费收缴管理中心、滨海新区大港燃气管理所、滨海新区大港水务物资站、滨海新区大港供水站、滨海新区大港排灌管理站、滨海新区大港河道所、滨海新区大港节约用水事务管理中心、滨海新区大港钱圈水库管理所、滨海新区大港人防（民防）指挥信息保障中心、滨海新区大港市政工程服务站。

2017年，天津市滨海新区建设和交通局深入贯彻习近平同志系列重要讲话精神，全力打造"12345"工程，围绕"建设京津冀协同发展示范区"一张蓝图，开展"双万双服"和"抓改革、敢担当、促发展"两项活动，抓好区级"重点工作、重点项目、民生实事"三张清单，完成"改革提质、建设提速、管理提效、队伍提气"四个目标，抓好"基础设施、民计民生、美丽滨海、安全生产、从严治党"五项任务，推动建设交通事业再上新水平，为滨海新区建设繁荣宜居智慧新城提供了有力支撑。

【重点基础设施加快推进】 加快以综合交通系统为重点的基础设施建设，基本形成对接京津冀、辐射环渤海、畅通全地域的大交通网络。滨海新区绕城高速北段开通运行，南段基本完工，路网结构更加合理。轨道交通建设全面提速，滨铁1号线和2号线开工建设，滨铁3号线提上日程，加快驶入"地铁时代"。客、货分离有序推进，塘汉路改造二期通车，疏港联络线半幅通车，港城大道—塘汉路联络线开工建设，港城矛盾有效疏解。核心区交通改善加快实施，北海路地道基本完工，第二大街桥、港塘路—天津大道立交、京山南道西延等加快推进，有力支撑核心标志区建设。南、北两翼路网更加完善，津汉公路改建、寨上桥重建、世纪大道东延等项目主体完工，珠江路西延、中央大道南延等项目开工建设，通行能力得到全面提升。加强部门联动、协同作战，滨海文化中心建成运营，国家海洋博物院等一批重大项目加速实施，在天津市产生了重要影响。

【八大民生工程成果丰硕】 坚持"以人民为中心"发展思想，接续实施建交领域"八大民生工程"。提升完善公共交通，新开、优化25条公交线路，推进城乡公交一体化，收购4条个体客运班线，投用南益首末站等一批场站设施。加强道路养管维修，完成上海道、学府路、永明路和工农大道等8条道路大修，提升改造81条道路路灯，高标准建设"四好农村路"，改造乡村公路38千米，同步确立专业化、全覆盖道路养管体系。加强老旧公用设施改造，实施老旧小区供水管网改造、农村饮水提质增效和农村楼房水表出户工程，惠及95个城市小区、8个自然村和14个城镇化小区，造福4.4万户居民。大力实施安居工程，完成800户农村困难群体危房改造、36个小区建筑节能改造。

【重大环保行动全面打响】 把"绿色决定生死"理念贯穿全领域、全过程，建交领域环境质量大幅提升、环境面貌持续改善。完成迎中央环保督察组、迎国家卫生城复审、迎全运会、迎十九大"四大任务"。会战决战供热结构大调整，建成运行5大热电联产集中热源，实现北塘、南疆和临港3个热电厂互联互通，建立集中大供热布局。完成滨海新区51座、116台燃煤锅炉改燃并网、22座31台35蒸吨以下燃煤锅炉清零任务，供热动力换挡升级。协调各街镇完成9183户散煤取暖治理任务。滨海新区全面建成和运行热电联产为主、清洁能源为辅的供热体系。接续实施水环境治理，65大项"清水河道行动计划"扎实推进，全面推行"河长制"工作落地生根。强化扬尘污染高压治理，推广绿色建造方式，推行施工标准化管理。科学应对重污染天气，严格落实停工、限工措施。推进"水洗城市"，推行"湿法作业"，建筑工地"六个百分百"有效落实，在线监测、视频监控手段实现全覆盖，交通运输结构性调整和污染源治理取得较大进展。

【行业监管服务稳步实施】 坚持"安全为首、稳定为要、效率为先、服务为上"的工作理念，建筑施工、交通运输、公用事业、水务水利和防震减灾等各领域安全生产稳中向好，事故发生率明显下降。全面打响拆迁拆违攻坚战，工程建设领域突出问题专项整治、"散乱污"企业源头整治、危化品运输和客运出租市场整治、人防租赁户集中整治等成效显著。开展全领域达标创优、打造精品品牌，135个项目获中国建设工程鲁班奖（国家优质工程）、国优奖、"海河杯"奖、市级文明示范工地等国家级、市级激励，评选23家优质运输企业影响广泛，顺利通过节水型区县复审。"双万双服""抓敢促"综合效益叠加，各类平台受理和解决企业问题618个、群众困难1.4万件。"面对面"上门服务，"背靠背"并肩推动，塘沽街等6个街镇结对帮扶、大港北抛村等3个村精准扶贫、青海省河南县对口援建成效显著。以"小机关、大事业"思路推进行政体制改革和事业单位整合，基本实现扁平化、直线式管理，行政效率稳步提升，资源配置更加优化。

【基础设施建设及投资】 2017年，为进一步改善滨海新区基础设施建设，提升城市载体功能，按照区域发展实际需要，共安排四大类35项基础设施重点建设工程，其中续建21项、新开14项，竣工7项，全年计划投资64亿元。按照天津市政府关于京津冀大气污染防治整体部署，2017年10月起各项目停工，年度实际完成投资56亿元，完成计划投资的87.5%。

1. 道路工程。2017年初步安排项目15项，其中续建项目13项、新开工项目2项，年内完工1项。完成投资12亿元，完成计划投资的80%。

畅通对外交通，加强滨海新区与周边区域联系。滨海新区绕城高速，由津汉高速、西外环高速、津港高速二期组成，其中北段（津滨高速—海滨高速）于2017年6月通车运营。南段（海景大道—海滨高速）工程主体完工。年度完成投资7.1亿元。

完善客货分离集疏港体系。塘汉路二期工程，其中塘汉路主线段全长2.05千米、京津高速两侧辅道段全长2.6千米。截至2017年底，项目主体已完工。年度完成投资1.4亿元。港城大道—塘汉路联络线，西起港城大道，东至塘汉路，全长

2.4千米，双向6车道。截至2017年底，项目进行路基施工。年度完成投资0.47亿元。港城大道北环铁路段拓宽工程，拓宽港城大道瓶颈段3千米。截至2017年底，项目完成工可研编制。

打通关键节点，实现路网联通。一是滨海核心区。津滨高速滨海站改扩建，拟建设两条匝道、匝道收费站和四条区域连接辅道。匝道收费站位于西中环主线两侧，距离津滨高速560米，规模为4进5出。截至2017年底，按照区政府要求，项目按照远期规划进行调整。港塘路卡口改造，利用现状津晋高速桥下净空与进出南疆电厂道路设置"丁"字平交口，并修建一座跨越大沽排污河桥梁，之后与疏港联络线平交。截至2017年底，已完成全部地上物拆迁工作，正在商谈土地征收工作。第二大街跨津山铁路桥，起于杭州道与韶山道交口、止于第二大街与洞庭路交口，全长约1145米，双向四车道。截至2017年底，一期工程涉铁部分完成下部结构施工，二、三期工程正在办理工程规划许可证。年度完成投资500万元。北海路下穿进港铁路二线地道，延长北海路至塘沽港医路，建设下穿进港二线铁路地道。截至2017年底，四号路于8月20日完成导行，正在进行U型槽施工。京山南道西延工程，起点顺接三号还迁区现状京山南道，向东依次跨越黑猪河、黑猪河地道，经普田路，终点至远洋城金田路，道路全长约为845米。截至2017年底，桥梁下部结构施工。年度完成投资1600万元。二是汉沽区域。汉沽寨上大桥工程，拆除现状寨上大桥，新建桥梁位于寨上大桥现址，全长约840米，双向四车道。截至2017年底，南半幅桥梁导行通车，北半幅进行下部结构施工。2017年完成投资3666万元。芦汉路拓宽改造，自现状芦汉路汉沽与宁河交界处，至汉沽新开路与大丰路交口，全长约2.2千米，双向六车道。截至2017年底，下穿津秦高铁U型槽完工，进行征拆工作。三是大港区域。中塘路地道，配合南港铁路建设，新建两侧引路。该项目为滨海新区出资、南港铁路公司建设项目。截至2017年底，完成下穿铁路箱体顶进。年内完成投资3580万元。世纪大道东延，起自现状世纪大道与中通路交口，止于中央大道，全长约1.72千米，双向六车道。2017年完成投资2615万元。

提升功能区联通道路，实现滨海新区整体发展。珠江道西延，起自中央大道，止于海滨大道，全长4.5千米，城市主干路，双向6车道。截至2017年底，完成项目立项，进行土地利用规划调整。全年完成投资300万元。中央大道（轻十路—海滨大道油田联络线）工程，北起中央大道轻十路平交口，南至海滨高速油田联络线独流减河大桥北侧，全长1.66千米，双向六车道，城市主干路。2017年完成投资2614万元。

2. 道路维修工程。2017年初步安排项目9项，其中续建项目2项、新开工项目7项，年内完工6项。实际完成投资3.7亿元，完成计划投资的59.7%。

学府路大修改造工程。大修里程2.91千米，路面大修9.78万平方米，路面罩面顺接2125平方米。2017年完成投资6793万元。

永明路大修工程。东起津岐公路，西至迎宾街，全长1.94千米，车行道大修2.79万平方米，人行道维修5.44万平方米，新建300毫米~500毫米污水管线约3千米，新建雨水管线约3千米。截至2017年底，项目竣工。全年完成投资5899万元。

独流减河北收费站外道路桥梁大修工程。电厂一号、二号、三号桥拆除重建和桥头引路，总长790米。截至2017年底，旧桥拆除完成。新建热水河桥上部结构施工，荒地排河桥下部结构施工。全年完成投资5748万元。

海滨大道东侧辅道（轻纺大道—津晋高速段）大修。项目位于现状海滨大道东侧辅道，南起轻纺大道现状平交口，北至津晋高速立交长约7.39千米。截至2017年底，现场完成断交和围挡施工。

临港立交桥桥区东北侧辅道雨水管网改造和道路大修工程。对工程范围内现状雨污水管道更换、现状道路及附属工程进行改造，道路翻建面积约为1.29万平方米。截至2017年底，进行项目招投标工作。

塘沽地区道路维修工程。对吉林路、上海道、中心路、向阳地区、望发街道路进行维修。截至2017年底各项目完工。全年完成投资1800万元。

东江路大修工程，北起新北公路南至滨海立交桥，道路全长5.31千米，大修道路面积14.2万平方米。截至2017年底，项目竣工。全年完成投资3500万元。

东风路大修改造工程。南起朝阳街，北至东滨街，大修里程长3.170千米，宽22米~30米，维修车行道、侧石等。截至2017年底，项目竣工。全年完成投资6678万元。

路灯新建改造工程，对滨海新区81条道路路灯新建改造。截至2017年底，涉及项目全部完工。全年完成投资6553万元。

3. 轨道建设。2017年初步安排项目4项，年度计划投资31亿元，实际完成投资32.8亿元，完成计划投资的105.8%。

滨铁1号线（轨道交通B1线）。北起黄港欣嘉园以东，途径津秦客专滨海站、滨海新区核心区、于家堡，至友谊路。线路正线全长约23.73千米，共设站17座，其中地下站17座。截至2017年底，欣嘉园东站完成冠梁、挡土墙、首道撑、降水井。欣嘉园北站完成冠梁及首道支撑施工，土方开挖完成65%。欣嘉园西站，完成冠梁及首道支撑施工。第九大街站完成顶圈梁、混凝土支撑及挡土墙，附属结构2号风井及B出入口钻孔灌注桩完成45根，C出入口钻孔灌桩完成2根。2017年完成投资8.5亿元。

滨铁2号线（轨道交通Z2线）。自汉蔡路，线路沿线主要经过中心渔港、滨海旅游区、中新生态城、开发区、于家堡等重要地区，终至中部新城，全长43.7千米，设站20座。截至2017年底，金临道至融仁路（2站1区间）围墙累计完成围墙2860米，便道硬化累计完成40%。文化中心站西侧围挡累计完成210米。生态城站、航安道站、航母公园站、总医院站试桩检测完成。生态城至和顺路区间、和顺路至南开中学站区间、南开中学至航安道站区间、航安道至航母站区间完成钻孔桩108根；高架段桩基累计完成427根（含高架站试桩17根）。2017年完成投资22.6亿元。

滨海新区轨道网络运营控制中心，滨海新区12条线路的线路控制中心和线网指挥中心系统和配套生产用房。建筑面积5.73万平方米。截至2017年底，立项、工可研完成，完成桩基施工招标。全年完成投资6684万元。欣嘉园地下配套工程，建设欣嘉园站地下结构工程，包含车站及上盖物业配套地下停车场，建筑面积3.11万平方米。截至2017年底，进行负一层主体结构施工。全年完成投资1.1亿元。

4. 公用工程。2017年初步安排项目

4项，其中续建项目2项，新开工项目2项，年内完工3项。年度计划投资9.6亿元，实际完成投资6.1亿元，完成计划投资的63.5%。

滨海新区燃煤供热锅炉房改燃并网工程。主要实施燃煤供热锅炉房改燃；供热一次网天N150-天N1200的供热管线敷设，换热站等改造；敷设天N100-天N600燃气管线，建设调压柜、调压站等场站设施。同时，实施北塘热电厂供热管网南干线（天碱替代支干线）工程和天津渤化永利化工股份有限公司厂区供热区域热源替代工程。截至2017年底，各项任务按时完成。全年完成投资5亿元。

既有居住建筑节能改造。主要实施2016年结转214万不节能小区改造任务。截至2017年底，各涉及小区改造任务基本完工。全年完成投资1.1亿元。滨海新区燃气旧管网改造，共进行外网改造（低压）368.42千米，户内改造191277户。截至2017年底，项目实施方案基本完成，进行前期审批。

农村危房改造。对200户农村困难群众危房进行改造。截至2017年底，各涉及农户改造任务基本完工。2017年完成投资350万元。

5. 大配套工程。2017年初步安排原塘沽、汉沽、大港3个区域的配套工程。完成投资9023万元，完成计划投资的37.6%。

【建筑业及建筑市场】 1. 工程招投标监管。2017年坚持把"加强招标监管，提升服务水平"贯穿于招投标活动的全过程。在工程招投标监管过程中，始终认真贯彻落实《建筑法》《招投标法》等法律法规及天津市制定的地方政策、规章，始终坚持公开、公正、公平原则，依法规范监督招标投标行为。2017年完成勘察、设计、监理、施工等各类招标1363项。其中，勘察招标167项，中标造价415万元；设计招标382项，中标造价7.03亿元；监理招标352项，中标造价30129万元；施工招标436项，中标造价194.07亿元。2017年制定建设工程招投标日常行为准则，规范了招投标投诉相关程序，制定了招投标协查函、暂停招投标活动函。

2. 建筑施工企业基础管理。按照住房城乡建设部《关于换发新版建筑业企业资质证书的通知》（建办市函〔2015〕870号）要求，2017年完成天津市建筑市场监管与信用信息平台人员信息审核116批次，审核职称人员432人，技术工人2022人；企业基本信息入库71家，企业信息维护26家。资质申请核准55家，涉及95项新办资质。完成企业撤销承诺9家，业绩入库7项。按照国务院简政放权，加强事中事后监管的总体要求，开展滨海新区2017年度建筑业企业动态核查。组织滨海新区建筑业企业开展农民工技能培训，参加培训企业60余家，完成1500人培训目标任务。

3. 建筑质量安全监管。2017年，累计监管建设项目862个标段工程，总建筑面积3762.64万平方米。其中，功能区监管项目516个标段，建筑面积2669.51万平方米；滨海新区质安支队监管项目346个标段，建筑面积1093.13万平方米。滨海新区建设工程荣获国家级、市级质量激励项目135项。国家级质量激励项目中，荣获中国建设工程鲁班奖（国家优质工程）2项，荣获国家优质工程奖6项；市级质量激励项目中，荣获"金奖海河杯"13项，荣获"海河杯"46项，荣获市级文明施工示范工地18项，荣获市级文明工地50项，荣获市级质量安全文明施工观摩工地6项。

【区级重点工程项目】 按照滨海新区"构建完善大交通体系,精心实施畅通工程"的基本方针,2017年续建项目5项,新开工项目4项,竣工通车1项。

1. 续建项目。塘汉路二期工程。分为两部分,第一部分为塘汉路主线段,路线全长2.05千米;第二部分为京津高速两侧辅道段,路线全长2.6千米,总投资6.99亿元。2017年先后完成东、西半幅道路结构、排水施工,截至2017年底,工程已竣工通车。

绕城高速工程主线北起津汉高速,穿越宁河区、黄港生态居住区、开发区西区、胡家园街、新城镇、津南区葛沽镇、南至海景大道,设计标准双向六车道~八车道。其中,津汉高速至京津高速段及津晋高速至津港高速段双向六车道,京津高速至津晋高速段双向八车道,全长37.7千米。工程总投资116.8亿元。2017年津滨以北段(19千米)完成交工验收工作,津滨以南段(18.7千米)除海河大桥及引桥外其他路段基本完工。

北海路下穿进港铁路二线地道工程。北起一大街,连接北海路,往南经津滨轻轨、新港四号路、进港铁路二线后,终点止于紫云东路,与港滨路相连,路线总长度约1千米。项目总投资约3.77亿元。2017年进行了围护结构、排水管道、U型槽施工、管线切改、下穿轻轨以及南侧基坑施工等工作。

汉沽寨上桥工程位于汉沽城区太平街,跨越蓟运河,西起四纬路,东至新开南路,路线全长约840米,为城市主干路。项目总投资为2.31亿元。截至2017年底,南半幅已通车,北半幅完成桩基施工。

港塘路拓宽改造工程。主线部分长488米,包括桥梁6跨及引路342米,主线落地后与现状创新路相接,匝道Z1、Z2长度分别为515米和454米,均以桥梁形式上跨现状津沽公路调整线位。截至2017年底,桥梁主体已完工,跨天津大道立交部分辅道复工。

2. 新开工项目。世纪大道东延工程。西起现状世纪大道与中通路交口,止于中央大道,全长约1.72千米,双向六车道,城市主干路标准,并同期建设两侧各20米绿化带。建设内容包括道路交通及附属设施工程、箱涵工程、排水工程、照明工程、绿化工程等。2017年完成路基山皮土施工、箱涵地基施工、道路完成部分灰土施工,道路主体基本完工。

港城大道—塘汉路联络线工程。西起港城大道,东至塘汉路,全长约2.4千米,设计车速60千米/时,双向六车道,设计等级为一级公路标准,总投资2.06亿元,工程于2017年5月开工。2017年道路完成部分路槽开挖,路基完成部分填筑。

中央大道(轻十路—海滨大道油田联络线)工程。起于中央大道与轻十路平交口,止于油田联络线独流减河桥北侧,路线全长1.66千米,双向六车道,城市主干路标准,设计行车速度60千米/时,项目总投资约1.18亿元。2017年工程完成路基填筑,进入预压期。

京山南道西延工程。起点顺接三号还迁区范围内现状京山南道,向东依次跨越黑猪河、现状地道,终点至远洋城金田路,道路全长约为845米,含跨黑猪河桥梁1座,桥梁长度90米,含人行天桥1座。该工程道路等级为城市主干路,道路红线宽度35米。车行道路宽23米,规划为双向四车道,道路设计速度为40千米/小时,工程总投资0.97亿元。2017年先后进行桩基桥台、桥墩施工、预制箱梁制作。截至2017年底,桥台、桥墩完成、挡墙、道路路基部分完成。

【城建信息化建设与管理】 1.视频监控和扬尘在线监测全覆盖。为加强滨海新区建筑工程施工安全和文明施工管理,防范和遏制施工安全事故发生,有效控制施工扬尘,按照天津市建委统一部署,行政区域内所有新建工程和在建工程,均应安装视频扬尘监测设备,建设施工现场视频监控系统及超限报警平台。视频信息通过专网传输至滨海新区平台后与天津市建设工程质量安全监督管理总队平台对接,扬尘监测信息则直接传输到"天津市施工扬尘在线监控报警系统"。滨海新区平台建设与管理工作由滨海新区建设交通局下属事业单位天津市滨海新区建设工程质量安全监督管理支队负责,按照《天津市建筑工程施工现场视频监控管理办法》相关要求并结合滨海新区实际,制定和下发了《施工现场视频监控和扬尘在线监测设备安装调试工作暂行办法》,用以指导施工现场视频监控和扬尘在线监测设备安装调试工作。4月7日,滨海新区质安支队组织各功能区建设工程管理部门负责人召开了滨海新区建设工程视频监控安装推动会。5月1日前,滨海新区基本完成施工现场视频监控及扬尘在线监测全覆盖。9月23日,滨海新区平台完成与市质安监管总队平台对接。9月24日前,滨海新区所有新建和在建工程,均已安装视频扬尘监测设备,实现全覆盖。

2.材料检测结果实时上传。为提高建材检测结果及时性,提高建设工程材料抽检工作的办事效率,滨海新区建设交通局下属事业单位天津市滨海新区建设工程质量安全监督管理支队委托北京天瑞宝华信息技术有限公司研发了"滨海新区建材检测监测系统"并委托其负责系统的日常维护工作。在日常建材抽检工作中,滨海新区质安支队委托滨海新区专业的材料检测机构对抽检的建设工程的建筑材料进行检测。检测机构将检验结果第一时间上传至滨海新区建材检测监测系统。如果检测项目中有不合格的项目,系统会第一时间发出警报并通知该项目所属工程的监督员进行处理。此系统节约了建材抽检工作的时间,实现了打击假冒伪劣材料的早发现、早治理。滨海新区共有6家材料检测机构,均已实现建材检测结果实时上传。

【房地产开发】 1.做好房地产项目建设实施计划结转工作。2017年,滨海新区完成商品房项目计划结转115个,定向安置房项目计划结转26个,限价房项目计划结转2个。截至2017年底,滨海新区房地产在建项目172个,面积1883.23万平方米,其中住宅项目108个、面积1085.83万平方米。新开工项目29个,面积233.25万平方米;2017年竣工76个项目,面积601.2万平方米。完成投资203.02亿元。

2.开展房地产项目开发建设方案备案工作。房地产项目开发建设方案备案主要目的在于保证新建住宅小区与配套市政公用基础设施、非经营性公建与其他公共服务设施同步建成、同步交付使用。开发建设单位应当依据土地使用权出让合同或划拨决定书约定的非经营性公建建设义务以及规划行政主管部门批准的修建性详细规划或总平面设计方案,编制房地产项目开发建设方案,合理安排配套非经营性公建、其他公共服务设施和市政公用基础设施建设时序,确保新建住宅项目配套完善,功能齐全。2017年,滨海新区共批复梁锦东苑、中澳游艇城2010-6/7地块、中加生态示范区二组团、滨华花园、京能海语城、金隅空港项目3号地块（玉锦阁）等30项目开发建设方案备案申请。

3. 严格规范新建住宅配套非经营性公建建设移交工作。2017年，滨海新区共组织相关单位对京达明居、八方圆明、美源庭苑、佳澜苑、滨雅花园、海诚园、知祥园、名士华庭五号地、天津滨海湖生态旅游度假区A12地块、天阑居二期、佳美苑、佳顺苑、盛世庭苑、汉滨城市花园、东岸虹苑15个房地产开发项目进行非经营性公建现场查验及移交，并核发配套证明。

4. 严格准入制度。2017年，滨海新区根据《天津市新建住宅商品房准许使用管理办法》，要求房地产开发企业开发建设的住宅商品房，必须在领取天津市新建住宅商品房准许交付使用证后，方可交付使用。房地产开发企业未取得准许使用证，擅自将新建住宅商品房交付使用或要求物业服务企业为购房人办理入住手续的，滨海新区依照有关法律法规进行处罚。行政执法坚持有法必依、执法必严、违法必究和合法、适当、高效的原则。

【城建科技与节能】 1. 设立建筑节能工作资金。认真落实《天津市建筑节约能源条例》要求，争取滨海新区建筑节能专项资金50万元，并纳入2017年滨海新区年度财政预算，专项资金用于支持各类建筑节能工作开展。2017年支出20万元用于支持中国房地产协会在滨海新区举办全国装配式建筑培训交流会。

2. 加强建筑节能技术资料收集工作。建筑节能备案工作由滨海新区质安支队安排专人负责。制定了《建筑节能技术资料收集流程》《建筑节能技术资料收集变更流程》等标准化工作程序，通过网站向社会公开，指导相关单位快速办理备案手续。2017年共办理建筑节能技术资料收集432件，变更43件，项目信息全部录入天津市建筑节能技术资料收集管理系统，收集合格率100%。

3. 推进滨海新区绿色建筑发展。协助、推动中建新塘南部生态新城项目开展节能减排财政政策综合示范城市项目建设，截至2017年底，该项目实施绿色建筑100万平方米。开展滨海新区绿色建筑专项检查，梳理绿色建筑项目，查验项目资料，了解滨海新区绿色建筑现状、特点和存在问题。2017年滨海新区新开工绿色建筑48.2万平方米。开展绿色建筑培训工作，引导区内从业人员关注绿色建筑、学习绿色建筑知识。

4. 大力推动装配式建筑发展。积极落实《天津市人民政府办公厅印发关于大力发展装配式建筑实施方案的通知》要求，加快推进滨海新区装配式建筑发展。一是推动协助天津达因建材有限公司申报住房城乡建设部装配式产业基地；二是按要求做好装配式项目统计工作；三是落实"在规划条件征求意见时明确提出装配式意见"的工作要求；四是在世界城市日期间，开展装配式企业座谈活动，倾听企业心声；五是协助中国房地产协会在滨海新区举办全国装配式建筑培训交流会；六是落实市建委要求，确定滨海新区核心区范围，明确项目执行政策边界。

5. 开展既有建筑节能改造工作。2017年滨海新区积极推动既有居住建筑节能改造工作，完成德阳里、兴安里、振业里等老旧小区215万平方米改造任务。

【海绵城市与地下管廊】 1. 成立领导小组。为推动滨海新区海绵城市和地下综合管廊规划建设工作，加强组织领导，2017年7月3日，天津市滨海新区人民政府办公室印发《关于成立滨海新区地下综合管廊规划建设工作领导小组的通知》

（津滨政办发〔2017〕71号），成立滨海新区海绵城市和地下综合管廊规划建设领导小组。领导小组组长为副区长，区财政局、区规划国土局、区建设交通局局长任副组长，各功能区管委会分管副主任以及区政府办、区发展改革委、区财政局、区规划国土局、区建设交通局、区环境局、区行政审批局分管副职领导任副组长。领导小组办公室（区管廊办、区海绵办）设在区建设交通局，办公室主任由滨海新区建设交通局局长担任。领导小组总体负责滨海新区海绵城市和地下综合管廊的政策机制、规划建设、运营管理等各项工作，研究制定相关配套政策，及时解决规划建设中的重要问题。

2. 编制海绵城市建设规划。滨海新区规划国土局组织有关单位编制《滨海新区海绵城市专项规划》。滨海新区规划国土局通过公开招标确定"天津市城市规划设计研究院滨海分院"为规划编制单位。编制单位于2017年8月完成《滨海新区海绵城市专项规划》初稿，并于8月17日下午向滨海新区海绵城市和地下综合管廊规划建设领导小组组长汇报规划编制情况。8月21日，滨海新区规划国土局、区建设交通局共同发函征求滨海新区各功能区、各相关委局意见。8月22日组织专家进行评审，专家组认为"此规划达到《海绵城市专项规划编制暂行规定》要求，原则同意该规划"，并提出了进一步完善的建议。滨海新区建设交通局于8月底将《滨海新区海绵城市专项规划（送审稿）》报天津市建委备案。

3. 编制综合管廊专项规划。滨海新区建设交通局组织有关单位编制《滨海新区地下综合管廊专项规划》。滨海新区建设交通局通过公开招标确定"天津市城市规划设计研究院滨海分院"为规划编制单位。编制单位于2017年8月完成《滨海新区地下综合管廊专项规划》初稿，并于8月17日下午向滨海新区海绵城市和地下综合管廊规划建设领导小组组长汇报规划编制情况。8月21日，滨海新区规划国土局、区建设交通局共同发函征求滨海新区各功能区、各相关委局意见。8月22日组织专家进行评审，专家组认为"此规划达到规划编制相关要求，原则同意该规划"，并提出了进一步完善的建议。滨海新区建设交通局于8月底将《滨海新区海绵城市专项规划（送审稿）》报天津市建委备案。

【建设工程质量安全】 1. 建设项目日常巡查与专项检查。2017年，滨海新区在进一步健全建设工程日常监督巡查机制的基础上，持续加强建筑工程质量、安全、文明施工执法检查，将日常监督巡查与专项检查相结合，加大检查力度和频次。相继开展了深基坑、高支模、起重设备、防火和电气电缆等10次专项检查，累计抽查建设工程650项次，提出整改意见1600余条，下达责令整改通知书290份，下达责令暂停施工通知书63份。

2. 建筑材料及工程实体质量监督抽检。2017年，滨海新区持续对建设工程施工现场建筑材料及工程实体质量进行严格监管，充分发挥监督抽检在质量安全监督管理中的重要作用。一是加强建材及工程实体监督抽检力度，强化进场控制，一季度—四季度共抽检3493批次，不合格77批，合格率为97.8%。二是扩大抽测范围，在原有《建筑材料及工程实体监督抽检办法》的基础上对施工现场钢管、脚手架扣件、安全帽、安全网等安全防护用品进行抽样检测，确保安全防护设施和劳防用品符合各项标准要求。三是按季度编制建材及工程实体监督抽检报告，定期对抽检情况进行统计分析，分析存在问题并提出相应对策与措施。

3. 建设项目创先争优。2017年，滨海新区深入开展建设工程创先争优活动。以创建市级文明工地和市级优质工程"海河杯"奖、争创中国建设工程鲁班奖（国家优质工程）等为目标，引领企业树立品牌意识、质量意识和安全意识，强化企业对工程质量安全的管理，督促企业落实质量安全管理主体责任，学习借鉴优质工程、文明工地的好做法、好经验，促进滨海新区建设工程质量安全平稳发展。2017年，滨海新区建设工程荣获国家级、市级质量激励项目135项。国家级质量激励项目中，荣获中国建设工程鲁班奖（国家优质工程）2项，荣获国家优质工程奖6项；市级质量激励项目中，荣获"金奖海河杯"13项，荣获"海河杯"46项，荣获市级文明施工示范工地18项，荣获市级文明工地50项，荣获市级质量安全文明施工观摩工地6项。

4. 建设项目观摩活动。2017年，滨海新区积极推选建设项目参评市级质量安全文明施工观摩工地评选活动。其中，天津药物研究院有限公司国家重点实验室及科研成果产业化基地一期项目、汉沽东岸彩苑项目、梁锦东苑（津滨塘挂2014-3地块）、梁锦西苑（津滨塘挂2014-4地块）、天津生态城双威04-01-04-02地块住宅二期工程（悦馨苑）五个项目在混凝土结构观感及尺寸控制、预防混凝土浇筑质量通病、铝合金模板应用、全钢集成爬架、安全体验馆建设和应用、生活区物业化管理、BIM应用、施工现场人脸识别技术应用等方面的管理成绩突出，获得市级质量安全文明施工观摩工地称号。各项目通过开展现场观摩交流活动，向天津市建设领域从业人员展示了先进的工艺工法和管理经验，全面提升了滨海新区建设工程施工现场质量安全管理水平。

5. 创新监管模式引入社会专业力量辅助监督。2017年，滨海新区积极探索工程监督管理新模式，以政府购买服务的方式引入第三方专业服务机构和成立质量安全专家库的形式辅助工程质量安全监督，提高了工作效能。一是委托天津森宇律师事务所协助开展房屋质量投诉处理工作，配合滨海新区质安支队开展房屋质量问题现场查勘和答疑，为投诉处置提供法律指导意见。二是委托天津经济技术开发区建设监理公司协助做好全区施工扬尘巡查工作，并组建行业专家队伍协助滨海新区质安支队开展施工现场质量安全专项检查工作，发挥行业专家在安全生产检查、事故隐患排查、专业咨询等方面的作用。三是委托天津恒隆建筑工程技术检验有限公司和滨海建筑工程质量检测中心对全区建设工程建筑材料、工程实体质量进行监督抽检，加强施工现场建材质量管控。四是委托信息中心制作《建筑市场质安快讯》及《建筑工程质安月刊》两份内部交流材料，方便及时了解全国质量安全情况和各省市在质量安全工作方面的先进经验。

6. 燃气项目监督管理。2017年，滨海新区质安支队与天津市建委燃气处完成工作对接，落实燃气工程的属地监督管理权责交接。2017年，滨海新区质安支队结合滨海新区实际制定了燃气工程建设管理制度，组织监督执法人员开展燃气工程专业知识培训，充实燃气工程监督执法的专业力量。

7. 开展工程质量安全提升行动。2017年，滨海新区结合全区工程建设实际，制定切实可行、针对性强的行动方案，通过召开动员部署会议、微信公众号专题宣传等形式,深入开展工程质量安全提升行动。滨海新区质安支队将质量安全提升行动与建筑施工质量标准化、安全生产标准化及安全专项整治活动相结合,进一步加强安全生产管理,落实企业安全生产主体责任,规范建筑施工质量标准化和安全生产标准化工作,加强质量安全风险管控,构建工程常见问题治理和监督管理标准化的长效机制,全面提升工程质量安全水平。滨海新区质安支队还积极引导公众参与监督,充分利用投诉举报电话和信箱,举报发现的违法违规行为,持续营造全社会共同关注工程质量安全的良好氛围,确保提升行动顺利开展。

【村镇建设】 制定《2017年滨海新区农村危房改造实施方案》,计划改造农村危房500户,改造对象为汉沽街、茶淀街、海滨街、杨家泊镇等7个街镇的五保户、低保户和贫困残疾人户。改造工作于2017年4月启动,利用春季少雨期加紧改造施工,超额完成C级户804户、D级户46户的改造任务,改善农村困难群众的居住条件。

【执法监察】 1.建设工程质量安全监督管理。滨海新区质安支队共对111个工程及相应的责任主体进行检查。同时,2017年共查处案件138起,共处罚金1119.56万元。按照类型分类:建筑市场72起,处罚金877.19万元;施工安全17起,处罚金76.8万元;施工质量7起,处罚金62.57万元;文明施工及扬尘治理42起,处罚金103万元。按违法主体分类:处罚建设单位55起,处罚施工单位60起,处罚监理单位23起。

2.建筑招投标监管。共完成招投标工程项目1021项(不含功能区),其中塘沽709项、汉沽181项、大港131项。招标方式全部按规定办理。招标公告和预审公告中的招标主体、网上发布、发布平台、公告内容、公告时限、网上报名等符合相关法规要求。招标文件和预审文件中前置要件、招标文件备案时限、补遗文件备案时限、招标文件内容条款、是否符合预审条件等符合要求。评标专家的抽取时间、专家数量、专家组成、专家专业、回避情况、从天津市专家库抽取等情况符合要求。开标评标各环节表格齐全、签字齐全、程序符合规定。

3.房地产市场监管。通过前期摸底调查和现场取证相结合的方式,对存在违规入住事实的项目下达了责令整改通知书,要求限期整改。

4.公用事业行业监管。共组织开展了以液化气钢瓶、高层建筑和燃气设施等为重点的一系列燃气执法检查活动227次,出动执法人员1014人次。同时,规范执法检查程序。组织塘沽、汉沽、大港燃气所统一制定了执法文书,配备了执法设备,完善了执法流程。要求各执法单位通过检查、下达整改文书、复查等环节形成执法检查闭环管理。进一步规范执法档案管理,一企一册,文字、图片及时入档,建立健全执法检查程序。更好地为企业服务,提升城镇燃气执法水平,做到安全隐患不留死角,聘请第三方服务机构,为执法检查提供技术支持和专家咨询服务。

和 平 区

【概况】 天津市和平区建设管理委员会,是和平区人民政府主管城市建设的办事机构。内设党委办公室(武装部)、行政办公室(法制科)、财务审计科、劳动工资科、城市建设管理科、总工程师办公室、施工管理科、建筑节能科、市政管理科（占路管理所）、市政生产计划科（区防汛办公室）10个行政科室，下设建设工程质量安全监督管理支队、配套办公室、建设工程招标（合同）管理办公室、供热办公室、节水办公室、拆迁安置中心、占路管理所、道路管理所、排水管理所9个事业单位。

2017年，和平区建委紧密结合和平区第十一次党代会报告提出的目标任务和部署要求，以建设"品质和平"的总体目标为指导，发扬顽强拼搏的精神，认真履职尽责，积极推进，狠抓落实，全面完成各项任务目标。

2017年实际开工面积325.3万平方米，竣工面积87.71万平方米。其中，人民银行地块于2017年10月30日摘牌，成交价格1.02亿元；农商银行项目于2017年4月开工；天河城项目于2017年6月26日开业；新星小学改扩建项目投入使用，万全小学兴安路校区主体封顶，耀华小学改造项目开工建设；和平中医医院和妇产科医院项目土建完工；地铁4号线施工有序开展；和平区慢行交通系统改造项目一期工程已启动实施，道路修筑总长度6.5千米。

【机构职能】 和平区建设管理委员会机构职能。

1. 贯彻执行国家和天津市有关城市和市政建设的法律、法规、规章和方针、政策。负责指导、协调、推动城市和市政建设任务的完成。

2. 负责制定全区城市建设、市政建设、旧城区改造的长期规划和年度计划。负责全区建设工程的管理工作。负责协调市、区各项重点工程的施工与管理。

3. 负责区管道路、里巷、甬路以及区管排水设施的维修养护。加强市政设施的管理。

4. 负责组织协调解决工程建设中的民扰施工、施工扰民及建筑遮光等问题。

5. 负责全区建设专业技术人员职称申报的审核及全区城市、市政建设与管理专业技术人才库的管理工作。

6. 负责收缴占、掘路费。协助行政执法部门对违章占路行为进行查处。依法处理损坏市政设施的行为。

7. 负责全区建筑节能工程建设管理工作。

8. 负责全区防汛抗旱工作的组织实施。

9. 承办区委、区政府交办的其他事项。

【内设机构】 根据上述职责，和平区建设管理委员会设10个内设机构。

1. 党委办公室（武装部）。负责党委工作计划、安排、总结等各类文稿的起草。负责党务文件、资料的收发管理。负责宣传报道和信息反馈工作。负责党员、干部职工思想政治教育，以及干部培养、选拔、任用、考核等工作。负责基层单位党组织建设，党员发展和入党积极分子培养。负责纪律检查和行政监察工作。负责人民武装、编制、统战、保密、老干部和共青团工作。负责工会工作。

2. 行政办公室（法制科）。负责日常行政管理。负责行政工作计划、安排、总结等各类公文的起草及审定，搞好文档管理。督促、检查主任办公会议决定事项的贯彻落实情况。组织协调会议会务和重要活动。负责行政执法监督和法制工作。督办人大代表建议和政协委员提案的落实、反馈工作。负责城建城管系统窗口建设、信息、保卫和后勤工作。

3. 财务审计科。负责机关和基层单位财务监督管理。负责资金的统筹管理。负责基层单位经费的核拨，并对资金的使用进行监督、内审。搞好预算外资金的管理。负责国有资产的监督管理。

4. 劳动工资科。负责所属事业单位人员管理、人事调配、劳动工资、考核奖惩、保险福利、人员退休工作。负责专业技术人员、政工人员职称评定以及技术工人等级考核、技能培训工作。负责人事统计和所属事业单位法人管理工作。

5. 城市建设管理科。负责辖区内建设项目的前期立项审核工作和规划储备工作。负责编制中长期城市建设计划。负责办理管理权限以内的商品房项目资质预审。负责全区城市建设改造的计划、管理、协调工作，推动市、区重点工程建设。

6. 总工程师办公室。管理全区城市建设与管理专业技术人才库。负责区城市建设与管理专家委员会的协调服务工作。组织有关专家对区内城市建设的规划设计、计划方案以及重大工程项目进行调研与论证。负责组织专业技术人员的技术培训及继续教育工作。负责全区建设专业技术人员职称申报的审核工作。

7. 施工管理科。负责区域内施工管理。协调处理区域内在建施工工地的施工扰民和民扰施工矛盾。协调开发商与周边群众的关系及相关补偿事宜。

8. 建筑节能科。负责全区的建筑节能工程建设管理、绿色建筑和技术推广、既有建筑节能改造、可再生能源建筑应用、民用建筑能耗统计、公共建筑用能运行管理。

9. 市政管理科（占路管理所）。负责区管市政设施管理和考评工作。协助行政执法部门对违法占、掘路行为进行查处。对损害市政设施的行政案件进行审查处理。负责新建改建项目道路、排水配套方案的审核。

10. 市政生产计划科（区防汛办公室）。负责区管道路、排水设施小修养护和大中修工程计划统计审核上报，并对完成情况进行协调指导、监督检查和质量验收。对新建市政工程组织勘察设计、预决算审核及质量验收。负责区管市政设施统计工作。协调解决道路破损和污水外溢问题。负责全区防汛预案的制定和防汛期间组织、协调、检查工作。

【下属单位】 和平区建设管理委员会下属9个公益一类事业单位。

1. 和平区建设工程质量安全监督管理支队。主要职责：负责全区建设工程质量、安全、文明施工、建设市场监察和组织或参与事故处理工作。贯彻执行市、区有关城市建设质量、安全、文明施工的规章、制度和标准；根据有关规定，承担工程质量、施工安全、文明施工监督管理和建设市场检查；组织或参与对重大工程质量、安全事故的调查处理；负责办理工程质量监督登记手续和安全措施备案工作；负责建筑机械设备安装（拆卸）告知、登记、注销工作；负责区管建设工程质量竣工验收备案工作。

2. 和平区建设工程招标（合同）管理办公室。主要职责：对本区建设工程招标投标活动依法监督管理；负责对工程监理、工程施工和设备材料采购合同和结算书的审查及备案管理。

3. 和平区节水办公室。主要职责：对和平区内一切用水行为进行监督和执法检查；负责本行政区内非生活用水户计划指标和计划执行情况的核定、考核与管理，包括指标申请、指标变更等；在市节水办技术力量指导下推广节水器具更新改造，以此来促进全市节水器具普及率的提高；组织推动节水宣传及节水经验交流活动，指导区内各用水单位科学用水，倡导区内居民节约用水；推动节水型社区的建设步伐，每年按照市节水中心的工作要求，完成节水型先进单位、节水型先进小区的创建工作。

4. 和平区配套办公室。主要职责：负责本区域内住宅非营业性公建配套的建设管理；组织实施非营业性公建配套项目的落实；参与本区域内居住区规划方案的审核；配套投资计划的申报；组织、监督本区域内非营业性配套项目的实施、竣工验收、分配等工作；配合区有关部门做好本区域内的民计民生工作；核发本区域管理权限内新建住宅商品房准许使用非营业性公建配套证明。

5. 和平区供热办公室。主要职责：负责和平区供热规划和发展工作；负责和平区供热行业监督管理。

6. 和平区房屋拆迁安置中心。主要职责：依据中华人民共和国国务院令第590号《国有土地上房屋征收与补偿条例》等完成辖区内区政府下达的房屋征收安置工作；负责贯彻执行国家和本市有关国有土地上房屋征收补偿相关法律、法规，依法实施本区国有土地上房屋征收补偿工作。

7. 和平区排水管理所。主要职责：负责辖区内185千米的市政里巷排水管道，43千米的市政干管，及2.4万余座检雨井的养护维修和管理；全区污水外溢的监督治理工作；市、区重点排水改造工程的施工及保障；配合区防汛办做好每年的防汛工作。

8. 和平区道路管理所。主要职责：负责和平区内区管道路、街坊路及里巷甬路维修养护的单位；负责辖区内143条道路及1059条里巷的养护维修任务，总设施量为217.47万平方米，其中143条道路按照道路等级划分分为36条次干线和107条支线道路，道路总长度95.66千米，人行道面积50.03万平方米，车行道面积90.91万平方米，总道路设施量为140.94万平方米；里巷道路1059条按照和平区行政区域划分分别坐落在南营门、体育馆、新兴街、南市街、劝业场、小白楼六个区域，里巷总长度130.42千米，总设施量为76.53万平方米。

9. 和平区占路管理所。主要职责：负责市政设施的日常巡视管理，信息平台案件的处理，占、掘路的审批及收费，施工工地的管理及扬尘治理，各级安全保障路线。

【基础设施建设及投资】　自来水旧管网及燃气旧管网改造工程。自来水旧管网改造完成大理道73号、营口道98号（原110号）、成都道泉泽里1号、多伦道178号、包头道2号、马场道32号、睦南道10号、睦南里1号及康乐里9处点位支路管网改造及维修工作，同时配合区房管局严损房改造协调自来水部门对聚福里小区及福厚西里小区外网进行了更换；燃气旧管网改造已完成裕德里小区、南海楼小区、开发里、文兴里、曲阜道78号、庆有西里、三盛里、同庆后、义达里—前明德里、山东路131—141号连壁里共计10千米改造。

进行排水管道改造及机械清淤1.6千米。完成福方里、兆丰路、治安大街、洛阳道岳阳道5处支线道路共计1.6千米改造及清淤工作。

新增供热面积17万平方米。新增供热面积17万平方米已全部完成，南京路、兆丰路地区补建及社会供热单位补建全部具备供热条件并投入使用。

【建筑业及建筑市场】　工程项目报建。截至2017年12月底，共审查办理工程报建备案52项，总建筑面积560.38万平方米，总投资额183亿元。其中，公建

7项，建筑面积15万平方米，投资额6062.2万元；市容环境整治7项，建筑面积52万平方米，投资额1.54亿元；商业服务4项，建筑面积16.71万平方米，投资额7.81亿元；房地产开发经营类2项，建筑面积44.1万平方米，投资额163亿元；文化教育3项，建筑面积1.97万平方米，投资额1.61亿元；其他类29项，建筑面积430.6万平方米，投资额8.47亿元。

分包合同管理。截至2017年12月底，共办理建设工程专业、劳务分包合同19项，合同总价款5803万元。其中，专业分包合同共审核办理备案9项，合同总价款2706万元；劳务分包合同共审核办理备案10项，合同总价款3097万元。

建筑业企业资质管理工作。完成新办企业信息入库审核、人员入库手续9家；区管企业缴纳农民工保证金1家。

建筑市场管理工作。根据天津市建委统一部署和安排，开展和平区建筑市场执法专项大检查，对辖区市管、区管建设项目的建设市场行为、农民工管理工作中存在的问题进行排查和督导，下达整改通知书2份。开展建筑工程施工许可专项检查，重点督查违法转包、分包、借照挂靠、违法用工等行为，有效规范和平区建筑市场经济秩序。落实做好农民工工资支付工作，按照市、区统一部署和要求，对辖区在施工程，特别是政府投资项目逐一进行排查梳理，配合市、区有关部门妥善协调处理农民工工资的日常投诉，在全年各节日期间，特别是在党的十九大会议召开期间，未发生过集体投诉和上访等行为。

【区级重点工程项目】 津湾广场二期项目。津湾广场二期项目包括金谷大厦、津湾二期7号楼、8号楼和9号楼。金谷大厦建设单位为新天投资有限公司，建筑面积10.53万平方米，分为A、B、C三座，已全部竣工。津湾二期7号楼、8号楼和9号楼建设单位为天津津湾置业有限公司，7号楼和8号楼面积29.49万平方米；9号楼建筑面积21万平方米，建筑高度299.8米，地上72层，地下4层，主要建设内容为商业、酒店、酒店型公寓、办公楼等。已全部竣工。

合生国际大厦项目。天津合生国际大厦（A、B两个地块）坐落于和平区北安桥南北两侧，建设单位为天津合生滨海房地产开发有限公司。项目性质为办公楼、商业综合体，占地面积2.06万平方米，建筑面积20.60万平方米，其中A地块建筑面积10.67万平方米、B地块建筑面积9.92万平方米。

现代城项目。四至范围：滨江道、南京路、赤峰道、陕西路，该项目共分A（原A地块、D和9235地块）、B、C三区，占地面积4.58万平方米，总建筑面积64.8万平方米。C区已于2006年8月竣工开业，目前在建的为A、B两区。A区为公寓及商业，公寓正在进行主体施工。B区为写字楼、酒店，建筑面积为27.6万平方米，其中写字楼13.56万平方米、酒店及酒店式公寓9.26万平方米、地下面积4.78万平方米。已竣工。

嘉兰铭轩项目。坐落于南京路和鞍山道交口，项目建筑用地面积6928.3平方米，地上建筑面积6.71万平方米，地下建筑面积1.44万平方米，其中商业面积7209平方米、地铁集散厅170平方米、公寓面积6.00万平方米。

【城建信息化建设与管理】 1.和平区建委自媒体平台。2015年7月，"和平'新'建闻"微信公众服务平台正式开通运行，率先在天津市住房和城乡建设系统打造官方微信公众号。2017年，微信公众服务平台设置"走进建委""便民服务""两学一做（党建园地）"和"消息发布"版块。市民点击"走近建委"即可了解最新的和平区建委系统的办公地址、办公电话、工作职责、党建动态、建设动态（重点工程）等信息。"便民服务"包含政策解读、办事指南等信息，"两学一做"分为"新时代有话说""基层党建好声音""两学一做"等党建学习相关栏目。从发布的"消息"中可及时了解到和平区建委的日常党政工作情况。"和平'新'建闻"微信公众服务平台是和平区建委运用新兴媒体，拓宽城市建设管理途径的又一新举措，关注人数达千余人，利用即时交互平台来实现"群众办事，网络跑腿"，降低行政成本，提高办事效率，带给市民可触可感的实惠与方便。

2.实现信息化监控施工扬尘污染。对在建项目工地，采取红外视频监控和扬尘在线24小时动态检测等手段，确保做好周边围挡、物料（渣土）堆放覆盖、土方开挖湿法作业、路面硬化、出入车辆清洗、渣土车辆密闭运输、中心城区智能渣土车辆全覆盖、场内非道路施工机械达标排放"八个百分之百"污染防控措施。

【城建科技与节能】 完成了成都道153号改扩建、和平区万全小学兴安路校区项目、和平区耀华小学改扩建工程共3个项目的建筑节能技术资料收集工作，合格率100%。

组织召开了建筑节能和绿色建筑专项培训会，聘请专家为项目建设、施工、管理人员进行了法规及技术标准方面的授课；应用城镇民用建筑能耗和节能信息统计系统对新增及拆除存量建筑基本信息数据进行更新。观摩双青新家园装配式建筑样板工程，参加市建委组织的装配式建筑技术交流会。

【海绵城市与地下管廊】 组织区海绵城市建设管理工作领导小组成员单位召开海绵城市建设专项规划修编调研工作会，制定了《和平区关于推进海绵城市建设工作方案》，在多伦道地块、营口道5号地块的规划条件中，提出了项目预制装配建筑比例、绿色建筑星级、海绵城市设计及可再生能源应用等建设指标。

【建设工程质量安全】 和平区建设项目质量安全总体形势。和平区地处天津市中心，建筑物密度大，施工场地狭小，交通不便，施工难度较大。2017年，和平区质安支队监管的项目未有安全生产死亡事故、质量事故发生，所监管工程总体形势保持稳定。

通过政府采购引入第三方安全检查服务。随着建设项目规模不断扩大，结构形式越来越复杂，和平区建设工程安全形势严峻。为适应新形势下的安全生产要求，和平区质安支队在加强执法检查的同时，通过政府采购形式引入第三方安全检查服务机构，就辖区内区属监管建设工程现场施工机具、脚手架、临时用电、安全防护、消防设施、文明施工、安全管理资料等内容实施检查服务，原则上每月不少于一次安全检查。自2017年8月引入第三方安全检查服务以来，累计进行4次安全专项检查，提出书面整改意见210条，有效丰富了执法检查模式，加强了执法力量，增强了对建设项目执法检查的威慑力，进一步提高了和平区建设安全生产整体水平，取得了良好的效果。

质量安全例会制度。和平区质安支队坚持每周一组织全体支队人员开展质量安全工作例会，全面总结上周工作动态，部署本周工作任务，并形成会议纪要，作为本周工作检查的依据。此外，每季度组织一次质量安全总结分析会议，就本季度的工作进行分析总结，重点研究本季度多发性质量安全隐患，做到举一反三，进一步提高事故隐患的防范措施能力。

创新标准化监管制度。依据《中华人民共和国标准化法》《建筑工程质量安全监督服务标准》等法律、法规及相关行业标准，充分运用计算机辅助执法系统、视频监控系统、微信工作群等，全面实现建设工程巡查抽查、专项检查、举报调查等工作程序规范化、标准化、透明化，不断提升建设工程质量安全监管水平。

监督封样与实体检测制度。为保证进入和平区施工现场的建筑材料稳定受控，和平区质安支队建立实施建筑材料监督封样与阶段性实体检测制度，不断完善工程监管手段。加强对钢筋、防水、砌体、保温板等建筑材料的监管，严格落实材料复试项目符合设计及规范要求，进一步保证了建筑材料质量合格，强化了责任单位建筑材料管理意识。同时，加大建设工程现场实测实量检查力度，进一步增强了工程质量监督执法的震慑力。

【执法监察】 2017年，和平区质安支队严格按照《天津市建设工程质量管理条例》《天津市建设工程施工安全管理条例》《天津市建筑市场管理条例》等相关法律法规，借助第三方安全检查服务，加大日常巡查、抽查力度，开展拉网式专项大检查，严查建设项目各责任主体履行职责情况、执行工程技术标准情况等，对辖区范围内建设工程质量、安全及市场行为情况全覆盖监管。累计下发整改通知单、检查记录111份，告知书6份，提出整改意见491条，整改完成率100%；办理违法违规案件7件，处罚总金额8.5万元。

1. 巡查、抽查情况。在工程质量巡查抽查中，累计下发了整改通知单18份，提出整改意见37条，整改完成率100%。在建设工程施工安全及文明施工巡查抽查中，累计下发整改通知单42份，提出整改意见51条，整改完成率100%。在建设工程市场行为检查抽查中，累计下发整改通知单2份，提出整改意见5条，整改完成率100%。

2. 专项检查情况。在做好建设工程日常巡查、抽查监管工作的同时，和平区质安支队严格按照和平区委、区政府、天津市建委、市质安监管总队有关工作要求，2017年共开展了13次拉网式专项大检查。

1月，按照市质安监管总队《关于开展建设工程冬期施工质量和消防、临时用电专项检查的通知》的文件要求，对天汇中心、成桂公馆、莲宗寺等项目各方责任主体质量行为、工程实体质量、施工安全和文明施工管理情况及冬施措施落实情况开展了专项检查。

3月，按照市质安监管总队《关于开展房屋建筑工程开（复）工质量安全专项执法检查的通知》的要求，结合市质安监管总队年初工作部署，对开封道7号、富通大厦、成桂公馆等项目开展了建设工程开（复）工及施工扬尘治理专项检查，共下发质量整改通知单2份，安全及文明施工整改通知单3份，提出整改意见共计13条，已按要求整改完成。

3月下旬，按照市质安监管总队《建筑工地食堂食品安全清理清查专项行动实施方案》的通知要求，对天汇中心、先农二期、合生国际大厦等项目开展了专项检查。经检查，建筑工地食堂食品安全情况较好，提出的意见已按要求整改完成。

4月中旬，按照市质安监管总队《关于开展迎全运会建筑工地综合整治提升暨2017年第一次扬尘专项大检查的通知》文件要求，结合市质安监管总队年初工作部署，对莲宗寺、先农二期、合生国际等项目开展了专项大检查。本次检查共计下发整改通知单1份，共计提出整改意见3条，已按要求整改完成。

5月中上旬，按照市质安监管总队《关于进一步加强建筑施工安全生产工作的紧急通知》的文件要求，对莲宗寺项目、富通大厦项目、成桂公馆等在施项目开展施工安全专项检查，共下发整改通知单3份，提出安全整改意见15条，已按要求整改完成。

5月下旬，按照市质安监管总队《关于印发2017年天津市建筑施工领域夏季消防检查工作方案的通知》《关于开展2017年春季房屋建筑工程安全生产专项检查的通知》《关于开展2017年房屋建筑工地食堂食品安全专项检查的通知》文件要求，对莲宗寺、合生国际、嘉兰铭轩等工程开展了专项检查。切实加强了和平区建筑施工领域夏季火灾防控工作、安全生产工作以及食品安全工作。

6月上旬，按照市质安监管总队《关于建筑工程质量安全暨建筑材料专项执法检查的通知》文件要求，对建设项目开展了质量安全暨建筑材料专项检查，提出的意见均已按要求整改完成。此次检查是在项目自检合格的基础上进行的，通过此次检查，进一步增强了各参建单位的主体责任意识。

7月份，按照市质安监管总队《关于进一步加强暑期（雨季）高温、高湿天气安全生产管理工作的通知》文件要求，对成桂公馆、润兴里等8个建设项目开展了安全生产大检查。共下发整改通知单4份，提出安全整改意见12条，已按要求整改完成。

8月份，按照市质安监管总队《关于开展2017年夏季（雨季）房屋建筑工程安全生产专项检查的通知》文件要求，对嘉兰铭轩、天汇中心等10个建设项目开展了安全生产大检查。共下发整改通知单4份，提出安全整改意见165条，已按要求整改完成。

10月份，按照天津市建委《关于开展全市建筑施工、燃气、供热安全生产大检查综合督查工作的通知》文件要求，对万全小学、莲宗寺等6个建设项目开展了安全生产大检查。共下发整改通知单3份，提出安全整改意见25条，已按要求整改完成。

11月份，按照市质安监管总队《关于开展建设工程冬期施工质量安全专项检查的通知》及《关于加强我市建设工程冬期施工质量安全管理的通知》文件要求，对嘉兰铭轩、莲宗寺等8个建设项目开展了冬期施工质量安全专项检查。共下发整改通知单6份，提出整改意见18条，已按要求整改完成。

12月中旬，按照市质安监管总队《关于开展2017年冬季房屋建筑工程安全生产专项检查的通知》文件要求，对万全小学、耀华小学等12个建设项目开展了冬季施工安全专项检查。共下发整改通知单6份，提出整改意见25条，已按要求整改完成。

12月下旬，按照和平区质安支队《关于开展房屋建筑节能工程质量安全专项检查的通知》文件要求，对嘉兰铭轩、开封道7号、富通大厦等3个建设项目开展了节能工程质量专项检查。共下发整改通知单2份，提出整改意见6条，已按要求整改完成。

针对各项检查中存在的问题和隐患，相关责任单位基本能及时整改，进一步提高了各参建单位现场施工质量、安全生产及文明施工的意识，落实了企业安全生产主体责任。

3. 企事业单位既有建筑装饰装修工程安全检查情况。12月上旬，按照市建委、市国土房管局和市规划局联合下发的《关于开展全市房屋建筑安全大检查工作的通知》文件要求，市建委、市质安监管总队联合和平区质安支队对13个既有项目、7个在建项目开展消防安全地毯式检查，发现61处安全隐患，下发整改通知单5份，已按要求整改完成。

12月份中下旬，按照和平区安委会工作要求，和平区质安支队对辖区内企事业单位既有建筑装修工程开展拉网式大排查大检查，累计排查装修点位109家，下发检查记录表10份、告知书6份，提出整改意见55条，均按要求整改完成。

4. 建筑材料封样抽测情况。2017年，为加强对建设工程建筑材料的监管力度，对部分项目的钢筋、混凝土、电线、排水管、应急灯具等材料进行了监督封样抽测，累计抽测34组，合格34组，合格率100%。监督封样抽测结果表明，进入和平区施工现场的建筑材料处于受控状态。其中，监督封样抽测，钢筋12组，锚栓1组，混凝土3组，电线4组，排水管1组，灯具2组，方管角铁3组，铝型材3组，耐碱纤维网格布1组，给水衬塑复钢管1组，铝单板1组，蒸压加气混凝土2组。

5. 举报、投诉情况。2017年接到各类举报、投诉案件共计18件。其中，工程质量投诉7件，占投诉总量的38.9%；安全投诉2件，占投诉总量的11.1%；文明施工投诉9件，占投诉总量的50.0%。所受理的投诉均已按流程处理完毕。

6. 行政处罚情况。2017年共办理建设工程违法违规案件7件，处罚总金额为8.5万元。

【应急演练及宣传情况】 为提高施工现场火灾防控能力和对突发事件的应变能力，2017年11月10日，和平区质安支队在合生大厦项目现场组织进行了突发事件应急演练活动。辖区内各在建项目三方负责人、安全管理人员共200余人进行了观摩学习。通过此次应急演练，进一步增强了和平区建设工程从业人员的安全意识，提高了各参建方面对突发事件时的自救能力和应变能力。同时，在施工现场开展了建设工程质量安全宣传活动，设立宣讲台，张贴悬挂宣传展牌20余个，分发宣传册、壁挂图等宣传资料及安全用品400余件。现场宣讲了质量管理、安全生产、扬尘防治、突发事件应急处理等内容，使各参建方对质量安全及文明施工相关法律、法规有了进一步了解，有效净化了建筑市场经营环境，增强了各参建方质量安全管理意识，营造了全社会共同关心、支持、参与、监督建设工程质量安全工作的良好氛围。

2017年12月12日，和平区质安支队组织召开了和平区建设工程质量安全及文明施工培训会议，辖区内各项目三方负责人参加会议。和平区质安支队对参会人员进行了工程法律、法规及相关规范的培训，宣讲了质量安全生产责任制、文明施工管理办法等，有效提升了在施工地质量安全及文明施工管理水平。

2017年11月10日，和平区建委组织开展"2017年和平区建设工程突发事件应急演练暨安全生产、扬尘控制宣传教育"活动

河 东 区

【概况】 2017年，在河东区委、区政府领导下，河东区建委按照实现"金贸河东"功能定位、加快建设新城市中心和建设美丽河东的总要求，解放思想、创新发展，奋勇竞进、合力攻坚，在中央环保督查整改、扬尘治理、棚户区改造、信访历史遗留问题解决、经济适用住房产权证办理和教育基础设施建设等工作中，研究制定方案，确保工作落实。2017年内，1名个人获得2017年度"最美河东人"称号、1名个人被评为"河东区五好楷模"。

【机构职能】 河东区建设管理委员

会机构职能。

1. 贯彻执行城市建设有关工作的法律、法规和方针、政策，依法实施城市建设监察管理。

2. 拟订本区城市基础建设发展规划和年度计划，并组织实施。

3. 按照城市总体建设规划和分区规划，依据权限和有关规定对建设项目进行审查。

4. 负责组织实施住宅区非经营性公建配套方案审查和管理。

5. 负责全区供热规划编制、计划安排、供热行业的管理。

6. 负责全区供水规划编制、计划安排、供水行业的管理；负责节水宣传教育工作，核定区域单位用水指标并负责督查、落实；控制和管理超计划用水工作；协调落实供水设施建设、安全生产、应急管理工作。

7. 负责全区燃气规划编制、计划安排及行业的管理。

8. 负责全区道路、排水规划编制、计划安排及行业的管理。

9. 负责区管道路、排水设施废弃、占用、掘动的监督管理和社会产权市政设施监管工作；按照质量要求和考核标准，落实区管道路、排水管网的建设和养护管理工作。

10. 承担建设工程质量安全监管责任；负责本区建设工程施工质量、安全生产和文明施工及建筑工程抗震管理，依法对建筑节能监督管理；落实绿色建筑和装配式建筑等标准在工程规划阶段的应用管理；落实职责范围内大气污染防治实施监督治理工作。

11. 负责建筑市场的管理、监督和检查。

12. 负责推动落实本区基础设施的重点工程建设项目。

13. 负责区防汛指挥部日常工作，拟订防汛工作预案，监督检查防汛工作的落实。

14. 负责组织协调推动落实河长制工作。

15. 负责组织协调推动落实海绵城市工作。

16. 承办区委、区政府交办的其他事项。

【内设机构】 根据上述职责，河东区建设管理委员会设14个内设机构。

1. 党委办公室。负责党委日常文秘、机要、会务、党务公开等工作；组织落实党委决策、部署和党政目标考核工作；制定党委中心组理论学习计划；组织开展党的路线、方针、政策和党风廉政教育；组织协调统战、对台、侨务、保密、共青团、工会、妇联等工作。

2. 行政办公室。负责政务工作；负责公文处理、档案、印鉴的管理工作；负责信息和政务公开工作；负责财产管理和后勤保障等工作。

3. 建设科。负责组织协调全区城市建设工作；组织研究实施城市基础设施规划和年度建设计划；负责城市基础设施项目储备库申报及管理工作；负责城市基础设施项目建议、可行性研究报告；协调推动研究制定海绵城市规划；负责推动落实地下综合管廊规划建设工作；按照城市总体建设规划和分区规划，依据权限和有关规定对建设项目进行审查。

4. 质量安全管理科。负责建设工程施工质量、安全生产和文明施工的管理，组织或参与工程重大质量、安全事故的调查处理，负责建设工程问题督查整改工作；负责建设工程建筑材料和建筑机械设备使用的监督管理；负责建设施工应急管理工作；负责区建筑业和建筑市场管理；负责建筑市场执法监察工作；负责建筑行业信用体系建设；负责区建筑业劳务用工管理；负责城市基础设施和房屋建筑及其配套设施新建、改建、扩建项目，勘察、设计、监理、施工、设备、材料招标的监督管理工作；负责建设工程招标投标监督管理；负责建设工程合同备案管理；负责建设工程抗震设防监督管理。

5. 公用事业管理科。负责组织燃气等基础设施发展建设规划，组织协调燃气行业监督管理和基础设施的配套工作；负责公用行业应急管理工作；负责住宅区非经营性公建配套的管理；对住宅区非经营性公建配套方案进行审查；实施新建住宅项目开发建设方案备案管理和新建住宅商品房准许交付使用管理。

6. 工程建设管理科。负责综合协调市重点工程项目建设及文明施工管理；负责建筑节能监督管理；负责制定防汛系统设施建设方案；负责建设工程综合统计工作；负责落实绿色建筑、建筑节能、装配式建筑等标准在工程设计阶段应用管理；负责无障碍设施工作的组织及检查。

7. 市政配套管理科。负责拟定区管市政道路、排水设施建设发展规划和年度计划；负责市政区管道路、排水设施项目储备库管理工作；组织协调市政道路、排水工程建设项目相关手续办理；负责市政道路、排水设施建设工程的监督管理、质量检查、竣工验收和预决算审核等工作。

8. 道路监察管理科。负责区管道路巡视检查和年度养护计划的编制、落实、考核；负责制定区管道路设施年度大中修计划、申报工作，配合完成招投标等前期工作，并组织实施；负责制定因工掘路修复计划并组织实施；负责规划新建道路设施的移交接收和城建年报统计、上报工作；负责市政机械设备的管理工作；负责区管道路、排水及附属设施执法监管；负责协助办理临时占路、因工掘路、排水设施切改等行政审批手续；负责区管道路各类管线井监督管理工作。

9. 排水管理科（河东区防汛指挥部办公室）。负责组织实施区管排水管网巡视检查和年度养护维修计划的编制、落实、考核；负责制定区管道路排水管网设施年度大中修计划申报工作；负责规划新建排水设施的移交接收和城建年报统计、上报工作；负责在建区管排水设施养护维修项目的施工管理和相关工程涉及排水管网改造监管；负责制定防汛系统设施建设方案；负责组织编制全区防汛工作方案；负责组织协调落实汛期检查、物资调拨、隐患排查和汛情信息收集、总结上报等相关工作；负责组织协调推动落实河长制工作。

10. 节水管理科。贯彻执行国家、市、区有关节约用水、供水的法律法规和管理规定；负责组织供水基础设施发展建设规划，组织协调供水行业监督管理和基础设施的配套工作；负责节约用水、计划用水、临时用水的行政管理和执法检查；负责节约用水的组织宣传工作；负责推广节约用水的新技术、新工艺以及其他节水成果；组织、指导建设节水型企业（单位）、节水型居民生活小区，积极推进节水型社会建设工作。

11. 供热管理科。贯彻执行国家、市、区有关供热的法律法规和管理规定；负责全区供热规划编制、计划安排；负责本区供热企业的行业管理工作；负责对供热设施的行政管理和执法检查工作。

12. 财务审计科。负责机关和所属单位财务管理工作；编制财务预决算；负责行政事业性收费、经营性收费的监督管理工作；负责机关和所属单位固定资产账目管理工作；负责制定本单位、本系统有关审计工作规章制度；安排年度审计项目、计划并组织实施；负责所属单位的内部审计工作，对执行财务制度和年度预算执行情况进行监督检查。

13. 组织人事科。负责科级领导干部的培养、选拔、考察、档案、任免、调配管理和培训工作；负责后备干部的培养和选拔工作；指导党员教育管理培训和发展工作；负责基层党组织建设及党员的管理工作；负责党内统计、人才和老干部工作；负责人事管理规章制度的制定并组织实施；负责机关及所属单位机构编制管理工作；按职责分工负责管理人事档案；负责公务员管理、工资福利、职称评聘、技工考级等工作。

14. 法制监督科。负责组织法制宣传教育；负责行政执法工作的监督；负责有关行政复议、行政诉讼、执法监督及普法工作；负责群众来信、来电、来访工作；协调解决信访问题和综治工作；建立安全保卫工作制度，做好安全防范工作；指导协调安全生产监督工作。

【土地征收】 2017年，河东区建委为拆迁居民办理产权注销1543户、办理《天津市定向安置经济适用住房资格证明》408个。推进富民路郑庄子和汪庄子、鲁山道街道小二楼、红星路等市、区重点土地征收项目进程。完成鲁山道街道小二楼正式住宅征收278户，拆除违章建筑363户、813间、1.10万平方米，拆除公建12户2134.27平方米，拆除房屋653户。拆除红星路项目地块二号地块内天津市消防设备总厂遗留租赁户建筑217平方米、自行车脚蹬厂遗留租赁户建筑400平方米、东兴发展有限公司遗留建筑物585平方米、通风机厂遗留建筑物3390平方米、远年无契证个体企业及无契证建筑物构筑物3435.2平方米。实现净地（厂清地平）72667平方米。完成一号地块内二轻局仓库、三号地块内区房地产开发总公司下属一队、二队、四队和疾病预防控制中心土地征收38327平方米。为启动富民路郑庄子、汪庄子项目房屋征收工作，河东区建委完成面积公示、房屋价格初评结果公示、落实安置房源等工作。截至2017年底，完成房屋征收310户、8225平方米，拆除违章建筑1280平方米。

【中央环保督查整改工作】 2017年，河东区建委按照中央环保督查整改要求，做好建筑工地扬尘治理工作。成立扬尘治理领导小组，制定工作安排意见，组织召开全区扬尘工作专题会议5次，重点项目负责人会议3次，扬尘治理专项检查巡查90余次200余个点位，发现问题302项，下达整改和停工通知单141份，约谈11个项目的29位负责人，对6个项目的责任单位进行行政处罚。抓好建筑工地苫盖工作。对在建工地22个项目30个标段240万平方米工程土进行苫盖。投入650万元，完成红星路、红旗巷、东纵快速、中山门、六纬路、汪庄子、郑庄子征收片115万平方米裸露土苫盖工作。教育预留用地、区建委资产用地、物业项目用地实现裸露土苫盖全覆盖。做好督查问题整改工作。收到中央环保督查组移交的信访举报问题件43件，问题涉及拆迁、物业管理、地铁桥梁隔音、供热、配套、建设单位、电磁辐射、市容监管等方面。完成举报问题的拍照取证、对接、整改和资料归档工作。

【经济适用住房产权证办理】 2017年，河东区建委成立解决产权证问题工作组，下设价格核对、资格认证、产权办理、前期手续、拆迁拆违、信访维稳、纪检监察7个专项小组，明确了职责，确定了时间表、工作路径和具体举措。对遇到的经济适用住房产权证办理方面的难点和瓶颈问题，协调市国土房管局、市规划局和区规划局等相关部门进行推动落实。国庆节放假期间，河东区建委147名党员做好证件核验等前期产权证办理准备工作。按照"成熟一片，办理一片，成熟一户，办理一户"原则，坚持科学分工，倒排工期，做好产权证办理工作。全年，打印网签合同2000份，为1700余户居民办理产权证。

【海绵城市建设】 2017年，河东区建委按照天津市委、市政府关于海绵城市建设工作的部署，成立河东区海绵城市建设工作领导小组。副区长任组长，区建委党组书记、主任任副组长，区政府办、区发展改革委、区建委、区市容园林委、区人防办、区财政局、区房管局、区环保局、区审批局、规划河东分局、各街道办事处主要负责人担任成员。区海绵城市建设工作领导小组办公室按照《天津市海绵城市建设试点实施计划》要求，组织人员学习整理海绵城市建设工作相关资料，结合河东区实际情况，学习市海绵城市建设工作领导小组和其他区的先进经验，初步完成工作方案编制工作。

【建筑质量安全管理】 2017年，河东区建委强化安全生产工作，组织建筑质量安全检查200余次，下达整改通知书79份，查出隐患431处，检查不合格的建筑工地按照整改要求完成整改。加强文明施工管理。12个区管工地均达到市级文明施工工地标准，2个区管工地达到市级观摩工地标准。加强工程质量监督。办理质量监督登记的工地建筑87万平方米，完成竣工备案工地建筑61万平方米，下达责令整改通知书102份，下达责令停工通知书5份。加强建筑市场管理。加大拖欠农民工工资清理力度，接待农民工上访投诉件45件，来访人数205人，涉及农民工人数948人，涉及被拖欠工资金额1719.5万元。深化建筑业"放管服"工作。缩短企业建筑资质网上审理时间和合同备案时间，提高审批效率。创新工作机制，采取预约答询等服务方式，延迟工作人员下班时间，主动走访企业，协调解决审批中遇到的困难和问题。取消承包交易服务费和分包交易服务费，得到企业称赞。

【服务民计民生】 2017年，河东区建委做好供热工作，把温暖送到千家万户。加强散煤治理，完成供热补漏居民5675户、供热补建居民270户，为2067户居民安装电采暖，对4405户拆迁片内居民进行现金补贴，完成36个点位的煤改电外网施工。拆除5根烟囱，美化4根烟囱。加快公共服务设施建设。接收东亚风尚、东泰家园的居委会、社区文化活动室、社区服务点、社区卫生服务站、社区警务室、环卫清扫班点等14处非经营性公建配套设施2300平方米。推动做好天津市交通网络和河东区街区路网结构规划工作。配合市建委完成河东区市政基础设施储备项目计划、东纵真理道立交节点规划方案对比论证、市政公用交通基础设施（2018年—2020年）项目储备库编制工作。完成大项目建设和民生配套工程。完成悦东嘉园商业项目建设和裙房（主楼下方的商铺，一般在1层—3层）建设工作，做好区文化馆项目前期手续办理工作，启动区文化馆建设施工。翰澜苑小学投入使用，完成雅仕兰庭小区配套幼儿园设施移交工作。做好房屋维修工作。2017年，完成静墅里小区1号楼、3号楼和临池里小区15号楼、16号楼、17号楼5701.8平方米房屋屋面大修工作，群众满意率达到98%。规范机关工作秩序。

【二次供水改造项目排查】 2017年,河东区建委按照《河东区2017年老旧小区及远年住房改造》要求,做好二次供水改造项目排查工作。结合《河东区2017年老旧小区及远年住房改造》改造计划,二次供水改造涉及21个小区,泵房整体改造9处,局部改造7处,楼门水箱改造70处。落实市委巡视一组"机动式"巡查整改情况,沟通协调市水务集团和自来水集团,完成翰林园、恋日风景、中山门西里、互助南里等小区二次供水改造的招标和20个二次供水改造小区的现场施工交底工作。

【提升水生态质量】 2017年,河东区委、区政府重视推行河长制工作。7月14日,中共河东区委办公室、河东区人民政府办公室印发《河东区关于全面推行"河长制"的实施方案》,召开河东区全面贯彻落实河长制动员部署会议,河东区河长制工作启动。完成街级河长制实施方案修订工作。区级河长巡河人数20人次,街级河长巡河人数400余人次,建立巡查台账。设立河长公示牌22块,辖区内河湖及属地街道实现全覆盖。11月24日,河东区出台印发《河东区河长制会议制度等十三项制度的通知》,包括13项区级制度。街级河长制办公室根据自身工作实际,制定并执行工作制度。督导检查各街全面推行河长制工作的情况,对实施方案修订进度及质量、制度建设进展、日常巡河开展、河长巡河情况、执法情况进行指导检查,按照检查结果,各街道结合自身情况进行整改落实。河东区河道水面环境卫生由市海河管理处、市排水管理处排水四所、市排水管理处排水八所负责,保洁工作的开展实现常态化,其中月牙河、护仓河保洁人员22人,月均打捞垃圾面积30余立方米。提升河道周边道路及河道堤岸的环境卫生水平,实现"道牙无尘、路无杂物、设施整洁、路见本色"。

【信访维稳工作】 2017年,河东区建委贯彻中央信访工作会议精神,解决信访遗留问题,倾听百姓诉求,变被动接访为主动服务,严格接待程序,做到热情接待、文明接待、满意接待。配合国家信访局完成信访案件督查工作。完成2017年全国人大和全国政协"两会""一带一路"会议、暑期北戴河会议、中华人民共和国第十三届运动会、金砖会议、党的十九大期间的维稳安保工作。保障党的十九大胜利召开,营造良好宽松和谐氛围,当好首都北京的"政治护城河",按照市、区信访办要求,2017年下半年在全区集中开展"百日会战"暨"入百姓门,纳百姓言,解百姓难,暖百姓心"活动。2017年内,荣获中国共产党第十九次全国代表大会优秀维稳集体荣誉奖章。

河 西 区

【概况】 天津市河西区建设管理委员会为正处级单位,下辖13个行政科室、11个事业单位和4个企业单位。

【机构职能】 河西区建设管理委员会机构职能。

1. 贯彻执行有关城市建设、市政建设的法律、法规和方针、政策,并协调组织实施。

2. 参与编制区域内城市建设规划、分区规划、配套专项规划、供热专项规划。

3. 参与编制区域内市政基础设施规划,协调组织市政基础设施建设。

4. 负责编制区域内年度房地产及配套建设计划、基础设施建设计划;负责区域建设综合统计工作；协调落实基础设施建设资金。

5. 配合协调区域内市重大项目建设；负责区重点工程项目建设的组织协调管理工作；负责区重点项目工程造价初审工作。

6. 负责监督管理区域内建筑节能和绿色建筑工作；参与编制建筑节能和绿色建筑专项规划；负责区域内建筑节能工作推动和管理；组织区域内建设项目新技术、新工艺、新材料、新设备的推广和应用。

7. 负责区域内房地产开发行业管理和协调；参与区域内房屋征收政策制定工作；负责区域内房地产开发企业信用资信监督管理工作。

8. 负责区管市政设施管理和执法工作，依法查处违规行为；负责区管市政设施及道路占、掘路管理工作。

9. 负责区管排水设施管理和执法工作，依法查处违规行为；负责区管排水设施监管及污水外溢的治理工作。

10. 参与编制区域内公用设施专项规划；负责区域内公用设施建设协调工作；协调联系相关公用事业单位工作。

11. 负责区域内建设工程招标投标管理工作；负责区域内城市建设、市政公用设施建设及配套设施等新建、改建、扩建项目监理、施工、设备、材料招标的监督、管理工作。

12. 负责职责内环境秩序专项治理工作及区域内桥下空间管理工作。

13. 负责区域内电力设施保护的监督、检查、指导和协调工作。

14. 受区政府委托负责全区的防汛工作。

15. 负责领导委属事业单位工作，统筹指导委属事业单位及下属企业党建、生产、管理、安全、稳定等综合管理工作。

16. 负责统筹、协调区城建系统各单位工作。

17. 完成区委、区政府及上级部门交办的其他工作。

【工作重点及建设任务】 2017年，河西区建委积极推进重点地区、重点项目开发建设，全年实现开工面积540万平方米，竣工面积134万平方米；完善城区路网，市政基础设施建设顺利推进，解放南路39号地公交场站完工，南昌路综合提升改造工程竣工；实施海绵城市规划，绿色生态城区建设稳步推进，制定《河西区海绵城市建设工作方案》及《河西区海绵城市建设实施方案》，确定幸福家园、复兴门北里等6个小区作为试点；推进"迎全运百日会战"，城市基础设施建设、水电气安全保障级公共设施提升等全运会各项保障任务圆满完成；细化市政管理，完成31片低洼积水片小区改造，完成排水设施污水外溢局部更新改造，做好防汛工作，加大市政设施执法巡视力度，全力推行河长制工作，市政设施功能日趋完善；着力改善民生，提前、延长供热26天，在天津市率先完成散煤治理任务，加快推进供热旧管网改造工程，民心工程建设取得新突破；抓好公益性配套建设，城区社会公共服务日益完善；推进房屋征收工作，城市发展空间逐步拓宽；加强监督检查，依法行政水平不断提升。

【基础设施建设及投资】 1. 黑牛城道两侧新八大里地区。该地区由解放南路、大沽南路—海河、复兴河围合而成，规划总用地面积2.68平方千米。将建成承接相邻区域产业功能辐射和转移，发展创新金融、现代商业、文化创意、居住生活等功能持续提升的拓展承接区。

益发南里由天津天地源唐城房地产

开发有限公司投资建设。项目地点为河西区太湖路与沐江道交口。总建筑面积5.4万平方米，用地性质为居住、中小学幼儿园用地，该项目于2017年开工。

双迎里由天津渤海置业有限公司投资建设。项目地点为河西区黑牛城道与太湖路交口。用地性质为居住、商业金融用地。总建筑面积为31.43万平方米，项目规划建设10栋住宅、2栋城市型公寓加2层商业裙房、1栋30层超高层写字楼及配套公建。

三诚里由天津博雅置业有限公司投资建设。项目地点为河西区黑牛城道与洪泽南路交口，用地性质为居住、商业金融用地。总建筑面积为47.78万平方米，项目规划建设12栋住宅、5栋城市型公寓加2层商业裙房、1栋36层超高层写字楼、1栋文化建筑及配套公建。

四信里由天津中海海盛地产有限公司投资建设。项目地点为河西区黑牛城道与洞庭路交口北侧。用地性质为居住、商业金融用地。总建筑面积为50.37万平方米，项目规划建设11栋住宅、11栋城市型公寓加2层商业裙房、1栋37层超高层写字楼及配套公建。

五福里由天津中海海盛地产有限公司投资建设。项目地点为河西区黑牛城道与洞庭路交口南侧。用地性质为居住、商业金融用地。总建筑面积为42.81万平方米，项目规划建设13栋住宅、4栋城市型公寓加2层商业裙房、1栋30层超高层写字楼及配套公建、1所12班幼儿园。

六合里由天津天房天陆置业有限公司投资建设。项目地点为河西区大沽南路与洞庭路交口。用地性质为居住、商业金融用地。总建筑面积53.85万平方米，项目规划建设9栋住宅、2栋34层—44层城市型公寓加2层商业裙房、1栋49层超高层写字楼及配套公建，1栋3层商业。

七贤里由天津中冶名泰置业有限公司投资建设。项目地点为河西区黑牛城道与内江路交口东南侧。用地性质为居住、商业金融用地。总建筑面积为49.65平方米，项目规划建设14栋住宅、4栋城市型公寓、3栋8层—31层写字楼加4层—5层商业裙房及配套公建、1所12班幼儿园。

五里小学由天津城投置地投资发展有限公司投资建设。总建筑面积1.39万平方米，规划建设24个班。

七里小学由天津城投置地投资发展有限公司开发建设。总建筑面积1.75万平方米，规划建设36个班。

2. 解放南路以东地区。该地区北至黑牛城道、西至解放南路、南至外环线、东至微山路。规划总用地16.67平方千米，规划总建筑面积1830万平方米，将建成生态型的生活社区、园林型的迎宾大道、创意型的办公街区、专业型的商贸园区。目前正在开发建设的起步区规划总占地面积约5.79平方千米，总建筑面积700万平方米，是以居住生活为主的生态宜居社区。

全运村由天津绿城全运村建设开发有限公司投资建设，项目地点为河西区渌水道与梅林路交口。项目规划可用地面积0.32平方千米，总建筑面积为94.76万平方米。该项目由8个地块组成，设计多层、中高层、高层等不同建筑形式，规划建设多层、小高层、高层住宅及1层—3层商业裙房，为一星级绿色建筑。项目建成后先期全部作为第十三届全运会赛事期间的全运村使用，全运村包括运动员村、媒体村和技术官员村，于2015年6月开工，2017年5月竣工。建成后能够满足全运会赛事期间运动员、媒体记者、技术官员入住以及就餐、购物、健身、休闲、就医需要。全运村周边公共配套设施：建设幼儿园2座，一座建筑面积为2700平方米（建筑面积包含在全运村项目内）的3层9班幼儿园；另一座建筑面积为4240平方米的3层15班幼儿园；建设1座4层24班小学，建筑面积为9221平方米；建设1座5层邻里中心，建筑面积2.9万平方米，配备司法所、社区卫生服务中心、社区文化服务中心、老年人活动中心、公安派出所、社区服务中心、交通队、公厕等；建设1座绿地公园，占地面积19072平方米，满足周边居民休闲需要。

解放南路41号地、42号地（秀江园）由天津万城置业有限公司投资建设。项目地点为河西区解放南路东侧。用地性质为居住用地总建筑面积17.17万平方米，项目规划建设26栋住宅及配套公建，2017年竣工。

解放南路43号地（清湖花园）由天津豪庭房地产开发有限公司投资建设。项目地点为河西区太湖路与内江路交口西南侧。用地性质为居住、中小学幼儿园用地。总建筑面积19.36万平方米，项目规划建设14栋住宅、1所3层幼儿园及配套公建。

解放南路27号地安置商品房（雅湖里）由天津瑞鼎置业有限公司投资建设。项目地点为河西区解放南路东侧。用地性质为居住用地。总建筑面积22.27万平方米，项目规划建设15栋住宅及配套公建，主要用于定向安置尖山八大里居民还迁使用。

解放南路地区起步区中学由天津城投置地投资发展有限公司投资建设。总建筑面积3.8万平方米。

河西区医疗卫生养老综合服务设施（解放南路39号地）由河西区卫生局投资建设。总建筑面积7.32万平方米。

3. 小白楼地区。该地区通过大沽南路、友谊路、马场道等数条轴线，加强与文化中心的联系，未来将发展高端商业、商务办公、金融服务和娱乐休闲等业态。

美银A地块（平安—泰达国际金融中心）项目由天津美银房地产开发有限公司投资建设。总建筑面积30万平方米，将建设1栋超高层写字楼、酒店式公寓于一体的商业综合体。于2017年开工，预计2019年竣工。

4. 陈塘自主创新示范区。该地区主要包括北至大沽南路、西至解放南路西侧、南至浯水道、东至艺林路。总占地面积2.78平方千米，规划建筑面积约282万平方米，被定位为总部基地，北方高技术服务核心区和天津文化传播中心。

陈塘科技商务区5号地（栖塘佳苑）由天津市华塘房地产开发有限公司投资建设。项目地点为河西区洞庭路西侧。用地性质为居住用地、中小学幼儿园用地。总建筑面积7.17万平方米，项目规划建设6栋住宅、1栋12班幼儿园及配套公建，2017年12月竣工。

陈塘科技商务区6号地（美塘佳苑）由天津市华塘房地产开发有限公司投资建设。项目地点为河西区洞庭路西侧。用地性质为居住用地、中小学幼儿园用地。总建筑面积11.72万平方米，项目规划建设9栋住宅及配套公建。

陈塘科技商务区1号—2号地块由天津融商投资有限公司投资建设。项目地点为河西区洞庭路西侧。用地性质为商业金融业用地。总建筑面积10.32万平方米，项目规划建设1栋6层写字楼及1栋15层酒店。

郡都大厦由天津亿万泉实业有限公

司投资建设。项目地点为河西区陈塘科技商务区10号地块。用地性质为商业金融业用地。总建筑面积6.99万平方米，项目规划建设1栋24层写字楼及1栋19层酒店式公寓。

5. 海河沿线项目。该地区自徐州道至双林引水河止，全长8.7千米。打造以居住、商业、文化、休闲、旅游、办公等功能于一体的都市文化休闲旅游目的地。

琥珀花园由天津天胜置业有限公司投资建设。项目地点为河西区兴湾路与复兴河交口。总建筑面积14.84万平方米。

博岸名邸由天津天房丽山置业有限公司投资建设。项目地点为河西区台儿庄路与海津大桥交口西侧。总建筑面积4.58万平方米。

天津湾D地块由天津海景实业有限公司投资建设，总建筑面积45万平方米。

【建筑业及建筑市场】 1. 建筑业企业资质管理。2017年，河西区建委进一步加强建筑业企业资质管理工作及劳务队长报名工作。同时，加强对企业进行动态核查，通过掌握企业资质情况，保证建筑市场行为有序进行。2017年全年办理分包交易服务卡初审46项，劳务队长培训报名初审42人次，完成资质人员入库初审78项，完成信息入库审核17项，企业资质业绩审核11项。

2. 备案管理。2017年，河西区建委共办理建设项目报建备案48项，总建筑面积237万平方米，总投资101亿元；专业、劳务分包合同备案147项，合同总价款6.63亿元，质量安全登记备案6项。

3. 建筑市场管理。2017年，河西区建委继续加大对建筑市场执法监管力度，严厉打击转包、挂靠、违法分包等违法违规行为，规范建筑市场秩序。河西区质安支队2017年全年共开展建筑市场专项检查项目14项，建筑面积83万平方米。涉及建设单位12家、监理单位7家、施工单位10家。针对检查发现的问题，共下达责令整改通知书12份，提出整改意见41条。对检查中发现企业存在违法分包和转包等违法违规行为、基本信息登记存在弄虚作假行为的，记不良行为记录，予以信用扣分，列入建筑市场"黑名单"，情节严重的限制其在天津市建筑市场从事建筑活动。

4. 建设工程招投标管理。强化招投标工作监管，依法行政，努力实现监管和服务的统一。加强招投标管理和合同备案监管，推进电子招标，从招标方式的确定，招标公告的发布，招标文件内容的审核，评标专家条件的审核，以及开标现场的监督，中标结果的公示，招投标备案的各个环节认真审核，严格把关，坚决制止和防止串标、围标等违法行为，确保招投标工作程序上公平、公正和公开。深化信用体系建设，构建建筑市场奖优罚劣的信用机制，形成良好的招投标市场氛围。2017年，河西区质安支队完成了河西区八大里地区房屋维修工程，南昌路环境综合整治项目，河西区老旧小区及远年住房改造房屋综合修缮和严损房维修工程，河西区海绵城市解放南路试点地区里巷社区改造工程，河西区老旧小区及远年住房改造市政甬路、排水、井盖整修工程等重点项目的招投标工作，2017年共招投标138项，招标规模188.97万平方米，施工合同额173774万元。

5. 农民工管理。开展河西区范围内的农民工工资专项检查工作，推行各工地的农民工工资预储账户制度建立工作。2017年4月，天津市建委等十二部门联合开展了解决拖欠农民工工资问题专项检查活动，河西区建委完成了检查任务。

十九大期间，河西区还开展了农民工工资支付自查活动。截至2017年底，河西区区管在建项目已落实农民工工资预储账户，并建立实名制台账，实行了实名制信息上传。通过加重对失信企业和个人的信用惩戒，避免和减少了年底发生农民工工资拖欠问题。监督施工企业做好实名制登记，规范工程建设施工程序，规范农民工工资支付行为。2017年，全年共接待农民工来访79次，涉及1082人，金额1870余万元。在河西区质安支队的努力下，区内建筑市场逐渐形成依法、按时、足额支付农民工工资的良好氛围。

【区级重点工程项目】 1. 河西区档案馆改造整修工程竣工。为解决原河西区档案馆面积严重不达标的问题，保障档案工作顺利开展，适应河西区经济和社会发展需要，为创建国家公共文化服务体系示范区提供硬件基础，按照河西区政府常务会会议要求，对原区文化中心大楼（区文化馆、图书馆、少儿图书馆三馆合一）实施改造整修，成为河西区新档案馆，库区设计馆藏容量可达60万卷。该项目位于大沽南路与南北大街交口，框架结构，地上8层（局部9层），总建筑面积8516平方米，总投资5800万元（按项目建议书批复，尚未完成结算审计），建设单位为河西区档案馆。工程内容包括：原有建筑局部拆除、结构改造和加固、内外檐装饰装修，以及给排水、消防、电气弱电、空调通风改造、室外配套等。2017年5月1日竣工并交付区档案馆，6月下旬完成消防及竣工验收。

2. 河西区医疗卫生养老综合服务设施工程稳步推进。为优化河西区医疗卫生资源布局，建立健全覆盖社区居民医疗卫生和养老服务体系，解决河西医院长期停诊、区疾控中心面积不达标以及没有区国办养老院等问题，依据区委常委会会议精神，新建河西区医疗卫生养老综合服务设施项目。该项目位于沂山路与双林西道交口西北侧，规划可用地面积1.61万平方米，拟建总建筑面积7.32万平方米（地上4.8万平方米、地下2.52万平方米），框架剪力墙结构。空间布局为河西医院和养老院为一个单体建筑（4.04万平方米），地上12层（局部14层）；疾病控制中心为一个单体建筑（7600平方米），地上5层；两个单体建筑地下均为2层且相互连通。总投资5.7974亿元（按初步设计批复），建设单位为河西区卫生和计划生育委员会。桩基工程于2017年5月25日开工，年内已完成止水帷幕桩施工，完成支护桩157根、工程桩193根；期间因中考高考、全运会、秋冬季大气污染综合治理等因素多次停工，施工进度受到较大影响。主体工程年内已完成施工图审查。

3. 河西区人才公寓改造整修工程启动建设。为促进河西区人才工程建设，解决人才创业期间的短期租赁和过渡性周转用房问题，按照区政府常务会议要求，启动河西区人才公寓改造整修工程建设。该项目位于河西区西园道9号（原紫金公寓），钢筋混凝土结构，地上7层，建筑面积7202平方米，总投资4998万元（按项目建议书批复）；建设单位为河西区人力资源和社会保障局。工程内容包括：平面布置调整、结构改造和加固、内外檐装饰装修和节能改造，以及给排水、消防、电气弱电、空调通风、附属设备用房改造、室外配套等。3月24日进场施工，年内已完成外檐装饰、附属设备用房、自来水外网（建筑红线外）、供热工程施工，正在进行室内精装修施工。

【房地产开发及行业管理】 1. 全运村东区小学、幼儿园、邻里中心项目签订回购补充协议。2017年4月19日,天津市河西区住宅配套办公室与天津绿城全运村建设开发有限公司根据津政纪〔2016〕2号、津政纪〔2016〕5号文及《全运村周边配套公建项目回购协议》精神,签订全运村东区小学、幼儿园、邻里中心项目签订回购补充协议,确定由天津绿城全运村建设开发有限公司先行组织实施,以适当形式对东区小学、邻里中心、绿化景观等配套项目按照测算标准进行回购。按照全运村地区整体规划要求,邻里中心建筑面积2.94万平方米,小学9943.3平方米,幼儿园4240平方米。

2. 栖塘佳苑配套幼儿园竣工移交。栖塘佳苑配套幼儿园由天津华塘房地产开发有限公司建设,位于郁江道5号地,占地面积4200平方米,建筑面积3000平方米,12班,已竣工。2017年8月签订《新建住宅配套非经营性公建移交接管协议》,移交区教育部门安排使用。

3. 七贤里配套幼儿园竣工移交。七贤里配套幼儿园由天津中冶名泰置业有限公司建设,位于新八大里地区第七里地块内,占地面积4232.8平方米,建筑面积3500平方米,12班,已竣工。2017年8月签订《新建住宅配套非经营性公建移交接管协议》,移交区教育部门安排使用。

4. 新八大里五里小学开工建设。新八大里五里小学由天津城投置地投资发展有限公司建设,位于河西区黑牛城道南侧五里片区内,项目规划可用地面积14997平方米,规划总建筑面积13940平方米,地上4层,建筑面积11970平方米,地下1层,建筑面积1970平方米,设计规模为24班。

5. 新八大里七里小学开工建设。新八大里七里小学由天津城投置地投资发展有限公司建设,位于黑牛城道北侧七里片区,规划可用地面积19508.1平方米,规划总建筑面积17500平方米,地上4层,建筑面积16600平方米,局部地下1层,建筑面积900平方米,设计规模为36班。

【城建科技与节能】 1. 扎实做好建筑节能技术资料备案工作。建筑节能技术资料备案工作:完成了卫星雅苑、津雅苑等8个项目22个单体建筑节能技术资料备案工作,总建筑面积209821平方米。其中公建9个单体,建筑面积97079平方米;居建13个单体,建筑面积112742平方米。建筑节能技术资料竣工备案工作:完成了秀江园二期项目11个单体建筑节能技术资料竣工备案工作,总建筑面积86069平方米。其中,公建4个单体,建筑面积22195平方米;居建7个单体,建筑面积63874平方米。

2. 组织开展绿色建筑与建筑节能培训。河西区建委与天津市建筑设计院联合组织了6次"绿色建筑与建筑节能培训",培训内容包括:绿色建筑理念、实践与思考,预制装配整体式建筑,海绵城市理念与实例,区域能源规划及能源站设计,解放南路地区绿色生态城区规划及示范项目建设,2017城市发展与规划大会等;实地参观了天津市建筑设计院新建业务用房及附属综合楼(国家三星级绿色建筑、二星级健康建筑),解放南路文体中心(零碳建筑),解放南路1号能源站及天津市文化中心能源站(基于可再生能源综合利用的区域能源站)。通过专家的讲解和现场观摩,提高了区建委干部的建筑节能知识水平,为推动河西区绿色生态城区建设工作打下了良好基础。

3. 组织开展节能宣传周活动。8月中下旬,河西区建委联合区房管局深入元兴新里社区组织开展"节能环保从我做起,低碳生活人人有责"主题宣传周活动。该活动通过采取制作节能宣传横幅、印发节能宣传资料、与社区群众交流等形式，旨在让居民了解节能知识，增强全社会节电、节水意识。到场居民普遍反映通过此次活动对节约能源方面的知识有了更深的认识，增强了节约能源意识，认识到节约能源、建设生态文明的重要性，并表示将在平时的生活中更加注意节约用电、节约用水，向身边人做好节能宣传，共同营造可持续发展的绿色生态环境。

【海绵城市与地下管廊】 2017年，河西区开始实施海绵城市建设。为进一步落实《国务院办公厅关于推进海绵城市建设的指导意见》（国办发〔2015〕75号）和《住房城乡建设部办公厅关于印发海绵城市建设绩效评价与考核办法（试行）的通知》（建办城函〔2015〕635号）及《天津海绵城市建设管理暂行办法》的要求，加快推进海绵城市建设，河西区于2017年初按照工作推动与社区实际情况相结合的工作思路，拟定河西区海绵城市改造第一批试点社区为新八大里黑牛城道周边的幸福家园、世芳园、复兴门北里、河畔公寓、钢厂宿舍东里、副食楼6个自然小区。此次是以海绵城市建设理念引领试点区建设，形成具有吸水、蓄水、净水和释水功能的海绵体，促进生态保护、经济社会发展和文化传承，以生态、安全、活力的海绵建设塑造试点区新形象，实现"水生态良好、水安全保障、水环境改善、水景观优美、水文化丰富"的发展战略，构建完善的城市低影响开发系统、排水防涝系统、防洪潮系统，完善城市生态保护系统，建立制度完善、手段智能、措施到位的管理体系，形成河畅岸绿、人水和谐、生态宜居、滨海特色的海绵城市。

海绵城市建成后，将形成良好的生态环境，发挥其净化空气、维持生态平衡等多种功能，切实改善人居环境，进一步提升城市品位，从而惠及百姓民生。自然水生态系统的健康维护与水景观的适度建设，将有效改善生态环境质量状况。以"蓄、滞、渗、净、用、排"水循环路径为基本逻辑，通过蓄水，滞水，渗水，涵养水源、保障生态需水、控制入河排污量、综合利用等一系列措施，兼顾修复受损水生态系统，改善区域水环境质量状况、维护稳定水循环过程，有效提升自然水生态系统健康水平。

海绵城市建成后，可形成完备的基础服务体系，将打造花园城区、和谐社区、绿色生态和科技创新城市，在生态宜居宜业领域引领绿色安全、低碳智慧、生态宜居趋势的可持续发挥的文明标杆，以土地增值带动经济发展，为"美丽河西，首善之区"建设提供坚强的基础保障。

【建设工程质量安全】 1.建设工程质量监督。积极开展工程质量治理行动，全面落实项目负责人质量终身责任，所有竣工项目均按要求设置永久性标牌，载明建设、勘察、设计、施工、监理等工程质量责任主体的名称和主要责任人姓名。开展春节后复工检查、并在日常监督工作及巡查工作中，对住宅工程开展常见质量问题专项治理工作情况检查。严把材料关，落实施工总承包单位对选择合格材料供应商，合理组织材料采购、运输及现场存放；对进场材料进行验收，见证抽样复试的履职情况检查。工程技术资料必须真实、同步、齐全，填写方法应符合标准的规定及地方行业规定。质量把"三检制"（操作者"自检""互检"和专职质量员"专检"相结合的检验制度）和"三级检查制度"（在总承包的模式下，落实多级检查。包括分包自检、总包复检、监理工程师验收检查的三级检查制度）。通过多级检查保证分项工程的施工质量，在多级检查的情况将存在于施工工序中的质量问题暴露，提高施工质量水平。办理建设工程竣工验收备案手续21项，全年发现质量隐患20条，下达隐患整改通知书6份、停工通知书5份，明确专人处理质量安全投诉信息，年内受理投诉29起，核查、处理和回复率100%

2. 建设工程安全监督。强化施工现场安全管理，落实企业安全生产主体责任，确保危险性较大的分部分项工程按照规定编制专项施工方案及专家论证组织实施，建立项目安全生产管理体系，包括项目安全生产责任制、安全生产管理制度、安全教育培训制度、安全管理奖罚制度、组织结构、规章制度、检查评审办法等一系列体系文件。加强三级教育培训、班前晨会、周安全例会、月末安全大检查例会制度的落实，强化日常监督，隐患治理；明确安全生产责任制度，保证安全保证体系的有效进行。施工前，做好安全措施的编制和落实工作，做到施工技术措施与施工安全措施同步。施工过程中，始终开展安全教育工作，技术交底的同时进行安全交底，施工安排的同时进行安全生产安排，施工检查的同时进行安全检查；加强领导、深化认识、把安全生产摆在突出位置。完善安全管理制度体系，依法规范安全生产管理；督促、检查安全生产工作，及时消除生产安全事故隐患防范事故发生，年内，安全生产形势平稳可控。2017年发现安全隐患268条，下达隐患整改通知书37份、停工通知书27份。

3. 文明施工监督。全面开展创建文明施工活动。加强宣传教育，提高全体施工人员对文明施工重要性的认识，不断增强文明施工意识，使文明施工逐步成为全体施工人员的自觉行为，讲职业道德，扬行业新风。在制定安全、质量管理文件的同时，考虑文明施工的要求，将文明施工的精神融汇于安全、质量的管理工作中去。注重施工现场的整体形象，科学组织施工。对现场的各种生产要素进行及时整理、清理和保养，保证现场施工的规范化、秩序化。努力施工现场管理标准化，安装扬尘在线监测系统，对施工现场扬尘实施在线监控。按市施工现场标准化管理要求，落实现场各项设施；工地实行封闭施工，工地四周设彩钢板临时围墙及大门，确保工地和厂区同样整洁；工地大门设有九牌二图，标牌的制作、挂置必须符合标准；施工人员均须佩戴胸卡，胸卡以工作部门、单位为依据，按一定规则统一编号，并按工种佩戴安全帽。

【执法监察】 1. 河西区市场和质量监督管理局业务用房装修改造工程项目。最大单体面积2833.04平方米，最大高度12.9米，最大单跨跨度6米，地上3层，无地下工程。重点审查装修设计与水、电、空调等设备图纸有无矛盾、冲突。装修设计的尺寸、标高是否有误，与建筑现状是否矛盾。图纸的深度是否满足施工要求，节点大样和材料做法是否科学、合理。配备专人加强对建筑装饰材料、成品和设备的规格、性能和技术参数的质量进行监控。必须取得材料、成品和设备的质量合格证书，不合格产品一律不得进场、入库和使用。材料设备由专人保管，防止损坏和变形。不同型号、规格材料成品、设备不得混存、混装。

2. 琥珀雅苑项目。琥珀雅苑1#—9#楼及配建为剪力墙结构；琥珀商业广场1#、2#和12#楼为剪力墙结构，3#—11#楼为框架结构；地下室为板柱结构。住宅部分由2栋26层、5栋17层、1栋30层、

1栋15层及一栋配建组成；商业部分由9栋2层、1栋6层、1栋7层、1栋8层组成。总建筑面积141400平方米，其中地上102000平方米、地下39400平方米。重点是进行人的不安全行为与物的不安全状态的控制，落实安全管理决策与目标，以消除一切事故，避免事故伤害，减少事故损失为管理目的。

3. 郡都大厦项目。可用地面积为7818.4平方米，总建筑面积为69811.05平方米，其中地上49884.84平方米、地下19926.21平方米。基地内布置一栋24层办公楼（郡都大厦1座），檐口高度为95.85米；一栋19层酒店式高层公寓（郡都大厦2座），檐口高度为64.50米；地下设置两层复式汽车库。商务办公楼的结构形式为框架—剪力墙结构，酒店式公寓为剪力墙结构，地下车库为框架结构。使用功能为集商务办公、公寓楼、地下停车于一体的综合性建筑。制定施工报验制度，报验前实行三检，在自检、互检、专职检合格后报监理验收，验收合格后进行下道工序施工。每周召开一次技术质量管理工作会。每月召开质量分析会，对现场存在的问题进行综合分析提前预防。每月组织各参建队伍进行质量大检查并进行评比，奖罚分明，激励各队伍提高施工质量。

4. 清湖花园二期项目。二期共6栋高层（1#、2#、3#、4#、13#、14#楼），含地下车库，建筑用地26949.01平方米；总建筑面积约86827.47平方米；地上建筑面积65602.49平方米，其中住宅面积59537.69平方米、配套公建面积6064.8平方米；车库建筑面积21224.98平方米。其中地下车库为地下1层，框架结构，地下室层高3.65米，筏板基础，桩基承台及地梁结构。±0.000相当于大沽高程4.55米，建筑结构安全等级为二级，抗震设防烈度为7度，建筑耐火等级为一级。根据工程总体质量目标确立分部分项工程质量目标，并通过签署目标责任状的方式将各阶段质量目标下达给各部门，各有关人员明确各岗位的质量职责。建立健全培训学习制度。不定期地邀请有丰富管理和施工经验的专家到施工现场讲座。一切管理、操作人员均需与施工项目签订安全协议，向施工项目做出安全保证。安全生产责任落实情况的检查，应认真、详细地记录，作为分配、补偿的原始资料之一。

5. 人才公寓项目。改造总面积7202.19平方米，包括首层1299.81平方米，2层—7层5902.38平方米。其中，最大单体建筑面积7186.88平方米，最高层数7层，最大高度23.5米，无地下，最大单跨跨度5.1米，结构形式异形柱框轻结构。现场质量管理措施：成立项目质量组，由质量管理组全面负责每天对工地各施工班组生产进行质量检查，每周开展一次质检定期例会。由质量总监将每天、每周质量情况进行汇总，每月形成正式质量月报表，报项目质量组组长，送各组员，对各种显性和隐性质量问题及时整改。现场安全管理措施：为了保证安全保证体系的有效进行，建立以安全生产责任制为核心的各级人员安全生产责任制和管理办法。建立有效的安全教育和安全技术制度。项目施工前，做好安全措施的编制和落实工作，做到施工技术措施与施工安全措施同步。施工过程中，始终开展安全教育工作，技术交底的同时进行安全交底，施工安排的同时进行安全生产安排，施工检查的同时进行安全检查。

6. 卫星雅苑项目。总建筑面积71645平方米，地上49345平方米，地下22300平方米，其中1#、5#为地上30层，地下

2层，地上裙楼为5层配套公建，中部南北两排为7层住宅楼2#楼和4#楼，建筑北侧东侧地上为低层别墅3#楼。严格按照"三检查、二坚持、一过硬"的方针进行施工，做到挂牌施工责任到人，思想到位。三检查为班组兼职质检员自检、班组兼质安员互检、专职质量复检；二坚持为坚持按图施工、坚持按规范施工；一过硬为产品过硬。对质量管理采取攻通病、创优良、上水平，将质量隐患消灭于施工过程中，要求做到班组自检覆盖率必须达到100%，并不断扩大工序检查。攻克和排除工程上的"渗、漏、毛、糙"等常见病，力图以管理制度提高工程质量，以技术措施保证工程质量，努力使本工程质量达到优良工程标准。

7. 津雅苑项目。一期共有3栋多层，7层；2栋高层，27层；地下车库为地下1层，局部2层，建筑面积为2.8万平方米，工程总建筑面积约为7.6万平方米。对质量问题执行"三不放过"和一票否决制度，科学组织、精心施工，确保施工质量优良。建立由总工、项目技术负责人、专职质安员和各班组兼职质量员组成的质量管理机构，根据制定的《质量手册》《质量程序文件》的要求，形成一个横到边、纵到底的质量管理体网络与体系，使工程施工全过程始终处于有效的质量管理网络与体系，使工程施工全过程始终处于有效的监督与受控状态。

8. 医疗养老项目。该工程桩为钻孔灌注桩，桩径为600毫米~700毫米，桩长为17.5米~48.5米，共计817根。深基坑支护桩为钻孔灌注桩，桩径为900毫米~1000毫米，桩长为14米~20米，共计406根；止水帷幕为三轴搅拌桩，桩径为850毫米，桩长16米，共计399组；环梁截面尺寸为梁高800毫米，梁宽2500毫米；冠梁截面尺寸为梁高500毫米，梁宽1200毫米；腰梁截面尺寸为梁高800毫米，梁宽1600毫米。建立项目日检、巡检制度，随时发现问题随时整改，坚持问题不过夜，隐患不留尾。针对现场打桩阶段的主要危险源如临时用电、吊装、临边防护进行分析，有针对性地安排专人进行专项检查。项目专人负责安全物资的采购，保障安全防护物资的落实。白天由专人负责现场门口出入，无关人员严禁进入现场，每晚留有3人进行现场看场，确保现场夜间安全。

9. 益发里项目。总用地面积33175.4平方米，界内使用面积2.09万平方米，总建筑面积6.22万平方米。项目共有9个单位工程，分为1#、3#、4#、5#、7#楼多层洋房，2#、6#楼为精装公寓，8#楼为幼儿园，配建一、二、三以及2层地下车库（含人防车库）。其中，1#、3#、5#、7#楼洋房为10层，4#洋房为7层；2#、6#楼精装公寓为10层；配建一、二、三为2层商业。建立质量管理体系，按照各专业质量检查表格检查，按照质量管控跟踪表格进行跟踪管控，建立项目部实测实量管理小组，并由专人负责对模板、钢筋、水电、混凝土各专业进行过程前、过程中、过程后进行跟踪，模板拆除完成后进行数据上墙。由于该建筑外檐比较复杂，施工前提前明确做法，对剪力墙模板加固体系明确统一做法，并在现场做实体样板。对进场工人进行技术交底，明确具体做法，做到做法统一。

10. 建设工程扬尘污染防治。严格落实扬尘治理属地责任，对河西区所有建设项目进行摸排梳理，保证监管力度。全年监督建设工程111项，建筑面积833.6万平方米。其中，市管建设工程68项，建筑面积693.4万平方米，区管建设工程17

项，建筑面积99.3万平方米。地铁项目26项，建筑面积40.9万平方米。建筑工地项目数量及面积较2016年均有增长，其中包括住宅公寓、配套公建、轨道交通点等项目类型。同时，项目点位分散且不均匀，包括快速路沿线的新八大里地区多个市重点工程，又有散布于外环线周边的工程，还有多条地铁线的26个地铁站点，项目地点分布于全区，每个街道均有涉及。

抽调人员组建专门施工扬尘督察队伍，日常执法检查以巡查为主，将全区建设工程项目分区分片进行划分，实行网格化管理，做到所有项目全覆盖，特别是重点地区、重点项目保证每天巡查到位。保持夜间巡查常态化，重点对夜间施工及土方外运进行检查。持续加大对特许项目检查力度。遇重污染天气应急响应及重要活动等适时对重点项目启动定点专人盯防。

2017年，累计出动执法人员27752人次，检查项目13789项次，下达责令整改通知书445份，问题共计798条；累计下达责令暂停施工通知书251份，问题共计687条。因各类问题约谈项目107次；依法进行行政处罚案件11项，罚款110万元整。

11. 重污染天气应急响应。重污染天气预警发布后，严格按照相关预案执行，第一时间通过短信平台、微信群等方式将有关重污染天气应急响应信息通知到每个施工项目，制作启动重污染天气通知，并要求各项目领取并保留好相关签收记录。在重污染天气应急响应期间，按照应急预案执行，强化执法，保持全员上岗，加密巡查力度频次，监督检查各项目按照应急响应措施落实。对经特许可以连续施工的项目，河西区质安支队进行重点监管，监督现场按照审批的内容、时间进行施工，确保现场扬尘治理措施落实到位，完工后及时清理现场，按照应急相应措施落实。

为保证各项目按照应急响应措施落实到位，对重点项目进行现场驻守，监督各项目按要求落实重污染天气应急响应措施落实，在此期间未发生大气污染问题。发布解除预警信息后，及时把有关消息传达至每个项目，要求提前做好准备恢复正常施工，并持续保持监管，避免个别项目提前违规进行施工。

12. 中央环境保护督察。2017年4月28日，中央环境保护督察组进驻天津市，开展为期一个月的环境保护督察工作。河西区建委全面做好迎检工作，做好督办件的现场处理回复工作，严控建设工程施工现场扬尘污染，确保施工现场扬尘治理措施落实到位。

在此期间，办理中央环保督察组交办的信访举报案件共9件，均已按期验收通过完毕。接件后，河西区质安支队第一时间进行现场核实处理，确保现场调查、现场整改、佐证材料收集等同步进行，并视情况约谈相关施工单位负责人。待现场整改完毕、相关资料齐全后，在时限内及时向有关部门回复。

13. 扬尘行政处罚。2017年，河西区质安支队在执法检查中发现有个别项目现场扬尘治理措施不到位，造成施工现场扬尘污染，违反《天津市大气污染防治条例》，累计对10个项目依法进行行政处罚案件11项，合计110万元整。

【加大市政设施管理】 加大河西区市政设施管理力度，强化设施巡查管理和应急保障，对违法行为严格依法进行处理，构建良好出行环境。对巡查中发现和各渠道反映的市政设施问题，做到及时反馈限时修复，监督、跟进修复情况。年内共协调解决各类市政设施问题4743件，回复率100%。积极配合做好占、掘路行政审批。做好申请人占、掘路审批项目的咨询受理工作，严格规范占、掘路呈报程序，积极为申请单位做好行政审批及执法服务。2017年共办理掘动城市道路审批项目33件，办理临时占用城市道路审批项目1件。持续开展占用城市道路违法建设专项调查。对全区155条市政道路进行占路统计，共发现违章占路现象255处，面积约为4899.66平方米；对全区331个小区进行占路统计，共发现违章占路现象359处，面积约为8639.75平方米。2017年，重点对区内11座桥梁的桥下空间50个点位进行了安全隐患巡查，严格排查桥下空间安全隐患，实现对桥下空间常态化安全隐患排查，现安全隐患问题52件。

【市政设施完好率不断提升】 2017年，河西区市政道路进行养护维修，全年完成西楼后街、寿园里、浦口东里等100余条市政道路养护维修工作，维修面积12.4万平方米，其中完成车行道4.07万平方米，人行道3.75万平方米，里巷社区4.54万平方米，完成全年计划的100%；排水主要对里巷及市政道路排水设施进行养护，疏通管道10.22万米，占年计划的101.8%，掏挖检雨井36.08万座，占年计划的100%，维修检雨井2164座，占年计划的100.8%，管道维修504米，占年计划的100.5%。通过养护，全区市政道路完好率不断提高。

【全面推进"河长制"工作】 按照《天津市关于全面推行河长制的实施意见》的文件要求，结合河西区实际情况，起草编制了《河西区河长制实施方案》。根据天津市对"河长制"工作部署的要求，结合《河西区河长制实施方案》，建立了由区主要领导担任组长的河长制工作推动机制。深入开展区内河道、湖泊调研工作。组织相关单位对区内现有河道、湖泊进行了细致统计、排查，对各河长制成员单位拟定了明确的管理职责，并根据现有河湖情况编制了"河西区河湖明细、河长名录"，明确了各河道及湖泊的河长和责任单位。6月，河西区政府常务会审议并通过了《河西区河长制实施方案》；8月，河西区建立起了区、街两级河长制工作机制，街级河长制工作方案编制完成并下发，河长制工作内容已全面部署到位。2017年多次组织召开工作例会，下发了《河长制工作巡查记录》，进一步规范在全区范围内实行河长每日巡查制度。同时，严格按照河西区河长制工作实施方案与河长制巡河工作要求，区、街两级河长定期对区内河湖进行巡查，第一时间发现问题，针对问题制定措施并整改到位。2017年10月底，河西区区内各河湖"河长公示牌"设立完毕。

【河西区安全度汛】 2017年，按照天津市防汛工作要求，结合2016年防汛工作中出现的各类问题，健全了防汛组织机构，明确防汛指挥体系，确定防汛抢险主责单位，完善了各类防汛预案。对文化中心等重点地区、河道、房屋征收片及易积水居民区等专项预案进行了重新修订，切实达到"险情无死角，方案无遗漏"的防汛目标。投入资金分两批购入防汛设备，进一步充实了防汛物资储备库，做好了防汛物资储备。为满足14个街道分指挥部的自救抢险需要，提高联络效率，为各分指挥部配备了汽油泵，可视对讲机等设备。针对2016年汛期市政道路严重积水问题，与市排水五所、市排水九所密切配合，加大力量对永川路、柳林路等道路老旧排水设施进行疏通、掏挖。对前进道、澧水道、沅江道等多条道路因地铁施工造成损坏的问题管道进行了翻修,并对在建地铁施工项目部署巡查人员进行专项巡查。针对2016年部分里巷小区雨水系统老化、排水设施缺失的问题。对积水严重的里巷小区实施了改造,增设雨水系统,提高小区内的雨水收集和排放能力。在河西区原有雨量计的基础上增设4个雨量计新点位,并将各雨量计的布局均匀分配于区内。积极与公安河西分局联系,将公安专用900余个摄像头纳入防汛应急指挥平台。同时,对公安摄像头没有覆盖到的9个易积水点位,加装了高清摄像头。进入汛期后,防汛办全员待命,遇雨上岗,抢险期间积极与市排水部门协调配合,对积水严重点位进行抢险。

【供热工作】 坚持早动手、早准备,组织各供热单位做好锅炉设备维护维修、燃气等物资储备、安全生产教育管理、完善应急预案等相关工作。供热期间,通过定期检查、不定期抽查和联合检查等方式强化管理,各供热单位严格执行岗位纪律和值班制度,设立专人专线24小时接访。供热战线广大干部职工发扬"辛苦我一个,温暖千万家"的奉献精神,确保供热安全稳定,圆满完成了年度供热任务。据热线平台统计,2016—2017年度采暖季河西区供热办共收到市、区级信访函件40余件,12319任务工单4000余件,信访热线电话6000余个,所有信访问题均在办结时效期内完成,办结率实现100%。

根据天津市统一部署,2017—2018年度采暖季供热从2017年11月1日0时开始,较正常年份的11月15日提前了15天。供热面积较上一采暖季的3400万平方米扩大到3726万平方米,新增供热面积326万平方米。面对供热时间提前、供热面积增大,加之新近完成的10463户散煤治理户的采暖服务保障等艰巨任务和压力,供热办认真组织全区各供热单位不等不靠,担当作为,积极准备,全力备战,按要求于2017年11月1日正式点火供热,截至2017年12月31日,供热运行一切正常,安全稳定。

【烟囱拆除美化工程】 认真落实天津市委、市政府《关于下达中心城区燃煤集中供热锅炉房烟囱拆除和美化工程计划的通知》精神,河西区委、区政府、区建委高度重视,专门成立了由区建委分管副主任任组长,区供热办主任任副组长的专项工作小组,按"一囱一策"标准由河西区供热办具体负责组织实施。河西区需拆除停用的供热锅炉烟囱5根,产权单位分别为双林供热站、警备区供热站、原北京军区长城里供热站、金海湾供热站、瑞津供热站,全部具备拆除条件。需美化的在用供热烟囱5根,产权单位分别为天津市热力公司紫金供热站、小海地供热站、纪庄子供热站、友谊路供热站、体院北供热站。平均高度60.2米。此次河西区供热烟囱拆除美化工程计划投资533.91万元,实际投资515.38万元,节约18.53万元。全部按计划提前竣工并通过市容委验收。

【新建配套工程】 完成惠众家园一次网、换热站安装、热表安装工程;完成美塘佳苑、栖塘佳苑代建一次网、换热站安装工程;完成天津市第二实验中学一次网、换热站安装、二次网工程。累计新建DN50-DN250一、二次供热管线2274米,新建换热站4座共8套机组。

【旧管网改造工程】 2017年河西区供热旧管网改造工作共涉及5座供热站,改造管网长度10.06千米。其中,海地供热站对黄海里、东海里、南海里、东江南里、泰山里、昆仑里小区改造4980米;

香江花园供热站对香江花园小区改造1000米；先达供热站对人委北里、华实小区、富达里小区改造2140米；天津市房信公司卫星里供热站、佟楼供热站对气象里、康达公寓小区改造1940米，9月底全部竣工，12个小区的供热质量得到有效提升。

【散煤治理工作】 治理前，河西区未集中供热户共14748户，面积约44万平方米，家用散煤取暖居民2318户。集中供热补建工作实际完成7989户，采用煤改电方式解决1587户，采取其他采暖方式解决4266户，解决空房户8164户。在散煤治理工作中，河西区组织各街道先后出动工作人员约3300人次，回收散煤640余吨，组织电力部门对电力外网进行改造，共更换变压器6台、敷设和改造低压电缆约6千米、更换"煤改电"一户一表904具，完成2474户"煤改电"替代任务。为确保散煤治理任务圆满完成，河西区通过入户走访、发放《致居民的一封信》、制作环保公益广告影视片等举措，深入宣传散煤治理工作的重大意义和具体实施过程中的惠民政策。

为确保散煤治理顺利进行，专门成立了散煤治理工作领导小组，制定了《河西区2017年城市家用散煤治理工作实施方案》《河西区城市家用散煤治理专项资金管理办法》《河西区城市家用散煤治理考核和责任追究办法》，明确各部门主体责任、目标任务以及工作流程，确保组织指挥有力，具体执行有方，末端落实高效。

坚持"不等不靠、主动作为、及早动手、有的放矢、精准服务"的原则，2017年初，河西区建委即组织各街道对辖区内居民燃煤户进行摸底调查并结合全区供热现状深入现场实地勘查，广泛征求各街道、居委会以及广大居民意见建议，聘请具备资质的咨询公司编制全区散煤治理工程可行性报告。在综合分析供热效果、安全、投资和操作性的基础上，结合河西区实际确定了对集中供热管网已覆盖区域，全面推进补漏户的安装；对不具备集中供热条件的片区，采取新型直热式电暖器方式进行治理，积极协调电力部门进行电力改造，确保散煤治理不落一户。

天津市"煤改电"治理补贴标准为每度电补贴0.2元，考虑到此次治理对象均为困难群体，河西区委、区政府决定将补贴标准提高到每度电补贴0.3元，同时针对"煤改电"居民实施峰谷电价，每天早6点—晚9点每度电0.49元，补贴后居民每度电只需0.19元，晚9点—早6点每度电0.3元，在此基础上，对平房户每户一个采暖季再补贴100元由居民采取其他辅助采暖方式辅助供热。考虑到散煤治理涉及大部分住户都是平房，而平房保温条件相对较差，河西区组织各街道，居委会，通过入户宣传普及防寒小常识、采取封堵门窗缝隙、悬挂门帘等具体措施，尽最大努力减少室内热损失，提高室内热效果，确保百姓温暖过冬；考虑到既要解决散煤户取暖又要解决做饭问题，凡列入散煤治理的用户，每户每年提供液化气8罐（15公斤/罐），且每罐给予50元补贴并对困难户实行随时配送、送货上门服务，从根本上解决了独居老人、身患疾病和身体残疾家庭因行动不便面临的担忧；考虑到特殊困难群体的实际困难，积极协调各方力量，通过民政救助等多种方式确保每个家庭都尽享党和政府的关怀与温暖；考虑到散煤治理过程中散煤回收涉及百姓切身利益，积极协调各街道、部门，协助老百姓做好搬运以及卫生清洁等具体事务；考虑到个别住户可能会因出差或探亲访友错过治理时机，专门设立了报装电话，确保百姓随时报装、随时受理；考虑到散煤治理关系群众安全，为确保百姓温暖过冬、安全过冬，建立街道、居委会联防联控制度，逐家逐户宣传安全使用常识，并做到安全提醒妇孺皆知；为防万一，河西区建委还出资给各街道都配备了三台应急电暖器，遇到特殊情况可以确保居民先行取暖，避免因出现因电暖器故障让居民挨冻；完善保障和服务机制，督促电力部门及电暖器厂家制定应急响应预案，自觉履行服务责任，确保维修服务到位，备品备件供应充足。

2017年10月15日，完成2318户家用散煤治理任务，在此基础上，通过集中供热补建等优惠措施，使过去靠空调等其他采暖方式取暖或空房户等新增用户实现了治理，总共完成8806户，超额完成任务。2017—2018年度采暖季供热期间，在由国家四部委成立的环保督察组、建设部和环保部专项检查组、市环保督查组等多次检查中，对河西区散煤治理成果都给予了充分肯定。

【节水型系列载体创建工作】 河西区紧紧依靠"三级节水管理网络"大力开展节水型系列载体创建工作。2017年初，根据全区用水单位、生活小区的实际情况，优先选择用水量大的单位、住户多的小区择优创建。3月结合"世界水日""中国水周"圆满完成前期动员宣传工作，截至2017年6月底确定创建节水型单位12家、节水型生活小区22个。6月完成节水型系列创建载体专项培训及申报工作；7月—9月，根据各创建单位、生活小区的实际情况，逐一开展创建资料的编写、专项宣传和指导工作；10月底，创建单位、生活小区全部通过市专家组考核。在创建过程中，创新提出并率先开展节水型街道创建工作，在全国首创节水型街道——梅江街。借助梅江街是天津市首批采用中水供水系统生活区的优势，积极探索节水工作新路子，历经两年努力，使梅江街28个居民小区全部建成一级节水型居民小区，月均减少使用自来水资源约8万立方米，人均减少消耗自来水1.5立方米/月，街道园区内水系景观水资源均实现了利用收集雨水和中水定期补充，利用定期排放的湖水进行绿化带灌溉，不仅使废弃的水资源得到了有效再利用，而且为绿化植物提供了充足的养分。梅江街成为天津市第一个建成的"节水型街道"。

【河西区高分通过节水型区县复查】成立了以分管节水工作的副区长为组长，区政府办副主任和区建委主任为副组长，区各主要委、办、局和各街道主要领导为成员的河西区建设节水型社会领导小组，在全区形成了有组织、有领导，各级高度重视，目标明确、措施完善，各单位、各部门上下联动、密切配合不断推动节水工作的良好局面。依照《天津市节水型区县考核标准》和《天津市实行最严格水资源管理制度考核办法实施细则》，不断加大节水工作力度，提升全民节水意识，扎实推进节水工作。2017年，取（用）水考核单位已发展到369家，涉及建设、供热、市政、教育、市容环卫、医疗卫生、公安、街道及居委会等多行业、多领域；建立健全了覆盖全区的节水管理网络，用水总量得到有效控制；计划用水考核率达到98.3%；节水器具普及率达到100%；节水型单位（企业）63家，覆盖率达到79.3%；节水型小区82个、84780户，覆盖率达到28.3%；工业用水重复利用率持续提高。2017年11月21日，河西区迎来市专家考核组审核，以104分的高分通过复查，受到市、区两级领导的一致认可。

【造纸厂房屋征收收尾工作圆满完成】 造纸厂旧城区改建工程房屋征收项目于2016年6月启动征收，共涉及住宅房屋825户，奖励期内完成签约772户，剩余正式房屋53户，另有2006年遗留户14户，共计67户，违章房屋756间，总任务量为823。2017年7月，河西区建委牵头负责造纸厂旧城区改建项目剩余户收尾工作，动迁工作组由天塔街、柳林街、梅江街、桃园街、大营门街、友谊路街组成。造纸厂地区正式房屋以平房为主，区域内居民因结婚生子，亲属投奔以及单位许可等各种历史原因，搭建了大量违章房屋，且相当一部分违章房屋并不依托正式房屋而单独存在，分布杂乱，现住情况复杂、动迁难度大。面对上述困难，区总指挥部细致分析，统筹调度，科学制定安置补偿方案，经过全体工作人员众志成城，不懈努力，最终在规定的时间节点内较好地完成了此次房屋征收收尾任务，为第十三届全运会胜利召开营造了良好的社会环境。

南 开 区

【概况】 2017年，南开区在施面积406万平方米，新开工、竣工面积100万平方米。全区固定资产投资完成186亿元，其中房地产固定资产投资完成168.6亿元。

【机构职能】 南开区建设管理委员会机构职能。

1. 贯彻执行党的路线、方针、政策和国家的有关法律、法规、政令。负责全区房地产开发项目建设计划备案、统计上报；负责区内土地出让房地产项目招商引资；协调市政公用基础设施和住宅建设。

2. 负责市区基础设施建设、重点工程、地块开发项目拆迁及拆迁安置；负责区内定向安置用房项目的选址、建设和销售、安置等相关工作。

3. 负责区内非营业性配套项目建设管理。

4. 负责区内建筑企业管理和建筑市场管理。

5. 负责区内建筑工程质量和工地安全的检查监督。

6. 负责区内各类项目建设中的矛盾纠纷调处。

7. 负责全区节水管理工作。

8. 会同区规划分局组织协调区内城市规划的编制和修订，参与重点地域、住宅小区、重点工程项目等规划方案的研制。

9. 指导和协调供热管理工作。

10. 对区属市政设施进行周期养护，依法对区内市政设施产权单位进行监督管理。

11. 负责区属道路（含里巷、甬路）因工掘路的审批、监督及修复；负责对区属道路（含里巷、甬路）依据规定审批占用管理及收费；负责对区内社会产权道路的养护进行监督。

12. 负责区属排水设施支管连接管理工作；负责对区内社会产权排水管道的养护进行监督。

13. 对破坏、损坏区属市政设施的行为实施监察、管理、处理。

14. 负责本区防汛抗旱日常工作，监察、保护、管理防汛设施。

15. 指导和组织规划建设管理和市政管理系统规范化窗口服务，推动精神文明建设。

16. 负责对所属事业单位及城建归口单位监督、协调、指导、服务和管理。

17. 承办区委、区政府交办的其他事项。

【内设机构】 根据上述职责,南开区建设管理委员会设11个内设机构。

1. 党委办公室。负责党风廉政建设主体责任落实工作;负责综合协调党委各科、室的有关工作;负责党委文秘、会务、保密档案、目标管理、信息报送等工作;负责团委、妇联日常工作。

2. 行政办公室。负责委内日常行政事务管理工作的组织、协调和服务;负责公文处理工作;负责委内综合性文稿和委主任交办文稿的起草撰写工作;负责政府信息公开和政务公开工作;负责行政事务网上办公规范化管理和信息化建设工作;负责档案管理、印章管理;负责公务接待、对外联络、会务组织和保障工作;负责医疗保健、计划生育等服务保障工作;负责环境卫生、庭院绿化管理工作;负责车辆管理、防汛、突发公共事件应急、后勤保障等工作。

3. 劳动人事科。负责劳动力管理与调配、劳动工资与福利、机构管理、职数管理、专业技术职称管理、退休人员管理等工作。负责党的组织建设、党员队伍建设、统战工作、老干部工作、科级干部的考察、办理干部任免手续;负责党费收缴与管理;负责党组织关系接转和干部、党档案管理等工作。

4. 财务审计科。负责资金的收、支存管理,编制财务预、决算;负责国有资产账务管理,经济合同管理;检查、指导、监督基层财务制度执行情况,定期开展财务形势分析;组织财务人员的业务理论学习;负责内部审计并配合各级审计部门检查工作。

5. 信访保卫科。牵头并与各有关科室配合,负责受理信访人来信来电和接待来访工作;负责承办上级单位及相关部门转来的信件和事项;负责办理有关市区领导电子邮件、政府热线、政务专网、信息网络中涉及的信访事项;负责职责范围内信访事项答复、信访事项处理意见书、复核意见书的办理工作;负责内部治安管理、消防安全管理、安技管理;维护单位内部的治安秩序,制止发生在本单位的违法行为,配合公安机关有关案件的侦查、处置工作;负责安全业务培训和安全教育活动;负责安全检查工作,督促落实单位内部治安防范设施的建设和综治维稳等工作。

6. 党委宣传科。负责反腐和廉政教育,抓好党风廉政建设监督责任的落实;对职工开展党的路线、方针、政策的宣传教育,宣传先进人物的先进事迹,报道有关重要信息;负责精神文明建设、普法教育。

7. 规划科。负责房地产开发项目建设计划备案、招商引资;负责定向安置房建设配套管理;参与区城市规划编制协调等相关工作;负责全区城市建设重点项目推动工作。

8. 征收安置科。负责项目征收、安置、稳定工作,组织协调基础设施建设项目征收及资金核算等。

9. 市政管理生产科。负责市政设施管理、行政执法管理、因工掘路与修复管理、组织执法人员的培训与考核;负责执法证件与执法服装管理;负责编制生产计划、施工质量管理、施工机械管理;负责市政设施量与生产进度统计上报工作;负责建筑行业管理及检查监督;负责法制管理工作;负责防汛工作;负责管理信息服务平台工作;负责制定、规范和检查、落实政务公开、社会服务承诺工作等。

10. 综合业务科。负责委内综合性业务协调、落实工作;负责委内业务协调会的组织和筹划工作；负责与市、区业务部门的衔接和协调工作；负责全区节水工作；组织协调供热工作；负责在相关科室的协调下编制发展规划工作；负责办理人大代表建议、政协委员提案工作。

11. 督查考核科。负责督促检查区委区政府确定的全年工作目标和任务完成情况、重点工作、重要会议精神落实情况；负责督促检查上级领导专题批示事项落实情况；负责督促检查委办公（扩大）会议定事项办理情况；负责督促检查各科室行政管理、作风建设和服务工作情况；负责党政答卷目标、绩效考核工作和其他考核工作；负责窗口文明建设工作。

【下属单位】 南开区建设管理委员会下属11个事业单位。

1. 天津市南开区建设工程质量安全监督管理支队。主要职责：贯彻执行市、区有关城市建设质量、安全、文明施工的规章、制度和标准。根据有关规定承担工程质量、施工安全、文明施工监督管理和建设市场监察、组织或参与重大工程质量、安全事故的调查处理。

2. 天津市南开区建设法规宣传服务站。主要职责：负责职工法律、法规知识的学习培训工作；负责诉讼案件的代理应诉和行政复议工作；办理和督办重点难点问题的法律服务等。

3. 天津市南开区节水办公室。主要职责：节约用水管理。

4. 天津市南开区住宅配套建设管理办公室。主要职责：收取住宅建设非营业性配套费，参与居民区规划方案的审核，配套投资计划的申报，组织监督配套项目的实验验收的分配，配合区有关部门做好保障新建住宅居民生活各种工作。

5. 天津市南开区建设工程招标管理办公室。主要职责：为城市建设提供管理保障、招标管理、投标管理、中标后管理、合同审查管理

6. 天津市南开区道路管理所。主要职责：为生产生活提供市政工程设施管理维护保障。城市道路设施维护管理部门。

7. 天津市南开区市政监察管理所。主要职责：宣传贯彻市政设施管理的有关政策、法规，依法管理本区域内市政设施，负责因公掘路审批工作；负责本区域内市政设施改造、维修工程和建设项目新建市政工程质量安全监督管理工作。

8. 天津市南开区排水管理所。主要职责：为生产生活提供市政工程设施管理维护保障。城市给水排水设施维护管理、市政污水处理设施维护管理。

9. 天津市南开区占路管理收费所。主要职责：按照市区道路管理分工、依法执行收费管理任务，办理占路管理收费。

10. 天津市南开区市政工程配套办公室。主要职责：为生产生活提供市级工程技术人员设施、管理维护，负责区域权限范围内的道路、排水等全部配套工作。

11. 天津市南开区人民政府供热办公室。主要职责：承担城市集中供热的分区规划和组织实施；承担辖区内集中供热的行业管理。

【基础设施建设及投资】 2017年，完成10条道路提升改造，总长19576米，总面积603785平方米，总投资4769.054万元。其中，红旗路（青年路—宾悦桥）长4022米，规划宽38米，面积127144平方米，投资10410763元；北马路（北门外大街—狮子林桥）长1146米，规划宽42米，面积48520平方米，投资7992224元；城厢中路（南城街—北马路）长1773米，规划宽23米，面积41284平方米，投资2677595元；南门外大街（南京路—南马路）长1773米，规划宽50米，

面积 89486 平方米，投资 5422038 元；水上公园东路（水上公园北道—宾水西道）长 1613 米，规划宽 33 米，面积 54300 平方米，投资 4276164 元；水上公园北道（卫津南路—环翠路）长 1666 米，规划宽 13 米，面积 21725 平方米，投资 1406025 元；水上公园西路（红旗南路—复康路）长 2852 米，规划宽 24 米，面积 69594 平方米，投资 4949960 元；卫津路（南京路—八里台立交桥）长 2506 米，规划宽 36 米，面积 90599 平方米，投资 5269466 元；中石油桥下（凌宾路—体育中心东）长 615 米，规划宽 28 米，面积 17300 平方米，投资 1967923 元；宾水西道（宾悦桥—卫津南路）长 1610 米，规划宽 27 米，面积 43833 平方米，投资 3318382 元。完成桂荷园、航宇公寓（1、2、3 号楼）、航宇公寓（4、5 号楼）、虹畔馨苑、凯摩国际公寓、城南家园（1、2、3、4、5 号楼）、城南家园（6、7、8、9 号楼）、禧顺花园、金航大厦 9 处二次供水设施改造，投资 140 余万元。完成连心里、延安楼、云阳东里、嘉陵东里、风湖里、卫安南里、级升里等 7 个里巷易积水小区排水管道和松杉路等里巷道路及津涞花园改造，铺设管道 3377 米，铺筑油面 13506 平方米，总投资 1257 万元，解决了小区污水外溢及雨后积水问题。完成 32 处社区道路、小区及河流维修养护及翻建，其中车行道 17405 平方米、人行道 43776.8 平方米、雨污水管道 1754 米、雨污水检查井 118 座，总投资 1599 万元。解决了市政设施部分点位道路坑洼、盲道缺失、人行道设施外裸露土地、污水外溢高发等遗留问题。完成王顶堤林苑北里以南甬路 2500 平方米道路提升改造，230 米雨污水管道和 7 处路灯照明设施维修，以及局部围墙粉刷，总投资 129 万元，有效解决了占路摆卖问题，美化了周边居住环境，缓解了交通出行压力。

天津站

完成43个小区36万平方米甬路、9.2万米排水管道、9500套井盖维修更换，总造价6499万元。

【建筑业及建筑市场】 2017年，备案和合同管理进一步规范，完成报建审核备案48个、施工公开招标备案44个、监理公开招标备案13个、设计公开招标备案11个、勘察公开招标备案4个、质量监督和安全措施备案登记11个，区属建设工程施工总包合同备案70项、勘察合同备案8项、设计合同备案31项、监理合同备案40项、分包合同备案70项，完成企业及人员信息入库6家、企业人员及信息入库核验68项。加强建筑市场监督管理，为杜绝利用财政性资金和国有资金建设工程不招标及指定"熟人"施工的现象，制定印发了《南开区利用财政资金或国有资金建设工程招投标实施意见（试行）》《南开区防止"熟人"施工的实施意见（试行）》《南开区非招标采购方式政府采购工程管理实施意见》，组织对2015年—2016年南开区利用财政资金和国有资金建设工程进行了专项大检查。

南开区城建三十大重点项目老城厢2号地项目竣工

文明施工治理成效明显，对南开区在施城建项目和地铁站点项目进行扬尘检查940余人次，检查建筑工地1650场次、道路施工点位3994人次，处理各类环保案件1883件，下达整改通知书120份，停工通知书44份，办理中央环保督察信访举报案件48件，天津市推进突出环境问题整改落实领导小组信访组转办案件52件，办结率100%。为22个建设项目安装公益广告建筑围挡369块6791平方米。自2017年10月1日开展秋冬季大气污染防治攻坚行动以来，开展市政施工专项督查4次，下发《督查通报》3件；为加强对五马路小学、鲁能绿荫里等18个特许施工项目扬尘污染治理，坚持每周不少于4次巡（夜）查，利用远程视频和扬尘在线检测等手段进行24小时监控。

农民工合法权益得到保障，新开设农民工预储账户11个，账户总额6250万元，督促区管在施项目为农民工办理了工伤保险，为保障农民工合法权益奠定了基础，妥善解决农民工来电来访投诉36件，同比下降38.4%，涉及农民工工资340余万元。

【区级重点工程项目】 2017年，南开区重点推动三十大城建项目，总建筑面积280万平方米，其中住宅及公寓140万平方米、公建140万平方米。

推动建设项目10个，包括中南广场（ON地块）、盈秀园（天拖北道D地块）、慧翔职专项目、理工学院项目、带钢厂项目、金轩商业广场二期、荣佳大厦项目、万豪酒店（老城厢7号地）、绿荫广场和市政三项目。

中南广场（ON地块）位于保泽道与红旗路交口西北侧，东至红旗路，南至保泽道，西至年丰路，北至中南道。规划为商业金融业用地，建筑面积24万平方米，其中商业7.2万平方米、办公16.8万平方米，由天津天房融创置业有限公司建设。

盈秀园（天拖北道D地块）位于天拖北道和简阳路交口东北侧，东至华坪路，南至天拖北道，西至简阳路，北至会泽园。规划用途为居住用地，建筑面积10.07万平方米，全部为住宅，由天津天房融创置业有限公司建设。

慧翔职专项目位于临汾路与西营门大街交口东北侧，东起东王家台安置房项目，南至西营门外大街，西至临汾路，北至东王家台安置房项目。规划为住宅用地，建筑面积1.6万平方米，其中公建0.88万平方米、住宅0.72万平方米，由英迪（天津）房地产开发有限公司建设。

理工学院项目位于红旗南路与育梁道交口，东至规划成业路，南至水上温泉花园，西至红旗南路，北至育梁道。规划为居住、商业金融业用地，建筑面积15.35万平方米，其中住宅13.35万平方米、公建2万平方米，由天津天房卓汇置业有限公司建设。

带钢厂项目位于青年路西段南侧，东起市装卸机械厂，南至安全道，西至雅美里，北起青年路。规划为住宅用地。建筑面积5.3万平方米，全部为住宅，由天津海河逸城投资有限公司建设。

金轩商业广场二期项目位于东马路和北马路交口西南侧，东起东马路，南至北城街，西至城厢东路，北起北马路。规划为混合型公寓、商业服务业设施用地，建筑面积17.55万平方米，其中混合型公寓8.5万平方米、商业4.77万平方米、写字楼4.2万平方米，由天津新润房地产开发有限公司建设。

南开区城建三十大重点项目绿荫里内部

荣佳大厦项目位于城厢东路和鼓楼东街交口东南侧，东至新安购物广场，南至煦园新居，西至城厢东路，北至鼓楼东街。规划为商业用地，建筑面积2.99万平方米，全部为公建，由天津中新嘉业房地产开发有限公司建设。

万豪酒店（老城厢7号地）项目位于西马路与北马路交口东南侧，东至城厢西路，南至北城街，西至西马路，北至北马路。规划为酒店用地，建筑面积3.81万平方米，由天津富力城房地产开发有限公司建设。

绿荫广场项目位于水上公园北道与水上公园东路交口东南侧，东至格天大厦，南至绿荫里住宅，西至水上公园东路，北至水上公园北道。规划为商业、写字楼用地，建筑面积12.33万平方米，其中商业5.9万平方米、写字楼6.43万平方米，由天津鲁能置业有限公司建设。

市政三项目位于长江道与向阳路交口西南侧，东起向阳路，南至宜宾道，西至青川路，北起西昌里。规划为居住用地，建筑面积6.2万平方米，全部为住宅，由天津市凯兴安居建设有限公司建设。

促开工项目10个，包括盈创大厦、春景大厦、咸阳路A地块项目、小客车厂项目、金轩商业广场三期、景丰园、天拖创意生活园、团校政法学院项目、天拖J地块和服装一厂项目。

盈创大厦项目位于沙坪道与兰坪路交口西北侧，东至兰坪路，南至沙坪道，西至简阳路，北至石坪道。规划为工业研发，建筑面积9.62万平方米，由天津蓝河光谷科技有限公司建设。

春景大厦项目位于年丰路与金北道交口西北侧，东至年丰路，南至金北道。西至华坪路。北至天拖北道。规划为商业，建筑面积2.9万平方米，由天津天房融创置业有限公司开发建设。

咸阳路A地块项目位于黄河道与冶金路交口东南侧，规划为住宅、商业，建筑面积13.24万平方米，由启迪协信（天津南开）科技城开发有限公司开发建设。

南开区城建三十大重点项目绿荫里鸟瞰图

南开区城建三十大重点项目永基花园

小客车厂项目位于长江道和罗江路交口,东至罗江路,南至祥平里,西至长江公寓,北至长江道。规划为居住用地,建筑面积为6.03万平方米,由天津金栋投资有限公司开发建设。

金轩商业广场三期项目位于东马路和北马路交口西南侧,东起东马路,西至城厢东路,北起北马路,南至北城街。规划为商业金融业,建筑面积为12.39万平方米,由天津新润房地产开发有限公司开发建设。

景丰园项目位于保阳道与年丰路交口西北侧,东至年丰路,南至保阳道,西至华坪路,北至金北道。规划为居住、商业、金融业,建筑面积为6.71万平方米,由天津天房融创置业有限公司开发建设。

天拖创意生活园项目位于年丰路与中南道交口西北侧,东至年丰路,南至中南道,西至华坪路,北至保阳道。规划为商业金融业,建筑面积为5.02万平方米,由天津天房融创置业有限公司开发建设。

团校政法学院项目位于水上公园西路西侧,东至水上西路,南至市委印刷厂,西至元都园、成业路,北至水云花园。规划为居住用地,兼容商业金融业,建筑面积7.86万平方米,其中住宅4.93万平方米、商业2.93万平方米,由天津天房卓汇置业有限公司建设。

天拖J地块项目位于利丰路与中南道交口西北侧,东至利丰路,南至中南道,西至年丰路,北至保阳道。规划为商业,建筑面积为1.48万平方米,由天津天房融创置业有限公司开发建设。

服装一厂项目位于南运河南道与冶金路交口西南侧,东至冶金路,南至南运河南道,西至锦园北里,北至南运河绿地。规划为居住用地,建筑面积3.7万平方米,其中住宅3.2万平方米、公建0.5万平方米,由天津市南开城市建设投资有限公司建设。

整理挂牌项目10个,包括天大内燃机(船池)项目、工业用呢厂地块、女子监狱项目、红旗南路南侧项目、工业园航天集团地块项目、鹤园南里养老院地块、华苑供热站地块、华苑菜市场地块、中医药大学北院地块和中医药大学南院地块。

【城建科技与节能】 严格按照《天津市人民政府办公厅印发关于大力发展装配式建筑实施方案的通知》(津政办函〔2017〕66号)和《市建委关于加强装配式建筑建设管理的通知》(津建科〔2017〕391号)、《市建委等七部门联合印发关于加快推进我市建筑产业现代化发展(2015年—2017年)实施意见的通知》(津建科

〔2015〕543号）要求，针对规划行政主管部门抄送的项目策划方案，提出了预制装配式建筑比例、绿色建筑星级及可再生能源应用等建设指标。9个项目向规划分局提出装配式建筑和绿色建筑建设技术指标，其中装配式包括南开大学迎水道地块、南开水厂南侧地块、云川里（钢丝绳厂地块）3个新建项目，绿色建筑包括南开大学迎水道地块、南开水厂南侧地块、南开区天拖二期岁丰路东侧地块、云川里、信美道地块、南开大学八里台校区教师发展中心6个项目。

【海绵城市与地下管廊】 2017年，完成《南开区推动海绵城市建设工作方案》《南开区海绵城市建设实施方案》，确定2020年重点建设区域，将海绵城市建设纳入"两证一书"，施工图审查，竣工验收等相关环节。按照相关文件要求，将南开大学迎水道地块、南开水厂南侧地块、天拖一期中央公园、南开区天拖二期岁丰路东侧地块、天津泰达格调锦苑、云川里（钢丝绳厂地块）、信美道地块（配套办）、南开大学八里台校区教师发展中心8个新建项目向规划分局提出了海绵城市建设技术指标。已完成三潭西里中心花园绿地、绿水园、积水点改造3个项目改造。其中，三潭西里中心花园绿地项目海绵城市改造建设占地1800平方米，是全市第一个社区"海绵花园"。三潭西里位于南开区三潭路与西湖道交口，建成于20世纪80年代，居民717户，社区中心花园因设施老化，严重影响居民生活环境。通过"透水混凝土"改造，使小区泥泞湿滑的路面变得干净整洁、排水顺畅，不但优化了小区环境，也为管网复杂的老旧小区改造积累了经验。绿水园位于南开区雅安道以南，资阳路以西，紧邻快速路，总占地面积约20万平方米。积水点改造主要以解决城市内涝、黑臭水体治理为突破口，逐步实现小雨不积水、大雨不内涝、水体不黑臭、热岛有缓解。共对连心里、延安楼、云阳东里、嘉陵东里、风湖里、卫安南里、级升里和津涞花园8个易积水小区，改造污水、雨水管道4200米。

【建设工程质量安全】 2017年，加大建设工程质量安全监管力度。为进一步完善行政执法程序，提高行政效率，切实提高行政执法工作人员执法水平，推进依法行政。南开区建委依法界定执法职责，科学设置执法岗位，完善执法协作配合机制，建立健全执法程序制度，完善执法调查、取证规则，规范执法案卷管理。实施推行说理执法、行政监督劝勉、执法事项提示、轻微问题告诫、突出问题约谈、重大问题回访等柔性执法方式。强化施工现场的监督检查，采取日常巡查与专项检查相结合的方法，加大对施工现场质量、安全生产和文明施工监管力度。共对南开区在施城建项目质量和安全进行日常巡查1100余人次，抽检材料54份，发现质量问题50项，排查安全隐患2000余条次，下达整改通知书149份，停工通知书33份。为绿荫里、东南角B地块等8个项目培训安全管理人员100余人，慧翔职专、崇德园三期等6个项目申报"天津市市级文明工地"。

【建设领域行政处罚】 2017年，共对17起违规企业实施行政处罚共计1056580.07元。

河 北 区

【机构职能】 河北区建设管理委员会机构职能。

1. 负责贯彻执行国家、市有关城市

建设的法律、法规,研究制定区城市建设管理的规定和办法,并对实施情况进行监督检查。承办有关行政复议、行政诉讼工作。

2. 负责制定本区城市建设中长期发展规划;根据市区年度建设计划编制全区建设项目、计划安排,抓好定向安置房建设,并组织监督和实施。

3. 负责城建系统相关重点工作的组织、协调、推动和落实。

4. 负责建设工程安全施工和质量的监督管理工作。

5. 负责建设市场管理、监督、检查,建筑企业的资质审查和备案,工程项目的招投标管理。

6. 组织实施年度区辖道路等工程项目新建、拓宽、改造工作,负责区管市政设施配套工作,做好市政重点工程及配套项目的协调和服务工作。

7. 负责非经营性公建项目审查和移交,依据有关规定办理住宅准住证,依法依规收缴非经营性公建配套费。

8. 负责建筑工程文明施工管理,配合市容等部门做好创卫、迎检等工作。

9. 负责全区节水宣传教育工作,核定区属单位用水指标,控制和管理超计划用水。

10. 参与拆迁政策的制定和实施,协调完成好城建系统承担的拆迁任务和安置居民任务。

11. 承担协税引税任务,协助有关部门完成房地产税收收缴,抓好招商引资工作。

12. 负责区管市政产权道路设施的养护维修管理工作。

13. 负责区管市政产权排水设施的养护维修管理工作,并对社会产权养护维修管理责任单位履行监督检查职能。

14. 负责全区的防汛工作。

15. 承办区委、区政府交办的其他事项。

【内设机构】 根据上述职责,河北区建设管理委员会设11个内设机构。

1. 党委办公室。负责党的路线、方针、政策的宣传贯彻工作;负责党委的工作计划、总结等文稿起草工作;负责组织安排党委工作会议、中心组学习,完成会议记录和文字材料的整理,督促党组织决定及决议的落实;负责共青团、文秘、保密、政治思想研究、理论学习等工作;完成领导交办的其他工作。

2. 行政办公室。负责本单位行政运行的日常管理和各科之间的综合协调工作;负责办理各类文件的收发、阅签等工作;负责起草行政工作计划、总结和综合性文件;负责组织安排行政工作会议,完成会议记录和文字材料的整理,督促领导办公会议决议的落实;负责区两办督查、督办工作;负责档案、机要、政府信息公开、计划生育、献血、年鉴和区志编纂、爱国卫生工作;负责固定资产政府采购、调拨、报废的审批工作;负责安全、消防、车辆、食堂、机房等后勤管理工作;负责办理人大代表提案和政协委员建议答复和落实工作;负责接待群众来信来访,协调解决突发事件,做好稳控工作;完成领导交办的其他工作。

3. 组织干部科。负责基层领导班子的思想建设、组织建设和作风建设;负责科级干部的推荐、考察和任免;负责干部档案管理和后备干部的培养、选拔;负责对基层领导班子的考核和干部调动;负责组织发展工作;负责处级以上离退休老干部的管理工作;负责统战工作;负责党员信息统计工作;完成领导交办的其他工作。

4. 人事科。贯彻执行国家劳动人事相关法规政策；负责执行劳动人事管理制度，监督所属单位的执行情况；负责编制人事管理年度报表；掌握和执行各项津贴制度、标准和范围，办理审核批准手续；负责机构编制工作；负责干部职工的工资、人事、职称、考工定级、专技人员及工人网上继续教育培训、人员调动等工作；完成领导交办的其他工作。

5. 财务审计科。贯彻执行国家、市、区财经法规及相关政策；负责编制财务管理和内控制度，监督所属单位的执行情况；负责编制年度报表和财务预、决算；负责经费预算的执行；掌握和执行国有资产的保值增值、公积金、社险等工作；负责重点工程资金的监管工作；负责内部审计工作；负责机关固定资产的管理工作；负责所属单位财务管理工作；负责组织机关及所属单位的财务人员定期的专业知识培训；完成领导交办的其他工作。

6. 规划和生产计划科。参与编制中长期城市建设发展规划；负责区房地产项目的计划初审和计划结转工作；负责区建设工程、住宅项目和重点工程项目的进度统计工作；负责年度开竣工指标计划、统计、报送工作；负责房地产类项目固定资产投资统计上报；负责区经济适用房的立项及管理，协助建设单位进行选址、规划和建设等工作；负责协调补建、改造无障碍设施的相关工作；负责招商引资工作；负责市政设施养护维修工作计划的编制和资金分配，并组织实施；负责道路、排水设施大、中修项目的申报及施工组织；负责污水外溢治理；负责市政生产统计工作；负责区防汛办公室的日常工作；完成领导交办的其他工作。

7. 住宅配套管理办公室。负责协调相关单位做好非营业性公建配套项目中、长期发展规划；负责收缴非经营性公建配套费；负责非经营性公建配套设施接收、移交和管理工作；负责办理15万平方米以下住宅建设项目准入证发放工作；负责做好建设项目资料的收集、整理及归档工作；负责协助相关单位做好建设项目的税收征缴工作；负责配套商业网点的管理工作；完成领导交办的其他工作。

8. 城建管理科。贯彻执行《天津市城市管理规定》，督促和落实全区城建系统创卫工作；负责组织、检查辖区内建筑工地文明施工等工作；负责区城建系统迎检工作的组织与落实；完成领导交办的其他工作。

9. 节水办公室。贯彻执行国家、市、区有关节约用水的法律法规和管理规定；负责节约用水、计划用水、临时用水的行政管理和执法检查；负责节约用水的组织宣传工作；负责推广节水的新技术、新工艺以及其他节水成果；组织、指导建设节水型企业（单位）、节水型居民生活小区，积极推进节水型社会建设；完成领导交办的其他工作。

10. 法制监督科。负责宣传贯彻落实市政行业法规；负责实施市政设施网格化管理工作；负责对市政设施维修养护管理的日常检查和考核；负责协调解决社会群众反映的市政设施问题；负责文明施工管理及防治扬尘污染工作；负责行政事业性收费的管理监督；负责检查指导工程的监理、验收和质量鉴定工作，制定质量管理标准与制度；负责对执法人员的教育培训考核及普法工作；负责行政复议和诉讼工作；完成领导交办的其他工作。

11. 建筑节能管理办公室。负责全区建筑节能工程建设管理、既有居住建筑节能改造工作；负责协调补建、改造无障碍设施的相关工作；负责绿色建筑和技术推广、可再生能源建筑应用、民用建筑能耗统计、公共建筑用能运行管理；完成领导交办的其他工作。

【下属单位】 河北区建设管理委员会下属5个公益一类事业单位，代管1个企业单位。

1. 河北区建设工程质量安全监督管理支队。主要职责：贯彻执行市、区有关城市建设质量、安全、文明施工的规章、制度和标准；根据有关规定，承担工程质量、施工安全、文明施工监督管理和建设市场监察；组织或参与对重大工程质量、安全事故的调查处理。

2. 市政工程配套办公室。主要职责：组织实施辖区内道路、桥梁等基础设施项目新建、拓宽、改造工作；统筹协调各类配套基础设施项目建设工作；配合供水、燃气、电力等各专业职能部门做好各类专业设施的建设改造工作。

3. 市政监理所。主要职责：负责区内道路占路、区管道路掘路管理、收费，市政产权排水设施管理，对社会产权养护维修管理单位进行监督检查。

4. 道路管理所。主要职责：承担区管市政产权道路设施的养护维修。

5. 排水管理所。主要职责：承担区管市政产权排水设施的养护维修。

6. 河北区城市房屋拆迁中心。主要职责：承担区政府安排的拆迁任务。

【基础设施建设及投资】 1. 路网建设。2017年，河北区启动了革新道、岷江路、王串场三号路、正义道、富泰路、富悦道、三合街、智贤道、韶关道、喜峰道、辰纬路、龙关道、八马路、五马路、思源路、席厂下坡、偏关北路、津浦北路、富堤路、富运道和中纺前街地道21个新建、续建项目，完成了岷江路、正义道、喜峰道和偏关北路4条道路。

五马路起止点为黄纬路至律纬路，宽30米，完成辰纬路至日纬路段施工。中纺前街地道起止点为新大路至华新大街，长约620米，宽25米，基本完成主体结构施工。席厂下坡起止点为南口路至天泰路，宽20米，完成南口路至东昌路段施工。智贤道起止点为张兴庄大街至华光路，宽20米，完成张兴庄大街至铁东路社区卫生服务中心约200米施工。韶关道起止点为普济河道至镇宁道，宽16米，完成普济河道至喜峰道段施工。富堤路起止点为富运道至津浦北路，长约1.2千米，宽25米，完成道路表面层铺设工作。富运道起止点为天泰路至富堤路，完成道路表面层铺设工作。

岷江路起止点为满江道至丹江道，宽25米，为卡口道路改造项目。正义道起止点为王串场一号路至红星路，宽25米，为卡口道路改造项目。喜峰道起止点为南口路至雁门路，宽25米，为隆成家园保障房配套道路。偏关北路起止点为榆关道至嘉裕道，宽20米，是盛华家园保障房配套道路。4条道路2017年内均已完成工程建设。

2. 供热保障。2017年，河北区新增供热面积31万平方米，主要集中在中铁国际城、大河宸章等项目，新建换热站两座，新铺设一次管网1.15千米。投资1390万元对77个包括设备、供热管网在内的项目实施大修改造，提升供热保障能力。落实市、区要求提前、延长2016—2017年度供热期共26天，并实现全程安全稳定运行。供热期间服务质量稳中有升，供热保障和应急处置能力不断增强。

3. 散煤治理。认真落实《天津市2017年散煤清洁化治理专项整治行动方案》及河北区委、区政府的专项工作部署，以全区散煤"清零"为目标，以集中供热补热、

"煤改电"为主要治理手段，牵头开展散煤清洁化治理工作，促进空气质量改善，改善居民居住环境。

集中供热补热工程：此次集中供热补热河北区共7533户，为市内六区占比最大。实际安装6482户，因居民已自行转变采暖方式、空房等原因不要求补建并承诺不使用散煤采暖的1051户。

煤改电工程：第一批确定12个片区、972户，已全部完成，运行效果良好；第二批确定8个片区、579户。除王串场迎福里片区外其余片区已全部完成投入运行。

不具备供热补热条件也不在"煤改电"范围内的散户：共3371户，采取每户4000元/5个月货币补偿方式治理。河北区供热公司审核通过872户，补偿资金已全部发放到位，接受补贴的居民均已承诺不使用燃煤，其余各户审核等工作由各街道自行组织。

散煤回购：此项工作由各街道负责，河北区供热公司对各街回收散煤情况统计回购。截至11月1日，共回收散煤601.57吨，包括煤球、大同块及蜂窝煤，回购款60万元。

拆除和美化烟囱任务全部完成。2017年，河北区共拆除烟囱13根，美化烟囱4根。

【建筑业及建筑市场】 2017年，河北区严格落实天津市建委文件精神，以规范建设市场秩序为目的，强化岗位责任和服务意识，全面推动河北区建筑市场管理工作规范化、制度化进程，促进河北区建筑市场规范有序发展。

一是工程招投标工作成效明显。河北区招投标工作，严格按照招投标法律法规和天津市建委相关规定，河北区内所有建设工程的招投标流程均采取"上网、进场"，开标、评标和定标活动在天津市建交中心进行全过程监督，确保招投标活动公开、公平、公正。2017年，实行勘察招标备案8个标段，中标金额153.58万元；设计招标备案20个标段，中标金额4437.53万元；监理招标备案27个标段，中标金额2859.78万元；施工招标备案33个标段，累计招标金额7.74亿元，除直接备案和邀请招标项目，所有公开招标项目均在有形市场内按照公开、公平、公正原则进行开、评标程序。

二是建筑业农民工管理进一步深化。根据市、区两级农民工"属地管理"的原则，河北区建委常年设立农民工管理组织机构，通过加强宣传教育和加大执法力度等手段，持续深化农民工预储账户制度、实名制管理制度、工资发放制度等八项制度的落实，2017年新办理农民工工资预储账户8个，累计打款1290.8万元。针对农民工欠薪投诉的时间特点，提前介入，及时召开农民工工资支付专项工作会，对在建项目的工程款支付情况进行摸底排查，对近年来有工资拖欠记录的企业，有举报投诉记录的企业，工程款支付缺口较大的企业进行重点核查、约谈，确保农民工管理工作稳步推进。

三是农民工投诉处理快速有效。2017年，进一步完善了《河北区农民工应急处置预案》，从维护农民工的根本利益出发，对农民工投诉案件做到及时受理、及时记录、及时调解。2017年，累计接待处理建筑业农民工投诉30起，涉及建筑业农民工576人，追讨农民工工资金额598.3万元，受理的30起投诉案件已全部处理完毕。在此基础上，坚持与河北区相关部门协作沟通、信息共享，遇到突发群体性事件、恶意欠薪等涉嫌违法犯罪的行为加强与区相关部门联系，开通劳动争议仲裁

"绿色通道",合力解决工资拖欠问题。

四是继续加强市区诚信体系建设工作。2017年,河北区建委强化资质企业的事中事后监管,实施和完善企业信息化管理,对建筑业资质企业进行动态监管,为企业资质考核、工程投标资格审查和建筑市场监管做好基础数据上报管理工作。2017年共办理新申请资质企业812名人员审核入库,增加新批资质企业7家;办理区管资质企业撤销承诺人员211人。通过河北区质安支队各科室联合执法、专项检查等形式,将执法检查档案作为企业的市场行为、质量行为、安全行为、文明施工行为、劳务用工行为的信用信息数据基础,为天津市建委信用信息平台提供基础数据的采集,使企业信用分级制度成为规范市场秩序的重要手段。

【区级重点工程项目】 诗景凤苑,建设单位为中铁房地产集团商业地产开发管理有限公司,建筑面积地上74452.20平方米,住宅67519.93平方米,配套公建6793.66平方米,其他138.61平方米,地下25210.43平方米。2016年4月26日开工,2017年12月15日竣工备案,2017年12月30日入住。

诗景雅苑,建设单位为中铁房地产集团商业地产开发管理有限公司,建筑面积地上53675.13平方米,住宅50878.15平方米,配套公建2796.98平方米,地下18735.23平方米。2016年4月1日开工,2017年12月15日竣工备案,2017年12月30日入住。

【房地产开发及行业管理】 1.房地产项目开发建设。2017年河北区建设项目共25个,总建筑面积446.83万平方米。其中,新开工项目2个,具体为群芳苑(天磁)项目和48中改扩建项目,新开工面积11.23万平方米;竣工项目2个,分别为中铁国际城1A和天津中铁国际城1B项目,竣工面积17.22万平方米;在建项目结转21个,建筑面积小计418.38万平方米,包括了中铁国际城1D、北宁起步区、财富佳苑、盛雅佳苑、天硕天博雅苑等项目。

商业商务类项目具体包括:旺海国际(一期)、诗景广场(中铁1D)、天津诺德中心(律东)、平安街70号(奥式商务区南片)、琨泰名苑/琨泰公寓/琨泰中心(北运河一期)、汇都苑(三德元)、远洋大厦二期及和融广场项目,建筑面积小计约206.17万平方米。

商品房及公寓类项目具体包括:诗景凤苑/诗景雅苑(中铁1A1B)、中铁3A、诺德中心(律西)、富海公寓、宁欣花园/宁彩花园/宁彩广场(北宁起步区)、荣都嘉园(北运河二期)、财富佳苑、天泰路项目(盛雅佳苑)、天硕/天博雅苑、群芳苑(天磁地块),建筑面积小计约210.05万平方米。

保障性住宅项目具体包括:汇仁云居二期、隆成家园和喜峰嘉园,建筑面积小计约28.09万平方米。

社会公益类公建项目具体包括:铁东路街卫生服务中心、河北区体育中心和天津市第四十八中学改扩建,建筑面积小计约2.52万平方米。

2.定向安置经济适用住房建设。2017年,河北区定向安置房建设项目共有7个项目,总建筑面积52.67万平方米,可安置套数5072套(不包括汾河南道项目,规划指标待定),主要用于安置天津市第三十五中学、24段、新大路棚户区等拆迁片的还迁安置,部分房源用于安置地铁拆迁、历史拆迁遗留户。

在建项目共2个:汇仁云居二期项目,四至范围为东至金钟河东街,南至汇仁云居一期，西至新阔路，北至幸福道，总建筑面积7.0万平方米，可安置户数722户；喜峰嘉园项目，四至范围东至南口路，南至规划喜峰道，西至铜陵路，北至古北道，总建筑面积9.7万平方米，可安置户数928户。

计划开工项目2个：盛皓嘉园项目，四至范围东至镇关路，南至玉门路，西至偏关北路，北至普济河道；隆升家园项目，四至范围东至海门路，南至廉江里住宅小区，西至靖江路，北至增产道。2个项目共可安置2480户，总建筑面积24.43万平方米。

新选址项目3个项目：调料一厂项目，四至范围为东至群芳路，南至规划路，西至祥和路，北至金钟河大街南侧规划路；榆关道项目，四至范围为东至规划镇关路，南至榆关道，西至盛华嘉园，北至水电段材料库；汾河南地块项目，四至范围为东至规划支路，南至辽河北道，西至万科花园路，北至汾河南道。

按照天津市建委《关于加强安置房建设和管理工作的通知》、河北区政府《河北区定向安置经济适用房建设监督管理试行办法》，为确保安置房建设工程进展，主动协调市、区各专业委办局，重点协调市人防办、城东供电、自来水集团等相关部门为项目单位解决疑难问题，推动项目建设进程。

3. 非经营性公建建设管理。把提高服务水平，管好、用好配套设施作为首要标准，把推进小区规范化管理水平，提高群众生活质量作为主要目的，着力在提高规划水平，促进新建小区超前配套、规范配套上下功夫。着力在提高效能，充分发挥现有配套资源优势，统筹、平衡公建设施配套的多功能定位上下功夫。着力打造品牌，在重点领域、重要区域建设一流配套项目上下功夫。2017年3月，河北区就非经营性公建配套管理专题召开会议，并下发了《河北区非经营性公建配套设施接收移交管理办法》，从而确立了住宅配套建设功能完备、设施健全、布局平衡、配置合理的基本标准，逐步形成新建住宅小区服务主体多元化、服务功能完善化、设施管理规范化的运行机制。2017年，河北区积极发展教育、卫生事业。通过多部门合作，优先解决中小学、幼儿园的配套建设；同卫生部门协调，积极完善和扩大区级卫生服务中心的建设力度。河北区新建和接收公共配套设施67969平方米。

一是社区服务类：接收配套居委会10个，面积1300平方米；接收配套社区服务站、点10个，面积3825平方米；接收配套社区文化活动站点11个，面积3548平方米；托老所3个，面积2400平方米。

二是教育资源类：新建学校2所，第三十中学建筑面积24391平方米（含地下3860平方米）；南口路小学建筑面积10276平方米（含地下476平方米）。新建海韵家园幼儿园1所。配套旺海公府小学，配套北运河二期幼儿园，均在2017年交付使用。

三是卫生资源类：新建铁东路社区卫生服务中心3360平方米；配套社区卫生服务站6个，面积850平方米。

【城建科技与节能】 2017年，按照天津市委、市政府对节能工作的要求，坚持以改善民生民计为主线，扎实推进建筑节能管理工作。

1. 加强新建项目管理。2017年共收集备案建设项目20项单位工程，建筑面积约11.26万平方米，备案合格率100%，新建建设项目完全按照绿色建筑标准进行设计施工。每季度通过备案系统向天津市墙改节能中心报送在建工程施工进度的，并及时填报《天津市建筑竣工情况表》。竣工项目均已按照要求到天津市墙改节能中心办理了《天津市建筑竣工情况表》，共计4项，31栋单位工程，面积约296619平方米。积极推进绿色建筑标识工作，鼓励开发企业申请绿色建筑标识，为河北区绿色建筑树立标杆和示范。

2. 建筑节能和绿色建筑的施工管理。按照既定计划已完成了《建筑节能工程质量监督技术手册》的修订，并加入了绿色建筑工程质量监督部分，更名为《建筑节能和绿色建筑工程质量监督技术手册》。在项目开工及节能施工前到工程现场对分包单位、总包单位、监理单位、建设单位进行绿建及节能监督交底暨技术培训工作，对绿建、节能施工技术、标准、政策法规熟知熟记，并做到学以致用。

3. 建筑节能和绿色建筑培训工作。组织了两期建筑节能和绿色建筑施工技术培训，培训内容为绿色建筑、外墙外保温系统质量通病及治理，河北区所有在施工程建设单位、施工单位、监理单位、相关专业承包单位项目及技术质量负责人共计100余人次参加了培训，收到了明显成效。通过培训，进一步强化了项目各参建方的节能质量意识，提升了其节能及绿色建筑质量管理水平，营造了一个良好的氛围。

4. 装配式建筑推行。2017年河北区严格按照《天津市人民政府办公厅印发关于大力发展装配式建筑实施方案的通知》津政办函〔2017〕66号及《市建委关于加强装配式建筑建设管理的通知》津建科〔2017〕391号文件要求，加快推进河北区装配式建筑快速发展。在土地出让项目中明确装配式建筑建设要求，2017年明确装配式建筑要求的新出让土地建筑面积共27.96万平方米。对近期实施装配式建筑项目进行了明确，包括保障房项目共2项，建筑面积27.96万平方米；已出让未开工装配式建筑项目共3项，建筑面积67.27万平方米；未出让装配式建筑项目共4项，建筑面积16.6万平方米。

5. 建筑垃圾资源化利用工作。为进一步加强河北区建筑垃圾管理，促进建筑垃圾资源化利用和产业化发展，有效解决建筑垃圾围城和环境污染等问题，继续做好建筑垃圾资源化利用宣传工作，定期开展建筑垃圾统计工作，并督促引导施工企业实施分类集运、落实临时卸地。

6. 可再生能源建筑应用。2017年，河北区新能源应用项目新增16项工程，面积约8.8万平方米，主要采用太阳能光热等可再生能源。截至2017年12月31日，河北区可再生能源项目达到295965.8万平方米。

7. 建筑节能工程能效测评管理。2017年竣工的国家机关办公建筑、大型公共建筑等建筑工程，在竣工验收前委托天津市具有资质的专业测评机构进行能效测评，否则不予竣工验收。完成大型公建能效测评项目共计1项，合计23825.3平方米，富贾花园商业通过了天津建科建筑节能环境检测有限公司组织的能效测评标识工作。

8. 既有居住建筑节能改造。2017年按照天津市建委通知要求，对2015年和2016年二步节能改造工程涉及小区进行门窗补漏安装工作，共计对涉及10个街道的183个居民小区实施节能改造工程，更换门窗面积2.37万平方米，受益居民4800户。

【建设工程质量安全】 1. 质量监督。严格落实《建筑法》《建设工程质量管理条例》《天津市建设工程质量管理条例》等法律法规以及市建委、市质安监管总队文件精神，始终坚持"出好活、不出事、管得对、抓得好"的工作思路，以"科学监管、重点监控"为手段，认真抓好河北区区管工程质量监督执法工作，工程质量和执法水平实现稳步提高，工程质量始终处于受控状态。

阶段和竣工验收。各项目阶段验收和竣工验收严格执行《天津市建筑工程质量阶段验收和竣工验收实施办法》，坚持市场、质量、安全监管联动的管理机制，规范阶段验收通知前置条件，着重对验收组织形式、验收程序、验收行为及内容加大监督执法力度，进一步推动了五方责任主体认真履职，确保阶段验收高质量进行。2017年监督竣工验收工程9项，42栋，建筑面积41.97万平方米。全年监督各阶段验收55次，下发整改通知书28份，整改意见91条。

质量通病治理。为巩固工程质量治理两年行动的成果，开展质量提升行动，继续坚持以住宅工程质量常见问题为工作重点，针对混凝土构件几何尺寸偏差、不同混凝土强度梁柱节点施工、梯段板施工缝留置、楼梯板厚控制、剪力墙根部浇筑控制、钢筋移位等影响建筑寿命周期的问题，作为主体结构监督抽查的重点。针对住宅使用功能方面存在的问题，河北区强化分户验收的监管，有效降低了业主对工程质量的投诉率。持续开展电气火灾综合治理工作，对在施项目进行全面检查。

建筑材料质量。聘请第三方有资质的检测公司，强化建筑材料和实体质量监督封样抽测，严厉打击假冒伪劣建材在项目上使用。大力推行建筑材料使用信息公示制度，坚持主要建材"不做公示不使用"的原则。对涉及建筑工程主要材料和实体质量加强了抽测与检测，2017年开展监督封样抽检141组，包括钢筋39组、外保温15组、实体检测10组，建筑材料抽检合格率达到100%，实体抽样合格率达到94%，其中对实体检测不合格（保护层过大）的项目责令全面整改，并督促其全面整改落实到位。

质量投诉。为进一步健全河北区工程质量投诉处理机制，将建设工程质量投诉处理程序纳入《监督服务标准》中，明确了职能分工以及处理流程。2017年接待质量投诉9起，质量投诉办结率保持在100%。

2. 安全监督。结合市建委、市质安监管总队及河北区安委会各项工作要求，对河北区建设工程项目施工安全、文明施工开展了一系列执法监督检查工作，各区管项目施工安全生产形势总体平稳，河北区各类建筑工地施工扬尘得到有效管控，文明施工整体水平得到明显提升。

规范安全监督执法程序。结合在建项目实际情况，编制了安全科监督执法程序，规范了安全监督执法检查过程，明确了岗位责任和检查内容，保证了安全执法检查的标准化和规范化。同时，结合住房城乡建设部和市质安监管总队检查涉及事项，完善了监督执法检查中安全资料和现场实物检查具体内容，做到检查项有根据和检查内容全面。

开展冬季消防安全大检查。根据市质安监管总队及河北区安委会关于冬季消防安全大检查工作的统一安排，对区管各在建项目施工现场进行了系统的消防安全检查，重点包括消防设施的配备、消防器材的有效期、现场农民工宿舍违规使用220V强电等，对存在安全隐患问题的项目及时下达责令整改通知书，要求及时整改落实，确保冬季施工消防安全。

开展春季安全生产大检查。为落实市

质安监管总队及河北区安委会关于开展春季安全生产大检查文件精神,制订了春季安全大检查工作方案,要求各区管项目时刻树立"隐患就是事故,事故就要处理"的意识,高度认识当前安全生产工作的重要性,全面深入排查现场施工安全隐患和薄弱环节,有效防范生产安全事故的发生。通过对所有区管项目开展2017年春季安全大检查,共计下达责令整改通知书12份,涉及安全隐患问题68条,主要集中在现场安全防护、临时用电、作业前隐患排查和特种作业操作人员持证上岗等。

食堂食品安全大检查。为进一步加强天津市建筑工地食堂食品安全管理工作,巩固全市食品药品大检查的成果,深刻汲取静海区制售假冒调料案件的教训,根据市、区上级部门相关文件精神和行业监管工作要求,结合工地实际情况,开展了建筑工地食堂食品安全清理清查专项行动,按照河北区食安办要求重点检查工地食堂食品办理《食品经营许可证》《健康证》及食堂卫生标准等落实情况。树立工地食堂食品安全意识,完善食品安全管理制度,提高建筑工地食堂食品安全管理水平,维护广大建筑行业职工"舌尖上的安全"。

组织开展安全生产月活动。为落实河北区安委会和市质安监管总队关于对2017年"安全生产月"活动通知的要求,突出"全面落实企业安全生产主体责任"的活动主题,组织开展了形式多样的"安全生产月"活动。一是联合中天建设集团在其承建的盐坨桥东地块开展施工安全的培训教育,组织观看《消防安全知识》《三级安全教育》《预防触电事故安全知识》等影像资料,集中向农民工发放了《农民工安全知识手册》《安全技术与防护》及预防艾滋病扑克牌等各类宣传材料共计300多份。二是开展了以"全面落实企业安全生产主体责任"为主题的社会宣传活动,通过展板形式宣传家庭防触电应急救援及防范措施,同时向社会群众发放了《安全生产普法知识问答手册》《应急救援知识手册》《预防硫化氢中毒措施手册》及安全生产警示标语等宣传材料共计450余份。

深入开展安全生产大检查工作。按照《河北区安委会关于印发河北区深入开展安全生产大检查工作方案的通知》及市质安监管总队《关于进一步加强我市建筑施工安全生产管理工作的通知》等文件要求,结合建筑工地实际情况,积极深入开展安全生产大检查工作。为较好落实对河北区13个区管项目开展安全专项检查工作,河北区质安支队安全科补缺专业技术聘请第三方技术服务咨询单位协助检查。深入开展安全生产大检查工作期间,下达责令整改通知书22份,提出整改意见262条;下达责令停工通知书14份,提出整改意见274条。

积极开展房屋建筑安全大检查工作。全面贯彻河北区委、区政府安全生产工作部署,在全区范围开展房屋建筑安全大检查工作。11月20日组织召开关于持续开展安全生产隐患大排查大整治活动专项会议。12月2日召开了安全生产大检查工作部署会,传达了上级部门关于安全生产大检查的工作要求,同时部署河北区建委安全生产大检查。11月20日年底,累计检查46个项目,出动执法人员500余人次,下达责令整改通知书43份,提出整改意见230条;下达责令停工通知书3份,提出整改意见9条。

3. 扬尘治理执法检查。在日常执法

检查中，不断加大执法频次，强化执法力度，对落实不到位的项目，责令立即整改；对存在问题严重或反复整改不到位的项目，责令停工整改、约谈，根据《天津市建筑施工企业信用评价指标体系和评分标准》要求，经河北区建委主任办公会集体讨论通过，上报河北区政府并进行全区通报，同时抄报天津市建委；对再次发现扬尘治理存在问题的项目，依据相关法律法规对责任主体进行上限处罚。结合《河北区在建项目扬尘治理专项方案》具体内容，编制了《扬尘治理承诺书》，根据不同施工部位特点，明确了扬尘治理达到的标准，有针对性地强调了各责任主体中不同施工部位的职责，同时提出石材切割封闭湿法作业，以及墙体涂刷装饰、栏杆喷涂等错时作业。联合河北区环保局对全区在建项目开展拉网式的施工现场扬尘治理专项检查。对存在问题较严重的北宁起步区、诺德二期、诺德三期和盐坨桥地块、富贾花园项目进行了约谈。接到重污染天气预警的通知，立即要求各项目严格按照预案要求落实相应的应急响应措施。对各工地，特别是土方开挖、配套施工等部位的工地落实重污染天气应急预警响应措施情况进行检查。为迎接中央环保督查组来津环保督查，全面贯彻落实河北区建设项目的扬尘治理工作，对全区所有建设项目开展扬尘治理大排查，对执法检查情况进行汇总形成台账。迎检期间，河北区质安支队累计检查工地671个次，出动执法人员587人次，共下达责令整改通知书106份，提出整改意见253条；下达责令停工通知书47份，提出整改意见91条。按照河北区政府及市质安监管总队相关要求，结合《市建委2017—2018年秋冬季建设工程施工现场扬尘治理攻坚行动方案》文件精神，落实《攻坚方案》对河北区工地进行细化同时核准把握"特许"项目，分别制定特许项目和停工项目的标准、要求，做到检查有频次、项目有落实、措施有保障。

4. 工程创优。持续推动工程质量创优工作，对每个项目预先帮扶，确立工程创优目标，落实工程质量创优管理办法，加强日常检查推动、指导和督查，注重施工过程管理，不定期组织区管项目观摩学习，积极营造质量创优氛围。2017年推动申报"海河杯"奖共4项，单位工程14栋，盛雅佳苑一标段、盐坨桥东、诚悦嘉园项目分别被天津市质量安全监督管理总队确定为天津市建设工程质量安全文明施工观摩项目。

【执法监察】 1. 建筑市场执法。河北区建筑市场执法监察继续坚持建筑市场"三部位"执法检查制度的同时，结合《天津市建筑市场执法监察管理办法》，加强市、区两级联动，加大日常巡查频次，更好地推动各方责任主体履职、履责。一是加大日常巡查频次。严格按照"三部位"执法检查方式，对河北区项目进行逐一认真梳理，做到全区建设项目全覆盖检查。二是突出执法检查重点。在加强日常巡查的同时，重点加大对项目管理班子人员到岗、工程转包、违法分包的执法检查力度。2017年累计日常检查46项次，下达暂停施工通知书3份，提出整改意见3条，下达整改通知书15份，提出整改意见29条，实施行政处罚4件，累计处罚金额169.31万元。

2. 工程质量执法。2017年共监督区管项目住宅和公建工程合计32项175栋，建筑面积136.54万平方米。其中，住宅18项，145栋，面积113.35万平方米；

公建14项,30栋,面积23.19万平方米。始终坚持按照《天津市建设工程质量安全执法检查实施办法》要求,加大质量监督执法力度,保持对工程质量监管的高压态势。持续开展日常抽查巡查工作,坚持质量行为和实体质量并举,推动各参建单位履职质量责任,突出执法重点和重要环节把控,加大对住宅及学校、医院等生命线工程监督执法,紧盯主体结构和建筑节能重要施工环节,以常见质量问题治理为目标,共计抽查208项次,下发整改102份,380条整改意见。同时,结合天津市质安监管总队要求及施工阶段特点,全年开展开复工、光纤入户、主体结构暨建筑材料、建筑节能、电线电缆、冬期施工等各类专项检查,开展区管项目全数执法检查,严把主体结构及建筑节能两个重要施工阶段质量关,合计下发整改10份,86条整改意见,停工整改1份,3条整改意见。

3. 施工安全执法。累计检查项目达146个频次,出动执法人员达1000余人次;下达责令整改通知书124份,提出整改意见776条;下达责令停工通知书22份,提出整改意见296条。

4. 扬尘治理执法。累计检查项目达383个频次,出动执法人员达2600多人次;下达责令整改通知书267份,提出整改意见569份;下达责令停工通知书126份,提出整改意见234条。

5. 行政处罚。2017年,河北区共执行完结行政处罚13项,累计罚款金额95万元。

红 桥 区

【概况】 2017年,红桥区建设管理委员会围绕"十三五"和"三城一中心"战略规划,坚持以服务促项目,以创新解难题,以管理保安全,抓好项目建设、招商引资、房屋征收、建筑市场管理和民计民生等工作,为红桥区经济社会发展提供有力保障。面对2017年环保治理力度空前加大和房地产市场持续变化的压力,红桥区建委上下坚持底线思维,牢固树立服务意识、精品意识和安全意识,全力以赴推进4大类、38项重点项目建设。红桥区累计在施工程面积315万平方米,其中44万平方米项目实现启动、80万平方米项目实现完工。

【机构职能】 红桥区建设管理委员会机构职能:

1. 贯彻党的路线、方针、政策,执行市委、区委的决策部署,全面加强本系统、本单位党的思想建设、组织建设、制度建设、作风建设和反腐倡廉建设,切实加强干部队伍和党员队伍建设。

2. 贯彻执行国家和本市有关城市建设管理的法律、法规,研究制定本地区城市建设管理等方面的政策规定,并对实施情况进行监督检查。

3. 负责组织编制全区城建项目计划台账,并对全区建设项目进行服务和协调。

4. 负责建设工程中施工质量、安全生产及文明施工的监督管理工作;组织或参与工程重大质量、安全事故的调查处理工作。

5. 受区政府委托,做好全区住宅配套基础设施项目的计划、建设和管理;负责区内住宅建设非营业性公建配套费收缴和管理;参与住宅规划方案中配套项目的审核;完成新建住宅配套项目的实施和移交使用。

2017年6月，河庭花苑二期项目实现完工

6. 负责区内供热规划、计划、建设、管理；负责全区社会供热单位的管理。

7. 负责城建资金的统筹协调，组织推动城建任务的实施。

8. 承办区委、区政府交办的其他事项。

【内设机构】 根据上述职责，红桥区建设管理委员会设7个内设机构。

1. 党委办公室。负责党委的文电、会务、信息及重大工作的落实、督办和协调工作；负责党委工作计划、总结的起草工作；负责基层党组织建设和党员干部的教育管理工作；负责组织老干部、工会、团委、妇联等工作。

2. 办公室。负责机关文电、机要、档案等日常工作；承担文稿起草、提案、安全、保密、政务公开、信息公开、督察督办、计生和后勤工作；负责机关人事劳资、干部培训和退休人员日常管理工作。

3. 财务审计科。负责编制年度预算，定期分析预算执行情况，负责建委内部各独立核算自收自支部门的会计核算、财务管理、内部审计、领导干部离任经济责任审计工作；负责建委所属企业的经济管理工作；负责全区的市政基础建设征迁资金统筹、平衡管理工作。

4. 城建计划科。负责编制区域中长期发展规划；负责全区城建项目年度计划台账的编制；负责区内建设项目计划申报前的资质初审工作和商品房、经济适用房等计划结转工作；负责区内建设项目招商引资工作；负责对建设项目实施情况和固定资产投资进行统计分析；参与科技型中小企业的引进和帮扶工作；负责全区市政公用和交通设施的规划、计划的申报工作。

5. 建设服务科。做好对市、区重点工程的服务和协调工作,加强对工程项目的监督管理,推动重点工程建设进度。

6. 政策法规科。监督、检查本系统有关城市规划、建设、管理方面的法律、法规、规章和规范性文件贯彻执行情况;负责执法人员的法制培训和普法教育工作;负责全区经济适用房的筹划、建设以及资金平衡管理工作;受区征收办委托负责全区的市政基础建设征迁和安置工作;负责信访接待、应急管理工作;负责审查各类协议和合同。

7. 建筑节能科。负责辖区建设项目建筑节能和绿色建筑等法律法规的培训;按照天津市建委及天津市质安监管总队等部门要求落实相关建筑节能工作;负责辖区建筑市场行政执法和监督管理工作。

【下属单位】 红桥区建设管理委员会下属4个公益一类事业单位,1个公益二类事业单位,代管2个企业单位。

1. 红桥区建设工程质量安全监督管理支队。主要职责:承担工程质量、施工安全、文明施工监督管理和建设市场监察;组织或参与对重大工程质量、安全事故的调查处理。

2. 红桥区人民政府住宅建设配套办公室。主要职责:承担本区非经营性公建配套投资计划的审核、组织实施、监督验收,协调有关部门完成新建住宅区内配套项目。

3. 红桥区节水办公室。主要职责:承担本区日常用水及专业用水指标管理。

4. 红桥区供热办公室。主要职责:承担全区供热的规划、建设、管理,对新建住宅供热配套予以指导和管理。

5. 红桥区供热服务中心。主要职责:落实供热相关政策,提供供热政策咨询服务;保障供热在职事业编制人员利益,负责其人事、工资、保险等工作的落实。

6. 红桥区土地房屋征收中心。主要职责:承担区政府安排的拆迁任务。

7. 正达公司。主要职责:承担红桥区重点项目的代建工作。

【基础设施建设及投资】 2017年,红桥区建委积极协调市、区有关部门,克服资金和程序审批难题,力促纪念馆路建成,保康东路和本溪路全面启动建设。全力以赴打通海源道、团结路等卡口和断头路,积极推进向东南路、海源道、丁字沽零号路及勤俭支道界外工程前期工作。

【建筑业及建筑市场】 2017年,红桥区建委牢牢把握"两条底线",即不发生造成社会影响的重特大事故,安全质量始终处于受控状态。不断加强建筑市场管理,严格规范工程招投标程序,公开招标率、合同审查率均达100%。受理解决农民工拖欠工资投诉7件,涉及金额350余万元。

【区级重点工程项目】 2017年,红桥区建委累计为台湾名品城、天津市民族文化宫、公元大观等重点项目和企业,协调解决各类难题100余件,有效推动了项目建设进度。机电学院A、B地块住宅项目、科技园区9号地等5个项目顺利启动,新五中、陆家嘴酒店、和苑D地块公租房等8个项目实现完工。

【城建科技与节能】 2017年,红桥区建委建立健全建筑节能目标分解评价考核机制,推进建筑节能量化管理。全面推进55处燃气管道占压点位拆除和切改工作。

第十六篇 区级建设工作

2017年,开展海上花园三期项目安全建设隐患排查

【海绵城市与地下管廊】 2017年,红桥区建委将海绵城市建设和城市双修作为目前科室研究的重要课题,积极收集国内海绵城市、城市双修建设先进案例,编制了《红桥区海绵城市建设工作方案》《红桥区"城市双修"工作实施方案》。

【建设工程质量安全】 2017年,红桥区建委强化责任主体的质量行为,加强安全管理,整顿规范监理市场秩序。红桥区管理在施工程15个,总建筑面积117余万平方米。受监工程质量合格率100%,无重大安全事故发生。

【建设领域行政处罚】 2017年,红桥区建委开展建筑市场质量安全排查专项行动,行政处罚15起,处罚金额350万元。

【建设领域行政审批】 2017年,红桥区建委共完成工程报建备案18项,项目总投资713349.29万元。完成施工合同审查备案22项,合同总价143878.04万元。完成监理招标18项(21标段),中标总价631.21万元。

东 丽 区

【概况】 天津市东丽区建设管理委员会是东丽区政府主管全区道路、基础设施、供热采暖、市区重点工程建设、建筑市场建设与管理工作的职能部门。

2017年,东丽区建委立足于东丽区转型与发展的全新形势,认真贯彻落实党的十九大、十八届六中全会、天津市委十届十一次、十二次全会及区第十一次党代会精神,围绕"美丽东丽"建设,以"新型城镇化"为主线,服务大局,扎实工作,在推进基础设施建设、优化改善居住环境、加强行业管理等方面狠抓落实,完成地铁4号线、10号线征地拆迁工作，万山道竣工通车，雪莲路（京山铁路—津滨大道）全幅通车，完成环内、环外道路维修改造59千米，完成军粮城示范镇二期供热一次网及换热站安装工程，完成全区30669户散煤取暖治理工作。

【机构职能】 东丽区建设管理委员会机构职能。

1. 贯彻执行国家和本市有关城乡建设管理的法律、法规、规章和方针政策；拟订全区城乡市政基础设施发展中长期规划和年度计划，并组织实施和监督检查。

2. 编制全区城乡建设发展规划，负责城乡建设项目建议书、可行性研究报告的报批；会同有关部门管理城乡建设资金；负责城乡建设综合统计工作。

3. 推进城市排水体制改革；负责重大建设项目的综合协调；负责新建区域内地下管网建设施工的综合协调管理。

4. 综合协调、督促城乡重大市政基础设施建设工程的实施；负责市政基础设施项目的建设管理；组织拟订区投资市政基础设施项目年度投资计划，并指导实施；监督管理市政基础设施建设资金。

5. 负责建设工程质量安全监督管理工作；负责全区建设工程中施工质量、安全生产和文明施工管理；参与工程重大质量、安全事故的调查处理。

6. 负责绿色建筑和建筑节能监督管理；组织建设行业新技术、新工艺、新材料、新设备的推广和应用。

7. 负责建筑行业管理和建筑市场监督管理；负责建筑业农民工管理；负责建筑市场信用体系建设；负责建设工程造价、招投标监督管理和合同的备案管理工作。

8. 负责建设工程勘察设计行业管理，拟订行业发展规划；负责房地产业建设管理和综合协调；负责房屋建筑工程抗震设防管理，指导农民自建住房结构安全和抗震设防。

9. 负责供热行业管理和市场监管；指导相关行业协会工作。

10. 承办区委、区政府交办的其他事项。

【内设机构】 根据上述职责，东丽区建设管理委员会设10个内设机构。

1. 党委办公室。负责本系统党务工作；负责纪检监察、保密、宣传、精神文明和社会治安综合治理工作；负责工会和共青团工作；负责党员教育、干部管理工作；负责基层单位领导班子目标考核工作。

2. 行政办公室。负责机关政务和后勤工作。负责信息、文秘、机要、保密、档案、统计、信访和安全保卫等工作；组织、协调机关日常工作。负责提案、议案的办理工作。

3. 人事科。负责本系统人事、考核和职工教育培训工作；负责本系统事业单位职称评审工作；负责离退休人员的管理和服务工作；负责妇联工作。

4. 财务科。负责制定财务工作计划，编制预算、决算履行合同、预算及结算手续，合理安排并监督使用资金，为领导决策提供合理数据；负责本系统财务工作的检查、监督和审计；负责机关日常会计处理工作和财务文档工作。

5. 城市建设配套办公室。负责管辖范围内各项目大小配套合同签订收缴大配套费及非营业性公建配套费；组织协调各类基础设施配套工程投资计划的申报工作并组织东丽区市政基础设施配套实施工作；组织协调各开发项目非营业性公建监督检查验收移交工作。

6. 工程质量安全监督管理科（建筑节能管理科）。负责制定本区工程生产安全事故应急预案；负责本区建设工程质量、安全监督管理、安全教育培训；施工现场文明施工管理；工程质量验收备案和安全措施备案；组织或参与对重大工程质量、安全事故的调查处理；协调工程建设中重大技术问题，参与大、中型工程项目验收；负责工程质量保险、工伤险制度的实施；负责编制节能年度工作计划；落实和推进墙体材料发展应用与建筑节能的日常监督管理工作。

7. 市政建设管理科。负责辖区内新建项目市政配套设施的备案、考核；市政行政许可审批项目审批手续的审核；严格市政行政执法的监督检查工作；负责组织津塘公路等道路路灯维护管理工作；负责东丽区市政设施建设综合统计资料编报工作；负责管辖内无障碍设施建设协调工作。

8. 房地产开发建设管理科。负责商品房项目资质预审，经济适用房投资计划申报，经济适用房、商品房投资计划结转；负责房地产项目建设情况各类统计报表填报；新建住宅商品房准许交付使用管理和发证工作；协调市级部门落实东丽区小城镇建设项目、扶持资金、贴息贷款等事宜；负责东丽区城镇建设绩效考核评比工作。

9. 供热办公室。负责辖区供热规划；负责辖区供热单位的行业管理；负责直管范围内的供热基础设施建设；负责直管范围内的供热设施改造。

10. 综合计划科。负责重点建设项目的综合协调；负责制定城乡建设政府规章草案和有关政策措施；负责重点工程项目征地拆迁实施、协调；负责有关项目规划、实施以及合同制定。

【下属单位】 东丽区建设管理委员会下属2个公益一类事业单位、3个公益二类事业单位和2个经营性事业单位。

1. 天津市东丽区建设工程质量安全监督管理支队。主要职责：贯彻执行市、区有关城市建设质量、安全、文明施工的规章、制度和标准；根据有关规定，承担工程质量、施工安全、文明施工监督管理和建设市场监察；组织或参与对重大工程质量、安全事故的调查处理。

2. 天津市东丽区建筑管理站。主要职责：建筑业企业资质监督管理；建筑业企业人员培训；建设工程施工许可证核发；建设工程招投标监督管理；建设工程合同监督管理；建筑业产值统计管理；建筑市场劳务用工执法监察；建筑业农民工工资投诉信访工作。

3. 天津市东丽区供热站。主要职责：负责集中供热系统规划，集中供热工程设计、施工、监理，集中供热工程管理、维护等工作。

4. 天津市东丽区工程建设交易服务中心。主要职责：为区内建设工程交易提供场所、设施及相关信息服务。

5. 天津市东丽区市政工程管理所。主要职责：负责辖区内城市市政设施的管理、养护工作；负责辖区内市政基础设施执法工作。

6. 天津市东丽区建设开发中心。主要职责：提供商品住房及房管服务。房地产开发及商品房销售、商业用房租赁、物业管理、房屋及其设备维护修缮及相关社会服务、工程项目服务。

7. 天津市东丽建筑设计院。主要职责：可承担建筑装饰工程设计、建筑幕墙工程设计、轻型钢结构工程设计、建筑智能化系统设计、照明工程设计和消防设施工程设计相应范围的乙级专项工程设计

2017年12月17日，军粮城示范镇二期供热一次网及换热站安装工程现场

业务。从事资质证书许可范围内相应的建设工程总承包业务以及项目管理和相关的技术与管理服务。

【轨道交通及重点道路建设】 2017年，东丽区建委推动市、区轨道交通和重点道路建设，完成地铁4号线、10号线征地拆迁工作，完成地铁1号线东延线线外电力配套工程涉及的9000平方米地上物拆迁，完成地铁11号线和京滨城际铁路地上物拆迁核量。协调推动环内路网加密建设，万山道竣工通车，雪莲路（京山铁路—津滨大道）全幅通车，海河东路进场施工，利福道具备进场条件，雪莲南路、山青道、方山道等6条道路完成拆迁及工程招标工作。实施跃进路（海河东路—京山铁路）、先锋路（招远路—变电所路）道路改造工程，实施环外华明示范镇东区弘信道、弘贯东道等10条道路以及环内雪山道、万山道、国山道等20条道路的整修工程，累计维修道路59千米。

【配套基础设施建设】 2017年，东丽区建委推进新立示范镇、军粮城示范镇二期及区属基础设施配套工作。完成詹庄等七村还迁房项目五、六、八组团配套工程。协调解决金钟示范镇、新立示范镇污水管线施工难点问题，完成新立示范镇污水管道工程，金钟示范镇污水管道完成7.8千米。组织实施东丽湖街道景福路、银桂道等4.2千米自来水管线工程。审核比松花园、融创城等15项新建住宅项目指标，涉及应建社区管理用房等非经营性配套公建1.1万平方米；移交华明街道、新立街道等6个新建社区1.5万平方米管理服务用房；移交民和巷幼儿园和华侨城小学教育设施，面积累计2.5万平方米；完成好美嘉园中、小学及幼儿园建设前期手续；完成嘉春园、舒畅园幼儿园主体装修及消防系统方案审批、招标等工作。

【区级重点工程项目】 2017年，军粮城示范镇二期供热一次网及换热站安装工程。军粮城示范镇二期还迁住宅建设规模185万平方米，安置24个村4万多还迁农民。为保证居民温暖入住，东丽区建委实施了22千米供热管线铺设及换热设备安装工程。为使工程与道路建设同步实施，避免重复施工，东丽区建委积极协调相关部门加快工程前期手续办理工作，仅用了5个月的时间便全部完成，保证了与道路施工同步进场。该工程于2017年10月上旬进场，12月中旬便完成所有施工，确保还迁居民随时入住、随时供热。

2017年12月18日，东丽区先锋路（招远路—变电所路）道路改造后现场

大毕庄、华明、无瑕、新立花园供热锅炉脱硝改造工程。东丽区建委组织实施了大毕庄、华明等四座锅炉房共计9台燃煤供热锅炉脱硝改造工程，总投资3500万元。2017年4月接到改造任务，为赶在10月底为居民供热，东丽区建委统筹安排、组织，保证了9月初进场施工，10月底完成全部脱硝改造任务。该项目完成后，经环保部门监测，燃煤锅炉中污染物排放量降低了50%。

先锋路（招远路—变电所路）改造工程项目。东丽区建委组织实施了先锋路（招远路—变电所路）改造工程，工程全长约2.2千米，投资1100万元。该项目于2017年6月15日开工建设，2017年7月20日完成改造任务。

【建筑业与建筑市场管理】 2017年，东丽区建委监管全区有资质建筑业企业273家。新申请资质39家、资质增项25家、改制重组1家、资质升级1家，日常变更93家，培育亿元企业16家。审核建设单位办理施工项目开标前报建310项。完成施工招标693项，中标面积283.83万平方米，中标价95.73亿元。发放施工许可证23件。建设工程合同备案899项，合同竣工结算备案25项，节能技术备案41项，节能竣工备案7项。农民工工资预储账户开户项目142个，清户项目71个。农民工上岗培训553人，持证率达80%以上。对东丽区在施项目进行劳务用工检查52次，下达整改意见52份。巡查混凝土搅拌站31家604次。开展"双万双服"活动，召开专项工作协调会和重点工作部署会议26次，实地走访企业101家，为企业解决实际问题53件，解决率100%。

【房地产市场及行业管理】 2017年，东丽区建委完成初审上报项目开发建设方案14个,涉及规划总建筑面积约257万平方米,总投资约218亿元。东丽区在建商品房项目面积约285万平方米,在建保障房项目面积约316万平方米。2017年,21个项目取得准入证,面积约269万平方米,保障房项目竣工面积约48万平方米。2017年出让万新街成湖地块、小王庄地块和东丽湖部分地块等8宗土地,建筑面积约76万平方米。

【城建科技与节能】 2017年,东丽区建委积极开展全区绿色建筑和装配式建筑试点工作,推动东丽湖绿色生态城区建设,对5000万奖励资金的管理办法和使用计划进行了备案。完成国家电网客服中心项目500万奖励资金使用审批工作。推动融创城北苑装配式住宅项目实施。对东丽区土地整理中心(2017-1)等35宗土地提出建筑装配式指标。建立东丽区建筑能耗统计数据收集、汇总、填报机制,设专人专岗按时完成既有建筑基本信息调查和数据录入,确保基本信息的常态化维护管理。组织东丽区4家构件生产企业申报装配式建筑部品部件生产企业资质工作。开展公共机构节能工作,配合天津市机关事务管理局完成东丽区建委2015年、2016年能源审计工作。

【海绵城市与地下综合管廊建设】 2017年,东丽区成立由主管副区长任组长,建委、规划、土地等相关部门为成员单位的海绵城市建设工作领导小组,由东丽区建委负责牵头组织推动各项工作,并制定《东丽区海绵城市建设工作方案》,明确总体工作目标、责任分工和保障措施,为推进海绵城市建设提供组织领导和保障。组织完成《东丽区海绵城市专项规划方案》和《东丽区2018—2020年海绵城市建设工作实施方案》编制工作。

为推进东丽区城市地下综合管廊建设工作,东丽区成立了城市地下综合管廊建设工作领导小组,并制定《东丽区城市地下综合管廊建设工作方案》。同时,组织相关部门进行城市地下综合管廊专项规划编制工作,深入研讨建设内容,已完成初稿编制工作。

【建设工程质量安全】 2017年,东丽区建委加大对辖区范围内建设项目质量、安全、市场情况的全覆盖监管,开展工程质量安全执法检查4200余人次,下达整改通知单360份,停工通知单36份,排查隐患1130条,整改完成率100%。对东丽区在建项目进行常规市场执法检查180人次,下达整改通知单90份,提出整改意见188条。对地基、基础、主体、节能及竣工等不同阶段验收253次,登记工程质量安全监督备案46项、竣工验收备案47项、起重机械设备备案2672台。开展房屋建筑工程开(复)工质量安全专项执法检查、建筑工地食堂食品安全清理清查专项大检查、建设工程夏季施工安全大检查、建设工程消防安全大检查、高层建筑消防安全专项检查和质量安全生产标准化现场观摩活动,提升东丽区建设工程质量安全管理水平。

【环境保护及治理工作】 2017年,东丽区建委按照"六个百分百",施工工地周边100%围挡、物料堆放100%覆盖、出入车辆100%冲洗、施工现场地面100%硬化、工地100%湿法作业和渣土车辆100%密闭运输要求对全区在施项目开展常态化扬尘检查,出动执法人员9100余人次,下达整改通知单115份,停工通知单100份,整改完成率100%。建筑施工工地安装红外线视频监控设备、扬尘在线监控系统和雾炮设备,实现24小时实时监控施工现场。落实冬季散煤取暖清洁治理工作,完成东丽区30669户散煤取暖治理工作，散煤清洁化治理100%。完成环外无瑕街道等35蒸吨及以下11台燃煤供热锅炉的拆除停用或改燃并网治理，完成东丽经济技术开发区帝达地热公司锅炉房、金钟街大毕庄锅炉房、华明街华明锅炉房及无瑕街无瑕锅炉房4座共计10台锅炉脱硝改造工程。

【建设领域行政处罚】 2017年，东丽区建委建立日常巡查制度，共进行执法检查8700余人次。下达质量整改通知单165份，质量停工通知单12份，安全整改通知单150份，安全停工整改通知单21份，文明施工、工地扬尘整改通知单102份，文明施工停工整改通知单99份，整改完成率100%。采取一般程序立案的行政处罚案卷共7项，涉及金额34.05万元。其中，涉及市场行为处罚4项、安全处罚1项、扬尘执法或文明施工处罚2项。2017年无错案发生，无行政复议、行政诉讼案件。

【意见建议诉求办理工作】 2017年，东丽区建委办理区第十七届人大一次会议人大代表建议12件，答复率100%，满意率100%；接待来人信访29件、来电咨询115件、网上信访19件，其中涉及东丽区建委职能范围的46件，全部落实责任部门，办结率100%；答复8890、党群心连心等群众来信来访180余件；"政企互通平台"处理线上问题10件、线下问题3件，办结率100%，企业满意率100%；接待农民工上访112件551人，涉及3583人4635万元，办结率100%；办理政府信息依申请公开46件。

西 青 区

【概况】 西青区建设管理委员会，是西青区政府管理城乡建设的职能部门，是西青区城乡建设管理的机构。

【机构职能】 西青区建设管理委员会机构职能。

1. 贯彻执行国家和市、区城镇建设、城镇基础设施建设、公用事业设施建设的法律、法规和方针、政策。

2. 负责管理城镇建设资金、城市维护资金；负责建设系统综合统计工作。

3. 负责工业和民用建筑、市政公用工程初步设计的审查、备案并指导工程设计方案招标及施工图审查工作。

4. 负责制定城镇基础设施的建设计划及方案的审核审定，并监督实施；负责供热管理工作及集中供热企业资质的预审。

5. 制定建筑业发展规划和实施细则并监督和管理；负责建筑施工企业的资质预审；负责外埠建筑企业进区施工的管理；负责外埠勘察设计单位和工程监理企业进区承包工程的管理；负责工程造价、工程招投标、工程合同的管理和监督；负责建筑业从业人员资格认证及管理。

6. 综合协调房地产行业的管理工作；负责房地产开发和企业资质的预审；组织拟定与房地产业相关的实施细则；组织、协调城镇建设和改造的开发工作，负责绿色建筑和建筑节能的监督管理工作。

7. 负责编制建材业发展规划，拟定实施细则；负责建材散装水泥、商品混凝土和新型建材的推广；负责组织指导建筑科技成果的推广及业务培训。

8. 组织协调市政公用基础设施建设、住宅建设和配套工程建设；协调指导重点工程建设；负责工程设计质量、工程质量、施工安全、施工现场的管理和监督。

9. 承办区委、区政府交办的其他工作。

【内设机构】 根据上述职责,西青区建设管理委员会设10个内设机构。

1. 党委办公室。负责检查督办党务工作和落实党委决议;负责党委重要文件的起草、党务信息、调研、保密工作;负责思想政治工作、宣传工作;负责窗口建设、普法教育、通讯报道工作;负责离退休干部管理工作;负责纪检、监察和党风廉政工作;负责基层党组织建设工作;负责统战和对台工作;负责机关党支部、团支部工作。

2. 行政办公室。负责行政事务、会议组织、政务信息、文书档案、保密工作;负责委办公会决议事项的督查落实工作;负责组织办理人大议案、政协提案和群众来信来访工作;负责机关行政后勤工作;负责计划生育、妇女工作;协调本区建设管理方面有关的工作。

3. 人事科。负责系统内干部管理、考核、晋升、奖惩,基层领导班子建设工作;负责机构编制调整;负责事业单位管理;负责劳动工资、退休手续办理、干部统计、人员调配、专业技术人员资格评定、职称聘任和管理、职业资格注册考评、工人技术考级、学习教育培训工作;负责机关事业单位人员招录;负责人事档案管理。

4. 财务科。负责系统拨款、年度预决算、汇总工作;负责工程建设财务管理工作;负责机关和工会的财务、资金调度;负责街镇相关建设资金的监督管理。

5. 预算审计科。负责本系统财务收支、财务制度执行的审计;负责工程款项支出及专项资金使用的审计;负责单位内部财务运行及预决算执行情况的监督;负责系统内部物资和国有资产的管理工作;负责指导并监督基层单位财经纪律的执行等工作。

6. 工程计划科。负责建设项目的立项和项目建议书、可行性研究等前期手续报批和组织招标工作;负责建设项目年度投资计划和报批工作;负责组织、筹措、安排使用和管理城镇建设资金;负责本系统的工程统计工作。

7. 施工管理科。负责本区市政基础设施工程及其重点工程的施工管理及协调工作;负责建设工程报建和施工图审查;负责协调国家及市重点工程建设有关事宜。

8. 建设管理科。负责房地产项目资质预审工作;负责房地产开发项目投资计划的结转、实施管理、统计工作;负责村镇自建房建设管理,村镇基础设施建设项目申报工作;负责农村困难家庭危陋房屋改造工作;负责区域内传统民居的保护决策咨询、技术指导,传统民居的调查、记录和整理工作;负责村镇建设调查、统计、荣誉称号推荐等工作。负责全区建筑市场的监察、施工企业资质的预审;负责建筑业从业人员资格认证及管理;负责工程造价、工程招标、工程合同的管理和监督;负责设计方案初步设计的预审;负责建材市场的监督管理;负责建筑行业的技术培训。

9. 工程配套管理办公室。负责全区基础设施配套管理;负责配套费的收缴工作;负责全区商品房开发建设的非经营性公建配套验收工作;负责开发建设方案预审工作;负责全区供热管理工作及集中供热企业资质的预审;负责绿色建筑和建筑节能的监督管理工作。

10. 建设安全生产监督管理科。贯彻执行国家及上级部门颁布的有关建设工程质量和安全的法律、法规、规定;负责本区施工安全、工程质量、工程监理行业的监督管理;组织本区建设工程质量、安全检查活动并参与协助上级建设行政管理部门组织的各项质量、安全检查活动以及安全事故的调查处理工作并对质量违规行为采取必要的行政措施；负责综治、维稳、委系统安全生产、机关安全、民兵、武装部工作。

【下属单位】 西青区建设管理委员会下属6个事业单位。

1. 西青区建设工程质量安全监督管理支队。西青区建设工程质量安全监督管理支队为副处级全额事业单位。主要职责：认真贯彻执行国家及天津市有关建设工程质量安全、文明施工及建筑市场的法律、法规、规定。依法办理辖区建设工程质量安全监督登记，并实施质量安全、文明施工及建筑市场的监督管理。对建设工程各责任方有关质量安全、文明施工及建筑市场的行为进行执法检查。对工程质量、施工安全的违规行为采取整改和停工等措施；对严重违反工程建设（质量安全和文明施工）强制性标准及违反《建筑市场管理条例》者，及时调取证据材料并报请西青区建委领导做出相应的行政处罚。对竣工工程出具建设工程质量、安全监督报告，办理竣工备案。协调、配合上级建设行政主管部门做好建设工程质量安全、文明施工的各类检查活动。办理驻西青区建筑业企业资质登记、初审等资质管理工作。完成西青区建委领导交办的其他工作。

2. 西青区市政工程管理所。西青区市政工程管理所为正科级差额事业单位。主要职责：负责杨柳青及精武两镇的市政（道路、桥梁、排水）设施养护管理及维修施工、赛达大道污水排水管道及泵站设施的养护管理工作。完成西青区建委领导交办的其他工作。

所辖市政设施量包括：泵站19座（杨柳青镇13座，精武镇1座，赛达5座）；排水管道（含雨水、污水及里巷）289千米；道路设施量：128万平方米；梅江、大学城等24条路，70万平方米（已养管，正在办理正式移交手续）；桥、涵共12座。

3. 西青区建设工程招标管理办公室。西青区建设工程招标管理办公室为正科级自收自支事业单位。主要负责宣传、贯彻执行国家和天津市有关建筑市场管理、建设工程招标投标管理的相关法律、法规和规章。主要职责：负责西青区工程建设项目的报建备案及招标方式的确认、建筑节能技术资料备案等工作，依法监督管理本区管辖权限范围内的建设工程招投标活动；负责对区管项目工程勘察、设计、监理、工程施工和设备材料采购招标投标活动实施监督管理及其合同备案工作；负责招标公告发布监督和投标人投标资格的确认；负责对招标代理机构招标代理活动的监督管理；负责招标文件（评标办法）备案、评标委员会组成监督、中标结果、招标投标情况书面报告的备案管理；监督开标、评标和定标活动全过程；确保招标全过程依法、有序、公开、公平、公正；依法调解招标投标活动中的纠纷，杜绝有异议的定标结果；受理和处理招标投标活动中的投诉；配合建筑市场管理部门做好建筑市场有序管理，查处违反招标投标法律、法规的行为；完成西青区建委领导交办的其他工作。

4. 西青区工程建设交易服务中心。西青区工程建设交易服务中心为正科级自收自支事业单位,主要为建设工程招标投标交易活动提供信息、场所和其他有关服务。主要职责：为有关部门实行"一站式服务"提供场所服务；为工程发包承包交易的各方主体提供完善的信息网络服务，实现信息收集、发布功能；为工程招投标交易活动提供会务场所服务；为工程招投标交易监督提供相关服务（开、评标服务等）；负责评标专家抽取和电子语音自动通知，配合招投标监督管理部门对评标专家实施动态管理；负责收集整理进场交易活动的各类相关音像等原始记录，并建立档案管理制度，统一归档管理等；完成西青区建委领导交办的其他工作。

5. 西青区住宅建设与建筑节能服务中心。西青区住宅建设与建筑节能服务中心为正科级自收自支事业单位。主要职责：负责墙体材料革新和建筑节能有关法规政策的宣传工作；负责建筑节能备案、建筑能耗监测等相关服务工作；负责新型墙体材料的科研、设计、生产、施工以及建设单位的技术开发和推广应用等相关服务工作；负责可再生能源利用、建筑垃圾资源化利用、既有建筑节能改造等相关技术服务工作；完成西青区建委领导交办的其他工作。

6. 西青区供热服务中心。西青区供热服务中心为正科级自收自支事业单位。主要职责：负责辖区内供热具体实施的服务工作；指导协调辖区内保修期内新建商品房建设单位等大型集中供热的打压试水、维修抢修、测温检查等供热服务工作；负责燃煤锅炉改燃并网等服务工作；完成西青区建委领导交办的其他工作。

【基础设施建设及投资】 2017年度，陆续启动实施了杨柳青镇区交通设施改造工程、青宁路、文昌道工程、润杨道、江南城自来水外网工程、柳云路工程、泵站提升改造工程、青静路工程、青静路南延二期工程、西青区排水专项规划、第三殡仪馆配套道路进馆路、宁华道道路及配套管线工程、清水工程等项目，共计完成投资21723万元。2017年市政公用基础设施建设及其配套工程共涉及7个项目，主要为2017年本年度已经完工和已经启动前期手续的建设项目。其中，包括一项地铁建设工程，四项道路及其配套管线新建工程，一项道路及配套改造工程，一项截污改造工程，共计投资约119.3亿元。具体项目包括：地铁二号线西延项目，总投资约100亿元。天津南站科技商务区基础设施配套项目一期工程，包含柳静路、瑞康路、瑞雪路、丰盈道、嘉泰道、枣林大道、枫雅道共7条道路及配套管线工程和柳静路雨水泵站、瑞康路雨水泵站两座泵站，总投资约6.65亿元。津静复线改造工程，包括津静复线改造工程、京福公路污水工程、津静复线雨污水合建泵站工程，总投资约5.1亿元。辛口示范镇路网一期道路及配套工程，包括泰华路、泰康路、隆运道、祥运道、德运道、泰兴路共6条道路及配套管线工程，总投资约2.36亿元。西青区截污配套改造工程，包括西青道沿线截污改造工程、九十五中学截污改造工程、杨伍庄村截污改造工程、三经路泵站片区截污改造工程和西青区柳口路新建污水管道工程5个子项工程，总投资约4297万元。鸿运道配套工程，包括道路及配套管线工程，总投资约4105万元。G104配套工程，包括G104道路及配套管线工程、给水加压泵站工程、泰和路雨污水合建泵站工程3个子项工程，总投资约4.35亿元。

对缺陷移交的梅江区绥江道、江湾路、烟波道、莹波道、翠波道、兰波道、海波道、纪明道；大学城片工一号路、宾水西道延长线；大寺镇兴华四支路、兴华五支路等共计24条道路，道路总长31246米，道路总面积649428平方米，人行道总面积207679平方米，侧石缘石总长共计152008米，进行全面接管工作。

做好房地产项目计划管理工作。2016—2017年度完成商品房、保障房项目计划结转99项。其中,商品房45项,定向安置经济适用住房40项,限价商品住房3项,公共租赁住房11项。截至2017年底,西青区房地产项目在建面积416万平方米,完成投资117亿元,新开工101万平方米,竣工133万平方米。保障房项目在建面积439万平方米,完成投资102亿元,新开工50万平方米,竣工60万平方米。

【建筑业及建筑市场】 建筑市场监管。一是加强建筑市场监察,严肃查处违法违规案件。2017年共计检查在施项目79个,累计出动219人次,下达责令整改通知书40份,责令停工24份;发现并查处违法施工案件48起,对45家责任单位实施了行政处罚。二是妥善处理信访投诉,自觉维护社会稳定。建立健全了信访投诉档案和台账,努力实现信访投诉管理的规范化、标准化。2017年受理违法施工举报案件2件,均做处理;受理拖欠农民工工资投诉35件,已办结34件,1件正在处理中;受理房屋质量投诉79件,已处理完毕77件,2件正在处理中。大多数信访投诉案件均在规定的时限内得到妥善解决。

建筑业监管。2017年二级建造师初始注册、变更、注销、增项共计352人次;施工合同分包备案293份;新办企业资质36家、资质增项39项,企业资质日常变更69次。

建筑市场主要涉及天津市西青区建设工程招标管理办公室、天津市西青区工程建设交易服务中心和天津市西青区建设工程质量安全监督管理支队三个部门。工作量同比2016年迅猛增长(如2016年和2017年建筑市场情况对比表所示)。

2016年和2017年建筑市场情况对比表

工作内容	2016年项数(个)	2017年项数(个)	同比上年增(%)	2016年规模(万平方米)	2017年规模(万平方米)	同比上年增(%)	2016年投资额(亿)	2017年投资额(亿)	同比上年增(%)
报建登记	94	122	30	480	539	12	328	564	72
建筑节能技术资料备案	292	374	28	254	346	36	/	/	/
招标备案	235	450	91	284	383	35	71	103	45
合同备案	225	411	83	321	373	16	75	101	35

4月1日停止征收新型墙体材料专项基金。2017年基金停征为企业节省了700余万元的经济支出。

开、评标服务工作任务完成情况。一是2017年累计完成各类招标项目的开、评标服务工作297次,其中公开招标工程开标167次,邀请招标工程开标130次。按招标类别划分:施工招标、勘查招标、设计招标、监理招标、设备安装招标等。任务量是2016年1.5倍,收取工程交易服务费548万元。二是完成施工招标项目的资信核验工作。累计核验资信标文件500多份,发现问题全部及时反馈评标专家委员会。三是完成刻录公开招标工程录音录像监控光盘150张。四是网上安排预约标室300多次。五是认真完成了2017

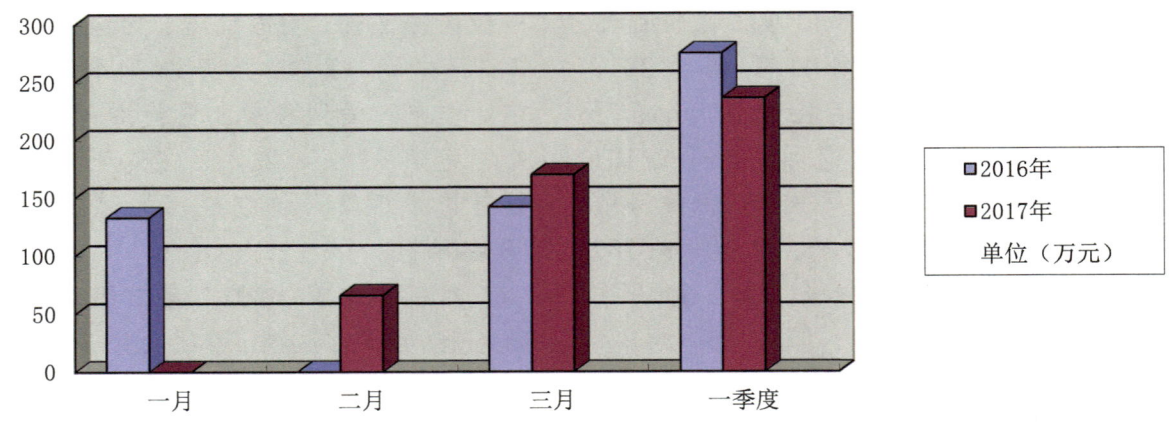

新型墙体材料专项基金收缴情况（2016年—2017年一季度）

年工程交易服务费缴费基数核对及全年收费情况分析。为物价部门对2018年收费标准重新核定提出了合理化建议。

【区级重点工程项目】 1.天津南站科技商务区基础设施配套项目位于天津南站中心商务区域内，是天津南站周边道路路网的重要组成部分。项目的修建对于完善南站地区路网，加快南站中心商务区建设，推动该区域经济发展，为张家窝镇乃至西青区经济维持高位运行提供一个畅通、便捷、迅速、安全的交通环境，具有显著的经济效益和社会效益。天津南站科技商务区基础设施配套项目建设分一期、二期、对外联通道路项目等多个区间进行。一是天津南站科技商务区基础设施配套项目一期工程，一期工程包含柳静路、瑞康路、瑞雪路、丰盈道、嘉泰道、枣林大道、枫雅道共7条道路及柳静路雨水泵站（设计流量14.5立方米）、瑞康路雨水泵站（设计流量7立方米）两座泵站，并随路建设雨污水、给水、燃气、中水、通信、路灯和绿化等工程，涉及道路全长约6.4千米，总投资约6.65亿元。天津南站科技商务区一期工程主体建设在2017年度已经全部完工，完成了7条路的道路、路灯、绿化、交通设施、配套管线工程、下穿铁路段施工、2座泵站主体及庭院工程，并且已经组织完成了下穿铁路段竣工验收、结算及移交工作。二是天津南站科技商务区基础设施配套项目二期工程，包含博航环路、丰盈道、瑞昌路、瑞隆路、瑞达路、瑞兴路、瑞康路、裕盛路、晨溪路、汇祥道、汇才道、汇仁道、汇贤道、汇锦道、瑞雪路和丰泽道等道路工程，并随路建设给水、燃气、中水、通讯、路灯、绿化工程，涉及道路全长约20千米，新建雨污水管道约53.3千米，总投资约11.6亿元。2017年，已陆续完成道路的立项、选址、道路规划批复等前期手续，完成了勘察、设计、监理的招标工作。三是天津南站科技商务区对外联通道路项目，对外联通道路项目包括瑞达道、枫雅道、柳静路南延、柳静路北延对外连通道路4条，道路全长约13.8千米，总投资约19.4亿元。2017年工程立项申请已上报天津市建委，各项前期手续也已经启动。

2.辛口镇津静复线改造项目是连接津静公路与京福公路的东西向集散公路。辛口镇津静复线改造项目包括津静复线改造工程、京福公路污水工程、津静复线雨污水合建泵站工程共三个子项，改造道路全长2.8千米，新建雨污水管道约10.9千米，新建雨污水合建泵站1座，总投资为5.1亿元。2017年，津静复线道路及配套管线施工已全部结束，完成京福公路污水管道施工，完成雨污合建泵站主体、过河顶管施工、庭院工程及电力工程。

3. 辛口示范镇道路及管线建设工程项目。一是辛口示范镇道路及配套管线一期建设工程项目包括泰华路、泰康路、隆运道、祥运道、德运道、泰兴路共6条道路，全长约4.1千米，宽度16米~25米，随路建设雨污水、路灯、给水等配套管线，总投资约2.36亿元。目前，泰华路、泰康路、泰兴路、隆运道及祥运道完成除交通设施外的全部道路及配套管线施工，德运道完成部分排水管道施工。二是辛口示范镇道路及配套管线二期建设工程项目包括泰润路、隆运道二期、辛老路、当杨路等4条道路，全长约8.1千米，总投资约9.7亿元。2017年各项建设前期手续工作已开始进行，工程已经启动建设。

4. 杨柳青镇道路建设。一是润杨道工程道路长1.2千米，宽30米。该段工程道路、排水工程已完成招标工作。二是柳云路（西青道—新华道）工程位于杨柳镇中部，西青道至新华道段原油面为12米，拟通过断面改造将油面全部改造为16米，改为双向四车道。三是杨柳青镇道路交通改造工程。该项目主要针对西青区柳口路、柳霞路、青致路3条现状道路路口进行渠化改造、加装交通护栏以及交通设施提升改造，总长度约6千米，总投资约1100万元。2017年，组织相关设计单位、测绘单位会同道路交通管理部门完成施工图设计及审核、完成政府采购招标等前期手续，现场已完成柳口路、青致路两条道路的交通护栏安装，目前正在进行其他施工项目的进场前准备工作。

5. 泵站改造工程。二经路泵站位于杨柳青镇二经路东侧，负责杨柳青镇东部的雨污水提升、排放。对二经路泵站排水设备进行了工艺升级，加装了除臭设备，远程监控设备，增设了二路电源，新建了电器设备间，对站内办公用房进行维修改造。同时，启动了镇东泵站、镇南泵站的建设程序。

6. 西青区排水专项规划。西青区排水专项规划2017年完成初稿编制，会同相关部门审定后报批。投资268万元。

7. 第三殡仪馆配套道路进馆路、宁华道道路及配套管线工程。2017年组织实施第三殡仪馆配套道路进馆路、宁华道道路及配套管线工程。

8. 锅炉改造及散煤。一是35蒸吨及以下燃煤供热锅炉全面"清零"。经过对11个街镇（开发区）认真开展摸底调查，燃煤供热锅炉共涉及26台，西青区建委组织制定"一源一策"治理方案，其中改燃10台、并网10台、改电1台、改醇基燃料1台、关停3台、改生物颗粒1台。各项供热改燃并网工程供暖前全部完成治理，年度削减燃煤2万吨。二是西青区散煤"清零"任务提前完成。按照《天津市2017—2018年秋冬季大气污染综合治理攻坚行动方案》的要求，2017年10月底前完成散煤"清零"任务，实现冬季清洁取暖。经调查西青区散煤清洁取暖共涉及9个街镇及食品集团下属农垦宏达公司、137个片区、共计38695户（个）。2017年，共建设完成5座蓄热式电锅炉房、3座燃气锅炉房、5座换热站；铺设供热管网33千米，铺设电力外网354千米，铺设燃气管网219千米，安装变压器153台，安装电暖器0.92万户，安装燃气壁挂炉0.70万户，改造户内采暖设施1.66万户，确保按期实现清洁取暖，年度消减燃煤10万吨。

【城建信息化建设与管理】 建筑工地监管数字化。将红外线视频监控、扬尘数据监测和无线网络通信相结合，各建筑工地开工前，均需在最高点、出入口、料场加工区等关键部位安装视频监控摄像头，并配备扬尘数据监测仪，实现了施工工地大气环境实时监测，一旦监控数值超标，监督执法人员可通过手机软件及时发现，迅速到场，督促工地及时采取降尘措施，落实"六个百分之百"要求，对工地违规施工问题形成了有力震慑。

招投标信息化工作。2017年，在天津市行政区域内民间投资房屋建筑工程的勘察、设计、监理、施工以及与建设工程有关的发包活动，建设单位可选择直接发包方式无需进入建筑市场来确定中标单位。省却了招标代理和招标文件的制定等工作，减少了开标和投标等程序，为企业尽早开工赢得了时间，取得良好的经济效益。招标过程中通过把关、督促、指导等手段，大力推进招投标信息和招标文件的网上备案和发布、电子化网上报名、电子化评标等工作，建立起符合市场经济体制的招投标监督管理模式。

评标专家评价工作。2017年累计在"天津市建筑工程评标专家日常行为记录"平台完成1000多人次评标专家日常行为考核。严格专家抽取制度，2017年设置了独立的社会专家评委抽取室，使抽取全程均在监控下完成。开标前24小时内在3000多人的"天津市工程建设评标专家管理系统"库中由计算机随机抽取，电子语音自动通知。累计完成评标专家抽取1000多人次，并对个别评委未能响应的特殊情况及时完成应急评标专家抽取。

2017年内完成计算机评标系统、询标系统升级更新3次。

【房地产开发及行业管理】 做好房地产项目计划管理工作，为确保2016—2017年度商品房和保障性住房结转工作顺利完成，进行摸底调查，建立项目信息库，掌握西青区在建项目开工建设情况，梳理需要的结转项目，做好年末竣工不结转的项目的收尾工作。2016—2017年度完成商品房、保障房项目计划结转99项，其中商品房45项，定向安置经济适用住房40项、限价商品住房3项、公共租赁住房11项。截至2017年底，西青区房地产项目在建面积416万平方米，完成投资117亿元，新开工101万平方米，竣工133万平方米。保障房项目在建面积439万平方米，完成投资102亿元，新开工50万平方米，竣工60万平方米。为推进"互联网+政府服务"工作，2017—2018年度计划结转工作采取了网上报送形式，实现了无纸化申报，切实达到"信息多跑腿、企业少跑路"的目的。

严格按照天津市配套管理政策，办理辖区内住宅项目开发建设方案初审及非经营性配套公建移交工作，确保非经营性公建设施满足居民入住需求，并按文件要求收取行政事业性收费，做好相关审计工作，确保各项工作落到实处。一是行政事业性收费情况。根据《天津市市政公用基础设施大配套工程费征收管理办法》（津政发〔2010〕55号）文件规定，2017年收缴市政公用基础设施大配套费5项，收缴金额合计2953万元；按照天津市建委工作部署，配合审计署对西青区2012年5月1日—2017年4月30日非经营性公建配套费的收入、支出、管理等情况的审计工作。二是非经营性配套设施移交情况。办理非经营性公建配套设施移交住宅小区8个，总建筑面积57.5万平方米，涉及移交的非经营性公建配套设施11项24处，总建筑面积1.7万平方米，其中幼儿园1处、小学1处、托老所1处、社区卫生服务站1处、文化活动室3处、社区服务站3处、居委会3处、公厕4处、社区警务室3处、居民学校3处、残疾人康复室1处。三是住宅项目开发建设方案办理情况。2017年办理住宅项目开发建设方案初审5件，总建筑面积153.4万平方米，并报送天津市建委审核，同时督促开发建设单位按照开发建设方案进行建设，确保非经营性配套公建与住宅项目同期建设。

房地产项目质量监管。2017年西青区新开工房地产项目27个标段，426栋单体，建筑面积192.59万平方米，投资额61.58亿元。各项目全面落实五方责任、主体项目负责人质量终身责任制。西青区新开工项目100%及时签署授权书、承诺书，新办理竣工验收备案的工程100%设立永久性标牌，100%建立质量信用档案。2017年共有12个单体获评"海河杯"，5个项目获评市级文明施工示范工地。推进监督规范化，明确执法重点，实行差异化管理，对发生安全生产事故和存在违法违规行为的企业和个人，依法给予行政处罚和不良行为记录，并加大对问题项目的监察频次。扎实开展专项整治，强化施工现场安全管理，监督各企业严格落实安全生产主体责任，确保危险性较大的分部分项工程按照规定编制专项施工方案及专家论证组织施工，防范事故发生，并加大执法监督力度，明确整治范围与重点、工作步骤和工作要求，集中开展房屋建筑工程安全生产专项执法行动。2017年安全生产形势平稳可控，工程质量进一步提升。

【城建科技与节能】 1.推进高星级绿色建筑发展。对于政府投资项目、两万平方米及以上大型公共建筑要求率先执行绿色建筑二星级及以上标准。积极引导保障性住房和商品房项目执行绿色建筑二星级及以上标准。在民用建筑项目规划条件中，明确二星级及以上绿色建筑建设要求的项目规模占同期出让或划拨项目建筑面积的比例不低于30%。

2.加强装配式建筑建设管理。按照《天津市人民政府办公厅印发关于大力发展装配式建筑实施方案的通知》（津政办函〔2017〕66号）要求，天津市民用建筑项目应当按照规定要求实施装配式建筑。另外要求实施装配式建筑的保障性住房和商品住房全装修比例达到100%。

3.民用建筑执行节能强制性标准审核要求。2017年1月—12月共向天津市规划局西青区规划分局函复征求修建性详细规划（总平面设计方案）阶段是否符合民用建筑节能强制性标准意见26次。

4.加强海绵城市建设规划管控。按照《市建委关于加强海绵城市建设规划管控工作的通知》要求，对住宅小区、公建项目、市政基础设施等项目提出海绵城市规划管控主要指标，并纳入规划条件。2017年1月—12月共向天津市规划局西青区规划分局函复海绵城市、绿色建筑及装配式建筑项目建设指标意见101次。

5.建筑节能监管。在项目实施中自始至终严格执行居住建筑四步节能，公共建筑三步节能强制性标准。第一把好始端。在项目报建时，将涉及建筑节能的审查和备案作为前置要件，未经建筑节能图纸审查和备案的建设项目不得办理质量登记；第二项目施工过程中，严格把握建筑节能材料的检验、规范标准的执行及验收，严格执行门窗标识、建筑节能技术资料、建筑节能材料、设备和技术等多项备案制度。这是做好建筑节能的关键环节；第三确保终端。项目竣工验收之前，要求责任方必须按规范、规定要求，做好涉及建筑节能的各种检测（含能效测评），并达合格，否则不予验收备案，确保建筑节能的实际效果。

【海绵城市】 2017年，西青区贯彻落实国务院办公厅《关于推进海绵城市建设的指导意见》（国办发〔2015〕75号）、住房城乡建设部《海绵城市建设技术指南》及《海绵城市建设绩效评价与考核办法（试行）》等有关文件精神，高度重视海绵城市建设工作，取得了阶段性成绩。

1. 组织领导，前期准备。西青区政府下发了《关于成立西青区海绵城市及地下综合管廊建设工作领导小组的通知》成立了以建设、规划、土地等相关部门为成员，副区长任组长的海绵城市及地下综合管廊建设领导小组，办公室设在西青区建委。在西青区建委组织召开了海绵城市建设动员启动大会。在领导小组的领导下西青区组织西青区建委、区规划分局及天津南站商务区干部赴安徽池州进行调研学习。同时，组织相关单位学习了解海绵城市建设有关文件，对相关单位进行了政策文件传达讲解工作。

2. 试点区域情况。经西青区政府研究将天津南站科技商务区核心区作为西青区海绵城市的试点区。天津南站科技商务区核心区海绵城市专项规划充分利用海绵城市理念，将透水铺装、蓄排河道、雨水花园等因素有机融合。天津南站核心区范围内，蓄排河道建设已经实施约4.5千米，透水铺装已完成约20万平方米，环形透水自行车骑行道已完成长度约700米。

3. 初步划定重点区域进行海绵城市建设研究分析：根据西青区的发展情况及生态情况，初步将张窝镇天津南站商务区周边地块、辛口镇地块、华侨城合作项目地块（南运河两侧地块及杨柳青镇元宝岛地块）、西青郊野公园周边地块、杨柳青镇子牙河以北等区域作为西青区海绵城市建设重点研究区域。

4. 专项规划编制情况。西青区海绵办组织西青区规划分局、区土地局、区水务局、区市容园林委、天津南站商务区及相关设计单位启动了西青区海绵城市建设专项规划前期调研准备工作。组织搜集了相关资料并进行梳理、整理力求摸清底数，确定了西青区海绵城市规划要"坚持问题导向，目标导向"的原则，西青区海绵城市专项规划编制工作稳步推进。

5. 严把海绵城市建设审批关。按照天津市建委的相关要求，西青区建委在海绵城市建设中，严把前期关，在规划审批，图纸审查过程中，提出相关意见及要求，确保新建项目均符合海绵城市建设相关要求。

【综合管廊】 2017年，西青区政府下发了《关于成立西青区海绵城市及地下综合管廊建设工作领导小组的通知》，成立了以建设、规划、土地等相关部门为成员，副区长任组长的海绵城市及地下综合管廊建设领导小组，办公室设在西青区建委。西青区综合管廊建设起步点位于天津南站科技商务区核心区，2017年天津南站科技商务区海绵城市专项规划编制工作已基本完成。项目位于天津市西青区张家窝镇行政辖区的中部。规划范围西起嘉和路—丰产道—柳静路，东北至津晋高速公路，东南至津沧大道，总面积约486.6万平方米。天津南站商务区规划综合管廊6.05千米，分两期实施，一期实施丰盈道（嘉和路—柳静路）1.45千米，裕盛路（丰盈道—丰泽道）0.46千米，晨曦路（丰盈道—丰泽道）0.46千米，共计2.37千米；二期瑞达路（丰盈道—枣林大道）1.44千米，丰盈路（柳静路—瑞达路）0.42千米，汇才道（瑞雪路—嘉泰道）0.96千米，汇锦道（瑞雪路—嘉泰道）0.86千米，共计3.68千米。

【建设工程质量安全、文明施工】 质量安全监管。1.健全工作制度，提高监管效能。为规范监督人员执法行为，强化责任意识，不断完善内部建设，先后制定和更新了14项工作制度。通过行之有效的制度保障，促进了全员整体素质的提高。

2.强化工程质量安全监管。强化监督管理是提升西青区工程质量安全管理整体水平的基础。在做好日常的监督管理工作的同时，按照天津市质安监管总队统一部署，结合不同时期的施工特点，分别开展了建筑工地食堂食品安全清理清查专项行动、房屋建筑工程开（复）工质量安全专项执法检查、迎全运会建筑工地综合整治提升暨2017年第一次扬尘专项大检查、建筑市场大检查、建筑施工安全专项整治、建筑施工领域预防硫化氢中毒专项治理、房屋建筑工地检查、夏季消防检查等各项检查活动。其中，质量检查侧重工程主体结构的安全；施工安全重点围绕危险性较大的起重机械、基坑支护、脚手架、高支模架、临时用电和消防等重点部位和关键环节进行检查。2017年监督工程总计136项，总建筑面积836.62万平方米；累计出动检查人员1487人次，检查工地567个次，下发质量安全整改138份，停工19份。

3.全面做好施工扬尘治理工作。一是将《施工扬尘治理承诺书》作为办理质量安全登记备案的前置要件，明确载明三方责任主体必须履行的施工扬尘治理的相应责任；必须购置具备降尘功能的雾炮设备；必须安装远程视频监控系统及扬尘监测设备（查验合同），对施工现场扬尘治理及PM10的数值变化情况实施24小时实时监控。二是监督人员强化对施工现场严格落实扬尘治理"六个百分百"情况的监督检查，特别是对各施工现场土方施工、主体施工等阶段和部位进行重点督查，对严重违反《大气污染防治条例》的责任单位一律实施上限处罚。三是强化对非道路移动建筑机械的监管。对施工现场使用的混凝土罐车及输送泵、打桩机械、翻斗车等燃油建筑机械，一律要求登记造册；敦促总包及产权单位对上述建筑机械加装减排装置；非道路移动机械需取得环保部门发放的尾气排放达标凭证后方可进场施工；做好建筑机械日常运行、作业前的维护与保养，以最大限度地减少尾气对空气的污染。同时，联合环保部门对上述各类非道路移动机械尾气排放进行监测，不达标者严禁使用。

4.努力做好"创文""创卫"工作。及时组织召开西青区在施工程建设、施工、监理等200余人参加的质量安全、扬尘治理暨"创文""创卫"工作专题会议，强调"创文""创卫"工作的重要意义，部署各阶段工作要求，为全面做好"创文""创卫"工作打下了良好的基础。同时，督促各建筑工地的建设、施工、监理单位必须成立相应的组织机构，配合做好工地围挡及其周边地区的创建工作。

5.做好业务窗口服务工作。主要业务包括：工程质量安全登记备案、竣工验收备案、农民工预储账户和安全文明施工措施费的收缴等。2017年办理质量安全登记备案项目64个，共计416万平方米；办理竣工验收备案项目69个，共计162万平方米；累计收缴建设工程文明施工措施费54项，共计1335万元；农民工工伤保险64项，共计535万元；农民工工资预储账户共计缴存30606万元，返退8587万元；完成二级建造师初始注册、变更、注销、增项共计277人次；施工合同分包备案270份；建筑施工机械安装告知未使用登记备案工程项目20个；建筑施工机械使用登记备案工程项目164个；建筑施工机械拆卸告知及使用登记注销工程项目86项，共计994台。

6. 搞好质量安全管理培训，提高从业人员素质。按照培训计划，分别于2017年7月、10月举办了两期建筑施工质量安全及建筑节能管理培训班，聘请天津市知名的行业专家，对西青区在施工程建设、施工、监理单位的相关负责人进行了集中培训，增强了从业人员业务素质和质量安全意识，促进了西青区建设工程质量安全管理整体水平的提高。同时，注重加强自身业务能力的培养。积极参加上级有关部门组织的各类业务、法律法规培训，以及采取观摩、参观等多种方式，努力提高执法人员的执法水平和监管能力。

【村镇建设】 1. 做好农村危房改造工作。按照《天津市人民政府办公厅关于印发改善城乡居民居住条件相关工作安排和方案的通知》（津政办发〔2017〕37号）精神，分别于2017年3月、11月组织西青区各街镇进行了危房摸底排查工作，未发现符合危房改造条件的C、D级农村老旧危陋住房。

2. 做好新一轮结对帮扶困难村"住房安全帮扶"工作。认真贯彻落实天津市委、市政府《关于开展新一轮结对帮扶困难村工作的实施意见》，严格按照天津市帮扶办《关于做好我市结对帮扶困难村存量危房调查摸底工作的通知》等文件要求，按照工作职责做好住房安全帮扶工作。为保证摸底调查精准，坚持因村因户、精准施策，制定了工作方案。会同西青区相关部门以及全区各街镇召开了危房摸排工作部署会，对涉及全区所有村庄，特别是结对帮扶的18个困难村的危房进行摸底排查和台账建立工作，从农户认定、房屋认定、资料填写等方面做了详细部署，严格按照要求将危房精准帮扶工作做实做牢。

3. 做好村镇建设相关调查统计工作。组织西青区大寺镇、张家窝镇、辛口镇和王稳庄镇做好2016年村镇建设统计年报工作；组织开展了农村人居环境信息调查工作，完成了农村人居环境调查等涉及的基本情况、基础设施、公共环境、建设管理等指标以及照片信息统计调查工作。

【建设领域行政执法监察、处罚】 2017年，西青区建委进一步提升执法水平，强化执法保障，统一执法服装，使用执法专用车辆，配备现场执法电脑、无线打印机等必备工具。加大执法队伍教育培训力度，定期举办业务培训班，采取集中培训与课后自学相结合的方式，逐步提高建设工程执法队伍业务素质和执法水平。加大日常执法处罚力度，2017年累计出动检查人员1487人次，检查工地567个次，下发质量安全整改138份，停工19份。2017年累计行政处罚80起，累计金额3947.72万元。其中，市场处罚53起，金额3737.22万元，主要处罚原因为未办理招投标手续擅自开工、未办理施工许可证擅自开工、未办理竣工验收备案等；扬尘处罚19起，金额110.5万元，主要处罚原因为土石方作业期间未采取降尘措施、裸露土地苫盖不全、场内道路积尘等问题；质量安全处罚8起，金额100万元，主要处罚原因为不按图施工、未验收擅自进行下序施工、民工宿舍明火取暖等。

按照西青区法制办要求，完善了西青区行政执法监督平台权责清单中有关的行政处罚、行政检查和其他类别的共3大类23项职责，及时调整取消了新型墙体材料专项基金的行政征收职责，完善了涉及执法监督平台中的基础信息、维护及人员等3项内容，规范了职权与权责清单的对应统一，做到了与市级职权清单一致，并将其全部纳入监督平台监督范围。

【建设领域行政审批】 1. 质量安全登记备案审批提速。为积极落实天津市建设领域重点改革任务，进一步提高行政效率，精简事项流程，采取双窗口并线办理，简化质量安全登记备案流程。采用新的内部流转方式，即申报单位提出申请后，直接将农民工工资预储账户缴纳承诺书内部转接到质量安全登记备案办理窗口，实现当天进件当天收接，有效缩减办件时间。按照原有模式，质量安全监督登记所需办理时间为20个工作日，打破固有模式，实行即来即办，要件齐全即可当天办结。同时，急企业之所急，累计对36个项目标段主动开通绿色帮扶通道。

2. 一次性告知全面落实。全面公示办事信息，公开咨询电话，公布办事流程及常用表格下载渠道，实行一次性告知，实现一站式服务，提高企业知晓率，有效破解因信息掌握不全面、资料准备不齐全导致的多次办、重复办、盲目办。

3. 窗口秉承一贯的公开、透明、规范、有序的原则，圆满完成2017年工作任务。坚持实行"马上就办"，承诺办结制度，严格落实首问负责制、一次性告知制度，并严格坚守一岗双位，将办件指南、政策法规置于大厅显要位置，并在显示屏上滚动播放，同时将办件时限在法定时限基础上进行压缩。创造性地开展窗口工作，通过窗口服务来展示形象、切实提高服务质量、服务水平和服务效率，增强了社会公信力，打造出了高品质的文明服务平台。设立监督举报电话以约束各方人员的言谈举止，加强窗口人员法规、文化和业务素质，促进了窗口工作全面发展和有序提升。

4. 供热部门积极行使行政职能。一是新建商品房供热配套项目验收工作。为规范新建商品房屋供热配套管理，贯彻落实《天津市新建房屋供热配套管理办法》，建设单位按照确定的供热方案已实施供热配套建设，并经建设工程质量监督部门验收备案后，进行四方联合验收，2017年完成精武镇华文苑供热配套项目12万平方米验收工作。二是供热许可证初审工作。为规范供热经营活动，保障安全、稳定供热，依据《天津市供热许可管理办法》审核供热单位提交的供热许可证申请，包括供热设施、资金、制度建立、从业人员及供热范围等，2017年共完成3家供热单位供热许可证初审。三是落实"政务一网通"公共服务事项改革工作。为贯彻落实天津市委、市政府及西青区委、区政府全面深化"放管服"各项改革任务，开展"五减"改革，编制事项清单，规范服务流程，共减事项1件，具体为取消供热许可证区供热部门初审；减要件6件，具体为新建商品房供热配套项目验收要件由8件减为2件。

津 南 区

【概况】 天津市津南区建设管理委员会是主管津南区城乡建设管理、城镇基础设施管理、公用事业管理和建设系统国有资产管理工作的区政府组成部门。2017

年，在津南区委、区政府的正确领导下，津南区建委按照年初制定的工作思路，强力推进重点工程建设，不断完善基础设施建设，推动建筑业市场健康有序发展，保质保量地完成各项工作任务。

【机构职能】 津南区建设管理委员会机构职能。

1. 贯彻执行国家有关城镇建设的法律、法规、规章和方针、政策。负责编制城镇建设发展中长期规划和年度计划并组织实施。

2. 负责编制供热、燃气设施建设专项规划，参与拟定公路、道桥建设中长期规划和专项规划；按区政府规定权限审批年度投资计划；参与编制城镇总体规划、分区规划；负责城镇建设项目建议书、可行性研究报告和年度投资计划的审批；管理城镇建设资金；负责建设系统综合统计工作。

3. 负责公路、道桥、房屋建筑及配套设施等项目的建设管理；负责重大建设项目的综合协调；组织实施城建公用基础设施建设、住宅建设和配套工程建设。

4. 协调指导村镇建设、拟订村镇建设政策并指导实施；负责村镇基础设施建设、农村住房建设；协调指导城镇建设专项建设规划。

5. 承担建设工程质量安全监督责任，负责全区建设工程中施工质量、安全生产和文明施工管理；组织或参与工程重大质量、安全事故的调查处理；指导实施工程建设标准和技术规范。

6. 组织编制建设系统技术进步、专业技能培训计划并组织实施；负责建筑节能监督管理；编制建筑节能的专项发展计划；负责墙体材料革新、散装水泥和新型建材推广应用；协调推进建设系统信息化工作。

7. 负责房地产开发行业管理和综合协调；编制房地产年度投资计划；申报经济适用房和其他保障性住房建设计划；参与房屋拆迁和住房保障政策制定。

8. 承担建筑业管理和建筑市场管理责任。拟订建筑业发展计划；负责建筑业企业资质审批或审核、中介机构资质审查和相关从业人员执业资格认定；负责工程造价、招投标、合同的管理和监督。

9. 建设工程勘察设计行业管理，拟订行业发展计划；负责有关市政基础设施初步设计的审批；负责施工图审查和施工图审查机构的监督管理；负责建筑工程抗震设防管理。

10. 承办区委、区政府交办的其他事项。

【内设机构】 根据上述职责，津南区建设管理委员会按照编制下设9个职能科室。

9个机关科室包括：工程建设计划科、村镇建设科、建筑业管理科、招投标管理科、房地产建设管理科、公用事业管理科、党委办公室（人事劳资科），办公室（法制科）、财务审计科。除上述9个科室外，工会、团委按章程设置。

【下属单位】 津南区建设管理委员会下设7个基层事业单位。

1. 津南区建设工程质量安全监督管理支队。主要职责：贯彻执行市、区有关城乡建设质量、安全、文明施工的规章、制度和标准；承担工程质量、施工安全、文明施工监督管理和建设市场监察；组织或参与对重大工程质量、安全事故的调查处理。

2. 津南区市政工程管理所。主要职责：城市市政道路的养护管理及建设工程，城市市政排水设施的养护管理及建设工程。

3. 天津市津南区供热办公室。主要职责：区域供热管网安装、维修。

4. 天津南华建筑设计院。主要职责：工程地质勘察、建筑工程设计。

5. 天津市津南区建设工程试验室。主要职责：建筑施工企业的建筑材料、建筑构配件、设备和商品混凝土的检验及其他建设单位的有关检验工作。

6. 天津市津南区南华房产开发管理所。主要职责：接受区城乡建设委员会的委托，对区统建和部分平房改造交付使用后的住宅进行管理。包括小区的环境卫生、绿化、安全等。

7. 天津市津南区建设管理技术培训中心。主要职责：负责全区施工企业管理人员、专业技术人员和有关工种的培训工作，负责办理有关证书的工作。

【基础设施建设及投资】 2017年，津南区建委计划实施12条道路及桥梁设施配套工程，共计划投资12.95亿元。具体项目：一是海河故道人行桥工程。在现状浮桥位置新建1座人行桥，计划投资1900万元。前期工作正常推动。二是双荣道工程。起点津南环线，终点规划荣辉路，全长555米，红线宽25米，道路面积13956平方米，计划投资5096.26万元。已完成土地划拨手续。三是南华路延长线。起点荣辉路，终点祥水路，道路全长798米，宽30米，道路面积27657平方米，雨水管道1992米，污水管道1163米，计划投资7019万元。已完成招标工作。四是金茂路。起点朝荣道，终点南华路，道路长404米，宽30米，面积13750平方米，雨水管道1340米，污水管道640米，计划投资4164万元。已办理立项、选址、规划方案；已完成勘察、设计、监理的招标工作。五是紫江路。起点消防站出入口，终点新丰道，道路长375米，宽20米，面积7870平方米，计划投资2464万元。已办理立项、选址、规划方案；已完成勘察、设计、监理的招标工作。六是津晋高速北辅道工程。起点雅润路，终点二八公路，道路全长261.18米，宽25米，道路面积6550平方米，计划投资840万元。正在办理土地划拨。七是微山南路延长线。起点景蓬道，终点津南区界，道路长329米，宽35米，面积16292平方米，计划投资2772万元。已办理立项及选址；已完成勘察、设计、监理的招标工作。八是鑫怡路。起点秃尾巴河，终点津南区界，道路长560米，宽40米，面积29642平方米，计划投资3943万元。已完成勘察、设计、监理的招标工作。九是广惠道。起点裕营路，终点博惠道，道路长287米，宽40米，面积11010平方米，计划投资2466万元。已办理规划工程许可证及工程质量监督备案。十是博惠道。起点广惠道，终点海鑫路，道路长294米，宽40米，面积14100平方米，计划投资2151万元。已办理规划工程许可证及工程质量监督备案。十一是朝荣道。起点金茂路，终点南环路，全长380米，红线宽30米，计划总投资2230万元。已办理立项、选址、规划方案；已完成勘察、设计、监理的招标工作。十二是阁榭路。起点八里台东路，终点科技大道，全长772米，宽30米。建设雨污水合建泵站1座，雨水流量12立方米/秒，污水流量0.2立方米/米，计划总投资1.49亿元。

配套工程建设：2017年，津南区建委实施农村饮用水提质增效工程，涉及29个未整合村自来水入户工程，计划总投资1.96亿元。截至2017年底，外网部分，八里台镇完成63%，北闸口镇完成56%，小站镇全部完成。内网部分，八里台镇刘家沟村完成28%，毛家沟村完成88%，南义村完成 40%；北闸口镇月桥村完成 51%，北义村完成 48%，义和庄村完成 27%，前进村完成 19%；小站镇操场河村完成 70%。津南区污水干管工程：新建污水管道 20 千米，提升泵站 3 座，计划投资 6 亿元。勘察、设计、监理、施工已招标完毕，正在办理规划前期手续。津南环线排水管道工程：项目坐落于咸水沽镇津南环线，铺设管径 d400 毫米~d2600 毫米雨水管道 917 米；铺设管径 d300 毫米~d500 毫米污水管道 910 米，招投标工作已完成。二八路排水工程：项目坐落北闸口镇二八公路（津南大道—津晋高速北辅道），铺设管径 d300 毫米~d600 毫米污水干管 1745 米，正在进行招投标工作。

海河故道修建人行桥

进步桥

津南区建委管理的双桥、环兴、咸水沽、双林四座污水处理厂于2017年底均完成提标改造，2018年1月1日出水达到新地标A标准并正常运行。一是双桥污水处理厂提标改造工程。2017年6月25日完工。污水处理能力为1.5万吨/天，出水水质由一级B提标后达到新地标A标准。工程主要内容包括建筑工程、装饰装修工程、桩基工程、市政工程、改造工程、道路工程、工艺管道工程、自控工程、电气设备安装工程、采暖工程、通风空调工程。该工程用地在双桥污水处理厂围墙范围内，无须征地。项目总投资4754.51万元。二是双林污水处理厂提标改造工程。2017年6月1日完工。污水处理能力为4万吨/天，出水水质由一级A提标后达到新地标A标准。工程主要内容包括建筑工程、装饰装修工程、桩基工程、市政工程、改造工程、工艺管道工程、自控工程、电气设备安装工程、通风空调工程。本工程用地在双林污水处理厂围墙范围内，毋须征地。项目总投资5565.67万元。三是环兴污水处理厂应急提标改造工程。2017年11月开工，2017年12月28日完工。污水处理能力为3万吨/天，出水水质由一级B提标后达到新地标A标准。工程主要内容包括增加投药装置，其中储药罐6个（带混凝土基础）、PAM配药系统2个、计量泵15个、卸药泵4个、流量计13个、在线仪表11个、便携式溶氧仪1个、超声波液位计2个。项目总投资500万元。四是咸水沽污水处理厂应急提标改造工程。2017年9月30日开工，2017年12月31日完工。污水处理能力为3万吨/天，出水水质由一级A提标后达到新地标A标准。该工程分为土建，电器，设备安装工程。工程分为生化池、碳源间、粉碳投加间、纤维旋转滤池、高效沉淀池等单体。项目总投资1807.46万元。2017年，津南区处理污水约3562.73万吨，委托有资质企业无害化处置污泥约1.67万吨。

2017年10月底，津南区建委积极推进并网改燃工程，完成津南区35蒸吨及以下燃煤供热锅炉"清零"任务，22座31台燃煤供热锅炉改燃并网或关停。改燃面积170.72万平方米，投资约13657.6万元。津南区建委稳步推进城市家用散煤治理工作，治理任务共计452户，投资620万元，于2017年10月底全部完成。其中，"煤改电"281户，涉及咸水沽镇光华东西里和粮库宿舍；集中供热补热171户，涉及双港镇海林公寓和咸水沽镇众明楼，目前实现正常供热。津南区按照环保部《关于执行大气污染物特别排放限值的公告》（2013年第14号）和《锅炉大气污染物排放标准》全面落实保留锅炉提标改造工作，保留的燃煤供热锅炉全部达到特别排放限值。2017年10月底前，投资4500万元完成津南区35蒸吨以上（6项）23台燃煤供热锅炉提标改造任务。锅炉除尘、脱硫、脱硝设备全部安装并投入使用。2017年10月底前，津南区建委加快供热旧管网改造速度，投资1154.91万元，完成八里台镇双闸供热站热源1座，4个小区的旧管网改造任务，管网总长度19.8千米。完成8个小区供热新建配套任务，完成上东轩、合盈园、悦水华庭、米兰G区和A区、德秀轩、紫鼎御苑、汇秀庭院项目的供热设施配套工程，投资3750万元。新建热源一座，换热站7座，铺设一次管网3688米，二次管网22283米。

【建筑业及建筑市场】 2017年，建筑企管工作，津南区建委新申报企业79家、增项企业22家，天津市建委已全部批准。截至2017年，津南区共有建筑业企业370家。其中，总承包企业共98家（一级8家，二级25家，三级65家），专业承包企业171家（一级14家，二级81家，三级76家），劳务分包企业101家。建造师资格注册工作。按照天津市建委的要求，完成津南从业资格申报注册工作，截至2017年12月，共申报二级建造师执业初始、变更注册300余人。

津南区建委为进一步加大建筑市场执法监察力度，加强了建筑市场监察管理工作，严厉查处违反工程建设程序、工程转包及违法分包等违法违规行为，有效遏制津南区建设工程非法转包、违法分包的行为，不断规范津南区建筑市场秩序，确保工程质量和施工安全，全面提升津南区建筑市场管理水平，按照住房城乡建设部及天津市建委的统一部署，对津南区建设项目建筑市场行为情况进行全面执法检查，及时查处和纠正各方建设主体违法违规行为，进一步规范津南区市场秩序。截至2017年12月，共检查项目100个，总建筑面积551.64万平方米，下发整改通知单68份，提出存在问题182项，2017年对54个项目进行了行政处罚，处罚金额2399.36万元。其中，涉及肢解工程1项，转包工程6项，人员不在岗1项，未办理施工许可证8项，未办理招投标手续38项。

2017年，津南区建设工程项目报建备案审核共计177件，报建规模9898508.3万平方米（包括各类市政配套项目），投资3655877.09万元。招标公告

环兴污水处理厂污水池

备案共计226件，其中勘察招标公告30件、设计招标公告52件、监理招标公告50件，施工招标公告94件，招标规模8018596.21万平方米（包括各类市政配套项目），投资455649.04万元。中标通知书备案共计563件，其中备案勘察中标通知书86件、设计中标通知书141件、备案监理中标通知书161件、施工中标通知书175件，建设规模10507213平方米（包括各类市政配套项目）。建设工程合同备案共计691件，其中勘察合同80件、设计合同119件、监理合同157件、施工总承包合同161件，建设总规模9624550平方米（包含各类市政配套项目），合同总额902410万元，分包合同174件，分包合同总额129522.59万元。竣工结算备案，2017年共计备案46件，结算规模1667183.17平方米（包含各类市政配套项目），结算价格413962.99万元。现场踏勘：工程踏勘90件，建设规模5746804.94平方米（包含各类市政配套项目），投资429384.06万元。2017年共受理招投标活动174项，施工招标规模5093383.43平方米（包含各类市政配套项目），投资379624.06万元。津南区建委依法对各项招投标活动进行全过程监督，备份监控录像视频696份。

津南区建委深化行政审批制度改革。结合津南区审批局实现行政许可事项审批"一口受理，接办分离"。将工程项目施工许可证的证前手续整合成一个窗口受理，一个窗口出件。推行审批流程要件共享。充分利用"天津市建筑市场监管与信用信息平台"提高网上审批能力和行政效能。

简化招投标流程。结合津南区实际，就进一步完善工程招投标监管方式，积极开展民间投资房屋建筑工程招标改革试点工作。对在津南区行政区域内民间投资房屋建筑工程的勘察、设计、监理、施工以及与建设工程有关的重要设备、材料等采购的发包活动，全部使用民间资金或民

津南新城Ⅰ地块全景

博雅时尚三期项目

间投资占控股（含绝对控股和相对控股）或主导地位的房屋建筑工程，由建设单位自主选择发包方式。全面实行招投标电子开评标。积极响应天津市建委关于施工招投标全部实行电子化评标的要求，进一步规范招投标秩序，加强招投标程序监管，减少人为因素影响，达到节能环保的要求，建立完备的电子招投标档案，津南区施工招投标已全部实行电子化评标。

津南区积极推进行政执法工作，规范完善招投标执法过程。在抓好例行的监督检查基础上，从四个方面着手强化监管：一是加强对招标人的监督和检查。与监察部门联合，组织开展政府投资工程项目招投标专项检查，对发现的问题区别不同情况进行处理。二是加强对开标过程的监督，对发现的问题及时进行处理。三是加强标后监管。进一步加强标后监督管理，深化"两场联动"（招标市场和施工现场）监管机制，建立标后跟踪小组，建立跟踪管理台账，以专项检查和日常检查相结合，重点检查合同签订、施工进度、施工质量、项目经理、分包转包等方面，及时通报检查结果，认真查处检查过程中发现的不良行为，限期整改违规现象。四是进一步抓好行政处罚工作。对一般违规问题，严格按照不良行为处理办法进行查处；涉及违法问题，严格按照有关法律法规进行查处。

【区级重点工程项目】 1.自来水入户工程。为落实市发展改革委批复的《天津市农村饮水提质增效工程规划方案》，提升农村居民的饮用水质量，结合津南区美丽乡村的建设，2017年津南区建委计划实施农村饮用水提质增效工程，计划总投资1.96亿元，将村民生活饮用水由地下水转换为自来水，提升村民生活饮用水品质。该项目的实施将使21635户农村居民，共计61903人在饮水安全上受益，有效改善居民的生活条件和健康状况。2017年，津南水务公司对项目涉及的10个村进行建设改造，其中外网管道部分已全部完工，内网部分已经开工建设。

2. 污水干管工程。根据《天津市排水专项规划（主城区污水部分）修编（2016—2030年）》要求，到2030年，津南区建设管理的四座污水处理厂将全部废除，区内污水全部接入津沽污水处理厂进行处理。津南区污水干管工程起点为现状环科污水处理厂，终点为津沽污水处理厂交汇井，工程全长约20千米。工程主要内容包括修建污水干管21615米，管道埋深3.5米~13.5米不等，以明开为主，局部过河、过路点位采用顶管法施工，顶管最大距离360米；新建污水泵站三座。

【城建信息化建设与管理】 津南区建委组建信息中心，通过物联网技术与天津市质安监管总队对接，对辖区建筑工地现场61个项目扬尘治理情况实时监控，形成市、区两级数据互联互通。发现扬尘问题55件，均及时处置。向天津市建筑市场监管信用信息平台上传现场检查结果信息。

涉及监理单位的共有199条，其中质量管理104条、安全管理50条、文明施工管理45条；涉及施工单位的共有250条，其中质量管理82条、安全管理69条、文明施工管理60条、劳务用工管理39条。

【房地产开发及行业管理】 2017年，津南区建委承办45个住宅类项目，其中续建项目34个、新建项目11个；在施项目38个，其中续建项目32个、新建项目6个，在施面积458.99万平方米，其中商品房项目353.67万平方米、保障房项目105.32万平方米；完成投资112.08亿元，其中商品房项目89.12亿元、保障房项目22.96亿元；竣工面积209.07万平方米，其中商品房面积167.01万平方米、保障房项目42.06万平方米。接办2017年建设方案14家企业，2017年资质预审16家企业，2017年结转计划184家企业，包括住宅类、工业类、商业类等。

津南区商品房建设情况，截至2017年底商品房项目已完成投资额89.12亿元，在施面积353.67万平方米。其中，续建项目中辛庄镇的首创沁景苑项目完成投资额4.9亿元，在施面积18.69万平方米；金地艺境名邸项目完成投资额4.5亿元，在施面积15万平方米；咸水沽镇的江宇城项目完成投资额1.07亿元，在施面积18.8万平方米；津南新城F地块完成投资额3.07亿元，在施面积30.9万平方米；津南新城I地块完成投资额1.09亿元，在施面积22.9万平方米；仁恒景新花园三期、四期项目完成投资额5.08亿元，在施面积26.7万平方米；金地艺郡名苑项目完成投资额1.70亿元，在施面积8.8万平方米。津南区25个续建商品房项目共计完成投资额49.46亿元，在施面积242.67万平方米。2017年津南区有8个新建项目。其中，咸水沽镇的吾悦华府项目完成投资额6.04亿元，在施面积21.33万平方米；恒悦华府项目完成投资额19.66亿元，在施面积43.3万平方米；滟澜山苑项目完成投资额8.98亿元，在施面积18.4万平方米；八里台镇的观雅庭院项目完成投资额1.5亿元，在施面积13.8万平方米；八里台三块地项目完成投资额1.65亿元，在施面积5万平方米；京基·天颐津城南区项目投资额完成1.8亿元，在施面积9.2万平方米；浩泽园项目完成投资额0.03亿元；中海公园城一期尚未开工。8个新建商品房项目共计完成投资额39.66亿元，在施面积111万平方米。

保障房项目截至2017年底完成投资额21.24亿元，在施面积105.32万平方米。其中，续建项目中，双港镇双港柳林风景村民定向安置经济适用住房完成投资额0.65亿元，在施面积2.96万平方米，已累计竣工37.40万平方米；咸水沽镇博雅时尚三期项目完成投资额1.15亿元，在施面积16.5万平方米；八里台镇示范镇二期巨葛庄项目完成投资额1.46亿元，在施面积6.2万平方米；示范镇三大孙庄项目完成投资额4.55亿元，在施面积48万平方米等9个续建保障房项目，共计完成投资额21.24亿元，共计在施面积105.23万平方米；3个新建保障房项目共计投资额3.83亿元。

【城建科技与节能】 1.绿色建筑与建筑节能。一是根据市建委〔2017〕410号文件《市建委关于推进高星级绿色建筑发展有关工作的通知》，津南区新建民用建筑在全部执行绿色建筑标准的基础上，要求建设单位申报绿色建筑设计标识证书和鼓励申报绿色建筑运营标识证书，积极推进津南区绿色建筑工作的开展，截至2017年底，已完成6个项目绿色建筑设计标识证书的发证工作，包括北深特广场一期（永旺梦乐城天津津南项目）、沽上江南住宅小区四期工程43#—52#楼、新城吾悦房地产吾悦华府住宅项目（1#—23#楼）、华星商业广场7号—8号楼项目、紫烟阁二期住宅项目1#—5#住宅楼、天津市津南区咸水沽医院迁址扩建项目。其中，新城吾悦房地产吾悦华府住宅项目（1#—23#楼）、津南区永旺地产两个为二星级项目；二是参加京津冀超低能耗建筑发展论坛工作会议，积极推动超低能耗被动房建设，已完成象博豪庭项目超低能耗建筑建设，并取得了相应的节能补贴；三是根据《天津市公共建筑能效提升重点城市实施方案》的文件，以津南区检察院办公楼、咸水沽第四小学、津南区建委办公楼为标杆，推动节约型公共机构能效提升；四是加强项目审批制度，根据《市规划局关于加强新建民用建筑节能规划管理工作的通知》（规建字〔2017〕29号）文件，对津南区2017年30个新建项目进行了节能强制性征求意见回复，主要包括八里台镇朗逸花园、景辉花园、鸿茂花园项目，咸水沽镇合盈园项目，北马集小学项目，天津泰恒顺生物科技有限公司项目，咸水沽镇合茂园、合居园、合祥园、海河富力广场项目，小站镇通用润园二期项目，双港镇兴客商业中心项目，八里台镇汀泽庭苑项目，北闸口镇尚礼园项目，小站镇紫烟阁四期项目，小站镇紫烟阁四期项目，咸水沽镇沽上江南城幼儿园项目，北闸口镇尚礼园项目，津南区气象台监测预警站建设工程，小站镇德秀轩二（18#—23#、25#—45#楼）项目，双港税务所办税大厅项目，天津宏彬有限热力有限公司换热二站工程，天津星城投资发展有限公司八里台示范镇二期出让特大型停车场工程，八里台示范镇二期10#地（幼儿园）、6#地二期项目，双港新家园香堤广场10号楼项目，双港镇清郁佳苑项目，星耀五洲8号地块、11号地项目，北闸口镇汀水轩项目，米兰阳光花园F、G2区项目，北闸口示范镇还迁安置房（春城园）项目，天津锦联新经济产业园开发有限公司锦商科技园二期项目，天津华阳热力有限公司华阳热力海河工业区燃气调峰供热站项目，咸水沽镇江宇城项目等，以保证津南区建筑节能建设顺利开展。

津南区建委办公楼能效提升改造

2. 装配式建筑。一是根据《市建委关于加强装配式建筑建设管理的通知》（津建科〔2017〕391号）、《市建委关于在天津市建筑产业现代化项目规划条件中提供相关建设指标的通知》（津建科〔2016〕100号），以政府投资项目、保障性住房和大型公共建筑为示范，推进津南区装配式建筑发展，2017年列入津南区装配式建筑的建设项目共有14个，包括天津市公安警卫局训练基地项目一期工程项目，咸水沽镇紫江路东侧居住项目，双港税务所办税服务厅，天津大道南02-17地块商业项目，天津大道南02-07、02-08、02-09地块居住、商业项目，双港镇郭黄庄村村民拆迁定向安置房项目，咸水沽医院项目，北闸口示范镇还迁安置房项目（春城园），辛庄镇居住商业项目（辛庄四号地），辛庄镇居住商业项目（辛庄一号地），辛庄镇居住项目（辛庄三号地）等，其中咸水沽医院等2个项目已正式启动、北闸口示范镇还迁安置房项目（春城园）等5个项目已进入项目前期准备阶段、其余7个项目装配式建筑方面指标已经列入土地出让指标；二是加强装配式建筑过程管控，建立了项目联审机制，将装配式建筑纳入规划条件及土地出让指标；三是建立装配式建筑项目动态统计制度，制定装配式建筑年度实施计划，以确保装配式建筑比例与实施进度；四是布局本地装配式生产基地企业，津南区有专业从事装配式建筑生产企业（天津市丙辉建材科技开发有限公司），为津南区保障房和公建项目等装配式建筑落地提供坚实保障。

【海绵城市与地下管廊】 1. 海绵城市建设。一是建立工作机制，编制了《天津市津南区海绵城市建设工作方案》，成立津南区海绵城市建设工作领导小组；二是启动《津南区海绵城市建设专项规划》

编制工作,明确了津南区海绵城市规划背景、规划范围、规划期限、规划原则、总体目标及近期建设等内容;三是加强项目规划审批,强化项目设计、施工等方面要求,根据《市建委关于加强海绵城市建设规划管控工作的通知》(津建规〔2017〕308号),对津南区21个新建、扩建项目进行海绵城市建设意见回复,包括天津市公安警卫局训练基地项目一期工程项目、咸水沽镇紫江路东侧居住项目、双桥河配水厂建设工程、小站镇前营路北侧商业项目、葛沽镇福南路东侧工业项目、咸水沽镇海鑫路西侧商业项目、小站镇工业区十一号路西侧工业项目、紫江路东侧居住项目、海河南道北侧工业地块、津沽污水处理厂扩建及提标工程等,并对项目进行定期督查,保证海绵城市设施建设进度。

2. 综合管廊建设。为贯彻落实《国务院办公厅关于推进城市地下综合管廊建设的指导意见》(国办发〔2015〕61号),做好综合管廊的规划建设工作,依据《国务院关于加强城市基础设施建设的意见》(国发〔2013〕36号)、《国务院办公厅关于加强城市地下管线建设管理的指导意见》(国办发〔2014〕27号)、《住房城乡建设部关于印发〈城市地下综合管廊工程规划编制指引〉的通知》(建城〔2015〕70号)、《市建委关于印发天津市地下综合管廊规划建设工作方案的通知》(津建规〔2016〕177号),按照"先规划、后建设"的原则,统筹各类管线实际发展需要,结合地下空间开发利用、各类地下管线、道路交通等专项建设规划,组织编制津南区地下综合管廊专项规划。统筹兼顾城市新区和老旧城区,充分结合旧城改造、棚户区改造、道路改造、河道改造、管线改造、轨道交通建设、人防建设和地下综合体建设,保证规划工作的有效衔接和资源共享。结合区域内道路、给水、排水、电力、通信、广电、燃气、供热等工程规划和新(改、扩)建计划,以及轨道交通、人防建设规划等,积极、稳妥、有序推进地下综合管廊建设。

【建设工程质量安全】 2017年,津南区建委监督工程207项,建筑面积884万平方米。其中,新开工程46项,建筑面积250万平方米;2016年跨转工程161项,建筑面积634万平方米;竣工备案工程329栋,建筑面积164万平方米。实施建筑材料监督封样抽测92件,合格91件,不合格退场1件。接待拖欠农民工工资来访事件71起,解决拖欠工资金额1959万元,涉及农民工人数2018人。接待房屋质量投诉50起,通过各参建单位的配合,全部办结。在应急措施方面,针对大风、暴雨等恶劣气候条件,发送安全预警信息2263条,提醒施工企业切实加强安全管理,帮助施工企业积极应对不利天气。先后指导5个项目开展消防应急预案演练活动,200余名一线施工管理人员参加了应急演练。

【村镇建设】 2017年,津南区建委按照2017年初津南区建委党委的总体工作部署,完成了以下主要工作任务:一是抓好村镇建设统计工作,在对各镇统计人员进行专业培训的基础上,继续推进天津市建委下达的《村镇建设实施计划统计系统年报》等任务报表的填报工作。二是协助天津市建委和相关镇(闸口前进村)完成了人居环境整治示范村的推荐上报工作。三是配合津南区帮扶办完成天津市帮扶办、市建委《关于做好我市结对帮扶困难村存量危房调查摸底》的上报工作。四是完成津南区十件实事危房改造完成情况及上报工作。五是组织协调津南区双桥河镇、八里台镇做好完善危改档案和系统录入工作、完成津南区督查办的工作进展情况上报和落实工作以及竣工验收和资金拨付工作。六是协调天津市审计局完成津南区农村危房改造的审计工作、完成了小站镇危房改造的验收和资金拨付工作、完成天津市建委对津南区危房改造的绩效考核及汇报工作。

【执法监察】 2017年，津南区建委现场检查2883次，下发责令整改通知书752份，发现质安问题2048件，下发责令（局部）暂停通知书210份，发现较大问题393件。向天津市建筑市场监管信用信息平台上传现场检查结果信息，涉及监理单位的信息共有199条，其中质量管理104条、安全管理50条、文明施工管理45条；涉及施工单位的共有250条，其中质量管理82条、安全管理69条、文明施工管理60条、劳务用工管理39条。2017年，津南区建委查处违法违规问题37件，对30家企业实施了行政处罚，罚款金额518.03万元。

【其他】 2017年，津南区积极统筹推进城市地上地下基础设施建设，完善城市功能，提高城市价值。

津南区自来水工程建设情况为：截至2017年底，津南区自来水用户达到312373户，表具317987具，给水管网总长度约为1621.26千米，管线井23900个，消火栓5143具，建设总投资约7665.7万元。其中，2017年当年铺设DN75-300毫米给水管网长度约62.38千米。

津南区燃气工程建设情况为：截至2017年底，津南区燃气用户达到199651户，缸闸井设施1262座，调压设施122座，燃气管线总长度约为833.59千米。其中，2017年当年铺设DN300~700毫米燃气管线长度约4千米。

北 辰 区

【概况】 2017年，北辰区建委认真贯彻落实天津市委、市政府和北辰区委、区政府的决策部署，强化主责主业意识，履行全面从严治党主体责任，稳步推动基础设施建设、施工扬尘防治、规范建筑市场、强化供热保障等业务工作开展。

【重点工作完成情况】 1.加快基础设施建设，提升城市载体功能。一是按计划推进道路等试点项目建设。2017年，完成了洛河道等16个项目的立项等前期工作。统筹考虑项目的拆迁、规划条件以及轻重缓急等原因，推动天康道等8个项目进场施工。实现北辰西道天桥等5个项目完工。按照试点模式和政策，协助开展地铁5号线终点站区域接驳和产城融合示范区配套等9条道路完成立项等前期工作。

二是推进重点大型公共基础设施建设。完成梦娃公园和堆山公园2个项目的立项和实施方案；完成京津城际地区核心区1号能源站的方案设计；完成并上报综合管廊、城市双修和海绵城市的规划方案及设计工作；完成并上报京津塘高速九园公路出入口建设方案。

三是全力配合市级重点工程建设。按期完成光荣道建设保障全运会商业大学会场交通。积极配合地铁5号线顺利完成北辰段线路及8站1场建设。推动外环拓圆北辰段拆迁及各项工作。基本完成燃气管道占压治理任务。协调完成双街、大张庄等新市镇和村中村配套道路建设。

2.加强执法检查力度，改善生态环境面貌。2017年，北辰区共监管建设工程593万平方米，完成竣工验收99万平方米，验收合格率100%。开展安全、质量、环境等各类专项检查20次。围绕空气质量目标，进一步加强执法力量，扩充"扬尘执法队伍"，购置执法设备，完善扬尘监管制度，实现扬尘监控系统全覆盖。顺利完成中央环保督察等各项任务。10月份起严格落实《天津市2017—2018年秋冬季大气污染综合治理攻坚行动方案》，确保空气环境目标的实现。组织北辰区46个项目单位开展安全生产和消防安全现场演练。修订《天津市北辰区建设工程扬尘治理"六个百分百"实施细则》。

3. 加强建筑市场管理，助推重大项目落地。截至2017年11月，共完成施工招投标244项，总面积225万平方米；完成监理招投标备案171项，中标金额6862亿元。共办理各类合同备案714项，涉及合同金额151.1亿元。办理竣工结算备案项目28件，结算总价款11.1亿元。结合2016年和2017年上半年土地出让情况，继续协助推动金侨等3个项目开展招投标的基础上，新协助推动完成老发电地块一期、二期等5个项目工程的招投标工作。路劲等3个项目具备进场条件。开发推广农民工管理系统，全面落实农民工工资网上管理，实现"日清月结"，利用科技手段减少农民工讨薪上访事件。完成招投标空间改造工程，新增开标评标空间5间，在天津市率先实现"评标专家原地过夜评标"。

4. 推动民生民心工程，确保供热切实得力。2017年，推动三和热力公司完成金凤里等3个小区的供热旧管网改造。配合北辰区环保局推动万源等3座燃煤供热锅炉房进行了烟气排放的提标改造，减少污染物排放50%以上。推动北辰区环内区域8408户居民生活散煤治理工作，顺利完成全部任务量。经过核查、调研、推动、检查和协调等环节，通过拆除关停、改燃、改电、并网等方式，完成天津市建委布置的139台"35蒸吨以下燃煤供热锅炉改造清零"任务，完成全部替代改造并投入运行。顺利完成2015—2016年度供热期供热任务，供热信访投诉量下降40%。周密组织，确保北辰区正常供热需求，维护安全稳定。完成验收并交付红星美凯龙等4个新建住宅项目配套工程，推动危房改造工程，完成结对帮扶危房改造调查摸底工作。顺利完成建筑节能年度考核，新获评星级绿色建筑11项，回复装配式建筑实施意见19项。

【基础设施建设及投资】 1. 龙门东道跨北运河桥梁工程项目。工程西起辰永路，东至京津路。全线设置跨河桥梁一座，路线全长约577.12米，其中桥梁长120米。项目主要包括道路、排水、桥梁、交通、照明、绿化、中水等工程。工程估算总投资24027.46万元。龙门东道跨北运河桥梁工程作为联通京津路片区与瑞景片区的重要枢纽，西起辰永路，东至京津路。

2. 天康路、奇峰路道路工程项目。天康道工程西起高峰路，东至新峰路。道路长度540米，红线宽度30米，两侧各10米绿线，总投资3560万元；奇峰路工程北起天康道，南至南仓道。道路长度302米，红线宽度15米，总投资925万元。

天康路、奇峰路作为金桥配套道路，奇峰路及天康道南半幅已基本完工，待整理中心拆迁完成后实施天康道北半幅。道路竣工通车后将完善地块内的交通体系，为整个地块的生产和生活创造便利条件，同时对优化投资环境、带动区域经济发展具有重要作用。

3. 高峰路提升改造项目。盛仓北道至南仓道，规划城市主干路，红线宽度40

米，全长3980米，绿化面积159200平方米，投资估算60771.56万元（含绿化）。

该工程目前已取得立项批复、选址意见书、规划方案审定通知书、设计方案审定通知书、核定用地、用地预审、可研、初设、用地规划许可证等前期手续，勘察、设计、监理、施工的招投标工作已完成。

高峰路作为北辰区南北向重要的主干路之一，目前正在抓紧实施，现已基本完成高峰路（淮河道—北辰道）东半幅的施工，后续待具备条件后进行交通导行，启动西半幅的建设工程。该道路竣工通车后，会有效分流京津路机动车流量，将极大缓解北辰区南北不畅的现状。

4. 朝阳路西半幅工程项目。朝阳路（延吉道—南仓道）西半幅工程全长约3369.77米，工程估算总投资29022.33万元；朝阳路（南仓道—普济河道）西半幅工程全长约2826.14米，工程估算总投资29700.02万元。道路红线宽度为40米，道路等级为城市主干路。项目主要包括道路、桥梁、排水、交通、绿化、照明、中水、给水、燃气等工程。

朝阳路作为6条纵向干路之一，是完善区域路网的重要一环。该项目的实施，能够为京津城际地区提供更为全面周到的基础设施配套，有效缓解京津公路和铁东路的交通压力。项目已完成立项、规划方案、设计方案、核定用地、管线综合，环评报告和能评报告也已经完成。道路招标已完成，勘察设计已完成。

5. 科峰路、延吉南道道路工程项目。科峰路工程北起延吉道，南至延吉南道，道路全长243米，红线宽度25米；延吉南道，道路全长328米，红线宽度14米。

科峰路、延吉南道作为华康还迁房配套道路，现已基本完工。

【建筑业及建筑市场】 2017年，北辰区建交中心承担208项开标任务，平台共发布招标公告385个，中标项数819个，中标金额837401万元。各项合同备案816个，总面积1937.23万平方米，合同金额749189亿元；处理农民工投诉问题125件，涉及农民工2659人，涉及金额3413万元；新版15家企业申请人员入库，升级2家企业申请人员及业绩入库，增项8家企业申请人员入库，组织培训三类人员406人，申报职称25人。

2017年招标监管工作稳固开展。一方面，在工程建设项目招投标方面，严格执行各项监管制度：一是梳理各类规范性文件，二是加强服务机构管理，三是推进诚信体系建设。另一方面，着力落实有效措施，加大服务平台打造力度：一是着力抓好内部建设，不断提升队伍素质。加强业务学习，不断加强对政策法规、业务知识的学习、掌握和运用，提高建设市场综合监管工作的能力水平。二是加强重要环节监督，优化交易流程。加强进场交易项目登记、文件备案、公告发布、场地申请、资格审查、专家管理、开评标现场管理、中标结果公示、保证金收取、投诉举报处理、交易成果文件归档等重要环节监管。优化办事流程，提高办事效率。

为了保障农民工的权益，杜绝出现拖欠农民工工资和恶意讨薪问题，开发了农民工工资发放监管系统。该系统可以实现对北辰区全部建筑工地、分包商、工程队、工程项目的劳动用工系统进行监管，用工单位利用考勤系统实名记录农民工的工种、出勤情况，并将工资提前打入由北辰区建委监管的账户上，北辰区建委根据企业上报的考勤情况给农民工发放工资，实现农民工工资发放全过程痕迹化管理，提高了管理效率和水平。

坚持完善诚信体系，以诚信促规范。

招标站与质量安全监督管理支队建立联合工作制度，共同对北辰区建设工程领域各方主体信用信息进行搜集评价工作，依托诚信体系，规范市场行为，培育公开公平公正的招投标市场。

【房地产市场及行业管理】 房地产开发。加强对新建项目前期规划审查力度，在修建性详细规划及设计阶段，充分征求相关配套设施接收单位意见，确认配套设施平面布局，避免后期移交接管出现问题。加大对新建住宅项目《开发建设方案》管理力度，加强与行政审批部门联动，保证新建住宅小区与配套基础设施、非经营性公建等公共设施，同步建成、同步交付使用。严格做好新建住宅项目非经营性公建配套合同管理工作。认真做好每年在建房地产开发项目计划结转。严格履行非经营性公建联合验收程序，保证配套设施移交接管工作顺利实施。做好新建住宅项目城市基础设施配套费管理工作。

【城建科技与节能】 按照"绿色新发展理念"的要求，推进城市化建设，继续组织做好建筑节能年度目标考核工作，加快绿色建筑及装配式建筑的推广和应用，推动既有建筑节能改造，落实民用建筑能耗统计，推广可再生能源项目及建筑垃圾资源化处理等工作。继续做好对新建项目规划条件中提出装配式建筑、绿色建筑等建设指标工作，同时做好执行民用建筑节能强制性标准工作。

【村镇建设】 农村危房改造。1. 组织运作模式。北辰区的危房改造工作，明确乡镇政府作为实施主体，具体负责补助对象认定、建设监管、资金申请发放等环节。乡镇政府的民政、建管部门，配备相应的工作人员专门负责。北辰区建委、民政局、财政局分别相应负责建设指导，农户补助资格审查及资金拨付工作。

2. 补助标准。按照天津市危改办制定的补助标准，C级修缮加固，补助6000元/户。D级翻建：残疾户，补助36000元/户；低保户，46000元/户；五保户，56000元/户，其他困难户，22000元/户，此外节能示范户额外补助2500元/户。

3. 危改补助对象认定。根据文件规定，此项工作采取农户自愿申请的原则，主要针对五保户、低保户、残疾户及其他困难户的农村危陋住房。为了严格把关农户补助资格认定环节，北辰区建委要求乡镇进行了农户自愿申请，村级初审评议、乡镇审查鉴定，同时村镇两级公示、区级随机复核的认定程序，确保农户补助资格认定准确无误。

4. 建设监督管理。为了加强农户危改工作的监督管理，北辰区建委为纳入危改的农户每户制订了《农户危房改造档案》，由乡镇负责填报及日常管理，涉及农户基本信息、享受补助类型标准、相关资格认定证件复印件存档、改造前影像存档、改造后影像存档、改造工程量清单存档等。

【建设工程质量安全】 1. 监督执法检查双随机工作制度建立。3月，北辰区质安支队建立双随机检查制度，随机抽取检查项目随机选派执法监督人员，每月开展互查活动，形成常态化检查模式。

2. 创建文明城区社会宣传工作启动。北辰区开展建设工程立面围挡和地铁过街天桥公益广告宣传活动，强化建设工地安全文明施工管理，展示建设工程精神风貌，迎接党的十九大和第十三届全运会顺利召开。

3. 北辰区重点区域施工扬尘专项治理工作会议召开。组织召开北辰区重点区域施工扬尘专项治理工作会议，会议通报了北辰区建设工程施工扬尘专项治理情

保定桥

况并对重点区域建设工程大气污染防治工作进行部署。北辰区国控点周边3千米范围内25个项目的建设单位、施工单位和监理单位参会。副区长和天津市环保局、北辰区环保局、区交通队相关负责人参会。

4. 北辰区建筑工地"控尘十条"出台。制定并印发《北辰区建筑工地控尘管理十项措施》，细化"五个百分之百"扬尘治理措施，推动北辰区施工扬尘管控工作，有效应对北辰区大气污染严峻形势。

5. 开展2017年"安全生产月"活动。在北辰区集贤公园进行了"安全生产月"宣传活动，设置宣传咨询台和安全生产知识展示牌，发放安全生产有关宣传资料370余份，大力宣传安全生产相关法律、法规知识。

6. 在北辰区青光镇韩家墅还迁区一期（4号地）B地块农民还迁定向安置经济适用住房项目二标段总承包施工工程进行消防应急演练，消防北辰支队、北辰区安监局、社保局等单位参加，组织北辰区建设工程责任单位有关人员进行集中观摩。

7. 开展市级观摩活动。组织北辰区所有监管项目三方责任单位到半湾大厦3号楼、4号楼及裙房地下车库工程现场参加市级质量安全标准化工地观摩活动，通过学习观摩工地先进的工艺工法和管理经验，不断提高自身质量安全文明施工标准化水平，达到示范引领，创建精品工程的目标。

8. 开展建设领域安全生产宣传教育"七进"活动。在北辰区建设领域大力宣贯"七进"活动，督促各项目责任单位建立健全安全生产宣传教育制度、加强管理人员和一线作业人员教育培训、施工现场营造安全生产宣传浓厚氛围，通过开展多

6月16日，在北辰集贤公园开展"安全生产月"宣传活动

种形式的安全生产宣传教育，提升企业整体安全意识和管理水平，使安全生产宣传教育成为遏制安全事故发生的有效手段和长效做法。

9. 开展施工现场消防宣传活动。按照《天津市北辰区消防宣传工作实施意见》文件要求，为加大对在建工地的消防安全宣传教育工作，组织监督人员每月深入施工现场集中开展宣传活动。

10. 北辰区建设领域安全生产及维稳工作会议召开。在北辰区龙顺农业博览馆会议厅召开北辰区建设领域安全生产及维稳工作会议。会议就建设领域安全生产大检查工作进行部署安排，确保各项目责任单位做好第十三届全运会和党的十九大期间的安全生产及维稳工作。

11. 秋冬季大气污染综合治理攻坚行动启动。北辰区建设领域开展秋冬季大气污染综合治理攻坚行动，进行拉网式、全覆盖检查，全面落实"六个百分之百"扬尘治理标准，重污染天气预警期间严格执行相关应急响应措施，切实做好2017年10月—2018年3月的施工扬尘治理管控工作。

12. 开展今冬明春火灾防控专项检查。开展2017年北辰区建筑施工领域今冬明春火灾防控工作。全面排查整治火灾隐患，加强重点时期和重要节日消防安全管理工作，避免火灾事故发生。

13. 开展北辰区房屋建筑施工安全大检查。北辰区开展房屋建筑施工安全大检查，成立八个安全督查组，进行地毯式、拉网式排查，消除各项安全隐患，维护北辰区建设领域安全稳定局面。

6月20日,在韩家墅B地块还迁房项目现场举行火灾应急救援演练

10月1日,对金地四期项目进行施工扬尘检查

14. 开展安全生产法宣传周活动。北辰区建委对永旺梦乐城项目进行十九大精神和安全生产法宣讲活动,发放《中国共产党第十九次全国代表大会文件汇编》《党的十九大报告学习辅导百问》《安全生产法》《天津市安全生产条例》等宣传资料。对施工现场安全生产工作开展督查,宣传活动取得良好效果。

15. 北辰区质安支队赵卫东等同志获奖。2017年,市质安监管总队举办的2017年度天津市建设工程质量安全监督人员执法评议中,赵卫东荣获一等奖和先进监督员称号,张金衡荣获先进监督员称号。

12月5日,在永旺项目现场开展十九大精神和安全生产法宣讲活动

8月25日,在龙顺农业博览馆会议厅召开北辰区建设领域安全生产及维稳工作会议

【供热提升改造】 1.既有居住建筑供热计量及节能改造项目。共完成北辰区淀发、三和、万源、宣白路、城际美景五个供热站下属32个换热站的供热计量改造。供热计量改造总投资1752.59万元。改造供热面积327万平方米。改造内容包括换热站供热计量系统145套、换热站的水泵43台、水处理装置16台、电动调节阀44个、循环泵的变频装置77台、气候补偿装置43套等改造全部内容。满足供热计量、根据室外温度调节供回水温度、变频等调控要求。2017年4月,项目通过市供热办、市财政局的验收。

换热站改造设备:室外气象箱

换热站改造设备:补水流量表

换热站改造设备:温度、压力传感器

换热站改造设备:热量表

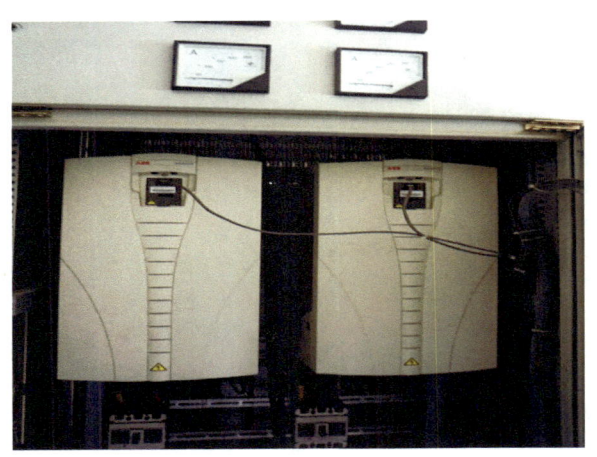

换热站改造设备:变频器

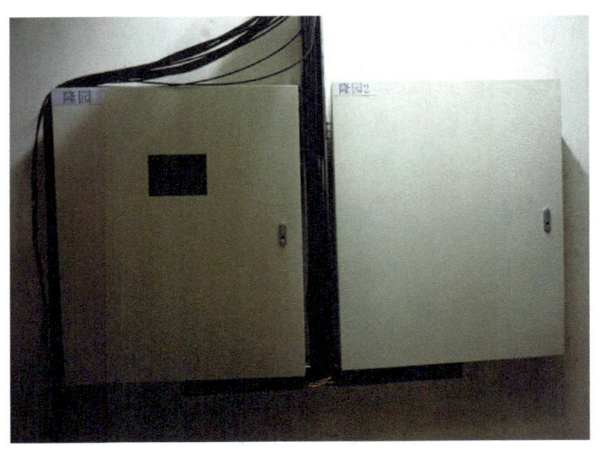

换热站能耗监控系统

改造现场施工图

2. 主要成果。

智慧供热能源管理平台：通过项目改造建立北辰区智慧供热能源管理平台，对热源、管网、换热站的实时生产数据进行监控管理，直观、高效地调整各种参数，准确、及时地处置供热事故，科学分析各种历史数据，制定最佳的调度方案和生产运行计划，从而达到科学调度、节能增效、稳定运行的效果。

供热能耗：北辰区2015—2016年度采暖季，折算到换热站的耗热量为0.48吉焦/平方米，节能改造后，2016—2017年度采暖季和2017—2018年度采暖季，改造换热站平均单位建筑面积耗热量分别为0.37吉焦/平方米和0.41吉焦/平方米，相比改造前分别降低22.92%和14.58%。

耗电量：改造后2016—2017年度采暖季平均电耗为1.43千瓦时/平方米，节能改造后单位建筑面积耗电量分布在1.11千瓦时/平方米～2.23千瓦时/平方米，较改造前节电13%～25%。例如，宜鹏园中区节电量为24.88%，秀水馨苑高层高区节电量为24.70%。

补水量：改造后，部分换热站补水量得到有效控制，相比改造前北辰区2015—2016年度采暖季单位面积补水量25.00千克/平方米，改造后2015—2016年度采暖季有64%的换热站单位面积补水量低于平均值，2016—2017年度采暖季，在供热期延长25天的前提下，有43%的换热站单位面积补水量低于平均值，其中秀水馨苑低区和秀水馨苑高层换热站单位面积补水量为零。

板换效率：改造后各供热系统板换热维持在高效率运行，平均换热效率在95%以上，2015—2016年度采暖季有9个换热系统换热效率大于99%，2016—2017年度采暖季有12个换热系统换热效率大于99%。

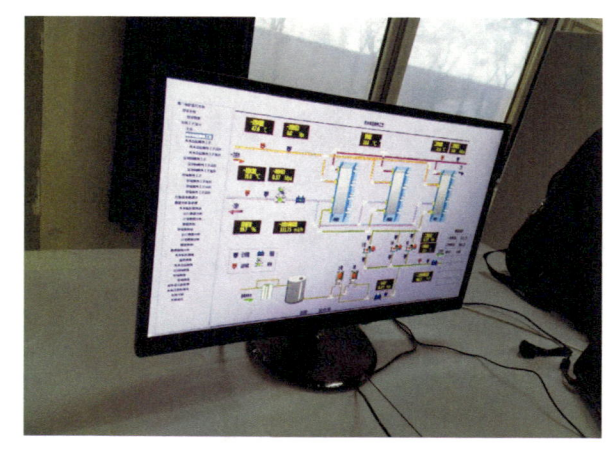

能源管理平台服务器现场图

北辰区智慧供热能源管理平台界面

供热策略：改造后丰富了供热站及换热站供热调节手段，由单一的质调节变成根据室外气象变流量质与量调节，实现节能降耗。

社会效益：节能改造后，2016—2017年度采暖季供热中心接到住户投诉由改造前2015—2016年度采暖季的7886个下降到3623个，降幅达到54%，供热质量提升显著，有利于共创和谐社会，社会效益明显。

经济效益：经测算，改造后2016—2017年度采暖季总节能量9202.88万千瓦时，总节电量67.31万千瓦时，总节水量9298.29吨，按居民供热计量热价

0.13元/千瓦时，天津市发展改革委《关于工商业用电价格的通知》(津发改价管〔2015〕308号)工业用电0.90元/千瓦时，水价按7.85元/吨计算，节省1264.25万元，取得良好的经济效益。

环境效益：经测算，相比改造前，仅考虑耗热量，改造后两个采暖季节共节能19928.82吨标煤，减少二氧化碳排放13352.31吨，二氧化硫排放328.83吨，氮氧化物排放310.89吨。

北辰智慧供热能源管理平台手机软件界面

武 清 区

【概况】 2017年，武清区深入落实以城市化为主导的率先发展战略，加快基础设施建设，加强房地产市场管理，规范细化城市管理，实现了生态环境质量、城市服务功能、综合管理水平、开发建设品位的进一步提升，城乡建设工作取得了新成绩。

一是高标准推进新城规划建设。以新城西部、城际铁路以南、泉州新城等片区为重点，积极推进土地招商及供应，注重引进实力企业和特色项目，提高城市建设品质。

二是不断提升城区开发建设水平。新城城投熙和园、雍鑫莱茵翠景、鸿坤原乡郡等一批高品位住宅项目加快建成，商业开发快速推进，以创意米兰、亚平宁广场等项目为标志的前进道特色商圈初具规模，旧城片区新光广场、荔隆广场、华祥新天地等精品商业街区规模显现。

三是不断完善公共服务设施建设。启动实施城区部分道路新建改造工程及城市健康绿道建设、城区排水设施提升改造工程，城际站南站新建及武清东站改造方案全部完成。同时，加快推进综合管廊规划建设，成立综合管廊工作领导小组，明确今后一个时期的工作目标和任务，全力做好京津产业新城及大学创新园区两个区域综合管廊规划编制工作。

四是加快实施路网工程建设。加快推进纳入市级重点督办项目的杨北路、高王路、九园路（东、西段）以及区级重点工程城区东环拓宽改造、京津塘高速公路大王古庄出入口建设项目。

五是大力推进城棚户区改造。启动武清区范围内棚户区及剩余平房片区拆迁改造，以及广厦东里、育德巷老旧危楼改造工作，完成4个老旧社区综合改造提升和16个老旧社区综合改造。

六是推进示范镇建设。崔黄口、汊沽港、梅厂等示范镇二期、还迁区建设等均按照既定方案稳步有序推进。

七是继续深入推进"公交都市示范区"建设。改善提升区域公交运营服务水平，启动实施了武清客运站、大沙河公交枢纽站新建工程。其中，大沙河公交枢纽站完成建设，完成567路、569路、560路等6条城区公交线路新开或优化调整工作，在天津市率先投放40部低噪音、零排放纯电动公交车，分布于城区公交563路、748路和752路3条线路中，全面打造绿色交通，创建低碳环保城区。

八是累计实施22.67万户农村地区煤改清洁能源及工业锅炉、商业散煤、农业生产用煤等专项整治，保障了群众清洁取暖。

【基础设施建设及投资】 1.基础设施建设。城际武清站南站新建工程、津蓟铁路武清东站综合改造工程，均已完成规划方案制定。综合管廊规划建设，计划在京津产业新城、国家大学创新园区2个区域进行综合管廊规划建设。引滦二线水厂及管网建设，已完成选址、控规调整；管网工程已完成征迁工作。电力设施建设，扎鲁特—青州800千伏特高压直流工程、高场220千伏输变电工程，均已完成建设，投入使用；完成立新、大康庄、大王古、南蔡、向阳、华夏园6个110千伏变电站及河西务、寺各庄、灰锅口3个35千伏变电站新建扩建工程。殡仪馆改造提升工程，完成控规调整，制定规划方案。

2.重点项目建设。健全完善监督考核机制，充分发挥重大项目前期指挥部牵头推动作用，实行"周碰头、旬调度、月考核、季点评"的工作机制，建立项目前期工作进度台账和问题项目台账，随时关注项目进展情况，梳理汇总制约项目进展的困难和问题，针对存在的问题，研究分类解决办法和有针对性的推动措施。2017年，5000万元及以上开工项目47个。铁科院、北汽海纳川等一批投资超亿元的大项目开工建设。

3. 固定资产投资。制定年度固定资产投资指标，分解落实到各相关单位，定期组织召开固定资产投资推动会，加大督促检查力度，建立奖惩约束机制，按时通报各单位投资完成情况。激发社会领域投资活力，深化投融资体制改革，促进民间投资持续健康发展，2017年固定资产投资完成1051亿元。

【建筑业及建筑市场】 2017年，武清区建委加强区管建筑业企业信息化管理，严格审核企业上传内容，包括企业基本信息、人员实名制信息、工程业绩信息和企业信用信息四类，及时做好企业资质动态核查工作，保证市场信用机制。2017年，完成建筑业资质管理人员核验入库172家，其中现有资质换证人员入库78家、新办资质人员入库94家。完成企业信息维护核验入库94家，信息变更（更新）90家，2001版标准劳务资质日常变更93家。

【重点工程建设情况】 1. 京津冀协同发展。一是抓思路谋划，明确工作重点。深入谋划武清区"十三五"的功能定位和发展思路，提出要围绕京津卫星城、美丽新武清的总体目标，把年度工作分解细化为6大项、66个子项重点任务，逐一明确牵头责任，层层压实目标任务，推动各项工作高标准推进、高水平落实。二是抓项目招商，注重实际成果。2017年共组织3次区级大型签约活动和3次在京集中座谈签约活动。2017年引进项目268个，引资到位182亿元，中国铁路总公司行业服务基地、商务部大数据中心、中科院微生物制剂研发中心、中水电公司天津总部等一批优质项目落户。三是抓对接合作，提升协作水平。2017年，有50个部门对口签订了人才、教育、卫生、文化、旅游、环保、商务、应急、安全和维稳等56项合作协议。推动与通州、廊坊接壤的11个镇在环境污染治理、产业链延伸互补、治安联防联控等领域主动加强对接，11个镇街与通州、廊坊相邻镇分别签署了战略合作协议。四是抓重点项目，增强协同能力。加强协调对接，加快推动京津产业新城、国家大学创新园区和医疗健康"微中心"规划建设工作，其中京津产业新城规划建设已制定总体规划方案并完成规划公示、专家评审、征求天津市相关部门意见及《京津产业新城环境影响评价报告》《京津产业新城水资源影响评价报告》批复；国家大学创新园区规划已形成阶段性成果；医疗健康"微中心"规划建设完成规划方案初稿，已委托招商中介机构开展招商对接。

2. 生态文明示范区建设。按照国家生态文明先行示范区建设要求，制定并下发《天津市武清区国家生态文明先行示范区建设实施方案》《中共武清区委办公室武清区人民政府办公室关于印发〈武清区国家生态文明先行示范区建设相关约束性指标和重点建设内容〉的通知》《关于加快推进生态文明建设建设国家生态文明先行示范区的实施意见》等文件，完成年度任务细化分解。推动经济发展质量、资源能源节约利用等49项约束性指标落实；建立环境影响评价机制、完成城区防污防治工程、实施中幼林抚育工程、建立新增项目用能核准制度等93项重点建设内容；推动生态建设机制、能源与节能管理、推进生态产业发展、发展绿色交通、推行绿色建筑、生态水务建设、提升绿色政务、自然资源资产负债表、碳交易和排污权交易9个方面39个重点工作体制机制创新的谋划；推动国家部委针对武清区提出的"探索建立领导干部自然资产离任审计制度""发展节能环保市场，推行排污权、碳排放权等交易制度和环境污染第三方治理制度"及"探索开展最严格水资源管理制度入河污染物总量控制指标分解及考核制度"三项制度创新示范任务。

3. 煤改清洁能源工程。武清区把高标准实施"无煤区"建设，按时完成年度煤改清洁能源工程各项工作任务。一是禁燃区内供热站改燃工程，共有4座供热站，18台、860蒸吨集中供热煤锅炉完成改造。二是相关镇供热站改燃工程，共有9个镇，31台、248.5蒸吨集中供热燃煤锅炉完成改造，另有汊沽港镇6台、20蒸吨集中供热燃煤锅炉进行并网改造。三是完成工业燃煤锅炉改清洁能源工程，共有795家企业、1070台锅炉完成改造。四是完成企事业单位煤改清洁能源工程，共有79家行政事业单位、105所学校和15家医院燃煤锅炉完成改造。五是完成农户改燃工程，累计实施了625个村、约22.67万户散煤清洁化治理工作。农业大棚、养殖小区农业生产散煤改清洁能源工程，共完成全部604户种植、养殖场生产散煤治理。六是完成武清区全部商业经营户涉及燃煤灶具、锅炉整改工作。七是完成无烟型煤炉具回收及炊事气化补贴工作，共回收炉具8.4万台；炊事气化补贴涉及10.17万户，已实现配送和售后服务网点全覆盖、补贴卡发放率100%。

4. "美丽武清"建设。继续开展"四清一绿"行动，推进美丽武清建设。2017年，绿化美化方面，完成61平方千米春季林业绿化工程、12项城区绿化新建及改造工程，津北森林公园完成一期工程建设，共造林2.26平方千米。清新空气方面，研究印发了《武清区2017—2018年秋冬季大气污染综合治理攻坚行动方案》，组织召开武清区加快推进及环境保护整改工作落实暨大气质量治理工作会议，对秋冬季大气污染综合治理工作进行了安排部署。自2017年9月6日起，实施日调度、周推动工作调度制度，确保各单位将大气污染防治措施落实到位。制定了《武清区集中开展"散乱污"企业整治取缔工作方案》，成立了散乱污治理工作领导小组，目前列入武清区"散乱污"企业清理整顿清单企业共1074家，其中关停取缔类企业735家，已全部完成"两断三清"。2017年空气质量天津市综合排名第二位。清水河道方面，实施水环境专项治理，制定并印发《武清区地表水治理方案》，完成年度治理任务。制定并印发《武清区深化河长制实施意见》《武清区深化河长制实施方案》《关于成立武清区河长制工作领导小组的通知》及13项管理制度；各镇街及园区级河长制实施方案已编制完成并报武清区河长办备案。已完成河湖坑塘细化核查和一、二级联镇骨干渠道河长制公示牌设置。完成14座污水处理厂提标改造任务、北运河京津塘高速桥至郑楼村段综合治理工程，启动二支渠综合治理工程，已完成建设方案编制。清洁土壤方面，制定《武清区土壤污染防治工作方案》及土壤污染治理及修复规划编制，并报市环保局备案；建立了武清区疑似污染地块名录；完成武清区农用地土壤污染状况详查点位布设核实；组织开展工业固体废物和危险废物堆放点排查、土壤污染

5. 路网工程建设。2017年，武清区城区新建道路工程3条，包括运河西路（光明道至雍阳西道）、雍和道（翠通路至翠源道）、南财源道（泉兴路至新华路），道路全长2200米，2017年全部竣工通车。武清城区东环线加宽工程（不含北运河桥）完成监理、设计施工总承包招标及备案工作；北运河桥完成设计方案编制；高王路北延工程完成监理、设计施工总承包招标工作；杨北东环联络线工程完成立项延期。

6. "双万双服"工作。成立武清区"双万双服"活动领导小组及各级工作组并印发了《武清区2017年"双万双服"活动工作方案》《武清区2017年"双万双服"活动企业三级领导包联工作方案》《区"双万双服"活动考核实施办法（试行）》，完成"政策一点通"网站宣传工作，2017年有效解决平台企业问题1128个。

7. 北运河综合开发工程。委托天津规划设计院编制《北运河及两岸地区综合景观规划》（稿），根据天津市京杭大运河综合开发规划定位，确定了11个规划开发建设点位，已完成设计招投标工作，对各个规划点位及周边历史文化情况进行了调研和资料整理；编制《大运河武清段通航及沿线主要节点建设实施方案》《大运河武清段规划方案》，并报送天津市规划局。

8. 特色小镇建设。着力创建培育特色小镇的工作，积极打造一批实力小镇、特色小镇。2017年，大王古庄镇京滨智能装备小镇、河西务（十四仓遗址）津卫文化小镇、下伍旗津北林溪小镇、大良颐养小镇、大孟庄蒙村古镇、南蔡村百花小镇、大碱厂田园综合体小镇、徐官屯运河风情小镇、黄庄运河遗址休闲聚落欧式风情小镇和北运河旅游休闲小镇申报市级特色小镇。其中，京滨智能装备小镇被列入（第二批）国家级特色小镇创建名单和市级（第二批）实力小镇，其余8个小镇被列入为市级培育名单。

9. 全运会分赛区筹备组织工作。完成体育中心建设，完成乒乓球、铁人三项、水上马拉松赛事设施建设，配合组委会做好马拉松、乒乓球、铁人三项和水上马拉松赛事筹备组织工作。

【城建信息化与管理】 2017年，施工公开项目全面实行电子开评标，共组织建设工程招投标项目372个，同时加强评标专家抽取工作管理，所有项目评标专家统一从天津市中心专家库抽取，做好交易数据的信息统计上报工作。牵头完成2017年度武清区施工企业、监理企业、招标代理企业信用等级评定工作。

【房地产市场及行业管理】 1. 房地产市场管理。2017年，武清区新建商品房上市17873套，上市面积222.6万平方米。成交17088套，总建筑面积204.2万平方米，成交金额237.8亿元，总成交均价11644元/平方米。其中，商品住房成交均价为11803元/平方米。二手房成交8601套，总建筑面积86.8万平方米，成交金额68.8亿元，成交均价7587元/平方米。开展武清区在售商品房项目检查，实现全覆盖。2017年检查新建商品房销售现场486次，对刚取得销售许可证的32个项目进行了重点检查，有效地规范了房地产市场。对已备案的中介机构门店进行198次巡查，对未备案的中介机构进行60次巡查。受理了53家中介机构的备案申请，完成了网上信息的受理、复核、审核，最终完成了备案证明的发放工作。受理开发企业173个监管账户728栋楼的现场查勘申请，受理开发企业36个监管账户

99栋楼的预售重点资金拨付现场查勘申请，对企业填报各幢楼的形象部位进行现场查勘核实，做到3个工作日内上传监管中心。开展2017年4月1日前已销售未网签商品住宅的统计工作。4月1日前已销售未网签的商品住宅总计5399套，其中有销售许可证的1194套，无销售许可证的4205套，无证售房共涉及9家企业的9个项目，并于5月10日将名单上报天津市国土资源与房屋管理局。同时，坚持房地产市场信息每月分类汇总，掌握武清区房地产市场发展动态，形成市场动态报告，积极主动地引导房地产市场持续健康发展。加强房屋租赁登记备案管理，紧密结合辖区房屋租赁实际，认真做好登记备案办理、资料装订、归档等工作，取得明显成效。2017年，完成房屋租赁登记备案1610件、建筑面积39.14万平方米。

2. 拆迁管理。以区级重点工程建设为中心，按照独立、客观、公平、公正原则开展评估工作。2017年，完成5138处住宅房屋拆迁评估外业测量工作，出具部分估价结果报告2000余份。做好拆房工地扬尘治理工作，一是加大巡查检查力度，2017年出动巡查人员515人（次），巡查拆房工地261处（次）。二是运用平台加强监控。积极发布预警，2017年，发布Ⅱ级预警3次，Ⅲ级预警10次，Ⅳ级预警2次，响应重污染天气应对工作各项紧急通知50余次。同时，做好已取得拆迁许可证项目拆房安全排查工作，并建立台账；办理杨村街房屋拆迁许可证延期6件，确保原已取得拆迁许可证的拆迁项目依法实施。

3. 保障房管理。2017年，办理廉租住房租房补贴2户、发放限价商品住房资格证明112户、办理廉租住房出租人补贴23户，确保符合条件人员应保尽保。2017年办理补充住房公积金开户及基数或比例调整196件、办理套改2户。

4. 房屋安全管理。2017年，完成房屋安全鉴定91件，总面积21.82万平方米。认真开展老旧房屋和既有玻璃幕墙安全隐患大排查大整治工作，加强既有房屋安全管理，完成六个老旧小区楼房安全鉴定和房屋安全隐患紧急排险。

5. 公用公房管理。2017年，完成公用公房单证（只有土地证或者只有房产证）和无证情况调查工作。截至2017年底，武清区有公用公房单证133家、无证346家，对其中8处公用公房进行了现场查勘，督促使用权人消除安全隐患。

6. 物业管理。2017年，武清区物业管理企业217家、物业管理项目（小区）400个，其中，住宅258个、非住宅152个。物业管理面积4197.34万平方米，其中，住宅3594.43万平方米、非住宅602.91万平方米。在2017年天津市物业服务企业信用等级考评中，武清区有83家企业纳入考核。其中，AAA级26家、AA级48家、A级9家，没有B、C级企业，AAA和AA级得到明显提升。在天津市物业管理服务等级化考评中，武清区有128个项目参与考评，其中获得优秀35个，良好57个，合格36个。

7. 执法监察。2017年，治理危害房屋安全使用行为20起。其中，已经恢复原状的16起，已同意恢复但不在本地的2起，已立案并进入行政处罚程序的2起。办理涉及房地产开发企业案件14件，处罚结案5起；转办涉及房屋中介违法案件29起，处罚结案4起。教育规范、送达责令停止违法行为通知书29起。

【城建科技与节能】 1. 绿色建筑发展。贯彻落实《民用建筑节能条例》《天津市绿色建筑行动方案》，按照《关于印发〈天津市2017年建筑节能和绿色建筑工作要点〉的通知》文件精神，积极开展辖区内建筑节能减排工作。一是增设建筑节能管理科。定行政编4名，其中科长1名，通过设置专业科室，充实专业力量，更好开展建筑节能监督、管理、协调、宣传、基础数据管理等工作。二是安排建筑节能专项资金。按照天津市建委《关于印发〈天津市"十二五"建筑节能目标评价考核实施方案〉的通知》和《天津市建筑节约能源条例》文件要求，由武清区财政每年安排专项资金，推动建筑节能工作，专项用于建筑节能科学技术研究、既有建筑节能改造、发展绿色建筑、可再生能源应用、公共建筑能耗监管，以及建筑节能示范工程、节能项目的推广等工作。三是做好建筑节能技术资料备案。坚持所有建设项目都要进行建筑节能备案，备案率100%，对不进行网上节能备案的项目，不予办理质量监督安全措施备案，并通过施工图审查备案、建筑节能技术资料备案和建筑节能竣工资料备案严格控制四步节能和绿色建筑的实施推广，并安排专人随时更新系统中建设项目的形象部位，全面掌握项目进度情况。2017年，网上节能技术资料备案建设项目278余项、总建筑面积约331万平方米；网上节能竣工备案建设项目27余项，总建筑面积约36万平方米。四是做好民用建筑能耗统计。围绕天津市建委民用建筑能耗统计总体部署，确定一名副区长负总责，由武清区建委牵头，燃气、供热、供水、电力等多部门配合，各乡镇街分区域开展具体工作，统计过程中加强基础数据信息采集积累和重点单位能耗监测，设定专人随时上传、更新和上报数据，其中杨村街、下朱庄街、徐官屯街、东蒲洼街、黄庄街、河西务镇、汊沽港镇、王庆坨镇、曹子里等镇保证不少于2名工作人员，其他镇保证至少1名工作人员负责。五是推进建筑节能及绿色建筑"十三五"规划工作。完成了《武清区建筑节能及绿色建筑"十三五"规划》编制工作。六是推动绿色建筑发展。全面落实《天津市绿色建筑行动方案》，强化宣传、倡导、鼓励、推动绿色节能建筑发展，同时严格执行四步节能政策，在土地出让前明确节能指标，带条件出让。要求自2015年5月1日以后取得建设工程规划许可证的所有新建示范小城镇、保障性住房、政府投资建筑和2万平方米以上大型公共建筑全部执行绿色建筑标准。2017，武清区实施绿色建筑的项目包括：嘉宇广场、秋海广场、雅郡花苑二期、嘉悦广场、武清区农机化实训检测基地建设工程、鸿苑花园、福岗嘉苑、亿嘉园、亿韵园、嘉翔广场、嘉元广场、俊澜园、御河广场、玉珑佳苑、前进道加油加气站、武清万武电商产业园、龙润广场、龙田广场、嘉和广场、天狮研发中心、瞰湖花苑、汇鑫商务广场、威壹汽车中心、合家广场、溪汇广场、溪悦广场、科隆广场、燕云花园和品澜花苑等44项工程，总建筑面积约166万平方米。七是推广和应用可再生能源。落实《天津市居住建筑节能设计标准》（DB-1-2013）文件要求，把控关键环节，执行加大可再生能源的推广和应用，全面推行居住建筑四步节能。截至2017年底，保利、首成、富力、雍鑫、万城、新华联、红星美凯龙、恒大、卓越、五一阳光、浩泽等公司开发的多个住宅小区应用太阳能生活热水，总建筑面积约150万平方米。江盛园、沐景园住宅小区建筑面积12万平方米，采用地源热泵浅层地热源系统供热。武清开发区已建成2家新能源站，签约1家新能源站。其中，华电分布式能源站是为工业开发区提供发电、供热、供冷、工业蒸汽和生活热水综合性解决方案的能源站，通过能源梯级式利用，解决了武清区能源供应紧张和能源利用效率较低的问题。信义玻璃（天津）有限公司10兆瓦光伏发电项目装机容量为10兆瓦，光伏陈列全部安装于信义玻璃（天津）有限公司厂房屋顶，占用面积约为31万平方米，有40瓦至250瓦光伏发电板40536块，年发电量1027万千瓦时，年节能量1129万千瓦时，折合标煤451.6吨，对节能环保有重要示范引领价值。中电投武清开发区分布式光伏发电站项目将由中电投北京新能源有限公司投资建设，项目在武清开发区内建筑屋顶建设分布式光伏电站，利用屋顶面积约200万平方米，规划总装机容量为16万千瓦。

2. 建筑节能和绿色建筑执法检查。一是加强施工现场管理和专项检查。定期开展建筑节能专项检查，增加巡查、抽查和综合检查频次，严格控制施工质量，加大对非备案、非节能建筑材料的打击力度，加强建筑节能工程进场材料检测和复试报告管理，积极推广新技术、新材料、新工艺、新设备的应用，建筑节能质量安全管理工作常态化。按照《天津市建筑节约能源条例》和《关于印发〈天津市2017年建筑节能和绿色建筑工作要点〉的通知》文件要求，2017年4月和9月开展了两次建筑节能专项检查，累计检查在施建筑面积195万平方米，下达责令整改通知书14份，提出整改意见31条。二是建筑节能推广、限制和禁止使用情况。对进入施工现场建筑节能工程使用的保温材料、门窗、空调、通风、热泵及楼宇控制等材料、设备，包括凡是未经节能备案的，无"四新"认证的，一律清除出施工现场。强制推行建筑节能专项验收，未组织节能专项验收的项目，不得进入下阶段施工，同时不予竣工验收备案。三是强化新型建材使用管理。所有施工现场全部禁止使用现场搅拌混凝土，加大监督巡查、检查力度，一经发现，严肃处理。所有项目必须全部使用预拌砂浆，全面禁止现场搅拌，施工现场不得放置砂浆搅拌机械。坚决执行"禁粘""禁实"工作，所有建筑物正负零以上全部不得使用页岩实心砖或其他粘土制品。新建四步节能项目应用门窗应符合《市建设交通委关于印发天津市建筑门窗节能性能标识管理办法的通知》文件要求。

3. 装配式建筑。2017年，武清区积极推进建筑产业现代化进展，贯彻落实市建委《关于加快推进我市建筑产业现代化发展（2015—2017年）实施意见》（津建科〔2015〕543号）、《市建委关于在天津市建筑产业现代化项目规划条件中提供相关建设指标的通知》（津建科〔2016〕100号）文件的要求，武清区人民政府办公室也印发了《武清区人民政府办公室关于推进我区建筑产业现代化有关工作的通知》到各有关单位，细化了职责分工，并在行政审批实际工作中已实现将建筑产业现代化纳入规划选址意见书。根据天津市建委《关于收集天津市装配式建筑部品部件生产信息的通知》，为进一步推动天津市装配式建筑发展，促进部品部件的标准化、规模化、专业化、信息化生产，武清区积极开展装配式建筑部品部件收集工作，组织辖区生产企业认真填写相关信息，严格审查核实。2017年，天津住宅建设发展集团有限公司、天津正通墙体材料有限公司两家企业供天津市装配式建筑项目选用，并对进行装配式建筑项目建设的企业积极进行装配式建筑的宣传与引导。

【海绵城市与地下管廊】 贯彻落实

国务院办公厅《关于推进海绵城市建设的指导意见》(国办发〔2015〕75号)、住房城乡建设部《海绵城市建设技术指南》《海绵城市建设绩效评价与考核办法(试行)》及天津市建委等有关文件精神,对照《2017年各区人民政府海绵城市建设工作考核表》,推动落实海绵城市建设。2017年,武清区成立海绵城市建设工作领导小组,具体统筹协调海绵城市建设各项具体工作。制定《武清区关于推进海绵城市建设工作方案》,明确工作目标、组织机构、任务分工及保障措施,委托天津市市政工程设计研究院编制《天津市武清区海绵城市专项规划》,按照规划编制程序召开专家论证会及部门意见征求等工作,该规划通过武清区政府会议审批。同时,参照市级机构职责设置和武清区实际,对照《天津市海绵城市建设工作绩效考核办法(试行)》,制定并印发了《武清区海绵城市建设工作领导小组成员单位职责》和《武清区海绵城市建设工作任务分解表》。

2017年,武清区严格实施规划审批。对2016年8月1日以后核发的规划条件及选址意见书所涉及的建设项目,加强规划审批管理,做到将海绵城市建设技术指标全部纳入规划条件,同时在建设工程"两证一书"批复、施工图审查、施工许可等环节,将海绵城市相关工程措施作为重点明确和审查内容。截至2017年底,共核发了规划条件131件,选址意见书18件,建设用地规划许可证28件,建设工程规划许可证11件,共计188件规划审批行政许可涉及海绵城市建设内容。

统筹推进在建项目海绵城市建设,对未竣工且有实施条件的三十余个在建项目,严格执行《市建委关于加强海绵城市建设规划管控工作的通知》(津建规〔2017〕308号)要求和《天津市海绵城市建设技术导则》规定,及时调整设计,补建完善海绵城市设施,确保海绵城市建设目标落地实施。

积极推进造林工程和公园绿地建设。2017年,完成造林74.67平方千米、植树478万株,实施通道绿化工程、河道绿化工程、片林绿化工程等八项绿化工程,武清区绿化水平得到显著提升。位于武清新城翠亨路西侧的翠亨路生态绿廊工程,长约1800米,宽约为161米,工程建设面积31.2万平方米。按照《天津市海绵城市建设技术导则》要求,该工程在规划设计之初就突出海绵城市设计理念,着力在"渗、蓄、滞、净、用、排"上下功夫,采用透水混凝土铺装,雨水花园、生态洼地、排水管网等措施,全力助推海绵城市建设。截至2017年底,该项目整体工程已完成75%。

积极推进城市排水建设相关工作。武清区已落实《武清区排水专项规划方案》修编工作,正在开展前期准备工作。同时,武清区水务部门正在制定初步工作方案并积极配合武清区审批部门对涉及水务工作的相关联审项目,提出海绵城市建设相关内容的意见及建议,确保相关工作任务落到实处。

完善投融资机制。武清区制定推进政府和社会资本合作(PPP)模式统一规范的工作流程,依据《天津市人民政府关于推进政府和社会资本合作的指导意见》(津政发〔2015〕10号),研究起草《武清区关于促进政府和社会资本合作(PPP)模式规范发展的指导意见》,规范项目管理。吸引社会资本参与海绵城市项目建设,为海绵城市建设提供必要资金支持。

广泛开展宣传引导工作。各镇街通过多种宣传方式和手段,积极开展宣传发动工作，大力普及海绵城市建设理念，指导社区居委会加强对小区居民的宣传动员、沟通协调。同时，开展小区居民对海绵城市建设的改造意愿及诉求的摸底调查工作，收集、整理片区内住宅小区总平图、排水图等相关资料，为下一步海绵城市建设工作的决策部署提供重要参考依据。

明确试点工程项目。2017年，武清区大力推进海绵城市示范区建设，现已将国际企业社区二期项目确定为该区海绵城市试点项目并启动建设，该项目位于武清开发区新开路，现有场地周边已规划设计完善的雨水管网。该项目严格按照《天津市海绵城市建设技术导则》标准进行规划设计，以控制径流总量为主要目标，综合采用下凹式绿地、屋顶绿化、透水铺装及多功能场地等多种雨水调蓄与控制措施，确保满足海绵城市的建设要求，同时为后期海绵城市在武清区的推广提供重要借鉴。

【建设工程质量安全】 2017年，武清区建筑工程项目269项、建筑面积1095万平方米。其中，新开工项目98项、建筑面积269万平方米，跨转项目171项、建筑面积826万平方米。截至2017年底，竣工项目96项、建筑面积301万平方米，在施项目173项、建筑面积794万平方米。竣工项目一次验收合格率达到100%。2017年，武清区开展建筑工程质量安全专项检查20次，检查项目2596项次，下达责令整改通知书587份。其中，质量整改240份、提出整改意见649条，安全整改375份、提出整改意见1485条；下达暂停施工通知书94份、提出停工意见422条，问题均已整改完毕，监督检查基本覆盖该区36个镇街和园区。持续推动建设项目创优，获得市级文明工地13个、市级文明施工示范工地5个、"海河杯"项目15栋。结合"打非治违"专项行动、冬季施工质量安全大检查、开（复）工专项检查、建设工程质量安全百日大检查等各类专项检查，2017年召开专题工作会议3次，组织应急观摩演练1次，发放宣传资料1000余份，短信平台录入748人次，发送管理、预警等相关信息123次、共59521条。推广安装建筑工地远程视频监控系统，累计完成视频监控联网工地201个、扬尘监测联网工地243个，区级重点工程及创优工程项目监控实现全覆盖，建筑安全监管信息化水平提高。

【建设领域行政处罚】 依据《中华人民共和国行政处罚法》《中华人民共和国建筑法》《天津市建设工程施工安全管理条例》《天津市建设工程质量管理条例》等法律条例，依法依规依程序做好建设领域行政处罚工作。2017年，完成建设市场行政处罚案件主要包括未组织招标、未取得施工许可擅自开工建设、中标项目经理不在现场等违法违规行为，全年完成市场行政处罚144项，处罚金6158.20万元。

【建设领域行政审批】 健全公开招投标评标程序，做到评标过程中每个细节均有详细记录，使评标过程更加严谨，避免招评标过程中的随意性操作、违规操作等行为，杜绝虚假招标、违规招标。充分发挥窗口作用，积极开展窗口服务、超前服务、重点服务和上门服务，简化办事程序，提高办事效率。严格审核招标文件、勘察、设计、监理、施工、分包合同条款的合法性和公平性，对与中标内容不一致的条款、违法条款、显失公平的条款予以纠正，维护建设工程交易的严肃性和交易双方的合法权益。2017年，完成工程报建277项，总面积960.6万平方米，报建投资662.2亿元。完成工程施工招标备案192项，建筑面积611.2万平方米，中标总价110.7亿元,其中公开招标75项、建筑面积275.4万平方米、总价29.2亿元。勘察招标备案110项,设计招标备案165项,监理招标150项。完成施工合同备案178项,建筑面积588.6万平方米,合同总金额112.8亿元;分包合同备案68项,合同总金额5.1亿元;完成工程项目勘察合同备案89项、设计合同备案119项、监理合同备案136项;合同结算备案6项。完成2017年度天津市建筑施工企业、监理企业、招标代理企业的信用等级评定工作。

【公路管理】 1. 公路建设管理。推进交通基础设施建设、深化"公交都市示范区"建设和京津冀协同发展。2017年,完成武清城区东环线加宽、高王路北延新建及杨北公路、九园公路(宝坻武清界—北辰武清界)改建等工程项目立项手续。大修乡村公路116.67千米。优化调整公交线路3条,新开通区内公交线路3条;延伸引进市区公交1条;投入纯电动公交车40部。北京市通州区、天津市武清区、廊坊市签署了三方公路交通框架协议。大沙河公交枢纽站竣工。公路超限超载车辆控制在1%以下。

2. 公路养护管理。2017年,养护国省级干线公路401.789千米,其中国道3条88.96千米,省道15条,312.83千米;区县级道路21条,244.06千米。桥梁88座。完成路面维修32.3万平方米,路肩维修101.1万平方米,边坡维修31.6万平方米,路肩除草784.2万平方米,边坡除草1323.5万平方米,标志维修1.3万块。完成列养桥梁安全检查2次,更换止水带1116米,维修桥栏杆80米。完成大东线部分路段明改暗排水设施改造及路肩硬化。完成区以上道路401千米排水设施养护。加大养护机械设备投入,提升养护效率及效果。2017年上半年投资75万元购置4台护栏清洗设备、8台振捣夯、1台车载打桩机和1台吸尘式切缝机。大中修项目维修方面,启动区县级公路维修计划,每年安排2000万元区级补助资金。2017年完成津永路、崔霍路、杨聂路、小王村路、王河支路、杨聂路、河大路、杨王路和大黄堡支路9条路立项。津永路、崔霍路和杨聂路3项工程完成招投标,其余项目发布招标公告。崔廊公路维修工程建设里程1.01千米、崔杨公路津围线至大东线长11千米,均完成招投标。

3. 生命防护工程。2017年,完成全部21条区县级公路安全生命防护工程的方案设计、项目建议书、立项、施工图设计、施工图审查。国省级公路生命防护工程完成梅丰线、崔杨线、崔廊线、武宁线、高王线、大东线、津永线、宝武线、武香线、武静线、南东线和北杨线,共12条干线沿线交通安全设施。

【城乡环境建设】 1. 基础环卫设施。一是筹建垃圾焚烧发电厂项目。天津泰达环保有限公司已通过法律程序取得用地使用权,正在进行前期手续办理工作。二是加强公厕建设管理。在城区选址新建公厕4座,同时完成了城区37座公厕整修工作,增加公厕内标识,完善无障碍设施。三是更新、补设城区道路两侧果皮箱600个。四是对13家新建成的住宅小区的非经营性环卫设施进行验收、移交,共验收、接管新建住宅非经营性公建13个。

2. 城市环境保洁。一是提高机械化作业水平。2017年共计购进电动洒水车2辆,吸污车1辆,双排座自卸车6辆,落叶吸尘车6辆,大型洒水车3辆。二是加强路段保洁作业强度。"创城"及全运会期间全体路段工人每天全员上岗,重点道路增加保洁员人员,同时延长工作时间,加大日间保洁力度。三是开展垃圾大清整活动。2017年共组织大规模垃圾清整65次,累计出动车辆121台次,人员800余人次,清理垃圾70余吨。四是做好重污染应对工作。根据预警级别和天气状况,及时调整洒水和水洗作业方案。五是做好天津市道路保洁"以克论净"考核工作。

3. 镇街环境建设。一是组织开展武清区环境卫生大清理大检查大整改活动,2017年武清区共排查垃圾点位717处,已全部完成清整任务并建档备案。二是组织开展了春季、夏季、冬季农村环境大清整和环境综合整治活动,农村环境卫生面貌有了较大提升。三是完成了24个镇非正规垃圾堆放点的排查工作,经梳理汇总共涉及7个镇10处非正规垃圾点位,要求其加强管理。四是下大力抓好5个镇25个建制村的环境综合治理工作,并按照要求建立了"一村一档"。五是组织完成了2017年四个季度镇村环境考核工作。

4. 城市绿化建设。一是完成盛世道、翠景园西侧围墙外、体育中心周边、南东路、盛世景园北侧等道路空白地块进行绿化建设。二是对城区主干道路翠通路、强国道等道路两侧绿化及双龙公园进行提升改造。三是针对重点道路做好补绿增绿工作。四是完成103国道高速连接线高架桥垂直绿化工程。五是实施了武清新城健康绿道工程、新开路与光明道交口公园绿地工程、103国道与清泉路交口公园绿地工程和翠亨路生态绿廊工程。以上项目除生态绿廊工程为跨年度工程,整体工程完成约75%外,其余工程均已验收合格。2017年,工程建设面积42.6万平方米,绿化提升面积35万平方米,共种植乔木5020株,灌木11305株,常绿482株,球形植物446株,模纹7474.2平方米,地被草花54316.7平方米,草坪92400平方米。

5. 绿地养护。一是重点加强对988多万平方米专业绿地养护作业,增加绿地养护人员,采用绿化简报和微信等方式动态处理养护问题,限时整改并及时反馈,做到全覆盖、无死角。二是马拉松赛事前期,对103国道(前进道—北运河桥)中间隔离带花架进行粉刷;文化公园内种植各类草花9万多株;雍阳西道与泉旺路、泉发路、泉达路各个交口、103国道沿线等各节点种植草花73.19万株。三是拆除防寒围挡近41万延米,清洗维护护栏9080延米,清理枯枝死苗1.85万株。四是积极做好病虫害防治工作,效果明显。

6. 绿化公益宣传。一是配合武清区创城办工作,2017年上半年增加公园、广场道旗356面,宣传展牌60幅;运通广场设置果皮箱10套,成品座椅10套,增加U型护栏41个,小白护栏80米;文化公园增加道德模范展牌12个、绿地提示牌60个、各公园更换户外高清展牌15块,文化公园增加白色护栏1876米。二是在各公园广场增设学雷峰服务站,并配备多名志愿者在公园广场内为市民提供应急服务。

7. 市容市貌。一是对体育中心周边盛世郦园、盛世馨园、盛世景园、盛世睿园4个小区立面牌匾进行改造,对沿街商铺的违规广告牌匾进行统一拆除、更换,共计拆除违规广告牌匾4块,更新、重做417块,上字2450个。二是对103国道、雍阳西道、前进道等重点道路沿街24栋建筑外墙进行粉刷油饰,共计粉刷立面14万平方米,围墙6.5万平方米,栏杆3万平方米,加油站5座。三是对雍阳道、建国路、前进道三条道路沿线盛世馨园、雍景园、玉翠园、泽信金汇湾及部分机关楼等42栋建筑的夜景灯光进行了设置和改造。

【其他】 1.电网建设。全面对接融入区域发展，完成"十三五"配电网、农网改造升级规划调整。政企联合、属地运作，完成锡盟—泰州、扎鲁特—青州2条特高压和南蔡500千伏、高场220千伏输变电工程属地外协任务。立新等6座110千伏站，灰锅口等3座35千伏站，1433千米10千伏线路按期投运，完成12.5万户"煤改电"任务，武清全电压等级电网同期建成。加强质量管理，打造精品工程，寺各庄站等3项工程获国家电网天津电力优质工程称号，立新站获国家电网公司优质工程及输变电创优示范工程称号。

2.村镇建设。改造农村危旧房屋726户，改善农村困难群众住房条件；完成武清区2016年危改工作审计、人居环境调查、梅厂镇小雷庄村市级示范村创建项目规划编制、农村存量危房调查摸底及村镇固定资产投资统计统报等工作。

3.燃气管理。武清区供气形式采用天然气和液化石油气两种，其中天然气供气企业5家、液化石油气供气企业8家。2017年，武清区供气高压管网约146千米，中压管网约510千米，低压管网约1050千米。2017年办结燃气项目审批36件、信访100余件。委托华北设计院完成《武清区燃气专项规划》编制，科学合理规划全区燃气布局。制作《燃气用户使用手册》并下发改燃农户，开展相关改燃村庄燃气安全员安全培训2次。参与多部门联合执法，取缔和拆除非法加气站（点）2处。完成武清区高层建筑燃气安全隐患大排查工作，不间断开展中、低压管网及用户灶具安全用气排查，及时消除安全隐患。

4.供热管理。截至2017年底，武清区集中供热面积2643.46万平方米，城区2084.99万平方米、镇558.47万平方米。其中，热电联产供热面积429.85万平方米，燃气供热面积1556.15万平方米，燃煤供热面积460.52万平方米，地热供热面积196.94万平方米。完成2016—2017年度采暖期热计量表抄表、老旧管网改造项目市财政专项补贴资金申报、供热补贴资金清算及发放等工作。开展2017—2018年度采暖期供热计量抄表工作；配合天津市供热办进行供热计量试验项目现场检查；完成新建房屋集中供热配套设施专项验收，开具供热证明35件；组织开展供热行业无证经营普查1次、供热安全专项检查2次，覆盖了城区和相关镇集中供热站点；做好2017—2018年度采暖期信访工作，妥善处理各类信访问题6700余件。积极推行供热从平方米收费向计量收费的转型升级，在建住宅项目全部安装热计量装置。

宝坻区

【概况】 2017年，宝坻区在建建筑工程101项工程，建筑面积631.50万平方米，市政道路工程14项，2.03万延米。保障房项目49项，建筑面积350.84万平方米；商品住宅项目27项，建筑面积207.59万平方米；公共建筑项目6项，建筑面积6.99万平方米；工业项目19项，建筑面积66.09万平方米；市政道路工程14项，2.03万延米。竣工工程21项，建筑面积128万平方米。

【机构职能】 宝坻区建设管理委员会机构职能。

1.组织、协调城区有关公用基础设施建设与维修；负责区行政管理区域范围内城镇建设、市政公用设施、房屋建筑及配套设施等建设项目的建设管理;参与重大建设项目综合协调。

2. 负责全区各类建筑工程质量、施工安全、文明施工、施工现场的管理和监督。

3. 组织发布和监督实施国家和市相关部门颁布的工程建设标准和技术规范。

4. 负责建设工程交易管理、监督及信息服务工作。

5. 负责全区建筑业行业管理;组织编制建筑业发展规划;贯彻落实建筑业、建筑市场管理法律、法规。

6. 负责城镇建设和市政基础设施管理行政执法工作,承担区行政管理区域范围内与建设相关行政处罚工作。

7. 负责建筑市场、建筑项目勘察设计市场的监察和管理;负责工程监理、施工、设备、材料招投标活动的监督管理和工程合同的备案管理。

8. 负责区行政管理区域范围内建筑节能监督管理;负责建筑节能法律法规规章的贯彻执行;组织编制绿色建筑、可再生能源建筑利用规划、年度计划并指导实施;负责制定指导实施全区既有建筑节能改造计划职责;负责建筑节能新技术、新材料、新工艺的引进、推广和节能宣传教育、交流合作职责;负责全区公共机构、民用建筑能源消耗统计分析监督检查职责。

9. 组织编制建设系统科技发展规划,指导专业人才的培养和职工队伍的培训,负责建设信息工作的管理;综合指导建设系统体制改革、经济管理和建设审计工作,搞好档案管理和工会工作,做好纪检监察、综合治理和行政执法工作。

10. 负责指导全区村镇建设;负责宝坻新城市政公用基础设施及住宅配套设施的建设管理;指导协调区内村镇市政公用基础设施和农村住房改造工作;协调推动全区重点镇建设;负责村镇建设计划管理,组织编制区近期村镇建设计划和年度村镇建设计划并指导街镇建设计划的实施工作;负责与市相关部门关于城镇建设工作对接。

11. 承办区委、区政府交办的其他工作。

【内设机构】 根据上述职责,宝坻区建设管理委员会设7个内设机构。

1. 办公室。负责委机关会议组织、秘书事务、政务信息、保密工作;负责主任办公会议议定事项的检查落实工作;负责办理人大代表、政协委员提案、建议、提案工作;组织落实综合治理责任制;负责安全生产及安全保卫工作;负责机关的行政事务工作;完成机关领导交办的其他工作。

2. 政工科。负责机关及所属单位干部和离退休干部的管理;负责所属单位干部职工的奖惩、劳动工资、生活福利、保险的审核上报工作;负责人员的调配和考核工作;组织建设系统专业技术职称的申报、评定、聘任考核和管理;组织落实行政执法责任,负责普法工作和编制职工教育及人才培养规划,指导专业技术人才的培养和职工队伍的培训;负责本系统的党建、纪检监察、政治学习、思想教育工作;负责共青团、青年工作;完成机关领导交办的其他工作。

3. 财务审计科。负责机关财务、工程预算审计及管理和基层各单位财务审计、管理工作;完成机关领导交办的其他工作。

4. 档案科。负责编制、上报、保管建设系统档案,并做好日常管理工作;完成机关领导交办的其他工作。

5. 村镇建设科。负责指导全区村镇建设；负责新城市政公用基础设施及住宅配套设施的建设管理；指导协调区内村镇市政公用基础设施和农村住房建设工作；协调推动全区重点镇建设；负责村镇建设计划管理，组织编制区近期村镇建设计划和年度村镇建设计划并指导街镇建设计划的实施工作；负责与市相关部门关于城镇建设工作对接；完成机关领导交办的其他工作。

6. 节能管理科。负责建筑节能法律法规规章的贯彻执行；负责全区建筑节能的监督管理工作；组织编制绿色建筑、可再生能源建筑利用规划、年度计划并指导实施；制定指导实施全区既有建筑节能改造计划；负责建筑节能新技术、新材料、新工艺的引进、推广和节能宣传教育、交流合作；负责全区公共机构、民用建筑能源消耗统计分析监督检查；完成机关领导交办的其他工作。

7. 新建配套设施管理办公室。负责新建住宅红线内基础设施配套建设管理；协调组织各配套部门制定配套方案，按建设单位施工图，设计专业配套管网施工图；监督各配套单位选择具备资质的施工单位施工，协助建设单位组织各配套部门有序施工；责成建设单位委托专业监理监督施工质量、安全及扬尘污染防治措施的落实；负责组织联合验收，制定红线内基础配套设施建设管理办法；完成机关领导交办的其他工作。

【下属单位】 宝坻区建设管理委员会下属5个事业单位。

1. 宝坻区建设工程质量安全监督管理支队。贯彻执行市、区有关城乡建设质量、安全、文明施工的规章、制度和标准；根据有关规定，承担工程质量、施工安全、文明施工监督管理和建设市场监察；组织或参与对重大工程质量、安全事故的调查处理。

2. 宝坻区市政工程管理所。负责组织规划区域内城市道路、排水工程的建设。负责规划区域内城市道路、桥梁、排水等设施的养护管理。负责城区道路的养护和维修。负责城区道路的日常巡查工作，确保市政设施的完好。承担城区排水排污的规划、施工和管理。

3. 天津市宝坻区建设交易服务中心。宣传贯彻执行国家和本市有关建筑市场管理、建设工程招标投标管理的相关法律、法规和规章，依法监督管理本区建设工程招标投标活动（招标站工作）。负责对本区建设工程勘察、设计、监理、施工和设备材料采购招标投标活动的监督管理（招标站工作）。配合建筑市场管理部门做好建筑市场有序管理，查处违反招标投标法律、法规的行为（招标站工作）。建设工程交易服务管理：信息收集传导发布功能、咨询服务功能、承发包交易服务功能、承发包交易管理功能。

4. 天津市宝坻区监理所。根据监理合同对业主所授予的权限，对该工程进行质量控制和安全控制，为保证工程质量提供监理保障。

5. 天津市宝坻区建筑设计所。负责建筑工程的设计、预算及相应的咨询服务。

【基础设施建设及投资】 1. 宝坻区景苑街改造工程竣工。该工程位于宝坻区西部，西起宝平公路，东至开元路，铺设沥青混凝土路面757.166米。铺设雨水管道d600毫米130米，d800毫米751米，d1200毫米26米，铺设污水管道d300毫米155米，d400毫米727米。2017年10月8日完工。工程审核预算为1081.05万元，其中道路工程审核预算674.49万元，排水工程审核预算406.56万元。

2. 南城路沿线人行道改造升级工程竣工。共升级改造人行便道7.2万平方米。2017年6月完工。工程投资1100万元。

3. 开元路北延工程人行道工程竣工。该工程起于南城西路止于北环路，道路长1672.48米，新建道路37420平方米，新建人行道13430平方米，花岗岩侧石3488米，拆除现有混凝土路面16720平方米。排水工程：建设雨污分流制排水管道，铺设d300毫米~d1350毫米雨水管道3001米，铺设d400毫米~d600毫米污水管道2028米。2017年5月完工。工程审核预算为2101.56万元，其中道路工程审核预算为1600.89万元，雨水管道审核预算338.82万元，污水管道审核预算161.85万元。

4. 嘉禾街改造工程人行道工程竣工。该工程全长823.181米，宽24米，铺设d300毫米~d1800毫米雨污水管道2549米。于2016年9月1日开工，2016年12月1日完工。工程审核预算为1428.17万元，道路工程审核预算602.63万元，雨水工程审核预算221.48万元，污水工程审核预算589.79万元。

5. 东城路路面维修工程竣工。工程起于南城路，止于北城路，全长834.98米，铣刨并铺筑沥青混凝土路面10532.85平方米，升降收水井36座，人行道11859平方米。2017年5月15日完工。工程审核预算为78.29万元。

6. 开元路罩面工程竣工。工程起于潮阳大道，止于环城南路，全长1793.44米，铣刨并铺筑沥青混凝土路面29502.63平方米，升降检查井、收水井137座。2017年4月4日完工。工程审核预算为189.33万元。

7. 宝坻区西环路地下综合管廊工程。该工程位于宝坻区西环路，南起潮阳大道，北至通唐公路，全长约6.8千米，按干线综合管廊标准建设，总投资8.8亿元。项目共分两期、三个标段同时建设。截至2017年底，管廊主体浇筑完成1949米，完成总投资24820万元。

8. 天津金马热力有限公司供热站煤改燃项目竣工。供热站位于宝坻区潮阳街道，煤改燃工作于2017年6月启动，拆除1台20吨燃煤锅炉，安装3台4吨瑞士进口优质高效燃气锅炉和1台10吨瑞士优质高效燃气锅炉；2017年11月12日完成通气调试、点火运转。

【建筑业及建筑市场】 2017年，宝坻区累计实施勘察招标52项；设计招标65项；建设工程施工招标130项，中标规模488.77万平方米，中标总价136.06亿元；监理招标62项；电梯招标3项；桩基检测招标17项；设备招标2项。

办理工程项目报建备案205件，勘察合同备案284份，设计合同备案176份，监理合同备案199份，施工合同备案156份，分包合同备案241份，安全措施备案113件，质量监督登记备案113件，工程结算备案12件，建筑节能技术资料备案159项。

【区级重点工程】 1. 京津新城建设。完成听涛路工程和周良大街、温泉大道北延绿化工程；万景大道五期绿化完成地形整理及乔灌木栽植；京津新城第一污水处理厂进入设备调试试运行；京津新城一中完成立项、可行性研究报告、土地征转和消防审核等前期手续。着力打造创新创业平台，众创特区新引进企业30家，吸引创客60人。梦东方项目完成控制性详细规划调整，加大项目开发建设力度，7个重点项目开工建设，无人机遥感创新产业基地、天津北方石墨烯产业研究院和梦东方项目签约落地，与宜善医疗医学院及医疗机构签约并开展概念性规划设计。

2. 京津中关村科技城。宝富东路、西环北路完成便道施工，并开展路基、雨污水管线、桥梁桩基施工。中关村协同发展中心地块已摘牌。一批高端项目集中签约落地，2017年评审通过项目11个，其中签约落地5个，全部为超亿元项目。

3. 路网贯通工程。乡村公路提级改造完成104千米，超额完成全年任务。

4. 城市道路提升改造工程。开元路、精天道经调整建设方案后竣工；景苑街竣工；林海路中修主路完工；渔阳路完成路面结构施工。

5. 还迁片区建设工程。实施喻庄子、刘辛庄等9个片区还迁楼建设。2017年摘牌33宗地，其余2宗正在办理出让手续。

6. 基础设施建设工程。完成瑞华园小区供热配套工程；宝坻新城配电网专项规划完成报告初稿编制；低压台区工程竣工，232宿舍、606宿舍、引滦别墅楼、引滦建设楼和石桥信用社完成转供电改造。

7. 水环境治理工程。统筹推进蓟运河治理、宝坻新城水系综合治理、西环路水系连通治理工程；完成了二级河道110个沿河村的污水处理设施建设；对49家规模养殖场实施了粪污治理。

8. 美丽村庄建设工程。高标准实施村庄整治，评选区级美丽村庄典型示范村48个；大力开展困难村帮扶，将52个困难村创建为美丽村庄。

9. 人居环境改善工程。制订了《改善农村人居环境实施意见》；完成八门城镇欢喜庄村、周良街道田邢庄村2个试点村的入户评估和房型初步设计工作。

10. 农村饮水提质增效工程。扩建东山水厂，设计供水规模2.5万立方米/日，已完成桩基施工。

11. 教育提升工程。天锦幼儿园、馨逸幼儿园已完工并投入使用；林海路小学竣工；岳园幼儿园主体封顶。

【房地产市场及行业管理】 2017年，宝坻区在施房地产项目共计53个，总投资约420亿，总面积为711万平方米。其中新开工项目32个，面积为470万平方米；竣工项目13个，面积为65万平方米。完成了气象新苑、金顺园等23项新建住宅商品房项目开发建设方案初审工作，总建筑面积411万平方米。

【城建科技与节能】 1. 2017年新开工建设项目72项，总建筑面积456.71万平方米，全部强制执行绿色建筑设计标准，其中金梧桐花园住宅项目（1#—24#）楼、花溪园1#—40#楼及配建项目取得一星级绿色建筑设计标识。

2. 2017年对宝坻区威远街与望都路交口B地块等92宗准备土地出让的项目就装配式建筑和绿色建筑提出了具体要求，规划部门已将建设要求纳入规划条件书或选址意见书。

3. 2017年宝坻区有三家装配式建筑构配件企业已建成或正在建设中，已经达到年产16万立方米混凝土构件和500万平方米预制外墙保温装饰一体板的能力，中建科技天津有限公司、天津科衡建筑科技有限公司、厦门固克涂料集团有限公司三家企业已申报天津市装配式建筑部品部件产业基地。

【海绵城市与地下管廊】 1. 2017年2月8日通过政府采购的方式，确定了北京清华同衡规划设计研究院有限公司为宝坻区海绵城市规划编制中标单位。目前，海绵城市专项规划正在编制中。2017年为53个地块项目、22个修详规阶段项目提出了海绵城市建设指标要求。

2. 宝坻区西环路地下综合管廊动工，工程全长约6.8千米，总投资8.8亿元。项目共分两期三个标段同时建设。截至2017年底，管廊主体浇筑完成1949米，完成总投资24820万元。

【建设工程质量安全】 2017年组织开展开复工、施工机械、建筑施工安全等专项检查12次，检查工程381项次，出动执法人员1473人次，下达整改152份，停工58份，发现问题1252个；约谈53人次，制作现场调查笔录21份，处罚违法违规行为12起，处罚金额40万元；施工机械设备备案458台次，安全措施备案68个项目。盯紧质量安全重点部位、重点环节，坚持巡查抽查、专项检查、举报调查相结合，对查出的问题，限期整改和跟踪督办，一盯到底，有力杜绝了建筑工程重大质量安全事故发生。共组织工程质量验收246次，质量抽查312次，质量专项检查10次，下达整改44次，停工4次，工程竣工验收合格率达到了100%。结构、保温、防水、装饰等建筑材料监督封样共计抽测348组。受理质量投诉185起，已全部回复。大力推进文明工地创建工作，引导支持企业创优质工程、文明工程，施工水准和文明施工水平进一步提高。提香轩住宅小区二期、北岸花园住宅小区二期以及宝坻体育馆项目3个项目取得了"海河杯"的称号。状元城C区项目取得了"市级文明施工观摩工地"称号。

静 海 区

【概况】 天津市静海区建设管理委员会是负责静海区城乡建设管理工作的政府工作部门。

【机构职能】 静海区建委主要承担14项职责。

1. 贯彻执行国家和本市有关城乡建设的法律、法规、规章和方针政策，研究拟订城市基础设施建设发展规划和年度计划并组织实施；负责城乡建设、住宅建设项目（包括商住楼建设项目）年度投资计划的审核；组织筹措、安排、使用和管理城建资金；管理城市维护资金；收取城市基础设施配套费。

2. 负责工业和民用建筑、市政公用工程的监理、勘察、设计、施工招标备案工作。

3. 组织协调市政公用基础设施建设、住宅建设和配套工程建设；负责建设工程质量、安全的监督管理工作；负责建设工程施工现场管理工作。

4. 协调指导各乡镇的村、镇建设管理工作和小城镇建设工作；指导村、镇的基础设施建设；汇总掌握小城镇建设、规划情况，并负责联系市农委、市建委的相关工作；协调村镇建设专项资金及管理工作；负责全区建设统计报表工作。

5. 编制县城道路发展规划；负责县城道路的管理工作；负责县城市政公用基础设施的新建、维修、改造。

6. 协调编制城镇燃气、供热发展规划；负责城镇燃气、供热的行业管理工作；负责城镇集中供热、供气企业经营许可的初审、上报。

7. 编制建筑业发展规划；负责建筑市场管理工作，组织起草建筑业、建筑市场的管理办法和实施细则；负责建设工程招标投标监督管理工作；负责建设工程报建及合同备案工作；核查外埠进津进驻企业备案情况；管理指导工程造价；制定商品混凝土发展规划。

8. 编制建材业发展规划；负责建材

业的管理；指导建材市场的工作；负责散装水泥、新型建材的使用推广。

9. 综合协调房地产行业管理工作；负责新建住宅配套非经营性公建建设和管理工作；组织协调城市建设改造和开发工作。

10. 组织落实建设项目抗震防灾规划；组织实施抗震防灾的有关办法及细则；组织指导抗震加固工作。

11. 组织协调大中型工业、民用建筑沉降观测工作。

12. 负责编制建筑节能和绿色建筑发展规划；负责制定可再生能源建筑应用专项规划和年度实施计划；发展绿色建筑，推广建筑节能新技术、新工艺、新材料、新设备，推进住宅产业化发展；组织编制城建科技发展规划。

13. 负责城乡建设管理监察执法工作。

14. 承办区委、区政府交办的其他事项。

【内设机构】 根据上述职责，静海区建设管理委员会设7个内设机构。

1. 办公室。负责委重要文件和工作计划、工作总结、信息、简报及其他文稿的起草、审核工作；负责文件收发、传阅、立卷、归档、文印、机要保密、档案管理工作；负责党委会、主任办公会、委务会议决定事项的督察落实工作；负责办理人大议案、政协提案和群众来信来访工作；负责协调内部科室关系；负责社会治安综合治理、安全保卫工作；负责机关后勤供应、维修保障和机关微机利用管理工作；承办委领导交办的其他工作。

2. 人事政工科。负责党建、精神文明建设、政治思想教育工作和党委中心组学习、委政治学习的组织工作；负责纪检、监察、统战、普法、干部职工培训考核工作；负责组织、机构编制、人事管理和劳动工资、生活福利的审核、上报，干部职工档案管理工作；负责专业技术人员职称推荐、申报、聘任和管理；负责共青团、妇女、计划生育、工会和离退休人员管理工作；承办委领导交办的其他工作。

3. 财务计划科（审计科）。贯彻国家的有关方针政策，执行财经纪律和财务制度，管好用好资金；负责编制机关及基层单位财务统计报表；负责固定资产登记入账；负责机关工作人员工资、福利的发放；负责对全委各独立核算单位财务运作、资金使用、执行财经纪律等方面情况的审计监督工作；管理城市维护资金；收取和管理城市基础设施配套费；承办委领导交办的其他工作。

4. 公用事业管理科（供热管理办公室）。组织编制城乡供热、燃气专项发展规划；负责城乡供热、燃气行业管理的政策、法规、规章的贯彻落实及管理办法的拟订和实施；组织协调供热、燃气设施建设工作；负责城镇集中供热、供气企业经营许可的初审、上报工作；负责公用项目的统计工作；承办委领导交办的其他工作。

5. 施工管理科。负责组织编制县城市政基础设施发展规划、编制县城道路路网建设规划；负责编制县城道路发展规划；负责县城道路的管理工作；负责县城市政公用基础设施的新建、维修、改造；负责编制市政基础设施建设年度计划并组织实施；负责汇总、掌握、上报市政公用和交通设施建设年度计划；负责县城基础设施建设固定资产投资年度计划、统计、上报等工作；负责组织工程建设项目前期手续工作；负责组织项目建议书、可行性研究报告和实施方案编制工作；负责组织工程建设项目的资金预算编制和决算审查工作；负责指导和监督工程招投标工作；协调基础设施项目竣工验收和组织移交工作；组织协调基础设施建设专项资金融资工作；负责建设工程报建及合同备案工作；核查外埠进津进驻企业备案情况；管理指导工程造价；承办委领导交办的其他工作。

6. 村镇建设与建材业管理科。协调指导全区村镇建设和小城镇建设，拟订全区村镇和小城镇发展规划、年度计划及管理办法并组织实施；协调指导全区村镇基础设施建设、农村住房建设；汇总掌握小城镇建设、规划情况；协调村镇建设专项资金管理工作；负责全区村镇建设综合统计上报及联系市建委、市农委工作；负责编制建材业发展计划并实施行业管理；负责散装水泥、新型建材的推广和管理；综合协调房地产行业管理工作；负责编制房地产业发展规划；负责住宅建设项目（包括商住楼建设项目）年度投资计划的审核；组织协调城市建设改造和开发工作；负责新建住宅配套非经营性公建的建设和管理工作；组织起草建筑业、建筑市场的管理办法和实施细则；负责建设工程招标投标监督管理工作；承办委领导交办的其他工作。

7. 建筑节能管理科。负责编制建筑节能和绿色建筑发展规划；组织编制城建科技发展规划；负责制定可再生能源建筑应用专项规划和年度实施计划；发展绿色建筑，推广建筑节能新技术、新工艺、新材料、新设备，推进住宅产业化发展；推进可再生能源在建筑中的应用；负责推进既有建筑节能改造和建筑示范工程的应用；负责新建、改建、扩建建设工程建筑节能备案及管理工作；负责全区建筑能耗统计、系统运行和维护工作；制定商品混凝土发展规划；承办委领导交办的其他工作。

【下属单位】 静海区建委下设10个事业单位。

1. 天津市静海区建设工程质量安全监督管理支队。主要职责：贯彻执行市、区有关城乡建设质量、安全、文明施工的规章、制度和标准；根据有关规定，承担工程质量、施工安全、文明施工监督管理和建设市场监察；组织或参与对重大工程质量、安全事故的调查处理。

2. 天津市静海区市政工程管理站。主要职责：为生产、生活正常提供市政工程设施管理，维护保障。城市道路设施维护管理、城市排水设施维护管理。

3. 天津市静海区建筑勘测设计室。主要职责：为城乡建设提供设计服务，工程设计。

4. 天津市静海区儿童乐园管理中心。主要职责：提供休闲场所，丰富人民群众文化生活。

5. 天津市静海区公用事业配套办公室。主要职责：负责参与编制并组织落实全区集中供热、城市基础设施远期、近期规划和年度实施计划；负责供热工程建设费征收和使用的管理工作；对城市基础设施的建设、经营、利用进行统一管理；管理城市基础设施大配套费；配合有关部门做好城市基础设施配套工程的统筹建设；对相关运营企业实行行业管理等。

6. 天津市静海区除氟站。主要职责：为防止地下水含氟高引起的地方病提供技术服务。水质检测，定期进行除氟药再生及为居民更换除氟药。

7. 天津市静海区工程建设交易服务中心。主要职责：负责工程建设交易管理的组织实施，组织工程报建、招标投标、合同审查、质量监督等部门联合办公，发布工程建设交易市场信息，提供信息咨询服务，对工程交易违章、违法行为送交有关行政执法部门查处。

8. 天津市静海区建设工程招标管理站（天津市静海区建设工程合同管理站）。主要职责：规范建筑市场，使其健康有序发展。对建筑市场的招投标进行管理。

9. 天津市静海区建筑工程试验室。主要职责：承担本区建筑材料及制品和室内有害气体的检验工作。

10. 天津市静海区燃气管理所。主要职责：承担本区燃气管理有关工作。

【工作重点】 实施静海新城内道路、排水等市政基础设施工程，实施静海区建筑市场和建筑施工监管，推动全区建筑节能工作，指导全区村镇建设，实施燃气、供热等公用事业监管等。

【工程建设情况】 2017年，静海区共监管房屋建筑工程395项3260栋，总建筑面积1172.48万平方米，含新开工项目122项1150栋，建筑面积385.94万平方米；跨转项目273项2110栋，建筑面积786.54万平方米。按项目性质，包括住宅项目2055栋，建筑面积557.52万平方米；公建项目694栋，建筑面积317.59万平方米；工业项目511栋，建筑面积297.37万平方米。

【基础设施建设及投资】 静海区新城市政基础设施建设情况。2017年实施7项市政基础设施重点工程。一是地纬路道路大修工程。该工程东起旭华道，西至东平道，2017年5月8日完成施工招标，9月14日开工建设，9月30日完成道路部分的施工任务，共铺筑油面22040平方米，侧石2320米。二是文化路排水管道改造工程。该工程南起南纬二路，北至南纬一路，2017年5月5日完成施工招标，5月15日设计交底，6月9日进场施工，6月12日完成地面余土及垃圾清理工作，8月24日竣工验收，共铺筑油面4384平方米，便道1865平方米，铺设雨水管道535.4米、污水管道335.7米，做各类检查井、收水井67座。三是新化路维修工程。该工程位于静海西城区，南起建设路，北至静文路，全长约390米，车行道宽度4米，人行道宽度2米。2017年4月18日完成政府采购招标，4月24日设计交底，5月9日进场施工，6月27日完成油面铺筑，10月31日竣工验收。完成车行道面积约1700平方米、人行道面积1600平方米，完成雨污水管道620米，砌筑检查井66座。四是春曦道排水管道工程。该工程位于静海城区东部，南起北盛路，北至北华路外环河，采取顶管方式铺设一条雨水管道，于外环河南坡施作一处出水口。2017年5月9日完成施工招标，9月14日进场，10月14日打桩，2018年2月13日管道施工完毕，完成雨水管道650米，检查井3座，出水口1座。五是街道里巷维修工程。2017年4月17日完成政府采购招标，4月24日设计交底，5月1日进场施工，11月下旬完工，完成11个片区120余条街道里巷改造，共计改造道路面积66799平方米、侧缘石403米、排水管道13995米，砌筑检查井1702座、收水井143座、升降井1148座、树穴286个。六是北纬楼基础设施维修工程。2017年4月18日完成政府采购招标，4月24日设计交底，6月4日进场施工，2017年完成1号楼和3号楼的路面改造，共1800平方米。七是无障碍设施改造工程。主要对朝阳道、曙光道、东平道、旭华道、地纬路的部分路段进行无障碍设施改造。2017年4月19日完成政府采购招标，4月28日设计交底，5月12日进场施工，12月25日完工。共铺筑面包砖3.04万平方米、盲道4500平方米，砌侧石2979米、坡道口112个。

团泊新城基础设施建设情况。投资11075万元，建设4条道路，总长度3205米，道路面积为9.43万平方米；投资520万元，铺设污水管道1750延米；投资232.8万元，铺设给水管道1750延米；投资80.5万元，铺设燃气管道730延米；投资2045.5万元，实施仁爱大道绿化提升改造；投资839.6万元，建污水泵站1座。

煤改清洁能源各项工程实施情况。2017年，组织实施热电厂燃煤锅炉替代工程、大邱庄供热站建设、禁燃区居民散户煤改清洁能源、机关事业单位燃煤供热锅炉改造和居民小区燃煤供热锅炉改造等一系列煤改清洁能源工程项目。具体包括：

国际商贸物流园供热站及配套管网建设项目。国际商贸物流园新建燃气供热站为原热电厂燃煤锅炉关停后替代工程，由万达热力公司负责建设，规模为2台29MW和3台58MW共5台燃气锅炉，2017年3月中旬入场施工，10月底供热站完工；供热配套管网7300米，由科慧热力公司负责实施，2017年7月下旬入场施工，10月底供热配套管网工程完工；燃气配套工程包括高压燃气管道824米、次高压燃气管道6200米、新建北华路高调站，由津燃华润燃气有限公司承建，2017年7月下旬入场施工，11月上旬燃气配套工程完工并开始供气。整体工程于11月10日前竣工并通气点火，开始正常运行供热。

大邱庄供热站建设项目。该工程为新建2台29MW燃气锅炉，供热配套管网4.98千米，建设5座换热站。热力公司于2017年10月上旬入场施工，11月下旬完工开始正常供热。

禁燃区家用散煤治理工程。2017年静海区城市居民散煤治理任务共13146户。其中：供热补建计划实施4146户，实际完成4206户，2017年9月初开始施工，11月中旬完成，共完成室外供热管道130千米，新建4座换热站，改建1座换热站，完成4206户的入户设施；"煤改气"计划实施9000户，实际施工中煤改气完成8725户，煤改电完成114户，其他方式改造完成161户，2017年9月份开始施工，11月底基本完成，共铺设低压管道115.5千米、中压管道2.8千米，安装调压柜12台，安装壁挂炉8725台，安装户表8686块。

行政事业单位燃煤供热锅炉改造工程。静海区机关行政机关事业单位燃煤供热锅炉共计432台，2017年12月初全部改造完成，其中采用"煤改电"方案的382台；采用"煤改气"23台；锅炉拆除关停不再使用16台；采用其他方式（如地热、供热并网等）11台。

居民供热小区燃煤供热锅炉改造工程。2017年静海区在用居民供热燃煤锅炉共计106台，涉及15个乡镇供热面积434.36万平方米，于2017年11月15日完成改造。

【建筑业及建筑市场】 建筑企业发展情况。2017年共完成18个企业新办资质、19个企业资质增项、1个企业资质升级的网上核验工作。截至2017年底，在静海区注册、具有各资质等级的总承包和专业承包建筑业企业共59家，实现建筑业总产值35.89亿元，利润1.2亿元；劳务分包建筑业企业13家，实现建筑业总产值2.73亿元，利润672万元。建筑业增加值24.6亿元。

开展建筑市场检查情况。2017年4月、7月、8月先后3次开展建筑市场专项执法检查,对在施工程项目各主体单位的市场行为进行了专项检查,排查违法发包、转包、违法分包、挂靠等违法违规行为,下达整改通知书58份,涉及内容233条,整改完成率100%,通过排查整改,进一步规范建筑市场秩序,有效遏制工程转包和违法分包等问题的发生。

农民工管理情况。2017年静海区建筑业农民工高峰期人数达到8846人。2017年认真贯彻执行农民工管理各项制度,项目开工前做好培训约谈,项目建设过程中,开展拉网式检查,检查工程款拨付及农民工工资支付等情况,加强建筑业农民工工资支付监管,确保备案项目按时足额发放农民工工资。2017年农民工工资支付基本处于受控状态,无突发群访群诉案件,全年接待农民工投诉14件,涉及工资金额1105.5万元,涉及农民工人数525人,经过协调处理全部及时解决。

审批服务措施优化。公开行政许可权利清单,通过大屏幕及"明白纸"向社会公开行政许可及备案事项,并做好事项动态调整工作。公开公共服务事项目录,结合推进"互联网+政务服务",对公共服务事项进行全面梳理,逐步纳入网上办理,通过政务网站公示向社会公布,并进行动态调整。公开公共资源配置领域信息,积极融入全市统一的公共资源交易电子平台,横向与各交易市场信息共享、业务协同,纵向与天津市公共资源交易系统互联互通,实行统一公布招投标公告,统一抽取专家评标评审,统一公示中标结果。

项目审批情况。2017年报建项目150项,备案面积731万平方米,投资额485.32亿元;完成勘察招标备案116项,备案面积625.45万平方米,设计招标备案126项,备案面积2597.63万平方米,监理招标备案124项,备案面积2166.56万平方米,施工招标备案151项,备案面积1934.26万平方米;完成勘察合同备案118项,备案面积633.03万平方米、完成设计合同备案119项,备案面积960.66万平方米、完成监理合同备案134项,备案面积2116.76万平方米、完成施工合同备案162项,备案面积1906.65万平方米;完成建设工程质量监督登记122项,登记面积385.9万平方米,完成安全措施备案130项,备案面积403.2万平方米;完成节能技术资料备案142项,备案面积387.59万平方米;核发施工许可证118项,发证面积343.47万平方米;办理合盛嘉园、瑞城东苑、水岸恬园、瀛湖湾等28个批次住宅项目的准入证374个,发证面积147万平方米。

【区级重点工程项目】 天津鑫源包装机械设备有限公司纸箱制造项目。该项目位于静海经济开发区南区泰安道东侧,建设规模2.8万平方米,勘察单位为天津市地质工程勘察院,设计单位为天津华厦建筑设计有限公司,监理单位为天津市馨权工程监理有限公司,施工单位为天津宇昊建设工程集团有限公司,工程于2017年11月开工。

天津市辉腾集成家居有限公司家具制造项目。该项目位于天津市静海经济开发区北区三号路,建设规模2.3万平方米,勘察单位为天津市勘察院,设计单位为华诚博远工程技术集团有限公司,监理单位为山东昌隆建设咨询股份有限公司,施工单位为天津千里马建筑工程有限公司,工程于2017年11月开工。

天津爱玛车业科技有限公司电动车自行车整车及配件加工制造项目。该项目位于天津市静海区经济开发区南区台玻南路南侧,建设规模11万平方米,项目分两期建设,勘察单位为天津市勘察院,设计单位为天津建工集团建筑设计有限公司，监理单位为天津开发区泰达国际咨询监理有限公司，工程于2017年8月开工。

多维绿建科技（天津）有限公司金属面夹芯保温板材制造项目。该项目位于静海经济开发区南区24号路，建设规模7.04万平方米，勘察单位为天津海滨工程勘察设计有限公司，设计单位为北京多维豪森建筑设计有限公司，监理单位为天津市勘岩工程建设监理有限公司，施工单位为多维联合集团有限公司，工程于2017年6月开工。

天津银隆新能源有限公司锂离子电池制造一期工程项目。该项目位于天津子牙循环经济产业区，建设规模9.38万平方米，勘察单位为天津市勘察院，设计单位为中国汽车工业工程有限公司，监理单位为河北德润工程项目管理有限公司，施工单位为天津二建建筑工程有限公司，工程于2017年2月开工，同年4月竣工。

天津北瀛再生资源回收利用有限公司机械配件加工制造项目。该项目位于天津子牙循环经济产业区，建设规模2.73万平方米，勘察单位为天津海滨工程勘察设计有限公司，设计单位为中机中电设计研究院有限公司，监理单位为天津泰丰工程建设监理有限公司，施工单位为江苏天目建设集团有限公司，工程于2017年3月开工，同年8月竣工。

天津海吉星投资发展有限公司翰吉斯国际商务区A区经营性公建一期项目。该项目位于静海区静海新城北环工业区内，建设规模2.54万平方米，勘察单位为天津华北工程勘察设计有限公司，设计单位为天津天咨拓维建筑设计有限公司，监理单位为天津正方建设工程监理有限公司，施工单位为天津新宇建筑工程有限公司，工程于2017年10月开工。

天津红星美凯龙物流有限公司电商物流交易结算中心项目。该项目位于天津静海国际商贸物流园内，建设规模8.97万平方米，勘察单位为天津海滨工程勘察设计有限公司，设计单位为中国海诚工程科技股份有限公司，监理单位为天津市华泰建设监理有限公司，工程于2017年8月开工。

北师大静海附属学校一期项目。该项目位于天津市静海区团泊新城西区，建设规模4.55万平方米，勘察单位为天津市地质工程勘察院，设计单位为天津市建筑设计院，监理单位为河南荣泰工程管理有限公司，施工单位为中国一冶集团有限公司，工程于2017年11月开工。

静海区模范中学新建项目。该项目位于静海新城春曦道西侧、静屿海住宅小区南侧，建设规模2.44万平方米，勘察单位为天津市地质工程勘察院，设计单位为天津华厦建筑设计有限公司，监理单位为天津市环外建设监理有限公司，施工单位为天津市龙建建筑工程有限公司，工程于2017年1月开工。

天津静泓投资发展集团有限公司静海区培训基地及消防站建设项目。该项目位于天津市静海新城西部静文公路以北（原静海体育学校），建设规模1.14万平方米，勘察单位为天津市房屋鉴定建筑设计院，设计单位为北京中外建建筑设计有限公司，监理单位为天津市环外建设监理有限公司，工程于2017年12月开工。

静海区看守所、治安拘留所和武警营房项目。该项目位于静海区陈官屯一街北侧，建设规模2.82万平方米，勘察单位为天津市房屋鉴定建筑设计院，设计单位为天津华厦建筑设计有限公司，监理单位为天津市环外建设监理有限公司，工程于

2017年7月开工。

香醍名邸二期项目。该项目位于静海区团泊新城团泊大道西侧，建设规模5.88万平方米，建设单位为天津合恒投资发展有限公司，勘察单位为天津市地质工程勘察院，设计单位为中机中联工程有限公司，监理单位为天津市环外建设监理有限公司，工程于2017年7月开工。

泓丽花园住宅小区项目。该项目位于静海区团泊新城西区，建设规模7.29万平方米，项目分两标段建设，建设单位为天津中昂地产有限公司，勘察单位为天津市地质工程勘察院，设计单位为天津市天友建筑设计股份有限公司，监理单位为北京云湖工程监理站，施工单位为北京纽约建设发展有限公司，工程于2017年3月开工。

中南君悦府一期项目。该项目位于静海区瑞和道东侧、地纬路南侧，建设规模9.43万平方米，项目分四个标段建设，建设单位为天津市富海房地产开发有限公司，勘察单位为天津华北工程勘察设计有限公司，设计单位为上海天华建筑设计有限公司，监理单位为天津冶金规划设计院，施工单位为天津千里马建筑工程有限公司和江苏中南建筑产业集团有限责任公司，工程于2017年2月开工。

中南君悦府三期项目。该项目位于静海区瑞和道东侧、地纬路南侧，建设规模1.69万平方米，建设单位为天津市富海房地产开发有限公司，勘察单位为天津华北工程勘察设计有限公司，设计单位为天津华厦建筑设计有限公司，监理单位为天津华泰建设监理有限公司，施工单位为天津千里马建筑工程有限公司，工程于2017年9月开工。

星海紫旭府项目。该项目位于静海区静海新城十里长街南侧、瑞和道东侧，建设规模11.88万平方米，建设单位为天津泰安房地产开发有限公司，勘察单位为天津市地质工程勘察院，设计单位为天津市颐和城市建筑设计有限公司，监理单位为河北新隆基项目管理有限公司，施工单位为天津新宇建筑工程有限公司，工程于2017年4月开工。

天津市静海区2017年学前教育资源建设项目。该项目位于唐官屯镇、陈官屯镇、静海镇、中旺镇，建设规模1.72万平方米，勘察单位为天津海滨工程勘察设计有限公司，设计单位为北京华茂中天建筑设计有限公司，监理单位为河南荣泰工程管理有限公司，工程于2017年11月开工。

静海区第六中学迁建项目。该项目位于静海新城东兴道西侧、静王路南侧，建设规模7.03万平方米，项目分3个标段建设，勘察单位为天津市地质工程勘察院，设计单位为天津华厦建筑设计有限公司，监理单位为天津市环外建设监理有限公司，施工单位为天津市龙建建筑工程有限公司、天津二建建筑工程有限公司和天津市水利工程有限公司，工程于2016年11月开工。

【城建信息化建设与管理】 扬尘在线监测和视频监控安装情况。2017年静海区在建项目开工前完成安装扬尘在线24小时动态监测99个，已实现联网，数据覆盖率达到100%；红外摄像视频监控完成连接上传到监控平台52家，除线路原因各施工现场基本完成了视频监控的局域网，网线敷设完成后可实现视频监控上传率达到90%，基本实现任务目标。

规范使用行政执法监督平台。对行政执法监督平台中的职权信息进行了梳理、规范，与市区、与其他区之间在同一执法领域内同一事项的职权信息表述基本一致，并和权责清单建立对应关系。全面、准确向行政执法监督平台归集行政执法信息。2017年，向执法监督平台归集执法信息781条，归集执法案件116件，检查职权发生数25921条，案卷职权发生数97件，单位履职率达到100%。

【房地产开发及行业管理】 房地产业发展概况。2017年静海区房地产投资76.37亿元；施工面积325.81万平方米；竣工377047平方米。房地产销售面积132.444万平方米，销售套数13313套。商品房平均单价9897元。

项目审查情况。完成美丽之冠大酒店、光合东里一期、泓丽花园等34个项目预审，完成预审面积260万平方米，总投资额191亿元。完成光合东里、雍景豪庭、星海紫旭府等7个项目的非经营性公建配套合同的编制和签订工作。为美丽之冠大酒店、星海时代花园、新湖美丽洲等30个房地产开发项目出具或调整大配套证明。完成合盛嘉园、海盛中心花园、圣乾园、澜湖湾16号楼—27号楼等28个项目入住，核发新建住宅商品房准许交付使用证374件，入住面积147万平方米。

住宅配套非经营性公建移交情况。完成蕴海家园、泰禾世家、瑞城东苑、湖岸栖庭、海盛中心花园等13个新建项目的非经营性公建移交工作，移交面积1.76万平方米。推动既有住宅非经营性公建移交，2017年完成5个项目的非经营性公建移交工作，移交面积4184.42平方米

【城建科技与节能】 绿色建筑建设概况。积极推动政府投资项目、大型公建项目执行高星级绿色建筑标准，引导商品住宅实施高星级绿色建筑标准，稳步提升高星级绿色建筑比例。2017年，静海区绿色建筑报建面积为206万平方米。

团泊新城绿色生态示范区项目稳步实施。团泊新城委组织相关单位进行生态指标体系专项规划编制工作，拟定了《团泊新城西区绿色建筑专项资金使用管理办法》，并于2017年5月17日经过了天津市建委审批。

装配式建筑发展情况。成立了静海区装配式建筑领导小组。引进装配式建筑先进生产技术和生产工艺，支持装配式建筑部品部件生产基地建设，多维绿建、亚当斯、盛为利华等装配式部件生产企业落户静海。在建设项目土地出让条件和选址意见书中明确装配式建筑建设、绿色建筑、海绵城市建设要求，2017年共审批121份。2017年建设完成尚林苑工程，该工程坐落在子牙园区，为钢结构装配式建筑，建成后多次迎接住房城乡建设部专家考察调研。

建筑节能备案。严格落实《天津市建筑节能技术资料管理办法》《天津市公共建筑节能设计标准》《天津市居住建筑节能设计标准》，新建建筑执行建筑节能强制性标准比例达到100%。做好《天津市建筑节能技术资料收集系统》的应用，加强节能技术资料录入备案和竣工情况表的审核，对竣工工程材料设备的实际使用情况进行资料核查和现场抽查检查相结合的方式，确保建筑节能备案工作落到实处。2017年建筑节能技术资料收集系统，共收集居住建筑36个项目，面积170.34万平方米；公共建筑96个项目，面积176万平方米；可再生能源43个项目，176.8万平方米。

【海绵城市与地下管廊】 海绵城市建设。2017年，完成了雨污分流工作，白领公寓院内、春曦道两侧海绵城市建设完成。认真协调规划和国土管理部门在土地出让条件和选址意见书中明确装配式建

筑建设、绿色建筑，海绵城市建设要求，向规划和审批部门共计复函121份。

地下综合管廊建设。2017年，建设完成滨港电镀园地下综合管廊2.2千米，并投入使用。《区域市地下综合管廊规划》已经委托第三方编制。

【建设工程质量安全】 施工质量监管。开展工程质量提升行动，巩固和拓展工程质量治理两年行动成果，强化主体责任的落实，加强对监理方的监管，切实发挥监理方的作用。深入推行工程质量标准化，实施工序样板和交房样板带路，统一施工做法、技术措施，统一工序标准和交房标准，减少质量通病的发生。加强建筑材料的管理，严格执行建设工程材料网上信息公开制度，确保材料信息可追溯，加强预拌混凝土质量的管理，加大对重点部位、重点材料的监督封样抽测，保证工程实体质量。

施工安全监管。坚持安全第一、预防为主、综合治理的方针，推进项目安全生产标准化，先后组织召开了静海区建筑市场管理、施工安全、施工现场消防安全、建筑工地食堂食品安全、施工安全生产专题工作、城建系统安全生产工作、建设领域新一轮安全生产大排查大整治等8个工作会议，制定并印发了《静海区建设工程安全事故应急预案》等各阶段性安全生产部署文件22个。通过天津市建筑市场监管与信用信息平台完成施工企业在建项目安全文明施工行为信息录入2814条、监理企业在建项目安全文明施工行为信息录入1596条。

【村镇建设】 村镇基础设施建设情况。2017年投资2.35亿元，建设19座污水处理站，铺设污水管道160.16千米。投资4373万元，修建村内主干道路9.76万平方米，街道里巷20.96万平方米，安装太阳能路灯887盏，建设村级广场12个，占地1.88万平方米。

农村居民散户煤改气工程。2017年共铺设管网1878.6千米，户外挂表73591块，安装户内燃气壁挂炉3.9万台，已建成高调站5座，实现燃气取暖农村散户3400户。

蔡公庄镇惠丰西村获评美丽乡村示范村。2017年，在资料申报的基础上，经过专家实地考察和审查，最终静海区蔡公庄镇惠丰西村被住房城乡建设部批准为美丽乡村建设示范村。村庄提升改造后，享受国家补助100万元，市财政补助300万元。2017年由河北工业大学完成了村庄提升改造的规划设计方案，进行特色民居提升改造示范设计，补助资金380万元已拨付财政。

农村危房改造底数完成排查。静海区2017年有383个村庄，到2020年前长期保留的村庄有334个，其中5个村庄已经楼房化。2017年静海区农村五保户、低保户、低收入户、残疾人户共21357户，经核查共有1970户符合危改条件，其中C级1475户，D级495户。

农村危房改造年度900户任务完成。2017年，静海区有999户农村危房完成了"两公示一公布"程序，开工900户，竣工900户，建立危改农户档案900户，录入全国危改信息系统900户。2017年拨付补助资金149.6万元。

【执法监察】 建筑领域执法概况按照法律、法规的规定，认真开展建设领域执法监察工作，严格落实行政执法公示制度、执法全过程记录制度和重大执法决定法制审核制度，结合"放管服"工作，执法与服务相结合，批评教育为主，行政处罚为辅，执法过程中对于工程中情节轻微、能够及时纠正、落实整改的事项提出了口头整改。对静海区建筑市场进行有序管理。2017年开展执法检查370余次，下达整改通知书82份，涉及内容297条，整改完成率100%；下达停工通知书33份，涉及内容50条，整改完成率100%；立案136件，比2016年增加97件，收缴罚款1880.02万元，比2016年增加980.10万元。

未报建工程处理情况。2017年，共查处未报建工程66项，总建筑面积24.99万平方米，下达停工通知书66份，做调查笔录66份，向静海区政府城市管理数字化指挥中心发送报告。

打非治违情况。2017年，组织检查人员388人次，检查包括建设单位、施工单位、监理单位的受检企业352家次，对企业发出警告7次，下达停止违法行为通知书46份，做调查笔录72份，下达停止建设通知书35份，处罚罚款519.69万元。

【施工扬尘治理工作情况】 认真开展日常巡查，强化"六个百分之百"扬尘管控措施的落实，对现场存在扬尘管控措施落实不到位问题，督促整改到位。2017年共出动执法人员1187人次，检查工地1412个次，下达书面整改131份、口头整改146次、停工整改137份，查处扬尘违法问题案件72起，共处罚523.5万元。

【重污染天气预警应急响应情况】 2017年共启动Ⅱ级橙色预警2次，Ⅲ级黄色预警7次，Ⅳ级蓝色预警提示7次，均及时发布预警响应信息。

【建筑领域环保督查问题及时处置】 建设系统认真落实中央环保督察组转办问题及天津市推进环境保护突出问题督办问题查处工作，共查处中央环保督察组转办问题点位13个、环保部交办问题点位1个、天津市推进环境保护突出问题24个、市驻区第十四督查组督办问题点位6个，共计42个，做到即查即办，立行立改。

【机关行政工作】 2017年共制发党委公文33件、行政公文222件，完成2件政协委员提案的答复工作，完成10件信访案件处理工作，解答58812345热线咨询100余次，办理热线派单事项600余项（不包括退回事项），100%按时办结。

【机关党建工作】 开展"维护核心、铸就忠诚、担当作为、抓实支部"主题教育实践活动，推进"两学一做"学习教育常态化制度化。组织党委中心组理论学习15次、党员干部集中学习36次，组织召开了5次宣讲报告会，召开党员大会144次、支部委员会104次、党小组会128次，党课20次。

【荣誉获取情况】 2017年，静海区建委被评为"2015—2017年度天津市文明单位"，静海建委离退休支部被天津市老干部局命名为天津市第三批"五好"离退休党支部示范点，静海建委团委获得"2017年度共青团工作先进单位""五四红旗团委"称号，静海建委机关团支部获得"五四红旗团支部"称号；静海建委邹文超、程浩、李勇获得"天津市建设工程质量安全监督人员执法评议先进监督员"称号，齐远、郭天昊获得"静海区新长征突击手"称号，郑建、李智获得区"青年岗位能手"称号，肖俊彤获得区"三八红旗手"称号，王珺获得"静海区优秀团干部"称号，张延续获得"静海区优秀共青团员"称号，杜敏、董凌月获得区"最美家庭"称号。

宁河区

【概况】 2017年，天津市宁河区建设管理委员会机关内设综合办公室、人事财务科、建设管理科、公用事业管理科。下辖天津市宁河区市政工程管理中心、天津市宁河区建设工程质量安全监督管理支队、天津市宁河区工程建设交易中心、天津市宁河区城建中心试验室6个企事业单位。

【机构职能】 宁河区建委机构职能。

1. 贯彻执行有关城乡建设、法规、规章和方针政策，搞好行政执法和综合服务。

2. 负责城区职责范围内的市政道路、排水管网等基础设施建设和管理工作；会同有关部门抓好小城镇建设。

3. 根据有关规定，承担工程质量、施工安全、文明施工监督管理和建设市场监察；组织或参与对重大工程质量、安全事故的调查处理。做好施工图审查备案和建设工程竣工验收备案工作。

4. 负责对建设工程招投标活动和合同实施监督管理；做好建筑节能监督管理、墙体材料革新、散装水泥和新型建材推广应用工作。

5. 开展区内外建筑工程用原材料的质量检验工作。

6. 做好基础设施和非经营性公建配套工作。

7. 做好城区供热用热监管工作。

8. 承办区委、区政府交办的其他工作。

【内设机构】 根据上述职责，宁河区建设管理委员会设5个内设机构。

1. 综合办公室。负责建委机关行政、党务和老干部工作的组织、协调；筹办相关会议并对会议决定事项进行督办和检查落实；起草年度计划、总结及相关公文，办理人大、政协提案和群众来信来访工作；抓好党员教育、管理和发展党员工作；做好基层班子和科级干部综合考察工作，组织推动行业精神文明创建活动，搞好思想政治工作研究会、新闻舆论宣传和建委政务网站建设；负责全系统工会、纪检监察、武装、安全保卫、普法教育和行政执法监督工作；做好文件和印章的使用管理工作。

2. 人事财务科。贯彻落实人事工作方面的政策、法规；负责全系统干部、职工的管理调配，科级干部任免、考核和专业技术人员职称评聘及管理工作；做好人事、劳资、编制和专技档案管理；做好退休干部的管理和社会保障相关工作。编制和执行年度部门预算并搞好年度决算；做好各项资金的核算和管理；负责系统内部审计，并做好领导干部的经济责任审计；对基层单位财务工作进行检查指导，做好会计人员的培训工作。

3. 建设管理科（建筑节能管理科）。贯彻执行国家及市建筑节能法律法规；指导协调村镇市政公用基础设施和农村住房建设工作；编制上报市政公用项目建设计划；承担城区市政公用设施统计工作；负责房地产开发项目结转计划；负责房地产项目开发建设方案初审工作；编制建筑节能发展规划；负责民用建筑能耗统计、既有建筑节能改造、公共建筑用能运行、可再生能源建筑应用的管理工作；组织建设行业新技术、新工艺、新材料、新设备的推广和应用；推进绿色建筑发展。

4. 公用事业管理科（供热办、配套办）。贯彻执行天津市关于城市供热的法律、法规和相关政策；配合相关部门做好全区行政区域内集中供热规划的制定，对区内的供热工作进行业务指导，对供热单位实行行业管理和服务；做好建设单位和热源单位的各种方案及协议的备案工作；负责规划内所有新建、扩建、改造集中供热工程项目的审核；参与全区供热工程质量检查及竣工验收；负责制定分散锅炉并网改造计划；对供热企业供热许可证进行定期审查，规范供热经营行为；负责供热工程建设费的收取；依据政策规定负责城区基础设施配套费征收管理的日常工作；参与城区基础设施配套费使用管理、项目管理、综合开发配套建设及综合验收工作；负责新建住宅非经营性公建配套相关工作。

5. 纪检委、工会、团委、妇联、武装部按有关规定设置。

【下属单位】 宁河区建设管理委员会下辖4个事业单位。

1. 天津市宁河区市政工程管理中心。为生产、生活正常提供市政工程设施管理、维护保障。城市（道路、桥梁、隧道）设施维护管理；城市排水设施维护管理；市政污水处理设施维护管理；城市街道设施维护管理。

2. 天津市宁河区建设工程质量安全监督管理支队。贯彻执行市、区有关城乡建设质量、安全、文明施工的规章、制度和标准；根据有关规定，承担工程质量、施工安全、文明施工监督管理和建设市场监察；组织或参与对重大工程质量、安全事故的调查处理。

3. 天津市宁河区工程建设交易中心（天津市宁河区建设工程招标管理站）。负责辖区内工程建设交易管理的组织实施；负责建筑节能技术资料备案；负责贯彻执行市、区有关城乡建设资质、招标、合同等相关法律法规；负责辖区内的对建设工程招标投标活动的监督管理，受理和处理招标投标活动中的投诉。

4. 天津市宁河区城建中心试验室。为保证产品质量提供检验保障，授权范围产品质量监督检验，产品质量委托检验。

【重点工程】 2017年，投资5000万元，启动金翠路道路及排水管道改造工程。该工程2017年1月6日立项，5月17日开工建设，共铺设排水管道1400米，铺筑路面42000平方米。截至11月30日已经铺设道路沥青下面层，开放交通。

2017年，投资4666万元，实施供热站"超净排放"工程。该工程包括桥北和浩宇两个供热站。改造内容主要对锅炉房除尘、脱硫和引风系统进行改造。其中：浩宇供热站按计划已经完成施工；桥北供热站，3台100吨燃煤供热锅炉，现已完成2台"超净排放"改造，保证了桥北居民的供暖需求。

2017年，商品房开发工程共计2项，一是宁基花园建设工程，建筑面积9.3万平方米；二是鹭岛国际建设工程，建筑面积11万平方米。

【建设工程招投标监管】 2017年，建设工程招投标成功交易188次，其中施工招标交易66次，监理招标交易42次，交易中标总造价28.69亿元，中标规模61.65万平方米；监理未招标直接备案248项，总造价878万元；施工未招标直接备案11项，总造价2.53亿元。

【报建备案】 2017年，办理工程新建报建备案93项，报建面积203.37万平方米，报建投资额97.54亿元，工程增补报建28项，增补面积3.3万平方米，增补金额1141.96万元，变更报建30项。

【建设工程合同备案】 2017年，审查施工总承包合同53份，合同造价24.99亿元；审查监理合同71份，合同造价2451

万元；勘察设计92项，造价为7612万元；审查专业及劳务分包合同31项。

【建筑节能管理】 2017年，办理建筑工程节能备案工程106项，节能备案面积97.72万平方米。

【工程质量安全监督】 2017年，受理质量安全监督工程47项，总建筑面积180.7万平方米（其中：住宅工程面积99.8万平方米，公建23.7万平方米，工业厂房面积57.2万平方米）；全年新接质量安全监督工程33项，总建筑面积60.1万平方米。全年竣工验收工程19项，竣工面积120.1万平方米，工程质量竣工验收合格率100%。完成竣工验收备案149个单体，竣工备案面积54.1万平方米。

【建材检测】 2017年，共完成9166组建材检测。其中：防水31组，钢筋机械连接300组，钢筋接头1239组，钢筋原材料782组，土密度183组，其他砖10组，砂9组，石子1组，砂浆抗压强度922组，烧结普通砖10组，轻集料砼小型空心砌块15组，水泥25组，砼抗渗269组，砼抗压强度5283组，蒸压加气砌块23组，普通砼小型空心砌块1组。

【农村危房改造】 2017年，完成农村危房改造880户，完成计划指标的98%。

【房屋征收与补偿】 2017年，一是建立健全重污染天气治理拆房扬尘应急机制，拆迁工地指挥系统安排专人每日对拆迁工地进行拍照上传系统，对未按要求采取应急措施的，责成房屋征收实施单位（拆迁单位）等拆房委托人履行现场管理责任，落实应急措施，保证拆迁工地周边围挡无问题、物料堆放苫盖无问题、出入车辆冲洗无问题、施工现场地面硬化无问题、拆除施工湿法作业无问题，渣土车辆密闭运输力争做到"六个百分百"。2017年，共完成拍照上传360次。追踪拆迁进度，完成12次拆迁进度报表。做好拆迁工地安全大整治大排查工作，时刻追踪工地扬尘治理情况，做到工地"六个百分百"。

二是芦台镇光明路打通及周边区域房屋征收项目。该项目涉及被征收户共计305户，其中住宅286户，公建19户，截至2017年12月31日，已拆除274户，建筑面积共32479.85平方米。

三是芦台一中片区棚户区改造项目，征收范围和征收方案已确定，改造责任单位为宁河建委，实施主体为宁河区芦台镇政府，征收前期工作基本完成。宁河区一中片区定向安置经适房项目坐落于宁河区中心城区，东至津榆支线、西至规划芦汉路、北至规划成南路。

【信访工作】 2017年，共接待群众来访、来电、来信和咨询594件，接待群众来访600余次。办复率均到达100%。

【市政基础设施】 2017年，城市道路全长60.72千米，面积63.52万平方米，路网密度6.12千米/平方千米，雨水管道12.53千米，污水管道26.53千米，服务面积约17平方千米。

【市政道路改造维修】 2017年，光明路、政府环路便道维修工程，维修花岗岩989平方米，铺水泥混凝土429平方米，工程造价49万元；商业道便道维修工程，维修花岗岩1354.2平方米，工程造价49万元；震新路、朝阳路等便道维修工程，维修便道花砖1418平方米，工程造价26万元；光明路路面维修工程，维修路面2200平方米，工程造价33万元；三八河路、光华路等路面维修工程，维修路面3710平方米，工程造价50万元；商业道路面维修工程，维修路面2800平方米，工程造价45万元；震新路、建设路等路面维修工程，维修路面3180平方米，工程造价50万元；城区路面灌缝工程，灌缝6000米，工程造价18万元；东方御景小区东侧便道花砖工程，铺设面包砖526平方米，工程造价8万元；光明桥刷漆维修养护工程，刷漆291平方米，工程造价6万元；金翠楼门前小路维修工程，铺水泥混凝土路面332.5平方米，工程造价15万元；明达家园西侧小路维修工程，铺水泥混凝土路面180平方米，工程造价4万元；震新路（朝阳花园北门）便道维修工程，铺设便道花砖1202平方米，工程造价19万元；城区排水设施水下安全隐患排查及处理工程，工程造价4万元。

【市政排水管网维护】 2017年，日常下水疏通维修工程，完成工程投资45万元，疏通镇内下水238次，补各型检查井盖267个、收水篦子279个，维修各型检查井334座、各型收水井202座，维修道路坑塌124处，维修便道花砖504平方米；春季下水疏通、维修工程完成工程投资40万元，疏通镇内排水管道35000米，疏通各型检查井920座、收水井1976座，维修各型检查井147座、收水井88座，更换各型检查井盖97个、收水篦子125个，维修便道花砖280平方米。

【城市家用散煤清洁化治理】 2017年，非棚户区12个村街实施"煤改气"，其中金桥社区由津燃华润负责实施，11个村由中国燃气负责实施。除异型房及特殊情况外，户线、外线工程已基本完工。已铺设入村管道89533.61米；入户管道71275.28米；IC卡表安装5836户；壁挂炉共计安装6202台，已正式通气点火4177户；贸易开发区204户居民住户实施"煤改电"，外线、变压器及电表改造由电力公司实施，户内线路改造由贸易开发区管委会实施。

【公建单位燃煤供热锅炉改燃整治工作】 2017年，宁河区公建单位209台10蒸吨以下燃煤供热锅炉已全部拆除并完成改造，其中实施改燃150台，改电52台，其他改造方式7台。

蓟 州 区

【概况】 2017年，是蓟州区撤县设区的开局之年。

蓟州区全年各类建筑工程累计开复工687.17万平方米，其中房地产累计开复工480.23万平方米。2017年，京秦高铁蓟州龙湾站开始建设，津承城际铁路着手路由规划，津围北二线竣工通车，侯玉公路、仓桑公路改建、马营公路西延、喜邦公路调线等工程加快实施。蓟州新城一期50万平方米安置房交付使用，8000余人还迁入住，公乐湖框架形成。蓟州新城二期项目进入审批阶段。棚户区改造陆续启动，渔阳镇、礼明庄镇安置区开工面积28.4万平方米。特色小镇建设方兴未艾，下营镇获批第二批国家级特色小镇，白涧、罗庄子等镇被评为市级特色小镇创建镇和培育镇，伊甸园生态小镇被列为天津市首批中欧合作特色小镇。大气污染防治攻坚战力度不减，全面加强工业企业、燃煤、扬尘和机动车污染治理，取缔煤炭经营主体57家、燃煤锅炉1091台，780家"散乱污"企业完成"两断三清"。城市供排水功能不断强化，城区水质综合合格率100%，排水管网畅通率97%。新增热电联产并网面积210万平方米。完成农村贫困户危房改造900户。市级文明工地4个、市级观摩工地2个，完成8项"海河杯"申报工作，在建设工程质量安全监督人员同业评审考核活动中，蓟州区建设工程质量安全监督管理支队质量监督科张赢同志荣获第二名。工程招投标未发生一起投诉事件。

【机构职能】 蓟州区建设管理委员会机构职能：

1. 贯彻执行国家和本市有关建设管理的法律、法规、规章和政策；拟订我区建设管理的相关办法，并组织实施。

2. 参与城区总体规划的编制和修订工作，组织、综合、协调城市建设的中长期计划和年度计划；负责城市建设、住宅建设项目建设开发方案和经济适用房投资计划的审查和报批；负责建设系统的综合统计和上报。

3. 协调指导全区村镇基础设施建设、农村住房建设，加强村镇建设管理职能。

4. 负责建筑业行业管理和建筑市场管理。负责工程造价、招投标、合同的管理和监督，负责建筑行业信用体系建设。负责境外、外省市建筑企业进区施工的审查；负责境外、外省市工程勘察设计单位和工程监理单位进区承包工程的管理。

5. 负责建设工程质量安全监管，负责建设工程中施工质量、安全生产和文明施工的监管；负责建筑施工现场扬尘治理的监督和管理；负责建设工程中建筑材料和建筑设备使用的监督管理；负责建筑工程竣工验收备案管理，以及建筑企业"三类人员"培训工作；参与建筑工程重大质量、安全事故的调查处理。

6. 组织协调建设行业技术进步、专业技能培训。负责绿色建筑和建筑节能监督管理，按市有关部门要求编制绿色建筑和建筑节能专项发展规划。组织建设行业新技术、新工艺、新材料、新设备的推广和应用。推进住宅产业化、建筑工业化发展。协调推进建筑行业信息化工作。

7. 参与大中型工业项目的审查；协调、指导重点工程建设。

8. 会同有关部门负责编制公用事业近期规划和年度计划；组织协调城市供水、道路、供电、供气等基础设施项目建设；负责燃气管理工作；参与编制城市配套项目的投资计划。

9. 参与民用建筑、市政公用工程和城市基础设施初步设计的审查；负责施工图设计文件的审查工作。

10. 依据国家和市有关法律、法规和规定，负责建筑工程抗震设防管理。

11. 负责房地产开发行业管理和综合协调。

12. 会同市区有关部门负责国家级风景名胜区规划的编制和实施。

13. 负责区所管辖建筑企业劳务用工工资保障金管理；会同有关部门协调处理区域内建筑工程劳务用工工资纠纷。指导相关行业协会工作。

14. 承办区委、区政府交办的其他事项。

【内设机构】 根据上述职责，蓟州区建设管理委员会设6个内设机构。

1. 办公室。负责机关文秘、会议、档案、机要、后勤等日常管理工作；负责机关内保工作；负责社会治安综合治理和普法教育工作；负责行政执法人员的培训、取证与管理工作；负责车辆安全管理和驾协工作；负责民兵和预备役人员的训练和管理工作；负责战时后备兵员动员工作。

2. 人事科。负责组织建设、宣传和党员干部队伍的思想政治工作；负责机关及所属单位的人事、机构编制和劳资管理工作；负责共青团、妇联、计划生育和老干部工作；负责信访工作。

3. 财务科。负责编制财务预算计划；

负责对机关及委属单位的财务进行管理和内部审计。

4. 公用事业管理科。会同有关部门负责编制公用事业近期规划和年度计划；负责城市供水、道路、供电、供气等基础设施项目建设的组织、协调；负责调查、收集、登记、整理、上报市政公用行业动态情况和工作安排落实情况；负责区重点工程建设的指导、协调、组织工作。

5. 建筑企业管理科。负责指导相关行业协会工作；负责建筑业企业统计报表及网络系统管理；负责本区所管辖建筑企业劳务用工工资保证金管理；会同有关部门调解处理区域内建筑工程劳务用工工资纠纷。

6. 计划科。负责全区经济适用房、安居房投资计划的统一审核、报批工作；负责房地产开发行业管理和综合协调；参与编制小城镇专项建设规划；协调指导村镇基础设施建设、农村住房建设工作；负责城建系统的综合统计工作。

【下属单位】 蓟州区建设管理委员会下属5个事业单位。

1. 蓟州区建设工程质量安全监督管理支队。主要职责：贯彻执行市、区有关城乡建设质量、安全、文明施工的规章、制度和标准；根据有关规定，承担工程质量、施工安全、文明施工监督管理和建设市场监察；负责建筑施工现场扬尘治理的监督和管理；组织或参与对重大工程质量、安全事故的调查处理。

2. 燃气管理所。主要职责：负责全区燃气管理有关工作。

3. 建设工程招标管理站。主要职责：负责对建设工程勘察、设计、监理、施工和设备材料采购招标各环节审核备案；负责对招标人、投标人、代理公司及评标专家进行监督，监督开标、评标和定标活动全过程；负责依法调解招投标活动中的纠纷，受理和处理招投标活动中的举报和投诉。

4. 工程建设交易服务中心。主要职责：负责建立并管理好交易场地设施，确保良好的交易环境；负责组织招投标报名，为进场交易各方搞好服务；负责对评标专家的管理和抽取，开评标室的预约及牵头信用体系建设。

5. 建设管理职业技术培训中心。主要职责：负责编制城建系统专业岗位和专业技术人员的培养规划，制定年度各类培训计划；负责对各类建筑专业岗位和专业技术人员培训取证工作的招生注册、培训上课、考核发证、年度检验和继续教育工作；负责住房城乡建设部和天津市建委要求的对有关人员的其他教育培训任务。

【民心工程】 建设美丽镇村。开展清洁乡村成方连片整治，对15个乡镇322个村庄的街道里巷进行硬化、绿化和亮化。对北部山区6个乡镇107个村生活污水进行治理。实施库区和移民安置区基础设施村内道路工程，铺设村内混凝土道路45.75万平方米。

完善乡村路网。翻建大修乡村公路200千米。提级改造主干乡道70千米。

方便群众出行。启动智能交通项目，推进津围北二线智慧公路建设。完成旅游数据中心建设，规范蓟州旅游公众资讯网、电子商务网、农家乐联盟网等集群网站的营销管理。

美化城区环境。提升街景游园品质，完成李子光纪念馆、文化历史长廊和州河湾二期文化提升。对城区空白地、边角地、墙体立面进行增绿补绿、立体绿化，美化市容市貌。

优化市政交通。改造蓟州南站广场基础设施。改造路口20处。

保障群众安居。全面推进农村宅基地改革,完成土地改革试点任务,保障户有所居。

改造老旧小区。实施武定苑和鸿雁里小区水、电、暖及环境等综合提升改造。规范康平里等21个老旧小区1945户居民私拉电线行为,保障群众用电安全。

做实城市管理。启用公共安全和社会治安防控体系视频网,增强公共安全保障能力。规范标志标识,及时施划道路标线,提升交通安全管理水平。

发展便民市场。打造东赵各庄镇、礼明庄镇4个示范集贸市场,建成10家社区连锁便利店;完善布局,加强城区集市管理。

增加利民设施。完成城区2个居民区转供电改造(建设银行支行南环路家属院、廊坊重工电杆有限公司家属院)。维修改造桥19座、涵19座。

力促创业就业。新增就业1.1万人。开展职业技能培训5000人。开展农业实用技术培训7000人次。

助力群众增收。实施结对帮扶困难村"一村一策"经济发展项目,完成"三年计划"工作任务。

改善办学条件。完成28所农村幼儿园基础设施安全提升工程。实施中小学校舍维修工程。

深化医疗惠民。实施占地面积4万平方米、建筑面积4.9万平方米的中医院迁址新建项目。

丰富文体生活。推进公共文化服务体系建设,创建一批达标乡镇文化服务中心。开展全运惠民、全民健康健身系列活动。建成登山步道10条。开展送戏下乡演出150场、文艺演出30场、送电影下乡11388场。

提升养老服务。建设下营镇、邦均镇养老服务中心。完成上仓医养结合项目建设。

强化社会救助。关爱残疾人生活,开展残疾学生救助860人、特困救助1100人、重症照料补助2300人,改善家庭生活状况受益4799人。

加强救援救护。开展应急演练、应急救护宣教培训8000人,"四助一送"800户。

增强消防能力。实施7所乡镇医院3万平方米消防设施提升改造。

创建文明蓟州。强化食品安全监管,打造食品安全管理示范店20家、放心农家院30家。

加强城乡风险评估。完善应急救助体系,增加应急物资储备,切实保障人民群众生命安全和财产安全。

【蓟州龙湾站建设】 蓟州龙湾站站区新建站房,建筑面积1695平方米,新建基本站台及45米长8米宽旅客地道一座,将南侧站台改为高站台。与北京铁路局签订合作协议,完成可研报告、地勘、设计方案、施工图设计及审查,建设工程规划许可证申报工作。

【克什克腾—黄山公路北二线通车】 2017年7月1日,克什克腾—黄山公路(原津围公路)北二线公路顺利通车。克什克腾—黄山公路(原津围公路)北二线工程南起喜邦公路、北至河北兴隆界,全长31千米,路宽12米。新建桥梁7座、隧道1座、涵洞249道,服务区1处、停车区和观景台各2处,贯穿蓟州山区毛家峪、九龙山、八仙山、梨木台、九山顶、郭家沟、黄崖关长城等景点,成为天津市一条重要旅游通道。该公路是天津市第一条既有穿山隧道又有高墩大桥的二级公路,其中毛家峪隧道是天津市普通公路的第一座隧道,全长425米,净宽14米,净高5米。有效缓解旅游旺季克什克腾—黄山公路蓟州段的交通拥堵问题，为蓟北山区防火提供宽敞通道，促进地方旅游业快速发展。

【公路建设】 改造提升克什克腾—黄山公路（原津围公路），实施侯玉公路、仓桑公路改建，马营公路西延、喜邦公路调线等工程。克什克腾—黄山公路（原津围公路）中修闯子岭至克什克腾—黄山公路（原津围公路）北二线，长20.5千米。克什克腾—黄山公路（原津围公路）二十里铺桥3孔5米，长15米，宽9米。平宝公路维修工程京秦铁路地道至仓桑公路，全长10.66千米。对北京—黑龙江抚远公路（原京哈公路）白涧桥、天平庄桥、辛东桥、苏庄子桥、澱溜东桥、张家店桥、窦家楼桥等7座桥梁进行地袱维修。马平公路大修喜邦公路至东井峪村，长6千米，二级公路标准。山体滑塌应急抢险工程，克什克腾—黄山公路杨庄水库段设置被动防护网。马平公路花果峪段和桑园段采用主动防护网和被动防护网进行防护。克什克腾—黄山公路（原津围公路）支线改造大秦铁路至管城地道，全长2.6千米，实施雨污水改造、路面恢复工程。危桥改造5座900平方米。城区路口维修改造6个，其中迎宾大街4个、南环路1个、喜邦公路1个。新城道路溪水路、湖西路、西环路等4条道路，全长2千米。完成光明路、迎宾大街等城区道路挖补工作。2017年对城区道路标线施划4次。

【城市排水工程建设与管理】 2017年，蓟州区水务局全面排查城市排水系统，加大污水管网日常疏通清淤力度，坚决做到巡查管理到位，开通24小时服务电话，共接到群众反映问题39件，均及时处理答复完毕，保证群众满意率达100%。对城区所有排水管网彻底进行清掏、疏通，对受损管道进行修缮维护，共清掏检查井6786座、收水井5799座，更换检查井井盖45套，更换收水井井箅子125套，维修检查井75座、收水井95座，清掏排水沟及盖板涵125米，清掏雨水管道600米，清除垃圾杂物2470吨，保证城区井盖、井箅破损或丢失更换率达100%，排水管道畅通率达97%以上。

【排水泵站和污水处理设施工程建设】 于桥水库北岸穿芳峪镇污水管网工程，已完成投资7826万元，开工村庄24个，完工21个，在建3个村庄，累计铺设管道138730米，建设检查井4268座，化粪池365座。2017年1月15日开工。

于桥水库北岸马伸桥镇污水管网工程，已完成投资9247万元，开工29个村庄，完工27个村庄，在建2个村庄，累计铺设管道171748米，新建检查井9677座，化粪池650座。2017年2月15日开工。

城区污水综合整治工程，实施南环路污水主管网工程（宾昌河桥至污水处理厂段），全长3.4千米，总投资5000万元。已完成投资216.93万元，完成州河公园至蓟州中学段2.02千米；完成宾昌道、小尖道雨污分流改造，铺设管道1.1千米。

北部山区农村生活污水治理工程，已完成投资3.5亿元，开工93个村庄，完工48个村庄，在建45个村庄，累计铺设管道585889米，新建检查井17986座，化粪池15010座。2017年10月20日开工。

大仇庄泵站更新改造工程，总投资3040万元，拆除重建泵房、进水池、出水池，原进水闸改建为交通桥，新建进水闸，维修加固出水闸，更换立式轴流泵5台，安装回转式清污机3台，更换铸铁闸门3扇，更换主变压器1台、站用变压器1台。

2017年10月完工。

庞家场泵站更新改造工程，总投资2818万元，拆除重建进水闸、前池、泵房，改建出水池，维修加固出水闸和自排闸，更换立式轴流泵4台，安装回转式清污机3台，更换闸门6扇。2017年12月完工。

梁庄子扬水站更新改造工程，总投资1040万元，拆除重建泵房、主副厂房及管理用房，拆除出水池，清整上游河道，新建进水闸、前池、出水压力水箱、出水箱涵及出水闸等，更新全部机电设备及金属结构。2017年12月完工。

漳泗河泵站更新改造工程，总投资2000万元，新建站前闸、前池、主泵房、出水池、排水箱涵、出口防洪闸，配置立式轴流泵4台，干式变压器1台，安装回转式清污机3台。2017年7月开工，2017年12月完工。

南河泵站更新改造工程，总投资1900万元，新建进水渠、进水闸、前池、泵房及检修间、后池、引水自流道、自流道涵闸、配电室及现地生产用房，配置立式轴流泵4台，安装回转式清污机3台。2017年7月开工，2017年12月完工。

城区污水处理厂污泥无害化处置设施建设工程，已完成投资700万元，处理规模140吨/日的设备安装完毕。2017年9月开工。

【城区污水处理厂建设】 蓟州区水务局牵头完成蓟州城区污水处理厂特许经营项目招标工作，中标人为北京碧水源科技股份有限公司，中标的污水处理价格为1.97元/吨。2017年8月23日，蓟州区人民政府与天津蓟源水处理有限公司（中标人在蓟州区成立的项目公司）签订了《蓟州区城区污水处理厂特许经营项目特许经营协议》和《蓟州区城区污水处理厂特许经营项目污水处理服务协议》，按照协议约定特许经营期30年，2018年保底水量按4万吨/天计算，以后每年增加0.5万吨直至达到6万吨满负荷运行，进一步推进了政事分开、事企分开、管办分离，强化了公益属性，促进了事业单位改革。

【供气管理】 2017年，蓟州区建委积极落实部署燃气安全生产管理工作，下发《关于严厉打击违法经营液化石油气行为的通知》《关于加强汛期安全生产工作的紧急通知》《区建委关于转发〈市建委进一步加强我市燃气供气设施安全运行和应急抢险工作的通知〉的通知》等安全生产管理文件19份，组织召开蓟州区18家燃气企业参加的燃气安全管理工作会议4次，要求企业全面查漏洞、补短板、狠抓整改、消除盲区、不留死角，确保燃气安全生产形势持续稳定。

严格规范执法检查，加大执法力度，2017年对燃气经营企业共开展10次安全生产隐患专项检查，包括元旦春节期间燃气安全生产大检查、液化石油气（装）卸车装置检查、企业建立"一企一档"内容检查、全运会期间燃气行业反恐怖防范督导检查等。对企业运行管理机构和人员、各项制度建立及落实、设施设备运行、安全宣传教育、维修服务、应急预案及演练情况等进行检查，排查隐患问题395项，下达隐患整改告知书128份，限期整改通知书30份，均已督促企业整改落实。制定蓟州区《关于开展打击整治非法加气站（点）专项行动工作方案》，采取日常巡查、突击检查、专项检查等手段严厉打击违法液化石油气销售站点，共清理违法液化石油气销售点22个，涉及液化气钢瓶306个、液化石油气2494.9公斤，收缴倒气工具13把，对1家液化石油气储配站上报天津市燃气处进行处罚，罚款 4 万元。

截至 2017 年底，蓟州区共有储配站 15 个，储气罐 53 个，储气能力 2110 立方米，液化气用户达 101000 余户。2017 年外购气量 16141.48 吨，供气量 15164.8 吨，销售气量 15159.8 吨。

【农村煤改燃】 蓟州区农村"煤改燃"工程时间紧、任务重，工程量大。蓟州区建委为做好施工现场质量安全管理工作，一是组织资质等级高、实力强、信誉好、有监管"煤改燃"工程经验的大型国企监理公司作为第三方，对"煤改燃"工程实施质量安全监管，同时组织编制村镇燃气输配工程施工及质量验收指导手册和"煤改燃"工程质量安全管理办法。二是组织蓟州区工信委、区安监局、区市场监管局、区综合执法局、消防支队和建设、施工、监理、分包单位负责人，对实施"煤改燃"工程建设的村庄逐一进行安全生产监督检查，对发现的安全问题列出台账，组织企业逐一销号整改。三是严把通气点火关，要求建设、施工、监理、设计进行分户验收，并在经建设单位监理和政府监理两方的签字确认后，才可进行通气点火。2017 年，完成挂表 12 万余户，安装壁挂炉 5 万多台，调压箱 3000 多台，建设中压管道 300 余千米，低压管道 2000 余千米，建设 LNG 供气站 6 个，通气运行的 LNG 供气站 2 个。

【供热工程】 截至 2017 年底，蓟州区供热企业总数 24 家，集中供热总面积 1197 万平方米。2017 年，启动实施大唐热电联产二期项目，采取应急抢险方式，经过 60 多天昼夜不间断施工，铺设一次管网 22 千米，二次管网 19 千米，新建热力站 45 座，总投资 2.12 亿元，实现年并网面积 210 万平方米，并在规定日期实现正常供热。为顺利完成燃煤锅炉整治任务，蓟州区房管局牵头组织推动全区 906 台燃煤供热锅炉整治工作。5 月份组织专门人员督办全区供热燃煤锅炉的关停工作，9 月底前，906 台燃煤供热锅炉已全部实施了烟囱拆除或物理割断烟道、断水断电等措施，关停率 100%，顺利完成蓟州区燃煤供热锅炉"清零"任务。其中 302 座区内学校、卫生院及公建单位的煤改电工程于 10 月底前全部投入运行，顺利通过验收，2017—2018 年度采暖季全部正常供热。

积极解决蓟州区历史遗留的供热难点、热点问题。对凯罗雍景家园、碧玉家园小区因水源热泵年久失修，设计存在缺陷，企业管理等原因造成居民供热信访不断的问题，经蓟州区政府同意，将上述两个小区纳入了大唐盘电供热并网计划，并于 2017 年 10 月底前完成并网工程，11 月初顺利实现正常供热；现代城 21 号楼项目供热历史遗留问题，于 2017 年 10 月底前完成管网建设、换热站机组安装工程，并于 11 月初如期供热。

【基础设施建设融资】 2017 年，蓟州城投公司以发挥国有资产的社会保障和公共服务的职能，建立国有资产、资源、资金良性循环的运营体系，增强综合承载能力，创新公共基础设施项目融资模式，建立多元化可持续的城镇化融资机制为途径，以加速蓟州区城乡基础设施建设步伐，实现低碳、环保、生态的城镇基础设施体系为目标，围绕蓟州区委、区政府的重点工作，积极推进各项目进展，创新融资模式，降低融资成本，加快资产整合等方面取得了一定的成绩。2017 年，负责交通、市容、水务、公安、畜牧、卫生、文化、许家台镇、渔阳镇、上仓镇、下营镇、邦均镇和礼明庄镇 13 个部门和单位共 35 个项目（续建 27 个，新建 8 个）投融资工作，已融资到位31.79亿元。

【建筑业企业】 2017年，蓟州区实现建筑业增加值32.95亿元，同比下降23.1%。完成建筑业总产值61.81亿元，同比下降26.2%。从构成看，建筑工程产值48.35亿元，占建筑业总产值的比重为78.2%；安装工程产值8.74亿元；其他产值4.72亿元。2017年签订合同额97.68亿元。

2017年，新办理建筑企业资质38家（其中施工总承包三级企业10家、专业承包企业9家、劳务分包企业19家。另有三级专业升级企业1家，增项资质10家企业）。蓟州区共有建筑企业184家，包括市属25家、区属159家，其中三级总包45家、专业承包54家、劳务分包60家。

【工程招投标】 持续推进电子辅助评标系统，对评标专家坚持"一标一评"，对代理公司坚持"一标一考核"。严把市场准入、投标报名、交易监督、中标公示和招标备案等关口，完善标前、标中和标后全程监管制度，确保工程招投标公开、公平、公正。依法应招标工程累计进场交易124项，其中公开招标83项，邀请招标41项，总计中标金额43.23亿元，累计中标建筑工程面积143.12万平方米，无投诉事件发生。

【建筑合同管理】 目前，蓟州区建委按照要求使用2017版《建设工程施工合同（示范文本）》（GF-2017-0201）。2017年共办理施工合同325项，其中施工合同114项、勘察合同55项、设计合同65项、监理合同75项、电视台招标合同16项。

【建筑市场管理】 2017年，蓟州区建委坚持"三部位"进场检查（基础阶段进场检查前期手续，主体阶段检查劳务分包、装修阶段检查专业分包），对在施工程项目前期手续是否完备，施工总承包单位、监理单位是否按中标通知书配备现场管理人员，是否依法签订承包分包合同，是否存在违法发包分包、转包、借照挂靠等违法行为进行检查，并依照行政处罚程序实施行政处罚。2017年分别在5月、7月集中组织开展建筑市场执法大检查，8月较好地完成天津市建委对蓟州区进行的建筑市场执法检查。2017年开具执法检查单105份，其中限期整改98份、停工整改7份，提出整改意见246条，约谈违规企业17次，立案查处违法违规行为124件，处罚金额556.5万元。

按照蓟州区政府安排部署，为进一步改善环境质量，规范建材企业生产行为，蓟州区建委牵头10个委办局组织专项联合检查组，按照《蓟州区混凝土搅拌站建筑构配件厂建筑制品厂专项整治方案》要求，在2017年5月对蓟州区26个镇乡、上仓工业园区及汽车产业园区排查上报的299家混凝土搅拌站、建筑构配件厂、建筑制品厂进行了拉网式检查，推动"散乱污"企业"两断三清"治理进度。

【建筑劳务用工管理】 2017年，蓟州区建委创新思路，加大力度，紧紧围绕农民工工资支付监控体系的建立，推行"四制联动"清欠机制。一是与诚信考核、资质考核联动，建立完善市场主体信用评价体系，对存在恶意拖欠农民工工资的建筑业企业，不予批准其资质升级、资质增项等申请。二是与招投标联动，施工总承包企业如恶意欠薪，将降低企业信用等级，降低其招投标活动评分。三是与办理施工许可、阶段验收、竣工验收备案手续联动，把无拖欠农民工工资行为作为办理基建手续的前置条件，对存有拖欠问题的建设项目，一律不予办理。四是与评先树优联动，实行清欠工作一票否决制，凡存在拖欠农民工工资问题的建筑业企业，取消其当年的评先树优资格。通过联动机制，形成"一处拖欠，处处受限"的监管体系，力求实现关口前移，将问题解决在萌芽状态。

蓟州区建委在日常监管中，一是把农民工工资储备金的预存作为防欠重要手段，做到及时、足额，提高对突发事件的应急处理能力。二是推行农民工工资银行卡支付制度，减少中间环节，杜绝农民工工资被冒领等问题的发生。三是加大督导检查力度，不定期抽查重点企业和工地，发现问题当场反馈，在中秋、春节等传统节日前夕，组织开展专项检查，全面摸排各项工程，做到矛盾早发现、问题早排除。四是畅通投诉渠道，在蓟州区所有建筑工地设立"建筑工人维权须知公示栏"，公布投诉电话，由专门执法人员受理，做到事事有回音、件件有着落。五是深挖行业"正反两面"典型，表彰一批"先进集体"和"先进个人"以树立榜样，每次建筑市场综合执法检查后，把农民工工资支付情况作为单独内容进行反馈，指出存在问题，提出解决措施，对拖欠问题典型案例在蓟州区范围内进行通报，增强对违规企业震慑力。

经统计，2017年蓟州区高峰时用工总数超过1.5万人，其中外埠劳务人员8000余人，主要来自四川、河南、山东、湖北和河北等省市。蓟州区建委2017年收缴建筑业企业预存储备金6.6亿余元，通过银行卡发放工资5.6亿元，在岗建筑农民工工资银行卡发放覆盖率已达95%以上。建筑业农民工工资绝大部分得到落实，劳务用工队伍保持稳定。

【信用体系建设】 蓟州区建委对建筑市场进行动态监管，执行在施项目每季一评。2017年，已完成对辖区内施工总承包企业、监理企业、招标代理企业信用信息的归集、核对、录入和归档工作，其中施工总承包企业信用信息平台归集各类现场检查记录共2081项，监理企业90项，代理企业401项，基本实现对施工总承包企业和代理企业信用管理的全覆盖，并逐步提高对监理企业信用管理的覆盖率。

【新型城镇化建设】 新城示范小城镇（一期）项目，建设性质续建，建设起止年限2011年—2017年，建设地点为蓟州新城，总投资2370000万元，2017年计划投资25000万元，项目占地12.85平方千米，涉及拆迁安置65个村12167户42588人，规划建设360万平方米的还迁安置房及配套公建，还包括基础设施建设、土地整理及复垦等内容。

新城示范小城镇（二期）项目，建设起止年限2017年—2020年，地点为官庄镇、溵溜镇，总投资502443万元，2017年计划投资96000万元，项目主要建设内容包括农民还迁安置房建设、土地整理及复垦和建新区基础设施建设等；建新区占地面积586.55万平方米，复垦区占地80.73万平方米；总建筑面积30.55万平方米，涉及拆迁安置2个乡镇6个行政村1216户5015人。

蓟州区新型城镇化（棚户区改造）项目，建设起止年限2016年—2019年，建设地点为别山镇、五百户镇、穿芳峪镇、马伸桥镇，总投资833369万元，2017年计划投资215000万元，项目对马伸桥镇、穿芳峪乡、五百户镇和别山镇共计21个村（大丰沟村、大水头村、东水泉、段庄子、黑石岩、看花楼、刘家念头、前漳泗河、水峪、燕山村、赵家铺、北胖村、金庄子、大巨各庄村、刘相营村、崔各寨村、峰山村、富裕村、山前屯、大云泉寺、小云泉寺）实施棚户区改造。

红星美凯龙家居广场项目（金色港湾），建设起止年限2017年—2020年，建设地点为新城内湖东大道东侧、蓟州街南侧，总投资50000万元，2017年计划投资15000万元，项目建筑面积62429平方米，建设包含红星美凯龙家居生活广场、酒店、精品商业街区，同时配建建筑面积不低于2000平方米的社会公共停车场。

京畿鼎园项目，建设起止年限2016年—2020年，建设地点为蓟州区新城，总投资163700万元，2017年计划投资20000万元，项目为约33万平方米住宅以及商业。

棕榈名邸项目，建设起止年限2016年—2019年，建设地点为蓟州区新城，总投资35000万元，2017年计划投资13000万元，占地面积34546.5平方米，规划总建筑面积69519平方米，其中地上51819平方米，地下停车库17000平方米。

万事兴蓟州一号院项目，建设起止年限2017年—2020年，建设地点为蓟州区新城内地块，总投资100000万元，2017年计划投资12000万元，新城住宅地块总用地面积105506平方米，界内用地面积60626.8平方米，最大建筑面积85756平方米。

渔阳镇棚户区改造项目，建设起止年限2017年—2018年，建设地点为南关村、东七园村，总投资139052万元，2017年计划投资81900万元，项目涉及南关村、东七园村、穆庄子村3个村庄1165户、2307人、11.93万平方米房屋的拆迁及9.9万平方米新建安置住宅。

礼明庄镇棚户区改造项目，建设起止年限2016年—2018年，建设地点为礼明庄镇，总投资216956万元，2017年计划投资123000万元，项目涉及小河套村、卢辛庄村、曹家庄村、前潵水头村、后潵水头村5个村庄1965户3889人27.22万平方米房屋的拆迁及16.69万平方米新建安置住宅。

邦均镇棚户区改造项目，建设起止年限2017年—2018年，建设地点为邦均镇，总投资136457万元，2017年计划投资80300万元，项目涉及西南道村、中后街村、东后街村3个村庄1271户、2516人、12.82万平方米房屋的拆迁及12.15万平方米新建安置住宅。

上仓镇棚户区改造项目，建设起止年限2017年—2018年，建设地点为上仓镇，总投资71833万元，2017年计划投资42300万元，项目涉及南闵庄村、后秦各庄村、程家庄村3个村庄682户1350人6.87万平方米房屋的拆迁及6.08万平方米新建安置住宅。

下营棚户区改造项目，建设起止年限2017年—2018年，建设地点为团山子村西，总投资67630万元，2017年计划投资39800万元，项目涉及高富庄村、官地村、西于庄村、营周庄村、拱峪村5个村庄、660户、1306人、4.9万平方米房屋的拆迁及4.5万平方米新建安置住宅。

许家台镇示范小城镇二期项目，建设起止年限2017年—2018年，建设地点为许家台镇，总投资250000万元，2017年计划投资100000万元，建设农民还迁安置房38.68万平方米。

【房地产开发项目】 山澜雅韵花园项目，建设起止年限2016年—2018年，建设地点为山倾城北侧、渔阳镇桃花园东侧，总投资32241万元，2017年计划投资21000万元，项目占地面积38004.1平方米，总建筑面积33373平方米。

山湖郡苑项目，建设起止年限2016

年—2018年，建设地点为无终园大街北侧、田畴大道西侧，总投资170000万元，2017年计划投资58088万元，项目总建筑面积256486.37平方米。

北岸华庭项目，建设起止年限2015年—2018年，建设地点为渔阳镇迎宾大街南侧、黄花山路西侧，总投资80058万元，2017年计划投资10000万元，项目占地面积121778.9平方米，总建筑面积160081平方米。

凤凰山水园项目，建设起止年限2013年—2017年，建设地点为渔阳镇东环路东侧，总投资29000万元，2017年计划投资2000万元，项目占地面积12963.6平方米，建筑面积66340平方米，1栋5层商业，2栋25层住宅，地下1层车库。

山水和苑项目，建设起止年限2012年—2017年，建设地点为凤凰山大道东侧、迎宾大街南侧，总投资60000万元，2017年计划投资10000万元，项目占地面积80634.4平方米，总建筑面积103624.73平方米。

帕醍欧花园二期项目，建设起止年限2012年—2017年，建设地点为渔阳镇桃花园村南侧、铁路北侧，总投资34680万元，2017年计划投资8000万元，项目占地面积74529平方米，总建筑面积97369平方米。

天一揽韵园项目，建设起止年限2016年—2018年，建设地点为渔阳镇上宝塔村北侧、揽韵园东侧，总投资40000万元，2017年计划投资13000万元，项目占地面积43548.8平方米，总建筑面积40984.16平方米（地上30484.16平方米，地下10500平方米），建设住宅21栋，配建2栋。

峰景苑（二期）项目，建设起止年限2015年—2017年，建设地点为康平路西侧，总投资26200万元，2017年计划投资7518万元，项目总建筑面积51709.09平方米，主要建设内容为主体及装修。

峰景苑（三期）项目，建设起止年限2016年—2018年，建设地点为康平路西侧，总投资33000万元，2017年计划投资8273万元，项目总建筑面积69130.67平方米。

泽丰名苑项目，建设起止年限2015年—2018年，建设地点为长城大道4号，总投资120000万元，2017年计划投资26000万元，项目建设170000平方米住宅。

博御园项目，建设起止年限2014年—2018年，建设地点为凤凰山路1号，总投资96000万元，2017年计划投资18000万元，项目总建筑面积100000平方米。

汇福庄园项目，建设起止年限2016年—2017年，建设地点为罗庄子镇清水泉村，总投资21000万元，2017年计划投资19300万元，项目总建筑面积67577.7平方米。

美域新城项目，建设起止年限2013年—2019年，建设地点为人民西大街南侧、西环路西侧，总投资244000万元，2017年计划投资33825万元，项目占地面积为127064.5平方米，总建筑面积357400平方米。

万事兴碧水云天庄园项目，建设起止年限2017年—2019年，建设地点为燕山东大街南侧、迎宾大街北侧，总投资125363万元，2017年计划投资68000万元，项目占地面积135020.7平方米，总建筑面积81012.42平方米。

【房地产企业管理】 2017年，蓟州区房地产开发企业达到43家，在建在售项目35个，开发企业销售人员达到300

天津建设年鉴2018

光华桥

余人。2017年开盘企业涉及16家,销许批次51个,上市面积51.59万平方米,3893套住宅房屋;成交2919套住宅房屋,37.99万平方米,成交均价13312元/平方米。蓟州区房管局及时发布权威政策信息,继续推行商品房预(销)售网上签约、网上合同备案,加强商品房预售资金监管。受理新建商品房销许及资金监管形象部位现场查勘48件,涉及19家开发企业,查勘建筑314栋,受理商品房买卖合同注销申请98件,组织销售人员继续教育人数达到200余人。

【非经营性公建】 2017年,8个项目签订新建住宅非经营性公建配套合同,对房地产开发企业的7个项目审核并出具非经营性公建配套证明。

【房地产市场监管】 蓟州区房管局严格落实国家和天津市房地产调控政策,严查开发商、房地产中介机构的捂盘惜售、一房多卖、加价出售、房源信息不公开等违法违规行为,对蓟州区房地产项目累计巡查150余人次,中介市场巡查110余人次,解决处理了57个书面转办信访件。

【建筑节能】 蓟州区新建建筑严格执行天津市现行建筑节能标准率达到100%。蓟州区建委要求新建民用建筑需提供建筑节能技术资料,未提供建筑节能技术资料的,不颁发建设工程施工许可证;要求建设单位于工程竣工验收前报送《天津市建筑竣工情况表》,否则不予竣工验收;要求建筑节能工程使用的墙体、保温、门窗等材料必须提供天津市建筑节能技术和产品备案证书,不能提供的一律不得进入施工现场。2017年,蓟州区建筑节能技术资料备案295项,报送《天津市建筑竣工情况表》11项,为建筑节能工程管理和统计提供了依据。在加强建筑节能常态化管理下,2017年上半年蓟州区建委组织节能专项检查和预拌砂浆专项检查,主要包括:施工图审查情况;施工、监理单位按图施工情况;建筑节能材料材质单、出厂检验报告、复试报告;禁止使用黏土砖、禁止使用袋装水泥和现场搅拌砂浆情况。发现的问题均向相关责任单位下达整改通知书,并督促落实整改。

第十六篇　区级建设工作

直沽桥

【绿色建筑】　2017年，蓟州区建委大力发展绿色建筑，最大限度地推广节能材料和"四新"产品，确保节地、节能、节水、节材等多项指标符合绿色建筑标准，新建民用建筑全部按绿色建筑标准实施，在确保全部新建民用建筑100%执行绿色建筑标准的基础上，大力推行高星级绿色建筑。推进太阳能、浅层地热能等可再生能源在建筑中的应用。截至2017年底，蓟州区取得绿色建筑评价标识的项目有圣光酒店（共6万平方米，已经完成三星级绿色建筑设计标示认证）、中节能四期（共10万平方米）、蓟州新城安置区A1地块八期工程（共87万平方米，全部取得建设部一星绿色建筑设计标识证书）。

【装配式建筑】　2017年，蓟州区建委按照《市建委等七部门联合印发关于加快推进我市建筑产业现代化发展（2015年—2017年）实施意见的通知》（津建科〔2015〕543号）、《市建委关于在天津市建筑产业现代化项目规划条件中提供相关建设指标的通知》（津建科〔2016〕100号）等相关文件要求，对审批部门抄送的项目策划方案，提出预制装配式建筑比例，确保在审批条件中载明是否实施装配式建筑，共回复审批局征求意见函36项，涉及建筑面积179.41万平方米，其中符合装配式建筑实施范围的项目3项，装配式建筑面积18.15余万平方米。其中位于蓟州区下营镇团山子村的下营镇生态旅游特色小镇项目采用装配式建筑方式，已开工建设。

【建设工程质量安全】　2017年，蓟州区建委在工程质量安全监管上，以大排查大整治为重要抓手，在开展日常巡查、夜间突查的基础上，严格开展专项检查，实现工程质量安全监督检查覆盖率100%，工程质量合格率100%，一次验收合格率95%以上。2017年，创市级文明工地4个、创市级观摩工地2个，完成8项"海河杯"申报工作。

7月25日,蓟州区建委主持召开农村危房改造启动会

【建设工程质量】 2017年,蓟州区建委成立原材料监督封样小组,固定监督人员3人,不定期对辖区内建筑材料抽检,实现监督封样抽查常态化。建立不合格材料台账,记录不合格材料的生产商、供应商信息,作为后期监督工作重点抽查依据。2017年,累计抽检原材料66组,查处不合格钢筋30吨、防水卷材12000平方米、挤塑保温板69立方米、电线14万米,清退全部不合格建筑材料。2017年,共开展春季开复工检查、建筑节能专项检查、建筑材料专项检查等各类检查7次,下达质量责令整改通知书124份、责令暂停施工通知书14份、行政处罚书6份,提出问题438项。推动蓟州区在建工程项目开展"质量月"活动,开展工程质量知识竞赛、问卷调查、技能培训等活动,共发放工程质量基本常识宣传材料100余份,悬挂标语横幅120余条,强化工程质量管理意识。

【施工安全管理】 蓟州区建委以建筑"六防"为主线,狠抓危险性较大的施工环节,杜绝重大安全事故发生,同时对企业安全网格化、安全责任制、特种作业人员持证上岗等各方面安全管理工作进行全面检查,建立安全生产隐患排查台账,健全安全管理制度,不断提升在施项目安全生产管理整体水平。2017年,开展综合性安全大检查13次,开展消防安全、大型起重机械、临时用电、食品安全、硫化氢安全等专项检查12次,开展开复工施工、雨季施工、夏季施工、国庆两会期间等阶段性安全检查9次,下达安全责令整改通知书320份、责令暂停施工通知书56份、行政处罚书8份,查处安全隐患1330条,行政约谈6起。

【工地扬尘治理】 2017年,蓟州区建委持续推进建筑行业三级扬尘网格化管理,并对施工单位成立的相应三级网格化扬尘领导小组进行督导,做到定人、定岗、定责,对主体责任不落实,防尘、降尘管控措施不到位,扬尘问题不消除的,采取限期整改、约谈企业领导、停工处罚等行政管理措施督促整改。严把开复工关口,对新开工项目100%与施工单位签订扬尘治理承诺书,并把远程视频监控和扬尘监测设备的安装作为项目开工前的必备前置性条件。在开工前派执法人员到现场进行实地踏勘,对"六个百分之百"要求落实不到位的项目一律不得开工建设,实现扬尘治理关口前移。2017年,共安装视频监控68套,安装扬尘在线监测系统68套,安装雾炮设施212台。充分发挥重污染天气应急预警平台作用,及时向各施工项目发布重污染天气应急预警信息,为各施工项目启动相关应急响应提供有效保障。蓟州区施工现场累计苫盖裸露渣土100余万平方米,硬化施工场内道路32千米,增设自动冲洗车设备至72台件,各施工项目落实门禁制度,严格检查工地车辆,严禁车辆带泥上路。2017年,下达责令整改通知书144份、责令暂停施工通知书48份、行政处罚书19份,提出问题897项。

【行政执法】 2017年,根据天津市建委印发的《市建委关于印发〈市建委关于推行行政执法公示制度执法全过程记录制度重大执法决定法制审核制度试点工作实施方案〉的通知》(津建监〔2017〕225号)要求,蓟州区建委按比例为执法人员配备执法记录仪,共配备11套,涉及建筑质量、施工安全、市场监察、扬尘治理、燃气安全、农民工薪资管理等6项现场检查行为,做到执法过程全程影像记录。

蓟州区建筑工地全面实行雾炮喷淋、苫盖裸露渣土

【危房改造】 2017年,蓟州区建委认真做好危改对象纸质档案记录和网络信息录入审核工作,组织镇乡进行危改政策宣传,开展农村建筑工匠和镇乡管理人员施工培训和技术指导,严格审批程序、严把建设质量、严肃财经纪律,顺利完成900户危改工作。2017年,蓟州区布置农村危房普查4次,共摸排危房存量约1400户,四类重点贫困人员约600户。

【传统村落保护】 2017年,将孙各庄满族乡隆福寺村、出头岭镇官场村申报第五批中国传统村落的相关材料上报天津市建委。

【建设领域行政审批】 2017年,蓟州区建委坚持"公开、透明、公平、公正"的原则,对服务内容、办事程序、申办条件、收费标准、监督电话进行公开。对于涉及蓟州区建委审批窗口的十项审批手续,主动向办件人提供一次性告知单,积极进行答疑解惑,最大限度精简办事程序,减少办事环节,缩短办理时限,改进服务质量,提高工作效率。2017年办结审批手续1236项。其中,房地产开发项目开发建设方案13项,资质预审21项;工程建设项目报建备案86项;质量监督登记备案70项;安全施工措施备案69项;分包合同备案73项;建筑节能技术资料备案390项;施工、勘察、设计、监理合同备案325项;合同结算备案4项;节能竣工备案12项;竣工验收备案173项。

功能区

天津经济技术开发区

【概况】 天津经济技术开发区建设和交通局是天津经济技术开发区城乡建设的职能部门，是全区城乡建设管理的机构。机关内设8个科室，分别为综合科、总工室、规划测绘管理科、房地产管理科、建设管理科、法制监察科、市政管理科和产权物业科。

天津经济技术开发区建设和交通局下设建设工程管理中心，是天津市最早将质量和安全监督工作整合到一起的工程监督机构。按照职责划分为综合管理部、质量安全监督一部、质量安全监督二部、质量安全监督三部、执法监察部、施工队伍管理部和招投标管理部7个职能部门。

【基础设施建设及投资】 1.城市道路与桥梁。2017年开发区主要的道路建设集中在一汽大众基地及现代产业区。一汽大众基地2017年道路开展"四横六纵"建设，涉及10条道路、15个工程项目，建设道路21.24千米、56.7万平方米，总投资17.98亿元。2017年已完成2项、2.556千米、6.7万平方米，已完成投资7.9亿元。现代产业区2017年完成4段道路项目的建设，新建道路3.03千米、4.87万平方米，完成投资6015万元。

2.城市排水泵站和污水处理设施。2017年一汽大众基地2座泵站开工建设，新增排水流量47立方米/秒，总投资2.35亿元，2017年完成投资560万元。2017年东区污水处理厂（10万立方米/天）、西区污水处理厂（5万立方米/天）和南港污水处理厂（0.25万立方米/天）进行提标改造，2017年底达到天津新的排放标准，总投资2.5亿元。

3.供气工程和管理服务。泰达燃气签订非居民燃气配套合同52项，其中包括开发区公寓底商用户改造、MS天-F区、一汽丰田新一工厂和美克家私等项目；签订居民燃气配套合同3项，包括贝肯山4号、6号和8号地块项目，新增居民住户900余户。

安全管理。泰达燃气认真将安全排查整治工作贯彻到日常工作中，就对日常生产、设施运行和制度规范中存在的安全隐患进行全面排查治理，同时加强相关方的检查和管控，明确安全技术要求，监督落实安全措施和日常监管。十九大期间，开展开发区高层建筑用气安全大检查，深入治理高层建筑安全隐患。针对居民用户公司建立40岁以下职工全员安检制度,上门进行燃气设施安全检查,保障居民用气安全。积极开展"安全月"和"消防周"活动,开展内部安全管理宣讲和外部安全用气宣传,组织安管员、消防管理员和特种设备操作人员培训取证,进行综合应急预案演练以及消防器材使用及灭火演练,提高职工和用户安全意识以及安全综合素质。

重点项目。热源三厂供气专项项目,为保证泰达能源热源三厂煤改燃项目的实施,自泰达大街与新城西路交口,新建直径400管径、0.4兆帕管线850余米,确保热源三厂新增两台29兆瓦热水锅炉的用气负荷。该项目自2017年9月27日开始建设,经过13天的连续奋战,在保证安全、质量、环保的前提下,按照进度准时完工。热源三厂煤改燃项目,泰达能源热源三厂煤改燃项目的配套工程由建设单位自行委托施工单位实施,燃气公司无偿提供项目管理的技术支持。

一汽大众项目,完成基地内1100余米过路套管的预埋工作。主机厂区燃气管网工程已完成施工招标并进行了1000余米的管网建设。零部件厂区燃气管网工程已完成施工招标工作。完成1号高中压调压站项目的调压装置区、运维中心及门卫的地基和基础施工与验收,正在进行调压装置区罩棚网架、调压撬及站内工艺管道的安装。完成基地内一汽富维和大众平台两家企业的通气点火。主机厂区实验中心食堂正式开通使用燃气。

信息化建设。有序推进各项信息化项目建设,通过泰达燃气信息管理系统将用户服务、生产安全和企业经营结合到"智慧燃气"体系中,建设"3条线1张图"的信息管理模式,使数据做到从收集、整理到管理、决策的全方位统筹,实现泰达燃气从信息化到智能化的转变。GIS系统的运用,实现天津经济技术开发区燃气管线的信息化管理,根据设施的使用、维修和保养状况进行设施的科学化管理,做出合理的维护和更新措施建设,利用GIS系统特有的空间分析能力,为公司的各项决策提供技术支持。客服信息管理系统的升级,大大提高系统兼容性,升级后可兼容绝大多数浏览器,同时添加"窗口穿越功能"和"原生"支持阶梯气价,解决了之前"单一气价"调价困难的问题,此次升级使整个系统运行更加合理、更加高效。目前公司信息共享基于客户服务系统,将用户信息共享到生产调度系统、手机巡检系统,打破"信息孤岛",实现信息中心各系统互联互通;通过ESlink平台和微信、支付宝的对接,实现用户网上缴费、欠费查询。SCADA系统通过数据采集器采集各站点压力、压差、温度、流量和管网储存量等运行参数,实现对燃气系统的进气、计量、输配、调压全过程的监控、管理和调度,能实现生产信息、管网状况的自动化收集、分类、传送、整理、分析和储存,为管网输配的优化调度、故障分析和辅助决策提供科学的手段。同时,调度中心对采集的数据进行储存、统计和分析,为GIS、管网仿真和负荷预测等信息化系统提供基础数据。建立可扩充至8座席量的呼叫中心,用于业务受理,并实现电子派工,规范派工流程,规范工作回复结果的准确和一致,以便今后大数据对接线派工工作的分析。在南海路总部和二大街营业厅分别安装了自助售气机,方便开发区用户24小时自助购气。自助售气终端在不影响泰达燃气现有收费系统的情况下,解决IC卡购气充值难、客户满意度低的问题,提升泰达燃气服务质量,进一步促进移动支付等互联网技术在城市燃气行业中的推广应用。

4. 供热工程和管理服务。2017年，天津泰达热电有限公司紧密围绕"安全稳定供热、厂网资源合一、提升效益效率、确保企业盈利"的工作目标，以"强基础、促整合、谋发展"为工作主线，团结奋进、攻坚克难，全面完成泰达控股下达的绩效考核指标。津联热电实现销售收入7.45亿元，泰达热电实现销售收入1.68亿元。东区蒸汽总购入量381.69万吨，蒸汽销售总量346.60万吨，综合网损9.19%。西区蒸汽销售总量68.62万吨，综合网损18.46%。

坚持"安全第一"原则，实现全年安全无事故。2017年，泰达热电加强安全环保工作，以"大排查，大整治"为抓手，着力保障安全工作"万无一失"。坚持"安全第一、预防为主、综合治理"安全管理方针，以安全标准化为依据，抓预防、补漏洞。全面确保"一带一路"峰会、全运会、党的十九大等重大国事活动期间安全稳定。进行安全隐患的"再排查、再整治"。大排查大整治共计查出大小各类隐患问题191项。处理完成数字城管问题126项，结案率100%。对公司各类消防隐患进行检查，更换消防器材500多具。高度重视、深入开展创卫工作。开展病害供热管线井专项调查整改活动，完成公司职业病危害评估工作，完成公司500多人次职业健康检查及劳动保护用品、防暑降温用品发放工作。

增强环保意识，加大环保投入。泰达热电严格按照环保局要求制定环保排放计划，严格落实天津市重污染天气应急指挥部发布的预警要求，做好日常监督检查工作，制定环保类突发事故应急预案。天津经济技术开发区热源三厂替代国华燃煤锅炉建设项目新建两台29兆瓦燃气锅炉，于2017年11月13日上午正式点火启动，总投资约4275万元，可保障约200万平方米的居民采暖。西区热电热源一厂29兆瓦热水锅炉脱硝提标改造项目已投产运行，西区热源三厂两台58兆瓦热水锅炉低温脱硝湿式除尘改造项目已进入生产调试阶段。

不断提升泰达供热服务品牌。2017年，泰达热电加强供热服务管理，以创新服务形式为切入点，着力提升泰达供热服务品牌。冬运客服工作运行机制进一步完善，各项工作落实到位且成效明显。充分落实首问制，实行"24小时运行机制""多部门联动协作机制""多部门联合保障机制""信息系统新旧结合机制"和"服务安全应急机制"等多种机制协同运行，确保了冬运期间客服各项工作的正常高效运转，对外服务质量有效提升。创新工作方式方法，整体工作效率进一步提高。建立微信工单管理群，进行工单的全生命周期管理工作，建立客服工作日志制度，加强工作落实及督办管理，保障信息传递的及时性，提高工作效率。信访投诉管理进一步强化、实现"零"有效投诉目标。加强基础资料管理、挖掘数据利用价值、服务生产一线。加强各项基础资料的完善工作，强化对客服各项基础数据统计分析工作，及时为供热一线提供数据支持。服务应急管理进一步加强、确保应急期间客服工作正常稳定运转。自2017年12月起，按照天津市供热中期推动会的会议精神，开展"访民问暖"深度服务工作，利用周末休息时间，深入走访小区、社区、物业和业委会，开展征询问题、发放便民卡、入户测温和供热核查等活动，现已累计发放便民卡15000余张。

践行智慧供热，加强运行管理。2017

年，泰达热电加强生产运行管理，以智慧供热为导向，着力发挥统一协调管理作用。加强生产运行管理，确保生产运行安全。运行换热站共计116座，管辖总采暖面积为1242.34万平方米，企业蒸汽用户101户，企业采暖计量用户190户。服务居民用户41100户，底商2360户，最大热负荷可达约1098吨每小时。提升设备效率、提高运行水平、加大管理力度出发，2017年共完成设备技改、大修计划14项。从而保障管网的安全稳定运行，在冬运过程中取得了良好的成绩。结合舒适供热要求，做好舒适供热与节能的关系，细化成本管理，持续节能降耗，通过统一协调管控，做好厂网资源调配，统筹生产运行管理。2017年水单耗为3.87吨/千平方米，比2016年同期上升20.94%；电单耗239.7千瓦时/千平方米，比2016年同期下降2.45%；面积采暖热负荷24.16千卡/平方米小时，比2016年同期上升0.33%。水单耗较高的原因是老旧管网漏点较多，查找困难。淡季网损控制在7.33%左右。全年蒸汽管网运行安全无事故。

信息自动化管理项目一期工程建设基本完成。2017年，泰达热电开展信息自动化管理项目一期工程建设，完善收费客服系统信息化管理，提升收费客服管理水平。平台主体功能模块包括用户基础信息管理、居民底商企事业收费管理、用户配套费管理、用户停开管理、稽查管理、呼叫管理、工单平台管理、居民企事业计量管理、会签流程管理、财务对账、收费客服统计报表、手机软件和移动电子支付。地理信息系统建设已确定最终方案，正制定招标计划和评分的标准，全面推进智慧供热进程。

持续开展技术创新。2017年，泰达热电提升技术创新管理和设备管理，继续完善公司的技术标准和规范的采集。制定了《评审专家库管理办法》《设备台账档案管理办法》《设备检修、技改管理办法》和《设备管理办法》。做好居民热量表结算数据的上报和审核工作。圆满完成2017年节能减排指标，被开发区节能办公室评为节能减排工作优秀单位。积极推广新技术、新产品。在一些换热站和管网上对新产品、新技术进行了部分应用，在新建换热站进行了一定尝试，试用了自动除污器、自动脱气机及二网水处理设备，在管网上试用新型蝶阀和直埋保温球阀。

不断强化基础管理。2017年，泰达热电继续完善人力资源管理。根据工作流程内部选拔站长并实行站长轮岗制，充分发挥人员的主观能动性。根据工作需求做好全员拓展培训，提高人员素质。完善物流采购职能，防范系统性风险。健全制度，落实合格分供方体系建设，制定完善《天津泰达热电公司物资采购管理办法》《天津泰达热电公司合格分供方管理办法》《天津泰达热电公司设备管理办法》等制度。规范公务用车运行管理，降低公务交通成本。按照天津泰达投资控股有限公司的工作部署，依据《天津泰达投资控股有限公司所属企业公务用车制度改革实施意见》，制定《天津泰达热电公司公务车改革用车方案》并严格落实。

积极开展国企混合所有制改革。2017年，天津泰达热电公司于2017年9月6日完成公司改制工作，由全民所有制企业改制为有限责任公司。热电公司全资子公司热电安装工程公司于2017年11月2日完成由大集体改制为有限责任公司的改制工作。热电公司全资子公司泰达饮品公司股权转让工作已于2017年10月25日在天津产权交易中心预挂牌，目前正在积极推进产权交易的各项工作。

工程建设。一汽大众华北基地1号热源厂建设项目及配套管网工程建设项目：一汽大众华北基地整车厂及相关零部件企业采暖及工业用热配套工程完成一个包括5台29兆瓦进口承压热水锅炉燃气锅炉房厂站以及约33千米热力管网的建设。临海新城一号能源站（一期）及配套管网工程：临海新城一号能源站（一期）及配套管网工程紧跟生态城供热需求迅猛增长形势，热源厂规划设计与管网建设同步开展，2833米一次管网建设仅用时17天，换热站4座建设用时30天，即具备运行条件，确保了临时新增的39万平方米用户采暖需求。在生态城区域充分树立了泰达供热服务品牌高水平和良好口碑。加强工程建设管控，以推进重点项目为突破口，着力规范工程管理、提高工程质量。依据天津市滨海新区总体规划要求和东区热负荷情况，响应天津市政府要全面实施水电气热旧管网改造工程，切实保障安全有效运行，全面排查安全隐患的要求，2017年天津泰达津联热电有限公司实施完成旧管网改造工程项目5项，环保提标改造项目1项，共完成建设投资8509万元。

5. 热源厂建设和管理服务。为响应国家最新环保标准、天津市2017年大气污染防治工作方案、开发区2017年清新空气行动方案以及重污染天气应急预案的要求，达到燃煤锅炉超低排放水平，天津泰达津联热电有限公司于2017年3月30日召开环保提标项目专项推动会，并成立环保提标项目专项推动领导小组，建立例会制度，全力推进下属企业环保提标系列项目。

国华热源厂。2017年5月4日取得《发展和改革局关于国华能源环保提标工程（代可研）立项批复》，对该厂两台130吨/小时燃煤锅炉进行环保提标工程建设。2017年8月26日—10月26日，国华能源环保提标工程两台130吨/小时燃煤锅炉改造历时60天钢架封顶、设备安装完毕。2017年10月26日，两台130吨/小时燃煤锅炉设备安装完成并投入试运，各项环保数据均优于超低排放指标，及时消除采暖季初期供热缺口，保证了区域供热的安全稳定环保。聘请有资质的第三方机构进行环保监测、召开项目环保验收专家评审会。2018年5月顺利通过项目环保验收，满足项目建设环保"三同时"要求。天津日报、天津电视台和滨海电视台等多家知名媒体对本项目进行了重点报道和专访。"窗内满温暖、窗外是蓝天"成为开发区2017—2018年度采暖季的生动画面，形成了积极的示范效应，产生了良好的社会影响。

热源三厂。全力推进环保提标系列和热源三厂替代国华燃煤锅炉建设项目。2017年6月28日取得《发展和改革局关于热源三厂替代国华燃煤锅炉（代可研）立项批复》。通过公开招标确定设计、监理、设备采购和设备安装中标单位。2017年11月13日，经过45天紧张施工，新建燃气热水锅炉设备正式点火启运，各项环保数据均达到排放指标，及时消除采暖季初期供热缺口，保证了区域安全稳定供热。热源三厂新建两台29兆瓦燃气热水锅炉，替代国华两台35蒸吨燃煤锅炉，保证约200万平方米居民采暖，年减少约5万吨燃煤消耗，减少约5000公斤二氧化硫和约9000公斤氮氧化物排放。热源三厂提前投运，为开发区2017年冬季供热提供了支持与保障。

热源四厂。2017年5月4日取得《发展和改革局关于热源四厂环保提标工程（代可研）立项批复》，对该厂3台116兆瓦燃煤锅炉进行环保提标工程建设。通过公开招标确定设计、监理、设备采购和设备安装单位。施工高峰时段200人、4台大型起重机械同时在现场作业。每日组织参建各方召开现场例会，重点把控安全、质量，全力协调施工进度。2017年10月26日，热源四厂环保提标工程3台116兆瓦燃煤锅炉改造历时70天钢架封顶、设备安装完毕。2017年10月26日，完成设备安装并投入试运行，各项环保数据均优于超低排放指标，及时消除采暖季初期供热缺口，保证了区域安全稳定供热。

热源五厂。2017年5月4日取得《发展和改革局关于热源五厂环保提标工程（代可研）立项批复》，对该厂3台75吨/小时和3台130吨/小时燃煤锅炉进行环保提标工程建设。通过公开招标确定设计、监理、设备采购和设备安装单位。项目参建人员放弃休假，艰苦奋战，每日组织参建各方召开现场例会，重点把控安全、质量，全力协调施工进度。施工高峰时段208人、5台大型起重机械同时现场作业。2017年10月28日，热源五厂环保提标工程首批2台130吨/小时燃煤锅炉改造历时50天钢架封顶、设备安装完毕。2017年10月1日—4日，利用中秋国庆假期完成热源五厂环保提标工程脱硫变压器改造并一次送电成功。2017年11月30日，热源五厂环保提标工程第二批次2台75吨/小时燃煤锅炉改造历时30天钢架封顶、设备安装完毕。2017年12月25日，热源五厂环保提标工程末批次1台75吨/小时、1台130吨/小时燃煤锅炉改造历时25天钢架封顶、设备安装完毕。至此，热源五厂环保提标工程3台75吨/小时和3台130吨/小时燃煤锅炉设备安装全部完成并投入试运，各项环保数据均优于超低排放指标，及时消除采暖季初期供热缺口，保证了区域安全稳定供热。

一汽大众地基1号热源厂。2015年7月9日，开发区政府下发《关于一汽大众基地1号热源厂一期工程的立项批复》。同意一汽大众基地1号热源厂立项，建设项目占地面积约1.2万平方米，项目投资估算1.6亿元。建设包括锅炉房、水处理及变配电、消防水池、门卫等4个单体，装机容量5*29兆瓦燃气热水锅炉房及附属设施。通过公开招标确定设计、监理、设备采购和设备安装单位。2017年6月23日，开发区政府下发《关于一汽大众基地主机厂热水管网工程的立项批复》。同意一汽大众基地主机厂热水管网工程立项。敷设天N200-天N800热水管网，管线长度约12.4千米，项目投资估算4320万元。2017年6月23日，开发区政府下发关于《一汽大众基地零部件企业热水管网一期工程立项批复》。同意一汽大众基地零部件企业热水管网一期工程立项，敷设天N200-天N700热水管网，管线长度22千米，项目投资估算为9600万元。

【建筑业及建筑市场】 1. 概况。天津经济技术开发区建设工程管理中心是天津市最早将质量和安全监督工作整合到一起的工程监督机构。2008年5月经天津市编委批准，将原工程质量监督站、建管站和招标站三站整合，挂牌成立了天津经济技术开发区建设工程管理中心。打破了质量、安全和招投标监管各自为政的状况，整合了监管资源，工作得到统一安排部署，提高了行政效率，也减轻了施工项目行业主管部门过多、检查频繁的负担。

主要职能是对区内建筑工程的质量、安全生产进行监督管理、备案；执行建筑业相关法律法规，查处相关的违法行为；批准质量监督申报和安全监督备案；办理工程竣工验收及备案手续；对工程建设项目招投标活动、建设工程合同进行监督管理；对区内建筑市场进行规范管理；对在建施工队伍的农民工的管理；区内注册建筑企业管理等众多职能。

天津经济技术开发区建设工程管理中心严控准入制度，加强过程监管，防控重大危险源、开展各种专项检查活动，对违规行为严查重罚，挂钩信用体系，保障了滨海新区建筑市场健康发展、工程质量合格，安全生产稳定，并且取得了一些成绩，开发区建管中心自成立以来从未发生较大以上安全生产事故，未发生过质量事故。多次被评为全国建设工程先进监督机构，连续多年来在天津市和滨海新区建设工程质量安全监督机构考核活动中名列前茅；在开发区安委会考核中成绩优秀。中心多名同志荣获全国或市级建设工程执法监督系统先进个人称号。

2. 建筑施工行业。天津经济技术开发区内具有建筑行业总承包三级资质的企业有29家，从事建筑工程、市政公用工程、机电安装工程、石油化工工程和电力工程等专业的生产经营活动。专业承包二级企业和三级企业94家，专业涉及地基基础工程、电子智能化工程、环保工程、海洋石油工程、航道工程、机电设备安装工程、消防工程、防水防腐保温工程、建筑装修装饰工程、玻璃幕墙安装工程和钢结构等领域的生产经营活动。特种工程专业企业8家。施工劳务企业10家。区内建筑企业在环保工程、海洋石油和电子智能化等领域的企业有一定的拓展能力。建筑从业人员素质普遍较高，本科学历占企业人员超过60%，中级职称占企业人员超过60%。

3. 建设工程招投标。紧紧围绕天津市建委和开发区总体工作要求，进一步深化招投标交易活动监管工作，围绕构建"公正、规范、和谐"的招投标交易市场为基本目标，立足实际，努力打造公开、公平和公正的招投标交易的监管平台、交易平台、信用平台和服务平台，加强制度建设，强化行政监督，推动行业自律，以公开招标项目为重点，严把程序关，加强主动服务意识。

2017年共中标项目749项，中标金额合计63.73亿元。其中，公开招标388项，中标金额45.67亿元；邀请招标7项，中标金额2.88亿元；公开直接委托（限额、处罚、许可）共162项，中标金额9603万元；邀请直接委托（限额、处罚、许可）共184项，中标金额13.88亿元；直接发包8项，中标金额3405万元。

按照天津市建委"三分离"原则，共设3个开标室、3个评标室、1个询标室、1个资格预审评标室和1个监控室。在整个开评标过程中，所有区域均设置视频及语音实时监控系统。评标室设置门禁，严格控制评标秩序。3个开标室和3个评标室均配置电脑，可以满足3个标段同时开展机评的需要。

4. 建筑劳务用工管理。施工总承包企业、专业承包企业在建设项目开工前设立劳务用工工资预储账户。天津经济技术开发区建设工程管理中心负责对预储账户实施监督。

施工总承包企业、专业承包企业对其所承包工程的劳务用工管理负总责，落实项目劳务用工实名制管理制度、预储账户制度以及投诉调解制度等管理制度；设立农民工管理机构，配备民管员负责施工现场劳务人员的日常管理，建立劳务人员台账，对劳务人员工资发放情况进行监督，确保劳务人员工资按时足额发放。

劳务用工纠纷通过企业内部调解、投诉、仲裁和诉讼等方式处理和解决。施工总承包企业和专业承包企业建立由企业负责人主管的劳务用工纠纷调解领导小组，设置专门人员，负责本企业劳务用工纠纷的调解工作。施工总承包企业和专业承包企业项目负责人作为劳务用工纠纷调解的第一责任人。

【城建科技与节能】 1.概况。为了贯彻落实国家节能减排的相关法律法规，严格执行《天津市建筑节约能源条例》，积极推进《天津市绿色建筑行动方案》，进一步推动开发区建筑节能工作再上新水平，按照天津市建委和滨海新区建交局的统一部署，开发区按照《天津市2017年建筑节能和科技工作要点》的有关规定，认真检查，逐条落实。

2.建筑节能。建筑节能管理部门及专项资金的落实。成立天津经济技术开发区建筑节能管理科，负责开发区建筑节能相关工作。制定了开发区建交局建筑节能管理科2017年工作安排及实施计划。天津经济技术开发区公用事业局作为"开发区节能办公室"，负责开发区整体的节能推动工作，推动实施既有建筑节能改造、推进可再生能源建筑应用、推广供热计量收费、实施公共建筑用能运行管理等工作。为进一步落实《天津市建筑节约能源条例》，建交局向管委会报送了《关于申请设立建筑节能专项资金的请示》，申请设立开发区的建筑节能专项资金，开发区财政局同意安排建筑节能专项经费30万元，列入2017年部门预算。

建筑节能技术资料的备案。天津经济技术开发区建设工程管理中心已正式运行建筑节能技术资料备案管理体系，备案人员经过天津市行政审批许可中心的培训，人员稳定，业务熟练。天津经济技术开发区将继续加强建筑节能技术资料备案变更管理和建筑节能竣工情况管理，杜绝建筑工程实际使用的节能材料、设备等与技术资料备案不一致现象。2017年节能技术资料收集窗口共计办理152项节能技术资料收集，总收集面积116.81万平方米。其中，公建项目59项，共计收集面积14.27万平方米；工业项目69项，共计收集面积99.43万平方米；市政项目8项，共计收集面积1.62万平方米；居建项目16项，共计收集面积1.48万平方米。办理竣工项目3项，共计收集面积1.89万平方米。对于企业上报的节能技术资料及竣工资料表，天津经济技术开发区建设工程管理中心严格按照天津市墙改节能办办件要求，认真审核，保证节能技术资料及竣工资料收集的及时和准确。

民用建筑能耗统计。2017年，天津经济技术开发区聘请专业公司对开发区管辖区域内公建和住宅的民用建筑基本信息进行了普查，完成了数据查询和整理，并在天津市城镇民用建筑能耗和节能信息统计系统录入了建筑物基本信息。同时，向天津经济技术开发区各能源管理单位（电力公司和燃气公司）收集了民用建筑能耗数据，组织整理和录入天津市城镇民用建筑能耗和节能信息统计系统。

建筑节能施工专项检查。为把节能建筑施工落到实处，在常规检查的基础上，每年组织不少于两次专项检查，并加大处罚力度，对违反强制性条文规定或各分部、分项验收不合格的工程，将严格实施行政处罚。

3.绿色建筑。委托中国建筑科学院天津分院组织编制《天津开发区建筑节能和绿色建筑工程质量监督技术手册》，并通过了专家评审。邀请知名绿建节能专家，组织相关建设、设计、施工、管理单位进行建筑节能和绿色建筑有关法律法规、政策以及技术标准等专项培训。

积极推行绿色建筑的相关政策，辖区内绿色建筑数量共计12个，总体建设规模94.74万平方米，竣工3个，在建9个。其中，强制执行绿色建筑项目数量4个，建设规模51.58万平方米。绿建设计标识项目数量11个，建设规模92.22万平方米。其中，一星级7个，建设规模42.09万平方米；二星级1个，建设规模38.99万平方米；三星级3个，建设规模11.14万平方米。

绿色建筑施工动态监管。在施工过程中加强节能建筑施工的监督，要求有关责任主体对建筑节能工程实行过程控制、多道把关的原则进行质量控制，加强对施工策划、施工准备、材料采购、现场施工和工程验收等各阶段的管理与监督，对整个施工过程实施动态管理。凡是从事外墙外保温工程的，必须具备外墙外保温施工资质，在施工前，施工单位编制专项施工组织设计，做出示范样板，经查验合格后方可大面积施工。凡未经节能专项验收或验收不合格的项目，不得组织竣工验收，不予备案。努力推广应用建筑节能的新技术、新材料、新设备和新工艺的"四新"技术，逐步稳妥推进符合国家发展技术政策的、能够节约能源、确保建设工程质量和提高工程舒适性的建筑节能技术。

开展建筑垃圾统计工作，在此基础上，委托中国建筑科学院天津分院对天津经济技术开发区建筑垃圾资源化利用的实施路径进行了专题研究。

4. 墙改与节能工作。天津经济技术开发区以进一步贯彻落实《天津市2017年建筑节能和科技工作要点》的相关要求为工作主线，紧紧围绕天津市建委下达的建筑节能工作目标，严格执行《天津市建筑节约能源条例》，建立了完整的建筑节能工程建设管理体系，将开发区建筑节能工作纳入常态化监管程序。通过认真贯彻落实天津市建委关于加强建设领域节能减排工作的总体部署，结合开发区的实际，全力抓好新建建筑节能、可再生资源应用、新型墙体材料推广和供热计量改革等重点工作，促进了建设领域节能工作的健康发展。2017年新开工节能工程5个，面积24.90万平方米，其中公共建筑面积为7.31万平方米，住宅建筑面积为17.59万平方米；建筑节能备案工程7个，面积46.31万平方米，其中公共建筑面积为7.31万平方米，住宅建筑面积为23.53万平方米，建筑节能设计备案100%，新建建筑设计阶段节能强制性标准实施率达到100%；正在施工项目31个，建筑面积169.16万平方米，其中公共建筑面积为63.2万平方米，住宅建筑面积为64.97万平方米，施工阶段建筑节能强制性标准实施率达到100%。天津经济技术开发区全部推行新建建筑节能强制性标准，施工阶段节能达标率达到100%。

5. 机构队伍和建设领域科技专家库。成立了建筑节能领导小组，确保施工过程的全覆盖，使节能工作落到实处。凡新开工程从施工图备案开始，必须按照《天津市居住建筑节能设计标准》天B-1-2013标准执行，在原有设计—审图—施工—竣验闭合管理机制的基础上，将节能审查关口进一步前移，在规划设计方案阶段和初步设计审查阶段加入节能专项审查，对节能审查通不过的，规划部门不予批复规划设计方案，建设部门不予通过初步设计审查。对未按规定施工的，立即下达停工整改通知，待整改合格后，方可进行施工。目前，已建立了建筑节能联席会议制度，使滨海新区在建筑节能方面实现项目从初步设计、施工图审查与项目备案、招投标、建筑节能施工及项目验收备案等环节的全过程监管。

6. 节能建筑施工的质量监督交底。为提高对各节能工程责任主体的服务水平，使各参建单位在工程起始阶段就能够按基本建设程序及强制性标准施工，始终把搞好工程安全质量交底作为重点工作，监督交底时发出《节能施工特别告知》，要求严格执行节能建筑施工标准，并明确抽查的工作内容、监督重点、方式及要求，将有关工程管理的法律法规和技术标准向业主、施工及监理等参建各方进行深入细致的宣贯，对监督的依据、对象、内容和形式，采取的措施和关键工序常见病等进行了特别提示。对于节能建筑施工方案缺乏可操作性，无法保证规范贯彻执行的，责令施工企业予以修改完善。使工程质量缺陷及安全隐患消灭在萌芽状态，避免工程管理出现混乱或失控局面，树立规范化施工、规范化管理意识，提高管理水平和施工质量。

【建设工程质量安全】 1. 概况。2017年，天津经济技术开发区在建房屋建筑工程186项，约453万平方米，2017年竣工的建筑工程68个，建筑面积约115万平方米；市政工程在建28项，竣工验收15项。

天津经济技术开发区继续以"百年大计，质量第一""安全生产，警钟长鸣"为宗旨，有序地开展工程质量安全监督工作。在监督执法中坚持做到"七个抓、四到位、三落实"。一抓开工前的监督交底，二抓工程现场的制度落实，三抓建筑材料的审验，四抓质量安全常见病的整治，五抓落实整改，六抓廉洁自律，七抓依法行政。做到领导、思想、精力和时间"四到位"。工作、任务和措施"三落实"。突出质量安全管控重点，强化风险源防控，深基坑和高支模等重大风险源施工，严把现场材料关，完善检测制度，提高进场材料检测的准确性和可靠性。目前，建设工程质量、安全和文明施工处于平稳上升趋势。

2. 建设工程质量。2017年6月，天津经济技术开发区建设工程管理中心组织开展了建筑工程质量安全大检查活动。采取抽调企业专家，组成专家组的方式，进行质量安全大检查。检查组共检查了周大福金融中心、大众基地等60个项目，检查周期为5周。共下发各类整改通知80份，发现质量安全隐患476项，行政处罚3起。检查对象包括建设单位、总包单位、分包单位、监理单位、设计单位、勘察单位、图审单位和试验检测单位，覆盖建筑市场、工程质量、安全生产和文明施工等各方面，检查工作开展细致，并形成专报。对检查中发现的问题，督办整改，形成闭环。

3. 施工安全管理。2017年2月17日，天津经济技术开发区建设工程管理中心在周大福金融中心项目部组织召开建设工程开复工安全工作会。开发区消防支队以及在建项目的建设、监理和施工单位等30多家、200余人参加会议。中建八局天津周大福项目部安全总监对该项目的安全管理情况做了详细汇报，介绍了周大福项目的施工方案BIM模型推演、独特的矩阵式安全管理组织架构、安全工作二级计划、安全工作三级计划及分包单位安全考核、应急演练、标准化安全设施等情况。天津经济技术开发区建设工程管理中心分析了开发区建筑工地的安全形势，指出下一步工作就是克服麻痹工作思想，重视安全交底、教育和安全资料管理，硬件防护要齐全有效，完善应急处置措施，以周大福项目为榜样，利用先进的科学管理手段，加大对农民工的教育力度，提高其安全素质，做好施工现场的安全管理工作。消防支队对建筑工地生活区的防火问题进行了重点强调，要求各单位克服麻痹思想，加强有关防火知识安全教育，预防火灾隐患，强化火灾初期扑救，加强工作沟通，做到防患于未然。

开展安全生产"大检查、大排查、大整治"活动。根据天津经济技术开发区管理委员会印发的《关于开展安全生产大检查大排查大整治工作方案》文件要求，对开发区内在施的98个施工项目进行安全检查。落实安全生产责任制，排查施工机械设备、施工用电、施工防火、"三宝四口"的安全状况，重大危险源防控状况，人员培训情况，无证施工和违法分包、转包等违法违规行为，检查出的安全隐患立即责令相关单位落实整改。

顺利开展建设工程重大危险源专项大检查。贯彻执行《天津市建设工程重大危险源管理办法》，针对本区域内所有新建工程、改建工程和扩建工程开展建设工程重大危险源专项大检查活动。加强重大危险源管理，防范较大以上安全事故发生。将具有深基坑，超高层和高支模等存在重大危险源的工程，作为重点监管目标。全面加强风险源管理，正确识别风险点位，明确责任单位和施工时间段，进行挂牌督办，定期检查，确保风险防范措施和责任落实到位。对排查过程中发现的安全隐患逐一逐项及时责令相关责任单位整改到位，增强相关责任单位的安全意识，把发生安全事故的概率降到最低。2017年周大福金融中心项目顺利完成国务院安委会督察组的检查。

"十二大安全隐患"的铁拳整治行动顺利开展。对建筑工地生活区及活动板房安全隐患开展排查治理工作。预先编制了方案、组织检查、定期报送数据、总结成果。此次活动共排查项目120项次，出动550人次，整改22份，整改内容33项，销项33项，隐患全部消除；深入开展安全生产大检查活动中排查建设施工工地46家，下发责令改正通知书16份，行政处罚6家企业，罚款58万元。通过各项专项活动的开展，对存在的事故隐患和苗头及时发现、整改闭合，安全事故得到了有效遏制。

天津经济技术开发区召开建设工程消防安全暨生活区安全管理现场宣讲会。为进一步做好开发区建筑施工现场及生活区消防安全工作，防止发生安全生产事故，2017年5月26日，天津经济技术开发区建设工程管理中心联合开发区消防支队，在开发区一大街铂雅轩二标段项目施工现场召开一次建设工程消防安全及生活区安全管理宣讲会。开发区建管中心、开发区消防支队的相关负责同志以及各建设项目的施工单位、监理单位和建设单位代表参加了会议，与会单位148家，参会人数280多人。开发区消防支队以及开发区建管中心的代表同志分别做了发言。开发区消防支队代表同志对各单位进行了消防安全知识宣讲和普及，开发区建管中心代表同志对下一步建设工程消防安全工作进行了布置，要求各单位对各自项目进行自检自查，落实各项消防措施，建立健全消防管理规章制度，加强对生活区的有效管理，加大对生活区宿舍用电安全的管理，集体宿舍严禁存在违章用火、用电、用油和用气现象，对入场工人进行消防安全培训，及时排除火灾隐患，确保消防安全。目前，正值夏季高温容易产生火灾隐患的时期，开发区建管中心也将于近期开展全区范围建设工程安全、创卫和扬尘专项治理大检查活动,此次消防安全宣讲会的召开为各项目参建单位提高安全防范意识,进一步做好消防安全隐患的排查工作,防微杜渐,消除各种安全隐患,更好地开展下一步安全施工打下坚实的基础。

天津市安全生产巡查组莅临天津周大福检查工作。2017年6月20日,天津市发展改革委、市安全生产执法监察总队、市工信委经济运行处、市商务委安监处等莅临中建八局周大福金融中心项目检查指导工作,开发区安监局、开发区建管中心、中建八局等陪同进行了检查。检查组对周大福项目的安全排查、隐患整改、安全生产责任制等内业资料进行了检查。巡查组、市安全生产执法监察总队对周大福的安全管理情况表示了肯定,并要求将项目新的安全管理模式及安全设施在建筑行业进行推广。

一汽—大众天津工厂项目启动2017年"安全生产月"。为深刻贯彻"全面落实企业安全生产主体责任"的活动主题,切实树立"培训不到位是重大安全隐患"的管理理念,做实做细安全生产宣传教育工作,中建八局一汽—大众天津工厂项目以"安全生产月"活动为契机,于2017年6月10日在项目部举办"安全生产月"启动大会。

国务院安委会检查周大福金融中心项目。2017年10月19日,国务院安委会展开安全生产大检查"回头看"活动,第5综合督查组听取了周大福金融中心项目的隐患整改报告,对采取的一系列整改措施及隐患排查治理工作表示肯定。安全管理工作必须认真贯彻落实"安全第一、预防为主、综合治理"的方针,牢固树立"隐患就是事故,事故就要处理"的理念,严格落实安全生产责任制。制定严格的安全检查及隐患治理制度并认真落实执行,加强对建筑工程施工安全生产的监督管理,明确责任,积极开展隐患自查自纠工作,及时发现和消除生产安全事故隐患,响应各级政府对于加强安全生产隐患大排查大整治工作,不断改善生产条件和作业环境,杜绝安全事故。

4. 文明施工。编制《工程建设服务指南》发布实施。天津经济技术开发区建设工程管理中心编制发布了《工程建设服务指南》,提高开发区建设工程质量监管效能和执法水平,提升开发区建设工程公共服务标准,更好地发挥政府公共服务职能,对开发区《建设工程服务标准》进行了有效补充。随着滨海新区进一步开发开放,开发区工程建设规模不断扩大,一大批诸如周大福金融中心、一汽大众基地等超大、超深、超高和超限工程不断涌现,工程技术含量明显提高,建筑安全生产面临着更加严峻的挑战。为落实工委、管委会领导关于加强滨海新区建设工程安全监督工作的指示,进一步规范开发区建设施工现场安全文明施工管理,深入开展建筑施工安全标准化工作,努力实现建筑施工安全的标准化、程序化和规范化。开发区建管中心在充分总结、借鉴各地安全文明施工标准化经验的基础上,依据国家、天津市、天津市建委和市质安监管总队等出台的相关法律、法规、标准和规定,结合开发区安全生产文明施工实际,中心组织相关业内专家编制了《天津经济技术开发区建设工程安全文明施工标准化实施指南》。该指南共分施工现场安全管理标准化、施工现场文明施工标准化和施工现场安全防护标准化三个部分。《天津经济技术开发区建设工程安全文明施工标准化实施指南》通过示意图、三维图和实例照片等形式，辅以简单的文字说明，简明扼要地表述了安全文明施工的标准示范做法，具有标准高、综合性、实用性和操作性强等特点，对建设项目安全文明施工标准化管理具有较强的指导作用。《天津经济技术开发区建设工程安全文明施工标准化实施指南》颁布实施后，要求各施工企业要坚持"安全第一，预防为主，综合治理"的方针，认真贯彻实施，进一步规范企业安全生产，落实安全生产责任制，采取加强领导统筹规划，分步实施，树立典型，以点带面的方法逐步实现施工生产行为规范化、安全管理科学化、场容场貌秩序化以及安全生产防护标准化。确保天津经济技术开发区工程建设顺利进行，构建安全生产长效机制，保障天津经济技术开发区建设市场的安全稳定。

顺利完成建筑工地创建卫生城市的工作。根据滨海新区创卫工作的统一部署，天津经济技术开发区建设管理部门下发了《关于进一步加强建筑工地文明施工管理的通知》，加强对工地创卫宣传，对旱厕、垃圾、围挡、食堂和施工扬尘等文明施工方面提出了具体要求。开发区建管中心认真落实开发区创卫工作部署，针对建筑工程内的旱厕及建筑和生活垃圾问题，开展了专项检查。检查除对在建工程全数排查外，对停建、缓建工程进行了重点排查，出动检查75人次，共检查了25个工程，发现问题3处，整改问题3处。较好完成部署、督促整改、数据上报和总结工作。顺利通过创建卫生城市考核。

工地扬尘得到有效治理。全力做好大气污染防治工作，贯彻《京津冀及周边地区2017—2018年秋冬季大气污染综合治理攻坚行动方案》，按照《天津市2017—2018年秋冬季大气污染综合治理攻坚行动方案》（津党厅〔2017〕82号）的方案要求，严格落实建设工程扬尘治理"六个百分百"，实现建设施工扬尘治理工作制度化和规范化，建立考核问责机制，保持扬尘治理的高压态势，将施工对大气环境质量的影响降到最低，针对个别项目存在土方或散体物料覆盖不严密、裸露地面、现场堆土未及时苫盖、土体堆放高度超过围挡的现象，针对发现的问题，及时下达整改通知，相关单位已按期完成整改。

5. 工程创优。中国北方在建第一、世界第九高度的摩天大厦——天津周大福金融中心塔冠顺利完成吊装。中国北方在建第一、世界第九高度的摩天大厦——天津周大福金融中心于10月31日举行塔冠加冕盛典。天津周大福金融中心是一座涵盖甲级写字楼、豪华公寓、超五星级酒店及精品商业于一体的地标性建筑，总建筑面积39万平方米。地上100层（不含夹层）、地下4层。由香港新世界中国地产有限公司建设，中建八局总承包施工，工程预计2019年底完成建设，届时将成为中国第四、天津滨海新区第一的摩天大楼。

一汽丰田技术开发有限公司新研发基地荣获中国建设工程鲁班奖（国家优质工程）。中国建设工程鲁班奖（国家优质工程）被誉为"中国建筑界的奥斯卡"，是中国建设工程质量的最高奖项，代表了我国当前工程建设质量的最高水平。2017年11月，住房城乡建设部工程质量安全监管司发布《关于颁发2016—2017年度中国建设工程鲁班奖（国家优质工程）的决定》，一汽丰田技术开发有限公司（FTR天）研发基地建设项目获得了2017年中国建设工程鲁班奖（国家优质工程）。一汽丰田技术开发有限公司新研发基地项目位于天津经济技术开发区西区，规划建设用地面积11.2万平方米，于2014年2月20日开工建设，2014年10月15日被评为天津市市级文明工地，2015年11月3日竣工验收并交付使用。一汽丰田技术开发有限公司新研发基地项目建设单位为一汽丰田技术开发有限公司，勘察单位为铁道第三勘察设计院集团有限公司，设计单位为天津建筑设计院，总承包单位为天津市建工工程总承包有限公司，监理单位为长春一汽建设监理有限责任公司。一汽丰田技术开发有限公司新研发基地项目拥有设计办公楼、新能源实验室、整车实验室、零部件实验室、造型室和试制车间等功能区，投资总额12.7亿元。施工企业在创建中国建设工程鲁班奖（国家优质工程）过程中始终坚持工程施工质量的提高、管理水平的提高、管理人员素质的提高、文明施工水平的提高、新技术水平的提高以及方案编制水平的提高。从开工前的监督交底到施工过程中现场的制度落实再到建筑材料的审验，质量安全"常见病"的整治及整改落实情况都进行了全程跟踪服务。继续推进各项工程创优工作，强化企业品牌意识，提高企业创优积极性的新方法，引导并要求建设单位、施工单位及监理单位建立内部创优机制，激发项目部以及个人的创优积极性，对创优工程提供经常性的技术和政策支持。

6. 其他。2017年4月2日，天津市委常委、滨海新区区委莅临天津周大福金融中心项目指导工作。

【执法监察】 1. 法治政府建设。开展"双随机、一公开"抽查活动首次开展。创新政府管理方式，首次开展了建设工程"双随机、一公开"抽查。2017年，天津经济技术开发区建设管理部门制定了建设工程"双随机、一公开"抽查实施方案和实施细则，并开展了两次"双随机、一公开"抽查。对工程建筑市场方面对项目前期建设手续、建设单位的发包行为、专业工程分包和劳务分包、项目管理机构、工程款支付、农民工实名制管理、预储账

天津周大福金融中心项目

户、工资发放和监理履职情况等方面进行全面检查。按预定比例随机抽取了检查项目和检查人员，两次检查了12个项目，通报表扬2个项目，通报批评5个，行政处罚5个。通过对抽取的项目严格检查，全过程录像公开，对检查结果录入信用，上限处罚，通报曝光，形成了震慑作用。切实解决检查任性和执法扰民、执法不公、执法不严等问题。营造公平竞争的发展环境，进一步健全完善事中事后监管机制。

2.执法监察。天津经济技术开发区建设工程管理中心获得区级"六五"普法依法治理先进单位称号。经天津经济技术开发区普法依法治理工作领导小组办公室推荐，天津经济技术开发区建设工程管理中心单位被评为天津经济技术开发区"六五"普法依法治理先进单位。

2017年依法行政工作基本情况。天津经济技术开发区建设工程管理中心受开发区建设和交通局委托授权执行开发区行政区域内的建设工程行政执法工作。

依法进行建设工程的执法检查。严格执行《中华人民共和国建筑法》《中华人民共和国安全生产法》等相关法律和国务院关于建设工程质量、安全生产的相关法规及天津市地方法规、规范强制性条款，依法对滨海新区建筑行业进行执法管理。推进行政执法三项制度的落实，全面公开执法行为，规范并加强全过程执法记录，抓好案件核审工作。2017年共执法检查1500余次，全年共下发各类整改361份，其中质量整改134份、安全整改227份，下发停工通知单52份。保障了滨海新区建筑市场健康发展，建设工程质量合格，安全生产稳定。

对违法行为依法进行处罚。依据《中华人民共和国行政处罚法》等行政法规对建筑行业违法行为进行行政处罚，在行政处罚过程中规范执法程序，严格执法，证据完善，依据充足，并保障被执法企业权利，做到公开公正。通过严查重罚，信用评价，公开通报，约谈负责人等多种手段的执法方式结合，严厉打击了建筑行业违法违规行为，净化了建筑市场。

【建设领域行政审批】 2017年，共办理开发区企业资质初审30件，资质变更19项；农民工工资备案通知书19件，农民工工资预储账户划款通知书50件；专项资金监管协议83项；竣工验收光盘资料，土建54件、市政30件；节能备案，居建16项、面积14.9万平方米，工业、公建126项，面积112万平方米。建设工程竣工验收备案通知书85项，面积95.69万平方米；天津开发区建设工程质量安全监督（预）分配书（土建）91项，天津开发区建设工程质量安全监督（预）分配书（市政）36项；二级建造师注册汇总表（初始、变更、增项、注销）共127人次；质量监督和安全施工措施备案，工业项目87项、29万平方米，公建项目9项、5.8万平方米，住宅项目3项、17.6万平方米，市政项目35项。

天津港保税区

【概况】 天津港保税区于1991年5月12日经国务院批准设立，位于天津港港区之内，开发面积5平方千米，是我国华北、西北地区唯一的，也是中国北方规模最大的保税区。作为高度开放的特殊经济区域，保税区具有国际贸易、现代物流、临港加工和商品展销四大功能，享有海关、税收和外汇等优惠政策。

经过多年的探索实践，保税区以保税

为特色、临港为依托，形成了国际贸易、现代物流和出口加工三大主导产业，成为天津市对外开放的重要窗口和新的经济增长点，在环渤海区域乃至中国北方经济发展中发挥着重要的服务、辐射和带动作用。一是发挥了连接国际、国内两个市场的窗口和桥梁作用。目前，区内3000多家贸易公司，与世界100多个国家和地区保持贸易往来，进出口总额每年以50%以上的速度增长。二是发挥了作为国际货物大进大出的绿色通道作用。天津港保税区已成为国际商品的重要集散地，先后吸引了美国UPS、德国大众、德国奔驰、瑞士名门、瑞士地中海、丹麦马士基、新加坡叶水福、日本丰田通商、香港东方海外和香港嘉里等500多家跨国物流企业，分拨配送货物达2000多个品种。三是发挥了吸引国内外投资的聚集效应。努力营造国际化的投资环境，加快通关速度，提高办事效率，降低企业成本，吸引了众多世界500强、跨国公司和国内外知名企业，其中世界500强投资项目130多个。四是发挥了改革开放先行先试试验区的作用。在全国保税区中，把国家要求与天津实际紧密结合起来，率先实现地方立法，形成了海空两港一体化运作的物流体系。天津港保税区规划国土与建设交通局为天津港保税区主管全区规划建设行政管理的职能部门。内设综合业务科、执法监察科、配套服务科、建设管理科、土地管理科、房产物业科、规划管理科、行政审批科、不动产登记中心、交通运输管理所和建设工程管理中心。其主要职能是贯彻执行国家、省（市、自治区）关于规划、建设、管理的法律法规、规章和方针政策负责保税区建设项目的规划建设管理。

【基础设施建设及投资】 1.空港海港区域。根据区域高标准的规划定位及特色，从城市设计的角度出发，用系统理念分析解决问题，妥善处理道路、交通、排水、照明专业与其他系统的关系，对前期区域建设经验进行总结提炼，组织相关单位完成了市政设施设计实施导则编制，统一规范了市政基础设施设计标准及做法。

积极协调推动重点项目实施：一是建立基础设施项目推动工作机制，更加注重项目方案研究和部门间协调，加快推动了项目方案、立项、规划和施工许可审批等前期工作，确保领航路全线罩面和规划路大修等空客周边环境提升工程按期完工，为A330宽体机顺利交付提供保障。二是全力推动津北路、航双路、成林道等对外交通项目建设。三是优化道路大修方案，按照节约维修资金、保障通行安全的原则重新制定科学可行的大修方案，委托第三方机构在对道路状况进行普查的基础上，对破损严重的道路进行深入检测和病害诊断。完成海滨九路、海滨十路、新港大道、东方大道、南巡路及环河南路道路检测和综合修缮方案的制定，为2018年全面实施做好前期工作。四是海、空两港污水处理厂提标改造工程克服困难、加快推进，多次召开现场会议并抽调专人常驻施工现场及时解决问题，督促实施主体单位——天保市政、天保建设及空港水务公司全力组织实施。海港污水管道工程已全部敷设完成；海港保税区污水处理厂提标改造工程主体施工基本完成，已开展设备安装调试工作；空港污水处理厂过渡期提标改造项目主体施工已全部完成，已开展进水调试工作；相关工作进展正常，全力确保出水达标排放。

空港海港区域市政养管工作方面，2017年市政养管安全无事故，实现"四零"目标。道桥第二季度市政行业评比获滨海新区第一名。2017年完成道路维修

98300平方米，人行道维修3030平方米。维修检查井615座、收水井902座。完成桥梁经常性检测11次，定期检测1次，评定等级全部为A级。2017年，共施划道路冷喷标线78.66万延米；热熔标线4700平方米，维修交通标志牌160块，更换交通护栏39片，减速垄240米。2017年维护路灯9453基、箱站48座、照明控制箱42座，更换各类电气元件194个、更换电缆513米。完成空港经济区及物流区泵站高压设备试验及防雷检测工作，完成部分泵站雨水泵盘根更换维修工作，环河西路泵站完成水泵轮修工作，对老旧安全标识进行更换。2座污水处理厂共处理污水344.58万吨，全年安全稳定运行。

2．临港区域。2017年临港区域完成固定资产投资38.95亿元，其中基础设施投资29.89亿元，主要包括真空预压工程、场地填垫工程、围堤工程、防波堤工程、生态岸线工程、码头工程、航道工程、市政道路工程、给排水工程、湿地公园工程和铁路专用线工程等。

【建筑业及建筑市场】 1．空港海港区域。2017年，进一步加强了对建筑业企业人员社保等信息的检查，在人员不足的条件下及时完成区内注册建筑业企业的信息化管理。2017年，累计对29家企业首次信息录入申请，57家企业人员信息录入、7家企业人员及证件信息变更、48家企业信息录入及变更等信息入库进行了预审。

2．临港区域。建筑市场开展了为期一个月的建筑市场大检查，对23个项目下达整改通知，对3个项目进行了处罚。

【区级重点工程项目】

1．神州租车总部园区。神州租车有限公司成立于2007年9月，是目前我国最具认知度的汽车租赁服务提供商，并在车队规模、网点覆盖、市场份额以及业务收入等各项运营和财务指标上，处于中国汽车租赁行业绝对的领导地位。神州租车将集团总部从北京迁入天津港保税区，设立神州租车管理、战略和投资中心，管理并支撑全国范围内的短租、长租、融资租

神州租车总部园区

赁等租车及配套业务、二手车业务，还将承担技术中心和呼叫中心功能，以满足全国范围快速增长的数据和订单处理需求。

天津空港神州租车总部园区项目总投资10亿元，总建筑面积119000平方米，地上92350平方米，地下26650平方米，是集办公、培训教室及办公配套于一体的综合楼宇。2016年开工建设，计划2019年10月竣工。

2. 空客天津A330。空客天津A330宽体飞机完成和交付中心项目（空客A330项目）是继空客A320天津总装线之后，进一步深化中欧航空工业合作的又一重大项目。2014年3月26日发表的《中华人民共和国和法兰西共和国联合声明——开创紧密持久的中法全面战略伙伴关系新时代》，明确鼓励通过以空客A330为基础开发适合中国市场的双通道飞机，加强现有工业合作。同时，国家发展改革委和空客公司在巴黎签署了《关于进一步推动工业合作的谅解备忘录》，提出进一步深化论证空客A330项目。2014年10月10日，天津保税区投资公司、中航工业集团公司与空客公司签署了《宽体机合作意向书》。2015年7月2日，天津保税区投资公司、中航工业集团公司与空客公司在图卢兹签署了《空客天津A330宽体机完成和交付中心以及客舱供应发展框架协议》，并宣布正式启动空客A330项目。项目合作方本着合作共赢、共同发展的原则，确定了空客A330项目合作模式和商务条款。空客A330项目一期合作期限十年，即2017年9月—2027年底，将在天津完成空客A330系列飞机所有客舱内饰装配、喷漆、发动机试车、飞机试飞和交付等工作，产品为A330CEO和A330NEO。空客A330项目运营第二年即可达到月产两架份的稳定生产速率。2020年以后，空客A330项目将进一步延伸到最新型的A350宽体客机。以空客A320项目和空客A330项目为契机，天津将加速建设成为空客亚洲中心。

空客A330项目规划选址位于空客A320项目东南侧，厂区建设用地总面积约34万平方米，其中空客A330项目新建厂区用地27万平方米、原空客A320厂区用地7万平方米。总建筑面积6.5万平方米，其中空客A330项目新建厂区5万平方米、原空客A320厂区1.5万平方米，主要为完成中心、喷漆机库和称重机库等11个单体建筑及室外基础设施。空客A330项目计划总投资14.8亿元，项目于2016年3月2日开工建设，建成后租赁给空中客车公司使用。

3. 天津航空口岸大通关基地一期工程项目概况。天津航空物流发展有限公司成立于2014年8月，是在天津市深入贯彻落实京津冀协同发展重大国家战略、有效承接现代航空物流业优质资源、构建航空全产业链的背景下，按照天津市政府要求组建成立的。公司首期注册资本金5亿元，未来2年~3年逐步落实市政府要求，吸引优质企业加入，届时公司注册资本金将达到15亿元。天津航空物流发展有限公司坐落于天津航空物流区，该区域是天津临空产业区的重要组成部分，位于天津滨海国际机场西侧，总规划面积7.67平方千米，以建立航空物流综合产业体系为主导，积极吸引各类资源要素聚集，服务和带动临空经济和周边高端制造业，建设成为特色鲜明、功能完善、产业聚集的国际航空物流核心功能区。天津航空物流发展有限公司以促进产业生态构建、服务航空经济发展为使命，把握自由贸易试验区、京津冀协同发展、国家自主创新示范区、"一带一路"倡议与滨海新区开发开放的五大战略机遇,按照市场化运作机制,走平台、协会和基金"三位一体"协同发展的道路,以功能高度复合的轻资产运营模式,发挥"杠杆"和"引擎"作用,成为优质高效的现代航空物流服务集成商,全面服务于天津市建设中国国际航空物流中心的目标。

天津航空口岸大通关基地,位于天津航空物流区,东至机场飞行区,西至通年路,北至机场货运路,南至机场客运路,总用地面积100.16万平方米,总建筑面积约50.4万平方米,项目分为两期开发建设。一期工程建设内容包括跨境电子商务产业园和联检服务中心两部分,总建筑面积为21.36万平方米,总投资20.21亿元,计划2018年4月开工建设,2020年上半年竣工并投入使用。天津航空口岸大通关基地从绿色、智慧的设计理念出发,兼具口岸服务、货运枢纽和商贸服务等功能于一体,结合天津地区航空货物特色、运输特点及经营理念,按项目建设内容将大通关基地功能分为物流作业基础设施类、生产办公辅助设施类、公共配套设施类、能源保障设施类及大通关基地信息服务平台五个方面,目标建设成为绿色、智慧的综合服务型物流园区。

物流作业基础设施,主要包括一级口岸作业区(国际货运站)、二级作业区、三级作业区(跨境电子商务产业园);生产办公辅助设施,主要包括大通关基地卡口(含连廊)、联合查验中心、车辆维修间、联检服务中心和综合服务中心;公共配套设施,主要包括监管围网、安全围网、市政、绿化和货车停车场;能源保障设施,主要包括能源动力中心;大通关基地信息服务平台,可以推动一体化通关管理,实现"单一窗口"建设。截至2017年底,共完成投资额12818.32万元,完成的主要工作包括天津航空口岸大通关基地一期工程立项、可研、规划方案批复;天津航空口岸大通关基地一期工程(跨境电子商务产业园)地质勘察、土地获取,修详规及方案设计批复等工作。

4. 海淡所项目。海淡所项目由国家海洋局天津海水淡化与综合利用研究所负责整体实施,规划建设具备科研开发、检测评价、孵化转化、勘察设计、交流培训和信息集成六大功能的综合基地。

项目位于临港经济区渤海十八路以东、嘉陵江道以北,项目计划分两期实施,一期建设面积约12万平方米,二期建设面积约8万平方米。总建筑面积约20.2万平方米。主要建设内容包括示范基地、办公用房和配套海水取水泵站等,项目总投资约17.3亿元,计划工期为2016年6月—2018年6月。

5. 临港九年制义务学校。天津临港九年义务学校项目位于临港经济区,总用地面积37000.7平方米,项目四至范围为东至珠江二街、南至黄浦江道、西至规划用地、北至嘉陵江道。

天津临港九年义务学校项目主要建设内容包括学校主体建筑和室外工程。学

海淡所项目

临港九年制义务学校

校主体建筑包括小学部、初中部、综合楼1、综合楼2、风雨操场和门卫房等。室外工程主要包括室外管网、道路、绿化、围墙、大门和室外操场工程等。项目总建筑面积29613.78平方米。办学规模为小学24个教学班、初中24个教学班，共计48个教学班，可容纳学生人数为2040人。

天津临港九年义务学校项目总投资约28759.41万元，由天津临港经济区置地投资发展有限公司自筹30%，银行贷款70%。项目于2016年9月1日开工，施工期约为12个月，2017年8月31日竣工投入使用。

6. 珠江道西延线。随着临港区域的发展，人口规模不断增长，生活与各种服务需求也相应增长。为进一步完善滨海新区功能布局，更好地为核心功能区的发展保驾护航。临港地区积极推动珠江道西延至中央大道工程，以缓解现状交通问题，增强地区吸引力。有利于增强区域内外部交通能力，较大地缩短临港经济区出行的绕行距离；有利于提升临港经济区形象，方便百姓出行。

珠江道西延线工程为天津港保税区（临港区域）珠江道西延线工程，珠江道西延线西起中央大道，东连珠江道，中间跨海滨大道，新建道路（含桥梁）全长4294.809米。主要建设内容包括道路工程、排水工程、照明工程、交通工程、管涵工程、盖板涵工程、箱涵工程等。项目总投资为39776万元，项目工期为2018年6月—2019年8月。

第十六篇 区级建设工作

珠江道西延线

【城建科技与节能】 1. 空港海港区域。建筑节能管理部门。2017年，天津港保税区印发了保税区工作部门及事业单位工作职能的通知，明确了建筑节能工作的监督管理职能。在建设管理科工作职能中，做了进一步细化，安排专职人员，负责区内建筑节能日常管理和协调工作，并做好建筑节能和绿色建筑的宣传工作，与市节能及墙改等部门做好各种对接工作，形成市、区两级联动工作机制。

建筑节能专项资金。2017年，天津港保税区发布《关于组织申报2017年节能降耗、建筑节能与清洁能源利用项目的通知》，由区发改局聘用第三方评审机构，对区内企业申报的项目开展遴选和论证工作，企业陆续领取到奖励资金。

建筑节能技术资料备案管理。按照天津市建委要求滨海新区全面开展了建筑节能技术资料备案制度，在管委会服务大厅设置了建筑节能技术资料备案窗口，严格执行建筑节能技术资料备案流程，对滨海新区建设项目进行建筑节能技术资料备案，并通过备案管理系统上报。

民用建筑能耗统计工作。为配合市墙改办顺利完成民用建筑能耗统计工作，安排专人学习研究《天津市建筑能耗统计管理办法》以及新的建筑能耗统计报表制度，积极参加市墙改办安排的培训活动，负责对辖区民用建筑能耗系统运行和维护。

建筑节能和绿色建筑的施工管理工作。依据相关规范及文件，制定民用建筑节能工程质量检查控制要点，并编入天津港保税区建设工程质量监督站《建设工程质量监督手册》。

建筑节能和绿色建筑培训工作。2017年，多次组织区内在建项目的，建设、设计、施工和管理等相关人员，针对天津市政府、天津市建委下发的《天津市人民政府办公厅印发关于大力发展装配式建筑实施方案的通知》(津政办函〔2017〕66号)、《市建委关于加强装配式建筑建设管理的通知》(津建科〔2017〕391号)、《修建性详细规划执行民用建筑节能强制性标准设计说明要求及审核要点》等相关政策进行了学习和宣贯。

绿色建筑推行。天津港保税区在实现经济快速发展的同时,高度重视生态文明建设,努力实现园区绿色发展、低碳发展和循环发展,被列为国家生态工业园区、天津市循环经济示范试点园区和天津市低碳发展试点园区。滨海新区为贯彻执行节约资源和保护环境的区域建设管理政策,推进国家"十二五"规划可持续发展的方针,规范建筑规划与设计过程控制,制定了《天津空港经济区建筑绿色设计和控制导则》。

装配式建筑推行。按照《关于加快推进天津市建筑产业现代化发展(2015—2017年)实施意见》(建科〔2015〕543号)文件要求,积极对接天津港保税区内企业——天津东南钢结构有限公司,及时传达相关新政策、法规,帮助企业宣传、推广,为企业搭建平台、全面服务。目前,企业年设计供应工程面积160万平方米,2017年生产供应总面积达到155万平方米。

推动建筑垃圾资源化利用工作。根据天津市墙改节能中心的建筑垃圾资源化利用的宣传资料,结合建设项目的实际情况,做好相应的张贴和宣教工作,帮助施工现场建立健全材料的使用机制,做好节约和提高利用率的工作,提高建筑垃圾资源化利用比例。

可再生能源建筑应用。2015年天津港保税区制定了《天津空港经济区清洁能源利用三年行动计划(2016—2018)》,创新清洁能源发展模式,进一步推广天然气分布式能源、土壤源热泵和光伏发电等清洁能源利用形式,努力打造清洁能源示范区。结合能源供需现状、清洁能源利用现状,进一步推广土壤源热泵、光伏发电等清洁能源利用形式,努力打造清洁能源示范区。充分利用好滨海新区的节能降耗、建筑节能与清洁能源利用专项资金,推动光伏、地热和绿色建筑等项目的开展。滨海新区目前的燃煤项目为天保电力海港项目和天保热电空港项目,均采用热电联产技术进行了改造,很大程度上提高了燃煤利用效率。继续推进挖掘节能改造潜力,开展燃煤及供热、蒸汽的节能改造项目。地热利用方面:截至2017年11月,地热利用项目累计达到66个,其中浅层土壤源热泵项目48个、浅层水源热泵项目2个、污水源热泵项目1个、尾水源热泵项目2个、地热井项目13个。太阳能光伏发电系统利用方面:截至2017年11月,已建成的光伏发电项目规模达到6.8兆瓦,在建光伏发电项目规模为3.175兆瓦,合计9.975兆瓦,拟建光伏发电项目10个。

建筑节能工程能效测评管理。2015年以来对区内竣工的(机关办公建筑、大型公共建筑等)建筑工程,在竣工验收前,委托天津市具有资质的专业测评机构进行了能效测评,对不合格的建筑工程下达整改通知,在整改期限内,待项目整改合格后,方准予竣工验收。

公共建筑节能改造。目前天津港保税区内公共建筑均为2012年后竣工项目,符合国家公共建筑节能设计标准。对天津港保税区内所有公共建筑进行统计工作和排查工作,对建筑内的供热、供暖以及其他节能基础设施进行定期巡查,以保证区内公共建筑的环保和节能运行。滨海新区出台《天津港保税区天津空港经济区生态文明建设专项资金管理办法》，制定了对区内环保升级改造项目建设、环保设施运行、水资源优化与节约利用、污染物总量减排、环保荣誉、资质及认证等给予资金补贴和奖励的标准与范围，以鼓励未来区内公共建筑节能减排提升改造项目的实施。

加强公共建筑用能运行管理。天津港保税区不断加强对公共建筑用能管理的宣传力度，不断向区内物业公司及使用方强调公共建筑节能及用能管理的意义。对新建公共建筑严格执行《天津市民用建筑能耗监测技术标准》，安装分项计量装置和采集装置，并在竣工验收时实现能耗自动上传。组织物业公司依据其管理建筑使用特点制定适宜的运行管理制度，对照明和空调两大耗能系统加强管理。做到合理控制照明时间，合理降低公共区域照明密度，同时鼓励节能产品和感应技术的应用。在空调系统方面，要求其提供管理人员操作水平，组织好空调温度专项检查工作，严格执行夏季空调温度不得低于26℃和冬季供热不得超过22℃的规定。对使用方要求其约束自身员工的浪费行为，加强节能意识，在关灯、关闭电脑、空调设备调温、及时关门、关上不需要的窗户等日常细节上加大宣教，做到用能管理从防微开始。

推进供热计量收费工作情况。天津港保税区高度重视供热计量收费管理工作，按照市供热办下发的考核检查内容，认真做好自查工作。2017年区建交局加强供热计量制度建设，推动区域供热计量收费工作，促进用热节能减排工作的有效开展，实现了区域供热能耗下降4%的目标。一是全面推进供热计量收费工作。天津港保税区集中供热总面积643.02万平方米，计量收费面积541.66万平方米，占总供热面积84.2%。其中，公建项目采暖面积533.02万平方米，计量收费面积431.66万平方米，占采暖面积的80.98%；居民项目采暖全部户数15822户（123.68万平方米），安装计量表计100%。热计量收费12592户（86.534万平方米），占总户数的79.6%。二是全面推进供热计量制度建设。滨海新区建交局建立了供热计量管理机构，编制了供热计量收费工作计划和激励奖惩办法。根据天津港保税区的特点，滨海新区建交局会同供热单位成立了天津港保税区供热计量管理机构，明确了工作内容和职能分工，形成了自上而下的供热计量管理体系。按照《天津市供热计量收费管理办法（试行）》条款规定，制定了供热计量收费计划。按照计划安排，2017年完成了对未按照计量收费的公建项目进行摸底调研工作，为进一步推动企业实现热计量收费打下了基础。同时，开展了节能宣传工作，发放《天津市供热计量宣传手册》，组织用热单位技术培训，提高企业员工计量工作能力和节能意识。根据《天津市供用热条例》和《天津津港保税区、天津空港经济区供热用热管理办法（试行）》，规范了供用热行为，建立了激励和惩罚制度。三是收费标准。滨海新区物价部门制定了热计量收费标准，促进了热计量收费工作的开展，提高了用热单位用热节能的积极性。四是热网监测管理系统。建立完善热网监测管理系统，实现了能耗数据在线采集、实时监测、在线数据采集交换和做到精细调整，最大限度地节约能源，为节能减排工作打下了基础。

2. 临港区域。开展建筑节能、发展绿色建筑是转变城市建设和生活方式的重要工作，是促进城乡建设由粗放型向精细化转变、由重规模向重效率转变的重要途径，是提高建筑品质和使用寿命、节约能源资源、改善环境和加快生态城市建设的必由之路。按照天津市建委发布的《天津市建筑节能和绿色建筑工作要点》，临港区域制订了《临港经济区建筑节能和绿色建筑工作方案》，开展了住宅建筑能耗统计和公共建筑能耗测评，推动了建筑垃圾资源化利用。

加强监督检查和巡检抽查。重点加强住宅、桥梁、装配式建筑、建筑节能、结构实体、装饰装修、绿色建筑以及使用功能方面的监督检查，合理解决发现的问题，不断提高技术水平和服务水平。

积极推动区内项目节能工作和绿建工作。根据天津市建委、市墙改办以及市推广中心的要求，积极推动区内企业的节能工作和绿建工作，加强监管，从工程开工建设开始进行交底、检查，参加市建委组织的各项培训工作。

装配式建造已上升为国家战略，以建造方式变革带动建筑业整体水平的提升。根据国务院和住房城乡建设部的相关要求，天津市建委和中建标准院专门到临港区域进行政策和标准的宣讲，会同建服中心主动参加了多次市级装配式项目的学习和观摩，专程到北京参加中国装配式建筑交流会等。推动临港第一个装配式建筑项目落地，完成了天津市建委给临港区域下达的任务。帮助临港区域内两家建筑产品配套生产企业申报国家级装配式建筑产业基地，加入天津市装配式建筑产品合格供应商名册。积极与国内知名的装配式建筑企业对接洽谈，接待其到临港经济区考察，大力推动装配式建筑产业链在临港的发展。

同时，按照天津市建委和天津市规划局的要求，在项目宗地申请规划条件时，均配合规划部门出具了有关海绵城市、绿色建筑和装配式建筑的指标要求，促进了项目土地的及时出让和划拨。

【海绵城市与地下管廊】 1. 空港海港区域。防汛工作，按照防汛预案，坚持领导带岗，严格履行防汛职责，确保安全度汛。有针对性地部署防汛工作，树立"防大汛、防大涝"的工作思路，全面分析2017年防汛新形势和新特点，4月初开始编制防汛预案，明确各部门工作职责，经管委会批准5月底印发。6月1日提前启动防汛值班，实行24小时防汛值班制度，6月中旬组织召开区域防汛工作会议，做好各项防汛准备工作。提早谋划，主汛期前完成雨污水管道疏通496千米、检查井掏挖2.4万座、15座雨污水泵站的设施设备维修保养、加强防汛物资配备等工作。汛期及时发布气象部门预报的预警信息，确保第一时间启动预警预案。加强防汛应急演练，提高防汛人员应急处置和实战能力。汛后及时总结2017年防汛工作的新特点，进一步完善工作方案、应急预案，完善管理机制，切实做好2018年应对各种极端灾害的思想准备和工作准备。

河长制工作。加强日常供排水监管，完善水行业月报制，掌握供水运营状况和污水处理情况，保障供水安全可靠，污水排放达标。推动清水河道工作落实，持续开展为期1个月的景观河湖水绵、浮萍专项治理，出动人员近千人次不间断打捞，确保河湖水面清洁。组织开展水平衡测试，完成给水管网及设施漏水维修360处，维修、更换给水闸阀55套，确保企业和居民用水安全。全面贯彻落实《天津市关于全面推行河长制的实施意见》，结合滨海新区实际，编制《保税区河长制管理及水环境综合治理实施方案》和《保税区河湖水质定期检测方案》。按照滨海新区2017年清水河道重点任务分工及河长制考核要求，启动了北环河生态清淤工程、水环境生态治理工作，确保达到滨海

临港生态湿地公园

新区对滨海新区的考核目标要求。积极组织推动三期八平方排水规划报批工作，编制空港再生水利用规划，推动空港污水接入张贵庄污水厂后再生水回用。

2. 临港区域。天津临港生态湿地公园是我国大型工业区内为数不多的以水处理为主题兼具景观效果的湿地公园。天津临港生态湿地公园项目将人工湿地与公园有效结合，立足于乡土植物筛选与景观配置，同时充分考虑区域水环境改善以及居民休闲需求，借助环境科学、景观生态学、环境经济学以及管理学等理论和方法，解决了工业园区污水深度处理难题及濒海工业园区海洋生态建设问题。湿地系统的水源主要来自临港胜科污水处理厂排水，其所排污水达到《城镇污水处理厂污染物排放标准》（GB18918-2002）一级B标准。污水经过调节池、潜流湿地、表流湿地和生物栅，通过物理、化学及生化反应三重协同作用得到净化。其中，物理作用主要是过滤、沉积作用，污水在经过基质层及密集的植物茎叶和根系时，悬浮物被截留并沉积在基质中；化学反应主要指化学沉淀、吸附、离子交换、拮抗和氧化还原反应；生化反应主要指微生物在好氧、兼氧及厌氧状态下，通过开环、断键分解成简单分子、小分子等，实现对污染物的降解和去除。根据估算，临港生态湿地公园可削减 $CODCr$ 约349吨/年、$NH_3\text{-}N$ 约129吨/年，BOD_5 约159吨/年，TP 约7.94吨/年，能够减少大量的污染物入海，对于落实渤海碧海行动计划、改善渤海水质和保护渤海海域的生态多样性具有重要意义。

生态湿地公园同时秉承景观休闲的理念，为周边生活区提供配套服务。其方案设计采用"蝶变"的概念，从景观效果上看，调节池的小岛是"卵"，潜流湿地是"蝶蛹"，后面的景观湖是"蝴蝶"形状，其寓意为临港由一片盐碱滩涂变成一个现代化工业新城的神奇"蝶变"过程。

湿地公园内水体面积达到约17万平方米，绿化以三季有花、一季有果、四季有景，突出层次及色彩搭配并辅以大规格苗木点缀，共栽植各类苗木约120余个品种、18.4万余株，园林小品有大中型景观桥34座、景观亭11座、景观廊2处、景观台9处。根据不同的景观特色，还打造了"三区八景"，即月季园、主题雕塑和科普中心三个人文特色主题区和芦荡飞雪、蜿蜒蒲香、长田鹭飞、水荡沽田、柳影婆娑、棠海寻幽、烟水雾林、曲水花径八个自然景点，各处通过水系、道路、堤岸和桥梁贯穿，辅以亭、台、廊等特色小品点缀其间，移步易景，形成不同类型的园林空间和观赏路线，从而使湿地公园成为一个兼具现代西方与中国传统之美的生态园林。根据统计，园区接待游人峰值达到约800人次/日。

临港生态湿地公园统筹考虑人工湿地工艺中的主题性、自然性与功能性，解决了工业园区污水厂尾水高环境风险与高富营养化风险的问题，构建了"蓝脉绿网"的园区生态网络，提高城市生态景观功能，形成绿色生态工业园区，补充了园区生态用水需求，对生态文明建设起到决定性作用。

【建设工程质量安全】 1. 空港海港区域。2017年，认真学习贯彻党的十九大和天津市委十一届二次会议精神，按照天津市城市工作会议和工委管委会工作部署，在天津市建委、市质安监管总队和滨海新区质安支队指导下，紧紧围绕建交局重点任务，以保证工程质量为核心，以落实工程质量主体责任为重点，以治理工程质量常见问题为抓手，积极开展各项工作，多措并举，标本兼治，保证了区域工程质量稳定受控。

2017年，面对天津市工程规模减小、市场竞争加剧和环境管控升级、施工难度增大的外部环境以及区域工程建设领域新要求，顾全大局、稳中求进。项目巡查检查、专项检查、质量验收等各项工作扎实推进，工程质量三年提升行动稳步开展，工程观摩创优、材料抽检有序进行，实现了质量安全形势持续向好。加强施工控尘巡检，进行夜查和六日巡查，确保区域施工扬尘管控到位。抽调专人进行驻场监管海港污水处理厂提标改造工程、起步区污水厂进水泵房改造及配套管道工程建设，推动海港保税区供水管网改造项目前期手续，落实海港道路维修项目实施主体、实施范围及施工组织方案，有效推动海港保税区基础设施项目建设稳步前进。

2017年，累计办理质量监督登记46项、建筑节能备案23项，监督项目阶段验收87项次，监督项目竣工验收17项次，完成竣工验收备案40项。累计进行质量执法检查497项次，监督封样278组，下达质量整改通知单116份，涉及整改事项907项，其中停工整改通知单16份，监督执法检查整改落实率达到100%。妥善协调处理工程质量投诉11项次，投诉处理结案率达到100%。

目前，滨海新区共有建设项目89项，建设规模约400万平方米，其中房建68项约340万平方米、市政21项约60万平方米。严格落实建设单位质量首要责任，及时组织消除建设过程和保修阶段出现的建设工程质量缺陷。严格落实施工监理单位质量责任。切实把好建筑材料、构配件和设备的进场验收关，做到按图施工，严格执行质量强制性要求。强化勘察设计单位质量责任。项目负责人必须按规定参加工程阶段验收和竣工验收，及时出具质量验收合格证明文件，会同建设单位、施工单位和监理单位妥善处理工程实施过程中的质量问题。严格落实工程质量终身责任制，提高责任主体质量意识，保持"两书一牌"落实率达到100%。紧盯五方责任主体质量行为，对施工项目经理和总监理工程师等主要管理人员到位情况持续进行抽查，督促项目负责人履职尽责，以行为质量促工程实体质量。2017年，约谈了远大办公楼、人寿保险、纬五路人行道、意境兰庭二期、思塔高二期、铁三院幕墙、神州租车和空客A330项目装饰工程8个项目施工企业负责人，要求健全质量安全管理体系，加强施工现场管理，确保工程质量安全。约谈了天友建筑设计院、天津市政设计院和天津勘察院3家勘察设计单位负责人，要求严格了落实勘察设计质量责任。与泰达监理、中天监理、华泰监理、海通监理、滨海国际、上海思费科、北京国金和泛华管理8家监理企业负责人进行了座谈，要求各单位提高政治站位，切实发挥监理职能，特别是要严把材料进场验收关和施工质量验收关，按批量核实进场材料数量，确保材料来源可查、缺陷可溯，及时报告施工现场工程质量情况。针对市政基础设施项目主要人员现场履责情况不理想的情况，对21个市政基础设施项目进行了持续检查，形成了强大威慑，项目主要负责人在岗率明显提高，为工程质量稳定受控创造了条件，也为进一步规范建筑市场奠定了基础。河南农大、无锡园林2家施工企业承诺加强在建工程管理，并主动向建设单位表示不再参与保税区工程投标。

持续加强全过程监管。以加强涉及公共安全的工程地基基础、主体结构等部位和竣工验收等环节的监督检查为重点，保证结构安全和使用功能。从开工到竣工实现全过程监管。项目责任到人，项目监督方案编制、开工前首次检查、过程巡查抽查、专项检查、竣工验收监督以及竣工备案核查一项也不能少，点上管住、面上抓牢、点面结合，分级管理，层层传递压力。加大抽查频率。每个项目每月监督检查不少于一次，以问题为导向采取倒逼机制，确保工程质量全面受控。2017年，共进行监督检查847项次，先后开展了冬期施工、开复工、建筑材料、市政工程、建筑电气、建筑节能和高层保温7次质量专项检查。抽查统一、顺丰、神州租车、埃斯凯以及华宇二期等项目地基基础、主体结构、建筑节能阶段验收87项次。对太山肿瘤医院、湖滨广场商业、大唐住宅和光电研究院等17个项目竣工验收进行了现场监督，竣工验收合格率达到100%。

狠抓住宅公建和财政项目。高度关注民生工程和市政基础设施项目，严控工程质量。坚持样板带路、工艺上墙制度，明确工作标准。抽查工程隐蔽验收记录，切实保证主体结构安全和主要使用功能。抽查混凝土试块养护，严格实体检测，落实工程质量标准。严格工程质量验收，住宅工程实行分户验收制度，将防雷验收纳入竣工验收前置条件，工业项目中办公楼、研发楼等单位工程参照公建要求进行验收，强化验收对工程质量的把关作用。加强市政基础设施监管，市政道路工程执行道路工程预验收制度。大唐住宅和意境兰庭二期分户验收做到所有户型所有栋号全覆盖，分别抽查80户和124户，抽查比例达到11.33%和11.18%。验收组对所抽查的每个房间门窗洞口尺寸、水电管线和开关插座面板位置等实测实量，进行采暖打压和卫生间闭水试验检查渗漏情况，充分发挥工程验收对工程质量的把关作用。对实验小学项目质量不合格混凝土基础梁、湖滨商业广场教育培训场所装修工程、天保百恒住宅等项目外窗抗风压性不满足设计要求等进行了跟踪督办整改。海港污水处理厂提升改造和供水管网改造等选定第三方机构按照"监理式、旁站式"模式开展工作，及时抽查工程材料、工程隐蔽和工程验收情况，既保证了工程质量受控，又支持了项目建设进度。空客周边规划路七、领航路道路大修工程监管人员及时跟进施工进度采集数据，领航路平整度不达标的约100米路段进行了铣刨重修。

开展质量薄弱环节治理。针对砼施工缝、外墙保温、地下室防水、建筑门窗、地采暖渗漏以及室外台阶散水下沉开裂等质量常见问题，进行专项治理，将问题消灭在施工过程中。进一步强化对室外工程监管，对照施工图纸和规范标准严格管控。对回填土、门窗、幕墙、保温和防水等重要功能性材料检测机构现场取样，保证材料质量稳定、真实可靠。坚持监督封样制度，实行项目材料检测单位与监督封样检测单位互相规避制度，借力第三方检测机构，进一步提高监督震慑性。对保温粘接率、板材厚度和燃烧性能等现场随机抽查，上墙后实体取点测试燃烧情况等指标，保证施工质量可靠，进一步验证材料的真实性。2017年，共完成监督封样共完成监督封样278组，合格率100%。其中，道路80组、占比28.78%，钢筋及连接75组、占比26.98%，电线及开关45组、占比16.19%，保温材料32组、占比11.51%，其他46组，16.5%。

提高监管和服务水平。加强制度建设，全面梳理工程质量有关法律法规和规范性文件，进一步推进质量监督管理标准化和规范化。强化业务培训，积极参加相关部门组织的培训，每周四下午集中进行业务学习，提高工作效率，进一步提高监管水平。树立为企业服务的工作理念，担当作为，每月核查在建项目进度，特别是竣工验收情况，对完工项目安排专人对竣工验收情况进行跟踪，每月沟通不少于两次，及时妥善解决企业竣工验收相关问题。积极参与"双万双服"活动，解决问题，化解矛盾，为提升区域生态质量和改善区域投资环境无私奉献。进一步加强作风建设，深入开展"两学一做"学习教育活动，开展"不担当不作为"自查自纠和履职廉洁谈话，防控廉政风险，提升服务质量，想企业之所想急企业之所急，得到了企业的广泛认可和好评。

2. 临港区域。按照天津市建委、市质安监管总队、滨海新区建交局以及滨海新区质安支队的相关要求，临港建服中心转变思想观念，强化效能意识，切实提高工作效率和服务水平，严格贯彻落实国家及天津市有关质量安全法律法规、规章和方针政策，积极推进临港内建设工程质量安全监督各项工作。从质量安全监督备案、现场质量安全管理、分部分项验收、竣工验收、重大危险源管理、现场实体防护、起重机械管理、扬尘控制和农民实名制管理等各方面严格执行相关法律法规和强制性标准的规定，规范各责任主体单位和人员的质量安全行为，2017年未发生任何质量安全事故，有效促进了临港区域建设工程质量安全管理工作稳步健康发展。

2017年质量安全监督基本概况。临港在建项目共计32项，2016年跨转至2017年建设项目21项，2017年新开工项目11项；房屋建筑项目28项，总建筑面积97.64万平方米，市政道路项目共计4项，总长度31.71千米。2017年竣工项目5项，总建筑面积约15.73万平方米。2017年完成竣工验收备案5项，按照单位工程发出竣工验收备案证30份。2017年滨海新区4项工程通过天津市建设工程安全文明施工工地验收。

2017年质量安全监督检查、抽查工作。配合市质安监管总队和滨海新区质安支队进行质量安全专项大检查12次，结合日常巡查抽查，共计发出责令整改通知书244份，停工整改通知书26份，提出整改意见921条。2017年约谈通报项目24项次。2017年对区内项目现场使用的钢筋、外墙外保温材料和防水卷材等进行监督封样抽测共计147组，检测结果全部合格；大部分项目施工组织设计、专项方案、材料复试报告、隐蔽验收记录、旁站记录等资料基本符合要求，个别项目存在资料记录不完善、资料与现场施工进度不符等问题，现已基本整改完毕。2017年累计完成机械使用登记69台套，参加重大危险源的专家论证7次，参加重大危险源条件验收12次。目前，区内各项目施工质量安全处于受控状态。

2017年质量监督日常工作。市场质量工作扎实推进。积极参加天津市建委、市质安监管总队以及滨海新区组织的各项专项检查工作，共组织开展房屋建筑工程开复工专项检查、建筑市场专项检查（2次）、预拌混凝土质量专项检查、市政基础设施工程质量专项检查、建筑材料专项检查、建筑节能工程考核以及冬施质量专项检查（考核）共计8次专项检查，同时结合中心指定的检查计划，共计发出责令整改通知书112份、停工整改通知书9份，提出整改意见414条。所有整改意见经过参建单位整改并经过复查全部合格。

制度建设进一步完善。根据管委会、建规局工作安排，制定并讨论完成暂停施工、约谈通报以及监督封样抽测等制度，经中心业务会讨论完成终稿报建规局、管委会备案。2017年，根据制定的方案对辖区内所有与在施工程进行质量监督，共计约谈企业59家次，形成约谈记录24份。投诉与维稳工作扎实推进。为保证全运会和党的十九大顺利召开，立足于解决农民工工资以及老百姓关于房屋质量方面的实际问题，消除不稳定因素。2017年经济区质量投诉为零。在此基础上，2017年临港建服中心协助支队完成房屋质量投诉5次，通过不断沟通、协调，从细微入手，层层剖析，直指问题根源，解决问题，化解矛盾，满足业主诉求。项目创优工作成绩突出。根据天津市建委、市质安监管总队签发的关于积极推动项目创优申报工作的通知，质量安全部大力推动各项目创优工作，通过主动沟通、积极服务、提出问题、督促整改和观摩评比等措施帮助企业达到创优标准。2017年，临港经济区商务大厦工程获得中国建设工程鲁班奖（国家优质工程），科研试验基地工程完成市级文明工地验收，积极推动利达粮油三期和临港海水淡化基地工程创市级文明工地。

2017年安全监督工作，以强化安全主体责任为主线，在检查过程中一旦发现参建单位未能充分履行安全责任，对安全工作不重视、忽视安全而追求进度或效益的情况，依据问题的严重情况，下达责令整改通知书或者责令暂停施工通知书，直至相关问题得到有效整改。通过不断约束整改使滨海新区内建设工程的参建各方主体对自身的安全主体责任清晰，更加重视安全工作。

专项检查和日常巡查工作。2017年

累计组织安全专项检查7次，日常巡查若干次。通过专项检查和日常巡查，重点对经济区所有在施的工程的安全文明施工、重大危险源管理、实体安全防护、起重机械、创卫工作、农民工实名制和扬尘控制措施等进行了全数排查。通过检查累计下发责令整改通知书132份、意见507条，下达责令暂停施工通知书17份、意见48条。

重大危险源管理。为进一步规范和加强对危险性较大的分部分项工程安全管理，积极防范和遏制建筑施工生产安全事故的发生，按照住房城乡建设部《危险性较大分部分项工程管理办法》和《天津市建设工程重大危险源管理办法》等相关规定的要求，狠抓重大危险源管理，对重大危险的施工的全过程进行监督管理。在安全备案阶段，严格审查每个工程中是否存在超过一定规模的危险性较大分部分项工程，对于存在危险性较大分部分项工程的项目严格按照规定进行管理。在此基础上，2017年增加了监督员参加方案专家论证和条件验收的环节，使监督员更能深入了解分部分项工程的实施重点以便更加明晰项目重大危险源施工阶段可能存在的问题。2017年，监督员全年累计参加19次专家论证和条件验收。在日常巡视检查中查阅相关单位编制专项方案以及方案审批手续的完善性，同时要求建设单位组织专家对专项方案进行论证，并完善论证和方案的修改完善，检查方案实施前是否组织条件验收、领导带班情况和每日专题例会落实情况。现场检查阶段，审查现场是否完全按照方案执行，现场实体实施是否存在风险。在超过一定规模的危险性较大分部分项工程结束后实施销号管理。通过严把审查入口，全过程参与，督促实施，到最终的销号做到无缝管理，从制度到实际施工过程管理多管齐下，确保重大危险源实施阶段的安全监督管理闭环。

现场机械管理。临港建设工程类型特点突出，除可数公建以外，基本都是市政设施和工业厂房，而起重机械类型主要分为三类，分别是塔式起重机、物料提升机和电动吊篮。2017年，累计完成其中机械登记69台套，其中塔式起重机9台、电动吊篮45套、物料提升机5台，施工电梯10台。按照国家及天津市地方标准要求，对于起重机械的安全管理主要从入口控制、现场安拆和使用过程管理以及注销管理着手。对于进入经济区建设工程工地内的每台起重机械，均要求在安装前在中心进行安装告知。完成告知后，中心委派专人按照告知时间对现场安装作业进行监督检查，确保安装人员和告知一致，设备和备案一致，并确保作业方案和交底落到实处。安装完成后，要求相关单位对起重机械进行检测，并将检测报告和安装前后的相关资料报送至中心，审查无误后对每台设备进行登记，并发放登记证。使用过程中注重维修保养和使用过程检查，在日常检查过程中除了基本检查操作人员的基本情况外，重点核查使用过程中的维修保养和安全装置的日常自查工作。在起重机械使用完毕后，要求相关单位在拆除前对中心进行告知，中心委派专人按照拆除告知时间对现场进行拆除作业抽查。拆除完毕后，相关单位提交资料，中心对该起重机械进行注销。通过上述程序和日常对起重机械的专项检查和巡查，杜绝了起重设备无证使用和带病作业，规范了安拆顶升作业的程序，降低了事故发生的概率。

安全防护管理。建设工程实体防护是安全工作的基本底线，也是安全监督工作的重点之一，而安全保证资料更是规范现场管理，明确管理流程和管理方法的一项根本记录。在日常安全检查中严管建设工程实体防护，从"三宝""四口""五临边"高处作业，到用电、消防和临建管理等各个现场实体方面，抓住每一个细节，督促相关单位按照规范要求整改落实。对于安全保证资料，要求各参建单位严格执行《天津市建设工程施工安全资料管理规程》，并在检查中严格检查。

扬尘和创文创卫工作。按照"美丽天津·一号工程"指挥部的要求，滨海新区对所有建设工程项目全面落实了自动冲车装置、雾炮设置、围挡设置和道路硬化等措施。同时，在天津市范围内率先实现了从扬尘在线颗粒物监测到视频监控设施的全覆盖安装。经济区建设服务中心坚持高标准，严格要求临港在施工程落实扬尘控制措施，并以此为契机，推动美丽临港建设，推动滨海新区建设工程文明施工上台阶、上水平。按照滨海新区政府、临港管委会和滨海新区质安支队的要求，对区内所有在建项目涉及创文创卫的工作逐条落实整改，从卫生防疫、食堂管理、创卫宣传、文明形象、文明施工和创文宣传等多角度立体化要求所有项目出色地完成了各级交办的任务。

农民工实名制工作。临港所有项目均按照天津市相关规定设置了预储账户，并优化了安全部门与合同部门的配合工作，确保工程不因预储账户和合同的问题导致工程无法顺利开展。同时，在2017年大部分项目均实施了由银行代发工人工资工作。合作银行增加了一家，目前累计能够开展农民工工资预储和代发的银行为建行、工行和农行。日常监督检查过程中，采取随机抽查作业人员身份，询问是否由银行按时足额代发工资及并掌握代发工资额度。反向检查现场资料，如果完全相符则合格，不相符的按照规定认真处理。2017年临港经济区内建设工程作业工人未发生任何集体讨薪和上访事件，有力地促进了经济区建设工程整体的稳定性。

安全月活动情况。为进一步促进临港经济区内建设工程安全持续稳定健康发展，紧紧围绕"全面落实企业安全生产主体责任"的主题，于2017年6月1日—30日开展了"安全月"活动。活动前召开了专题动员会，过程中组织了丰富多彩的活动，活动结束后组织了安全月总结大会。对于检查过程中比较好的3个项目进行了通报表扬，对于检查过程中表现比较差的项目进行了通报批评，并在安全月总结大会上进行检讨。通过活动强化了区内各在施项目责任主体单位的责任意识，牢固树立了安全生产红线意识，进一步加强和改进安全生产工作。借此次安全生产活动月的机会，将隐患排查作为此次活动的核心内容，通过全面隐患排查，提高了经济建设工程的安全管理水平。本次隐患排查活动共检查项目20个，下发责令整改通知单16份、意见90条，责令停工通知单3份、意见11条。

天津滨海高新技术产业开发区

【概况】 2017年，天津滨海高新技术产业开发区固定资产投资195亿元；新开工产业项目20个，开工面积147.6万平方米；竣工项目22个，竣工面积189.5万平方米。

【基础设施建设及投资】 2017年，完成填土施工80万立方米，建成市政道路7条，2座桥梁建成投入使用，新建桥梁1座。渤龙湖科技园首座220千伏变电站开始试桩施工，第十三届全运会马术越野障碍赛体育公园建成并投入使用。渤龙湖体育健身中心项目桩基施工完成；渤龙湖青年活力社区项目完成可行性研究报告、PPP实施方案及财务评价工作；渤龙湖社区卫生服务中心土建工程竣工验收成；滨海高新区（华苑）党群综合服务中心、渤龙湖中小学均建成投入使用；渤龙湖公安武警指挥中心、渤龙湖第二处公交首末站、华苑华科大街消防站具备使用条件。完成财政直接投资16亿元。

【重点工程项目情况介绍】 1.天津滨海高新技术产业开发区农工新村与建工新村棚户区改造暨房屋征收安置项目正式启动。2017年3月28日正式开工建设，年底前已实现部分单体主体封顶。项目总投资约20.7亿元，用地面积12.7万平方米，总建筑面积27万平方米，项目计划2018年12月还迁房全部建成，建成后可提供房屋2332套。

2.天津滨海高新技术产业开发区第一学校建成投入使用。高新区第一学校设小学部和中学部，总建筑面积4.4万平方米，学校可招收学生2280名，其中小学招生1080人、初中720人、高中480人。小学部2015年6月开工建设，2016年9月正式对外招生，中学部2017年8月建成并正式对外招生。

3.第十三届全运会马术越野障碍赛体育公园项目竣工投入使用。该项目位于华苑科技园环外环亚马球会东南侧，规划面积32.29万平方米，由天津高银国际俱乐部有限公司投资建设，2017年9月作为赛事场地正式投入使用。国家体育总局、天津体育局、天津滨海高新技术产业开发区管委会对公园的设计方案进行了充分论证与指导，以保证公园品质与赛事要求。同时，为解决公园赛事结束后的充分利用问题，公园方案还进行了专业与大众相结合的设计，除了马术活动区，还设计了密林式景观带、疏林草带、人工湿地、体育活动区和家庭活动区，未来可以为华苑科技园提供篮球、网球、攀岩、极限运动和野外拓展等丰富的体育运动形式。

4.国能新能源汽车项目一期厂房建成。国家电动汽车瑞典有限公司收购瑞典萨博汽车的全部资产，与国务院发展研究中心下属的国研科技公司和北京中域绿色三方共同投资合作，在滨海高新区建设纯电动乘用车和增程式电动汽车研发中心和制造基地。2015年落户滨海高新区渤龙湖科技园，占地43.67万平方米，总投资30亿元，2016年开工建设，目前项目一期厂房建成，二期开工建设，2018年投产使用，项目达产后将达到年产22万台的整车生产能力。

5.奇虎360互联网开放平台创新基

地项目开工建设,该项目是奇虎360在天津建立的北京总部之外的"副中心"。主要建设研发中心、运营中心及互联网孵化创新平台等。项目总投资3.5亿元,用地5.3万平方米,建筑面积13万平方米。2017年1月开工建设,2017年底获得特许施工许可,地下室得以连续施工,项目计划2019年建成使用。

6. 力神电池六期动力电池项目竣工投产。项目占地5.4万平方米,总投资13亿元,建设3亿安时车用锂离子动力电池系统生产线。同时,启动动力电池梯级利用及回收技术研究及示范线项目。项目2016年上半年开工建设,2017年11月18日正式竣工投产,投产后天津力神电池公司具备了56亿瓦时的锂离子蓄电池的年生产能力。力神电池1997年在滨海高新区创立,建有锂电池行业唯一的国家锂离子动力电池工程技术研究中心,具有100亿瓦时锂离子蓄电池的年生产能力,目前在国际高端市场的占有率位居全球锂电行业前列。

7. 明发广场项目,其中明发广场34-1#地块分别于2017年2月17日、2017年5月4日、2017年5月15日对各个单体进行了主体验收,明发广场34-2#地块分别于2017年5月4日、2017年11月1日进行了基础及主体验收,明发广场34-4#地块于2017年12月18日进行了节能验收。

【城建科技与节能】 2017年,天津滨海高新技术产业开发区第一学校4.4万平方米三星绿建项目建成;华科大街消防站、渤龙湖科技园公安武警指挥中心、渤龙新苑还迁房、威海路住宅项目等5个绿建项目在建,在施面积41.3万平方米。2017年,滨海高新区完成节能备案项目37个,总建筑面积151.3万平方米。其中居建8件,备案面积46万平方米;公建1个,建筑面积0.3万平方米,工业建筑28个,备案面积105万平方米。

【建设领域行政处罚】 严厉打击转包、挂靠、违法分包等违法违规行为,规范建筑市场秩序,对新建项目,特别是重点建设项目更要做好超前服务工作。2017年,办理建设项目报建备案手续36件,总建筑面积105万平方米,总投资6.7亿元;建筑工程施工许可证核准发证手续4项,总建筑面积20.6万平方米;专业、劳务分包合同备案5项,合同总价款2404.1万元;办理设计中标备案手续32项,中标额1441万元;办理施工中标备案手续36项,中标额8.99亿元;办理监理中标备案手续31项,中标额486.8万元;办理勘察备案手续4项,中标额27.8万元;办理建筑业企业资质初审手续35项;办理二级建造师注册初审手续11项。2017年对50个建设项目开展了考核工作,发放整改278次。2017年处理行政处罚案件1宗,处罚额5万元,已上缴国库。

【开通塘沽海洋高新区微信公众服务平台】 2017年7月,塘沽海洋高新区微信公众服务平台开通运行,园区企业及居民关注平台可及时了解塘沽海洋高新区工作动态、便民服务等信息,与塘沽海洋高新区网站共同搭建起政务公开、政民互动的新平台。市民只需要用智能手机扫描二维码或进入微信查找公众号"塘沽海洋高新区",即可添加关注。

微信公众平台设置走进海洋、投资海

洋、宜居海洋3大板块。市民点击走进海洋，即可了解区域内包括购物、教育、交通和医疗等基本情况。投资海洋则包含审批窗口介绍、联系电话以及最新的招商政策等信息。宜居海洋分为服务信息、办事流程、法律热线和近期活动四部分内容。服务信息向广大居民公开滨海高新区、各街道办事处、水、电和煤气等便民服务热线；办事流程详细解释了困难职工申请、低保申请、生育证办理和老年证办理等重要证件及相关保障权利的申请流程；法律热线提供了区域内法律服务中心对应律所名单及联系方式，市民可直接按照介绍拨打电话咨询法律方面问题；近期活动则包含了塘沽海洋高新区管委会主办的大型活动。

微信公众服务平台是塘沽海洋高新区管委会运用新兴媒体，拓宽区域建设管理途径的又一新举措。利用即时交互平台来实现政务公开和信息公开，降低行政成本，提高办事效率，带给市民可触可感的实惠与方便。

【加强建设工程质量安全监管】 组织监管人员，加大日常巡查和抽查力度，并按照天津市质安监管总队、滨海新区质安支队及滨海高新区质量监督站的有关工作要求，对辖区范围内15个在施项目开展各式专项大检查9次，包括高层建筑消防安全专项检查、扬尘治理专项检查、防止电气火灾专项检查、电线电缆专项检查、冬季施工专项检查、安全生产专项检查、开复工专项检查、创卫专项检查和文明施工专项检查。检查结果表明，塘沽海洋高新区建设工程施工质量安全生产形势总体稳定，整体受控。工程质量监管方面，累计下达书面整改通知书84份，提出整改意见132条，整改完成率100%。施工安全及文明施工方面，累计下发责令整改通知单159份，停工通知单19份，提出整改意见313条，整改完成率100%。2017年，为园区内在建施工项目进行地基验收4次，基础验收3次，主体验收10次，节能验收8次，竣工验收6次。出具质量监督报告3份，安全监督报告2份。

【深入开展安全生产大检查工作】
2017年8月9日—10月31日，按照《市安委会关于印发天津市深入开展安全大检查工作方案的通知》和滨海新区安委会《关于印发滨海新区深入开展安全生产大检查工作方案的通知》以及《滨海高新区深入开展安全生产大检查工作方案》文件要求，结合塘沽海洋高新区实际情况，对各行业领域、各类企业和人员密集场所重点对5方面进行了检查：安全生产管理责任落实方面、安全生产管理制度建立和执行方面、安全风险管控方面、隐患排查治理方面和应急管理方面。每月7日、17日和27日填报《安全生产大检查统计表》。

【开展高层建筑消防安全专项检查】
2017年8月23日—12月31日，根据《关于印发开展高层建筑消防安全专项治理工作方案的通知》要求，在天津滨海高新技术产业开发区范围内开展了消防安全专项检查，重点检查了外保温建筑材料是否符合审查通过的设计文件、是否与备案的建筑节能内容一致、是否使用了易燃可燃材料、进场验收资料是否齐全及见证取样复试情况；专项方案编制与审批情况和执行情况；消防专项方案编制审批及执行特别是材料堆放；施工防火措施落实情况；是否违反分包。专项检查发放并填写高层建筑消防安全专项检查表14份。

【加强文明施工管理 严格控制扬尘污染】 为切实做好塘沽海洋高新区建设领域大气污染治理工作，严格落实《天津市大气污染防治条例》《天津市建设工程文明施工管理规定》和《滨海高新区建筑工地大气污染治理工作方案》，加大施工扬尘违法行为打击力度，确保做到工地周边100%设置围挡、散料堆放100%苫盖、出入车辆100%冲洗、建筑施工现场地面100%硬化、拆迁等土方施工工地100%湿法作业五个百分百。2017年4月28日—12月31日，塘沽海洋高新区持续开展了扬尘治理专项检查工作，采取不发通知、不打招呼、不听汇报、不用陪同和接待的检查方式，共计出动检查人员57人次，发放并填写《天津市建设工程施工扬尘专项治理执法检查表》19份。

【开展冬季施工专项检查】 2017年11月29日—12月4日，对辖区范围内在施工地进行了冬季安全专项检查，主要检查了在施的滨海站东南地块市政配套道路一期工程、明发广场34-1#地块和明发广场34-4#地块三个项目。检查内容主要包括危险性较大分部分项工程、专项施工方案、安全技术交底、班前隐患排查、脚手架、基坑、模板工程、安全防护、施工用电、消防安全以及文明施工，对检查中发现的隐患下发了整改通知单并要求限时整改回复。

【更加高效地为企业做好审批服务】 2017年，为企业办理施工许可证审批5项，新建住宅商品房准许交付使用证1项，结合民用建筑修建防空地下室意见书3项，结合民用建筑修建防空地下室审批表4项。

天津东疆保税港区

【概况】 天津东疆保税港区位于天津港东北部，北临永定新河口，南临天津港主航道，西临规划反"F"航道，东临渤海湾海域，为浅海滩涂人工造陆形成的三面环海半岛式港区。东疆港区南北长约10千米，东西宽3千米，总面积约30平方千米。按照规划，东疆港区分为码头作业区、物流加工区和综合配套服务区三大区域。码头作业区，建成6个10万吨级保税集装箱泊位、2个10万吨级和2个4万吨级散货泊位、4个客轮泊位；物流加工区，建成79.9万平方米标准厂库房、9万平方米低温冷库、7万平方米恒温恒湿库；综合配套服务区，建成国际邮轮母港、游艇码头、国际商品展销中心、国家4A级东疆湾沙滩景区以及一批写字楼和住宅。

2017年东疆保税港区在建项目27个。其中，市政基础设施配套项目14个、工业仓储项目9个、房屋建筑工程项目2项、公共建筑项目2个。

【基础设施建设及投资】 2017年，东疆保税港区共实施市政基础设施建设14项，总投资约6亿元，主要包括澳洲北路、伊犁路、青海路、新港八号路、宁夏道和太原道等项目。工程类型主要包括市政道路工程、管网工程、道路绿化工程、道路监控工程和泵站等。

【建筑业及建筑市场】 2017年，完

成建设工程质量监督登记12项，安全施工措施备案12项，监督建设工程阶段验收近30次。2017年共完成专业分包合同备案登记10份。对专业承包单位、劳务分包单位资质及相关人员证书加强监管，督促落实安全生产和农民工工资责任。2017年有一项建设工程"高支模"重大风险因素，已完成重大危险因素的施工并完成销号手续。2017年完成特种设备登记备案5台，包含4台塔吊1台物料提升机，与天津市质安监管总队对接，设置东疆建设工程特种设备信息平台账户及时填报相关信息。统计东疆保税港区建筑业企业信息，建筑业企业共11个。其中，一级建造师27人，二级建造师16人，中级职称以上117人。

【重点工程项目情况介绍】 1. 华锐全日冷链运营中心。建设单位华锐全日物流股份有限公司于2016年获得商务部"农产品冷链流通标准化试点企业"称号，公司现址位于东疆保税港区重庆道966号，建设有冷链运营中心和国际农产品交易中心两个主体建筑，设置自动化高架立体库、多层多温区仓库、跨境商品体验馆、花卉等植物类检验检疫隔离温室等多项物流服务设施，功能多元完善。依托东疆保税港区的优势，华锐全日冷链运营中心可提供口岸贸易便利化的全方位冷链服务。

2. 中外运天津东疆保税港区物流中心。建设单位中国外运天津有限公司是中国外运股份有限公司设立在天津地区的子公司，是天津口岸进出口货运代理的主渠道，是中外运在天津区域内的综合物流主体。中外运天津东疆保税港区物流中心的建设符合东疆保税港区未来发展战略要求，为东疆物流业发展注入强大动力。项目投资1.4亿元，总占地面积约2.93万平方米。

华锐全日冷链运营中心

第十六篇 区级建设工作

中外运天津东疆保税港区物流中心

3. 天津东疆保税港区集装箱堆场业务用房工程。建设地点位于规划的码头装卸仓储功能区内,建设符合东疆保税港区的产业导向,符合东疆港区的整体规划。天津东疆保税港区集装箱堆场业务用房工程建成后将进一步完善集装箱堆场内业务相关配套设施,有效解决区内9号堆场及11号堆场工作人员工作和生活设施严重不足的问题,为现场工作人员有效、高速开展相关业务提供便利条件。

天津东疆保税港区集装箱堆场业务用房工程

天津港东疆港区美洲路新联合查验堆场工程

4. 天津港东疆港区美洲路新联合查验堆场工程。建成后能够简化通关手续,提高通关效率,促进港区贸易,降低企业运行成本。项目占地面积5.45万平方米,配套建筑物1.28万平方米。其中,查验库8200平方米,生产服务中心3800平方米,堆场道路作业区3.47万平方米。

5. 贻海观澜新苑项目。贻海观澜新苑项目位于东疆保税港区观澜路以东,贺兰道以北,占地面积约15万平方米,总建筑面积约17万平方米。贻海观澜新苑项目共分为三期建设,一期占地面积5.32万平方米,由3栋商业、28栋低密度住宅组成。

贻海观澜新苑项目

6. 京能·海语城项目一期。京能·海语城项目位于东疆保税港区北京道599号，一期建筑面积约11万平方米，由天津海航东海岸发展有限公司投资建设。

7. 中创物流东疆堆场项目（一期）。中创物流东疆堆场项目位于东疆港区物流仓储区，由中创物流（天津）有限公司投资建设，项目总投资约8000万元，用地面积约4万平方米，设计年吞吐货物量约30万吨，年操作集装箱数量约为5000标准箱。

【城建信息化建设与管理】 全面落实建设项目扬尘治理措施、非道路移动机械和环保督察相关问题的整改措施。所有在建项目在施工许可证之前落实扬尘检测系统、视频监控系统的安装工作，督促建设单位、施工单位和监理单位落实扬尘治理主体责任。

京能·海语城项目一期

【房地产市场及行业管理】 2017年，东疆保税港区商品住宅销售面积共11.01万平方米，加大房地产市场整治力度，对违规销售、违规交房和未实施明码标价等行为进行重点整治,依法严肃查处违法违规行为，公开通报不正当经营行为。

【建设工程质量安全】 2017年，对27个项目展开质量安全等方面监督检查。重点抽查工程实体质量、特种机械设备维护保养、现场安全文明施工情况，查阅相关工程内业资料等。下发隐患整改通知书77份，出动检查131人次，收到整改回复单77份，发现施工现场违法违规行为合计215个，均已完成整改。下发责令暂停施工通知书10份,出动检查20人次，发现施工现场违法违规行为合计38个，收到整改回复单10份，经过复工检查合格后均允许复工。

【建设领域行政处罚】 2017年，共计进行建设领域行政处罚3次，处罚7.5万元。处罚原因分别为裸露土地苫盖不全、围挡设置不到位、未经阶段验收擅自进行下序施工。

【建设领域行政审批】 2017年，共计核发建设工程施工许可证17件，办理竣工验收备案9件，办理农民工工伤保险项目17个，保证所有在建项目均落实工伤保险制度,共计缴存工伤保险金额50.9万元。完成建筑业资质初审工作，共完成10家企业建筑业资质资格的审查，10家企业86人次人员入库。

中新天津生态城

【概况】中新天津生态城建设局是中新天津生态城管委会管理城乡建设的职

能部门，是全区城乡建设管理的机构。内设综合科、规划科、建设科、土地科、物业科、配套科、房地产管理科、建管中心和不动产登记中心9个部门。

1. 党建强局，服务为本。以党建强局为核心理念，持续深入学习贯彻习近平同志系列重要讲话精神，推动全面从严治党向基层延伸，巩固"两学一做"学习教育活动成果，集中学习党的十九大精神，全面推进党支部的思想、组织、作风、制度和反腐倡廉建设。2017年，共召开支部党员大会15次、支委会11次、党小组会49次、党日活动8次和党课4次，形成对照材料、心得体会120余篇。

通过对企业、居民的服务，以及双万双服等活动，帮助企业居民解决了问题，也增强了自身业务能力。在双万双服活动中，中新天津生态城建设局2017年累计召开各类专题服务会70余次，累计为企业解决问题80余项。

2. 规划统领，精细设计。着力发挥规划统筹引领作用，基本完成总体规划修编和中部片区城市设计，启动产业规划以及临海新城城市设计与旅游规划的编制工作，为区域近期开发建设提供保障。全力开展弹性规划及"白地"专题研究，完成生态城绿色建筑评价对标和运营导则编制，建立海绵城市规划及资金等管理制度，区域绿色建筑体系初显示范引领效应，海绵城市建设已见成效。

完成43#加油站、亿利商业地块、北部十二年制学校和临海新城综合场站等11项控规调整工作，确保了项目落位。启动生态城对外交通通道、水系连通规划研究工作，力争通行顺畅，营造优美环境。开展了中福、中加幼儿园和碧桂园小学等11个学校的建筑和装修设计工作，保证了教育设施的高品质高起点。推动图书档案馆、信息大厦装修、印象海堤以及中新友好公园等23个公建和景观项目的设计工作，力求精细设计，留下精致作品。

3. 保量控价，闲置突破。全力保证土地供应，2017年共完成10宗土地出让，出让总面积32.75万平方米，土地出让金共计19亿。其中，住宅5宗，出让面积为19.53万平方米；商业3宗，出让面积8.46万平方米；工业2宗，出让面积4.76万平方米。

闲置土地处置工作取得积极突破，泰达1.54地块、泰达5115地块、泰达5.57地块以及渔港公司地块等长期未能解决的问题均有阶段性进展，累计处置闲置土地面积约160万平方米，为今后招商项目落位，争取到了更多资源与选择。

积极推进军用土地置换工作，就军威养殖场和八一盐场两宗军队土地置换事宜，与军委机关事务管理总局和天津警备区达成一致意见，将上述两宗军队土地置换到滨旅控股公司征收的汉盐地块内。

4. 力保固定投资，完善配套。在配合做好创卫环整和大气防治的同时，全力推进项目建设，确保建设计划指标落实。2017年，新开工项目147个，竣工87个。截至9月底，完成固定资产投资258.1亿元。中新友好花园、1B高中和中加示范区等一批大项目全面开工，十二年制学校、东堤公园和印象海堤公园等项目竣工投用。

2017年，在建项目共计840万平方米，包括产业项目143万平方米、公建项目75万平方米和住宅项目622万平方米；竣工建筑面积64万平方米，新开工240万平方米。各项配套工程，加速推进。2017年完成道路13千米，在建道路30千米；完成绿化52万平方米，在施绿化324万平方米；完成各类管线78千米，在建各类管线120千米；投用场站3个，在建场站4个。竣工投用4个学校，新开工4个学校。

5. 质量安全，加强监管。坚持绿色施工标准，全面贯彻落实"六个百分百"的要求，严格按照创卫达标要求治理工地及周边环境。注重质量安全的精细化管理，专门组织专业化队伍进行巡查，确保频率。落实电子辅助开评标系统的使用，提高招投标监管质量和效率。

2017年，办理质量监督登记/安全措施备案135项次，监督交底135项次，办理竣工验收备案86项次。开展监督检查563项次，发现质量隐患534项、安全隐患1333项、文明施工隐患411项，下发整改通知书701份、停工通知书131份，区内工程质量和施工安全形势稳定。中新天津生态城医院荣获建筑奖项的最高荣誉中国建设工程鲁班奖（国家优质工程），双威住宅荣获天津市建设工程质量安全文明施工观摩工地，华强酒店项目被推荐为国务院安委会安全生产督查迎检点位。

开展环境整治全区专题部署会6次，开展监督巡查457次，下发整改单294份，完成整改1022项次，各项目累计完成创卫围挡更换3281块，约29529延米，创卫标语293条，创卫贴画、宣传栏等504块。

截至2017年9月底，完成建设工程项目发包504项，比2016年同期增长6.78%，累计发包金额总计78.50亿元，国有企业中标比例为54.71%；发布招标公告387项，累计开标377个；完成合同备案581项，比2016年同期增长8.4%，累计合同备案金额75.01亿元。

6. 物业创新，机制落实。2017年8月正式颁布实施《中新天津生态城住宅物业管理规定》，为全面加快政策落地，推动物业管理服务再上新水平，制定多项措施。推动成立物业管理委员会，落实部门联动协调和督办问责工作机制，"五大员"进社区。出台《中新天津生态城房屋修缮办法（暂行）》，并启动了和畅园试点项目。编制完成《中新天津生态城住宅物业考核办法（暂行）》，启动以业主满意度为核心的，奖励到企业、激励到个人的考核机制。实行季度+年度的"4+1"考核模式，调动企业积极性、居民参与性。启动生态城房屋物业数据平台搭建工作，实现一个系统管小区，便民、高效、快捷、智能和数据共享。启动小区大门智能化，实现人车分离、智能管控。物业管理创新取得突破，为区域社区和物业管理的良好发展打下了坚实基础。

7. 维稳当先，百姓为重。维稳工作是中新天津生态城建设局日常工作中非常重要的一个方面。随着入住小区增多以及在建项目的增加，生态城的投诉量逐步增多，协调难度也日益加大。居民对质量、防水、物业、供暖、通讯、出行等方面的投诉以及业主交房、农民工工资、企业合同等方面的纠纷日趋复杂。为保持稳定，维护居民和企业利益，中新天津生态城建设局以百姓为中心，主动靠前，勇于担当。设置专人，明确流程，建立台账，积极稳妥处置各类上访和投诉事件，取得了较好的社会认可，为维护区域稳定贡献力量。2017年，共受理各类投诉上访事件497件，妥善处置492件问题，接待受理农民工投诉141起，涉及农民工约2368人，涉及金额2050.5万元，涉及被投诉施工总包企业、分包企业和房地产项目开发企业共计55家。

【基础设施建设及投资】 中新天津生态城基础设施不断完善。截至2017年底，中新天津生态城累计建成道路212千米，道路面积382万平方米；供水管道210千米；排水管道665千米；供热管道181千米；供气管道165千米；通信管道1530千米。年内基础设施投资47.0亿元，占全年固定投资的18%。

【建筑业及建筑市场】 2017年，共

计完成发包建设工程项目660项，累计发包金额总计106.76亿元。其中，公开招标394项，中标金额总计87.12亿元；邀请招标52项，中标金额总计18.20亿元；直接发包214项，发包金额总计1.44亿元。国有投资项目总控制价75.08亿元，总中标价68.37亿元，共节约国有资金6.71亿元，资金节约率为8.94%。共计产生中标单位669个，其中国有企业为361个，私有企业为308个，国有企业中标比率为53.96%。发布公告521个，开标431次。合同备案724项，累计合同备案金额113.08亿元。其中，2017年前开标项目合同备案179个，合同备案金额14.25亿元；2017年开标项目合同备案545个，合同金额98.83亿元。

编制和修订了《中新天津生态城建设工程公开招标服务指南》《中新天津生态城建设工程邀请招标服务指南》及《中新天津生态城建设工程直接发包服务指南》等相关规定。

2017年，共计开展建筑市场及劳务用工专项检查31项次，下发建筑市场整改通知书27份、98条问题，建筑市场停工单1张、2条问题。以上问题各相关责任单位均按相关法律法规按时完成了整改。

2017年，按照天津市建委的要求，对分包企业注册地在天津的专业分包合同及劳务分包合同进行备案。通过专业分包合同及劳务分包合同备案工作，及时将不具备相应资质等级或超越相应资质等级承包的分包企业清理出中新天津生态城。截至12月31日共办理分包合同备案35个。

按照天津市人社局、市建委等部门的文件指示，要求所有施工企业必须办理农民工工伤保险，2017年建筑业农民工工伤保险办理完成率达到100%，完成率居天津市首位，得到了天津市人社局和市建委的表扬。

2017年，共办理开设农民工工资预储账户161个。2017年预储账户共预存金额1.28亿元，账户结余共计2.16亿元，支出4659万元。其中，房建项目共预存金额9614万元，工资支付及余额返还共2818万元；市政基础项目共预存金额2400万元，余额返还共1534万元。专业承包项目共预存金额818万元，工资支付及余额返还共280万元。

【重点工程项目情况介绍】 2017年，中新天津生态城全力推进项目建设，确保建设计划指标落实。2017年新开工项目147个，竣工87个。中新友好景观工程、8a地块商业、瑞龙时尚广场、第二生活中心、32地块社区中心、1B高中、中加示范区、32地块住宅和29#地块住宅等一批大项目全面开工。公屋二期、图书档案馆、吉宝季景新城、新源中心工业游、华强酒店、新智中心、18a地块住宅、25地块住宅、南湾绿化景观项目、甘露溪、中部片区生态谷继续推进；29#地块小学幼儿园、十二年制学校、东堤公园和印象海堤公园等项目竣工投用。

1. 中新友好景观工程。中新友好景观工程位于中新天津生态城中部片区，北至故道河，西至故道河，南至城市主中心，东至中新大道和甘露溪公园，占地面积约41.7万平方米，总投资56424万元。中新友好公园是中国和新加坡通力合作的体现，同时将很多看似对立的元素放入公园内，力图创造一个多样化又新颖迷人的共同空间。

2. 中部片区生态谷。中部片区生态谷南起惠风溪，北至中新大道。南北长约1233米，东西宽50米~80米，占地面积约8.07万平方米，总投资14493万元。中部片区生态谷是以"汇聚·生态谷"为设计理念，汇聚生物、生活、艺术，形成自然生态、人文生态、艺术生态的谷状空间，以世界和平、生命健康、艺术生活、自然和谐四大区域，串联成生态城中部片区高品质绿廊。中部片区生态谷在空间上采用微地形搭构景观骨架，贯穿首尾的健身步道形成主脉络，搭配形式不一的广场铺装，给人们营造交流、休憩、观赏和健身的空间。在海绵城市建设方面，大胆运用雨水花园、下凹式绿地、（传输型）植草沟等海绵设施，形成雨水及地表水的收集、回收和再利用。在植物布置上，因地制宜，选取了国槐、桑树、山桃、海棠、迎春和地被菊等适生品种，运用乔、灌、草的合理搭配，形成"三季有花、四季有景"的景观效果。

3. 甘露溪景观项目。甘露溪景观项目位于中新天津生态城中部片区，地处中新大道以东，华五路以北，中央大道以西，信息产业园一街以南，东西长约750米，南北宽约130米，占地面积约9.8万平方米。甘露溪景观项目是中新天津生态城一座以海绵城市为设计理念的现代城市公园，既是中新天津生态城的一条绿色生态廊道，也是重要的居民休闲场所。公园在整体规划设计上采用渗、滞、蓄、净、用、排等措施，并结合地形塑造及水体建造等设计手法，充分展现了海绵城市的设计思想，有效地实现了雨水的就地消纳和利用。实现自然积存、自然渗透和自然净化的设计理念，有利于修复生态城水生态、涵养水资源，增强城市防涝能力，提高新型城镇化质量，促进人与自然和谐发展。公园在园路、广场等铺装面层的设计上使用了透水砖、透水混凝土和透水沥青混凝土等多种透水材料，达到雨水渗透、净化及收集的功能。通过与中间低，四周高的整体地形走势相结合，将雨水引入景观水系，实现公园大部分区域雨水经过植物缓冲带及湿生植物区，起到净化作用，满足径流污染控制要求。在公园景观水系的低点设置了溢水口，通向生态城故道河，使汛期多余雨水排入生态城故道的大水系中，确保公园整体排水要求。为了保证水体本身的流动性和水体净化功能，水系中还设计了多处内循环系统并在水系上游设计了层层叠水的湿地净化区，使景观水体在实现循环流动的同时实现自然净化。景观水系收集到的雨水同时作为绿地浇灌用水加以利用，水系平时补充水以再生水作为水源，从而全方位实现公园内雨水的排放、收集、净化、再利用和再生水使用等要求。

甘露溪景观项目

4. 南湾滨水景观区。南湾滨水景观区位于生态城临海新城范围内,水域面积281万平方米,岸线总长度13千米,其中海博馆区段水域面积66万平方米,东西长2.1千米,南北宽约400米~600米。

南湾滨水景观区以"好奇海,乐趣湾"为理念,采用主题公园的设计手法,利用河道开挖的淤泥堆山造岛,塑造起伏的地形地貌。通过人工岛礁的设计,形成曲折变化的滨水岸线,创造了不同主题的人工海湾。同时,以国家海洋博物馆为核心,穿插设置了海洋风格的特色商业岛、人工沙滩、雨水花园、海浪步道、高台广场、海湾花园和水母塔等要素,营造滨水特色景观,形成生态城的重要开放空间和景观节点,有利于天津市民进一步享受海洋资源、体验海洋文化。

5. 东堤公园。东堤公园是生态城滨海步道项目的东部滨海段落,南边界为海旭道,承接南堤滨海步道观澜角,北边界为海月道,与妈祖文化园相接,西至东堤路,东临大海,岸线长约3.1千米,腹地宽度80米~150米,占地约35万平方米。东堤公园由南向北,渐次体现"自然—人—信仰"的主题理念,利用现代滨海景观媒介,呈现从海洋自然风貌,到人海关系,再到航海文化的设计主题。依次设置自然历史海岸、娱乐休闲海岸、生态科技海岸和航海文化海岸,形成多样风貌组团,各组团再发展为五大特色主题节点和三处小型功能节点,丰富使用,加强主题构建。

6. 印象海堤公园。印象海堤公园位于中新天津生态城西南,中央大道东侧,处于生态城整个区域的中央景观界面,项目总面积19万平方米,其中水域面积12.5万平方米,陆域面积6.5万平方米。按照海堤沿线景观带的设计方案,中新天津生态城将打造"印象海堤"主题景观线路。方案将海堤沿线景观带划分成4个段落,由北向南依次为专业缓冲段落、水鸟乐园段落、郊游野趣段落和城市公园段落,从生态观鸟功能逐步过渡到城市公园功能。印象海堤公园属于城市公园段落的最北部区域。

印象海堤公园遵循海堤沿线景观带的设计原则,以生态基底复育为根本,同时根据后方用地功能与自身资源禀赋,对应融入文化传承与参与空间。公园后方为已建成的碧桂园居住区和天成酒店,景观和功能设计以营造生态基底和服务后方用地为主要出发点。设计中以活动空间及雨水花园共同形成社区口袋公园。利用海博道路口及北侧腹地,形成段落景观和功能型入口节点空间;玉林道节点以局部打开方式,设置亲水平台,上置主题艺术小品,同时兼具景观家具功能;其余段落为以自然场地和雨水花园为特色基底的功能型口袋公园。海博道节点:为区域的入口和综合功能型节点。结合海博道路口形成海螺造型的路口景观,此段落利用海博道北侧腹地形成功能空间。提升道路绿化,入口设置服务驿站,休闲空间,文化墙展示海洋元素和海洋文化。前方为观水平台及亲水台阶,满足最佳观水视角和亲水体验。玉林道节点:路侧设停车场,端点与周边共同形成休闲场地,延伸的观景平台探于水中,轴线焦点处为主题标志,也是创意型景观家具。口袋公园区域:特色口袋公园置于绿意之中,以不同功能服务于各年龄的居民。利用现状草沟梳理形成雨水花园的自然基底环境,以参与性场地结合雕塑小品,增加文化内涵和互动科普功能。主要包括文化展示园、康体乐园、创意雕塑小品展示园、雨水花园、生态草沟以及贯穿的休闲步道和滨水堤顶路。口

印象海堤公园

袋公园区域注重横纵联系，横向路径串联游戏健身和文化展示等功能节点，纵向注重与后方用地及前方海堤的连接。印象海堤公园种植上运用更为丰富的园林植物，营造亲切精致的生活配套园景，现状植被以耐盐碱的植物为主。结合景观设计，选用水湿两用且具有一定净化水体作用的植物品种分层级种植，营造湿地。水岸营造特色主体林，为周边居民营造良好的亲水空间。

7. 印象海堤二期景观。印象海堤二期景观工程位于中新天津生态城西南方，中央大道东侧，处于生态城整个区域的中央景观界面，是一期景观工程的衍生景观项目。印象海堤二期景观工程东侧为海滨高速公路界面，西侧紧邻贝壳堤公园，是休闲型景观与自然型景观的过渡与衔接。工程总面积为39.7万平方米，其中海堤东侧水域面积为34万平方米，海堤西侧陆地面积为5.7万平方米。

印象海堤划分为沼泽湿地段落（永定新河河口段落）、海堤公园段落（社区公园段落）、贝壳堤核心保护区（海洋文化主题区）和遗鸥公园区4个景观段落。印象海堤二期景观工程位于第三景观段上，根据现状和环境需求定位为海洋文化和自然保护区景观段落，项目属性为生态湿地。印象海堤二期景观工程延续了海堤沿线景观带的设计原则，以保护海洋文化为出发点，同时根据现有的大面积湿地资源，对应融入文化传承与参与空间，衔接周边地区景观，衍生新的海洋文化保护景观。印象海堤二期景观工程利用海堤的路线引导功能串联城市公园段与遗鸥公园保护区，形成人为活动参与到限制性活动的过渡。同时，以湿地保护复育为前提，利用古贝壳堤和贝壳堤湿地公园开展科普探索、鸟类观测等互动科普活动。文化上以防潮堤为载体，着重体现海洋文化，作为自然结合历史的文化工程节点，并设置水上活动港湾及亲水空间。印象海堤二期景观工程在布局形式方面充分结合贝壳堤湿地公园及遗鸥公园鸟类保护概念采用由南向北从人文文化到自然文化逐渐过渡的布局形式，依次展开景观节点的布置。印象海堤二期景观工程在交通组织方面设计结合现状条件在南侧设计一条由园路、栈道和平台三个板块共同组合而成的体验性游览路线，北侧在稍做整理后尽量保持原有自然生态面貌，以此来体现海洋文化及保护，以便候鸟留栖与行人远眺，尽力去营造生态湿地景观效果，与周围环境融合到一起。印象海堤二期景观工程在功能分区方面结合区位特点，规划用地性质，人流活动密集程度，功能特点，沿海堤区域设置不同功能的休闲活动区。主要包括人文休闲区、海堤文化体验区、贝壳文化展现区和海洋文化缓冲区四个大块。每个版块在景观上依据自己的主题引导植物和小品的布置，全面围绕主题思想开展景观设计。

8.29#地块小学幼儿园。29#地块小学幼儿园工程位于中新天津生态城29#地块，比邻中新大道和新二街，总建筑面积3.03万平方米，占地2.4万平方米。小学地上建筑面积1.50万平方米、地下建筑面积0.44万平方米，幼儿园地上建筑面积0.47万平方米、地下建筑面积200平方米，总投资26000万元。小学为6轨制义务小学，36个班，幼儿园12个班。

29#地块小学幼儿园工程建设工期为2015年1月19日—6月21日，荣获天津市市级观摩工地、天津市结构海河杯、天津市金奖海河杯以及中新天津生态城海绵城市试点工程。29#地块小学幼儿园工程建成解决了中新天津生态城中部片区小学和幼儿园的就近入学问题，缓解了就学压力。

印象海堤二期景观

29#地块小学幼儿园

9. 十二年制学校。十二年制学校工程位于旅游区域临海新城范围内，东至明盛路，西至富盛路，南至新昌道，北至川博道，总建筑面积5.84万平方米，占地面积5.74万平方米，总投资55000万元。

十二年制学校

十二年制学校设计了富有创造力的活动空间：具有亲和力的入口、共享活动大厅、屋顶农场和丰富多变的创造空间代替了原来的传统教室、学习工作室、学习小组和小的学习群落，建立多维度的学校空间；学校采用了地源热泵及太阳能等节能系统，同时在基础施工过程中引入隔震支座等一系列新型技术；采用地采暖供冷供热的同时在新风系统中加入空气净化系统；为教职工及学生提供安全舒适的教育教学活动场所。

10. 32#地块社区中心。32#地块社区中心位于中新天津生态城32#地块内，西北侧毗邻城市主干道中天大道，西南侧为华一路，东北侧为公园用地，东南侧紧邻幼儿园；基地规划用地总面积为1.5万平方米；本工程地上建筑面积约为1.5万平方米，地下建筑面积约为1万平方米，建筑主体三层，局部两层、四层；地下一层，建筑屋顶高约17米，总投资14000万元。

32#地块社区中心地下一层，地上商业主体部分三层、公园退台侧局部两层，公益楼四层。地下一层主要作为机动车和非机动停车使用，并配置设备用房、库房、垃圾临时存放间以及环卫工人休息室；地上一层包括商业店铺、主力店、居民办事大厅和健康中心；二层包括商业店铺、健康中心和办公室等；三层包括体育活动室、阅览室以及办公室等；四层包括阅览室、体育活动室以及办公室。

32#地块社区中心西北侧为城市主干道并与城市慢行系统相连，西南侧为华一路，东北侧为公园用地，建筑沿着城市道路布置并在十字路口自然形成广场，并在慢行系统处形成与公园相接的开口；自然将公益部分和商业部分分为两部分，空间和功能自然分区；公园侧沿着公园用地设计成退台，最大限度地为公园营造友好的空间关系；同时通过内街将公园侧组团和道路侧组团建筑相连，并通过连廊将各组团建筑与退台联系在一起，既保证沿着城市道路的城市形象，又营造了公园侧友好的空间关系，丰富的内街与退台空间，创造出方便人驻足、交谈和休息的场所。

11. 图书档案馆。图书档案馆位于生态城中部片区47#地块、04-02-05细胞内，用地东、北至蓟运河故道，南至规划混合用地，西至中泰大道。图书档案馆项目占地面积3.49万平方米，建筑面积6.7万平方米，总投资67328万元，包含图书馆、档案馆及其配套设施，图书档案馆地上五层，总高度35米。

图书馆和档案馆内部共享大厅，层层通高扩展，大空间尽显；大跨度钢桁架结构体系；第五立面幕墙设计，鸟瞰建筑效果浑然一体。设计图书馆藏容量150万册（件），档案馆藏容量100万卷（件）。馆内除了设有文献阅览区、档案查询区和办公区域，还设有新加坡主题区（包括新加坡主题馆和生态儿童馆）、爱国主义教育基地等特色功能区和展厅、休闲娱乐等相关配套设施。

图书档案馆项目是目前中新天津生态城最大的公建项目，图书档案馆的建设对于完善生态城配套设施，有着极其重要的作用，建成后将成为综合性、多功能、多载体、国际化和智能化的大型城市公共图书档案馆。图书档案馆项目对提升生态城城市的品格和魅力，满足生态城市民的文化娱乐需求意义重大。

图书档案馆

12. 新源中心工业游项目。新源中心工业游项目在华强南侧停车场地块、水处理中心地块和静湖内建设一座总建筑面积1.09万平方米,长1107米的架空式钢结构长廊。建成后将成为一条连接华强与亿利的旅游链,起到承上启下的作用。在对公众开放的过程中,进行水处理知识的科普与教育,唤醒公众对水资源的保护理念,同时从科普水资源、绿色生态的角度进行展示。

新源中心工业游项目

13. 公屋二期。公屋二期项目位于生态城南部片区15号地块，用地面积约6.63万平方米，建筑面积约12.7万平方米，项目投资估算约88900万元。

中新天津生态城在公屋二期项目选取4号楼和5号楼作为被动房研究试点，由中国建筑科学研究院、巴斯夫公司和德国被动房研究所进行合作，严格按照德国被动房标准进行建设。公屋二期项目有助于变革传统的市政供热方式，减少区域二氧化碳和烟尘排放。公屋二期项目被动房2栋，建筑形式为16层剪力墙结构高层住宅，建筑面积1.35万平方米，户数103户。共5种户型，4号楼为90平方米、100平方米和180平方米三种户型，5号楼为101平方米和120平方米两种户型。被动房项目已获得德国被动房研究所（PHI）颁发的被动房预认证证书和中国被动房联盟颁发的中国被动式超低能耗建筑认证，将建成为世界第一个获得德国被动房研究所认证的高层住宅项目。被动房应用的核心技术及技术体系主要有外墙保温、外窗、活动外遮阳、新风系统、空调系统和厨房补风系统。外墙保温：外墙保温材料采用石墨聚苯板，施工方式为单层施工，锚钉均采用专业断热桥锚钉。首层、二层及防火隔离带采用岩棉。屋面保温材料采用聚氨酯喷涂，保温厚度均为240毫米，外墙传热系数0.15瓦/平方米·开（天津四步节能标准，住宅为0.45瓦/平方米·开）。外窗：采用通过德国PHI认证的铝包木窗。玻璃为三玻两腔5+12Ar+5+12Ar+5双银Low-E充氩气玻璃。传热系数≤0.8瓦/平方米·开（天津四步节能标准住宅为1.8瓦/平方米·开）。活动外遮阳：项目东、南、西向外窗均采用电动铝合金金属卷帘外遮阳技术，夏季降低太阳辐射的同时又不影响冬季日照。铝合金金属卷帘外遮阳强度较高，满足了高层建筑的抗风压要求。新风系统：采用具有高效湿回收功能的全热交换新风系统。热交换效率84%，湿交换效率55%。同时，设置高效防霾空气净化装置，新风过滤等级为F9级。空调系统：项目冷、热负荷较小，一台空调室内机即可满足全户制冷采暖需求，采用一拖一风管机空调形式。空调与新风采用一套风管送、回风。厨房补风系统：设置补风系统在抽油烟机启动时补入空气以保证抽油烟机能正常排风。补风口设置气密电动风阀，风阀与抽油烟机进行联动。

【城建信息化建设与管理】 1. 综合业务平台。随着生态城行政区域从30平方千米扩大到150平方千米和管理职能的增加，相关业务办理流程发生变化，业务量也增长巨大，原有自主开发的信息系统已经不能满足当前的管理需求。同时，天津市滨海新区垂直管理信息系统在生态城本地没有保留信息，相关的资料查询、数据统计等基本工作无法进行，分散在各部门的信息系统没有从整体上考虑中新天津生态城建设审批业务，造成了信息不通连，业务审批效率低下，管理难度大，造成工作不便。

2017年，中新天津生态城建设局开展实施建设局综合业务管理平台项目建设。综合业务管理平台的具体工作内容包括利用先进的信息化技术、GIS技术和移动技术，实现建设局业务窗口系统、建设局业务审批系统、建设局办公管理系统、建设局督查督办系统、建设局移动审批系统、建设局业务数据服务、基础地图数据接入、建设局专题数据整理和地理信息系统开发。综合业务管理平台能够将中新天津生态城建设局的审批业务从整体上串联起来，实现审批信息的关联和共享，能够将所有业务资料长期保存下来，为生态城智慧城市提供关键的空间数据支撑。综合业务管理平台能够提高工作效率，提升精细化管理水平，提升服务水平。

2. 建筑工地监管数字化。研发中新天津生态城建设工程动态监管平台。在借鉴国内外信息化建设先进经验的基础上，构筑一体化建设工程管理信息系统，有效利用数字信息技术，提高城区数字建设的规范性，立足中新天津生态城建设工程管理现实需求和长远发展。规划建设管理平台的使用，将大力推进建设工程服务监督信息化建设和管理的发展，以管理信息化带动服务监督规范化和决策科学化，提高服务监管工作质量，增强建筑活动的透明性，为政府部门和社会公众提供互动平台。系统目前服务于中新天津生态城全城区150平方千米，服务对象为中新天津生态城建设管理中心以及全国范围的规划建设单位、代理单位和施工单位等2303家企业单位。系统包含入区管理、招投标管理、质量安全监督管理、施工动态执法、信用评价、内部综合管理、辅助决策分析和领导桌面8个子系统109个功能模块。将帮助中新天津生态城实现建设项目招投标管理、建设施工质量安全监督的周期一体化控制，为中新天津生态城建设管理中心实现自动化办公、对建设工程项目全生命周期进行监管以及对建设相关企业进行信用评价。

全面落实建筑工程安装施工扬尘在线监测和视频监控。为配合滨海新区创建全国卫生城区工作，加大施工扬尘治理力度，在加强日常巡查管控的基础上，要求各建筑工地全面落实视频监控、施工扬尘在线数据监测，各建筑工地开工前，均需在最高点、出入口等关键部位安装视频监控摄像头，并配备扬尘数据监测仪，实现建筑工地施工扬尘实时监测，一旦监控数值报警，监督执法人员可通过手机扬尘检测软件及时发现，迅速督促施工项目及时采取降尘措施，严格落实施工扬尘治理6个100%措施。

【房地产市场及行业管理】 1. 房屋销售。2017年，中新天津生态城房地产市场进入平稳期，区域认可度较高，市场需求不断向改善型发展且需求表现较强，供应方面不断促上市，市场整体呈现价格平稳、销售周期延长的态势，表明区域市场逐渐趋向供需平衡。截至目前，区域累计上市商品住宅505.27万平方米（44603套），销售469.64万平方米（41597套），成交均价10868元/平方米，完成销售93.26%，待售房源35.63万平方米（3006套）；交付入住37个项目，累计入住18906户，入住率62.10%，入住人口约5.29万人。其中，2017年1月—12月销售住宅6285套，同比下降45.23%；成交均价15562元/平方米，同比上浮40.25%。2017年12月当月销售住宅1098套，同比上浮42.41%，环比上浮59.13%；成交均价14683元/平方米，同比上涨4.50%，环比下降11.70%。二手房方面，2017年1月—12月，二手房成交504套，成交均价19771元/平方米；12月当月成交45套，环比上浮10.00%，成交均价19225元/平方米，环比下降5.21%。

2017年3月31日，天津市政府发布《天津市人民政府办公厅关于进一步深化我市房地产市场调控工作的实施意见》以来，区域市场呈现明显变化。供需方面，市场需求在一定程度上受政策限制，但中新天津生态城近年来致力于区域发展、环境保护和配套建设，整体竞争力显著提升，市场认可度明显提高，加之区域积极促进上市，2017年1月—10月上市供应占滨海新区的35%。市场需求得到一定程度的释放，供需逐渐趋向平衡。销售方面，生态城约占滨海新区总成交量的40%，成为滨海楼市主力板块。价格方面，合作区成为继开发区后，滨海新区均价排名第二名，体现了较强的竞争实力。管理区价格也有不同程度的抬升，表明区域吸引力不断增加，基本奠定滨海新区各功能区价格分布格局。存量方面，受调控政策影响，市场需求收缩，部分项目销售周期拉长，但中新天津生态城仍然保持滨海新区范围内去存周期最短。

2. 现场查勘。完成19个商品房项目、256个楼座、累计86批次销售许可现场查勘。完成3个商品房项目、41个楼座、累计26宗监管资金拨付现场查勘。

3. 房屋修缮。落实《中新天津生态城房屋修缮管理办法（暂行）》。完成入住小区2018年全年修缮内容摸底工作，在启动和畅园试点项目的基础上，初步计划对世茂、景杉园、天和园、宝龙城、荣馨园和红树湾等8个小区进行小区智慧大门提升改造工作。

4. 物业管理。启动房屋物业平台搭建工作。中新天津生态城物业平台，将肩负整合底层数据资源、智能社区提升以及工作流程再造的任务。

5. 保障住房。截至2017年底，生态城共建成4个保障性住房项目，建筑面积27.36万平方米，建成房屋4056套，可解决3万人次住房需求。同时，继续积极推进公屋二期项目建设，已完成主体施工和室内精装施工，项目建筑面积7.2万平方米，共计6栋620套，销售128套。

6. 被动房研究。中新天津生态城被动房已完成施工图设计、施工图审查、方案及规划报审工作，并取得德国被动房研究所（PHI）颁发的被动房预认证证书和中国被动式超低能耗建筑认证，项目于2017年6月正式开工建设，已完成主体结构二层施工。

【建科技与技能】 1. 严格完成建筑节能技术资料收集工作。2017年，中新天津生态城完成建筑节能技术资料备案277项，备案合格率100%；通过备案系统，每季度向市墙改节能中心报送在建工程施工进度；已通过备案管理系统填报要求企业填报《天津市建筑竣工情况表》。

2. 进一步提升绿色建筑品质。截至2017年，中新天津生态城已建建筑工程项目和在建建筑工程项目205个，建筑面积1200万平方米，全部通过了区内绿色建筑审查。目前，已完成79个项目的国家绿色建筑设计标识认证工作，其中45个项目获得三星级标准认证，28个项目获得二星级标准认证。

3. 加速建筑产业现代化进程。通过2015年招商引资，国绿空间模块装备有限公司成功落户中新天津生态城。该项目引进美国成熟的集成式模块建筑设计、制造和安装体系，计划2018年投入使用。为实现模块建筑技术的本土化，中新天津生态城下一步着手与美国国绿空间模块装备有限公司、天津住宅集团联合制定建筑产业化设计、施工和验收等标准及相关激励政策。

4. 推动新建建筑能效提升。目前，中新天津生态城要求区内所有项目按照《天津市居住建筑节能设计标准》及《天津市公共建筑节能设计标准》执行。如未按规定施工的，下达停工整改通知，重新进行施工图审查合格后，方可进行施工。同时，中新天津生态城为降低建筑能耗，提高用户舒适性，借鉴德国先进经验，选取公屋二期项目作为被动房建设试点，已获得德国被动房预认证。

5. 推进可再生能源建筑应用。截至2017年底，中新天津生态城建成风电装机容量为4.5兆瓦，光伏装机容量13.2兆瓦；太阳能热水应用地上建筑面积408万平方米；地源热泵应用建筑面积86万平方米。已初步形成了以地热能、太阳能和风能为主的可再生能源利用体系。

6. 做好民用建筑能耗统计工作。中新天津生态城积极推进能耗统计平台建设工作，设置专人负责协助配合市建委建立本辖区内建筑存量动态信息子系统，与市级平台进行良好对接。2013年10月，启动中新天津生态城能源管理平台建设工作，项目总投资为480万元。该平台已投入使用，已有27个项目能耗数据上传至能源管理平台。

7. 推进民用建筑用能运营监管。2013年，制定了《天津生态城能耗基准线试行标准》，成为国内首个基于城市节能减排目标的绿色建筑定量化能耗标准。同时，在方案、施工图、验收及后期运行阶段的绿色建筑审查中严格执行《天津市民用建筑能耗监测系统设计标准》，加强对建设项目分项计量的监管，以保证能耗数据与中新天津生态城能源管理平台的对接。

8. 推动建筑垃圾资源化利用。随着中新天津生态城建设速度加快，建筑垃圾呈现剧增趋势。2015年，中新天津生态城已经编制完成了《中新天津生态城建筑垃圾处理方案》，严格对施工总承包单位发放《建筑垃圾排放许可证》。截至2017年，区内建筑工地利用废旧材料对接技术节约木材约3486立方米、钢筋约2377吨，通过回收利用养护水和雨水，节约用水11082吨。

9. 大力推行建设领域绿色供应链的实施。自中新天津生态城获批国家北方地区绿色建筑基地以来，始终贯彻落实基地发展目标，大力推进绿色供应链及上下游产业链发展，先后搭建北方地区绿色建材线上产品库，明确了与建筑性能挂钩的建材产品要求，有效指导区域内绿色建筑采购及施工，保障绿色建筑100%高质量建设目标的实现，并促进上下游产业链有效对接。

10. 加强建筑节能和绿色建筑工程现场检查。为提高能源利用效率，督促建设工程各方责任单位不断增强建筑节能意识，进一步提高区内建筑节能工程总体水平，中新天津生态城建设局于2017年4月和7月组织中新天津生态城在建项目负责人开展了建筑节能和绿色建筑培训工作。9月开展了建筑节能工程质量安全专项检查，检查的重点是项目施工图设计和施工符合相应强制性标准情况、按施工图设计文件施工情况、外墙外保温工程施工条件验收制度落实情况、项目施工图和技术资料备案变更情况、节能产品和技术备案情况、建筑节能禁止使用目录执行情况、项目施工现场预拌混凝土和砂浆情况、强制性标准执行情况、应用节能门窗标识情况和建筑能效测评情况、施工单位进行预拌砂浆施工式法宣传以及培训情况等。检查结果显示区内建设项目责任主体建筑节能管理行为总体较好，实体质量可控，所有项目竣工验收前均进行了能效测评。

11. 完善绿色建材和绿色建筑等方面评价机制。为实现绿色建筑100%的目标，中新天津生态城制定了《中新天津生态城绿色建筑管理暂行规定》《中新天津生态城绿色建筑评价技术规程》《中新天津生态城绿色建筑设计标准》《中新天津生态城绿色施工技术管理规程》《中新天津生态城绿色建筑选用材料和产品目录》

《中新天津生态城绿色建筑运营导则》和《天津生态城能耗基准线试行标准》，覆盖绿色建筑建设全过程管理。

12. 强化建筑节能和绿色建筑信息化管理机制。基于中新天津生态城国际化绿色建筑群建设平台，总结多年建设经验，创新搭建了中新天津生态城绿色建筑全过程O2O管理平台，分别形成区域层面绿色建筑和再生能源利用，项目层面绿色技术、绿色产品和运营数据等多维度大数据中心，为建设监管部门提供管理抓手，为后续项目建设主体提供大数据参考及实施依据。

13. 继续全面推行供热计量。2017—2018年度采暖季对所有供热满两年的25个住宅小区全面实行热计量收费，对比2016—2017年度采暖季新增6个住宅小区，共计19038户，对比2016—2017年度采暖季新增4000户，占总户数的72%；供热计费面积177万平方米，对比2016—2017年度采暖季新增44万平方米，占总面积的65%。

14. 推动装配式建筑项目进度。中新天津生态城32#地块和41#地块住宅项目，自2016开始启动项目建设工作，并已分别于2017年3月和2017年4月开工建设，计划2018年春季进入主体施工阶段。其中，41#地住宅项目16#、17#（方案楼号）住宅楼采用全装配整体式钢筋混凝土剪力墙结构，竖向及水平构件预制。32#地块和41#地块住宅项目剩余住宅楼采用部分装配整体式钢筋混凝土剪力墙结构。

15. 中新天津生态城绿色建筑设计标准。为在中新天津生态城中贯彻执行节约资源和保护环境的技术经济政策，推进可持续发展，规范和指导绿色建筑设计，中新天津生态城建设局、中国建筑科学研究院等单位对《中新天津生态城绿色建筑设计标准》进行了全面修订。天津市建委于2016年10月11日发布了《中新天津生态城绿色建筑设计标准》，并于2017年2月1日开始实施。

16. 中新天津生态城绿色建筑评价标准。为贯彻国家技术经济政策，节约资料，保护环境，规范中新天津生态城绿色建筑评价，促进可持续发展。中新天津生态城建设局、天津城建大学和天津市建筑设计院等单位对《中新天津生态城绿色建筑评价标准》进行了全面修订。天津市建委于2016年11月17日发布了《中新天津生态城绿色建筑评价标准》，并于2017年3月1日开始实施。

17. 中新天津生态城绿色施工技术管理规程。为贯彻落实国家节能减排政策，规范生态城绿色施工活动，中新天津生态城建设局和中国建筑科学研究院等单位对《中新天津生态城绿色施工技术管理规程》进行了全面修订。天津市建委于2016年11月28日发布了《中新天津生态城绿色施工技术管理规程》，并于2017年3月1日开始实施。

18. 中新天津生态城绿色建筑标识专家评审会。为进一步促进生态城的绿色建筑发展，按照《中新天津生态城绿色建筑管理暂行规定》的要求，中新天津生态城建设局于2017年6月28日在科技园研发大厦组织召开第一期中新天津生态城绿色建筑标识专家评审会，完成十二年制学校等7个项目的生态城绿色建筑标识及国家绿色建筑标识的评定工作。

19. 中新天津生态城绿色建筑标识专家评审会。按照《中新天津生态城绿色建筑管理暂行规定》的要求，中新天津生态城建设局于2017年12月4日在中新天津生态城科技园研发大厦组织召开第二期中新天津生态城绿色建筑标识专家评审会，完成18B幼儿园等3个项目的国家绿色建筑标识的评定工作。

20. 中新天津生态城十年建设经验推广。2017年12月15日，中新天津生态城绿色建筑研究院与曹妃甸生态城管委会在"第四届京津冀协同创新共同体高峰论坛"上签署了绿色建筑合作框架协议，把中新天津生态城十年建设期积累的生态城区建设体系、绿色建筑发展理念与技术体系等成功经验与曹妃甸生态城形成共享，助力曹妃甸生态城绿色城区建设全面升级。

【海绵城市与地下管廊】 1. 海绵城市。2017年3月2日，中新天津生态城大讲堂"海绵城市篇"，中国城市规划设计研究院水务与工程研究分院院长在生态城大讲堂就"海绵城市规划与建设"进行讲解培训，中新天津生态城近百人参加了培训会。

2017年3月6日，初步建立海绵城市规划管控制度。发布关于规范中新天津生态城海绵城市设计及技术审查的通知，初步建立了海绵城市规划管控制度。

2017年3月31日，海绵城市专项规划通过专家评审。《中新天津生态城（合作区）海绵城市专项规划（深化）（2016—2030）》通过专家评审。

2017年4月18日，海绵城市建设试点绩效考核。住房城乡建设部、财政部和水利部联合进行第二批国家海绵城市试点建设第一年绩效考核。

海绵专家在中新天津生态城大讲堂培训会现场

第二批国家海绵城市试点绩效考核座谈会

海绵专家在第一社区公园项目现场检验海绵设施透水铺装

2017年6月21日，华夏未来学校海绵城市建设项目完工。项目位于中新天津生态城中部片区，占地面积2.4万平方米，建筑面积2.7万平方米。利用绿色屋顶、透水铺装和雨水花园等海绵设施对径流进行源头削减，利用紧邻道路的下沉式绿地、卵石沟对径流进行过程控制，利用两个蓄水模块对雨水进行收集回用，形成集径流控制、污染削减和回收利用于一体的雨水控制体系。项目年径流量总量控制率达80%，年悬浮个体颗粒物（SS）总量控制率达65%，雨水资源利用率达3%。

华夏未来小学海绵设施绿色屋顶

华夏未来小学海绵设施透水铺装

中新天津生态城海绵城市管理监测平台首页

2017年9月8日,海绵城市管理监测平台建设启动。中新天津生态城海绵城市管理监测平台于2017年9月开始启动招标,平台依托生态城公用事业运行维护中心进行建设。平台在现有监测设施的基础上,按照海绵城市建设要求,适当增设各类监测设施,并对监测数据进行整合分析,集中展示海绵城市建设效果。监测平台共分为建设管理、监测监视、模拟评估、PPP项目管理、公众信息反馈和海绵相关文件6部分。

2017年10月12日,住房城乡建设部等督查生态城海绵城市建设。住房城乡建设部城建司副司长及专家督查生态城海绵城市建设。

奉化桥

甘露溪海绵设施透水铺装

2017年12月11日，住房城乡建设部海绵城市建设专项督导。住房城乡建设部海绵专家对第二批国家海绵城市建设生态城试点片区进行专项督导，现场进行工程项目实地考察。

2017年12月30日，甘露溪公园海绵城市建设项目基本完工。甘露溪位于中新天津生态城中部片区，东西长750米，南北宽120米，占地8.9万平方米，是生态城的重要生态廊道，也是重要的居民休闲场所。项目年径流总量控制率达85%，年悬浮个体颗粒物（SS）总量控制率达60%，海绵城市建设以景观水系为中心，利用竖向设计和管道收集等方式对排水分区内的雨水进行收集，通过雨水湿地、卵石沟和植被缓冲带等海绵设施将项目内雨水径流引入景观水系。

甘露溪公园现场图

2. 地下管廊。中新天津生态城（原滨海旅游区）北部区域综合管廊一期工程总长4.6千米，其中嘉顺道（彩环路—中央大道）段1.1千米（一标段）为国务院2016年督查开工项目，2017年9月已完成管廊的主体验收工作；剩余3.5千米（二标段）为国务院2017年督查开工项目，作为天津市2017年督查开工的管廊项目，天津市建委于6月7日专门召集生态城管委会建设局和滨旅公用公司，对管廊项目的建设进行部署，保证2017年底前必须开工。

按照天津市建委及中新天津生态城管委会的要求，滨旅公用公司立即组织开展二标段的管廊建设前期工作，根据住房城乡建设部关于管廊燃气污水必须入廊要求，管廊的二标段3.5千米进行了方案变更，2017年8月7日完成了规划条件审批；9月4日完成设计方案审批；9月30日取得勘察文件审查合格证；10月完成施工图深化设计，11月23日取得施工图审查合格证；11月24日发布施工招标公告（津建交生态施工〔2017〕1108号）。12月15日完成管廊招标工作，12月27日取得施工许可证，至此管廊具备了开工建设的条件。

生态城北部区域综合管廊（一标段）完成实体结构施工

生态城北部区域综合管廊（二标段）开工前场地布置

【建设工程质量安全】 2017年，中新天津生态城共对新开工项目进行质量安全监督交底129次，监督质量验收214次。共计开展监督检查1082项次，下发质量整改单204张、589条问题，质量停工整改单7张、13条问题；安全整改单463张、1578条问题，安全停工整改单27张、82条问题；文明施工整改单179张、384条问题，文明施工停工整改单112张、136条问题。以上问题各相关责任单位均按相关法律法规按时完成了整改。

编制和修订了《中新天津生态城建设工程监管登记指南》《中新天津生态城建设工程竣工验收备案服务指南》《中新天津生态城建设工程绿色文明施工标准化手册》及《中新天津生态城建筑施工起重机械和架设设施安装拆卸、登记指南》等相关规定。办理建筑施工起重机械和架设设施使用登记1070台、注销1367台。

中新天津生态城天津医科大学生态城代谢病医院工程获得2016—2017年度第二批中国建设工程鲁班奖（国家优质工程）。

天津市南开中学（滨海生态城学校）项目教学楼、综合楼工程，中新天津生态城6号雨水、污水合建泵站工程一标段，中新天津生态城中部片区29#地块小学幼儿园项目总承包施工及总包管理工程获得2017年度天津市建设工程"金奖海河杯"获奖工程。

天津市南开中学（滨海生态城学校）项目科技艺术中心、图书馆工程，实验楼、行政楼工程，体育馆、网球馆工程，学生宿舍、教师公寓工程，中新天津生态城11A地块小学教学楼，中新天津生态城第一社区中心，中新天津生态城南部片区3A地块项目2号楼、3号楼获得2017年度天津市建设工程"海河杯"获奖工程。中新天津生态城中部03-05-01A（57A）亿利住宅（颐湖居）一期工程，中新天津生态城中部片区29#地块小学幼儿园工程，中新天津生态城十二年制学校工程获得2017年度表彰市级文明施工示范工地。天津南开中学（滨海生态城学校）一期施工总承包工程，中新天津生态城彩环路（彩嘉路—汉北路）道路排水工程二标段，中新天津生态城6号雨水、污水合建泵站工程一标段，天津宝龙欧洲公园4-2地块住宅项目一期施工工程，中新天津生态城世茂新城05-10-05-01（20a）地块三期，海鼎宏冷链物流项目二期工程施工总承包，成功游艇湾项目施工总承包工程，中新天津生态城南部片区6-1地块住宅项目1B区（澜水苑）工程，天津宝龙欧洲公园4-2地块住宅项目，阳光海岸一期高层1-5号楼住宅、商业1和3及幼儿园，天津阳光海岸二期项目一标段工程，中新天津生态城彩环路（彩嘉路—汉北路）道路排水施工一标段，中新天津生态城6#地块建投住宅项目一期及配套公建工程，中新天津生态城南部片区11b地块住宅项目获得2017年度表彰市级文明工地。

【建设领域行政处罚】 质量安全监督行政处罚4起，罚款金额18万元。质量市场行业行政处罚9起，罚款金额129.88万元。

【建设领域行政审批】 2017年，施工许可证共计办理181个。质量监督登记162个，安全措施备案162个，竣工备案123个。

第十七篇 社团协会

房地产协会

【"广厦奖"申报参评】 为推动天津市房地产项目品质提升，鼓励企业做优做强，天津市房地产开发企业协会（以下简称"协会"）积极推动全市开发项目评优评奖。"广厦奖"作为房地产项目全国综合性大奖，以建设资源节约型、环境友好型的社会主义和谐社会和生态文明为宗旨，旨在评选出规划设计水平高、环境好、质量优、性能好、绿色低碳、老百姓满意的好房子，在推进住宅产业化、"四节一环保"和解决广大群众住房问题等方面的示范、带动作用显著。

2017年10月9日，协会完成了对"广厦奖"第一批候选项目——北辰区盛庭花园产业化住宅项目的推荐工作。该项目由天津市房地产发展（集团）股份有限公司开发建设，总建筑面积5.3万平方米，为住房和城乡建设部2016年科学技术项目计划——装配式建筑科技示范项目。12月21日该项目获批"广厦奖"候选项目。

2017年底，协会组织专家对"广厦奖"第二批候选项目进行资料初审，分别为：中铁房地产集团商业地产开发管理有限公司开发建设的河北区诗景广场，该项目为复合型商业建筑，总建筑面积21万平方米；天津市津房置业发展有限责任公司开发建设的北辰区南仓新苑住宅小区，该项目为城中村改造项目，属于保障房，总建筑面积11.6万平方米，于2014年9月竣工入住。

【房地产开发行业统计有序开展】 截至2017年底，天津市共有房地产开发企业1364家，比2016年减少173家，其中外埠企业564家，比2016年减少15家。

2017年房地产开发投资实际完成2233.39亿元，比2016年下降2.9%。住宅投资额为1559.7亿元，比2016年下降2.4%；非住宅投资额为673.69亿元，比2016年下降4%。内资企业房地产投资额为2029.11亿元，比2016年下降0.2%；外资企业房地产投资额为204.28亿元，比2016年下降23.6%。中心城区完成开发投资658.9亿元，比2016年增长4.4%；环城四区完成开发投资678.9亿元，比2016年下降2.3%；滨海新区完成开发投资293.6亿元，比2016年下降34.2%；远郊各区完成开发投资602亿元，比2016年增长14.1%。

房地产开发企业投资到位资金6211.27亿元，比2016年增长9.4%。其中2017年到位资金4366.66亿元，比2016

年下降0.7%；上年末结余资金1844.61亿元，比2016年增长44%。2017年资金来源中，国内贷款来源为1186.03亿元，比2016年增长11.2%；自筹资金来源为783.86亿元，比2016年下降12.9%；其他资金来源为2396.75亿元，比2016年下降1.3%。

2017年房地产开发用地供应面积938.47万平方米，比2016年下降22.5%。房屋累计施工面积8209万平方米，比2016年下降6.6%；房屋新开工面积2334万平方米，比2016年下降7.0%；房屋竣工面积2036万平方米，比2016年下降30.1%。新开工方面，中心城区开工面积296万平方米，比2016年下降44.3%；环城四区开工面积759万平方米，比2016年增长8.1%；滨海新区开工面积240万平方米，比2016年下降47.4%；远郊各区开工面积1039万平方米，比2016年增长26.4%。竣工方面，中心城区竣工面积451万平方米，比2016年下降0.2%；环城四区竣工面积686万平方米，比2016年下降30.3%；滨海新区竣工面积332万平方米，比2016年下降47.3%；远郊各区竣工面积567万平方米，比2016年下降33.1%。

天津市新建商品房及二手房累计销售2493万平方米，比2016年下降45.1%；累计销售金额3548亿元，比2016年下降37.6%；平均售价14236元/平方米，比2016年上涨13.6%。其中，新建商品房销售面积1482万平方米，比2016年下降45.3%；实现销售额2272亿元，比2016年下降34.7%；平均售价15331元/平方米，比2016年上涨19.5%。二手房成交面积1010万平方米，比2016年下降44.8%；成交金额1276亿元，比2016年下降42.3%；平均销售价格12630元/平方米，比2016年上涨4.6%。

"盛庭花园"获批"广厦奖"候选项目

建筑业协会

【加速改革进度，助推国企混改】 为推进建筑施工行业实施改革的进度以及帮助企业了解相关政策，先后组织开展系列活动推进国有企业改革改制。

一是主动与国资委建立沟通渠道，多次与国企改革政策的负责同志联络，深入了解国资委对于国企改革的政策和要求，帮助企业了解相关政策，与国资委共同搭建平台，为企业战略投资合作提供机会。

二是牵头组织召开了多次座谈研讨会议，听取企业关于混合所有制改革的进度、基本情况介绍、实施过程中遇到的问题以及并购重组的需求。

三是根据企业在座谈会上提出的"走出去"拓展混改思路、学习先进地区改革改制经验的提议，组织部分天津市建筑业协会副会长单位赴杭州进行交流座谈，为天津市施工企业混改工作搭建交流学习的平台。

四是充分发挥桥梁、平台作用。通过天津市建筑业协会的搭桥、沟通，天津市部分行业的国企与央企及外地企业在建立混改联系机制上取得一定进展，有些已初步达成合作意向。

【适应税制改革，助力企业转型】 一是搭建平台，助力行业营改增税制改革实现平稳过渡。组织"营改增"专题研修班，从建筑业发展的高度为学员讲解"营改增"给企业带来的影响以及应对措施，并从企业模拟运转的角度与大家交流经验。600余人参加了研修班培训，提高了企业对"营改增"政策的认识，解答了实际问题。

二是关注实施进度，注重推动问题解决。按照天津市建委《关于做好天津市建筑业"营改增"计价依据调整工作的通知》要求，积极配合开展工作，发现问题，及时反馈相关部门，推动问题解决。

三是多次组织专题座谈，深入企业开展调研。先后深入10家天津市建筑业协会副会长单位进行调研，并邀请天津市国税局主管领导到企业进行现场办公，了解企业目前的实施情况、问题及困惑等，为企业实施提供上门服务，并汇总形成调研报告。

2017年6月，以全国政协经济委员会副主任为组长的专题调研组一行来津，就《"营改增"执行情况和改进建议》课题进行调研并召开座谈会。协会代表在会上提出的"贷款利息无法抵扣进项税"的

民营施工企业座谈会

问题,引起了全国政协专题调研组各位专家的关注,专家组将协会以及各企业负责人提出的问题认真梳理,整理形成调研报告,向国家有关部门提出有价值、可操作的意见建议,供国家在完善改进"营改增"政策时参考。

【牵手友好协会,搭建外埠平台】 继与陕西省建筑业协会、浙江省建筑业行业协会等多家协会建立友好协会关系之后,2017年,天津市建筑业协会与新疆建筑业协会合作,开创了东西部地区协会间全新的合作模式。

在京津冀建筑业协会(联合会)工作会议中,通过了《京津冀协会(联合会)联盟管理办法》和《为雄安新区建设做奉献倡议书》,为进一步服务三地企业开拓了思路,通过履行三地协会联盟的职责,更好地服务京津冀协同发展战略。在京、津、沪、渝4个直辖市工作交流会中,探讨了新形势下协会的自身建设、战略转型以及工作思路和途径等问题。这些交流活动,对天津市施工企业不断拓展外埠市场空间、参与更广阔的市场竞争起到积极的促进作用。

【推广建筑信息模型化(BIM)技术,增加技术交流】 一是开展BIM技术应用情况的摸底调研。调研采取骨干企业座谈会和会员企业问卷调查相结合方式进行。共收到68家企业反馈的调查报告28份、有效调查问卷68份、BIM技术应用反馈1700多条。通过调研了解到,企业对于增加行业间BIM技术交流和学习,建立行业BIM联盟,加强行业BIM技术人才培养有迫切需求。

二是在调研的基础上,积极组织BIM技术培训。天津市建筑业协会联合社会资源,按照循序渐进、逐步推广原则,对企业开展系列培训活动,成功组织了"BIM

技术在施工企业的深入应用专场讲座"和"关于钢筋16G平法讲座"等。天津市共有两个批次500余人报名参加了培训。

三是认真组织BIM技术观摩活动。为提升广大施工企业对BIM技术的认识，举办了"BIM技术实例应用解析讲座与项目观摩"活动。130余家企业的300余人参加了观摩活动。

四是积极筹备成立天津市工程建设系统BIM联盟。为加快推进天津市BIM技术应用，普及和深化BIM技术在建筑领域全产业链的应用，应会员企业要求，天津市建筑业工程协会整合了在天津市BIM应用领域具有一定自主创新能力的企业、科研机构、高等院校及其他相关组织资源，发起成立天津市建设系统BIM联盟。

【拓宽服务渠道，规范村镇工匠】 为贯彻落实天津市建委《关于加强农村危房改造质量安全管理工作的通知》要求，全面规范农民建房，提升农村建筑工匠建筑施工水平，保障农村建房的质量和安全生产，受天津市建委委托，天津市建筑业协会分区、分批组织开展村镇建筑工匠培训工作，分别在宝坻、宁河、静海、武清、蓟州、滨海新区开展10期培训，培训1658人次。

【推动"装配式建筑"发展，推广新技术应用】 一是积极开展调研工作，选准装配式建筑普及推广工作的切入点。通过调研了解到，成本控制、政策支持、技术标准、专业队伍、总承包管理等是制约装配式建筑发展的主要影响因素。

二是积极组织现场观摩活动，让企业近距离感受装配式建筑的发展趋势和应用前景。2017年4月，配合天津市建委在天津住宅集团施工的双青新家园项目举办了"全市装配式建筑观摩推动会"，

城建大厦

600余人参加了此次观摩会议。此次活动的举办标志着天津市装配式建筑由起步尝试阶段步入全面推动发展阶段。

三是主动出击，积极参与《天津市装配式建筑2017—2025年发展规划》的编制工作。按分工，天津市建筑业协会负责完成施工企业及生产企业调研报告编写工作。截至2017年底，编写工作完成，《天津市装配式建筑2017—2025年发展规划》报送天津市政府审批。

四是为加快推进天津市装配式建筑发展，促进装配式建筑技术的应用和推广，积极配合市建委组织了六期"天津市装配式建筑技术交流会"，共交流33项技术成果。交流会专门设置了互动环节，参会人员与专家互相提问解答，热烈交流，企业反映良好。

【规范评优管理、推动过程创优】 一是充分发挥平台优势，分享最优项目创优经验，推动工程建设行业质量管理水平提升。组织召开天津市建设工程创精品研讨会，邀请资深专家解读工程质量创优策划，提示工程质量创优控制要点，介绍新技术应用与创新。天津市创优评审专家、各施工企业相关负责人400余人参加了会议。同时，积极组织天津市企业参加中国建筑业协会、中施企协、中国安防协会等举办的各类经验交流培训会。

二是加强创优评审专家管理，规范评审专家行为，提高创优评审工作质量。为完善专家队伍建设，促进专家队伍规范化管理，2017年，天津市建筑业协会重新组织了创优评审专家库的申报工作，对申报的342人进行了针对性强、实用性强的培训，并进行了专业考核。

三是加快质量信用体系建设，规范评审活动，细化评审过程。根据《市建委关于印发〈天津市建设工程"海河杯"奖评审办法〉的通知》（津建筑函〔2016〕134号）、天津市质安监管总队等要求及相关法律法规，在征求了天津市30个单位的意见后，完成了《天津市建设工程"海河杯"奖评审细则（试行）》的修订。在收集相关先进省市结构创优评审办法的基础上，结合天津市实际情况，调整了申报规模条件，同时补充装配式结构创优相关内容，便于专家在评审过程中对每个申报工程做出公正客观的评价。

四是完善创优平台信息化建设，建立健全创优项目。建立并启动了天津市建设工程创优平台，受理市级文明工地、"海河杯"优质结构评价、"海河杯"奖的网上预申报工作。

五是围绕创优过程，总结工程创优经验和不足。通过"海河杯"评优，汇总编辑《天津市建设工程"海河杯"奖初评检查综合分析》。针对"海河杯"奖申报过程进行了调研和数据分析，总结形成《2017年度天津市建设工程"海河杯"奖评审分析报告》，图文并茂，对2017年度"海河杯"初评检查的总体情况进行分析，做出综合评价，提出建议、改进方法及举措。

利用中国建设工程鲁班奖（国家优质工程）迎检机会，汇总受检项目实体质量和工程资料亮点与不足并整理成册，指导、服务企业更好地申报国家级奖项。

【创建文明工地，规范现场施工】 一是调整规范创优机制，确保检查评价结果科学公正。对"市级文明工地"评审专家进行了重新审核，分专业进行了技术规范、现场评审要求、职业道德规范、廉洁自律等方面的培训并进行了考核，优选93人进入第一批专家库。"市级文明工地"现场评审组的专家选择使用随机抽取方式，使现场评审专家的抽取行为更加

天津市建设工程项目管理成果编写研修班

规范，确保创优评审工作的公开、公平、公正。

二是修订创优标准，确保标准与时俱进，满足发展需要。目前国家、行业和地方颁布的标准、规范及规定，对安全、文明施工提出了更高要求，增加了新的内容，天津市建筑业协会组织专家对《天津市市级文明工地创评导则》（2013修订版）进行重新修订，编制文明工地标准。

三是梳理创优过程，进一步规范施工现场管理。通过对2017年度"市级文明工地"参评工作中的困难、亮点及创新情况的总结发现，虽然参评工程数量较往年有所下降，但是整体创优水平有所提高，并涌现出一批值得推广的样板工程和精品工程，产生了利用安全体验馆及设置可视化安全教育厅的虚拟现实（VR）体验、智慧工地的创建应用、对施工现场道路实施人车分流等一系列创新点及亮点。

四是为企业提供多渠道多维度服务，不断提升文明施工水平。以企业需求为导向，积极推动天津市"市级文明工地"创建，坚持过程培育、指导，创评结合。天津市建筑业协会组织专家为企业上门服务，为企业进行专项培训和辅导，通过组织各专业评审专家深入企业、施工现场，结合实际、针对评审过程中各专业存在的问题来讲解规范、标准及解决方法，提高施工现场专业人员技能，提升施工企业文明施工的整体水平。

借助天津市质安监管总队组织的质量安全文明观摩工地活动的平台，针对观摩工地安全、文明施工、绿色施工的亮点及创新做法，列出各专业项目明细，组织各企业相关专业人员参观学习，互相借鉴，加强交流。推广施工现场安全文明施工的创新做法。

【"三类人员"考核，确保安全施工】
一是认真组织建筑企业安全管理人员考核、换证工作。2017年，住房城乡建设部对安全管理人员管理提出更高、更细的要求，并要将C类专职安全管理人员分为机械类C1和土建类C2两大类。天津市建筑业协会全年组织考核人数2.3万人，比2016年增加了5985人。进行了8期换证工作，共计换证2212件。完成进津换证290人，遗失补证123人，换C3证39人。

二是举办安全管理人员安全生产考核考前辅导班。为促进各级安全管理人员掌握安全生产考核知识的重点难点，提高企业安全管理人员考核合格率，安排了针对性考前辅导，提高了参培人员排查、处置施工现场隐患的能力及天津市施工现场的安全管理水平。

三是制定安全管理人员安全生产考核安全措施。为更好、更安全地完成机械类安全管理人员的实操考核工作，制定了严密可行的安全措施，专人专岗负责指定的安全工作，配备了安全帽、防滑鞋，并用警示绳围栏，用标语警示语宣传，确保实操安全考核工作万无一失。

【创新工会成果，打造"职工之家"】
一是加大推进工会建设，巩固工会工作成果。继续做好工会会员卡的普惠工作。2017年，进津、驻津企业建立工会达到515家，职工入会人数累计达到24万余人，新入会企业59家、入会人数为1.35万人，全年办理工会会员卡2.7万余张。

二是立足职工最关心、最直接、最现实的利益问题，扎扎实实为职工做好事、办实事、解难事，进一步做好困难职工调查摸底和建档立卡及动态管理工作。2017年，天津市总工会建筑行业进城务工人员工作委员会多次慰问一线农民工。

三是大力开展培训活动，努力提升工作人员整体素质。做好农民工学校创建工作，搭建职工、农民工教育培训平台。天津市委建设工委会同天津市总工会命名农民工示范学校、职工电子书屋和职工书屋，落实年度培训目标。3家进津、驻津企业荣获了天津市总工会授予的"职工书屋"称号。以竞赛为载体，安全生产警钟长鸣。积极开展"安康杯"等劳动知识技能竞赛，299家驻津、进津企业参加竞赛活动。

四是狠抓典型，创新工会工作成果。2017年通过天津市建设工委申报，进津、驻津企业中荣获"天津市五一劳动奖状"先进单位1家、"天津市五一劳动奖章"先进个人3人、"天津市工人先锋号"先进集体3家。

五是依法维护职工合法权益，促进劳动关系和谐稳定。天津市建设工委会同天津师范大学组织5个服务分队，并安排3名工会干部进入服务分队，进一步提高农民工法治素养，更好地运用法律知识，依法有序表达利益诉求，切实维护农民工合法权益。

第十八篇 大事记

2017年天津市建委大事记

1月

1月26日,天津市委书记春节前检查慰问地铁6号线阳光乐园站。天津市建委、市轨道交通集团有关负责同志参加。

2月

2月3日,天津市建委召开城建系统党委工作会暨党风廉政建设会,市建委党委书记、主任主持会议。

2月10日,天津市领导察看全运会场馆建设和城市综合整治情况,并在天津市市容环境指挥部召开现场会议。市建委党委书记、主任陪同视察。

2月13日,天津市领导在天津市轨道交通指挥部召开地铁建设推动例会,听取了有关轨道指挥部办公室筹备情况以及加快地铁建设工作方案。市建委党委书记、主任参加。

3月

3月9日,天津市人大常委会副主任带队来天津市建委调研指导,与会人大代表围绕承办单位贯彻落实代表建议条例和建议办理工作发表意见。市建委党委书记、主任做相关工作汇报,张俊滨同志总结讲话。

3月31日,天津市委、市政府召开天津市城市工作会议。市委书记出席会议并讲话。市领导就《天津市进一步加强城市规划建设管理工作意见》作说明。天津市建委、市规划局、市市容园林委、滨海新区、北辰区负责同志做发言。

4月

4月15日,天津市建委召开干部大会,任命市建委党委书记、主任。

6月

6月6日，市建委党委书记、主任陪同市人大领导在中新生态城参加市人大督办代表建议办理工作，检查海绵城市建设工作，并做工作汇报。

6月11日，住房城乡建设部建筑节能与科技司组织专家对天津市公共建筑节能改造重点城市建设工作进行了验收。

6月12日，顺利完成全运村竣工验收监督工作，全运村进入运行阶段。

6月21日，召开全市建设工程质量安全工作会议，市领导讲话并提要求，市建委党委书记、主任做工作汇报。

6月21日，召开全市海绵城市和综合管廊建设推动会，市领导讲话并提要求，市建委党委书记、主任做工作汇报。

6月30日，天津大北环铁路正式开通，对进一步加强天津铁路枢纽地位、促进京津冀区域经济发展有着重要意义。

7月

7月7日，天津市人民政府办公厅印发了《关于大力发展装配式建筑实施方案》，明确提出2021年—2025年全市范围内国有建设用地新建项目具备条件的全部采用装配式建筑。

7月13日，由天津市建设科技发展推广中心和APEC可持续能源中心主办的亚太可持续城市高端培训暨亚太可持续发展模式研讨会顺利召开。

7月28日，住房城乡建设部总工程师、建筑节能与科技司司长、住房城乡建设部促进中心副主任等一行5人莅临天津市调研装配式建筑示范项目建设情况。

8月

8月17日，天津市建委、市公安局在中建六局"悦东嘉园"项目召开农民工实名制管理观摩推动会，开拓创新建筑业农民工管理机制，联合市公安局共同开展农民工实名制管理工作。

9月

9月13日，住房城乡建设部通报了2017年度全国绿色建筑创新奖获奖项目，天津市共有4个项目获得全国绿色建筑创新奖二等奖，分别是天津大学新校区第一教学楼、中新天津生态城公屋展示中心、天津梅江华厦津典川水园和天津京蓟圣光万豪酒店。

9月13日，《天津市建设工程勘察设计管理规定》经天津市人民政府第111次常务会议通过，自2017年11月1日起施行。

9月20日，天津市建委城市建设发展专题研讨班在天津大学举办，市建委党委书记、主任出席开班式。研讨班重点围绕提升全市城乡建设管理水平进行研讨。

10月

10月11日—13日，住房城乡建设部城建司副司长率住房城乡建设部、环保部、农业部、水利部及相关专家组成的督查组一行11人，对天津市建成区黑臭水体治理、海绵城市建设等工作进行专项督导检查。

10月20日，召开天津市2017年供热工作暨燃气安全动员大会。

10月20日，召开天津市冬季清洁取暖安全工作动员部署会暨培训会。

11月

11月3日，天津市编办印发《关于调整渣土治理工作管理体制的通知》（津编办发〔2017〕471号），将全市渣土治理工作的牵头部门由市建委调整为市市容园林委。

11月15日，天津市建委在华苑国际创业中心停车楼现场组织召开"智能化立体停车楼系统成套技术现场观摩会"。各区建委相关工作负责同志，规划、建设、设计、施工、监理单位及相关技术支撑单位等约80位同志到会。

11月20日，天津市建委举办了天津市第一期风景名胜区科学发展管理培训班。中国城市建设研究院李金路院长、住房城乡建设部城乡规划管理中心安超处长作为主讲人。

12月

12月2日—4日，天津市建委全面开展全市房屋建筑安全大检查，坚决遏制安全事故发生。

12月10日，天津市发展散装水泥管理中心获得"促进散装水泥绿色产业发展突出贡献单位"称号。

12月11日—12日，中国城市规划设计研究院副院长等专家组成的住房城乡建设部专家组一行5人，对天津市海绵城市试点项目建设情况进行专项督导检查。天津市建委汇报了天津市海绵城市规划建设整体情况。

12月21日，天津市委全面从严治党检查动员及反馈会，市委常委、市委组织部部长到市建委指导工作。

第十九篇 媒体聚焦

媒体聚焦

【新闻报道】 2017年全年刊发稿件101篇，其中《天津日报》42篇、《今晚报》51篇、《中国建设报》1篇、《城市快报》5篇、《每日新报》2篇，有力报道了市建委干事创业的良好氛围，涉及12方面工作：

1. 海绵城市。《天津日报》7月27日2版《打造生态宜居之城——天津加快推进海绵城市建设》；《天津日报》8月16日《今年新开工38项海绵城市试点项目》。

2. 道路。《天津日报》2月8日5版《今年：外环改造完成 黑牛城道提升》；《天津日报》12月9日5版《东纵快速路部分段路16日起断交施工》；《今晚报》5月21日1版《外环津汉立交桥主线通车》；《今晚报》8月24日1版《解决解放南路与快速路外环线交通拥堵瓶颈》。

3. 铁路。《天津日报》8月1日9版《京滨城际天津段下月开工》；《今晚报》2月13日1版《拭目以待三条新高铁》；《今晚报》3月21日1版《京唐城际宝坻南站5月完成前期准备》；《今晚报》5月22日3版《京霸铁路正式开工建设》；《每日新报》2月9日3版《今年有望新建三条高铁——本市通往西北华东又多新通道》。

4. 地铁。《天津日报》4月13日5版《地铁11号线一期工程设计获批》；《天津日报》8月25日5版《3条地铁线段年底试运行》；《天津日报》12月30日5版《地铁5号线6号线南段1号线东延段明年年底试运营》；《天津日报》12月31日5版《地铁6号线一期24座车站贯通》；《今晚报》1月3日1版《轻轨全线通 体验新变化》；《今晚报》1月5日1版《4号线和平区站点敲定，双林站将变身地下车站》；《今晚报》1月18日1版《今年地铁建设全面提速》；《今晚报》1月31日《"钢轨医生"的凌晨24小时》；《今晚报》2月4日1版《让新区首条地铁早通车》；《今晚报》3月23日1版《地铁6号线二期年内开工——延长至双港设三站》；《今晚报》4月12日1版《地铁11号线进入建设期》；《今晚报》4月16日1版《地铁1号线东延线明年开通》；《今晚报》5月1日1版《今年底，中心城区"O"形地铁环线就要形成，与已运营的5条地铁线交织成一张四通八达的地铁网》；《今晚报》6月3日1版《新区三条轨道线定竣工时间》；《今晚报》12月26日1版《5号线全线电通明年上半年通车》；《今晚报》12月27日1版《地铁1号线明年起换新车》;《今晚报》12月31日1版《6号线1期今晨贯通运营》;《城市快报》1月5日1版《4号线和平设4站确定》;《城市快报》1月24日1版《地铁Z4线将直达航母公园》;《城市快报》2月5日1版《7线同建地铁快跑》;《城市快报》4月13日1版《11号线一期获批》;《城市快报》4月16日1版《10号线打造"慧工地"》;《每日新报》1月5日1版《地铁4号线和平设4站》。

5. 全运会。《天津日报》2月15日1版《所有新建场馆4月底前竣工》;《天津日报》2月17日1版《全运村"一房一验"》;《今晚报》2月15日1版《新场馆4月底前全竣工》;《今晚报》3月27日1版《26条道路周边项目重点检查》;《今晚报》4月13日1版《鸟瞰全运村》。

6. 民心工程。《天津日报》8月15日5版《营口道站地铁3号线换乘明起恢复》《地铁5号线幸福公园站至围堤道站实现短规通》;《天津日报》10月9日《打通"嗓子眼"路畅心情爽》;《今晚报》5月2日2版《挥汗度"五一"劳动最光荣——重点工程民心工程建设者马不停蹄》;《今晚报》8月14日1版《建设系统精心组织实施今年民心工程项目——修桥铺路 让出行更顺畅》;《今晚报》8月26日1版《民心工程利民多多》。

7. 供热。《天津日报》3月31日1版《这个冬天很温暖——本市停暖时间一延再延的暖心故事》;《天津日报》3月14日9版《周六前家里暖气不会停》;《天津日报》3月26日1版《本市供热期延至31日24时》;《天津日报》3月27日1版《供暖延长 老百姓心暖》;《今晚报》1月13日1版《供热维修"一刻钟入户"》;《今晚报》1月18日1版《市建委回应法定供热期有无延长可能——建"知冷热"机制 适时供暖》;《今晚报》3月20日2版《政府"知冷暖"百姓都叫好》;《今晚报》3月26日1版《本市供热期延至31日24时》;《今晚报》3月31日1版《弹性动态供热 百姓心里暖》;《今晚报》10月26日10版《市供热办公布全市供热热线》;《今晚报》11月1日1版《提前两周 暖气今儿热了》;《中国建设报》4月13日1版《刚刚过去的冬天暖如春——天津城市"最长供热期"记》。

8. 建设者风采。《天津日报》9月11日2版《建设者的别样"全运赛场"》;《天津日报》9月23日2版《为城市建设添"绿"》;《天津日报》10月13日2版《搭"积木"盖房子引领建筑潮流》;《天津日报》11月13日3版《汗水铸就地铁工程》;《天津日报》11月23日2版《一条热线架起便民服务"连心桥"》;《天津日报》12月3日2版《铁路建设者的"安全卫士"》;《天津日报》12月9日2版《地铁的"手术"专家》;《天津日报》12月15日2版《把温暖送至千家万户》;《天津日报》12月25日2版《为民心工程添砖加瓦》。

9. 绿色建筑。1、《天津日报》11月8日5版《商品房实施装配式建造》;《天津日报》12月25日5版《本市今年新建2900万㎡绿色建筑》;《今晚报》4月6日《装配式施工 建房如同搭积木》。

10. 建筑市场。《天津日报》9月21日《今后燃气费也能网上缴》;《天津日报》9月22日《拖欠农民工工资不能参加投标》;《天津日报》12月5日2版《"那桶热水,就是一个暖……"——直击建筑工地安全大检查》;《天津日报》12月12日《共建装修工程未登记不得开工》;《天津日报》12月13日《5000余户农村危房改造完成》;《今晚报》1月2日《建设高颜值绿色工地》;《今晚报》1月26日《让外来建设者过个暖心年》;《今晚报》1月28日《工地上的节日"交响曲"》;《今晚报》9月21日1版《通报40家违规企业》;《今晚报》10月9日1版《工地新景：安全帽印二维码》《至明年3月 建成区内停止土石方作业——发现扬尘污染您可举报》。

11. 党的十九大。《天津日报》10月11日《继往开来 逐梦前行》;《今晚报》10月20日《收听收看十九大报告》;《今晚报》10月26日《代表中国 撸起袖子加油干》;《今晚报》9月26日《抓住新机遇 筑梦天津时》。

12. 党代会。《天津日报》6月4日1版《所有批复的地铁项目今年全面开工》;《今晚报》5月22日1版《市民收听收看大会直播》;《今晚报》5月23日《年底新增地铁通车里程67公里》;《今晚报》5月24日《降低创业准入的制度性成本》。